本书得到

2016年度陕西省宣传思想文化系统“四个一批”人才项目

资助

西安文物

勘探考古工作编年

2000—2010

西安市文物保护考古研究院　编著

科学出版社
北京

内 容 简 介

本书为西安市文物保护考古研究院2000—2010年在西安市区域内所做的文物勘探和考古发掘工作的阶段性总结，分为概况、各区县文物勘探与考古发掘、初步分析三部分。本书以工作时间为经，以项目空间为纬，系统地梳理了历年的考古工作资料和成果，使考古材料尤其是勘探材料“走出故纸堆”，并转化为学术成果。一方面，为专业人员提供考古宏观材料信息，对进一步认识西安地区的古遗存分布规律及内涵具有借鉴作用。另一方面，对于今后的城市规划与建设具有参考价值。

本书适合于考古学、历史学、文化遗产等相关学科的专家、学者及大专院校相关专业师生参考、阅读。

图书在版编目（CIP）数据

西安文物勘探考古工作编年. 2000—2010 / 西安市文物保护考古研究院编著. —北京：科学出版社，2020.6

ISBN 978-7-03-065252-2

Ⅰ. ①西…　Ⅱ. ①西…　Ⅲ. ①文物–考古–概况–西安–2000—2010
Ⅳ. ①K872.411

中国版本图书馆CIP数据核字（2020）第088902号

责任编辑：张亚娜 / 责任校对：邹慧卿
责任印制：肖　兴 / 封面设计：北京美光设计制版有限公司

科学出版社 出版
北京东黄城根北街16号
邮政编码：100717
http://www.sciencep.com

中国科学院印刷厂 印刷

科学出版社发行　各地新华书店经销

*

2020年6月第 一 版　开本：889 × 1194　1/16
2020年6月第一次印刷　印张：35 3/4
字数：1 029 000

定价：320.00元

（如有印装质量问题，我社负责调换）

《西安文物勘探考古工作编年：2000—2010》

主　编： 张翔宇

成　员： 段成刚　高　博

目录

第三节　新城区 ······ 108

第八节　蓝田县 ······ 300

第一章 ◎ 概况

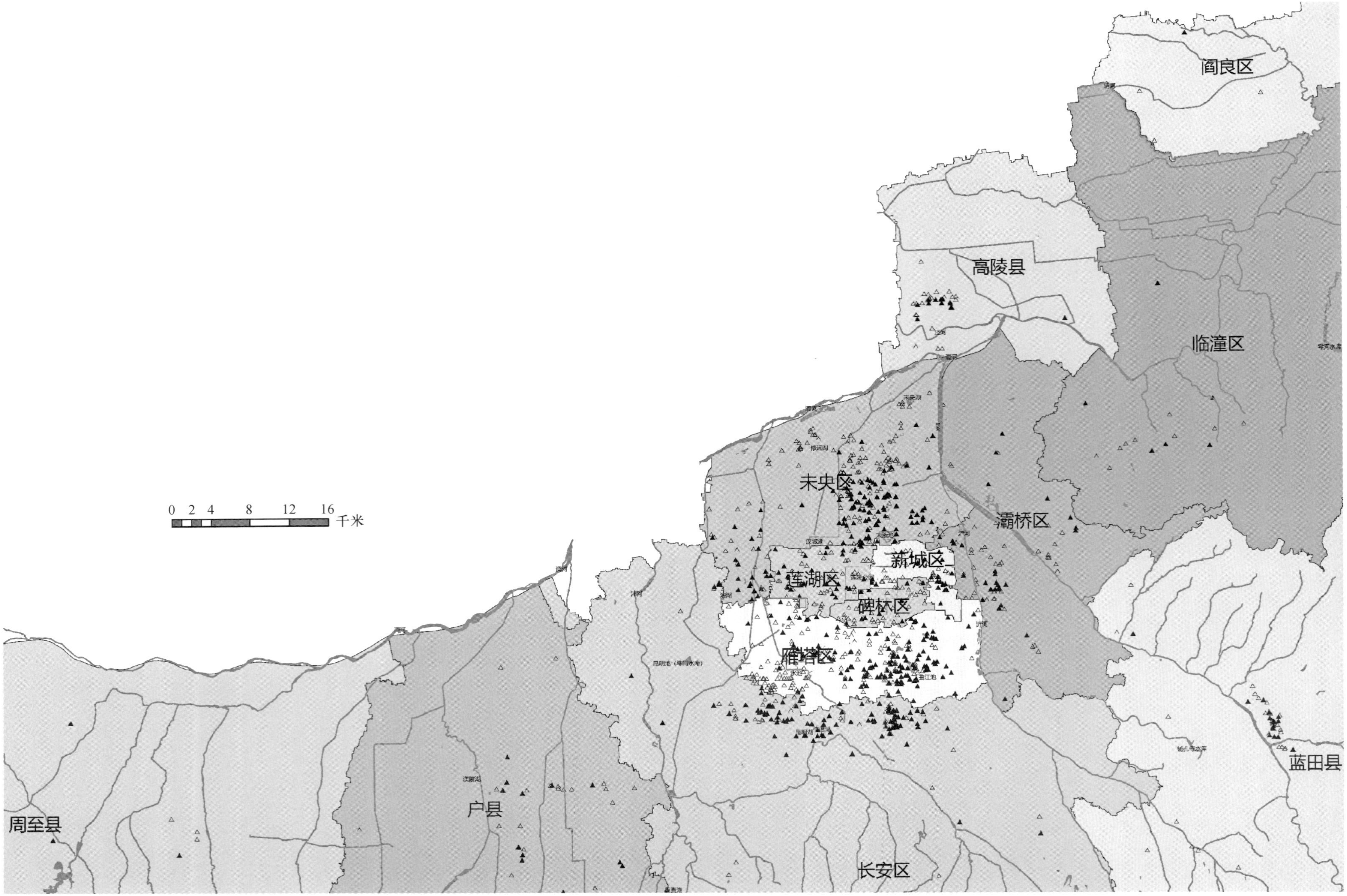

图1-1　2000—2010年西安市文物勘探与考古发掘项目分布图

第一节　西安自然地理环境及历史沿革

西安地处“关中盆地”的核心地带，南依连绵秦岭，北濒滔滔渭水，周围曲流环绕，是一个极具特色的地理单元。地势东南高、西北低，其地面附厚度0.5—1.8米的黄土，土质肥沃，水源丰富，机耕、灌溉条件上佳，素有“陆海”“九州膏腴”之称。西安地区台原和低地相错现象普遍。《禹贡》有云：“雍州原隰底绩。”“原”[1]是黄土高原上一种地势较高而上面平坦的地方。“隰”[2]是与之相对的低下湿地。就西安地区而言，东有铜人原、洪庆原、白鹿原，南有少陵原、凤栖原、神禾原，西南有高阳原、细柳原，北有龙首原等。源于这种特殊的地貌与资源，才孕育着出朴实的关中儿女，创造了辉煌的农业文明，留下了数不尽的历史文化遗存。

现今西安属于暖温带半湿润气候，但通过考古实物的观察及历史文献的爬梳，西安地区的气候总的趋势是从湿温到干凉，期间伴有周期性回暖现象[3]。以新石器时代半坡遗址而言，发现竹鼠、獐等属亚热带的动物骨骼遗存[4]。先秦阶段，既有“终南何有，有条有梅”[5]的湿润期，亦有“周孝王七年江汉冰”[6]的寒冷期；西汉“夏至后八十、九十日，常夜半候之，天有霜”[7]也显示气候进一步转寒；隋唐时期阶段性回暖[8]，宋元明时期再次转寒持续至今。

相应地，气候的变迁、人类的活动也引起西安周边河流水系、湖泊的变化。先秦西安地区湖泊很多，湖泊多因河而成。如《诗·大雅·灵台》、郦道元《水经·渭水注》提及的灵沼、滈池（今长安区）；《诗·小雅·白华》提及的滮池（今西安市区），均是面积较大的泽薮。秦汉时期文献中常见的兰池陂、太液池、昆明池、皇子陂、渼陂等在规模上较先秦时期小得多，如渼陂仅“周四十里”。隋唐时期小湖沼数量较多，人为是重要的因素。如宫城的水池、里坊的宅池多为人工湖。现今西安地区的古代湖泊几乎都湮塞了。而广被称赞“八川分流”的渭、泾、浐、灞、沣、滈、潏、涝诸水，经过地理演变后，浐河成了灞河的支流；滈河成为潏河的支流，潏河与沣河交汇，并水同入渭河。

西安历史悠久、文化灿烂，是世界历史文化名城，中华文化的代表，有着3100多年的建城史和1100多年的建都史。“三代”之时，前有井方、犬方、散、宜、莘、周、有扈氏等方国繁衍生息，后有“文王作丰，武王治镐，周公制礼作乐”而礼治天下；秦始皇“续六世之余烈，振长策而御宇内”[9]，拔关东六国，都咸阳城，建阿房宫，开创中央集权制；汉初刘邦定都关中，定名“长安”，取长治久安之意，始创“丝绸之路”；隋唐之时，宇文恺营大兴城，规模当世无匹；盛唐之际，大明宫“九天阊阖开宫殿，万国衣冠拜冕旒”[10]更显帝王气象，长安城物华天宝，人文荟萃。诸般史实令西安获有“帝王之州”的美誉。近代西安在民族觉醒和祖国统一的历史进程中也有着重要的作用。西安是响应武昌起义最早的北方城市，展开了轰轰烈烈的国民革命运动，粉碎了清政府的反扑，开启了破旧立新的革命开端；中外闻名的“西安事变”将抗日民主运动推向高潮，“拒日保家”为巩固西北、西南战略大后方起到了重要的作用和意义。

西安现辖新城、碑林、莲湖、雁塔、灞桥、未央、阎良、临潼、长安、高陵、鄠邑（原户县）11个区，蓝田、周至2个县（共有114个街道办事处、55个镇、856个社区和2925个行政村）。有国家级西安高新技术产业开发区、国家级西安经济技术开发区、曲江国家文化产业示范园区、西安浐灞生态区、西安阎良国家航空高技术产业基地、西安国家民用航天产业基地（又称西安航天民用产业基地）、西安国际港务区、西安沣东新城（简称“五区一港两基地”）。总面积10108平方千米，市区规划面积865平方千米，城市建成区面积565.75平方千米，常住人口1000.37万人。

西安是城市发展史上不可忽视的“亮点”，有着悠久的历史、辉煌的成就，丰富的物质文化，既是东亚农业文明的输出地，也是域外诸文明的传播点，佛、道、祆、伊斯兰教等意识形态文明均以适合自身方式在此扎根、发展。这些成就与西安的区位优势密不可分，著名的“凿空”“丝绸之路”均以西安为起点。今日的西安向国际化大都市迈进，西安以强大的科技实力、门类齐全的工业体系和日益成熟的城市服务体系成为中国重要的科研、高等教育、国防科技工业和高新技术产业基地及辐射北方中西部地区的金融、科技、教育、旅游、商贸中心。我们相信西安以其自身优势与独特魅力，真正发展成为世界城市、文化之都的目标指日可待。

第二节　工作缘起

自20世纪末始，西安市现代化、城镇化进程逐渐加快，《关中—天水经济区发展规划》《大西安发展战略规划》等战略计划的实施，经济建设步入了快速发展的上升通道。随着考古学新方法、新技术的引入以及文化遗产事业的蒸蒸日上，西安地区的考古工作迎来了“黄金时期”，西安市文物保护考古研究院（以下称“我院”）本着“既有利于文物保护，有利于基本建设”的两利原则，在施工范围内进行考古调查、勘探及考古发掘，力图摸清建设区域内地下文物的埋藏、分布面积、文化内涵等基础资料，确保施工前地下文物安全，同时为建设施工提供科学翔实的考古资料，以便于建设工程的顺利开展。

1994年11月在西安市文物研究咨询服务中心基础上正式成立了西安市文物保护考古所，2011年更名为西安文物保护考古研究院。数十年间，我院组建了十余支态度严谨、技术精湛，为了考古事业而“身若苍章”[11]的文物勘探队伍；培养了田野技术一流、学术目的明确而“挥铲不知悔”的考古发掘、文物保护团队，并累积或发表了数千项文物勘探、考古发掘资料，共同探索并保护着祖先留给我们的宝贵物质文化遗产。为了使这些工作成绩“走出故纸堆”并转化为学术成果，进一步认识西安地区的古遗存分布规律及内涵，从而达到保护文化遗产的目的，我院编著业已出版的《西安文物勘探考古工作编年：2011～2014》（可称之为“甲编”）[12]便应运而生。为了进一步梳理和总结20世纪末至今的考古勘探、发掘工作的成果，并与“甲编”形成系列化成果，编写《西安文物勘探考古工作编年：2000—2010》就显得具有重要的学术意义。

其一，文物勘探工作总结的意义。21世纪初十年间，西安市文物保护考古研究院在市文物局指导、院领导的组织以及单位全体员工的努力下，共进行了不少于1008项考古勘探和217项考古发掘项目，强有力地配合了西安市区及周边郊县的城市发展与建设，基本在工地开工前进驻场地并完成了前期勘探，明晰了地下是否有古代文化遗存。这为日后的考古发掘、保护、研究提供了先决条件，也为西安市的文物保护工作提供了强有力的支持。读者参照“甲编”文勘信息，可以更为系统地、完整地了解西安市文物分布及城建趋势情况。与此同时，将这些无论有无考古发现的勘探进行梳理，并编入报告集中，也是对这十余年我院考古勘探工作的一个总结。

其二，考古发掘工作总结的意义。由于考古报告、简报发表的滞后性，因而不能及时、简明地向社会公布最新的考古发掘成果。有一些零星发现的遗址（如灰坑、水井、古道路等）、墓葬。或被盗扰严重，出土物不多甚至连墓室结构也保存不完整的墓葬，已经失去了单独出版简报或报告的学术意义，但我们不能埋没个中的出土文物以及工作情况。另外，勘探和大部分发掘工作也是对文物普查、踏查等方式的一种补充。由于调查的方式只能得知地表文物的分布情况，而勘探及发掘可以更深入地了解西安市地下文物分布状况，对遗存的年代、性质等内涵的判断更为准确，是对《中国文物地图集·陕西分册》中西安部分和《陕西第三次全国文物普查丛书》、《西安文物勘探考古工作编年：2011～2014》等调查性质图集、录入性著作等较好的补充，二者起到相互借鉴的作用。但因篇幅和本书性质，仅将十余年间的发掘工作简单总结并介绍概况。从以上层面看来，本书可视为《西安文物勘探考古工作编年：2011～2014》的续篇。

其三，对于西安考古地理信息系统建立的意义。考古资料的整理不仅在于“回顾”与“总结”，更重要的是“应用”与“解读”。我院面对当下方兴未艾的考古“科技时代”，已建立了西安考古地理信息系统（GIS）。一方面，文勘、考古等基础性材料为系统提供翔实可靠的数据库，通过数据库与相关软件的应用和解读，促进考古学进行更加广泛、深层次的研究；另一方面，GIS的建立与进一步完善亦可“纠正”或“引导”田野考古中存在的一些问题，促进田野考古的进一步发展。两者相辅相成，相信在不久的将来我们一定能看到新的成果。

第三节　编写的体例与经过

本报告体例大致沿袭《西安文物勘探考古工作编年：2011～2014》的编写形式，以区县为章，再以时间先后顺序编写每一个项目，空间上以2000—2010年的西安市城三区为中心，向周边未央区、莲湖区、新城区、碑林区、雁塔区、长安区、灞桥区、蓝田县、临潼区、高陵县、阎良区、户县、周至县辐射，以突出工作重点。

每一个勘探项目先单列工作时间、建设单位、项目性质、工作人员，正文中标明项目位置（地理坐标）、用地面积、地层堆积、主要发现（主要发现为墓葬的，墓葬形制和墓向不详的未列出）。有考古发掘的项目，标明工作时间、建设单位、项目性质、工作人员，正文介绍主要发掘成果，有墓志者写明墓主人身份及下葬时间，已公开发表者写明发表者、期刊名称、书名、出版社及时间等。

地图选择上，我们以西安市各区县政区为蓝本，在其上标识各项目位置，针对部分区县如蓝田、长安、户县、周至等在秦岭山区没有文勘或发掘的区域，为更好地标识项目地点，这些区域不一定使用全图。另外，文勘项目中没有发现遗迹的均用空心三角形标识（即“△”），发现遗迹的项目均用实心三角形标识（即“▲”）。图上的三角形边上的数字与各区县项目序号相互对应。

在附表中，第一，以工作时间先后顺序，制定勘探报告重要信息统计表。具体包括工作时间、项目名称、项目性质、地理位置、地层堆积、主要发现、年代等。以便于读者索引查询。第二，以断代时间先后为顺序，结合西安市行政区为范围，制定新石器时代、两周时期、秦汉时期、魏晋北朝时期、隋唐五代时期、宋金元及明清时期7个历史时期的遗迹分布表。具体包括项目名称、项目地点、工作时间、工作人员、遗址/墓葬简述、出土器物、时代、水系/区域、对应编号等。第三，以区县为单位、以工作时间先后为序，制定我院十余年间公开发表的发掘成果表。具体包括名称、地理位置、墓葬/遗址概况、出土器物概况、文化遗存时代、发表刊物、对应编号等。

本书命名为《西安文物勘探考古工作编年：2000—2010》。第一，从工作时间上讲，还包含1992—1999年44个项目，这些项目零散且考古信息较少，但出于资料连续性考虑，也具有收录的必要性。第二，本次收录的资料是1992—2010年间西安市辖区内考古工作的一部分，本次录入的主要是我院参与完成的文物勘探与考古发掘项目，另有中国社会科学院考古研究所、陕西省考古研究院的个别项目，在此基础上总结与分析可能具有一定的局限性和片面性，但也可以小见大，得知这段时间整个市区的城市建设的方向与地下文物遗迹的分布等情况。

另外，在西安市的城市建设中，西安市委、市政府以加快科学发展、实现率先发展为主题，确立了“五大主导产业”（高新技术产业、装备制造业、旅游产业、现代服务业、文化产业）的发展重点和“五区一港两基地”（国家级西安高新技术产业开发区、国家级西安经济技术开发区、曲江国家文化产业示范园区、浐灞生态区、沣东新城、西安国际港务区、西安阎良国家航空高技术产业基地、西安国家民用航天产业基地）的发展格局。

在本书的编写中，因收录的数据为2010年以前，故本书的行政区划均用2010年以前的名称。一方面，高陵2014年、户县2017年撤县设区，故我们仍以县称之。另一方面，针对“五区一港两基地”我们仍将其归入各自原有的9区4县的行政区划中，例如西安高新技术产业开发区，有一部分归入雁塔区，一部分归入长安区；西安经济技术开发区归入未央区；曲江国家文化产业示范园区归入雁塔区；浐灞生态区主体位于西安市未央区和灞桥区；沣东新城分别归入莲湖、未央、长安区；西安国际港务区归入灞桥区；西安阎良国家航空高技术产业基地归入阎良区；西安国家民用航天产业基地归入长安区。这样划分行政区划定名显得比较整齐划一，各个勘探、发掘项目的具体位置也一目了然。

本书的编写始于2016年，2016年5月—2017年5月为资料收集、录入阶段，2017年6—10月为补充整理阶段，2017年10月—2018年5月为书中图表制作、数据统计、前言及结语编写阶段，2018年8—12月初稿成形，校稿阶段。

注　释

[1]（汉）许慎著，（清）段玉裁注：《说文解字》："高平曰原，人所登"，上海古籍出版社，1981年。

[2]（晋）郭璞注，（宋）邢昺疏：《尔雅·释地》："下湿曰隰，广平曰原"，上海古籍出版社，2010年。

[3] 竺可桢：《中国近五千年来气候变迁的初步研究》，《考古学报》1972年第1期。

[4] 中国科学院考古研究所、陕西省西安半坡博物馆：《西安半坡：原始氏族公社聚落遗址》，文物出版社，1963年。

[5] 程俊英、蒋见元：《诗经注析》（上），中华书局，1991年。

[6]（清）朱右曾、王国维撰，黄永年校点：《古本竹书纪年辑校　今本竹书纪年疏证》，辽宁教育出版社，1997年。

[7]（汉）氾胜之著，万国鼎辑释：《氾胜之书辑释》，农业出版社，1980年。

[8] 吴宏岐、党安荣：《隋唐时期气候冷暖特征与气候波动》，《第四纪研究》1998年第1期。

[9]（汉）贾谊：《贾谊集》，上海人民出版社，1976年。

[10]（唐）王维撰，陈铁民校注：《王维集校注》，中华书局，1997年。

[11]（战国）尉缭著，刘春生译注：《尉缭子·经卒令》："卒有五章，前一行苍章"，贵州人民出版社，1993年。

[12] 西安市文物保护考古研究院、西安市长安区旅游民族宗教文物局：《西安文物勘探考古工作编年：2011～2014》，三秦出版社，2015年。

第二章 ◎ 文物勘探与考古发掘

第一节 未央区

未央区，其名源自境内汉代未央宫遗址，意为“繁荣兴盛，不尽不衰”。位于西安城区北郊，地貌类型属渭河冲积平原，地势南高北低。最高点位于东南部的广大门村和孙家湾村附近，最低点贾家滩村北的渭河滩上。区境东至灞河，与灞桥区为邻；西依漆渠河，与咸阳市秦都区交界；南隔龙首北路，与新城区、莲湖区毗连；北临渭水，与高陵县、咸阳市隔河相望；西南部与雁塔区、长安区接壤。未央区历史积淀深厚，前有函国封建于此，后有秦汉等多个王朝建都于斯。该区域古遗迹数量多、面积大、价值高。境内秦阿房宫、汉长安城、唐大明宫并称为“三大遗址区”。2000—2010年，未央区辖张家堡街办等10个街办。本次共收录263个文物勘探项目和发掘项目（图2-1），各个项目情况分述如下。

1

方新村社区

考古发掘

工作时间：1992年7月20日
建设单位：西安未央区房地产开发公司
项目性质：商业（住宅楼）
工作人员：程林泉、倪志俊、杨军凯

位于未央区张家堡街道办事处（以下简称街办）。东邻未央路，西南角坐标为：东经108°57′，北纬34°18′。

共清理6座汉墓，按形制可分为竖穴墓道洞室墓和斜坡墓道洞室墓两大类。随葬品有陶器（鼎、盒、壶、罐、钫、夽、仓、灶、甑、豆）、铜器（带钩、弩机、铜镜）、铁器（刀）、骨器（口琀）、石器（石砚）等，另有五铢钱126枚。

（西安市文物保护考古所：《西安北郊方新村汉墓第二次发掘简报》，《文博》1998年第2期）

2

二府庄社区

考古发掘

工作时间：1992年11月
建设单位：西安未央区房地产开发公司
项目性质：商业（住宅楼）
工作人员：程林泉、倪志俊、杨军凯

位于未央区张家堡街办。东邻未央路，西南角坐标为：东经108°57′，北纬34°18′。

共清理8座汉墓，形制均为竖穴墓道洞室墓。出土器物共63件，另有货币63枚，分为陶、铜、铁、玉、骨、石器等。其中陶器55件（釉陶28件），器类有鼎、盒、壶、钫、罐、房形仓、灶、盆、甑、夽、盘、豆、饼等。另有日光镜（铭文“见日之光，天下大明”）、铁剑、玉璜、肛塞、口琀、石砚等。

（西安市文物保护考古所：《西安北郊二府庄汉墓发掘简报》，《文博》1997年第5期）

3

第二长途通信大楼

考古发掘

工作时间：1996年8月
建设单位：西安电信局

未央区

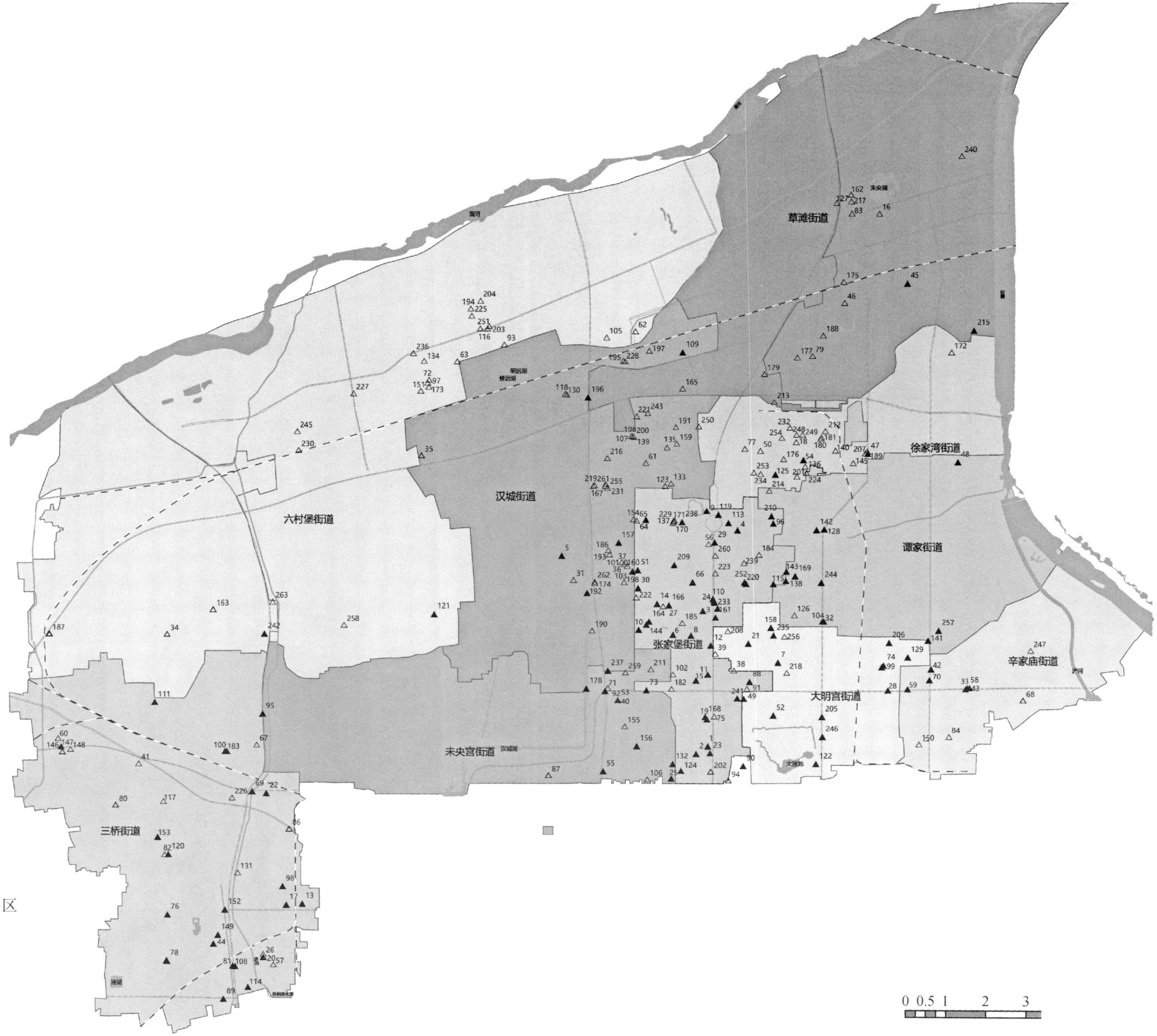

图2-1　2000—2010年未央区
勘探与发掘项目分布图

项目性质：商业（商厦）
工作人员：程林泉等

位于未央区张家堡街办。东邻未央路，北邻凤城四路。西南角坐标为：东经108°57′，北纬34°19′。

发掘清理战国秦汉时期墓葬200余座，其中二十号战国墓（M20）保存完好，出土青铜器等器物。

M20：竖穴土圹木椁墓，方向90°。墓圹口大底小，上口平面呈长方形。葬具为一棺一椁，椁因腐朽严重，结构与尺寸不详。骨架一具，侧身屈肢葬。出土各类随葬器物39件，分为铜、银、铁、玉、料器等，其中以铜器最多，铜器有铜鼎、铜盆、铜灯、铜勺、铜镜、铜带钩、铜纽饰等。

M67：长斜坡墓道砖砌多室墓，坐西朝东，方向90°，全墓由墓道、甬道、前室、中室、后室等组成。墓室内有木棺9具，葬式不详。出土器物186件，质地有陶、铜、铁、铅、银、石、骨牙、琉璃等，另有铜钱41枚。陶器141件，可分为生活明器、陶俑、动物模型三类。铜器16件，器类有弩机、削、环、泡钉、饰件等。铁器4件，器类有刀、剑、饼形器、环。铅器2件，铅辖害。银耳环。石器16件，器类有砚、猪、口琀、眼罩、鼻塞。骨牙器3件，尺和兽牙。琉璃耳珰2件。

（西安市文物保护考古所：《西安北郊尤家庄二十号战国墓发掘简报》，《文物》2004年第1期；西安市文物保护考古所：《西安尤家庄六十七号汉墓发掘简报》，《文物》2007年第11期）

4

雅荷城市花园

考古发掘

工作时间：1999—2000年
建设单位：西安雅荷房地产开发有限公司
项目性质：商业（房地产）
工作人员：程林泉等

位于未央区张家堡街办。东邻开元路，北邻凤城八路东段。西南角坐标为：东经108°57′，北纬34°20′。

共发掘汉墓202座，已发表45座汉墓资料。

墓葬形制有竖穴土圹墓1座，竖穴墓道土洞墓34座，竖穴墓道砖室墓7座，斜坡墓道土洞墓1座，斜坡墓道砖室墓2座。墓向坐北朝南10座，坐南朝北9座，坐西朝东13座，坐东朝西11座，南北向1座。

共出土器物817件，另有铜钱803枚。铜钱有五铢、大泉五十、货泉、小泉直一、大布黄千、差布五百等。出土器物的质地有陶、铜、银、铁、漆、玉、琉璃、石、骨器。陶器有鼎、盒、壶、扁壶、投壶、钫、罐、奁、熏炉、仓、灶、盆、甑、方缸、灯、纺轮、饼、球、羊、牛、马；铜器有盒、镜、弩机、带钩、铃、环、铲、柿蒂纹棺饰、刷、镞；银器有环、箍；铅器有车马器、耳杯；铁器有刀、削、釜、灯；漆器有耳杯；玉器有璧、鼻塞、口琀、耳塞、肛塞、串饰、动物形串饰；琉璃耳珰；石器有砚、口琀、鼻塞、卵石；骨器有饰品等。

（西安市文物保护考古所、郑州大学考古专业编：《长安汉墓》，陕西人民出版社，2004年）

5

杨善寨小学教学楼

文物勘探

工作时间：1999年7月20日
建设单位：西安市未央区杨善寨小学
项目性质：公共基础建设（学校）
工作人员：王光天、杨新建

位于未央区汉城街办。南距石化大道800米，东距朱宏路580米，北距杨善路240米。西南角坐标为：东经108°55′，北纬34°20′。用地范围呈“U”形，地势平坦。

地层堆积1层。表土层，厚0.5米，土色杂乱，土质疏松。该层以下为生土。

发现古墓葬1座，古井3口。古墓葬位于基槽东北角，仅有墓室一角，长2.8米，宽2.3米，深4.0米，内填五花虚土。古井平面呈圆形，直径2.0—3.0米，井深1.0—2.5米。

6

长安医院

文物勘探

工作时间：2000—2003年
建设单位：长安信息产业集团股份有限公司
项目性质：公共基础建设（医院）
工作人员：程林泉

位于未央区张家堡街办。东邻文景路，南邻凤吉路，东邻凤祥路，北邻凤城三路。西南角坐标为：东经108°56′，北纬34°19′。用地范围呈长方形，实际勘探面积16770.0平方米。地势平坦。

地层堆积2层。第①层：表土层，厚0.8米，系建筑垃圾层；第②层：扰土层，厚0.4米，土色灰褐，土质较硬，含零星砖瓦等物。第②层以下为生土。

发现古墓葬134座。墓葬形制有竖穴土圹墓73座，竖穴墓道土洞墓60座，斜坡墓道土洞墓1座。墓向坐北朝南19座，坐南朝北13座，坐西朝东9座，坐东朝西20座，南北向36座，东西向32座，西北—东南向5座。

考古发掘

工作时间：2000年3月—2003年6月
工作人员：程林泉、袁长江

发掘秦汉时期墓葬300余座，出土器物1980件。

2000年3至5月份，发掘古墓葬76座。其中汉墓45座，均为小型墓，形制多为竖穴墓道土洞墓，少数竖穴墓道砖室墓、斜坡墓道洞室墓，部分竖穴土圹墓。时代多为西汉早中期，部分西汉晚期。其中发现的竖穴土圹墓，为陶棺，系未成年人墓葬。M8为西汉中期墓，资料已整理公布，形制为竖穴墓道土洞墓，坐北朝南，由墓道、墓室两部分组成。葬具1木棺，葬式为仰身直肢。M8共出土器物18件，另有铜钱20枚（五铢）。其中陶器13件，有鼎、盒、钫、罐、灶、甑等；铜器3件，有印章、勺、镜；铁灯1件；玉璧残片1件。

2003年，发掘古墓葬70余座，其中汉墓35座，形制、年代与2000年发掘的汉墓基本相同，都是小型墓，时代以西汉早期、中期为主，少数年代为西汉晚期。

（西安市文物保护考古所、郑州大学考古专业编：《长安汉墓》，陕西人民出版社，2004年）

7

雅荷智能花园

考古发掘

工作时间：2000年2月
建设单位：西安雅荷房地产开发有限公司
项目性质：商业（房地产）
工作人员：程林泉等

位于未央区大明宫街办。东邻仪凤巷，南邻凤城一路，西邻贞观路，北邻凤城二路。西南角坐标为：东经108°58′，北纬34°19′。

共发掘汉墓11座，已发表4座汉墓资料。

M4：斜坡墓道双室墓，坐西朝东，由墓道、甬道、墓室三部分组成。葬具为1木棺，葬式不详。共出土器物46件，另铜钱122枚。其中陶器35件，有壶、罐、灶、井、案、盘、耳杯、勺、猪、鸡、狗等；铜器3件，有饰件、镜；铜钱有货泉、大泉五十、五铢、半两钱；铁器3件，有刀、削、镜；石猪4件；骨器1件。

M9：斜坡墓道砖砌双室墓，坐西朝东，由墓道、甬道、墓室三部分组成。葬具2木棺，葬式仰身直肢、侧身直肢。共出土器物63件，另有铜钱40枚。其中陶器46件，有壶、罐、瓮、仓、樽、甑、盆、案、盘、耳杯、斗、勺等；铜器10件，有牌饰、钗、箍、柿蒂饰、镜；铜钱40枚，有货泉、五铢；铁器3件，有灯、釜、刀；石器3件，有口琀、握等；铅镳1件。

M10：斜坡墓道砖砌双室墓，坐北朝南，由墓道、甬道、墓室三部分组成。葬具为4木棺，葬式不详。共出土器物37件，另有铜钱8枚。其中陶器31件，有罐、樽、案、盘、碗、耳杯、斗、勺、灯等；铜器4件，有灯、箍、弩机等；铜钱8枚，均为五铢；铅衔镳1件，石口琀1件。

M12：斜坡墓道砖砌双室墓，坐西朝东，由墓道、甬道、墓室三部分组成。葬具为3木棺，葬式仰身直肢。共出土器物31件，另有铜钱80枚。其中陶器13件，有罐、釜、甑等；铜器11件，有灶、铺首、弩机、当卢、盖弓帽、镜等；铜钱81枚，有布泉、五铢；石器5件，有砚、研、口琀、鼻塞等；漆盒1件，蚌壳1件。

（西安市文物保护考古所：《西安东汉墓》，文物出版社，2009年）

8

荣海花园

考古发掘

工作时间：2000年5月
建设单位：不详
项目性质：商业（房地产）
工作人员：程林泉等

位于未央区张家堡街办。北邻凤城三路。西南角坐标为：东经108°56′，北纬34°19′。

共发掘汉墓3座，已发表1座汉墓资料。

M1：斜坡墓道砖砌双室墓，坐西朝东，由墓道、甬道、墓室三部分组成。葬具为2木棺，葬式为仰身直肢。共出土器物29件，另有铜钱15枚。其中陶器22件，有壶、罐、樽、灶、甑、井、案、盘、碗、耳杯、勺等；铜器2件，有削、镜；铜钱15枚，均为五铢；铅人1件；石片2件；琉璃耳珰2件。

（西安市文物保护考古所：《西安东汉墓》，文物出版社，2009年）

9

大洋乳胶厂房

考古发掘

工作时间：2001年3月
建设单位：西安市大洋乳胶厂
项目性质：商业（厂房）
工作人员：王自力等

位于未央区汉城街办。西邻城运村（城市运动公园），东邻未央路，行政中心转盘西北方向。西南角坐标为：东经108°57′，北纬34°20′。用地范围呈长方形，地势平坦。

发掘汉墓3座，M1、M3为西汉墓，M2为东汉墓。其中M2资料已整理公布。简述如下。

M2：斜坡墓道砖砌多室墓，坐北朝南，由墓道、甬道、墓室三部分组成；可辨葬式为仰身直肢。共出土随葬品43件，其中陶器31件，有鼎、盒、罐、仓、樽、釜、甑、盆、案、盘、耳杯、勺、球等；铜器6件，有箍、镜、五铢钱；铁器3件，有釜、削；铅条1件；玉块2件。该墓出土器物时间跨度较大，分为西汉晚期、东汉早期，这应是迁葬、合葬的结果。墓葬的修建当在东汉早期，迁入的为西汉晚期下葬的先辈。

（西安市文物保护考古所：《西安东汉墓》，文物出版社，2009年）

10

西安中药厂区

文物勘探

工作时间：2001年4月
建设单位：西安中药厂
项目性质：商业（厂房）
工作人员：袁长江等

位于未央区张家堡街办。北邻凤城三路，西邻明光路，南邻凤和路。西南角坐标为：东经108°56′，北纬34°19′。用地范围呈不规则长方形，面积16590平方米，发现古墓葬72座。

考古发掘

工作时间：2002年8—9月
工作人员：袁长江、郭永淇

发掘墓葬23座，年代以西汉早期、中期为主，少数墓葬为西汉晚期或东汉中晚期。介绍如下。

M1：竖穴墓道砖室墓，方向185°，出土釉陶樽盖，时代为西汉晚期。

M2：竖穴墓道土洞墓，墓室略宽于墓道，方向5°。出土陶灶1件。时代为西汉中期。

M3：竖穴墓道土洞墓，墓道宽于墓室，墓道一侧小龛，方向5°。墓道小龛内出土陶罐、盆、缶各1件及动物骨骼，墓室内出土陶鼎、盒、茧形壶、釜、灶、甑、盆、罐、缶，铜镜、半两钱，玉片等。陶缶有“李氏”划文。该墓未盗扰。时代为秦代至西汉早期。

M4：竖穴墓道砖室墓，方向10°。出土陶饼、铜钱、玉塞。时代为西汉中晚期。

M5：竖穴墓道土洞墓，方向8°。出土陶盒、盆等。时代为西汉中晚期。

M6：竖穴墓道土洞墓，墓道窄于墓室，方向85°。出土陶鼎、盒、缶、罐、灶、盆、甑、猪、鸡及6枚铜半两钱。陶缶上有“平定司寇氏十斗”划文。时代为西汉早期。

M7：竖穴墓道土洞墓，方向175°。墓道略宽于墓室，出土陶鼎、盒、缶及车马饰件。时代为西汉早期。

M8：竖穴墓道土洞墓，墓道宽于墓室，方向270°。出土陶鼎、盒、钫、盆、房形仓。时代为西汉早期。

M9：竖穴墓道土洞墓，墓道与墓室基本等宽，木板封门，方向10°。出土陶鼎、盒、钫、罐、缶、小陶盆、小陶甑、灶，玉塞，铜半两钱、铜镜等。缶上有“　氏十斗”字样，“氏”前空一字是有意留的，买家再补即可。时代为西汉早期。

M10：竖穴墓道土洞墓，墓道与墓室基本等宽，方向5°。出土小陶盆，铜镜等。时代为西汉早中期。

M11：竖穴墓道土洞墓，墓道与墓室等宽，方向8°。出土陶鼎、盒、灶、盆、甑，铜半两钱。时代为西汉早期。

M12：竖穴墓道土洞墓，墓道略宽于墓室，95°。出土陶鼎、盒、缶、灶、盆、甑等，缶上有“中□石氏□”刻文。时代为西汉早期。

M13：竖穴墓道土洞墓，墓道宽于墓室，方向185°。出土陶灶、盆、釜、蒜头壶、缶。时代为秦代至西汉早期。

M14：斜坡墓道多室土洞墓，方向185°。墓道与墓室之间有长过洞，过洞中有木板封门，墓室有前室、中室、后室，之间有甬道相通。前室两侧有侧室，之间也有甬道。前室和中室均为穹隆顶，侧室、后室为拱顶。前室及甬道内刷白灰。出土陶灶、陶鸡、小陶罐、陶勺和铜五铢钱、铜饰件等。时代为东汉中晚期。

M15：竖穴墓道土洞墓，墓道与墓室基本等宽，墓室前部一侧有小龛，葬式为仰身直肢。出土器物有陶鼎、盒、钫、方形仓、盆、甑、罐、灶，铜车马器和五铢钱等。其中4件陶方形仓上墨书“黑豆”“白粟”“麻”“麦”文字。

M16：竖穴土圹墓，近底部四壁有二层台，东壁上部有小龛，龛内置茧形壶1件。墓圹内出土彩绘陶壶1件。时代为西汉早期。

M17：竖穴墓道土洞墓，墓道与墓室等宽，方向10°。出土陶罐、盆，五铢钱、货泉，铜构件，其上铭“千金氏”。时代为新莽时期前后。

M18：竖穴墓道砖室墓，方向95°。出土绿釉陶鼎、壶、仓、罐，玉口琀、玉鼻塞，铜盖弓帽，小五铢钱等，时代为西汉晚期。

M19：竖穴墓道土洞墓，墓道与墓室等宽，方向90°。单人直肢葬。出土釉陶仓、盆、甑，铜镜、铜钱等，时代为西汉晚期。

M20：东汉墓，资料已整理公布。斜坡墓道砖砌双室墓，坐西朝东，由墓道、甬道、墓室三部分组成。葬具为1木棺，葬式不详。共出土陶器25件，有壶、罐、仓、樽、釜、井、案、盘、碗、耳杯、斗、勺、狗等；铜钱2枚，均为五铢钱。

M21：斜坡墓道穹隆顶前后室砖墓，方向100°，出土釉陶仓、陶甑，五铢钱。时代为东汉时期。

M22：斜坡墓道券顶砖室墓，墓室分为前后两部分，后室高出前室30.0厘米，前室一侧有小龛。东向。出土陶罐、灶、仓、壶，铜钱，铜饰件等。时代为东汉早中期。

M23：竖穴土圹墓，墓圹一端有小龛，方向5°。小龛内出土陶缶1件，肩部有“胡”字。墓室内出土陶鼎、盒，铜带钩，玉片等。时代为战国秦。

（西安市文物保护考古所：《西安东汉墓》，文物出版社，2009年）

11

华贸经贸中心

文物勘探

工作时间：2001年10月
建设单位：西安华贸有限公司
项目性质：商业（商厦）
工作人员：王光天、徐西平、赵亚军

位于未央区张家堡街办。东邻未央路，北邻凤城一路，西邻芳馨园小区，南邻陕西省公安厅交管局。西南角坐标为：东经108°57′，北纬34°19′。用地范围呈“L”形，东西长64.3米，南北宽36.0—48.5米，实际勘探面积2866.3平方米。地势平坦。

地层堆积，已挖至生土层。

发现古井10口。平面均呈圆形，直径1.2—1.4米，井深0.8—3.0米，内含汉代砖瓦片、虚土等物。

12

经发大厦

文物勘探

工作时间：2001年10月22—29日
建设单位：西安荣民房地产开发有限公司
项目性质：商业（商厦）
工作人员：王光天等

位于未央区张家堡街办。东邻未央路，南邻凤城二路，北邻中实实业公司。西南角坐标为：东经108°57′，北纬34°19′。用地范围呈长方形。地势平坦。

地层堆积2层。第①层：表土层，厚0.3米，土色花杂，土质疏松；第②层：扰土层，厚1.2米，土色褐红，土质较硬，含少量砖瓦残块等物。第②层以下为生土。

发现汉、唐时期墓葬5座。墓葬形制均为斜坡墓道土洞墓，墓向坐北朝南3座，坐西朝东2座。

13

陕西三印19#、22#、23#、24#住宅楼

文物勘探

工作时间：2001年10月31日
建设单位：陕西第三印染厂
项目性质：商业（住宅楼）
工作人员：王光天、王峰、王皓

位于未央区三桥街办。南邻大庆路，西邻铁路，北邻南何村，东邻枣园南路。西南角坐标为：东经108°51′，北纬34°16′。基槽用地范围平面呈长方形，实际勘探面积4801.0平方米。

地层堆积，均已挖至生土层。

共发现古墓葬37座。

19#基槽发现古墓葬7座。墓葬形制均为刀把形竖穴墓道土洞墓，墓葬方向均坐南朝北。

22#基槽发现古墓葬8座。墓葬形制均为竖穴墓道土洞墓，墓葬方向均坐南朝北。

23#基槽发现古墓葬18座。墓葬形制为刀把形竖穴墓道土洞墓，斜坡墓道土洞墓，墓葬方向均为南北向。

24#基槽发现古墓葬4座。墓葬形制为竖穴墓道土洞墓，墓葬方向均坐北朝南。

14

中新电力大厦

考古发掘

工作时间：2001年11月
建设单位：西安中新电力设备制造有限公司
项目性质：商业（商厦）
工作人员：程林泉、袁长江

位于未央区张家堡街办。凤城四路66号，西邻北康村，南邻风华路，东邻文景路，北邻

凤城四路。西南角坐标为：东经108°56′，北纬34°19′。用地面积范围不详。

发掘汉代墓葬13座，出土器物65件。其中M3为一座西汉中期墓葬，资料已整理公布，简述如下。

M3：竖穴墓道土洞墓，坐北朝南，由墓道、墓室两部分组成。葬具为1木棺，葬式为仰身直肢。出土器物12件，另有铜钱15枚（五铢钱）。其中陶器11件，有罐、釜、盆、甑等，铜镜1面。

（西安市文物保护考古所、郑州大学考古专业编：《长安汉墓》，陕西人民出版社，2004年）

15

文景花园

文物勘探

工作时间：2001年11月10—25日
建设单位：西安佳佳房地产综合开发有限责任公司
项目性质：商业（房地产）
工作人员：王光天、徐西平

位于未央区未央宫街办。南邻北二环，东邻西安市质量检测中心，北邻董家村。西南角坐标为：东经108°56′，北纬34°19′。用地范围呈长方形。地势平坦。

地层堆积2层。第①层：表土层，厚0.3米，土色杂乱，土质疏松；第②层：覆盖层，土色褐红，含少量砖瓦。第②层以下为生土。

发现汉代墓葬11座。墓葬形制有竖穴土坑墓1座，竖穴墓道土洞墓3座，斜坡墓道土洞墓/砖室墓7座。墓向南北向7座，东西向4座。

16

新格瑞拉·湖滨假日中心（二期）

文物勘探

工作时间：2001年12月11日
建设单位：陕西恒力房地产有限责任公司
项目性质：商业（酒店）
工作人员：徐西平、赵亚军

位于未央区草滩街办。北邻未央湖，西邻阳光大道，南邻建设路，东邻雅荷度假山庄小区。西南角坐标为：东经108°59′，北纬34°24′。本次勘探为HA-3型花园洋房基槽，基槽用地范围呈长方形，东西长78.92米，南北宽16.8米，实际勘探面积1326.0平方米。地势平坦。

地层堆积，均已挖至沙层。

未发现古代文化遗存。

17

陕西三印20#、21#住宅楼

文物勘探

工作时间：2001年12月30日
建设单位：陕西省第三印刷厂
项目性质：商业（住宅楼）
工作人员：王皓

位于未央区三桥街办。南邻阿房一路，东邻铁路，北邻陕棉十厂家属院，西邻海伦春天小区。西南角坐标为：东经108°51′，北纬34°16′。20#基槽用地范围长方形，东西长71.6米，南北宽20.2米，实际勘探面积1446.32平方米。21#基槽用地范围呈长方形，东西长52.1米，南北宽20.2米，实际勘探面积1052.4平方米。地势平坦。

地层堆积，均已挖至生土层。

20#基槽共发现唐墓14座。墓葬形制均为竖穴墓道土洞墓，平面均呈刀把形，墓向均为坐北朝南。

21#基槽共发现唐墓8座，古井2口。墓葬形制均为竖穴墓道土洞墓，平面均呈刀把形，墓向均为坐北朝南。古井平面呈圆形，直径1.5米，深1.0—1.3米，内填五花土等。

18

西航305厂房

文物勘探

工作时间：2002年5月26日
建设单位：西安航空发动机（集团）有限公司
项目性质：商业（厂房）
工作人员：杨惠元、杨新建

位于未央区徐家湾街办。西航厂区内。西南角坐标为：东经108°58′，北纬34°21′。基槽用地范围呈长方形，实际勘探面积2160.0平方米。地势平坦。

地层堆积，均已挖至生土层。

未发现古代文化遗存。

19

心家园小区

文物勘探

工作时间：2002年6月29日
建设单位：西安有朋房地产开发有限公司
项目性质：商业（房地产）
工作人员：王光天、杜宝生

位于未央区张家堡街办。西邻果粒城小区，南邻中国水电三局家属院，东邻未央路，北邻民政小区。西南角坐标为：东经108°57′，北纬34°18′。基槽用地范围呈长方形，东西长53.3米，南北宽29.0米，实际勘探面积1551.0平方米。地势平坦。

地层堆积共1层。扰土层，厚1.0—1.8米，土色褐红，土质纯净，含白色粉末。该层以下为生土。

共发现古墓葬3座，古井7口。

M1：斜坡墓道土洞墓，坐东朝西，由墓道、墓室两部分组成；墓道长5.0米，宽1.0米，深2.3米；墓室呈长方形，长3.0米，宽1.5米，深2.3米，内含五花土、淤土。

M2、M3均为竖穴土坑墓，东西向，长3.0米，宽1.5米，深3.0米，内含五花土、虚土。

古井平面均呈圆形，直径0.8—1.5米，井深0.5—3.0米，内填古代砖瓦、虚土。

20

红光小区

文物勘探

工作时间：2002年7月
建设单位：西安加贝投资咨询有限公司
项目性质：商业（房地产）
工作人员：王光天、卢增奇

位于未央区三桥街办。南邻红光路，西邻皂河，北邻石家村，东邻石家花园。西南角坐标为：东经108°51′，北纬34°15′。用地范围呈长方形，实际勘探面积18088.0平方米。地势平坦。

地层堆积2层。第①层：填土层，厚0.5米，土色花杂，含建筑垃圾；第②层：扰土层，深0.5—2.0米，厚1.0米，土色褐黄，土质较虚，含砖瓦残块等。第②层以下为生土。

未发现古代文化遗存。

21

佳馨花园

考古发掘

工作时间：2002年8—10月
建设单位：西安凤苑房地产开发有限公司
项目性质：商业（房地产）
工作人员：孙武、张小丽

位于未央区大明宫街办。北邻凤城三路，西邻开元路，西南邻银凯花园，东邻凤苑路。西南角坐标为：东经108°57′，北纬34°19′。用地范围呈不规则长方形。

发掘汉代、明代墓葬共89座，出土器物714件。这批墓葬多为西汉时期小型墓，形制以竖穴墓道土洞墓为主，个别为斜坡墓道土洞墓，砖室墓仅有3座，另有竖穴土圹墓6座。墓葬方向：西向32座，东向21座，南向19座，北向8座，其他方向9座。墓葬的年代以西汉中期、中晚期为主，少数为西汉晚期，东汉墓仅1座。出土器物较少，一方面可能与被盗有关，更主要当与墓葬等级较低有关。

其中M60与M80，资料已整理公布，简述如下。

M60：斜坡墓道土洞多室墓，坐东朝西，由墓道、墓室两部分组成。葬具为4木棺，葬式为仰身直肢。M60共出土器物80件，另有铜钱96枚。其中陶器75件，有壶、罐、瓮、仓、樽、灶、甑、盆、井、案、盘、碗、耳杯、斗、勺、灯、猪、狗等；铜器4件，有削、镜；铜钱96枚，有郭五铢、剪轮五铢；石口琀1件。时代为东汉时期。

M80：斜坡墓道砖室墓，坐东朝西，由墓道、墓室两部分组成。葬具为2木棺，葬式为仰身直肢。M80共出土器物77件，另有铜钱279枚，有大泉五十、小泉直一、大布黄千、幼布三百、幺布二百。其中陶器17件，有壶、罐、奁、仓、釜、盆、甑等，铜镜2面，铁剑1件，石器4件，有鼻塞、肛塞、砚等，骨器12件，贝壳37件。时代为新莽时期至东汉早期。

（西安市文物保护考古所：《西安东汉墓》，文物出版社，2009年；西安市文物保护考古所、郑州大学考古专业编：《长安汉墓》，陕西人民出版社，2004年）

22

高架快速干道（K0+000—K4+000）

文物勘探

工作时间：2002年12月18日—2003年1月21日
建设单位：西安高架快速干道工程建设公司
项目性质：公共基础建设（道路）
工作人员：程林泉等

位于未央区三桥街办。南邻三桥镇，西邻西宝高速，横跨建章路。西南角坐标为：东经108°51′，北纬34°17′。用地范围呈长方形。地势平坦。

地层堆积，东、西两段略有不同。

西段，起点至皂河以东150.0米处为湖相沉积。地层堆积3层。第①层：表土层，厚0.3米，土色黄褐，土质疏松；第②层：扰土层，深0.6—1.8米，厚1.5米，含少量沙粒；第③层：积沙层，探铲无法通过。

东段，皂河以东150.0米处至K4+000处。地层堆积2层。第①层：表土层，厚0.3米，土色黑褐，含植物根系；第②层：扰土层，厚1.3米，土色褐色，土质较硬，含少量汉代砖瓦等物。第②层以下为生土。

发现汉代古墓葬5座。墓葬形制均为竖穴墓道土洞墓，墓向坐西朝东3座，坐东朝西1座，坐南朝北1座。

23

星火公司办公大楼

考古发掘

工作时间：2003年
建设单位：西安星火房地产开发有限公司
项目性质：商业（商厦）
工作人员：袁长江

位于未央区大明宫街办。东邻未央路，北邻方新村，南邻龙首商业街。西南角坐标为：东经108°57′，北纬34°18′。

发掘汉代墓葬1座，出土器物9件。

24

移动电话大楼

考古发掘

工作时间：2003年3—5月
建设单位：中国移动西安分公司
项目性质：商业（商厦）
工作人员：程林泉

位于未央区大明宫街办。尤家庄东北，未央路与凤城四路十字西北角。西南角坐标为：东经108°57′，北纬34°19′。发掘秦汉时期墓葬11座，出土器物66件。其中M93资料已整理公布，时代为新莽或稍后，简述如下。

M93：竖穴墓道砖室墓，坐北朝南，由墓道、墓室两部分组成。葬具为2木棺，葬式为仰身直肢。共出土器物11件，另有铜钱24枚。其中陶器10件，有壶、罐、樽、仓、釜、盆、甑等；琉璃耳珰1件；铜钱24枚，均为货泉。

（西安市文物保护考古所：《西安东汉墓》，文物出版社，2009年）

25

环宇工贸厂房

考古发掘

工作时间：2003年3—6月
建设单位：西安环宇工贸有限公司
项目性质：商业（厂房）
工作人员：杨军凯等

位于未央区未央宫街办。文景路中段，北邻枣园村。西南角坐标为：东经108°56′，北纬34°17′。发掘汉代墓葬3座。其中M1资料已整理公布，为一座西汉早期大型墓葬，简述如下。

M1：斜坡墓道土圹木椁墓，墓圹内积炭，坐南朝北。平面呈“甲”字形，由墓道、侧室和墓室三部分组成。墓圹内积炭达2.6米。因盗扰严重，墓室内部结构和葬具不详。在墓室内发现红色漆皮多处，填土内发现头骨1个。出土铜器17件，玉片101件，陶器5件，铜组件1件，以及一些陶片。随葬器物主要出土于墓室和侧室，墓室内出土玉片101件，侧室内出土铜壶2件，铜钫4件，铜鼎4件，铜勺2件，铜匜2件，铜盆2件，铜鉴1件及陶茧形壶5件。该墓是近年来西安发掘的西汉早期大中型墓葬之一，虽盗扰严重，但其形制结构及出土器物仍是研究汉代丧葬习俗的重要资料，尤其是出土的101件玉片，还有一件大铜壶内出土的26千克酒，都极其珍贵。

（西安市文物保护考古所：《西安北郊枣园大型西汉墓发掘简报》，《文物》2003年第12期；冯健、赵凤燕、吴晨、陈富林、郭瑞：《西安出土西汉早期古酒的除菌保护》，《文博》2017年第6期；冯健、吴晨、赵凤燕、陈富林、李晶：《西安枣园西汉早期墓葬出土古酒中菌害分析》，《西北大学学报》（自然科学版）2017年第6期）

26

红光花园A3、A4姑娘楼

文物勘探

工作时间：2003年4月
建设单位：西安加贝投资咨询有限公司
项目性质：商业（房地产）
工作人员：王光天、郭安定

位于未央区三桥街办。南邻红光路，西邻皂河，北邻石家村，东邻石家花园。西南角坐标为：东经108°51′，北纬34°15′。用地范围呈长方形，实际勘探面积A3楼676.2平方米，A4楼659.4平方米。地势平坦。

地层堆积2层。第①层：填土层，厚1.0米，土色花杂，含建筑垃圾；第②层：扰土层，深1.0—2.0米，厚1.0米，土色褐黄，土质较虚，含砖瓦残块等。第②层以下为生土。

共发现古河道1条，古井1口。

A3楼基槽发现古井1口，平面呈圆形，直径2.0米，深2.5米，内含杂土、古代瓦片。A4楼基槽西北角发现古河道1条，西南—东北走向，长11.5米，宽5.0米，深0.5米。

27

旺达公司厂房

文物勘探

工作时间：2003年5月2—10日
建设单位：旺达彩钢制品有限公司
项目性质：商业（厂房）
工作人员：程林泉等

位于未央区汉城街办。汉城工业园（未央工业园）内，东邻文景路，北邻凤城四路。西南角坐标为：东经108°56′，北纬34°19′。用地范围呈长方形，实际勘探面积10000.0平方米。地势平坦。

地层堆积3层。第①层：表土层，厚0.3米，土色黑褐，土质结构疏松；第②层：扰土层，深0.3—2.0米，厚1.7米，土色微黄，土质略硬；第③层：古河床层，深2.0米下见，土色黑褐，含水锈。

未发现古代文化遗存。

28

西安市中级人民法院新征地

考古发掘

工作时间：2003年6—10月
建设单位：西安市中级人民法院
项目性质：公共基础建设（法院）
工作人员：杨军凯、孙武、李树锁、冯健、陈斌等

位于未央区大明宫街办。西邻井上村，南邻北二环，东邻御井路，东邻汉城路，北邻珠江新城小区。西南角坐标为：东经108°59′，北纬34°18′。用地范围呈长方形，地势平坦。共清理发掘汉、西晋、北周墓葬13座。其中M12为北周时期来自史国的粟特人墓葬，资料已整理公布，简述如下。

M12：斜坡墓道土洞墓，坐北朝南，由墓道、天井、过洞、甬道、墓室五部分组成。墓内葬具为石椁，石椁由底座、四壁、椁顶组成，底座用两块石板拼合而成。四壁分别浮雕有四臂守护神、祆神、狩猎、宴饮、出行、商队、祭祀、升天等题材的图案。在人物面部、服饰、身上佩饰、器物、山水树木和建筑构件等一些重要部位施有彩绘或贴金。雕刻内容与风格带有十分明显的西域特色。石椁南壁椁门上方的横枋上，分别用粟特文和中文刻写有题刻："史国人也，本居西土……迁居长安……授凉州萨保。"出土金器3件，有戒指、耳坠、金币；铜器1件，为鎏金铜带扣；陶器1件，为灯盏。该墓葬为西安地区继北周安伽墓之后发现的又一座粟特人墓葬，其石椁上的画像内容为研究中西文化交流提供了极其重要的资料。

（西安市文物保护考古所：《西安市北周史君石椁墓》，《考古》2004年第7期；西安市文物保护考古所：《西安北周凉州萨保史君墓发掘简报》，《文物》2005年第3期；杨军凯：《北周史君墓》，文物出版社，2014年；杨军凯：《关于祆教的第三次重大发现——西安北周萨保史君墓》，《文物天地》2003年第11期）

29

张家堡广场小区

文物勘探

工作时间：2003年6月15日—7月1日
建设单位：西安成信房地产开发有限公司
项目性质：商业（房地产）
工作人员：程林泉等

位于未央区张家堡街办。西邻未央路，北邻郭家庙村，南邻常青路（凤城七路）。西南角坐标为：东经108°57′，北纬34°20′。用地范围呈长方形，实际勘探面积30000.0平方米。地势平坦。

地层堆积4层。第①层：表土层，厚0.3米，土色花杂，土质较疏松；第②层：扰土层，深0.3—0.6米，厚0.3米，土色黄灰，土质较硬，含近现代砖瓦残块等物；第③层：汉唐文化层，深0.6—1.1米，厚0.5米，土色黄褐，土质较硬，含少量汉唐时期陶片等物；第④层：垆土层，深1.1—1.5米，厚0.4米，土色褐黄，土质较硬。第④层以下为生土。

发现秦汉时期墓葬59座。墓葬形制有竖穴土圹墓31座，竖穴墓道土洞墓14座，竖穴墓道砖室墓4座，斜坡墓道土洞墓5座，斜坡墓道砖室墓3座。墓向坐北朝南9座，坐南朝北2座，坐东朝西9座，坐西朝东6座，东西向12座，南北向19座。

30

福达北京现代4S店

文物勘探

工作时间：2003年6月27日—7月3日
建设单位：陕西福达汽车服务有限公司
项目性质：商业（汽车销售）
工作人员：孙福喜等

位于未央区汉城街办。凤城五路C5区，南邻北康村，西邻明光路。西南角坐标为：东经108°56′，北纬34°20′。用地范围呈长方形，实际勘探面积5000.0平方米。地势平坦。

地层堆积2层。第①层：表土层，厚1.2米，系建筑垃圾层；第②层：扰土层，厚1.1米，土色黄色，土质较硬。第②层以下为生土。

发现汉墓1座，斜坡墓道土洞墓，坐北朝南。

31

北二环蔬菜市场交易

文物勘探

工作时间：2003年7月3—10日
建设单位：陕西欣绿实业有限公司
项目性质：商业（市场）
工作人员：程林泉、徐西平

位于未央区汉城街办。南邻北玉丰村，东邻朱宏路。西南角坐标为：东经108°55′，北纬34°20′。用地范围呈长方形，实际勘探面积33333.0平方米。地势平坦。

地层堆积2层。第①层：表土层，厚1.2米，系建筑垃圾层；第②层：耕土层，深1.2—1.6米，厚0.4米，土色褐黄，土质密实，含少量瓦片、陶片等物。第②层以下为生土。

未发现古代文化遗存。

32

百花村姑娘楼（一期）

文物勘探

工作时间：2003年10月20—28日
建设单位：未央区百花村城改小组
项目性质：商业（房地产）
工作人员：袁长江、徐西平

位于未央区谭家街办。西邻太华路，北邻百花村。西南角坐标为：东经108°58′，北纬34°19′。用地范围呈长方形，实际勘探面积13334.0平方米。地势平坦。

地层堆积2层。第①层：表土层，厚0.5米，土色花杂，土质疏松；第②层：扰土层，厚0.3米，土色黄褐，土质较硬。第②层以下为生土。

发现汉墓3座，墓葬形制均为竖穴墓道土洞墓，墓向均为坐北朝南。

33

新房村改造（湖畔家园）

文物勘探

工作时间：2003年10月28日—11月1日
建设单位：陕西金歌地产开发有限公司
项目性质：商业（房地产）
工作人员：袁长江、邹亚军

位于未央区辛家庙街办。南邻广安路，北邻东湖路（浐灞大道），东邻辛家庙派出所，西邻广通实业。西南角坐标为：东经109°0′，北纬34°19′。用地范围呈长方形，实际勘探面积13950.0平方米。地势平坦。

地层堆积2层。第①层：表土层，厚0.5米，土色灰褐，含少量瓦片；第②层：垆土层，厚0.6米，土质一般。第②层以下为生土。

发现汉代墓葬5座。墓葬形制有竖穴墓道土洞墓1座，斜坡墓道土洞墓4座。墓向坐西朝东3座，坐东朝西2座。

34

祁连山公司厂房

文物勘探

工作时间：2003年12月1—8日
建设单位：西安祁连山新型建材公司
项目性质：商业（厂房）
工作人员：孙武、李子柏

位于未央区六村堡街办。六村堡工业园。西邻丰惠渠，北邻石化大道，东、南邻农耕地。西南角坐标为：东经108°49′，北纬34°19′。用地范围呈长方形，实际勘探面积80000.0平方米。地势平坦。

地层堆积2层。第①层：表土层，深0.5米，土色褐黄，土质结构疏松；第②层：扰土层，深0.5—2.6米，土色褐黄，土质疏松，部分地区见沙。

未发现古代文化遗存。

35

西北郊330千伏变电站

文物勘探

工作时间：2004年1月

建设单位：陕西远征电力科技有限公司

项目性质：公共基础建设（电力）

工作人员：张达宏、杨智慧

位于未央区汉城街办。南邻席王村绕城高速。西南角坐标为：东经108°53′，北纬34°21′。用地范围呈长方形，实际勘探面积27306.0平方米。地势平坦。

地层堆积2层。第①层：表土层，厚0.3米，土色灰黄，土质疏松；第②层：冲积层，厚0.6米，土色淡黄，土质较密实。第②层以下为生土。

未发现古代文化遗存。

36

长征电力公司厂房

文物勘探

工作时间：2004年1月15—18日

建设单位：陕西长征电力科技有限公司

项目性质：商业（厂房）

工作人员：程林泉、李乖成

位于未央区张家堡街办。经开区D7区。北邻三九村，东邻明光路，南邻凤城六路。西南角坐标为：东经108°56′，北纬34°20′。SIMOSEC中压开关柜用地范围呈长方形，东西长106.0米，南北宽94.5米，实际勘探面积10017.0平方米。地势平坦。

地层堆积2层。第①层：表土层，厚0.3米，土色黑褐，土质疏松；第②层：扰土层，厚0.9米，土色浅黄，土质较硬。第②层以下为生土。

未发现古代文化遗存。

37

顺康制药生产基地

文物勘探

工作时间：2004年1月15—19日

建设单位：西安顺康制药有限公司

项目性质：商业（厂房）

工作人员：程林泉、李乖成

位于未央区张家堡街办。南邻凤城六路，北邻三九村。西南角坐标为：东经108°55′，北纬34°20′。用地范围呈长方形，实际勘探面积12718.0平方米。地势平坦。

地层堆积2层。第①层：表土层，厚0.3米，土色黄褐，土质疏松；第②层：扰土层，深0.3—1.2米，厚0.9米，土色浅黄，土质较硬。第②层以下为生土。

未发现古代文化遗存。

38

富都大厦

文物勘探

工作时间：2004年1月18日—2005年5月31日

建设单位：西安富都房地产开发有限公司

项目性质：商业（商厦）

工作人员：王自力、邹亚军

位于未央区大明宫街办。未央立交东北角。西南角坐标为：东经108°57′，北纬34°19′。用地范围呈长方形，实际勘探面积10000.0平方米。地势平坦。

地层堆积2层。第①层：表土层，厚0.5米，土色花杂，土质疏松；第②层：扰土层，厚1.0米，土色花杂，土质较硬。第②层以下为冲积层。

未发现古代文化遗存。

39

西安市检察院业务技术大楼

文物勘探

工作时间：2004年2月
建设单位：西安市统一建设管理办公室
项目性质：公共基础建设（检察院）
工作人员：张宏达、杨智慧

位于未央区大明宫街办。南邻北二环，西邻溪石公司。西南角坐标为：东经108°57′，北纬34°19′。用地范围呈长方形，实际勘探面积13320.0平方米。地势平坦。

地层堆积3层。第①层：表土层，厚0.4米，土色花杂，土质疏松；第②层：扰土层，深0.4—1.4米，厚1.0米，土色灰黄，土质较疏松，含零星瓦片等物；第③层：垆土层，深1.4—1.9米，厚0.5米，土色黄褐，土质较密实。第③层以下为生土。

未发现古代文化遗存。

40

中顺家园（金仕华城，一期）

文物勘探

工作时间：2004年2月12—28日
建设单位：西安中顺置业开发有限公司
项目性质：商业（房地产）
工作人员：袁长江、陈宏汕

位于未央区未央宫街办。北邻北二环中段，东邻明光路，南邻阳光新地小区，西邻朱宏路。西南角坐标为：东经108°55′，北纬34°18′。用地范围呈不规则长方形，实际勘探面积26666.6平方米。地势平坦。

地层堆积2层。第①层：表土层，厚0.7米，土色灰褐，系建筑垃圾层；第②层：垆土层，厚0.8米，土色黄褐，土质较硬。第②层以下为生土。

发现古墓葬17座，其中汉墓10座、唐墓3座。墓葬形制有竖穴土圹墓2座，竖穴墓道土洞墓8座，斜坡墓道土洞墓7座。

41

隆同大厦

文物勘探

工作时间：2004年2月13—15日
建设单位：西安隆同置业有限公司
项目性质：商业（大厦）
工作人员：袁长江、李乖成

位于未央区三桥街办。东邻西宝疏导线，南邻西部车城，西邻后围寨。西南角坐标为：东经108°49′，北纬34°18′。用地范围呈长方形，东西长81.0米，南北宽26.0米，实际勘探面积2126.8平方米。地势平坦。

地层堆积1层。冲积层，厚1.7米，土色淡黄，土质较疏松，含少量贝壳等物。该层以下为生土。

未发现古代文化遗存。

42

东湖路（K0+0.56—K1+370，浐灞大道）

文物勘探

工作时间：2004年2月21日—3月16日
建设单位：东湖路建设指挥部
项目性质：公共基础建设（道路）
工作人员：袁长江、侯计宽

位于未央区辛家庙街办。东西向，西接北辰路，东接广运潭大道。西南角坐标为：东经109°0′，北纬34°19′。用地范围呈长条形，长1300.0米，宽51.0米，实际勘探面积66300.0平方米。地势平坦。

地层堆积2层。第①层：扰土层，厚0.5米，土色黄色，土质僵硬；第②层：垆土层，厚0.3米，土色黑褐，土质较硬。第②层以下为生土。

发现古墓葬13座。墓葬形制有竖穴土圹墓1座，竖穴墓道土洞墓6座，竖穴墓道砖室墓2座，斜坡墓道土洞墓4座。

考古发掘

工作时间：2004年4—7月
工作人员：程林泉、张翔宇

发掘汉墓12座，出土器物239件。其中西汉早期墓7座，西汉中晚期2座，东汉墓3座。竖穴土圹墓2座，斜坡墓道土圹木椁墓3座，洞室墓7座。其中M1外藏椁内出土塑衣人物俑30件；M2与M3东西并列，规模宏大，并出土了高规格的器物，如M2出土的金襟钩、玉衣片等，显示了墓主人较高的等级地位。

43

新房村改造（二期）

文物勘探

工作时间：2004年3月1—9日
建设单位：陕西金歌地产开发有限公司
项目性质：商业（房地产）
工作人员：袁长江、邹亚军

位于未央区辛家庙街办。邻东湖路（浐灞大道），东邻辛家庙派出所，西邻广通实业。西南角坐标为：东经109°0′，北纬34°19′。用地范围呈长条形，实际勘探面积21760.0平方米。地势平坦。

地层堆积1层。表土层，厚0.4米，土色花杂，土质疏松。该层以下为生土。

发现东汉墓1座。位于项目用地西南部，墓葬形制为斜坡墓道砖室墓，坐西朝东，由墓道、前室、后室等部分组成。墓道长14.0米，宽1.0米，深7.0米；前室长4.0米，宽3.2米，深7.0米，后室长2.5米，宽2.5米，深7.0米。

44

皂河中游治理工程（三桥—雁长交界）

文物勘探

工作时间：2004年3月10日—12月7日
建设单位：西安城市排洪工程建设管理处
项目性质：公共基础建设（水利）
工作人员：王自力、刘军利

北起未央区三桥街办。南至雁塔区与长安区交界。西南角坐标为：东经108°50′，北纬34°16′。途经三桥镇、北何村、南何村、张家村、红光路、昆明路、热力发电厂、北石桥、富民路、鱼斗路、鱼西路、雁环路、西万路、郭杜镇、雁长路等地。用地范围呈长条形，长16.59千米，宽窄不等，实际勘探面积960000.0平方米。地势较平坦。

地层堆积2层。第①层：表土层，厚0.3米，土色花杂，土质疏松；第②层：扰土层，深0.3—1.4米，厚1.1米，土色红褐，土质较疏松，含零星瓦片等物。第②层以下为生土。

发现古墓葬32座，其中汉墓2座、唐墓30座。墓葬形制有竖穴土圹墓12座，竖穴墓道土洞墓20座。竖穴土圹墓南北向11座，东西向1座；土洞墓均坐北朝南。

45

未央大学园后勤服务设施建设（一期）

文物勘探

工作时间：2004年3月15日—4月6日
建设单位：陕西高校公寓开发建设有限公司
项目性质：公共基础建设（学校）
工作人员：袁长江等

位于未央区草滩街办。小滩村内。西邻东风路。西南角坐标为：东经108°59′，北纬34°23′。用地范围呈长方形，实际勘探面积5500.0平方米。地势平坦。

地层堆积2层。第①层：表土层，深0.3米，土色灰色，土质疏松；第②层：扰土层，深0.3—0.7米，厚0.4米，土色深灰，土质较疏松，含近现代砖瓦残块。第②层以下为生土。

发现汉唐时期墓葬9座（汉墓6座、唐墓3座），古窑址2处。墓葬形制有竖穴墓道土洞墓6座，斜坡墓道土洞墓3座。墓向均坐北朝南。

46

陕西高校公寓开发建设管理中心（二期）

文物勘探

工作时间：2004年3月23日—4月8日
建设单位：陕西高校公寓开发建设管理中心
项目性质：商业（大厦）
工作人员：袁长江、徐西平

位于未央区草滩街办。东邻阳光大道，南邻龙朔路，北邻草店村。西南角坐标为：东经108°58′，北纬34°23′。用地范围呈长方形。地势平坦。

地层堆积2层。第①层：表土层，厚0.3米，土色花杂，土质疏松，含砖瓦残块等物；第②层：扰土层，厚0.3米，土色浅黄，土质密实，内含少量砖瓦、陶片等物。第②层以下为生土。

未发现古代文化遗存。

47

红旗东路（太华路—河滨路）

文物勘探

工作时间：2004年3月25日—4月15日
建设单位：西安市政管理委员会
项目性质：公共基础建设（道路）
工作人员：袁长江、王建生

位于未央区徐家湾街办。起于陕西秦北消防机电设备有限公司，途经联合南村、沟上村、东二环北延线、袁乐村，止于灞河西岸的河滨路。西南角坐标为：东经108°59′，北纬34°21′。用地范围呈长条形，长2500.0米，宽40.0—60.0米，实际勘探面积100000.0平方米。地势平坦。

起点—联合南村，地层堆积2层。第①层：表土层，厚0.4米，土色花杂，土质疏松，含近现代砖瓦残块等物；第②层：扰土层，厚1.0米，土色灰黄，土质较密实。第②层以下为生土。

联合南村—终点，地层堆积2层。第①层：表土层，厚0.4米，土色花杂，土质疏松，含近现代砖瓦残块等物；第②层：扰土层，厚1.3米，土色灰黄、褐色，土质较密实，含有少量汉代陶器残片等物。第②层以下为生土。

发现古墓葬15座（汉墓11座、唐墓4座），古窑址11处。墓葬形制有竖穴墓道土洞墓5座，竖穴墓道砖室墓1座，斜坡墓道土洞墓5座，斜坡墓道土洞墓4座。墓向坐西朝东9座，坐东朝西1座，坐北朝南3座，坐南朝北2座。

48

西航家园

文物勘探

工作时间：2004年3月26日—4月15日
建设单位：西安天鼎集团公司
项目性质：商业（房地产）
工作人员：袁长江

位于未央区徐家湾街办。西邻6F39号楼，北邻渭青路。西南角坐标为：东经109°0′，北纬34°21′。用地范围呈长方形，东西长108.0米，南北宽57.0米，实际勘探面积6156.0平方米。地势平坦。

地层堆积3层。第①层：表土层，厚0.7米，土色杂乱，系建筑垃圾层；第②层：耕土层，深0.7—1.5米，厚0.8米，土色灰褐，土质较疏松；第③层：垆土层，深1.5—2.0米，厚0.5米，土色油黑，土质坚硬。第③层以下为生土。

发现汉唐时期墓葬33座，其中汉墓23座、唐墓10座。墓葬形制为竖穴土圹墓1座，竖穴墓道土洞墓21座，斜坡墓道土洞墓7座，斜坡墓道砖室墓1座；墓向坐北朝南7座，坐南朝北5座，坐西朝东11座，坐东朝西5座，坐东北朝西南1座。

49

上林苑小区

考古发掘

工作时间：2004年4月
建设单位：北京艺苑房地产开发有限责任公司
项目性质：商业（房地产）

工作人员：程林泉、张翔宇、袁长江

位于未央区大明宫街办。西邻开元路南段，北邻北二环，南邻省直机关明园小区。西南角坐标为：东经108°57′，北纬34°18′。用地范围呈长方形。地势平坦。

发掘北周墓葬一座，编号M1，为北周时期来自康国的一位粟特人（康业）墓葬，资料已整理公布，简述如下。

墓葬形制为斜坡墓道土洞墓，坐北朝南，由墓道、甬道、墓室三部分组成。墓室为穹隆顶土洞室，原有壁画，剥落严重，仅能辨识边框，靠近北壁处有一围屏石榻。围屏石榻由围屏、榻板、榻腿组成。围屏上线刻祭祀、出行等场景；榻板正面线刻兽面、四神、莲花等图案，两侧用云气纹表现出虎、鹿、羊、鸡等动物形象；榻腿6个，雕成狮子形状。根据出土墓志记载，该墓主人是康居国王的后裔，名业，字元基，历任魏大天主、罗州使君、车骑大将军、雍州呼乐等职务，卒于大周天和六年（571年），被诏增为甘州刺史。出土物品有墓志、腰带铜饰、五铢钱、罗马金币。

（西安市文物保护考古所：《西安北周康业墓发掘简报》，《文物》2008年第6期）

50

西航单身公寓小区

文物勘探

工作时间：2004年4月10—16日
建设单位：西安航空发动机有限公司
项目性质：商业（房地产）
工作人员：王自力、邹亚军

位于未央区徐家湾街办。北邻河址西村，南邻红旗西路。西南角坐标为：东经108°57′，北纬34°21′。用地范围呈长方形，南北长177.6米，东西宽97.5米，实际勘探面积10650.0平方米。地势平坦。

地层堆积2层。第①层：表土层，厚0.3米，土色花杂，土质较密实，含砖瓦残块；第②层：扰土层，厚0.7米，土色褐黄，土质较硬，含少量陶片等物。第②层以下为生土。

未发现古代文化遗存。

51

曼车4分店

文物勘探

工作时间：2004年4月13—24日
建设单位：陕西麦林贸易有限公司
项目性质：商业（厂房）
工作人员：袁长江、李乖成

位于未央区张家堡街办。西邻明光路，北邻凤城六路。西南角坐标为：东经108°56′，北纬34°20′。用地范围呈长方形，南北长85.0米，东西宽78.0米，实际勘探面积6430.0平方米。地势平坦。

西部地层堆积2层。第①层：表土层，厚0.3米，土色黄褐，土质疏松；第②层：扰土层，厚0.7米，土色黄褐，土质较硬，含零星瓦片等物。第②层以下为生土。

东部地层堆积2层。第①层：表土层，厚0.3米，土色黄褐，土质疏松；第②层：扰土层，厚1.2米，土色黄褐，土质较硬。第②层以下为生土。

发现汉代古墓葬7座，古窑址3处。墓葬形制有竖穴墓道土洞墓5座，竖穴墓道砖室墓1座，斜坡墓道土洞墓1座。墓向坐东朝西5座，坐北朝南2座。

52

锦园·长安坊间（锦园·新世纪）

文物勘探

工作时间：2004年4月25日—5月16日
建设单位：陕西大明宫房地产开发有限公司
项目性质：商业（房地产）
工作人员：孙武、段增运

位于未央区大明宫街办。北邻北二环，西邻

明珠家具城，南邻玄武路。西南角坐标为：东经108°58′，北纬34°18′。用地范围呈长方形，实际勘探面积73376.0平方米。地势平坦。

地层堆积2层。第①层：表土层，厚0.3米，土色花杂，土质较密实，含砖瓦残块；第②层：扰土层，厚0.5米，土色为红褐色，土质较硬。第②层以下为生土。

发现汉唐时期古墓葬14座，其中汉墓6座、唐墓8座。墓葬形制有竖穴墓道土洞墓3座，斜坡墓道土洞墓5座。墓向均为坐西朝东。

53

中顺家园（金仕华城，二期）

文物勘探

工作时间：2004年5月20—22日
建设单位：西安中顺置业开发有限公司
项目性质：商业（房地产）
工作人员：袁长江、陈宏汕

位于未央区未央宫街办。北邻北二环中段，东邻明光路，南邻阳光新地小区，西邻朱宏路。西南角坐标为：东经108°55′，北纬34°18′，用地范围呈不规则长方形，实际勘探面积26666.6平方米。地势平坦。

地层堆积2层。第①层：表土层，厚1.0米，土色花杂，系建筑垃圾层；第②层：垆土层，厚0.8米，土色黄褐，土质较硬。第②层以下为生土。

发现汉墓2座。墓葬形制均为竖穴墓道土洞墓。墓向坐东朝西1座，坐西朝东1座。

54

西航一中综合楼

文物勘探

工作时间：2004年5月24—29日
建设单位：西航建安公司
项目性质：公共基础建设（学校）
工作人员：袁长江等

位于未央区徐家湾街办。北邻天鼎大厦，东邻西航一中教学楼。西南角坐标为：东经108°58′，北纬34°21′。用地范围呈“L”形，东西长21.0—49.5米，南北宽25.0—40.0米，实际勘探面积1605.0平方米。地势平坦。

地层堆积2层。第①层：表土层，厚0.5米，土色花杂，土质较疏松，系建筑垃圾层；第②层：垆土层，厚1.0米，土色油黑，土质坚硬。第②层以下为生土。

发现汉墓3座。墓葬形制有竖穴土圹墓1座，竖穴墓道土洞墓2座。墓向坐东朝西2座，东西向1座。

55

虎钳厂住宅楼

文物勘探

工作时间：2004年5月26—27日
建设单位：西安市虎钳厂
项目性质：商业（住宅楼）
工作人员：西安市文物保护考古所

位于未央区大明宫街办。朱宏路888号，西邻朱宏路，南邻龙首北路，北邻馨鑫嘉园。西南角坐标为：东经108°55′，北纬34°18′。用地范围呈长方形，实际勘探面积1222.5平方米。地势平坦。

地层堆积，场地内已挖至生土。

发现汉墓11座。墓葬形制有竖穴土圹墓2座，竖穴墓道土洞墓5座，竖穴墓道砖室墓1座，斜坡墓道土洞墓3座。墓向坐北朝南3座，坐南朝北1座，坐东朝西5座，南北向1座，东西向1座。

56

未央区委家属院改造

文物勘探

工作时间：2004年6月1—4日
建设单位：西安市房地局第三分局
项目性质：商业（住宅楼）
工作人员：孙武、贺建宏

位于未央区张家堡街办。北邻凤城七路，西南角坐标为：东经108°57′，北纬34°17′。用地范围呈长方形，实际勘探面积5500.0平方米。地势平坦。

地层堆积2层。第①层：表土层，厚0.5米，土色花杂，土质杂乱，系建筑垃圾层；第②层：扰土层，深0.5—1.5米，厚1.0米，土色黄褐，土质较疏松。第②层以下为生土。

未发现古代文化遗存。

57

智德集团加工基地

文物勘探

工作时间：2004年7月9日—8月4日
建设单位：智德集团塑料加工基地指挥部
项目性质：商业（厂房）
工作人员：王自力、雷增气

位于未央区三桥街办。北邻红光路，东邻西安热力发电厂，西邻皂河。西南角坐标为：东经108°51′，北纬34°15′。用地范围呈长方形，实际勘探面积15000.0平方米。地势平坦。

地层堆积2层。第①层：表土层，厚2.2米，系建筑垃圾层；第②层：扰土层，厚0.3米，土色黄褐，土质疏松。第②层以下为生土。

未发现古代文化遗存。

58

新房村改造（三期）

文物勘探

工作时间：2004年7月10—29日
建设单位：陕西金歌地产开发有限公司
项目性质：商业（房地产）
工作人员：王光天、邹亚军

位于未央区辛家庙街办。北邻东湖路（浐灞大道），东邻辛家庙派出所，西邻广通实业。西南角坐标为：东经109°0′，北纬34°19′。用地范围呈长条形，实际勘探面积53840.0平方米。地势平坦。

地层堆积3层。第①层：表土层，厚0.7米，系建筑垃圾层；第②层：耕土层，深0.7—1.3米，厚0.6米，土色灰黄，土质较疏松，含瓦片等物；第③层：扰土层，深1.3—2.6米，厚1.3米，土色花杂，土质疏松。第③层以下为生土。

发现汉墓4座。墓葬形制有竖穴墓道土洞墓3座，斜坡墓道土洞墓1座。墓向坐北朝南3座，坐东朝西1座。

59

西北农副产品批发市场

文物勘探

工作时间：2004年7月29日—8月8日
建设单位：西安摩尔农产品有限公司
项目性质：公共基础建设（市场）
工作人员：张达红、杨智慧

位于未央区辛家庙街办。南邻北二环，西邻西安市中级人民法院家属院。西南角坐标为：东经108°59′，北纬34°18′。用地范围呈长方形，实际勘探面积132000.0平方米。地势平坦。

地层堆积3层。第①层：表土层，厚0.4米，土色花杂，土质疏松；第②层：扰土层，深0.4—0.8米，厚0.4米，土色灰黄，土质较疏松，含少量砖瓦残块等物；第③层：垆土层，深0.8—1.2米，厚0.4米，土色褐黄，土质密实。第③层以下为生土。

发现古墓葬22座。墓葬形制有竖穴土圹墓2座，竖穴墓道土洞墓2座，斜坡墓道土洞墓15座，斜坡墓道砖室墓3座。墓向坐北朝南16座，坐东朝西4座，南北向2座。

考古发掘

工作时间：2004年4月
工作人员：程林泉、张翔宇

发掘汉代至隋代墓葬22座。其中两汉时期墓葬5座，M1、M7、M16资料已整理公布，简述如下。

M1：斜坡墓道砖室墓，坐北朝南，由墓道、甬道、墓室三部分组成。葬具不详，葬式不详。出土器物21件，另有铜钱4枚。其中陶器10件，有壶、罐、仓、灶、盆、熏炉盖等；石器11件，有锥形器、石块；铜钱4枚，均为五铢。

M7：斜坡墓道土洞墓，坐东朝西，由墓道、甬道、墓室三部分组成。葬具不详，葬式不详。出土器物26件，另有铜钱1枚。其中陶器24件，有壶、罐、灶、甑、釜、井、案、猪、狗、鸡等；铁棺钉2枚；货泉铜钱1枚。

M16：斜坡墓道土洞墓，坐东朝西，由墓道、甬道、墓室三部分组成。葬具为2木棺，葬式不详。出土器物35件，其中陶器27件，有壶、罐、樽、甑、盆、案、盘、碗、耳杯等；铁棺钉2枚；铜镜1面；铁器5件，有灯、剑、门环、锄等；铜钱22枚，其中货泉1枚，五铢钱21枚；石器2件，有琀、猪。

（西安市文物保护考古所：《西安东汉墓》，文物出版社，2009年）

60

新店新村（一期）

文物勘探

工作时间：2004年8月22日—2005年5月
建设单位：未央区土地储备中心
项目性质：商业（房地产）
工作人员：王自力、邹亚军

位于未央区三桥街办。南邻西宝高速三桥收费站，北邻西咸路。西南角坐标为：东经108°48′，北纬34°18′。用地范围呈长方形，实际勘探面积20000.0平方米。地势平坦。

地层堆积2层。第①层：表土层，厚0.5米，土色花杂，土质疏松；第②层：扰土层，厚0.7米，土质密实。第②层以下为冲积层。

未发现古代文化遗存。

61

经开国际中学

文物勘探

工作时间：2004年8月28日—9月10日
建设单位：西安经发地产有限公司
项目性质：公共基础建设（学校）
工作人员：孙武、王纪元

位于未央区汉城街办。明光路与凤城十路十字东南角，西南角坐标为：东经108°56′，北纬34°21′。用地范围呈长方形，实际勘探面积81353.0平方米。地势平坦。

地层堆积2层。第①层：表土层，厚0.3米，土色灰黄，土质疏松；第②层：扰土层，深0.3—1.1米，厚0.8米，土色灰黄，土质较疏松，含近现代砖瓦残块等物。第②层以下为生土。

未发现古代文化遗存。

62

邦盛公司厂房

文物勘探

工作时间：2004年9月6—12日
建设单位：陕西邦盛药业有限公司
项目性质：商业（厂房）
工作人员：孙武、贺建宏

位于未央区六村堡街办。西安现代农业开发区内，西邻明光路，北邻尚苑路。西南角坐标为：东经108°56′，北纬34°22′。用地范围呈长方形，实际勘探面积28000.0平方米。地势平坦。

地层堆积4层。第①层：表土层，厚0.3米，土色浅灰，土质疏松；第②层：沙土层，深0.3—1.0米，厚0.7米，土色浅黄，土质疏松，含少量灰星等物；第③层：细沙层，深1.0—1.5米，厚0.5米，土质纯净；第④层：沙石层，深1.5米以下见，含大量沙石。

未发现古代文化遗存。

63

江南彩印厂房

文物勘探

工作时间：2004年9月7—9日
建设单位：西安江南彩印包装有限公司
项目性质：商业（厂房）
工作人员：袁长江

位于未央区六村堡街办。西安现代农业开发区内，尚苑路中段。西南角坐标为：东经108°53′，北纬34°22′。用地范围呈长方形，实际勘探面积9345.6平方米。地势平坦。

地层堆积2层。第①层：表土层，厚0.3米，土色褐黄，土质疏松；第②层：扰土层，厚0.7米，土质较疏松。第②层以下为生土。

未发现古代文化遗存。

64

白桦林居（一期）

文物勘探

工作时间：2004年10月19日—11月1日
建设单位：西安经发地产有限公司
项目性质：商业（房地产）
工作人员：孙武、王纪元

位于未央区汉城街办。东邻文景路，北邻凤城九路，南邻凤城八路，西邻明光路。西南角坐标为：东经108°56′，北纬34°20′。用地范围呈长方形，用地面积119999.0平方米。地势平坦。

地层堆积2层。第①层：表土层，厚0.3米，土色灰黄，土质疏松；第②层：扰土层，厚0.9米，土色黄褐，土质较疏松。第②层以下为生土。

未发现古代文化遗存。

65

白桦林居（二期）

文物勘探

工作时间：2004年10月25日—11月6日
建设单位：西安经发地产有限公司
项目性质：商业（房地产）
工作人员：孙武、王纪元

位于未央区汉城街办。东邻文景路，北邻凤城九路，南邻凤城八路，西邻明光路。西南角坐标为：东经108°56′，北纬34°20′。用地范围呈长方形，用地面积86666.59平方米。地势平坦。

地层堆积2层。第①层：表土层，厚0.3米，土色灰黄，土质疏松；第②层：扰土层，厚0.9米，土色黄褐，土质较疏松。第②层以下为生土。

未发现古代文化遗存。

66

雅荷春天

文物勘探

工作时间：2004年11月5日—12月15日
建设单位：西安雅荷房地产开发有限公司
项目性质：商业（房地产）
工作人员：倪志俊、李乖成

位于未央区张家堡街办。北邻南李村，东邻未央路，南邻凤城五路。西南角坐标为：东经108°56′，北纬34°20′。用地面积呈长方形，实际勘探面积76044.6平方米。地势平坦。

地层堆积2层。第①层：表土层，厚0.3米，土色黄褐，土质疏松；第②层：扰土层，厚1.1米，土色黄褐，土质较硬，含少量古代瓦片等物。第②层以下为生土。

发现秦汉时期古墓葬864座，古窑址1处（附图2）。

67

车辆厂小学

文物勘探

工作时间：2004年11月11—18日
建设单位：西安三环路发展有限公司
项目性质：公共基础建设（学校）
工作人员：孙武、王纪元

位于未央区三桥街办。东邻西三环，西邻西雁小区，北邻雁雀门村。西南角坐标为：东经108°51′，北纬34°18′。用地范围呈长方形，实际勘探面积19980.0平方米。地势平坦。

地层堆积3层。第①层：表土层，厚0.3米，土色灰黄，土质疏松；第②层：扰土层，深0.3—0.9米，厚0.6米，土色黄灰，土质较疏松；第③层：汉唐文化层，深0.9—1.4米，厚0.5米，土色黄色，土质疏松，含少量汉唐时期砖瓦残块。第③层以下为生土。

未发现古代文化遗存。

68

新房村绿色花园（二期）

文物勘探

工作时间：2004年11月30日—12月10日
建设单位：陕西鼎骏实业有限公司
项目性质：商业（房地产）
工作人员：袁长江、邹亚军

位于未央区辛家庙街办。南邻新兴路中段，西邻西岸国际花园，北邻广安路。西南角坐标为：东经109°1′，北纬34°18′。用地范围呈“L”形，实际勘探面积8000.0平方米。地势平坦。

地层堆积2层。第①层：表土层，厚0.6米，土色灰褐，土质疏松；第②层：垆土层，厚0.6米，土呈黑色，土质坚硬。第②层以下为生土。

未发现古代文化遗存。

69

汉长安城沉水古桥遗址

考古发掘

工作时间：2005—2007年
建设单位：西安市文物保护考古所
项目性质：主动调查、勘探和发掘（考古发掘）
工作人员：王自力等

位于未央区三桥街办。建章路以东，陇海铁路以南，新沉河西岸，湾子村东北约200米。西南角坐标为：东经108°51′，北纬34°17′。现将1、2号古桥发掘情况简述如下。

1号古桥遗址：发掘面积约1200平方米，因建桥修路，自地表至深约4米的原地层已被破坏。探方内除古桥木桩外无其他遗迹，九个探方共揭露出木桩 160根，木桩基本为原始桥桩的位置。从木桩现存高度看，可分为两类：一类是被火烧过的木桩，皆呈焦黑色且较矮小；另一类是无火烧痕迹的木桩，保存较好，呈黄或褐色，高大而粗壮。出土器物约972件。有陶器、铁器、石器、铜器及鹿角等。主要出土于古桥木桩的砂土层中，个别为遗址区内采集。建筑构件约796件，有筒瓦、板瓦、脊瓦、瓦当、砖、排水管等。生活用器36件，出土陶片中可辨器形有罐、盆、釜、甑、鬲等。铜器58件，有铜钱、钱范及铜环。铁器72件，出土时大多已锈结为块状，初步清理后可辨的主要有兵器、生产工具、生活器具、饰件等。生产工具66件，有斧、凿、钩、夯锤、镢、砧等。1号古桥应属跨河的桥梁之类，而非河岸的码头、驿站等建筑设施。建造应在西汉武帝时期，新莽以后废弃。

2号古桥遗址：遗址位于西三环西辅道陇海铁路涵洞以南约100米，在深约7米、宽20米的辅道沟槽内发现东西排列的5排32根木桩。木桩保存极差，大部分仅存根部。当时开挖的西辅道沟槽，其东西两壁的断面尚存。遗址出土物较少，仅有零星的汉代板瓦、筒瓦残片。

（西安市文物保护考古研究院：《汉长安城沉水古桥遗址发掘报告》，《考古学报》2012年第3期）

70
东二环北延线（东二环—北绕城高速）

文物勘探

工作时间：2005年1月
建设单位：西安三环路建设发展有限公司
项目性质：公共基础建设（道路）
工作人员：张达红、杨智慧

途经未央区辛家庙街办、谭家街办、徐家湾街办。起于东二环与北二环交接处，途经辛家庙村、滹沱村、赵村、任家寨、雒家村，终于雒家村，北接绕城高速。西南角坐标为：东经109°0′，北纬34°19′。全长5437.0米，宽100.0米，实际勘探面积543700.0平方米。地势高低起伏较大。

起点至六一八渠道以南，地层堆积2层。第①层：表土层，厚0.6米，土色花杂，土质疏松，含近现代陶片等物；第②层：垆土层，厚0.7米，土色褐黄，土质较紧密，含古代砖瓦残块等物。第②层以下为生土。

六一八渠道以北至终点，地层堆积2层。第①层：表土层，厚0.6米，土色花杂，土质疏松，含近现代陶片等物；第②层：古河道冲积层，厚1.5米，土质密实。

发现汉墓22座，古窑址3处。墓葬形制有竖穴土圹墓1座，竖穴墓道土洞墓8座，竖穴墓道砖室墓2座，斜坡墓道土洞墓8座，斜坡墓道砖室墓3座。墓向坐西朝东6座，坐东朝西4座，坐北朝南8座，坐南朝北3座，东西向1座。

考古发掘

工作时间：2005年
工作人员：张翔宇

发掘西汉时期墓葬3座，出土器物43件。

M1：方向185°，形制为斜坡墓道砖室墓，墓道之上有天井和过洞，墓室分为前、后室两部分，后室为并列双后室。条砖顺向封门，木棺。出土器物主要有陶罐2件、灯1件，釉陶壶1件、仓2件，铜弩机1件、铺首1件，玉肛塞1件、玉鼻塞1件、玉眼罩2件，滑石口琀1件、滑石耳塞2件。

M2：方向90°，形制为斜坡墓道券顶砖室墓，墓室一侧有耳室，条砖封门，木棺。出土器物主要有陶盆1件、甑2件、盆1件，釉陶鼎1件、盒1件、仓1件、樽1件，铜环1件、五铢钱26枚、衔镳1件、盖弓帽4件、车軎1件，玉口琀1件、鼻塞1件，石砚2件。

M3：方向90°，形制为斜坡墓道券顶砖室墓，墓室两侧有耳室，条砖封门，木棺。出土器物主要有陶罐1件、甑1件、灯1件，铜环1件、盖弓帽2件、铜饰1件、五铢钱1枚等。

71
朱宏路北延线（北二环—北绕城高速）

文物勘探

工作时间：2005年1月
建设单位：西安三环路建设发展有限公司
项目性质：公共基础建设（道路）
工作人员：张达红、杨智慧

途经未央区未央宫街办、汉城街办。起于朱宏路与北二环交接处，途经郭家村、汉城路、青东村、三官庙，终于北绕城高速。西南角坐标为：东经108°55′，北纬34°18′。全长5430.0米，宽100.0米，实际勘探面积543000.0平方米。地势较平坦。

地层堆积2层。第①层：表土层，厚1.0米，土色花杂，土质较疏松，含近现代陶片等物；第②层：垆土层，厚0.6米，土色褐黄，土质较紧密，含古代砖瓦残块等物。第②层以下为生土。

发现汉墓5座。墓葬形制有竖穴墓道土洞墓4座，竖穴墓道砖室墓1座。墓向坐西朝东3座，坐南朝北2座。

72
双健公司厂房

文物勘探

工作时间：2005年1月16—21日
建设单位：西安双健包装有限公司

项目性质：商业（厂房）
工作人员：孙武、贺建宏

位于未央区六村堡街办。西邻草滩六路，南邻尚苑路。西南角坐标为：东经108°53′，北纬34°22′。用地范围呈长方形，实际勘探面积15900.0平方米。地势平坦。

地层堆积4层。第①层：表土层，厚0.3米，土色浅灰，土质疏松；第②层：沙土层，深0.3—1.0米，厚0.7米，土色浅黄，土质疏松，含少量杂质；第③层：细沙层，深1.0—1.5米，厚0.5米，土色浅黄，含少量石块；第④层：沙石层，深1.5米以下见。

未发现古代文化遗存。

73

佳家时代（二期）

文物勘探

工作时间：2005年3月1—8日
建设单位：西安佳家房地产开发有限公司
项目性质：商业（房地产）
工作人员：袁长江、徐西平

位于未央区未央宫街办。东邻文景路，南邻北二环，西邻明光路，北邻海璟台北湾小区。西南角坐标为：东经108°56′，北纬34°18′。用地范围呈长方形，南北长128.0米，东西宽81.4米，实际勘探面积10419.0平方米。

地层堆积2层。第①层：表土层，厚0.3米，土色花杂，土质疏松；第②层：垆土层，厚0.5米，土色黑褐，土质较硬，含少量砖瓦残块等物。第②层以下为生土。

发现汉墓2座。墓葬形制竖穴墓道土洞墓1座，斜坡墓道土洞墓1座。墓向均坐西朝东。

考古发掘

工作时间：2006年5月18日—6月1日
工作人员：袁长江、李明亮、王励耘

共发掘东汉墓葬2座。M1形制为斜坡墓道砖室墓，平面呈“中”字形，方向93°，由墓道、墓室两部分组成。共出土器物7件，有铜钱、铜弩机、小玉片。M2斜坡墓道砖室墓，平面呈“中”字形，方向88°。由墓道、墓室两部分组成。共出土铜钱6枚。

74

珠江新城（一期）

文物勘探

工作时间：2005年3月4日—8月31日
建设单位：珠江房地产开发有限公司
项目性质：商业（房地产）
工作人员：倪志俊、贺建宏

位于未央区大明宫街办。西邻井上村，南邻西安市中级人民法院，东邻杨家庄。西南角坐标为：东经108°59′，北纬34°19′。用地范围呈长方形，实际勘探面积174574.0平方米。地势平坦。

地层堆积2层。第①层：表土层，厚0.3米，土色灰黄，土质疏松，含砖瓦残块、植物根系等物；第②层：扰土层，厚1.5米，土色浅褐，土质较疏松，含砖瓦残块等物。第②层以下为生土。

发现古墓葬24座。墓葬形制有竖穴土圹墓3座，竖穴墓道土洞墓10座，斜坡墓道土洞墓10座，斜坡墓道砖室墓1座。墓向坐东朝西5座，坐西朝东6座，坐北朝南9座，坐南朝北1座。

考古发掘

工作时间：2005年9月
工作人员：张小丽

共发掘汉代墓葬23座。多为小型西汉墓，形制以竖穴墓道土洞墓为主，少数为砖室墓，东汉墓3座，其中M3资料已整理公布，简述如下。

M3：斜坡墓道砖砌双室墓，坐东朝西，由墓道、甬道、墓室三部分组成。葬具为2木棺，葬式不详。M3共出土器物65件，另有铜钱79枚。其中陶器54件，有壶、罐、仓、樽、灶、甑、井、案、盘、碗、耳杯、勺等；铜器9件，有匙、刀、辖軎、带钩、井；铜钱79枚，有大泉五十、五铢、无字钱；铁环1件；煤晶体1件。

（西安市文物保护考古所：《西安东汉墓》，文物出版社，2009年）

75

玄武路拓宽

文物勘探

工作时间：2005年3月13日—4月16日
建设单位：西安市市政管理委员会
项目性质：公共基础建设（道路）
工作人员：王自力、段随毛

位于未央区大明宫街办。东西向。西接未央路，东接太华路。西南角坐标为：东经108°57′，北纬34°18′。用地范围呈长条形，长3351.0米，宽30.0米，实际勘探面积100530.0平方米。地势平坦。

地层堆积3层。第①层：表土层，深0.5米，土色杂乱，土质疏松；第②层：扰土层，深0.5—1.0米，厚0.5米，土色灰褐；第③层：垆土层，深1.0—1.5米，厚0.5米，土色褐黄，土质纯净，较硬。第③层以下为生土。

未发现古代文化遗存。

76

阿房一路拓宽（阿房路—皂河段）

文物勘探

工作时间：2005年3月20日—7月15日
建设单位：西安市市政管理委员会
项目性质：公共基础建设（道路）
工作人员：王自力、雷增气

位于未央区三桥街办。西接天台路，东接大庆路。西南角坐标为：东经108°49′，北纬34°16′。用地范围呈长条形，实际勘探长度1250.0米，宽50.0米，面积62500.0平方米。地势平坦。

地层堆积2层。第①层：表土层，深0.5米，土色花杂，土质疏松；第②层：扰土层，深0.5—1.5米，厚1.0米，土色红褐，土质较疏松。第②层以下为生土。

发现唐墓14座。墓葬形制有竖穴墓道土洞墓7座，竖穴墓道砖室墓3座，斜坡墓道土洞墓2座，斜坡墓道砖室墓1座。墓向均坐北朝南。

77

西苑小区

文物勘探

工作时间：2005年3月21日—4月1日
建设单位：西安谭家房地产有限公司
项目性质：商业（房地产）
工作人员：王自力、段随毛

位于未央区徐家湾街办。北邻红旗路，西邻开元路，南邻凤城十路，东邻龙朔路。西南角坐标为：东经108°57′，北纬34°21′。用地范围呈梯形，实际勘探面积39238.5平方米。地势平坦。

地层堆积3层。第①层：表土层，深0.5米，土色花杂，土质疏松；第②层：扰土层，深0.5—1.0米，厚0.5米，土色褐黄，土质较硬，含少量砖瓦残块；第③层：冲积层，土质坚硬，含少量料姜石。

未发现古代文化遗存。

78

红光路拓宽

文物勘探

工作时间：2005年3月24日—4月28日
建设单位：西安市市政管理委员会
项目性质：公共基础建设（道路）
工作人员：王自力、段随毛

位于未央区三桥街办。西接西宝公路，东接丰镐西路。西南角坐标为：东经108°49′，北纬34°15′。用地范围呈长条形，长2373.0米，宽42.0米，实际勘探面积99666.0平方米。地势平坦。

地层堆积2层。第①层：表土层，深0.5米，土色灰褐，土质疏松；第②层：垆土层，深0.5—1.2米，厚0.7米，土色褐黄，土质纯净，较硬。

第②层以下为生土。

发现汉墓7座。墓葬形制均为竖穴墓道土洞墓，墓向均坐北朝南。

79

杜家堡加气站

文物勘探

工作时间：2005年3月28—31日
建设单位：陕西金亿达有限公司
项目性质：商业（加气站）
工作人员：袁长江、徐西平

位于未央区草滩街办。北邻杜家堡，东、南邻龙朔路。西南角坐标为：东经108°58′，北纬34°22′。用地范围呈长方形，实际勘探面积5994.0平方米。地势平坦。

地层堆积2层。第①层：表土层，深0.4米，土色花杂，土质疏松；第②层：扰土层，深0.4—0.6米，厚0.2米，土色浅黄，土质较硬，含少量砖瓦残块。第②层以下为生土。

未发现古代文化遗存。

80

公安消防九中队综合楼

文物勘探

工作时间：2005年4月19—22日
建设单位：西安市消防支队
项目性质：公共基础建设（消防站）
工作人员：王自力、刘军利

位于未央区三桥街办。西部车城车城大道北侧200米，东邻三桥疏导线（后围寨立交），北邻旧机动车交易市场。西南角坐标为：东经108°49′，北纬34°18′。用地范围呈不规则长方形，南北长90.0米，东西宽30.0米，用地面积3000.0平方米。地势平坦。

地层堆积3层。第①层：表土层，厚0.6米，土色花杂，土质疏松；第②层：扰土层，深0.6—1.2米，厚0.6米，土色黄褐，土质较疏松；第③层：垆土层，深1.2—1.5米，厚0.3米，土色黑褐，土质均匀；第③层以下为生土。

未发现古代文化遗存。

81

西三环C04标段（红光路立交）

考古发掘

工作时间：2005年4月22—28日
建设单位：西安市三环路建设发展有限公司
项目性质：公共基础建设（道路）
工作人员：程林泉、张翔宇、张小丽、呼安林

位于未央区三桥街办。红光路立交考古工地位于西三环C04标段施工范围内，西南角坐标为：东经108°50′，北纬34°15′。红光路向西延伸与西三环交接处，皂河的西岸，是唐墓较为集中的地区。勘探时因民房未拆除无法勘探，2006年4月20日建设单位在施工中发现的古墓葬均遭破坏。

共发掘中小型唐墓8座。墓葬形制多为斜坡墓道刀形土洞墓。出土器物68件。器类有天王俑、镇墓兽、陶俑、骑马俑、陶马、陶骆驼、陶牛、陶鸡、陶猪、陶塔式罐、三彩罐、小瓷罐、青瓷四系罐、小铜镜、铅饰。

82

旧机动车交易中心

文物勘探

工作时间：2005年5月24日—6月1日
建设单位：西安朱宏路旧机动车交易服务有限公司
项目性质：商业（汽车销售）
工作人员：孙武、刘军利

位于未央区三桥街办。三桥疏导路38号，南邻东城大道，西邻舞蹈学院，北邻西部国际车城。西南角坐标为：东经108°49′，北纬34°17′。用地范围呈长方形，实际勘探面积15000.0平方米。地势平坦。

地层堆积2层。第①层：表土层，厚0.6米，土色花杂，土质疏松；第②层：扰土层，厚0.9米，土色黄褐，土质较疏松，含少量砖瓦残块等物。第②层以下为生土。

未发现古代文化遗存。

83

未央湖工商行政管理所

文物勘探

工作时间：2005年6月
建设单位：西安市工商行政管理局未央分局
项目性质：公共基础建设（办公楼）
工作人员：袁长江、王建生

位于未央区草滩街办。西邻西铜高速，东邻向上路，南邻佳隆房庄园。西南角坐标为：东经108°59′，北纬34°24′。用地范围呈长方形，东西长147.5米，南北宽82.0米，实际勘探面积12133.0平方米。地势平坦。

地层堆积2层。第①层：表土层，厚1.2米，土色灰黄，土质较疏松，含粉泥沙，零星瓦片；第②层：粗沙层，厚0.5米，沙质纯净、坚硬，属冲积而成。

未发现古代文化遗存。

84

刘南村城改

文物勘探

工作时间：2005年6月12—19日
建设单位：刘南实业有限公司
项目性质：商业（房地产）
工作人员：王自力、邹亚军

位于未央区辛家庙街办。北邻矿山路，西邻刘南村。西南角坐标为：东经109°0′，北纬34°18′。用地范围呈长方形，实际勘探面积5216.0平方米。地势平坦。

地层堆积3层。第①层：表土层，厚0.7米，土色花杂，土质较密实，内含近现代砖瓦块及植物根系等物；第②层：扰土层，深0.7—1.1米，厚0.4米，土色灰褐，土质较硬；第③层：垆土层，深1.1—1.5米，厚0.4米，土色油黑，土质坚硬。第③层以下为生土。

未发现古代文化遗存。

85

北二环东延线（C18a标段—安邸立交，咸宁路立交）

文物勘探

工作时间：2005年7月
建设单位：西安三环路建设发展有限公司
项目性质：公共基础建设（道路）
工作人员：张宏达

位于未央区辛家庙街办。东西向，起于东、北二环交接处，途经辛家庙东村、铁道部第二十工程局机械厂、新房村、浐河，终于安邸村。道路长4000.0米，宽70.0米。西南角坐标为：东经109°0′，北纬34°18′。

安邸立交，占地面积24000.0平方米。

咸宁路立交位于灞桥区红旗街办。东邻穆家王村，西邻咸宁东路，西南角坐标为：东经109°3′，北纬34°15′。实际勘探面积266666.0平方米，地势平坦。

延伸线起点—浐河地层堆积2层。第①层：表土层，厚0.5米，土色花杂，土质较疏松；第②层：垆土层，厚0.6米，土色褐黄，土质较硬，含少量绳纹瓦片。第②层以下为生土。

安邸立交、咸宁路立交地层堆积2层。第①层：表土层，厚0.5米，土色花杂，土质较疏松；第②层：泥沙层，厚1.0米，土质密实。

发现战国、秦汉古墓葬13座（战国墓2座、秦汉墓11座），均位于东延线路段。墓葬形制有竖穴土圹墓2座，竖穴墓道土洞墓4座，斜坡墓道土洞墓7座。墓向坐北朝南4座，坐西朝东6座，坐东朝西1座。

考古发掘

工作时间：2005年10月

工作人员：张翔宇、张小丽

此次发掘地点位于北二环东延线（C18a标段—安邸立交）。共发掘汉代墓葬6座，出土器物30件。

86

汉唐盛景花园（一期）

文物勘探

工作时间：2005年7月15—28日

建设单位：西安汉唐房地产开发有限公司

项目性质：商业（房地产）

工作人员：袁长江、贾文虎

位于未央区三桥街办。车刘村内，南邻三桥路，西邻枣园西路。西南角坐标为：东经108°51′，北纬34°17′。用地范围呈长方形，实际勘探面积13696.0平方米。地势平坦。

地层堆积2层。第①层：表土层，厚0.6米，土色花杂，土质疏松；第②层：扰土层，厚0.9米，土色黄褐，土质较密实，含少量砖瓦残块等物。第②层以下为生土。

未发现古代文化遗存。

87

大白杨西村住宅楼

文物勘探

工作时间：2005年8月6—25日

建设单位：西安御园房地产开发有限公司

项目性质：商业（房地产）

工作人员：王自力、邹亚军

位于未央区未央宫街办。北邻北二环，西南角坐标为：东经108°55′，北纬34°17′。用地范围呈长方形，实际勘探面积10000.0平方米。地势平坦。

地层堆积1层。厚0.5米，土色花杂，土质疏松，部分为回填土层。此层以下为生土。

未发现古代文化遗存。

88

北周李诞墓

考古发掘

工作时间：2005年9月

建设单位：不详

项目性质：其他（村民宅基地）

工作人员：张小丽

位于未央区张家堡街办。原南康村用地内。南邻北二环，西邻未央路。西南角坐标为：东经108°57′，北纬34°19′。

墓葬形制为斜坡墓道穹隆顶砖室墓，由墓道、甬道、墓室三部分组成，坐北朝南。出土墓志一合，由志盖和志石组成。志盖，方形盝顶，志石方形，志文楷书，11行，满行12字，共计126字，志文简要记载了墓主生平。墓主姓李名诞，字陁娑，婆罗门种，正光年间自罽宾来到中土。葬具，为一石棺，线刻精美图案，内容有中国传统的四神、伏羲女娲、星宿及云气、忍冬纹等，也有如守护神、覆莲座、火坛、摩尼宝珠、火焰纹等异域宗教文化因素。该墓葬是西安地区发现的第一座北周时期来自南亚的异域人墓葬，是研究中外文化交流的重要资料。另外，这座墓距北周史君墓、北周安伽墓不远，昭示了这个区域是北周时期来自异域人的集中埋葬区域，今后开展考古工作中应高度重视这一点。

（程林泉、张小丽、张翔宇：《谈谈对北周李诞墓的几点认识》，《中国文物报》2005年10月21日；程林泉、张翔宇、张小丽：《西安北周李诞墓初探》《艺术史研究》（第七辑），中山大学出版社，2005年；程林泉：《西安北周李诞墓的考古发现与研究》，《西部考古·第一辑》，三秦出版社，2006年）

89

西三环昆明路立交（石桥立交）

文物勘探

工作时间：2005年9月14日—11月2日
建设单位：西安市三环路建设发展有限公司
项目性质：公共基础建设（道路）
工作人员：倪志俊、李乖成

位于未央区三桥街办。西三环与昆明路交汇处，西南角坐标为：东经108°50′，北纬34°15′。用地范围呈长方形，实际勘探面积140134.0平方米。地势平坦。

地层堆积2层。第①层：表土层，厚0.3米，土色灰黄，土质较疏松；第②层：扰土层，深0.3—0.7米，厚0.4米，土色褐黄，土质较硬，含少量砖瓦残块等物。第②层以下为生土。

发现古墓葬22座。墓葬形制有竖穴墓道土洞墓15座，竖穴墓道砖室墓2座，斜坡墓道土洞墓4座，斜坡墓道砖室墓1座。墓向坐西朝东18座，坐北朝南3座，坐南朝北1座。

考古发掘

工作时间：2005年
工作人员：张小丽

发掘古墓葬22座，出土器物100余件。其中唐墓16座，墓葬形制有斜坡墓道砖室墓、斜坡墓道土洞墓。出土器物有铜镜、陶俑、陶猪、陶骆驼、陶罐及墓志一合。C03M1资料已整理公布，简述如下。

C03M1：长斜坡墓道单室砖墓，墓向180°，由墓道、封门、甬道、墓室等部分组成。墓道位于墓室南端偏东，遭施工破坏严重，西壁已破坏殆尽。从东壁残存情况看，底为斜坡状，北端与甬道连接处应有一天井，天井南侧现存墓道略窄于天井，应为过洞。残存随葬器物103件，另有墓志1合（“大唐故奚质子右威卫将军热瓌墓志铭”），除1件瓷罐外，其余均为陶器，有罐、风帽俑、幞头俑、仕女俑、鞍马、骆驼、猪、狗、鸡等。

（张小丽：《西安市唐故奚质子热瓌墓志》，《考古》2014年第10期）

90

腾联花园（一期）

文物勘探

工作时间：2005年9月15—25日
建设单位：陕西腾联实业有限公司
项目性质：商业（房地产）
工作人员：袁长江

位于未央区大明宫街办。北邻政法巷，东邻建强路。西南角坐标为：东经108°57′，北纬34°18′。用地范围呈长方形，实际勘探面积11339.0平方米。地势平坦。

地层堆积2层。第①层：表土层，厚0.6米，土色花杂，土质疏松；第②层：扰土层，厚0.9米，土色黄褐，土质较硬，含少量近现代砖瓦残块。第②层以下为生土。

发现汉墓1座，竖穴墓道土洞墓，坐东朝西。

91

长河华庭（锦尚）

文物勘探

工作时间：2005年11月
建设单位：陕西长河房地产开发有限公司
项目性质：商业（房地产）
工作人员：张宏达、杨智慧

位于未央区大明宫街办。南邻北二环，东邻美都小区，西邻水晶宫小区，北邻南康新村。西南角坐标为：东经108°57′，北纬34°18′。用地范围呈长方形，实际勘探面积5300.0平方米。地势南高北低。

地层堆积2层。第①层：表土层，厚1.2米，土色花杂，土质疏松；第②层：垆土层，厚1.6米，土色褐黄，土质较密实，含少量绳纹瓦片等物。第②层以下为生土。

未发现古代文化遗存。

92

农业生产资料公司办公楼

文物勘探

工作时间：2005年11月29日—12月2日
建设单位：西安农业生产资料总公司
项目性质：商业（办公楼）
工作人员：张全民

位于未央区汉城街办。朱宏路立交东北角，西邻朱宏路，南邻北二环。西南角坐标为：东经108°55′，北纬34°18′。用地范围呈长方形，南北长62.5米，东西宽45.0米，实际勘探面积2500.0平方米。地势平坦。

地层堆积2层。第①层：表土层，厚0.3米，土色花杂，土质疏松；第②层：垆土层，厚0.8米，土色红褐，土质较硬。第②层以下为生土。

未发现古代文化遗存。

93

百年医药公司厂房

文物勘探

工作时间：2005年12月5—30日
建设单位：陕西百年医药有限公司
项目性质：商业（厂房）
工作人员：张达宏、杨智慧

位于未央区六村堡街办。西安现代农业综合开发区内，北邻草滩农场，南邻长安大学，东邻鸵鸟基地家属院，西邻草滩三路。西南角坐标为：东经108°54′，北纬34°22′。用地范围呈长方形，东西长170.0米，南北宽123.0米，实际勘探面积20000.0平方米。地势平坦。

地层堆积2层。第①层：扰土层，厚0.5米，土色灰黄，土质较疏松；第②层：粗沙层，深0.5米下见，沙质纯净、结构紧密，属冲积而成。

未发现古代文化遗存。

94

鑫盛公寓

文物勘探

工作时间：2005年12月24—25日
建设单位：陕西鑫盛房地产有限公司
项目性质：商业（房地产）
工作人员：袁长江、贾文虎

位于未央区张家堡街办。南邻龙首北路，西邻秦文阁，东邻宫园一号。西南角坐标为：东经108°57′，北纬34°17′。用地范围呈长方形，东西长30.5米，南北宽25.1米，实际勘探面积750.0平方米。地势平坦。

地层堆积，已挖至生土层。

未发现古代文化遗存。

95

西三环C07标段（卢家口遗址）

文物勘探

工作时间：2005年7月
建设单位：西安市三环路建设发展有限公司
项目性质：公共基础建设（道路）
工作人员：程林泉等

位于未央区未央宫街办。卢家口村西，皂河西岸。东距汉长安城未央宫西墙约250米，西距建章路约300米。西南角坐标为：东经108°51′，北纬34°18′。用地范围呈长方形。

发现古遗址一处，平面呈不规则形状，面积约1850.0平方米，南北长85.0米，东西宽12.0—50.0米。南部边缘较直，距地表深0.3—1.4米；北部和西部被垃圾坑破坏殆尽；南部被砖窑厂破坏，东侧被一南北向水渠打破。

考古发掘

工作时间：2005年8月28日—2006年3月7日
工作人员：程林泉、王久刚、张小丽、辛龙

发掘汉代遗址1850平方米，出土器物108

件。对遗址进行布置探方发掘，共开挖10米×10米的探方17个，10米×5米的探方3个。

该遗址晚期破坏严重，地层堆积较简单，由上到下分为4层。

第①层：耕土层，厚0.15—0.2米，土色灰褐，土质较松散。

第②层：扰土层，厚0.3—0.6米，土色黄褐，土质南部较软，北部较硬，内含现代红砖瓦、炉渣灰和被扰乱的汉代绳纹瓦片。

第③层：汉代夯土层，厚0.3—1.4米，五花夯土，土质坚硬，层次分明，夯窝清楚（圆夯，直径4.0—8.0厘米），夯层厚6.0—8.0厘米，夯土中间含少量细沙。

第④层：生土层，土色黄褐，土质纯净均匀。

此处遗址为一处大型建筑台基，史书无载，或为西汉时期上林苑一处高台建筑的台基。因晚期破坏严重，夯土上层遗迹现象已完全被破坏，未发现墙基、柱洞、柱础、房址等遗迹，仅存大面积夯土。夯土四周边缘均被垃圾坑和砖瓦窑破坏，其完整的范围、结构布局无从得知，尤其南部夯土，因砖瓦窑破坏残存较薄。

发掘打破夯土的灰坑70处，水井10口，灰坑多为西汉晚期，出土"上林""汉并天下""延年益寿""长乐无极""长乐千秋"瓦当以及云纹瓦当，另有几何纹铺地方砖、板瓦、筒瓦、五棱陶水管、陶罐等残片。水井中有外饰绳纹、内饰麻点纹的陶井圈。出土有漆耳杯铜包边、釉陶鼻烟壶、半两钱、釉陶球等器物。

发掘打破夯土的墓葬有两座（M1、M2）。M1为长方形竖穴墓道土洞墓，坐西朝东，方向90°，出土大陶罐1件，底部铺方砖。M2为长斜坡墓道土洞墓，坐西朝东，方向87°，出土陶盆1件，铜带钩1件。

96

张家堡村安置楼

文物勘探

工作时间：2006年2月22日—3月5日

建设单位：西安海荣房地产开发有限公司

项目性质：商业（房地产）

工作人员：袁长江、全小平

位于未央区张家堡街办。东邻徐家湾工业园，南邻凤城八路，西邻市政规划路，北邻街坊道路。西南角坐标为：东经108°58′，北纬34°20′。用地范围呈长方形，用地面积40000.0平方米。地势平坦。

地层堆积2层。第①层：表土层，厚0.8米，土色花杂，土质疏松，包含砖块、瓦片、炭渣及零星碎石等；第②层：扰土层，厚0.4米，土色浅黄，土质较密实。第②层以下为生土。

发现汉墓2座。墓葬形制均为竖穴墓道土洞墓，墓向均坐北朝南。

97

中小企业厂房

文物勘探

工作时间：2006年3月4—7日

建设单位：西安印刷包装产业基地发展有限公司

项目性质：商业（厂房）

工作人员：王自力、邹亚军

位于未央区六村堡街办。西安现代农业开发区内，西邻草滩六路，北邻尚苑路，东邻毕升路。西南角坐标为：东经108°53′，北纬34°22′。用地范围呈长方形，用地面积68310.0平方米。地势平坦。

地层堆积2层。第①层：表土层，厚0.3米，土色花杂，土质疏松，包含砖块、瓦片、炭渣及零星碎石等；第②层：细沙层，深0.3米以下见，沙层密实。

未发现古代文化遗存。

98

光华职工集资住宅

文物勘探

工作时间：2006年3月5日—5月10日

建设单位：西安光华制药厂

项目性质：商业（住宅楼）

工作人员：王自力、刘军利

位于未央区三桥街办。南邻阿房二路，东邻阿房路，北邻省胶合板厂，西邻警苑小区。西南角坐标为：东经108°51′，北纬34°16′。用地范围呈长方形，实际勘探面积10000.0平方米。地势平坦。

地层堆积2层。第①层：表土层，厚0.5米，土色花杂，土质疏松；第②层：扰土层，厚1.0米，土色褐黄，土质较疏松。第②层以下为生土。

发现唐墓6座。墓葬形制有竖穴墓道土洞墓4座，斜坡墓道土洞墓2座。墓向均坐北朝南。

99

珠江新城（一期）

文物勘探（第二次）

工作时间：2006年3月11日—6月20日
建设单位：珠江房地产开发有限公司
项目性质：商业（房地产）
工作人员：程林泉、王永记

位于未央区大明宫街办。西邻井上村，南邻西安市中级人民法院，东邻杨家庄。西南角坐标为：东经108°59′，北纬34°19′。用地范围呈长方形。地势平坦。

地层堆积2层。第①层：表土层，厚0.3米，土色灰黄，土质疏松，含砖瓦残块、植物根系等物；第②层：垆土层，厚0.3米，土色褐黄，土质较硬，含少量砖瓦残块。第②层以下为生土。

发现秦汉时期古墓葬42座，古道路1条，古窑址3处。墓葬形制有竖穴土圹墓1座，竖穴墓道土洞墓16座，斜坡墓道土洞墓20座，竖穴墓道砖室墓1座，斜坡墓道砖室墓1座，斜坡墓道1条。墓向坐北朝南16座，坐南朝北4座，坐西朝东8座，坐东朝西10座。

考古发掘

工作时间：2006年6—12月
工作人员：张小丽

发掘汉代墓葬18座，均为小型墓，形制有竖穴墓道土洞墓和斜坡墓道洞室墓，多为土洞墓室，砖室仅2座。方向以南向、东向为主，个别西向、北向。封门多不详，部分以条砖或土坯封门。出土器物204件。这批墓葬除个别出土器物较多外，大多数墓葬出土随葬品较少，甚至无随葬品。时代上看，多为西汉时期，个别为东汉时期。其中M1出土的3块镇墓石，其上有朱书文字，是研究思想信仰的重要材料。

100

车辆厂生活东区改造（一期）

文物勘探

工作时间：2006年3月15—23日
建设单位：中国北车集团西安车辆厂
项目性质：商业（厂房）
工作人员：王自力、刘军利

位于未央区三桥街办。建章路中段东侧，北邻车辆厂生活小区，东邻西三环。西南角坐标为：东经108°50′，北纬34°18′。用地范围呈长方形，用地面积11000.0平方米。

地层堆积3层。第①层：表土层，厚0.7米，土色花杂，土质疏松，包含砖块、瓦片、炭渣及零星碎石等；第②层：扰土层，深0.7—1.5米，厚0.8米，土色黄褐，土质疏松，包含物有碎砖瓦星、炭渣、草木灰星等；第③层：古河床土层，深1.5米以下见，土色浅黄，结构不均匀。

发现汉代建筑遗迹2处。

101

宝钛美特法力诺焊管厂房

文物勘探

工作时间：2006年3月19—24日
建设单位：西安宝钛美特法力诺焊管有限公司
项目性质：商业（厂房）
工作人员：袁长江、李巨科

位于未央区汉城街办。北邻凤城六路，东邻

明光路，西邻海城汽车服务广场，南邻刘家村。西南角坐标为：东经108°56′，北纬34°20′。用地范围呈长方形，实际勘探面积10092.0平方米。地势平坦。

地层堆积2层。第①层：表土层，厚0.3米，土色灰黄，土质疏松，含建筑垃圾、植物根系等物；第②层：扰土层，深0.3—1.2米，厚0.9米，土色褐黄，土质较硬。第②层以下为生土。

未发现古代文化遗存。

102

今北豪庭

文物勘探

工作时间：2006年4月20—25日
建设单位：西安海荣房地产有限公司
项目性质：商业（房地产）
工作人员：王自力、邹亚军

位于未央区大明宫街办。东邻文景路，北邻凤城一路，东邻泰德大厦，南邻凤鸣路。西南角坐标为：东经108°56′，北纬34°19′。用地范围呈长方形，实际勘探面积4052.0平方米。地势平坦。

地层堆积2层。第①层：表土层，厚0.5米，土色灰褐，土质疏松；第②层：垆土层，厚0.7米，土色褐黄，土质纯净、较硬。第②层以下为生土。

未发现古代文化遗存。

103

铃木汽车西北五省区物流中心

文物勘探

工作时间：2006年5月26—30日
建设单位：陕西天锐汽车销售服务有限公司
项目性质：商业（物流中心）
工作人员：程林泉、王永记

位于未央区汉城街办。北邻凤城六路，东邻明光路，南邻刘家庄，西邻宝钛管业公司。西南角坐标为：东经108°56′，北纬34°20′。用地范围呈长方形，实际勘探面积6120.0平方米。地势平坦。

地层堆积2层。第①层：表土层，厚0.3米，土色灰黄，土质疏松；第②层：扰土层，厚0.8米，土色褐黄，土质较硬，含少量砖瓦等物。第②层以下为生土。

未发现古代文化遗存。

104

百花村城改（一期）

文物勘探

工作时间：2006年7月5—15日
建设单位：西安百花村发展有限公司
项目性质：商业（房地产）
工作人员：王自力、邹亚军

位于未央区谭家街办。西邻太华北路，北邻永城路。西南角坐标为：东经108°58′，北纬34°19′。用地分南、北区域：北区用地范围呈长方形，长216.0米，宽56.5米，用地面积12204.0平方米；南区用地范围近正方形，长75.0米，宽68.0米，用地面积5100.0平方米，实际勘探总面积17500.0平方米。地势较平坦。

北区地层堆积2层。第①层：表土层，厚0.8米，土色杂乱，含建筑垃圾等物；第②层：垆土层，厚0.4米，土质纯净、较硬。第②层以下为生土。

南区地层堆积1层，厚3.0米，系建筑垃圾。此层以下为生土。

发现汉墓7座。墓葬形制有竖穴墓道土洞墓4座，斜坡墓道土洞墓3座。墓向坐西朝东5座，坐东朝西1座，坐北朝南1座。

105

万裕文化产业园（东区一期）

文物勘探

工作时间：2006年7月12日—8月15日
建设单位：陕西万裕文化产业有限公司
项目性质：商业（产业基地）
工作人员：王自力、邹亚军

位于未央区六村堡街办。在西安现代农业开发区内，西邻朱宏路，北邻南环路（尚苑路）。西南角坐标为：东经108°55′，北纬34°22′。用地范围呈长方形，勘探面积284000.0平方米。地势平坦。

地层堆积2层。第①层：表土层，厚0.3米，土色花杂，土质疏松；第②层：沙土层，厚0.5米，深0.8米以下见沙层，探铲无法提取。

未发现古代文化遗存。

106

天竹大厦

文物勘探

工作时间：2006年7月13—15日
建设单位：陕西天竹置业有限公司
项目性质：商业（商厦）
工作人员：孙武、崔荣

位于未央区未央宫街办。西邻明光路，南邻龙首北路，东邻龙首加油站，北邻陕西教育出版社。西南角坐标为：东经108°56′，北纬34°17′。用地范围呈长方形，实际勘探面3000.0平方米。地势平坦。

地层堆积2层。第①层：表土层，厚0.3米，土色花杂，土质疏松；第②层：扰土层，厚0.5米，大部为杂填土。第②层以下为生土。

未发现古代文化遗存。

107

出口加工区物流功能区（1—4号物流库及堆场）

文物勘探

工作时间：2006年8月15—31日
建设单位：西安出口加工区投资建设有限公司
项目性质：商业（厂房）
工作人员：贺建宏、屈长福

位于未央区汉城街办。南邻凤城十二路1号，北邻凤城十二路，东邻明光路，南邻海欣五路，西邻凤竹三路。西南角坐标为：东经108°56′，北纬34°21′。用地范围呈长方形，实际勘探面积59326.0平方米。地势平坦。

地层堆积3层。第①层：表土层，厚0.2米，土色花杂，土质疏松；第②层：扰土层，深0.2—1.3米，厚1.1米，土色浅褐，土质一般；第③层：垆土层，深1.3—1.6米，厚0.3米，土色黑褐，土质坚硬，含大量水锈。第③层以下为生土。

未发现古代文化遗存。

108

西三环C01标段

文物勘探

工作时间：2006年8月28日—9月14日
建设单位：西安市三环建设发展有限公司
项目性质：公共基础建设（道路）
工作人员：程林泉、李乖成

位于未央区三桥街办。西南角坐标为：东经108°50′，北纬34°16′。用地范围呈长条形，长2900.0米，宽100.0米，用地面积290000.0平方米。地势平坦。

地层堆积2层。第①层：表土层，厚0.3米，土色黄褐，土质疏松；第②层：文化层，厚0.9米，土色黄褐，土质较硬，含古代砖瓦残块等物。第②层以下为生土。

发现汉唐文化堆积。

109

地铁二号线（北客站—长延堡）

文物勘探

工作时间：2006年9月5日—2009年2月8日
建设单位：西安市地下铁道有限责任公司
项目性质：公共基础建设（地铁）
工作人员：倪志俊、李乖成

勘探区域以钟楼为中心，南北贯通。北起北客站，南至长安区长延堡。勘探总面积207543.0平方米。相关区域勘探情况简述如下。

1. 北客站：位于未央区汉城街办，南邻蔡家坡村，北邻华山机械厂。用地范围呈长方形，南北长2450.0米，东西宽55.0米，用地面积13475.0平方米，地势较平坦。

2. 麻家十字站：位于未央区草滩街办，西邻金威啤酒厂，东邻西潼高速收费站。用地范围呈长方形，南北长250.0米，东西宽50.0米，用地面积12500.0平方米，地势平坦。

3. 城运村站：位于未央区汉城街办，东邻张天户，西邻蔡家村。用地范围呈长方形，南北长245.0米，东西宽60.0米，用地面积14700.0平方米，地势较平坦。

4. 张家堡站：位于未央区张家堡街办，凤城八路十字，东邻张家堡村，西近城市运动公园。用地范围呈不规则圆形，面积27031.0平方米，地势平坦。

5. 凤城五路站：位于未央区张家堡街办凤城五路十字，西邻西安中学，东邻施家寨村。用地范围呈不规则长方形，南北长240.0米，东西宽55.0米，用地面积13200.0平方米，地势较平坦。

6. 市图书馆站：位于未央区张家堡街办岗家村迎宾大道东侧，西邻经发大厦，东邻岗家寨村。用地范围呈长方形，南北长240.0米，东西宽65.0米，用地面积15600.0平方米，地势较平坦。

7. 大明宫西站：位于未央区大明宫街办迎宾大道东侧，西邻市邮政中心，东邻坑底寨。用地范围呈长方形，南北长245.0米，东西宽60.0米，用地面积14700.0平方米，地势较平坦。

8. 龙首村站：位于未央区大明宫街办迎宾大道，西邻未央区政府，东邻公园1号。用地范围呈长方形，南北长245.0米，东西宽60.0米，用地面积14700.0平方米，地势较平坦。

9. 安远门站：位于莲湖区北门外，西邻华润万家，东邻未央东关街办。用地范围呈长方形，南北长240.0米，东西宽60.0米，用地面积14400.0平方米，地势北高南低。

10. 北大街站：位于新城区北大街中段西侧，西邻莲湖公园，东邻市中心医院。用地范围呈刀形，南北长280.0米，东西宽65.0米，用地面积16450.0平方米，地势较平坦。

11. 钟楼站：位于新城区，西邻西大街，东邻东大街。用地范围呈长方形，南北长210.0米，东西宽40.0米，用地面积8400.0平方米，地势较平坦。

12. 永宁门站：位于新城区南门外墙，用地分两块，各呈长方形。地块1，南北长126.0米，东西宽65.0米；地块2，南北长50.0米，东西宽50.0米；总用地面积8745.0平方米，地势平坦。

13. 南稍门站：位于长安北路，西南邻西安宾馆，东邻永宁村。用地范围呈长方形，南北长250.0米，东西宽45.0米，用地面积11250.0平方米，地势较平坦。

14. 体育场站：位于长安南路、北路之间，东邻中央国际大厦，西邻省体育场，南邻南二环长安立交。用地范围呈长方形，用地面积13500.0平方米，地势较平坦。

15. 小寨站：位于长安中路，东南邻小寨东路。用地范围呈长方形，用地面积26400.0平方米，地势平坦。

16. 纬一街站：位于长安路与八里村之间。用地范围呈长方形，用地面积13200.0平方米，地势平坦。

17. 长延堡站：位于长安南路，南邻电视塔。用地范围呈长方形，用地面积11023.0平方米，地势平坦。

地层堆积情况简述如下。

1. 北客站地层堆积

第①层：表土层，厚0.4米，土色花杂，土质疏松；第②层：河床土层，厚1.6米，土色黄褐，土质纯净。

2. 麻家十字站地层堆积

第①层：表土层，厚0.4米，土色花杂，土质较硬；第②层：河床土层，厚1.6米，土色黄褐，土质纯净。

3. 城运村站地层堆积

第①层：表土层，厚0.4米，土色花杂，土质较硬；第②层：扰土层，厚0.8米，土色浅褐，土质较疏松。第②层以下为生土。

4. 张家堡站地层堆积

第①层：杂土层，厚0.3米，土色花杂，土质较硬，含大量建筑垃圾；第②层：扰土层，深0.3—1.2米，土色黄褐，土质纯净，结构均匀密实；第③层：垆土层，深1.2—1.7米，土色灰褐，土质坚硬。第③层以下为生土。

5. 凤城五路站地层堆积

第①层：表土层，厚0.3米，土色花杂，土质较硬；第②层：扰土层，深0.3—1.2米，厚0.9米，土色花杂，土质疏松，含建筑垃圾等物；第③层：垆土层，深1.2—1.7米，厚0.5米，土色黑褐，土质坚硬。第③层以下为生土。

6. 市图书馆站地层堆积

第①层：表土层，厚0.3米，土色花杂，土质较硬；第②层：扰土层，深0.3—1.0米，厚0.7米，土色灰黄褐，土质纯净；第③层：垆土层，深1.0—1.4米，厚0.4米，土色黑褐，土质坚硬。第③层以下为生土。

7. 大明宫西站地层堆积

第①层：表土层，厚0.3米，土色花杂，土质较硬；第②层：扰土层，深0.3—1.2米，厚0.9米，土色灰黄褐，土质疏松；第③层：垆土层，深1.2—1.7米，厚0.5米，土色黑褐，土质坚硬。第③层以下为生土。

8. 龙首村站地层堆积

第①层：表土层，厚0.4米，土色花杂，土质较硬，含建筑垃圾；第②层：扰土层，深0.4—1.3米，厚0.9米，土色浅褐，土质疏松；第③层：垆土层，深1.3—1.7米，厚0.4米，土色黑褐，土质坚硬。第③层以下为生土。

9. 安远门站地层堆积

第①层：表土层，厚0.3米，土色花杂，土质较硬，含建筑垃圾；第②层：扰土层，深0.3—1.2米，厚0.9米，土色灰黄褐，土质纯净；第③层：垆土层，深1.2—1.7米，厚0.5米，土色黑褐，土质坚硬。第③层以下为生土。

10. 北大街站地层堆积

第①层：表土层，厚0.3米，因碾压土色呈黄褐色，土质较硬，含建筑垃圾、石块；第②层：扰土层，厚0.5米，土色浅褐，土质疏松。第②层以下为生土。

11. 钟楼站地层堆积

第①层：表土层，厚0.3米，因碾压土色呈黄褐色，土质较硬，含建筑垃圾、石块；第②层：扰土层，厚0.6米，土色浅褐，土质疏松。第②层以下为生土。

12. 永宁门站地层堆积

第①层：表土层，厚0.3米，因碾压土色呈黄褐色，土质较硬，含建筑垃圾、石块；第②层：扰土层，厚0.7米，土色浅褐，土质疏松。第②层以下为生土。

13. 南稍门站地层堆积

第①层：表土层，厚0.4米，因碾压土色呈黄褐色，土质较硬，含建筑垃圾、石块；第②层：扰土层，厚0.4米，土色浅褐，土质疏松。第②层以下为生土。

14. 体育场站地层堆积

仅有一层扰土层，厚1.5米，局部有石块、混凝土等，探铲无法通过。此层以下为生土。

15. 小寨站地层堆积

第①层：表土层，厚0.3米，土色浅黄，土质疏松；第②层：扰土层，厚0.5米，土色浅褐，土质较硬。第②层以下为生土。

16. 纬一街站地层堆积

第①层：表土层，厚0.3米，因碾压土色呈黄褐色，土质较硬，含建筑垃圾、石块；第②层：扰土层，厚0.5米，土色浅褐，土质疏松。第②层以下为生土。

17. 长延堡站地层堆积

第①层：表土层，厚0.5米，因碾压土色呈黄褐色，土质较硬，含建筑垃圾、石块；第②层：扰土层，厚0.8米，土色浅褐，土质疏松。第②层以下为生土。

考古勘探发现情况简述如下。

1. 北客站：未发现古代文化遗存。

2. 麻家十字站：未发现古代文化遗存。

3. 城运村站：发现古墓葬17座。墓葬形制有竖穴墓道土洞墓16座，斜坡墓道土洞墓1座；墓向南北向1座，东西向16座。

4. 张家堡站：发现汉代墓葬53座。墓葬形制有竖穴墓道土洞墓37座，竖穴墓道砖室墓8座，斜坡墓道土洞墓6座，斜坡墓道砖室墓3座；墓向坐南朝北11座，坐北朝南10座，坐东朝西14座，坐西朝东17座。

5. 凤城五路站：发现古墓葬23座。墓葬形制有竖穴墓道土洞墓19座，斜坡墓道土洞墓4座；

墓向有南北向10座，东西向13座。

6. 市图书馆站：发现古墓葬21座。墓葬形制有竖穴墓道土洞道14座，斜坡墓道土洞墓5座，竖穴土圹墓2座；墓向有南北向6座，东西向15座。

7. 大明宫西站：发现古墓葬19座。墓葬形制有竖穴墓道土洞墓11座，斜坡墓道土洞墓7座，竖穴土圹墓1座；墓向南北向2座，东西向17座。

8. 龙首村站：发现古墓葬15座。墓葬形制有竖穴土圹墓3座，竖穴墓道土洞墓7座，斜坡墓道土洞墓5座；墓向南北向4座，东西向11座。

9. 安远门站：发现古墓葬6座。墓葬形制均为竖穴墓道土洞墓；墓向南北向1座，东西向5座。

10. 北大街站：发现古墓葬8座。墓葬形制均为竖穴墓道土洞墓；墓向南北向5座，东西向3座。

11. 钟楼站：未发现古代文化遗存。

12. 永宁门站：未发现古代文化遗存。

13. 南稍门站：未发现古代文化遗存。

14. 体育场站：未发现古代文化遗存。

15. 小寨站：未发现古代文化遗存。

16. 纬一街站：发现古墓葬1座。

17. 长延堡站：发现古墓葬1座。

考古发掘

工作时间：2006年7月—2011年11月

工作人员：王自力等

发掘汉唐墓葬174座。

张家堡站，2006年7月发掘，清理汉墓53座。出土文物88件，其中陶器70件，包括釉陶壶、釉陶夌、釉陶井、釉陶熏炉、陶罐、陶釜、陶灶、陶盒、房形仓等；铜器15件，包括铜镜、铜钱、铜车軎；玉器2件，包括玉蝉、玉带饰；铁剑1件。择几座墓简介如下。

M1：长斜坡墓道砖室墓，东西向，方向90°。墓道平面呈长方形。残长4.0、宽0.8米。砖封门，横向错缝平砌。条形砖规格36.0厘米×18.0厘米×10.0厘米。墓室平面为长方形，拱形顶。长3.0、宽1.4、高1.2米，直壁高0.7米。墓室内发现棺木朽痕，扰乱严重，葬式不详。该墓盗扰严重，出土器物零乱。有陶壶、陶仓、铁剑、铜钱、铜镜5件。

M2：长斜坡墓道的土洞墓，葬式为单人葬。墓道长4.0、宽0.8米，墓室长2.8、宽1.2米。出土物较丰富，有18件器物。以陶器为主，有陶鼎、陶钫、陶壶、陶罐、陶仓、陶盆、器盖等器型，还有铜釜等。

M4：为前后室砖结构双人合葬墓。前室为方形穹隆顶，边长3.1米，后室为拱形券顶，甬道亦为砖券，长1.0米，宽0.8米。出土有陶罐、甑、釜、钵、瓶等，另有铜刀等小件。

M51：长斜坡墓道土洞墓，坐北向南。墓道位于墓室最北端，斜坡道，残长2.0、宽0.9、残深1.0米。墓室为长方形土洞室，长3.6、宽2.0、残高1.0米。小龛位于墓室西壁前端，龛宽1.2、进深0.6、高0.65米。墓室中部偏南放置两副棺灰，长2.2、宽0.6—0.7米。骨架零乱。出土器物17件，有釉陶夌、釉陶壶、釉陶灯、釉陶盒、釉陶仓、釉陶熏炉、陶甑、陶釜、陶仓等。

北段其他各站点，自2006年9月至2009年6月，发掘古墓葬114座。择其一二简单介绍如下。

尤家庄站M1：2007年12月发掘，长斜坡道砖室墓，平面呈“甲”字形。墓道位于墓室东侧，平面呈长方形，残长1.0、宽0.8、深4.6米。填土为五花土，未经夯土，土质疏松。墓室平面呈长方形，为砖室墓，长4.2、宽1.8米，直壁残高0.6米。该墓严重盗扰，仅见墓室内有零乱的棺灰和人骨骨架。出土器物6件，有陶罐、陶盒、陶盖、铁釜、铜钱、铜镜。

尤家庄站M4：2008年1月发掘，长斜坡墓道砖室墓。墓室长3.73、宽1.4米。出土了铜镜、铜带钩、铜钱等文物。墓内置两副棺木，为汉代合葬墓。

北大街站M1：2008年8月发掘，单人砖室墓。M1是在北大街十字中心硬化路面开挖后，进行文物勘探时发现的，距地表深5.0—7.0米。墓室早已坍塌。出土了几件较大体型的青铜器，有铜鼎、铜鍪、铜锺等，还出土了小陶鸡等。

八里村站M1：为一座明代砖室墓，拱形砖券式，出土有完整的石质墓志，上记载着墓主人的生平事迹。木棺上还有漂亮彩绘，色彩鲜艳。

此外，电视塔长延堡站附近出土了一座西汉晚期墓，出土釉陶仓、釉陶罐等器物。

2. 三爻村站，位于电视塔长延堡站南，是南段的第一站。2011年10月5日—11月8日，抢救性发掘古墓葬7座。编号M1—M7。M1为东汉墓葬，M2—M7为唐代墓葬。出土了陶俑、陶马、铜钱、铜镜、骨梳、墓志等器物60余件。择其3座，作一简要介绍如下。

M1：墓道和甬道已大部分被挖掉，墓道宽0.9米。前室正方形，砖室，长2.8、宽2.8、残高0.3米，砖32.0厘米×9.0厘米×6.0厘米。在前室南壁和北壁偏东各有一个假侧室的砖券门，宽1.65米。后室平面呈长方形，砖室做法和前室相同，长3.2、宽1.6米。在后室的底部有大量棺灰，已扰乱不成形，无法辨别。出土器物28件，其中陶器24件，包括陶井、樽、耳杯、勺、案、鸡、猪、灶、釜、仓、斗、罐、盘等；铜器4件，有铜钱、铜镜、铜箍、铜柿蒂饰。根据该墓的墓葬形制以及出土器物，判定为东汉时期墓葬。

M3：平面呈刀把形，墓道位于墓室之南，长斜坡墓道，残长2.34、南宽0.72、北宽1.4米。墓室呈刀形，土洞室，南北长2.0、北宽1.0、南宽1.25、墓室残高1.0米，四壁较整齐。墓室西半部有一副棺灰，其上有保存较差骨架，骨朽严重，棺灰长1.88、宽0.4—0.6米，骨架头北面上，仰身直肢，头骨和盆骨较清楚，其余不清。出土器物14件，其中陶器9件，有幞头男侍俑、女俑、牛、塔式罐等；铜器4件，有铜钱、铜镜、小铜勺；骨梳1件。铜镜为湅冶铜华镜，圆形，圆纽，宽平缘。镜背以两周栉齿纹将纹饰分为两区。内区一周凸弦纹及内向八连弧纹带，连弧间及弧背顶部有简单的装饰纹样。平缘上饰有流云纹及鸟纹。外区阳文隶书铭文二十五字，右旋读为：“湅治（冶）同（铜）华清而明，以之为镜宜文章，延年益寿去不羊，与天□极。”直径16.0厘米。

M7：墓室已被破坏，仅存墓室口西壁，壁上有残砖块，壁长1.1、残高0.85米。甬道位于墓室和天井之间，长方形，顶因塌陷不详，长3.0米，现仅暴露宽1.0米，壁高1.2米，平底。内填五花土，土内有砖块，墙壁上白灰渣残块。甬道以南残长5.6米，底斜坡，坡度25°，应当为天井，内填五花土，残砖块，白灰残碎块。葬式葬具不详。该墓出土物一合墓志。墓主韦玄晞，字玄奬，京兆杜陵人，韦皇后的伯父。生于武德七年（624年），于圣历元年（698年）仲冬十一月十五日终于鄠国里第，春秋七十五。先葬于杜陵，景龙三年（709年）与夫人薛氏合葬毕原。任职相州司兵参军，从七品下。追赠太仆卿、户部尚书、上柱国、曹国公。其曾祖韦议，祖韦才，父韦弘庆，子韦淮、韦濯、韦涛。夫人河东薛氏，生于贞观二十年（646年），于景龙二年（708年）十一月二十七日终于大宁里第，春秋六十三。其祖薛善会，父薛元瑒。

西安地铁二号线的南北穿西安市中心。从20世纪50年代始，随着城市建设的发展，很多古墓葬在过去的建设活动中已经暴露，并进行了发掘。本次发掘的古墓葬主要集中在钟楼以北的尤家庄、南康村、方新村、龙首村等地铁站点，以战国、秦、汉墓为主。相对而言，钟楼以南的城南至长延堡一段，墓葬分布较少，时代也不集中，汉、唐、明均有，在一定程度上反映了西安市南北地下文物分布的状况。

（杨军凯、郭永淇、辛龙：《西安地铁施工发现六座古墓》，《收藏界》2011年第11期）

110

富力广场

文物勘探

工作时间：2006年10月15—27日
建设单位：陕西富力房地产开发有限公司
项目性质：商业（房地产）
工作人员：程林泉、邹亚军

位于未央区张家堡街办。北邻凤城五路，东邻未央路，西邻明珠花园。西南角坐标为：东经108°57′，北纬34°20′。用地范围呈三角形，实际勘探面积31500.0平方米。地势平坦。

地层堆积2层。第①层：表土层，厚0.3米，土色花杂，土质疏松；第②层：扰土层，厚0.5米，土色褐黄，硬度一般，含零星砖瓦灰星等物。第②层以下为生土。

发现汉墓17座。墓葬形制有竖穴土圹墓7座，竖穴墓道土洞墓9座，斜坡墓道砖室墓1座。墓向坐东朝西7座，坐西朝东1座，坐北朝南2座，南北向3座，东西向4座。

111

北沙口制浆造纸厂房

文物勘探

工作时间：2006年11月1—30日
建设单位：蔡伦造纸厂
项目性质：商业（厂房）
工作人员：王自力、李明亮

位于未央区三桥街办。东邻苗圃，西邻陇海铁路，北邻东柏梁村，南邻耕地。西南角坐标为：东经108°49′，北纬34°18′。用地范围呈不规则梯形，实际勘探面积22000.0平方米。地势平坦。

地层堆积2层。第①层：表土层，厚0.5米，土色花杂，土质疏松；第②层：扰土层，厚1.0米，土色褐黄，土质疏松。第②层以下为沙层。

发现汉代遗址一处。遗迹主要有古井、管道、灰坑等。

112

行政中心西区（运动公园西侧）

文物勘探

工作时间：2006年11月19日—12月7日
建设单位：西安市行政中心搬迁协调小组办公室
项目性质：公共基础建设（行政中心）
工作人员：倪志俊、李乖成

位于未央区汉城街办。东邻运动公园，北邻凤城九路，西邻文景路，南邻凤城八路。西南角坐标为：东经108°56′，北纬34°20′。用地范围呈不规则形。地势平坦。

地层堆积2层。第①层：覆盖层，厚1.8米，土色灰黄，土质较硬，含残瓦片；第②层：淤积层，厚1.8米，土色灰黄，土质较硬。第②层以下为古河床冲积层。

未发现古代文化遗存。

113

行政中心东区（张家堡广场东侧）

文物勘探

工作时间：2006年11月24日—2007年1月26日
建设单位：西安市行政中心搬迁协调小组办公室
项目性质：公共基础建设（行政中心）
工作人员：倪志俊、李乖成

位于未央区徐家湾街办。南邻凤城八路，西邻张家堡广场。西南角坐标为：东经108°57′，北纬34°20′。用地范围呈不规则形。地势平坦。

地层堆积2层。第①层：表土层，厚0.3米，土色灰褐，土质疏松，含近代砖瓦等物；第②层：扰土层，厚1.3米，土色灰黄，土质较硬，含古代砖瓦等物。第②层以下为生土。

发现古墓葬599座。墓葬形制有竖穴土圹墓87座，竖穴墓道土洞墓395座，斜坡墓道土洞墓44座，竖穴墓道砖室墓11座，斜坡墓道砖室墓3座。墓向有坐北朝南193座，坐南朝北59座，坐西朝东107座，坐东朝西72座，坐西北朝东南11座，坐东南朝西北4座，坐东北朝西南3座，坐西南朝东北8座。

考古发掘

工作时间：2006年12月—2007年6月
工作人员：程林泉、张小丽、翟霖林

发掘汉代墓葬483座，出土器物3156件。这批墓葬以小型墓为主，形制主要为竖穴墓道洞室墓（包括土洞墓和砖室墓），有少量斜坡墓道洞室墓。部分墓葬有耳室或小龛。封门有木板、土坯和砖封门三种。葬具多为木棺，个别棺外有椁。出土器物以陶器为主，器类有鼎、盒、壶、钫、方缸、仓、灶、奁、罐等，铜器主要有鼎、筒形器、镜、带钩、弩机、印章、钱币等，玉石器有玉衣片、玉璧、玉圭、玉塞、石砚等，铁器有釜、剑、刀等。

其中M110、M114、M115三座规模较大，出土器物丰富，特简述如下。

M110：斜坡墓道竖穴土圹砖室墓，由墓道、甬道、墓室三部分组成。封门外侧积石。葬具为1棺1椁。葬式不详。出土器物43件，质地有陶、玉、石、骨、银等。所出玉衣片、玉璧、玉冲牙、玉塞、玉圭等尤为精美。

M114：斜坡墓道竖穴土圹砖室墓，坐西向东，由墓道、耳室、甬道、墓室四部分组成。墓圹内积沙、积石。葬具、葬式不详。器物主要出土在墓道两侧的耳室之内，耳室隐形，外侧土夯实，内侧砖封门。出土器物85件，其中有陶、铜、铁器等。出土陶器为两套组合，分置于南耳室釉陶组合为鼎2件、盒4件、壶1件、仓5件、罐8件、仓房1件、熏炉1件、盘1件，北耳室釉陶组合为鼎2件、盒4件、壶2件、仓5件、罐6件、房形仓1件、樽1件、盘2件。釉陶器组合完整，器体宏大，为汉代釉陶器之珍器。

M115：斜坡墓道竖穴土圹砖室墓，坐北向南，由墓道、耳室、甬道、墓室四部分组成。墓圹内积沙，葬具、葬式不详。器物主要出土于墓道东侧的耳室之内，出土器物203件，其中有陶、铜、漆木器等。该墓出土的9件大鼎（铜4件、釉陶4件）及铜蒸馏器尤其引人注目。

这批墓葬可分为六期。第一期：西汉早期。42座，占8.7%。墓葬形制以竖穴墓道土洞墓为主，出土器物组合以鼎、盒、钫、房形仓、方缸为主，铜钱均为汉半两钱。第二期：西汉中期。155座，占32.09%。墓葬形制以竖穴墓道土洞墓为主，出土器物以灰陶和红彩陶器为主，器物组合以鼎、盒、壶、圆形仓、灶、罐为主，铜钱为五铢钱。第三期：西汉中晚期。158座，占32.71%。墓葬形制以竖穴墓道土洞墓为主，出土器物以黄釉陶为主，器物组合以鼎、盒、壶、圆形仓、奁、灶、罐为主，铜钱为五铢钱。第四期：西汉晚期。119座，24.64%。墓葬形制以竖穴墓道砖室墓为主，出土器物以绿釉陶器为主，器物组合以鼎、盒、壶、圆形仓、奁、灶、罐为主，铜钱为五铢钱。第五期：新莽时期。4座，占0.83%。墓葬形制以斜坡墓道砖室墓为主，出土器物组合以鼎、盒、壶、圆形仓、奁为主，铜钱出现新莽钱币。第六期：东汉时期。5座，占1.04%。墓葬形制为长斜坡墓道砖室墓，出土器物有陶案、陶井、陶耳杯等。

该墓地西距汉长安城东北的宣平门仅有2500米，墓主人应是长安城内的居民。三座中型墓主人身份应是高级贵族，小型墓主人应是一般平民。从墓葬的年代看，该墓地形成于西汉早期，以西汉中期至晚期数量最多，新莽及东汉时期较少。墓地不同时期墓葬数量变化反映了西汉长安城内人口变化趋势，也反映了汉长安城的兴衰。墓群墓葬数量多，随葬品丰富，一方面说明汉长安城遗址东部确实是西汉时期长安城内居民的集中墓地，另一方面为汉代社会生活、汉长安城布局以及汉代“市民”和“市民生活”等方面的研究提供了重要材料。

（西安市文物保护考古所：《西安市张家堡汉墓群》《中国考古学年鉴·2008》，文物出版社，2009年；西安市文物保护考古所：《西安张家堡新莽墓发掘简报》，《文物》2009年第5期）

114

东凹里村安置小区

文物勘探

工作时间：2006年12月10日—12月18日
建设单位：西安未央区西三环工程征地拆迁办
项目性质：商业（房地产）
工作人员：王自力、李子柏

位于未央区三桥街办。北邻红光路，东邻热电厂，西邻西三环，南邻新建厂。西南角坐标为：东经108°51′，北纬34°15′。用地范围呈长方形，实际勘探面积30000.0平方米。地势平坦。

地层堆积2层。第①层：表土层，厚0.5米，土色褐黄，土质疏松；第②层：扰土层，厚1.0米，土色褐黄，土质较疏松，含细沙。第②层以下为生土。

发现唐墓15座。墓葬形制有竖穴墓道土洞墓12座，斜坡墓道土洞墓3座。墓向均坐北朝南。

115

浪琴湾

文物勘探

工作时间：2006年12月23日—2007年1月4日
建设单位：西安绿城房屋建设发展有限公司
项目性质：商业（房地产）
工作人员：孙武

位于未央区张家堡街办。南邻凤城五路，西邻贞观路，东邻紫薇希望城，北邻长青二路。西南角坐标为：东经108°58′，北纬34°20′。用地范围呈长方形。地势平坦。

地层堆积3层。第①层：表土层，厚0.3米，土色花杂，土质疏松，含近现代砖瓦残块等物；第②层：扰土层，深0.3—0.6米，厚0.3米，土色灰黄，土质较疏松，含少量砖瓦等物；第③层：垆土层，深0.6—1.0米，厚0.4米，土色褐黄，土质较密实，含少量灰星等物。第③层以下为生土。

发现汉墓19座。墓葬形制有竖穴土圹墓5座，竖穴墓道土洞墓13座，斜坡墓道土洞墓1座。墓向坐北朝南7座，坐西朝东5座，坐东朝西2座。

考古发掘（第一次）

工作时间：2009年2月3日—5月30日
工作人员：袁长江、王晓鹏、杨军荣、杨永刚

发掘汉代墓葬21座。出土器物100件，其中陶器有陶蒜头壶、鼎、盒、钫、房形仓、圆仓、釜、缸、甑、瓶、盆等；铜器有铜镜、盆、印章、弩机、甑等；玉器有鼻塞、玉片；铁器有铁剑。

考古发掘（第二次）

工作时间：2009年9月1日—10月20日
工作人员：袁长江、王晓鹏、杨军荣

发掘汉代墓葬16座。出土器物45件，有陶鼎、甑、纺、缸、盒、灯、缶、蒜头壶、釜、灶；釉陶壶、仓；铁剑、灯。

116

穆堂香公司厂房

文物勘探

工作时间：2007年1月10—22日
建设单位：陕西穆堂香调味食品有限公司
项目性质：商业（厂房）
工作人员：王自力、邹亚军

位于未央区六村堡街办。北邻尚稷中路，东邻渭水路，西邻草滩四路。西南角坐标为：东经108°54′，北纬34°22′。穆堂香调味品生产线工程项目的用地范围呈长方形，用地面积26600.0平方米。地势平坦。

地层堆积3层。第①层：表土层，厚0.5米，土色花杂，土质疏松；第②层：冲积层，厚0.7米，土质疏松，内含细沙；第③层：深1.2米以下见，含细沙、粗沙，沙质纯净。探铲无法下探。

未发现古代文化遗存。

117

华宇·凤凰城

文物勘探

工作时间：2007年1月20—30日
建设单位：西安华宇实业有限公司
项目性质：商业（房地产）
工作人员：倪志俊、李子柏

位于未央区三桥街办。东北邻三桥路，北邻征和六路，东南邻西户高速。西南角坐标为：东经108°49′，北纬34°17′。范围呈不规则形，用地面积82000.0平方米。地势平坦。

地层堆积2层。第①层：表土层，厚0.5米，土色褐黄，土质疏松；第②层：扰土层，厚1.0米，土色褐黄，土质较疏松。第②层以下为生土。

未发现古代文化遗存。

118

第四污水处理厂

文物勘探

工作时间：2007年2月8—15日
建设单位：西安污水处理工程筹建处
项目性质：公共基础建设（水利）
工作人员：西安市文物保护考古所

位于未央区汉城街办。南邻店子村，北邻长安大学。西南角坐标为：东经108°55′，北纬34°22′。用地范围近长方形，用地面积130000.0平方米。地势平坦。

地层堆积2层。第①层：表土层，厚0.3米，土色褐黄，土质疏松；第②层：扰土层，厚0.3米，土色灰黄，土质较硬。第②层以下为生土。

未发现古代文化遗存。

119

行政中心建设（补探）

文物勘探

工作时间：2007年2月13日—3月26日
建设单位：西安市行政中心领导小组
项目性质：公共基础建设（行政中心）
工作人员：倪志俊、李乖成

位于未央区徐家湾街办。南邻凤城八路，西邻张家堡广场。西南角坐标为：东经108°57′，北纬34°20′。用地范围呈梯形，用地面积63890.6平方米。地势较平坦。

地层堆积2层。第①层：表土层，厚0.3米，土色黄褐，土质疏松；第②层：扰土层，厚0.9米，土色灰黄，土质较硬，含少量砖瓦残块等物。第②层以下为生土。

发现古墓葬15座，其中汉墓13座、唐墓2座。墓葬形制有斜坡墓道砖室墓1座，竖穴墓道土洞墓14座。墓向坐南朝北1座，坐北朝南8座，坐西朝东3座，坐东朝西3座。

120

上林苑遗址六号建筑的勘探和试掘

考古发掘

工作时间：2007年3月
建设单位：中国社会科学院考古研究所、西安市文物保护考古所阿房宫考古队
项目性质：主动调查、勘探和发掘（考古勘探与发掘）
工作人员：李毓芳、孙福喜、王自力、张建锋等

位于未央区三桥街办。位于阿房宫前殿遗址东北2000米处，在今武警工程学院内。西南角坐标为：东经108°50′，北纬34°17′。

地层堆积3层。第①层：表土层，由种植绿化草皮形成，厚0.15—0.2米；第②层：扰乱层，黄褐色土，土质稍硬，距地表深0.2—0.55米，厚0.35—0.5米，夹杂现代垃圾，出土有战国和汉代瓦片；第③层：汉代文化层，浅灰色土，夹杂少量红烧土块，土质疏松，距地表深0.2—0.82米，厚0.5—0.62米。第③层为建筑物倒塌后形成的堆积，出土有大量战国和汉代板瓦、筒瓦和少量瓦当残块。第③层之下为建筑台基的夯土。

该遗址是一处南北长、东西窄的高台宫殿建筑遗址，分为下部夯土台基和上部宫殿建筑两部分，夯层一般厚5.0—8.0厘米，建筑物倒塌堆积中出土了大量建筑材料，包括板瓦、筒瓦及少量瓦当。夯土台基残存南北最长57.4米，东西最宽48.3米，夯土厚3.7米。之上的建筑基址南北残长45.0米，东西最宽26.6米，高出地表1.5—2.4米。其性质应是战国时期秦国上林苑中的一座高台宫殿建筑。

（中国社会科学院考古研究所、西安市文物保护考古所阿房宫考古队：《西安市上林苑遗址六号建筑的勘探和试掘》，《考古》2007年第11期）

121

窦寨村北周佛教石刻造像

考古发掘

工作时间：2007年4月
建设单位：不详
项目性质：其他（村民宅基地）
工作人员：杨军凯

位于未央区六村堡街办。窦寨村以东，村民修建宅基地时发现。西南角坐标为：东经108°53′，北纬34°19′。共出土石刻佛像6尊、菩萨像6尊，以及大量的石刻残块和陶片。青石立佛像6尊，均有不同程度的残缺，其中仅2尊头部尚存；青石立菩萨像6尊，均有不同程度的残缺；陶质云纹瓦当、陶质莲花纹瓦当。

（西安市文物保护考古所：《西安窦寨村北周佛教石刻造像》，《文物》2009年第5期）。

122

大明宫馨村

文物勘探

工作时间：2007年4月3—22日
建设单位：西安大明宫建材实业（集团）有限公司
项目性质：商业（房地产）
工作人员：王自力、邹亚军

位于未央区大明宫街办。北邻太元路，南邻东前进村。西南角坐标为：东经108°58′，北纬34°18′。用地范围呈长方形，用地面积100000.0平方米。地势较平坦。

地层堆积2层。第①层：表土层，厚1.5米，土色花杂，土质疏松，含现代建筑垃圾等物；第②层：扰土层，厚1.5米，土色黄褐，土质较疏松。第②层以下为生土。

发现汉墓2座。墓葬形制有竖穴墓道土洞墓1座，斜坡墓道土洞墓1座。墓向有东西向1座，南北向1座。

123

魏玛公馆（东区）

文物勘探

工作时间：2007年4月16—25日
建设单位：上海绿地集团西安置业有限公司
项目性质：商业（房地产）
工作人员：袁长江、赵亚军

位于未央区汉城街办。风城九路与文景路十字西北角，西南角坐标为：东经108°56′，北纬34°21′。用地范围呈刀形。地势平坦。

地层堆积2层。第①层：表土层，厚0.3米，土质疏松，含近代砖瓦残块；第②层：扰土层，厚1.0米，土色灰褐，土质较硬，含古代砖瓦残块等物。第②层以下为天然沙层。

未发现古代文化遗存。

124

新一代北城国际

文物勘探

工作时间：2007年4月30日—2008年3月3日
建设单位：西安一顺实业有限公司
项目性质：商业（房地产）
工作人员：倪志俊、李乖成

位于未央区未央宫街办。东邻文景路，北邻雅苑小区，西邻居业家园，南邻龙首北路。西南角坐标为：东经108°56′，北纬34°18′。用地范围呈长方形，南北长330.0米，东西宽278.0米，实际勘探面积18000.0平方米。地势平坦。

地层堆积1层。深0.1米，土色灰黄，土质疏松。此层以下为生土。

发现汉墓6座。墓葬形制均为竖穴墓道土洞墓。墓向坐北朝南3座，坐东朝西3座。

考古发掘

工作时间：2009年10月10日
工作人员：袁长江、王晓鹏

发掘古墓葬1座，已被盗扰一空，墓室填土中有少许汉代瓦片。

125

西航小区福利区旧区改造（一期）

文物勘探

工作时间：2007年5—7月
建设单位：西安航空发动机有限责任公司
项目性质：商业（旧区改造）
工作人员：倪志俊、王建生

位于未央区徐家湾街办。北邻红旗西路，东邻渭滨街，南邻渭青北路，西邻昌荣路。西南角坐标为：东经108°58′，北纬34°21′。用地范围呈长方形，用地面积45466.0平方米。地势平坦。

地层堆积2层。第①层：覆盖层，厚0.5米，土色花杂，土质较疏松，含建筑垃圾；第②层：扰土层，厚0.5米，土色褐黄，土质较密实，含古代砖瓦残块等物。第②层以下为生土。

发现汉墓20座。墓葬形制有土洞墓2座，砖室墓18座。墓向南北向13座，东西向7座。

126

百花村加油加气站

文物勘探

工作时间：2007年5月1—8日
建设单位：陕西长庆隆都实业有限公司
项目性质：商业（加气站）
工作人员：孙武

位于未央区谭家街办。太华北路793号，西邻太华北路，南邻永城路。西南角坐标为：东经108°58′，北纬34°19′。用地范围呈长方形，用地面积2500.0平方米。地势平坦。

地层堆积2层。第①层：表土层，厚0.6米，土色花杂，土质较硬；第②层：扰土层，厚0.9米，土色浅褐，土质一般。第②层以下为生土。

未发现古代文化遗存。

127

长庆湖滨花园

文物勘探

工作时间：2007年5月2—30日
建设单位：陕西长庆石油勘探局
项目性质：商业（房地产）
工作人员：倪志俊

位于未央区草滩街办。南邻未央湖公园，东邻王家棚村，北邻华圣果业公司，西邻阳光大道。西南角坐标为：东经108°58′，北纬34°24′。用地范围呈刀形，用地面积484857.6平方米。地势较平坦。

地层堆积5层。第①层：表土层，厚0.4米，土色花杂，土质疏松；第②层：扰土层，深0.7—1.1米，厚0.4米，土色浅黄，土质一般；第③层：细沙层，深1.1—1.3米，厚0.2米，土色浅黄，土质较密；第④层：中沙层，深1.3—1.7米，厚0.4米，土色灰黄—浅黄；第⑤层：粗沙层，深1.7米以下见，土色浅灰黄色。

未发现古代文化遗存。

128

太华路北延伸段

文物勘探

工作时间：2007年5月10日—2008年11月26日
建设单位：西安市市政管理委员会
项目性质：公共基础建设（道路）
工作人员：王自力、邹亚军

位于未央区谭家街办、徐家湾街办。西南—东北走向，南接太华路，北接红旗东路。西南角坐标为：东经108°58′，北纬34°20′。用地范围呈长条形，实际勘探面积68000.0平方米。地势平坦。

地层堆积2层。第①层：表土层，厚0.3米，土色花杂，土质疏松；第②层：扰土层，深0.3—1.5米，厚1.2米，土色褐黄，土质较硬。第②层以下为生土。

发现汉墓2座。墓葬形制均为竖穴墓道土洞墓。墓向坐东朝西1座，坐北朝南1座。

129

杨家庄经济适用房

文物勘探

工作时间：2007年5月15—30日
建设单位：西安市廉租房建设管理有限公司
项目性质：公共基础建设（经适房）
工作人员：袁长江、赵亚军

位于未央区大明宫街办。南邻杨家庄，东邻东二环延伸线。西南角坐标为：东经108°59′，北纬34°19′。用地范围呈长方形，东西长560.0米，南北宽278.0米，用地面积155680.0平方米。地势西高东低。

地层堆积2层。第①层：表土层，厚0.5米，土色花杂，土质疏松；第②层：垆土层，厚0.3米，土色黑褐，土质紧密，含少量砖瓦残块等物。第②层以下为生土。

发现古墓葬25座，其中秦汉墓17座、隋唐墓8座。墓葬形制有竖穴墓道土洞墓12座，斜坡墓道土洞墓8座，竖穴土圹墓4座，古墓道1条。墓向坐北朝南4座，坐南朝北6座，坐西朝东1座，坐东朝西5座，东北—西南向4座，墓向不明2座。

考古发掘

工作时间：2007年7月、2007年9月
工作人员：张小丽、翟霖林

发掘汉墓34座，出土器物86件。

130

金旗公司办公楼

文物勘探

工作时间：2007年6月1—5日
建设单位：西安金旗印务有限责任公司
项目性质：商业（办公楼）
工作人员：程林泉、邹亚军

位于未央区六村堡街办。西安现代农业开发区，西邻毕升路，北邻陕西富进经贸公司，东邻招商局物流集团（西安）公司。西南角坐标为：东经108°55′，北纬34°22′。用地范围呈近长方形，用地面积2777.8平方米。地势平坦。

地层堆积3层。第①层：表土层，厚1.5米，土色花杂，土质疏松，含大量建筑垃圾等物；第②层：细沙层，深1.5—2.0米，厚0.5米，土色淡黄，土质较纯净；第③层：粗沙层，深2.0米以下见，黄色粗沙，探铲不过。

未发现古代文化遗存。

131

荷花名苑

文物勘探

工作时间：2007年6月5日—2008年11月28日
建设单位：西安南何村村委会
项目性质：商业（房地产）
工作人员：王自力、刘军利

位于未央区三桥街办。西邻西三环，北邻北何村，南邻南何村，东邻武警路。西南角坐标为：东经108°50′，北纬34°16′。用地范围呈近刀形，用地面积9000.0平方米。地势平坦。

地层堆积2层。第①层：表土层，厚0.2米，土色褐黄，土质疏松，含建筑垃圾等物；第②层：淤泥层，厚1.0米，土色黑褐，土质湿软。第②层以下为生土。

未发现古代文化遗存。

132

文景雅苑

文物勘探

工作时间：2007年6月22—28日
建设单位：陕西中威房地产开发有限公司
项目性质：商业（房地产）
工作人员：张全民、刘广智

位于未央区大明宫街办。东邻文景路，南邻居业家园小区，北邻绿景园。西南角坐标为：东经108°56′，北纬34°18′。用地范围呈不规则形，用地面积4423.0平方米。地势较平坦。

地层堆积，进场时已挖至生土层。

发现汉墓6座。墓葬形制有竖穴墓道土洞墓3座，斜坡墓道土洞墓2座，斜坡墓道砖室墓1座。墓向均坐北朝南。

133

魏玛公馆（二期）

文物勘探

工作时间：2007年6月23日—7月27日
建设单位：上海绿地集团西安北城实业有限公司
项目性质：商业（房地产）
工作人员：倪志俊、李乖成

位于未央区汉城街办。东邻文景路，南邻凤城九路，西邻北李村。西南角坐标为：东经108°49′，北纬34°10′。用地范围呈长方形，实际勘探面积10000.0平方米。地势平坦。

地层堆积分南、北两部分简述如下。

北部堆积2层。第①层：表土层，厚0.3米，土色灰褐，土质疏松，含砖瓦残块、植物根系等；第②层：冲积层，深0.3—1.8米，厚1.5米，土色灰黄，土质较硬。第②层以下为细沙层。

南部堆积2层。第①层：表土层，厚0.3米，土色灰褐，土质疏松；第②层：扰土层，深0.3—2.0米，厚1.7米，土质坚硬。第②层以下为生土。

未发现古代文化遗存。

134

亚东公司大厦

文物勘探

工作时间：2007年6月23—28日
建设单位：西安亚东地图有限公司
项目性质：商业（大厦）
工作人员：程林泉、王光天

位于未央区六村堡街办。草滩六路和蔡伦路十字东北角，西南角坐标为：东经108°53′，北纬34°22′。用地范围呈近长方形，用地面积10000.0平方米。地势平坦。

地层堆积3层。第①层：表土层，厚0.4米，土色灰黄，土质疏松；第②层：冲积层，厚0.4米，土色淡黄，土质较纯净；第③层：粗沙层，深0.8米以下见，均为黄色粗沙，探铲无法探入。

未发现古代文化遗存。

135

供电局城北分局办公楼

文物勘探

工作时间：2007年6月23日—7月3日
建设单位：西安市供电局
项目性质：商业（办公楼）
工作人员：孙武

位于未央区汉城街办。凤城十一路88号，北邻凤城十一路，东邻文景路，南邻凤城十路，西邻明光路。西南角坐标为：东经108°56′，北纬34°21′。用地范围呈长方形，用地面积10000.0平方米。地势平坦。

地层堆积3层。第①层：表土层，厚0.5米，土质坚硬，局部含建筑垃圾；第②层：沉积层，深0.5—3.5米，厚3.0米，土质坚硬；第③层：古河床沉积土层，深3.5米以下为古河沙层。

未发现古代文化遗存。

136

西航集团室内体育馆

文物勘探

工作时间：2007年7月10日—8月20日
建设单位：西航集团天鼎有限公司
项目性质：商业（体育馆）
工作人员：倪志俊、王建生

位于未央区徐家湾街办。北邻西航一中，东邻文体路，西邻西航消防大队。西南角坐标为：

东经108°58′，北纬34°21′。用地范围呈长方形，用地面积7280.0平方米。地势西高东低。

地层堆积分东、西两部分简述如下。

西半部地层堆积2层。第①层：表土层，厚0.8米，土色花杂，土质疏松；第②层：扰土层，厚0.5米，土色褐黄、淡黄相间，土质较密实，含少量古代砖瓦残块等物。第②层以下为生土。

东半部地层堆积1层。厚0.8米，土色花杂，土质疏松，含近现代砖瓦残块。此层以下为生土。

未发现古代文化遗存。

137

凤城八路（文景路—未央路）

文物勘探

工作时间：2007年7月13—19日
建设单位：西安经济技术开发区管委会
项目性质：公共基础建设（道路）
工作人员：孙福喜、李乖成

位于未央区汉城街办。东接张家堡盘道，西接文景路，长380.0米，宽30.0米。西南角坐标为：东经108°56′，北纬34°20′。用地范围呈长条形，用地面积11400.0平方米。地势平坦。

地层堆积1层。为建筑垃圾层。此层以下为淤积层。

未发现古代文化遗存。

138

紫薇·希望城

文物勘探

工作时间：2007年7月23日—8月15日
建设单位：西安紫薇希望城置业有限公司
项目性质：商业（房地产）
工作人员：张翔宇、张建辉

位于未央区谭家街办。北邻长青二路，东邻渭滨路，南邻凤城五路，西邻浪琴湾。西南角坐标为：东经108°58′，北纬34°20′。用地范围呈近长方形，用地面积66666.7平方米。地势平坦。

地层堆积2层。第①层：表土层，厚0.3米，土色花杂，土质疏松；第②层：扰土层，厚0.7米，土色花杂，土质较疏松。第②层以下为生土。

发现古墓葬27座，其中秦汉墓22座、隋唐墓5座。墓葬形制有竖穴土圹墓12座，竖穴墓道土洞墓12座，斜坡墓道土洞墓2座，竖穴墓道砖室墓1座。墓向有南北向10座，东西向17座。

139

西航集团莱特公司外贸厂房

文物勘探

工作时间：2007年7月25日—8月5日
建设单位：西安西航集团莱特航空制造技术有限公司
项目性质：商业（厂房）
工作人员：袁长江、徐西平

位于未央区汉城街办。明光路1号，北邻凤城十二路，东邻明光路。西南角坐标为：东经108°56′，北纬34°21′。用地范围近长方形，用地面积30214.0平方米。地势平坦。

地层堆积3层。第①层：表土层，厚0.3米，土色花杂，土质疏松；第②层：扰土层，深0.3—1.5米，厚1.2米，土色浅黄，土质较硬，含零星瓦当等物；第③层：垆土层，深1.5—2.0米，厚0.5米，土色红褐，土质密实。第③层以下为生土。

未发现古代文化遗存。

140

第四工程公司职工楼

文物勘探

工作时间：2007年8月
建设单位：中铁十二局集团第四工程有限公司
项目性质：商业（住宅楼）
工作人员：倪志俊、王建生

位于未央区徐家湾街办。南邻红旗东路，西邻西航祥和铝业公司，北邻安泰叶片技术公司。

西南角坐标为：东经108°58′，北纬34°21′。用地范围呈长方形，用地面积22000.0平方米。地势平坦。

地层堆积2层。第①层：表土层，厚0.6米，土色花杂，土质较疏松，含近现代砖瓦残块等物；第②层：扰土层，深0.6—0.8米，厚0.2米，土色灰黄，土质较疏松。第②层以下为生土。

未发现古代文化遗存。

141

祥和居

文物勘探

工作时间：2007年8月
建设单位：中铁十二局集团第四工程有限公司
项目性质：商业（房地产）
工作人员：倪志俊、王建生

位于未央区谭家街办。北邻绿地·香树花城小区，东邻东二环延伸线（北辰大道）。西南角坐标为：东经109°0′，北纬34°19′。用地范围呈近长方形，用地面积120000.0平方米。地势平坦。

地层堆积2层。第①层：表土层，厚0.3米，土色灰黄，土质疏松；第②层：扰土层，厚0.9米，土色灰黄，土质较硬。第②层以下为生土。

发现古墓葬19座，其中汉墓10余座、隋唐墓4座。墓葬形制有斜坡墓道土洞墓1座，斜坡墓道砖室墓5座，竖穴墓道土洞墓11座，竖穴墓道砖室墓2座。墓向有坐北朝南6座，坐南朝北1座，坐西朝东7座，坐东朝西5座。

142

永平路（渭滨路—太华北路）

考古发掘

工作时间：2007年10月
建设单位：不详
项目性质：公共基础建设（道路）
工作人员：张小丽

位于未央区谭家街办。永平路为东西走向，西接渭滨路，东接太华北路。西南角坐标为：东经108°58′，北纬34°20′。平面呈长条形。

发掘汉墓1座，出土器物10件。

143

高山流水·幸福快车（西区）

文物勘探

工作时间：2007年10月3—24日
建设单位：盛恒房地产开发有限公司
项目性质：商业（房地产）
工作人员：孙武、王纪元

位于未央区谭家街办。东邻渭滨路，南邻长青二路，北邻高红小区。西南角坐标为：东经108°58′，北纬34°20′。用地范围呈长方形，用地面积66660.0平方米。地势平坦。

地层堆积3层。第①层：表土层，厚0.3米，土色花杂，土质疏松；第②层：扰土层，厚0.4米，土色灰黄，土质较疏松；第③层：深0.7—1.1米，厚0.4米，土色黄褐，土质较紧密。第③层以下为生土。

发现古墓葬17座，其中秦汉墓15座、唐墓2座。墓葬形制有竖穴土圹墓1座，竖穴墓道土洞墓10处，斜坡墓道土洞墓5座，竖穴墓道砖室墓1座。墓向有坐西朝东8座，坐东朝西2座，坐北朝南5座，坐南朝北1座，南北向1座。

144

国家检察官学院陕西分院

文物勘探

工作时间：2007年10月17—25日
建设单位：陕西省人民检察院
项目性质：公共基础建设（学校）
工作人员：孙武、贺建宏

位于未央区张家堡街办。北邻凤城三路，东邻文景公园，西邻明光路。西南角坐标为：东经108°56′，北纬34°19′。用地范围呈长方形，用地面积17165.0平方米。地势平坦。

地层堆积2层。第①层：表土层，厚0.4米，土色花杂，土质疏松，含近现代陶片；第②层：覆盖层，厚1.1米，土色黄褐，土质较疏松，含少量砖瓦残块。第②层以下为生土。

发现秦汉时期古墓葬27座。墓葬形制有竖穴土圹墓8座，竖穴墓道土洞墓16座，斜坡墓道土洞墓3座。墓向坐南朝北2座，坐北朝南6座，坐西朝东7座，坐东北朝西南1座，坐西北朝东南2座，坐西南朝东北1座。

145

奇星·御园

文物勘探

工作时间：2007年10月18日—11月8日
建设单位：西安奇星房地产有限公司
项目性质：商业（房地产）
工作人员：倪志俊、王建生

位于未央区徐家湾街办。红旗东路与太华北路十字西南角，西南角坐标为：东经108°59′，北纬34°21′。用地范围呈长方形，用地面积55327.0平方米。地势平坦。

地层堆积1层。厚0.2米，土色褐黄，土质较密实。此层以下为生土。

未发现古代文化遗存。

146

西咸路北侧第21号储备地

文物勘探

工作时间：2007年10月21日—12月14日
建设单位：西安土地储备中心
项目性质：商业（土储）
工作人员：王自力、邹亚军

位于未央区三桥街办。店子村附近，东邻三桥镇，北邻陇海铁路，南邻西咸路。西南角坐标为：东经108°48′，北纬34°18′。用地范围呈长方形，用地面积106823.0平方米。地势平坦。

地层堆积3层。第①层：表土层，厚0.3米，土色灰褐，土质疏松，含植物根系及现代砖瓦残块；第②层：扰土层，深0.3—1.0米，厚0.7米，土色褐黄，土质较密实，含植物根系；第③层：古河道冲积层，深1.0—2.2米，厚1.2米，土色黄褐，含少量钙质结核。第③层以下为生土层。

发现战国时期古墓葬7座。墓葬形制均为竖穴土圹墓。墓向有东西向3座，南北向4座。

147

西咸路北侧第11号储备地

文物勘探

工作时间：2007年10月21日—12月14日
建设单位：西安土地储备中心
项目性质：商业（土储）
工作人员：王自力、邹亚军

位于未央区三桥街办。东邻三桥镇，北邻西咸路，南邻西宝高速。西南角坐标为：东经108°48′，北纬34°18′。用地范围呈长方形，用地面积115035.5平方米。地势平坦。

地层堆积3层。第①层：表土层，厚0.3米，土色灰褐，土质疏松，含植物根系；第②层：扰土层，深0.3—0.5米，厚0.2米，土色褐黄，含近现代瓦片；第③层：沙土层，深0.5—0.8米，厚0.3米，土色黄褐，土质为黄沙、粗沙混杂。第③层以下为生土。

未发现古代文化遗存。

148

西咸路西侧第20号储备地

文物勘探

工作时间：2007年10月21日—12月14日
建设单位：西安土地储备中心
项目性质：商业（土储）
工作人员：王自力、邹亚军

位于未央区三桥街办。东邻三桥镇，北邻陇海铁路，南邻西咸路。西南角坐标为：东经108°48′，北纬34°18′。用地范围呈长方形，用地面积132000.0平方米。地势平坦。

地层堆积3层。第①层：表土层，厚0.3米，土色灰褐，土质疏松，含植物根系及现代砖瓦残块；第②层：扰土层，深0.3—1.0米，厚0.7米，土色褐黄，土质较密实，含植物根系；第③层：古河道冲积层，深1.0—2.2米，厚1.2米，土色黄褐，含少量钙质结核。第③层以下为生土层。

未发现古代文化遗存。

149

三桥车城（沈家寨）对面6#、7#储备地块

文物勘探

工作时间：2007年10月23日—12月14日
建设单位：西安土地储备中心
项目性质：商业（土储）
工作人员：王自力、刘军利

位于未央区三桥街办。东邻西三环，北邻水产研究所，南邻西户铁路。西南角坐标为：东经108°50′，北纬34°16′。用地范围近梯形，用地面积305271.5平方米。地势平坦。

地层堆积2层。第①层：表土层，厚0.3米，土色黄灰，土质疏松；第②层：扰土层，厚0.9米，土色褐黄，土质较疏松，含灰星、植物根系。第②层以下为古河床土层。

发现汉墓16座。墓葬形制有竖穴墓道土洞墓15座，竖穴墓道砖室墓1座。墓向均为坐北朝南。

150

桐树湾小区

文物勘探

工作时间：2007年11月2—5日
建设单位：西安益洋实业有限公司
项目性质：商业（房地产）
工作人员：张全民、赵永健

位于未央区辛家庙街办。北邻马旗寨路（太元路），东邻东二环。西南角坐标为：东经108°59′，北纬34°18′。用地范围呈长方形，用地面积18000.0平方米。地势平坦。

地层堆积2层。第①层：表土层，厚0.4米，含大量建筑垃圾；第②层：回填土层，厚1.4米，土色花杂，含建筑垃圾。第②层以下为生土。

未发现古代文化遗存。

151

印刷包装产业基地

文物勘探

工作时间：2007年11月3—25日
建设单位：西安印刷包装产业基地发展有限公司
项目性质：商业（工业园）
工作人员：王自力、邹亚军

位于未央区六村堡街办。南邻环南路，东邻毕升路，西邻五洲科技。西南角坐标为：东经108°53′，北纬34°22′。用地范围呈长方形，用地面积126666.6平方米。地势平坦。

地层堆积2层。第①层：表土层，厚0.3米，土色花杂，土质疏松，含砖瓦、水泥、植物根系；第②层：冲积土层，厚0.5米，土色淡黄，层次分明。第②层以下为粗沙层。

未发现古代文化遗存。

152

三桥车城对面拟储备土地1#、2#、3#地块

文物勘探

工作时间：2007年11月5日—12月15日
建设单位：西安土地储备中心
项目性质：商业（土储）
工作人员：王自力、刘军利

位于未央区三桥街办。东邻西三环，北邻阿房四路，西邻沣惠渠。西南角坐标为：东经108°50′，北纬34°16′。用地范围近三角形，用地面积395510.6平方米。地势平坦。

地层堆积2层。第①层：表土层，厚0.3米，土色花杂，土质疏松；第②层：扰土层，厚0.4米，土色褐黄，土质较疏松，含灰星、植物根系。第②层以下为古河床土层。

发现汉墓4座。墓葬形制均为竖穴墓道土洞墓。墓向有坐北朝南3座，坐西朝东1座。

153

三桥车城对面拟储备土地4#、5#地块

文物勘探

工作时间：2007年11月5日—12月15日
建设单位：西安土地储备中心
项目性质：商业（土储）
工作人员：王自力、刘军利

位于未央区三桥街办。北邻西兰路，西邻西宝疏导路，东邻西户路。西南角坐标为：东经108°49′，北纬34°17′。用地范围呈近三角形，用地面积521514.0平方米。地势平坦。

地层堆积2层。第①层：表土层，厚0.3米，土色花杂，土质疏松；第②层：扰土层，厚0.4米，土色褐黄，土质较疏松，含灰星、植物根系。第②层以下为古河床沉积。

发现汉墓4座。墓葬形制均为竖穴墓道土洞墓，墓向均为坐北朝南。

154

白桦林居、绿岛

文物勘探

工作时间：2007年11月26日—12月2日
建设单位：西安经发地产有限公司
项目性质：商业（房地产）
工作人员：倪志俊、王纪元

位于未央区汉城街办。东邻文景路，北邻凤城九路，南邻凤城八路，西邻明光路。西南角坐标为：东经108°56′，北纬34°20′。用地范围呈长方形，用地面积52973.0平方米。地势平坦。

地层堆积分三个区域简述如下。

西北区为原鱼塘，地层堆积2层。第①层：扰土层，厚0.7米，土色黄灰，土质疏松，含近现代瓦片；第②层：冲积层，厚1.3米，土色浅黄，土质较疏松，含细沙、灰星。

东北区为拆迁区，地层堆积3层。第①层：表土层，厚0.5米，土色花杂，土质疏松，含建筑垃圾；第②层：扰土层，深0.5—0.8米，厚0.3米，土色黄灰，土质较疏松，含灰星、瓦片；第③层：冲积土层，深0.8—1.3米，厚0.5米，土色浅黄，土质较疏松，含细沙。

南区地层堆积3层。第①层：表土层，厚0.3米，土色花杂，土质疏松；第②层：扰土层，深0.3—1.2米，厚0.7米，土色黄灰，土质较疏松，含砖瓦残片；第③层：冲积土层，深1.2—1.5米，厚0.3米，土色浅黄，土质较疏松，含少量姜结石、水锈等。

未发现古代文化遗存。

155

龙府北郡

文物勘探

工作时间：2007年11月28日—12月5日
建设单位：金广房地产开发有限责任公司
项目性质：商业（房地产）
工作人员：倪志俊、王纪元

位于未央区未央宫街办。东邻明光路，西南邻范南村。西南角坐标为：东经108°56′，北纬34°18′。用地范围呈梯形，用地面积13000.0平方米。地势平坦。

地层堆积3层。第①层：表土层，厚0.3米，土色花杂，土质疏松，含近现代陶片；第②层：扰土层，深0.3—1.0米，厚0.7米，土色灰黄，土质较疏松，含少量陶瓷残片；第③层：深1.0—1.8米，厚0.8米，土色黄褐，土质较密实，含灰星、钙丝等物。

未发现古代文化遗存。

156
金府广场
文物勘探

工作时间：2007年12月5—10日
建设单位：金广房地产开发有限责任公司
项目性质：商业（房地产）
工作人员：倪志俊、王纪元

位于未央区未央宫街办。东邻明光路，南邻方新路。西南角坐标为：东经108°56′，北纬34°18′。用地范围呈长方形，用地面积6500.0平方米。地势平坦。

地层堆积3层。第①层：表土层，厚0.3米，土色花杂，土质疏松，含近现代陶片；第②层：扰土层，深0.3—1.5米，厚1.2米，土色灰黄，土质较疏松，含少量陶瓷残片；第③层：深1.5—3.0米，厚1.5米，土色黄褐，土质较密实，含灰星、钙丝等物。

发现汉墓2座。墓葬形制有斜坡墓道砖室墓1座，竖穴墓道土洞墓1座。墓向均坐北朝南。

157
粤华·凤城家园
文物勘探

工作时间：2008年3月2—14日
建设单位：深圳市粤华投资有限公司
项目性质：商业（房地产）
工作人员：倪志俊、郭稳定

位于未央区张家堡街办。凤城七路西段北侧，东邻明光路，南邻凤城七路，西邻天朗御湖，北邻凤城八路。西南角坐标为：东经108°55′，北纬34°20′。用地范围呈长方形，用地面积120000.0平方米。地势较为平坦

地层堆积4层。第①层：回填土层，厚0.5—1.0米，土色花杂，内含建筑垃圾；第②层：耕土层，深0.5—1.0米，厚0.5米，土色花杂，土质疏松，内含少量瓦片、陶瓷碎片等物；第③层：扰土层，深1.0—1.8米，厚0.5米，土色黄灰，土质较疏松，内含少量灰星、瓦片；第④层：深1.8—2.5米，厚0.4—0.6米，土色浅黄，土质较疏松。第④层以下为生土。

发现古窑址1处。

158
明雅居
文物勘探

工作时间：2008年3月19—23日
建设单位：西安鑫宇房地产有限公司
项目性质：商业（房地产）
工作人员：程林泉、邹亚军

位于未央区大明宫街办。凤城三路与育新路南沿线（贞观路）十字西南角，西南角坐标为：东经108°57′，北纬34°19′。用地范围呈长方形，南北长97.63米，东西宽49.55米，用地面积4748.0平方米。地势较平坦。

地层堆积2层。第①层：表土层，厚0.5米，土色花杂，土质疏松；第②层：扰土层，厚1.0—1.5米，土色褐黄，结构不均匀，含零星砖瓦等物。第②层以下为生土。

发现汉代古墓葬1座。竖穴土圹墓，平面呈长方形，南北向。

159
首创·国际城
文物勘探

工作时间：2008年3月25日—4月20日
建设单位：西安市首创新开置业有限公司
项目性质：商业（房地产）
工作人员：程林泉

位于未央区汉城街办。西邻文景路，南邻凤城十一路，北邻凤城十二路。西南角坐标为：东经108°56′，北纬34°21′。用地范围呈长方形，实际勘探面积270927.0平方米。地势平坦。

地层堆积3层。第①层：表土层，厚0.3米，土色花杂，土质疏松，含砖瓦碎片等物；第②

层：扰土层，深0.3—0.8米，厚0.5米，土色花杂，土质密实，含少量砖瓦残块等物；第③层：黑垆土层，深0.8—1.2米，厚0.4米，土色黑褐，含姜结石、水锈等。第③层以下为生土。

未发现古代文化遗存。

160

天胜公司厂房

文物勘探

工作时间：2008年5月1日—7月28日
建设单位：西安天胜电子有限公司
项目性质：商业（厂房）
工作人员：袁长江、杨虹

位于未央区汉城街办。凤城六路西段，北邻凤城六路，东邻明光路，南邻瑞泰卡地亚小区，西邻凤锦路。西南角坐标为：东经108°56′，北纬34°20′。天胜集成电路生产项目的用地范围呈长方形，南北长359.92米，东西宽295.14米，实际勘探面积106560.0平方米。地势较平坦

地层堆积1层。厚0.3—0.8米，土色花杂，土质疏松，含少量砖瓦残块等物。此层以下为生土。

发现秦汉时期墓葬12座，古窑址2处。墓葬形制有竖穴土圹墓8座，竖穴墓道土洞墓4座。墓向坐西朝东2座，坐南朝北1座，南北向9座。

161

紫薇风尚（一期）及北城展示中心

文物勘探

工作时间：2008年5月27日—6月10日
建设单位：陕西格瑞达房地产开发有限公司
项目性质：商业（房地产）
工作人员：倪志俊、徐西平

位于未央区张家堡街办。南邻凤城五路，东邻永徽路，北邻常青二路，西邻开元路。西南角坐标为：东经108°57′，北纬34°19′。用地范围呈刀把形，东西长215.0米，南北宽135.0—216.0米，用地面积37500.0平方米。地势较平坦。

地层堆积2层。第①层：表土层，厚0.5米，土色花杂，含炉渣等物；第②层：扰土层，厚0.5米，土色褐黄，含零星砖瓦等物。第②层以下为生土。

发现秦汉墓21座。墓葬形制有竖穴墓道土洞墓7座，斜坡墓道土洞墓3座，竖穴土圹墓11座。墓向南北向12座，东西向9座。

162

倚能·维兰德小镇

文物勘探

工作时间：2008年6月9—19日
建设单位：西安明威事业发展有限公司
项目性质：商业（房地产）
工作人员：李小武、段天峰

位于未央区草滩街办。北邻向阳路，西邻向上路，南邻华浮宫桂园，东邻未央路游乐园。西南角坐标为：东经108°59′，北纬34°24′。用地范围呈长方形，南北长386.0米，东西宽283.0米，实际勘探面积108446.5平方米。地势较平坦。

地层堆积2层。第①层：表土层，厚0.4米，土色黄褐，土质疏松，含砖瓦碎片等物；第②层：扰土层，厚1.6米，土色浅黄，土质坚硬，为河床淤积土。第②层以下为沙层。

未发现古代文化遗存。

163

六村堡公交调度站

文物勘探

工作时间：2008年6月21—23日
建设单位：西安市交通总公司
项目性质：公共基础建设（公交站）
工作人员：袁长江、种保民

位于未央区六村堡街办。南邻建章路，东邻皂河村。西南角坐标为：东经108°50′，北纬34°19′。用地范围呈长方形，南北长86.60米，东西宽58.91米，用地面积4900.0平方米。地势

较平坦。

地层堆积2层。第①层：表土层，厚0.5米，土色花杂；第②层：沙土层，厚0.5米，土质均匀，深1.0米以下探铲无法提取。

未发现古代文化遗存。

164

文景观园

文物勘探

工作时间：2008年6月26日—7月11日
建设单位：陕西长和房地产开发有限公司
项目性质：商业（房地产）
工作人员：倪志俊、全小平

位于未央区张家堡街办。南邻凤城三路，东邻文景路，北邻凤华路，西邻明光路。西南角坐标为：东经108°55′，北纬34°19′。用地范围呈刀形，用地面积55555.56平方米。地势较平坦。

地层堆积2层。第①层：表土层，厚0.3米，土色浅灰，土质疏松；第②层：厚1.7米，局部有建筑垃圾，土色浅褐，土质密实。第②层以下为生土。

发现秦汉时期古墓葬17座，古井1口。墓葬形制有竖穴土圹墓14座，竖穴墓道土洞墓3座。墓向南北向7座，东西向10座。

165

草滩雨水泵站

文物勘探

工作时间：2008年7月1—10日
建设单位：西安市经济技术开发区管委会
项目性质：公共基础建设（水利）
工作人员：倪志俊、徐西平

位于未央区草滩街办。西邻文景路北段，南邻绕城高速，东南邻吕小寨立交。西南角坐标为：东经108°56′，北纬34°22′。用地范围呈长方形，东西长150.0米，南北宽130.0米，实际勘探面积19497.0平方米。地势较平坦。

地层堆积2层。第①层：表土层，厚0.5米，土色褐黄，含零星沙土；第②层：沙层，深0.5米以下见，沙质细而纯净。

未发现古代文化遗存。

166

雅荷春天（三期）

文物勘探

工作时间：2008年7月19—21日
建设单位：西安雅荷房地产开发有限公司
项目性质：商业（房地产）
工作人员：倪志俊、李乖成

位于未央区张家堡街办。凤城六路南北两侧，东邻未央路。西南角坐标为：东经108°56′，北纬34°19′。用地范围分南北两部分，北部用地范围呈长方形，南部用地范围呈“凸”字形，用地面积26640.0平方米。地势较平坦。

地层堆积，均已挖至生土层。

发现古墓葬34座（秦汉墓20座、唐墓6座、其余年代不详），古窑址1处。古墓葬形制有斜坡墓道土洞墓3座，竖穴墓道土洞墓18座，斜坡墓道砖室墓3座，竖穴墓道砖室墓5座，竖穴土圹墓5座。墓向东西向14座，南北向18座，墓向不明2座。

167

文景小区（西区）

文物勘探

工作时间：2008年8月1—24日
建设单位：西安曲江大明宫置业有限公司
项目性质：商业（房地产）
工作人员：倪志俊、李乖成

位于未央区汉城街办。北邻凤城十路，东邻明光路，南邻凤城九路，西邻民经一路。西南角坐标为：东经108°55′，北纬34°21′。用地范围呈长方形，实际勘探面积197262.0平方米。地势平坦。

地层堆积2层。第①层：表土层，厚0.3米，土色灰黄，土质疏松，内含近代砖瓦片等物；第②层：扰土层，厚1.7米，土色灰黄，土质较硬，内含少量沙砾、砖瓦块等物。第②层以下为生土。

未发现古代文化遗存。

168

陕西省民政厅综合大楼

文物勘探

工作时间：2008年8月10—12日
建设单位：陕西省民政厅
项目性质：公共基础建设（综合楼）
工作人员：倪志俊、李乖成

位于未央区张家堡街办。东邻未央路，南邻玄武西路。西南角坐标为：东经108°57′，北纬34°18′。用地范围呈长方形，用地面积10733.3平方米。地势较平坦。

地层堆积，均已挖至生土层。

发现汉墓4座。墓葬形制均为竖穴墓道土洞墓。墓向有东西向2座，南北向1座，东北—西南向1座。

169

谭家花苑小区

文物勘探

工作时间：2008年9月20—28日
建设单位：西安谭家房地产开发有限公司
项目性质：商业（房地产）
工作人员：倪志俊、王建生

位于未央区谭家街办。西邻太华北路，南邻秦北汽车修理厂，北邻凤城八路。西南角坐标为：东经108°58′，北纬34°20′。用地范围呈长方形，用地面积33439.0平方米。地势较平坦。

地层堆积2层。第①层：表土层，厚0.8米，土色花杂，土质疏松；第②层：扰土层，厚0.5米，土色褐黄，土质结构较密实，含少量草木灰星等物。第②层以下为生土。

发现古墓葬8座，其中汉墓5座、唐墓3座。墓葬形制有斜坡墓道土洞墓1座，竖穴墓道土洞墓7座。墓向有南北向1座，东西向6座，东北—西南向1座。

170

经发体育中心

文物勘探

工作时间：2008年9月23日—10月31日
建设单位：西安经发集团有限公司
项目性质：公共基础建设（广场）
工作人员：倪志俊、李乖成

位于未央区汉城街办。城市运动公园内，南邻凤城八路，西邻文景路，北邻凤城九路，东邻未央路。西南角坐标为：东经108°56′，北纬34°20′。西安体育中心市民活动中心项目的用地范围呈刀形，用地面积9252.7平方米。地势平坦。

地层堆积1层。深2.0—4.3米，为现代堆积层。该层以下为生土。

未发现古代文化遗存。

171

经发体育中心地下停车场

文物勘探

工作时间：2008年9月23日—10月31日
建设单位：西安经发集团有限公司
项目性质：公共基础建设（广场）
工作人员：倪志俊、李乖成

位于未央区汉城街办。城市运动公园内，南邻凤城八路，西邻文景路，北邻凤城九路，东邻未央路。西南角坐标为：东经108°56′，北纬34°20′。西安体育中心市民活动中心配置地下停车场项目，用地范围呈长方形，用地面积6257.1平方米。地势平坦。

地层堆积1层。深2.1—3.5米，为现代堆积层。该层以下为生土。

未发现古代文化遗存。

172

西安市第五污水处理厂

文物勘探

工作时间：2008年9月30日—10月15日
建设单位：西安市污水处理工程筹建处
项目性质：公共基础建设（水利）
工作人员：倪志俊、牛雁枫、王建生

位于未央区徐家湾街办。东邻辛王公路，南邻北辰第三社区。西南角坐标为：东经109°0′，北纬34°22′。用地范围呈长方形，用地面积100525.0平方米。地势较平坦。

地层堆积2层。第①层：表土层，厚0.5米，土色花杂；第②层：沙土层，深0.5米以下见，探铲无法提取。

未发现古代文化遗存。

173

草滩六路延伸段

文物勘探

工作时间：2008年10月11—15日
建设单位：西安经济技术开发区委员会
项目性质：公共基础建设（道路）
工作人员：袁长江、徐西平

位于未央区六村堡街办。线路南北走向，南接尚苑路，北接尚稷路。西南角坐标为：东经108°53′，北纬34°22′。用地范围呈长条形，用地面积9000.0平方米。地势较平坦。

地层堆积2层。第①层：表土层，厚0.5米，土色褐黄，土质疏松；第②层：沙层，深0.5米以下为沙层，沙质细而纯净。

未发现古代文化遗存。

174

凤城五路（朱宏路—明光路）

文物勘探

工作时间：2008年10月16—25日
建设单位：西安经济技术开发区委员会
项目性质：公共基础建设（道路）
工作人员：袁长江、徐西平

位于未央区汉城街办。东西走向，西接朱宏路，东接明光路。西南角坐标为：东经108°55′，北纬34°20′。用地范围呈长条形，用地面积3200.0平方米。地势较平坦。

地层堆积2层。第①层：表土层，厚0.1米，土色花杂，土质疏松，含大量现代建筑垃圾；第②层：垆土层，厚0.5米，土色褐黄，土质较硬。第②层以下为生土。

未发现古代文化遗存。

175

草店村安置楼

文物勘探

工作时间：2008年10月20—29日
建设单位：陕西明强房屋建设开发有限公司
项目性质：商业（安置楼）
工作人员：倪志俊、王建生

位于未央区草滩街办。南邻陕西科技大学西安校区，西北邻西铜高速。西南角坐标为：东经108°58′，北纬34°23′。用地范围呈刀把形，东西长205.1米，南北宽80.0—125.6米，用地面积14600.0平方米。地势较平坦。

地层堆积2层。第①层：表土层，厚0.8米，土色花杂；第②层：沙土层，深0.8米以下见，探铲无法提取。

未发现古代文化遗存。

176

西航生活区（二期）3#地块

文物勘探

工作时间：2008年10月20日—11月10日
建设单位：西安航空发动机集团有限公司
项目性质：商业（生活区）
工作人员：袁长江、种保民

位于未央区徐家湾街办。北邻红旗西路，东邻渭滨街。西南角坐标为：东经108°58′，北纬34°21′。用地范围呈长方形，用地面积12301.1平方米。地势平坦。

地层堆积2层。第①层：表土层，厚0.5米，土色花杂，土质疏松；第②层：扰土层，厚1.5米，土色褐黄，土质较硬。

未发现古代文化遗存。

177

老洼滩新农村社区（香格里拉·尚城）

文物勘探

工作时间：2008年10月29日—11月12日
建设单位：陕西北城置业有限公司
项目性质：商业（房地产）
工作人员：倪志俊、王建生

位于未央区草滩街办。绕城高速以北，西南角坐标为：东经108°56′，北纬34°21′。用地范围呈长方形，用地面积10472.0平方米。地势平坦。

地层堆积1层。厚0.5米，土色花杂，土质较疏松，含砖瓦残块、草木灰星等物。此层以下为生土。

未发现古代文化遗存。

178

团结水库治理工程（一期）

文物勘探

工作时间：2008年11月18—22日
建设单位：西安市漕运明渠建设管理处
项目性质：公共基础建设（水利）
工作人员：王自力、邹亚军

位于未央区未央宫街办。东邻朱宏路北段，南邻北二环。西南角坐标为：东经108°55′，北纬34°18′。用地范围呈长方形，用地面积333000.0平方米。地势平坦。

地层堆积2层。第①层：表土层，厚0.5米，为回填土层；第②层：扰土层，厚0.6米，土色花杂，土质较疏松。第②层以下为生土。

发现古墓葬24座（汉墓10余座、唐墓10余座）。墓葬形制有竖穴墓道土洞墓7座，斜坡墓道土洞墓11座，斜坡墓道砖室墓6座。墓向坐北朝南5座，坐南朝北3座，坐西朝东4座，坐东朝西12座。

179

陕西省高速公路监控指挥调度中心

文物勘探

工作时间：2008年11月27—30日
建设单位：陕西省高速公路收费管理中心
项目性质：公共基础建设（交通）
工作人员：倪志俊、李小武

位于未央区草滩街办。吕小寨村西南，西南角坐标为：东经108°57′，北纬34°22′。用地范围呈多边形，用地面积40000.0平方米。地势平坦。

地层堆积1层。厚1.5米，土色花杂，土质疏松。此层以下为生土。

未发现古代文化遗存。

180

维德公司厂房

文物勘探

工作时间：2008年11月28—29日
建设单位：西安维德风电设备有限公司
项目性质：商业（厂房）
工作人员：倪志俊、王建生

位于未央区徐家湾街办。西航公司厂区东区内，西南角坐标为：东经108°58′，北纬34°21′。维德风电设备装配房项目的用地范围呈长方形，用地面积4000.0平方米。地势平坦。

地层堆积1层。厚0.8米，土色花杂，土质坚硬，为机压土层。此层以下为生土。

未发现古代文化遗存。

181

西航公司技术行政楼

文物勘探

工作时间：2008年11月29—30日
建设单位：西安航空发动机集团有限公司
项目性质：商业（行政楼）
工作人员：倪志俊、王建生

位于未央区徐家湾街办。西航公司厂区东区大门外，西南角坐标为：东经108°58′，北纬34°21′。用地范围呈长方形，用地面积750.0平方米。地势平坦。

地层堆积2层。第①层：表土层，厚0.2米，机压土层，土质坚硬；第②层：扰土层，厚1.3米，含砖瓦碎块等物。第②层以下为生土。

未发现古代文化遗存。

182

文景路拓宽（北二环—凤城十二路段）

文物勘探

工作时间：2008年12月5日—2009年2月20日
建设单位：西安市经济技术开发区管委会
项目性质：公共基础建设（道路）
工作人员：倪志俊、孙勇

位于未央区张家堡街办、汉城街办。勘探线路南北走向，南至北二环，北至凤城十二路。西南角坐标为：东经108°56′，北纬34°18′。用地范围呈长条形，长5000.0米，宽30.0米，实际勘探面积150000.0平方米。地势较平坦。

地层堆积2层。第①层：表土层，厚1.0米，土色花杂，土质疏松；第②层：扰土层，厚0.5米，土色褐黄，土质较疏松，内含灰星砖瓦片等物。第②层以下为生土。

未发现古代文化遗存。

183

车辆厂生活东区改造（二期）

文物勘探

工作时间：2008年12月7—17日
建设单位：中国北车集团西安车辆厂
项目性质：商业（厂房）
工作人员：王自力、李伟

位于未央区三桥街办。西邻建章路中段，北邻车辆厂生活小区，东邻西三环，南邻陇海铁路。西南角坐标为：东经108°50′，北纬34°18′。用地范围呈长方形，用地面积9250.0平方米。

地层堆积3层。第①层：表十层，厚0.3—0.5米，土色灰褐，土质疏松，包含砖块、瓦片、炭渣及零星碎石等；第②层：扰土层，厚1.0米，土色褐黄，土质疏松，包含物有碎砖瓦星、炭渣、草木灰星等；第③层：沙土层，1.5米下，土色褐黄，含大量黄、红细沙，探铲无法穿透。

发现汉代灰坑2处。

184

池东村安置小区（EE新城）

文物勘探

工作时间：2008年12月10—20日
建设单位：西安荣华集团有限公司
项目性质：商业（房地产）
工作人员：孙勇

位于未央区张家堡街办。原池东村用地，东邻永徽路，西邻开元路，南邻凤城六路。西南角坐标为：东经108°57′，北纬34°20′。用地范围呈长方形，用地面积18347.0平方米。地势平坦。

地层堆积2层。第①层：表土层，厚1.2米，土色花杂，土质疏松；第②层：扰土层，厚0.8米，土色褐黄，土质较疏松。第②层以下为生土。

未发现古代文化遗存。

185

天丹公司住院大楼

文物勘探

工作时间：2008年12月22—24日
建设单位：陕西天丹医药科技有限公司
项目性质：公共基础建设（医院）
工作人员：倪志俊、李乖成

位于未央区张家堡街办。南邻凤城三路，北邻凤城四路。西南角坐标为：东经108°56′，北纬34°19′。用地范围呈长方形，用地面积3900.0平方米。地势平坦。

地层堆积，地表均为建筑垃圾铺垫而成。

未发现古代文化遗存。

186

经发世纪花园（一期）

文物勘探

工作时间：2009年1月13—16日
建设单位：西安经发集团有限责任公司
项目性质：商业（房地产）
工作人员：袁长江、徐西平

位于未央区汉城街办。北邻凤城七路，东邻凤锦路，南邻凤城六路，西邻朱宏路。西南角坐标为：东经108°55′，北纬34°20′。用地范围呈长方形，实际勘探面积12876.0平方米。地势平坦。

地层堆积2层。第①层：表土层，厚0.3米，土色灰褐，土质疏松；第②层：扰土层，厚2.5米，土质较硬，土色灰褐。第②层以下为生土。

未发现古代文化遗存。

187

石化大道（西三环—西咸分界处）

文物勘探

工作时间：2009年2月3—27日
建设单位：西安市市政管委会
项目性质：公共基础建设（道路）
工作人员：倪志俊、邹亚军

位于未央区六村堡街办。东西走向，西起西咸分界处（西贺村附近），东至西三环（建章桥）。西南角坐标为：东经108°48′，北纬34°19′。用地范围呈长条形，道路全长4646.876米，道路红线宽度40米。含雨水泵站总勘探面积192275.0平方米。地势平坦。

地层堆积2层。第①层：表土层，厚1.5米，土色花杂；第②层：黄土状土层，深1.5—10.0米，厚8.5米，土色呈褐黄色。

未发现古代文化遗存。

188

大明宫市场污水管道工程

文物勘探

工作时间：2009年2月3—27日
建设单位：西安市市政管委会
项目性质：公共基础建设（道路）
工作人员：程林泉、孙勇

位于未央区草滩街办。线路东西走向，东起辛王路（北辰路），西至陕西科技大学西侧规划路（显庆路）。西南角坐标为：东经108°48′，北纬34°19′。用地范围呈长条形，道路全长2245.919米，道路红线宽度40米，总勘探面积76778.0平方米。地势平坦。

地层堆积2层。第①层：表土层，厚1.5米，土色花杂；第②层：扰土层，深1.5—2.5米，厚1.0米，土色呈褐黄色，含砖瓦等物。第②层以下为生土。

未发现古代文化遗存。

189

陕西科技大学西侧规划路

文物勘探

工作时间：2009年2月3—27日
建设单位：西安市市政管委会
项目性质：公共基础建设（道路）

工作人员：孙勇

位于未央区草滩街办。陕西科技大学校区范围，线路南北走向，南起红旗东路，北至学府辅路。西南角坐标为：东经108°59′，北纬34°21′。用地范围为长条形，道路全长3016.289米。道路红线宽度40米，总勘探面积123037.0平方米。地势平坦。

地层堆积2层。第①层：表土层，厚1.5米，土色花杂；第②层：扰土层，深1.5—2.5米，厚1.0米，土色呈褐黄色，含砖瓦等物。第②层以下为生土。

未发现古代文化遗存。

190

沣三干向团结水库供水管道工程

文物勘探

工作时间：2009年2月5—13日
建设单位：西安市漕运明渠建设管理处
项目性质：公共基础建设（水利）
工作人员：倪志俊、许强

位于未央区大明宫街办。起点桩号8+000（汉城湖·团结水库），终点桩号11+500。西南角坐标为：东经108°55′，北纬34°19′。用地范围呈长条形，实际勘探面积10500.0平方米。地势较平坦。

地层堆积3层。第①层：表土层，厚1.5米，土色花杂，含植物根系等杂质；第②层：黄土状土，厚8.5米，土色褐黄；第③层：黏土层，深10.0米以下见，土色淡黄。

未发现古代文化遗存。

191

北客站配套工程（风城十二路—尚新路）

文物勘探

工作时间：2009年3月7—18日
建设单位：西安市市政管委会
项目性质：公共基础建设（道路）
工作人员：倪志俊、戴宁

位于未央区汉城街办、草滩街办。文景路北段，路线南北走向，南接凤城十二路，北接尚新路。西南角坐标为：东经108°56′，北纬34°21′。用地范围呈长条形，实际勘探面积104000.0平方米。地势平坦。

地层堆积2层。第①层：表土层，厚0.5米，土色灰黄；第②层：扰土层，厚1.1米，土质较硬。第②层以下为生土。

未发现古代文化遗存。

192

旭景兴园（三九村城改）

文物勘探

工作时间：2009年3月18日—4月10日
建设单位：西安市星火房地产开发公司
项目性质：商业（房地产）
工作人员：程林泉、邹亚军

位于未央区张家堡街办。明光路69号，东邻明光路，北邻陕西苹果研究发展中心，南邻凤城六路，西邻凤锦路。西南角坐标为：东经108°55′，北纬34°20′。用地范围呈不规则长方形，实际勘探面积40000平方米。地势较平坦。

地层堆积2层。第①层：表土层，厚0.5米，土色花杂，土质疏松；第②层：扰土层，厚0.2米，土色褐黄，土质较硬，内含砖瓦块等物。

发现汉代古墓葬1座。竖穴墓道土洞墓，平面呈“甲”字形，坐北朝南。

193

合容公司厂房

文物勘探

工作时间：2009年4月4—6日
建设单位：西安合容电气实业有限公司
项目性质：商业（厂房）
工作人员：倪志俊、李乖成

位于未央区张家堡街办。西邻凤锦路，南邻凤城六路，东邻三九村，北邻凤城七路。西南角坐标为：东经108°55′，北纬34°20′。串联电容器及交流冰融装置产业化项目，用地范围呈长方形，实际勘探面积10656.0平方米。地势较平坦。

地层堆积2层。第①层：表土层，厚0.3米，土色灰黄，土质疏松；第②层：扰土层，厚2.5米，土色灰黄，土质较硬。第②层以下为生土。

未发现古代文化遗存。

194

古德公司厂房

文物勘探

工作时间：2009年4月26日—5月11日
建设单位：西安古德食品有限公司
项目性质：商业（厂房）
工作人员：孙武

位于未央区六村堡街办。草滩四路4号，北邻尚林路，西邻草滩四路。西南角坐标为：东经108°53′，北纬34°23′。西安古德放心早餐工程，用地范围呈不规则正方形，实际勘探面积20000.0平方米。地势平坦。

地层堆积2层。第①层：表土层，厚0.3米，土色花杂，土质疏松；第②层：冲积层，深0.3—1.0米，厚0.7米，土色浅黄，土质疏松纯净。第②层以下为沙层。

未发现古代文化遗存。

195

铁路北客站拆迁安置（X–1号地）

文物勘探

工作时间：2009年5月11—25日
建设单位：西安未央区铁路北客站安置工作办公室
项目性质：商业（房地产）
工作人员：倪志俊、王建生

位于未央区六村堡街办。铁路北客站西北部，南邻尚新路（元朔路），西邻明光路。西南角坐标为：东经108°56′，北纬34°22′。用地范围呈不规则长方形，实际勘探面积127668.204平方米（含绿地62529.0平方米）。地势平坦。

地层堆积1层。厚1.5米，土色花杂，内含大量砖瓦垃圾等杂物。此层以下为生土。

未发现古代文化遗存。

196

汉城收费站办公大楼

考古发掘

工作时间：2009年5月30日
建设单位：西安市收费公路管理中心
项目性质：公共基础建设（办公楼）
工作人员：袁长江、王晓鹏、杨军荣

位于未央区汉城街办，朱宏路立交以北。西南角坐标为：东经108°55′，北纬34°22′。

共发掘汉墓1座。墓葬形制为东西向竖穴墓道土洞墓，墓室上方有一椭圆形盗洞，直径0.7—0.8米，盗洞内含现代烟盒、矿泉水瓶等物，墓室被盗一空，无器物出土。

197

铁路北客站拆迁安置（N–2号地）

文物勘探

工作时间：2009年6月10—15日
建设单位：西安未央区铁路北客站安置工作办公室
项目性质：商业（房地产）
工作人员：倪志俊、李志军

位于未央区六村堡街办。铁路北客站西北部，南邻尚新路（元朔路），西邻明光路。西南角坐标为：东经108°56′，北纬34°22′。用地范围呈长方形，实际勘探面积41146.812平方米。地势平坦。

地层堆积2层。第①层：表土层，厚1.5—2.0米，土色由花杂到灰黄，土质结构密实；第②层：冲积层，厚0.5米，土色由灰黄、黑褐至淡黄，土质结构较密实。

未发现古代文化遗存。

198

刘家村城改（瑞泰·卡地亚）

文物勘探

工作时间：2009年6月15—24日
建设单位：西安市瑞泰房地产开发有限公司
项目性质：商业（房地产）
工作人员：倪志俊、鞠远程

位于未央区汉城街办。凤城五路南北两侧，东邻明光路。西南角坐标为：东经108°56′，北纬34°20′。用地范围呈长方形，实际勘探面积36663.0平方米。地势较平坦。

地层堆积2层。第①层：表土层，厚0.5米，土色花杂；第②层：扰土层，厚0.7米，土色浅黄，土质一般，含少量杂质。第②层以下为生土。

未发现古代文化遗存。

199

西安出口加工区BP厂房

文物勘探

工作时间：2009年6月18—30日
建设单位：西安出口加工区
项目性质：商业（厂房）
工作人员：倪志俊、全小平

位于未央区汉城街办。南邻凤城十路北侧，东邻明光路，北邻绕城高速，属渭河南岸二级漫滩地。西南角坐标为：东经108°56′，北纬34°21′。用地范围呈长方形，东西长242.0米，南北宽103.62米，实际勘探面积25077.0平方米。地势平坦。

地层堆积2层。第①层：表土层，厚0.5米，土色浅灰，土质疏松；第②层：扰土层，厚1.0米，土色浅褐，土质密实，内含砖瓦块、灰星等物。第②层以下为沙土层。

未发现古代文化遗存。

200

西安出口加工区6#、7#、8#、9#标准厂房

文物勘探

工作时间：2009年6月25日—7月15日
建设单位：西安出口加工区
项目性质：商业（厂房）
工作人员：倪志俊、全小平

位于未央区汉城街办。南邻凤城十路北侧，东邻明光路，北邻绕城高速，属渭河南岸二级漫滩地。西南角坐标为：东经108°56′，北纬34°21′。用地范围呈长方形，南北长263.49米，东西宽242.0米，实际勘探面积63764.0平方米。地势平坦。

地层堆积2层。第①层：表土层，厚0.5米，土色浅灰，土质疏松；第②层：扰土层，厚1.0米，土色浅褐，土质密实，内含砖瓦块、灰星等物。第②层以下为沙土层。

未发现古代文化遗存。

201

天鼎酒店

文物勘探

工作时间：2009年6月27—29日
建设单位：西安航空发动机集团天鼎有限公司
项目性质：商业（酒店）
工作人员：倪志俊、王建生

位于未央区徐家湾街办。红旗厂渭滨路，西邻渭滨路，南邻渭青路。西南角坐标为：东经108°58′，北纬34°21′。用地范围呈不规则长方形，实际勘探面积2850.0平方米。地势平坦。

地层堆积2层。第①层：表土层，厚1.5米，土色花杂，土质较疏松；第②层：扰土层，厚0.5米，土色褐黄，土质结构密实。第②层以下为生土。

未发现古代文化遗存。

202

龙首新苑·祯祥宝库

文物勘探

工作时间：2009年6月28—29日
建设单位：西安龙首置业有限责任公司
项目性质：商业（房地产）
工作人员：倪志俊、牛雁枫

位于未央区张家堡街办。未央路5号，东邻未央路，南邻未央区政府，北邻龙首商业街。西南角坐标为：东经108°57′，北纬34°18′。用地范围呈“L”形，东西长108.3米，南北宽68.0米，实际勘探面积4823.0平方米。地势平坦。

地层堆积2层。第①层：表土层，厚1.5米，土质杂乱，含大量砖瓦垃圾等物；第②层：扰土层，厚0.5米，土色褐黄，土质较硬。第②层以下为生土。

未发现古代文化遗存。

203

石羊食品工业园

文物勘探

工作时间：2009年7月17日—8月5日
建设单位：西安石羊食品有限责任公司
项目性质：商业（厂房）
工作人员：邹亚军

位于未央区六村堡街办。草滩三路588号，尚稷路与草滩三路十字西北角，东邻草滩四路，西邻草滩三路。西南角坐标为：东经108°54′，北纬34°22′。用地范围呈长方形，实际勘探面积40000.0平方米。地势平坦。

地层堆积2层。第①层：表土层，厚0.3米，土色灰褐色，土质疏松，含少量沙子、碎石等物；第②层：扰土层，厚0.3米，土色暗黄色，含大量粉沙及细沙。第②层以下为生土。

未发现古代文化遗存。

204

古德食品厂房

文物勘探

工作时间：2009年7月19—23日
建设单位：西安古德食品有限公司
项目性质：商业（厂房）
工作人员：倪志俊、李乖成

位于未央区六村堡街办。草滩三路与尚林路交汇处，东邻草滩三路，北邻尚林路。西南角坐标为：东经108°54′，北纬34°23′。用地范围近正方形，实际勘探面积19980.0平方米。地势平坦。

地层堆积1层。厚0.3米，土色灰黄，土质疏松。此层以下为沙层，探铲无法探入。

未发现古代文化遗存。

205

太华南路、重玄路道路

文物勘探

工作时间：2009年8月28日—2010年2月23日
建设单位：西安曲江大明宫投资有限公司
项目性质：公共基础建设（道路）
工作人员：张翔宇

位于未央区大明宫街办。太华南路为南北走向，南起自强东路，北至玄武路。总长2678.0米，宽15.0米，勘探面积40170.0平方米。

重玄路位于太华南路以西，西南角坐标为：东经108°57′，北纬34°18′。呈“L”形，东西走向，东至太华路，西至建强路，北至玄武路，南邻大明宫遗址公园。总长1438.698米，去太华南路方向宽30.0米，去玄武路方向宽20.0米。重玄路勘探面积40291.66平方米，共计80461.66平方米。地势平坦。

地层堆积1层。厚0.6米，土色灰褐，土质较硬，内含瓦片等物。此层以下为生土。

发现汉墓3座。墓葬形制均为竖穴墓道土洞墓，墓向均坐北朝南。

206

珠江新城（二期）

考古发掘

工作时间：2009年9月—2010年5月
建设单位：西安珠江房地产开发有限公司
项目性质：商业（房地产）
工作人员：张翔宇、柴怡

位于未央区辛家庙街办。井上村东北，东临御井路道，南临珠江新城一期。西南角坐标为：东经108°59′，北纬34°19′。

清理古墓葬108座（汉墓107座，宋墓1座）。共出土文物1070件，其中陶器767件，包括陶罐、陶鼎、陶盒、陶钫、陶壶、陶杯、陶灶、陶耳杯、陶鸡、陶狗、陶猪、陶棺、陶井、陶勺等；铜器178件，包括铜盆、铜灯、铜镜、铜削、铜剑、铜釜、铜印、铜钱、铜镜刷等；铁器42件，包括铁刀、铁剑、铁削、铁农具等；玉、石器及其他83件，包括玉口琀、九窍塞、玉耳饰、琉璃珠、石研、石砚等。这批墓葬大多为小型墓，形制以竖穴墓道土洞墓为主，其次为斜坡墓道土洞墓，砖室墓较少，个别为竖穴土圹墓。其中，M2为竖穴土圹石椁墓。底部石椁分为前室和并列后室，为西安地区所少见。石椁，结构精巧，做工讲究，由20块石板组合而成，根据所在位置和功能的不同可分石盖板（5）、后室石封门（2）、石椁壁（5）、石门（2）、隔板（1）、石底板（5）六部分。该墓地出土的14件红陶双耳弦纹罐，具有南方地区同类器的风格，也为以往考古发掘中所少见。墓葬的年代集中在西汉中晚期，东汉墓仅有一座。

207

人防办0801

文物勘探

工作时间：2009年9月9日—2010年1月24日
建设单位：西安市人民防空办公室
项目性质：公共基础建设（办公楼）
工作人员：倪志俊、牛雁枫

位于未央区徐家湾街办。红旗东路以南、太华北路延伸段交口处。西南角坐标为：东经108°59′，北纬34°21′。用地范围呈长方形，实际勘探面积20000.0平方米。地势平坦。

A区地层堆积2层。第①层：表土层，厚0.5米，土质杂乱，内含大量砖瓦垃圾等物；第②层：黄土层，厚0.1米，土色褐黄，土质较紧密。第②层以下为生土。

B区地层堆积2层。第①层：表土层，厚0.7米，土色褐黄，土质较紧密，含水量一般；第②层：黄土层，深0.7米以下见，土色褐黄，土质结构较紧密。第②层以下为生土。

未发现古代文化遗存。

208

省政府机关事务管理局1号小区（二期）

文物勘探

工作时间：2009年9月27—29日
建设单位：陕西省政府机关事务管理局
项目性质：商业（住宅楼）
工作人员：倪志俊、王建生

位于未央区大明宫街办。凤城三路6号，北邻凤城三路，西邻未央路，东邻开元路。西南角坐标为：东经108°57′，北纬34°19′。用地范围呈长方形，实际勘探面积10534.0平方米。地势较平坦。

地层堆积2层。第①层：表土层，厚1.5米，土色花杂，土质疏松，含大量建筑垃圾；第②层：扰土层，厚1.5—2.0米，土色褐黄，土质结构较紧密。第②层以下为生土。

未发现古代文化遗存。

209

凤城六路（文景路—未央路段）

文物勘探

工作时间：2009年10月12日—12月5日
建设单位：西安经济技术开发区管委会

项目性质：公共基础建设（道路）
工作人员：袁长江、徐西平

位于未央区张家堡街办。文景路以东约400.0米处至未央路，东西走向。西南角坐标为：东经108°56′，北纬34°20′。用地范围呈长方形，东西长450.0米，南北宽30.0米，实际勘探面积13500.0平方米。地势平坦。

地层堆积2层。第①层：表土层，厚0.5米，杂填土；第②层：扰土层，厚0.5米，土质较硬，土色黑褐。第②层以下为生土。

发现汉墓10座。墓葬形制有竖穴墓道土洞墓6座，竖穴墓道砖室墓4座。墓向南北向6座，东西向4座。

考古发掘（第一次）

工作时间：2009年11月1—7日
工作人员：袁长江、王晓鹏、杨军荣

共发掘汉墓2座。墓室盗扰一空，无器物出土。

210
第三医院（中医医院）用地

文物勘探

工作时间：2009年10月15—26日
建设单位：西安市第三医院
项目性质：公共基础建设（医院）
工作人员：倪志俊、王纪元

位于未央区谭家街办。凤城八路与育新路十字西北角，西邻市政府新址。西南角坐标为：东经108°57′，北纬34°20′。用地范围呈长方形，实际勘探面积71000.0平方米。地势较平坦。

地层堆积3层。第①层：表土层，厚0.3米，土色花杂，土质疏松；第②层：扰土层，深0.3—1.5米，厚1.0—1.2米，土质较疏松；第③层：深1.5—2.2米，厚0.6—0.8米，土色褐黄，土质较密。第③层以下为生土。

发现古墓葬14座。

考古发掘

工作时间：2012年5月
建设单位：西安市第三医院
项目性质：公共基础建设（医院）
工作人员：袁长江

发掘汉代墓葬14座。形制主要为竖穴土圹墓、竖穴墓道砖室墓两种，其中M7为积沙墓。

M7：竖穴土圹墓。墓道位于墓室北端，平面呈长方形，条砖封门。墓室位于墓道南侧，平面呈长方形，葬具为1木椁。出土器物有陶仓、陶甑、陶罐、铜钱等。

211
凤城一路（明光路—文景路段）

文物勘探

工作时间：2009年10月15日—11月20日
建设单位：西安经济技术开发区管委会
项目性质：公共基础建设（道路）
工作人员：袁长江、徐西平

位于未央区未央宫街办。文景路以西约300.0米处至明光路，东西走向。西南角坐标为：东经108°56′，北纬34°19′。用地范围呈长方形，东西长400.0米，南北宽20.0米，实际勘探面积8000.0平方米。地势平坦。

地层堆积2层。第①层：表土层，厚0.5米，杂填土；第②层：扰土层，厚0.5米，土质较硬，土色黑褐。第②层以下为生土。

未发现古代文化遗存。

212
西航厂34F锅炉房

文物勘探

工作时间：2009年10月23日—23日
建设单位：西安航空发动机有限公司
项目性质：商业（锅炉房）
工作人员：倪志俊、牛雁枫

位于未央区徐家湾街办。西安航空发动机有限公司厂内，西南角坐标为：东经108°58′，北纬34°21′。用地范围呈长方形，长79.0米，宽55.0米，实际勘探面积4782.63平方米。地势平坦。

地层堆积2层。第①层：表土层，厚0.3米，土质杂乱，含大量砖瓦等建筑垃圾等物；第②层：黄土层，厚1.5—2.0米，土色褐黄，土质结构较紧密。第②层以下为生土。

未发现古代文化遗存。

213

西航厂501油库

文物勘探

工作时间：2009年10月23日—23日
建设单位：西安航空发动机有限公司
项目性质：商业（油库）
工作人员：倪志俊、牛雁枫

位于未央区徐家湾街办。西安航空发动机有限公司厂内西北角，北邻北三环。西南角坐标为：东经108°58′，北纬34°22′。用地范围呈长方形，实际勘探面积18223.0平方米，地势平坦。

地层堆积2层。第①层：表土层，厚1.2米，土质杂乱，含大量砖瓦等建筑垃圾等物；第②层：黄土层，厚0.8米，土色褐黄，土质结构较紧密。第②层以下为生土。

未发现古代文化遗存。

214

魏家湾安置楼

文物勘探

工作时间：2009年11月
建设单位：西安红旗村城改建设发展有限公司
项目性质：商业（住宅楼）
工作人员：倪志俊

位于未央区徐家湾街办。凤城九路中段，北邻凤城九路，东邻育新路。西南角坐标为：东经108°57′，北纬34°21′。用地范围呈长方形，实际勘探面积12280.0平方米。地面有大量建筑垃圾。

地层堆积3层。第①层：表土层，厚0.7米，内含大量建筑垃圾等物；第②层：扰土层，深0.7—1.0米，内含砖瓦片等物；第③层：汉唐文化层，深1.0—1.3米，土色褐黄，内含少量汉唐时期砖瓦残块等物。第③层以下为生土。

未发现古代文化遗存。

215

大明宫污水改建

考古发掘

工作时间：2009年11月3—10日
建设单位：西安大明宫实业集团
项目性质：公共基础建设（水利）
工作人员：袁长江、王晓鹏、杨军荣

位于未央区大明宫街办。西南角坐标为：东经109°0′，北纬34°22′。

共清理古墓葬1座。墓室被盗扰一空，无器物出土。

216

龙腾半导体公司新征地

文物勘探

工作时间：2009年11月5—15日
建设单位：西安龙腾半导体技术有限责任公司
项目性质：商业（厂房）
工作人员：张全民、张彬利

位于未央区汉城街办。东邻明光路，南邻凤城十路，西邻朱宏路。西南角坐标为：东经108°55′，北纬34°21′。用地范围呈长方形，实际勘探面积13000.0平方米。地势平坦。

地层堆积2层。第①层：表土层，厚0.3米，土色花杂，土质疏松，含砖瓦碎片等物；第②层：扰土层，厚0.7米，土色浅褐，土质疏松，内含少量砖瓦片等物。第②层以下为生土。

未发现古代文化遗存。

217

乾恒·湖园天下

文物勘探

工作时间：2009年11月6—23日
建设单位：陕西乾恒实业有限公司
项目性质：商业（房地产）
工作人员：孙武、段随毛

位于未央区草滩街办。南邻华浮宫大酒店，东邻未央湖环湖西路。西南角坐标为：东经108°59′，北纬34°24′。用地范围呈长方形，东西长290.0米，南北宽147.0米，实际勘探面积42000.0平方米。地势较平坦。

地层堆积2层。第①层：表土层，厚0.5米，内含大量植物根系等物；第②层：沙土层，厚0.5米，土质均匀，深1.0米以下探铲无法提取。

未发现古代文化遗存。

218

大明宫·逸居

文物勘探

工作时间：2009年11月17—20日
建设单位：西安大明宫建材实业（集团）有限公司
项目性质：商业（房地产）
工作人员：倪志俊、刘军利

位于未央区大明宫街办。北邻凤城一路，西邻皇家园林小区，南邻大明宫街办，东邻锦园君逸小区。西南角坐标为：东经108°58′，北纬34°19′。用地范围呈长方形，东西长83.0米，南北宽120.0米，实际勘探面积10000.0平方米。地势平坦。

地层堆积2层。第①层：表土层，厚0.3米，土色花杂，土质疏松，含少量砖瓦等物；第②层：厚0.3米，土色褐黄，土质较疏松，含少量灰星瓦片等物。第②层以下为生土。

未发现古代文化遗存。

219

未央区交通运输管理站

文物勘探

工作时间：2009年11月15—26日
建设单位：未央区交通运输管理站
项目性质：公共基础建设（交通）
工作人员：杨军凯

位于未央区汉城街办。朱宏路青东村23号，西邻朱宏路，南邻凤城九路。西南角坐标为：东经108°55′，北纬34°21′。用地范围呈长方形，实际勘探面积2300.0平方米。地势平坦。

地层堆积2层。第①层：表土层，厚0.3米，土色花杂，土质疏松，含大量植物根系等物；第②层：扰土层，厚0.9米，土色浅黄色，细沙，土质疏松。第②层以下为生土。

未发现古代文化遗存。

220

紫薇·风尚（二期）

文物勘探

工作时间：2009年11月19日—12月3日
建设单位：陕西格瑞达房地产开发有限公司
项目性质：商业（房地产）
工作人员：倪志俊、李乖成

位于未央区张家堡街办。南邻凤城五路，西邻开元路，北邻常青二路，东邻永徽路。西南角坐标为：东经108°57′，北纬34°20′。用地范围呈长方形，东西长230.0米，南北宽100.0米，实际勘探面积23000.0平方米。地势南低北高。

地层堆积2层。第①层：表土层，厚0.3米，土色灰黄，土质疏松；第②层：扰土层，厚0.5米，土色灰黄，土质较硬，内含古代砖瓦块等物。

发现秦汉时期古墓葬26座。墓葬形制有竖穴土圹墓7座，竖穴墓道土洞墓17座，斜坡墓道土洞墓2座。墓向坐西向东13座，坐西北朝东南3座，坐北朝南1座，坐南朝北1座，东西向4座，南北向2座。

221

旭景·崇盛园

文物勘探

工作时间：2009年11月20日—12月2日
建设单位：西安星火房地产开发公司
项目性质：商业（房地产）
工作人员：张翔宇、邹亚军

位于未央区汉城街办。北邻北三环，西邻明光路，南邻凤城十二路。西南角坐标为：东经108°56′，北纬34°21′。用地范围呈长方形，长343.86米，宽277.05米，实际勘探面积53334.0平方米。地势较平坦。

地层堆积2层。第①层：表土层，厚0.4米，土色花杂，土质坚硬；第②层：扰土层，厚1.4米，土色灰黄褐色，含零星砖瓦等物。第②层以下为生土。

未发现古代文化遗存。

222

C4路（明光路—文景路）

文物勘探

工作时间：2009年11月20日—12月25日
建设单位：西安经济技术开发区管委会
项目性质：公共基础建设（道路）
工作人员：袁长江、徐西平

位于未央区张家堡街办。东西走向，西接明光路，东接文景路。西南角坐标为：东经108°56′，北纬34°19′。用地范围呈长方形，东西长750.0米，南北宽20.0米，实际勘探面积15000.0平方米。地势平坦。

地层堆积2层。第①层：表土层，厚0.5米，杂填土；第②层：扰土层，厚0.5米，土质较硬，土色黑褐。第②层以下为生土。

未发现古代文化遗存。

223

德宜国际中心

文物勘探

工作时间：2009年12月16—25日
建设单位：陕西合鑫置业有限公司
项目性质：商业（房地产）
工作人员：倪志俊、王纪元

位于未央区张家堡街办。北邻常青二路，西邻未央路。西南角坐标为：东经108°57′，北纬34°20′。用地范围呈长方形，实际勘探面积7636.0平方米。地势平坦。

地层堆积1层。厚1.5—2.0米，均为建筑垃圾。此层以下为生土。

未发现古代文化遗存。

文物勘探（补探）

工作时间：2010年3月20—29日
建设单位：陕西合鑫置业有限公司
项目性质：商业（房地产）
工作人员：张翔宇、王纪元

补探面积不详。地势平坦。

地层堆积1层。深1.0—1.2米，多为原建筑基础。此层以下为生土。

未发现古代文化遗存。

224

五龙汤花园

文物勘探

工作时间：2009年12月20—21日
建设单位：西安市星火房地产开发公司
项目性质：商业（房地产）
工作人员：程林泉、段随毛

位于未央区徐家湾街办。文体路9号，西邻文体路，南邻渭青路。西南角坐标为：东经108°58′，北纬34°21′。用地范围呈长方形，南北长146.0米，东西宽98.0米，实际勘探面积18000.0

平方米。地势平坦。

地层堆积1层。厚0.3米，土质密实坚硬。此层以下为生土。

未发现古代文化遗存。

225

米琪公司厂房

文物勘探

工作时间：2009年12月20—28日

建设单位：西安米琪冷冻食品有限公司

项目性质：商业（厂房）

工作人员：倪志俊、孙勇

位于未央区六村堡街办。西邻草滩四路，南邻尚稷路，东邻草滩三路。西南角坐标为：东经108°53′，北纬34°23′。西安米琪冷冻项目的用地范围呈长方形，东西长175.0米，南北宽128.0米，实际勘探面积22784.0平方米。地势较平坦。东北部区域有少量果树。

地层堆积3层。第①层：表土层，厚0.3米，土色花杂，土质疏松，含少量砖瓦、植物根系等物；第②层：扰土层，厚0.3米，土色褐黄，土质较疏松，结构不均匀；第③层：古河床土层，深0.6米以下见，土色浅黄，土质较紧密，含有沙子、姜结石、蜗牛壳等物。

未发现古代文化遗存。

226

西城馨苑商住楼

文物勘探

工作时间：2010年1月18—22日

建设单位：西安巨胜房地产开发有限公司

项目性质：商业（住宅楼）

工作人员：张全民

位于未央区三桥街办。建章路与三桥老街道十字西北角，东邻西三环，南邻三桥老街道，原为三桥老街道农贸市场。西南角坐标为：东经108°50′，北纬34°17′。用地范围约呈正方形，南北长87.0米，东西宽85.7米，实际勘探面积5900.0平方米。地势较平坦。

地层堆积3层。第①层：表土层，为垫土层，厚1.2米，土色灰褐，土质疏松；第②层：耕土层，深1.2—1.7米，厚0.5米，土色灰色，质地为杂土，含植物根系等物；第③层：自然冲积古河床土层，深1.7—2.8米，厚1.1米，土色褐黄，土质较硬，含蜗牛壳等物。

未发现古代文化遗存。

227

草滩八路（尚稷路—尚苑路）

文物勘探

工作时间：2010年1月20—25日

建设单位：西安经济技术开发区管委会

项目性质：公共基础建设（道路）

工作人员：袁长江、徐西平

位于未央区六村堡街办。南北走向，北接尚稷路，南邻尚苑路。西南角坐标为：东经108°50′，北纬34°21′。用地范围呈长方形，南北长500.0米，东西宽20.0米，实际勘探面积10000.0平方米。地势平坦。

地层堆积2层。第①层：表土层，深0—0.5米，杂填土；第②层：扰河道沙层，深0.5米以下，河道纯沙层，沙粗而纯净。第②层下探铲无法探入。

未发现古代文化遗存。

228

铁路北客站拆迁安置（N-1号地）

文物勘探

工作时间：2010年1月22—26日

建设单位：西安未央区铁路北客站安置工作办公室

项目性质：商业（房地产）

工作人员：倪志俊、牛雁枫

位于未央区六村堡街办。铁路北客站西北部，南邻尚新路（元朔路），西邻明光路。西南角坐标为：东经108°56′，北纬34°22′。用地范围呈平行四边形，实际勘探面积38121.35平方米。地势平坦。

地层堆积2层。第①层：表土层，厚1.4—2.2米，土色由花杂到灰黄，土质结构较密实；第②层：冲积层，深1.4—2.2米见，土色由灰黄、黑褐至淡黄，土质结构较密实，2.0米以下含水率较大。

未发现古代文化遗存。

229

怡鼎苑小区

文物勘探

工作时间：2010年1月22日—2月2日
建设单位：西安航空发动机（集团）天鼎有限公司
项目性质：商业（房地产）
工作人员：倪志俊

位于未央区徐家湾街办。凤城九路中段，南邻西安市市政府新址，原为未央区徐家湾街办魏家湾村耕地。西南角坐标为：东经108°56′，北纬34°20′。该用地范围呈长方形，东西长250.7米，南北宽182.2米，用地面积45550.0平方米，实际勘探面积36800.0平方米。地势平坦。

地层堆积3层。第①层：耕土层，厚0.7米，土色花杂，含零星砖瓦砾；第②层：扰土层，深0.7—1.8米，厚1.1米，土色呈褐色；第③层：次生土层，深1.8—3.8米，厚2.0米，土色呈黑褐色。第③层以下为生土。

发现古墓葬6座，其中秦汉墓3座、唐墓3座。墓葬形制均为砖室墓。墓向南北向2座，东西向4座。

230

草滩九路

文物勘探

工作时间：2010年1月25—30日
建设单位：西安经济技术开发区管委会
项目性质：公共基础建设（道路）
工作人员：袁长江、徐西平

位于未央区六村堡街办。南北走向，北接尚稷路，南邻尚苑路。西南角坐标为：东经108°51′，北纬34°21′。用地范围呈长方形，南北长260.0米，东西宽25.0米，实际勘探面积9000平方米。地势平坦，勘探进场时地表部分区域有垃圾。

地层堆积2层。第①层：表土层，厚0.5米，杂填土；第②层：河道沙层，深0.5米以下见，河道纯沙层，沙层粗而纯净。第②层下探铲无法探入。

未发现古代文化遗存。

231

文景小区西区西侧

文物勘探

工作时间：2010年3月2—7日
建设单位：西安曲江大明宫置业有限公司
项目性质：商业（房地产）
工作人员：倪志俊、王永记

位于未央区汉城街办。南邻凤城九路，北邻凤城十路，西邻青东村。西南角坐标为：东经108°55′，北纬34°21′。用地范围呈长方形，南北长约407.532米，东西宽约119.4米，实际勘探面积48667.0平方米。勘探进场时地势平坦。

地层堆积3层。第①层：表土层，厚0.3米，灰褐色土，土质疏松；第②层：扰土层，深0.3—1.4米，厚1.1米，灰褐色土，土质较硬，含砖瓦块；第③层：冲积土层，厚1.1米，土色淡黄，土质均匀，无包含物。

未发现古代文化遗存。

232

西航厂310厂房

文物勘探

工作时间：2010年3月16—17日
建设单位：西安航空发动机（集团）有限公司
项目性质：商业（厂房）

工作人员：倪志俊、邹亚军

位于未央区徐家湾街办。红旗路西航公司厂区内，西南角坐标为：东经108°57′，北纬34°21′。用地范围呈长方形，实际勘探面积37709.0平方米。地势平缓。

地层堆积2层。第①层：表土层，厚0.5米，土色泛黄，土质坚硬，含零星的砖瓦砾等物；第②层：扰土层，厚1.1米，土色泛黄，土质坚硬。第②层以下为生土。

未发现古代文化遗存。

233

长庆石油勘探局西安基地临街住房

文物勘探

工作时间：2010年3月20日—4月1日
建设单位：长庆石油勘探局
项目性质：商业（住宅楼）
工作人员：倪志俊、仝小平

位于未央区大明宫街办。西北石油管道局西安基地院内，西邻未央路，北邻凤城四路，东邻长庆院内开元路。西南角坐标为：东经108°57′，北纬34°19′。用地范围呈刀把形，东西长286.0米，南北宽78.0—142.0米，实际勘探面积25500.0平方米。地势平坦。勘探时西部、北部均有旧房拆除的砼基础。

地层堆积3层。第①层：表土层，厚0.3米，土色浅灰，土质疏松，含草木灰；第②层：扰土层，深0.3—1.8米，厚1.5米，土色浅褐，土质较紧密，含砖瓦渣及灰星；第③层：次生土层，深1.8—2.2米，厚0.4米，土色浅褐，土质紧密，含少量的砖瓦渣及灰星。第③层以下为生土。

发现古墓葬10座，其中秦汉墓7座、唐墓3座。墓葬形制有竖穴土圹墓6座，斜坡墓道洞室墓3座，斜坡墓道砖室墓1座。墓向南北向7座，东西向3座。

234

新建102#计量档案信息中心

文物勘探

工作时间：2010年3月26—27日
建设单位：西安航空发动机（集团）天鼎有限公司
项目性质：商业（厂房）
工作人员：倪志俊

位于未央区徐家湾街办。红旗路西航公司厂区内，原为西航厂房。西南角坐标为：东经108°57′，北纬34°21′。用地范围呈长方形，南北长140.0米，东西宽76.87米，实际勘探面积10762.0平方米。地势平坦。

地层堆积2层。第①层：表土层，厚0.8米，土色泛黄，土质坚硬，含零星砖瓦砾等物；第②层：扰土层，厚1.1米，土色黄褐，含水分较大。第②层以下为生土。

未发现古代文化遗存。

235

西安市第三医院

文物勘探

工作时间：2010年3月28日—4月30日
建设单位：西安市第三医院筹建处
项目性质：公共基础建设（医院）
工作人员：倪志俊、王纪元

位于未央区大明宫街办。北邻凤城三路，西邻贞观路，南邻凤鸣华府一期，东邻仪凤巷。西南角坐标为：东经108°57′，北纬34°19′。用地范围呈长方形，分为东、西两个区域，实际勘探面积6666.7平方米。勘探进场前，地面有建筑垃圾、苗圃、果园、菜地、厂房等障碍物。

地层堆积2层。第①层：表土层，厚0.3米，土色灰褐，土质结构杂乱且疏松，含零星砖瓦残块；第②层：扰土层，厚0.4米，土质结构杂乱且较硬，含少量红烧土块、草木灰星。第②层以下为生土。

发现汉代墓葬10座。墓葬形制有斜坡墓道土洞墓2座，竖穴墓道土洞墓7座，竖穴土圹墓1座。墓向有东西向6座，南北向4座。

考古发掘

工作时间：2010年3月28日—4月30日
建设单位：西安市第三医院筹建处
项目性质：公共基础建设（医院）
工作人员：袁长江

发掘汉代墓葬10座。形制主要有三种：竖穴土圹墓、斜坡墓道土洞墓、竖穴墓道砖室墓。其中竖穴土圹墓1座，斜坡墓道土洞墓2座，竖穴墓道砖室墓7座。M10（竖穴土圹墓）出土有大量陶器残片，器形主要有鼎、仓等，且器物个体较大。M1（斜坡墓道土洞墓）出土陶罐6件，铜镜1件。M6（竖穴墓道砖室墓）出土陶罐、陶仓等器物7件。

236

人民日报社西安印务中心生活配套

文物勘探

工作时间：2010年4月1—10日
建设单位：人民日报社西安印务中心
项目性质：公共基础建设（报社）
工作人员：倪志俊、郗桉宏

位于未央区六村堡街办。印包基地范围内，北邻尚稷路，东邻草滩六路。西南角坐标为：东经108°53′，北纬34°22′。用地范围呈梯形，南北长141.0米，东西宽100.0米，实际勘探面积12849.0平方米。地势平坦。勘探时地表有鱼塘两处，北部区域有少量建筑垃圾。

地层堆积3层。第①层：表土层，厚0.3米，土色花杂，土质疏松；第②层：冲积层，深0.3—1.1米，厚0.8米，土色浅黄，土质疏松、纯净；第③层：沙土层，深1.1米以下见，土色黄褐，结构紧密纯净，含有少量石粒、料姜石颗粒。第③层以下为生土。

未发现古代文化遗存。

237

宏丰佳苑

文物勘探

工作时间：2010年4月2—8日
建设单位：陕西建邦房地产开发有限公司东关正街分公司
项目性质：商业（房地产）
工作人员：倪志俊、邹亚军

位于未央区未央宫街办。朱宏路888号南侧，西邻朱宏路，北邻佳鑫小区，南邻陕西统建办。西南角坐标为：东经108°55′，北纬34°17′。用地范围呈刀把形，东西长84.0米，南北宽30.0—40.0米，实际勘探面积3000.0平方米，中部地势较低，深约4.0米。

地层堆积2层。第①层：表土层，厚0.4米，土色花杂，土质疏松，含砖瓦残块及白灰等物；第②层：垆土层，厚0.3米，土色黑褐，土质较硬，含少量杂质。第②层以下为生土。

发现秦汉时期墓葬31座。墓葬形制分为竖穴土圹墓、竖穴墓道洞室墓、斜坡墓道洞室墓等。其中M10、M11位于勘探范围边缘，M30被K1打破，故墓葬形制不明确。墓葬方向有南北向18座，东西向13座。

238

凤城九号

文物勘探

工作时间：2010年4月28日—5月13日
建设单位：陕西金磐房地产开发公司
项目性质：商业（房地产）
工作人员：倪志俊、仝小平

位于未央区徐家湾街办。南邻凤城九路，西邻未央路，北、东邻万科金域华府小区。西南角坐标为：东经108°56′，北纬34°20′。用地范围呈刀把形，东西长312.0米，南北宽32.0—108.0米，实际勘探面积25500.0平方米。地势较为平坦。

地层堆积3层。第①层：表土层，厚0.3米，

土色浅灰，土质疏松；第②层：扰土层，深0.3—1.8米，厚1.5米，土色浅褐，土质较密实，含砖瓦渣及灰星；第③层：次生土层，深1.8—2.2米，厚0.4米，土色浅褐，土质密实，含少量砖瓦渣及灰星。第③层下为生土。

发现古墓葬30座（秦汉墓10余座、隋唐墓10余座）。墓葬形制为斜坡墓道土洞墓22座，竖穴墓道土洞墓3座，竖穴土圹墓5座。墓向有南北向10座，东西向17座，西北—东南向3座。

239

EE新城、北经城

文物勘探

工作时间：2010年4月30日—6月5日
建设单位：西安荣华集团有限公司
项目性质：商业（房地产）
工作人员：倪志俊、李乖成

位于未央区张家堡街办。池东村旧村址，南邻凤城六路，西邻开元路，东邻永徽路。西南角坐标为：东经108°57′，北纬34°20′。用地范围呈长方形，东西长170.0米，南北宽133.0米，实际勘探面积61336.0平方米。地势平坦。

地层堆积2层。第①层：表土层，厚1.0米，含建筑垃圾、砖瓦残块及树根等物；第②层：垆土层，厚0.5米，土色黑色，含零星砖瓦等物。第②层以下为生土。

未发现古代文化遗存。

240

陕西警官职业学院新校区

文物勘探

工作时间：2010年5月12—26日
建设单位：陕西警官职业学院
项目性质：公共基础建设（学校）
工作人员：倪志俊、王建生、牛雁枫

位于未央区草滩街办。东邻浐河，西邻泾渭路，滨河东路南北两侧。西南角坐标为：东经109°0′，北纬34°24′。用地范围呈长方形，南北长859米，东西宽460米，建设用地勘探面积196805.0平方米，绿化用地勘探面积123924.0平方米。地势较为平坦。

地层堆积2层。第①层：表土层，厚1.2米，土色花杂；第②层：沙层，深1.2米以下见，沙层密度大，含水量一般。

未发现古代文化遗存。

241

公园壹品

文物勘探

工作时间：2010年5月15—30日
建设单位：西安康博置业有限公司
项目性质：商业（房地产）
工作人员：倪志俊

位于未央区大明宫街办。北二环以南，开元路以西，蓝天华庭小区以北。西南角坐标为：东经108°57′，北纬34°18′。长约105.0米，宽约100.0米，实际勘探面积10000.0平方米。

地层堆积2层。第①层：表土层，厚0.5米，内含大量现代建筑垃圾；第②层：扰土层，厚0.7米，土质坚硬，为现代砖块灰土。第②层以下为生土。

发现墓葬14座。墓葬形制均为斜坡墓道土洞墓（M1因延伸至界外无法探明）。墓向均为坐北朝南。

考古发掘

工作时间：2010年7月
工作人员：杨军凯、郭永淇

共发掘汉代、北周时期墓葬10座，出土器物42件。

242

天锐汽车4S店（一期）

文物勘探

工作时间：2010年5月29—31日
建设单位：陕西天锐汽车销售服务有限公司
项目性质：商业（汽车销售）
工作人员：倪志俊、李志军

位于未央区六村堡街办。焦家村用地范围内。北邻扬州五建公司库房，东邻西三环，南侧为农耕地。西南角坐标为：东经108°51′，北纬34°19′。用地范围呈近正方形，勘探面积5333.6平方米。地势平坦。

地层堆积3层。第①层：表土层，厚0.5米，土色灰褐，土质较软；第②层：扰土层，厚1.2米，土色褐黄，土质疏松，含青砖、炭渣、瓦片等物；第③层：沙土层，深1.7米以下见，土色褐黄，含大量黄细沙。

发现汉代灰坑5处。

243

渭河水量调度中心

文物勘探

工作时间：2010年6月26—29日
建设单位：陕西江河水库管理局
项目性质：公共基础建设（水利）
工作人员：倪志俊、李乖成

位于未央区汉城街办。东邻文景路，西邻西电公司，南邻凤城十二路，北邻北三环。西南角坐标为：东经108°56′，北纬34°22′。勘探面积10050.0平方米。地势平坦。

地层堆积2层。第①层：表土层，厚0.3米，土色灰黄，土质疏松；第②层：冲积层，厚2.5米，土色呈灰褐色，土质较硬，含瓦片。第②层以下为生土。

未发现古代文化遗存。

244

正尚・盛世家和

文物勘探

工作时间：2010年8月11日—2011年4月6日
建设单位：陕西润翔置业有限公司
项目性质：商业（房地产）
工作人员：张翔宇、王建生

位于未央区谭家街办。太华北路北段西侧，凤城五路南北两侧。西南角坐标为：东经108°58′，北纬34°20′。用地范围呈长方形，用地面积154504.0平方米，实际勘探面积10300.0平方米。地势平坦。

地层堆积2层。第①层：表土层，厚1.2米，土色杂乱；第②层：扰土层，深1.2—3.0米，厚1.8米，土色泛黄，土质松软，含零星杂物。第②层以下为生土。

发现汉墓6座。墓葬形制有竖穴土坑砖室墓1座，斜坡墓道土洞墓5座。墓向坐北朝南2座，坐东朝西2座，坐西朝东1座，坐东北朝西南1座。

245

金鹰公司厂房

文物勘探

工作时间：2010年8月13—21日
建设单位：陕西金鹰玻璃有限公司
项目性质：商业（厂房）
工作人员：倪志俊

位于未央区六村堡街办。北邻尚苑路，东邻草滩十路。西南角坐标为：东经108°51′，北纬34°21′。金鹰节能环保玻璃加工项目的勘探面积23334.0平方米。

地层堆积2层。第①层：表土层，厚0.3米；第②层：沙土层，深0.3米以下见，探铲无法提取。

未发现古代文化遗存。

246

中建·开元壹号（一期）

文物勘探

工作时间：2010年9月15日—11月15日
建设单位：西安中建地产有限公司
项目性质：商业（房地产）
工作人员：杨军凯、刘天运

位于未央区大明宫街办。西邻太华路，南邻太元路，东邻铁路。西南角坐标为：东经108°58′，北纬34°18′。用地范围呈长方形，长286.0米，宽166.0米，实际勘探面积 47504.2平方米。地势平坦。

地层堆积2层。第①层：表土层，厚1.0米，土质疏松，内含大量建筑垃圾等物；第②层：扰土层，厚0.2米，土色灰色，土质坚硬，为现代灰土。第②层以下为生土。

发现秦汉时期墓葬14座。墓葬形制有竖穴土圹墓3座，斜坡墓道土洞墓4座，砖室墓7座。墓向有坐北朝南5座，坐南朝北1座，坐西朝东1座，坐东朝西2座。

247

残疾儿童综合服务中心

文物勘探

工作时间：2010年9月17—19日
建设单位：西安市儿童福利院
项目性质：公共基础建设（福利院）
工作人员：张翔宇、李伟

位于未央区辛家庙街办。新广路98号儿童福利院内，用地范围呈长方形。西南角坐标为：东经109°1′，北纬34°19′。东西长约47.0米，南北宽约42.5米，用地面积2000.0平方米，实际勘探面积1500.0平方米。

地层堆积2层。第①层：表土层，厚0.3—0.5米，土色灰褐，土质较软；第②层：扰土层，厚1.0米左右，土质较硬，土色红褐。第②层以下为生土。

未发现古代文化遗存。

248

西航厂604号动力站

文物勘探

工作时间：2010年9月20—23日
建设单位：西安航空动力股份有限公司
项目性质：商业（厂房）
工作人员：张翔宇、王建生

位于未央区徐家湾街办。西航公司厂内，西南角坐标为：东经108°58′，北纬34°22′。用地范围呈长方形，南北长287.35米，东西宽87.09米，实际勘探面积25025.312平方米。地势平坦。

地层堆积2层。第①层：表土层，厚0.3米，土色泛黄，土质坚硬；第②层：扰土层，厚1.8米，土色泛黄，土质坚硬。第②层以下为生土。

未发现古代文化遗存。

249

西航厂604a号动力站

文物勘探

工作时间：2010年9月20—23日
建设单位：西安航空动力股份有限公司
项目性质：商业（厂房）
工作人员：杨军凯、王纪元

位于未央区徐家湾街办。西航公司厂内，西南角坐标为：东经108°58′，北纬34°21′。用地范围呈长方形，东西长69.08米，南北宽68.38米，实际勘探面积4723.69平方米。地势平坦。

地层堆积2层。第①层：表土层，厚0.6米，土色泛黄，土质坚硬；第②层：扰土层，厚2.2米，土色泛黄，土质坚硬。第②层以下为生土。

未发现古代文化遗存。

250

新行政中心特勤消防站

文物勘探

工作时间：2010年9月20—26日

建设单位：西安市经济技术开发区管委会
项目性质：公共基础建设（特勤消防站）
工作人员：张翔宇

位于未央区徐家湾街办。西铜公路与凤城十二路十字的东北角，西南角坐标为：东经108°57′，北纬34°21′。用地范围呈长方形，东西长142.0米，南北宽72.0米，实际勘探面积10000.0平方米。地势平坦。

地层堆积3层。第①层：表土层，厚1.0米，含大量砖瓦垃圾及杂土；第②层：耕土层，深1.0—1.3米，厚0.3米，土质疏松，土色花杂；第③层：河床淤积土层，深1.3米以下见，土质纯净，土色淡黄，结构均匀密实。

未发现古代文化遗存。

251

百姓厨房公司园区建设

文物勘探

工作时间：2010年10月20—28日
建设单位：陕西百姓厨房投资管理（集团）公司
项目性质：商业（厂房）
工作人员：张小丽、王纪元

位于未央区六村堡街办。西邻草滩四路，南邻尚稷路，东邻得丽斯食品公司。西南角坐标为：东经108°54′，北纬34°22′。用地范围呈长方形，用地面积约19075.0平方米。

地层堆积3层。第①层：表土层，厚0.3米，土色黄褐，土质疏松；第②层：细沙层，距地表深0.3米，厚0.3米，土质疏松；第③层：粗沙层，距地表深0.6米以下。

未发现古代文化遗存。

252

紫薇风尚三期（1#、2#、3#、5#地块）

文物勘探

工作时间：2010年10月20日—11月5日
建设单位：西安紫薇地产开发有限公司
项目性质：商业（房地产）
工作人员：袁长江、徐西平

位于未央区张家堡街办。南邻凤城五路，西邻开元路，北邻常青二路，东邻永徽路。西南角坐标为：东经108°57′，北纬34°20′。1#地呈长方形，长103.0米，宽85.0米。2#地呈长方形，长93.0米，宽85.0米。3#地呈长方形，长88.353米，宽60.892米。5#地呈长方形，长168.0米，宽135.0米。实际勘探面积44000.0平方米。

地层堆积2层。第①层：表土层，厚1.0米，含大量砖瓦块建筑垃圾；第②层：黑垆土层，厚0.5米，含砖瓦及杂土。第②层以下为生土。

未发现古代文化遗存。

文物勘探（1#、2#、5#地块补探）

工作时间：2011年4月2日—5月10日
建设单位：西安紫薇地产开发有限公司
项目性质：商业（房地产）
工作人员：袁长江、徐西平

此次补探是在建设单位将基础开挖自然地坪以下2.0米以后进行的，补探范围共三块地，呈长方形。1#地，长86.7米，宽75.6米。2#地，长69.3米，宽65.3米。5#地，长154.6米，宽112.143米。实际补探面积28200.0平方米。

地层堆积1层。厚0.3米，土色花杂。此层以下为生土。

发现古墓葬27座。墓葬形制分为土洞墓19座，砖室墓8座。墓向有东西向1座，南北向26座。

文物勘探（3#地块补探）

工作时间：2012年10月20日—11月5日
建设单位：西安紫薇地产开发有限公司
项目性质：商业（房地产）
工作人员：张翔宇、徐西平

3#地呈长方形，长88.353米，宽60.892米。此次补探是在建设单位将基础开挖自然地坪以下2.0米以后进行的，实际补探面积5380.0平方米。

地层堆积2层。第①层：表土层，厚0.5米，土色花杂；第②层：黑垆土层，厚0.5米，土色黑褐色。

发现古墓葬8座。墓葬形制为土洞墓6座，砖室墓2座。墓向均为坐北朝南。

考古发掘

工作时间：2012年6月
建设单位：西安紫薇地产开发有限公司
项目性质：商业（房地产）
工作人员：袁长江

发掘秦汉时期古墓葬6座。现将6座古墓情况简述如下。

M1：竖穴墓道土洞墓，方向85°，平面呈“甲”字形。随葬品主要置于小龛之内及墓室内，出土有陶罐、陶鼎（带盖）、铜环（残）、陶盂等。

M2：竖穴墓道土洞墓，方向93°，平面呈“甲”字形。随葬品主要置于小龛之内，出土有陶罐（残）、陶缶（残）、陶鼎等。

M3：斜坡墓道砖室墓，平面呈“甲”字形，墓室宽于墓道。全墓由墓道、过洞、天井、墓室四部分组成。出土有釉陶壶（残）、陶盆（残）等。

M4：竖穴墓道土洞墓，墓道宽于墓室，全墓由墓道、墓室和东、西小龛组成。东、西龛底低于墓室底，内有陶缶，其上放有祭祀的兽骨、陶罐、陶壶、茧形壶、陶灶、陶甑、小陶罐；墓室出土有陶盒、陶鼎（带盖）、蒜头壶、矩形骨饰12枚。

M5：竖穴墓道土洞墓，墓道宽于墓室。无出土器物。

M6：竖穴墓道砖室墓，墓道宽于墓室。由墓道、墓室两部分组成。无出土器物。

253

西航供应处新建库房（502号金属材料库、503号综合物资库、504号气体库）

文物勘探

工作时间：2010年10月23—25日
建设单位：西安航空发动机（集团）有限公司
项目性质：商业（厂房）
工作人员：张翔宇、牛雁枫

位于未央区徐家湾街办。红旗路西航公司厂区内，西南角坐标为：东经108°57′，北纬34°21′。用地范围呈刀把形，东西长326.17米，南北宽118.18米，实际勘探面积18702.82平方米。地势平坦。

地层堆积2层。第①层：表土层，厚0.2米，土色泛黄，土质坚硬，含零星砖瓦砾等物；第②层：扰土层，厚1.3米，土色泛黄，土质坚硬。第②层以下为生土。

未发现古代文化遗存。

254

西航厂新建6D号试车厂房

文物勘探

工作时间：2010年10月25日—11月10日
建设单位：西安航空发动机（集团）有限公司
项目性质：商业（厂房）
工作人员：张翔宇

位于未央区徐家湾街办。西航公司厂区内，西南角坐标为：东经108°58′，北纬34°21′。用地范围呈长方形，东西长122.0米，南北宽45.02米，实际勘探面积5492.0平方米。地势平坦。

地层堆积2层。第①层：表土层，厚0.4米，土色泛黄，土质坚硬；第②层：扰土层，厚1.5米，土色泛黄，土质坚硬。第②层以下为生土。

未发现古代文化遗存。

255

明光路派出所办公楼

文物勘探

工作时间：2010年10月28—31日
建设单位：西安市公安局经济技术开发区分局
项目性质：公共基础建设（派出所办公楼）
工作人员：张翔宇、张建辉

位于未央区汉城街办。凤城九路132号，朱宏路东侧，规划路以东。西南角坐标为：东经108°55′，北纬34°21′。用地范围呈长方形，南北长55.5米，东西宽42.0米，实际勘探面积2000.0平方米。地势平坦。

地层堆积3层。第①层：表土层，厚1.5米，土色浅褐，土质较硬；第②层：扰土层，深1.5—2.0米，厚0.5米，土色浅褐，土质较虚；第③层：冲积层，深2.0米以下见，土色黄褐，土质纯净，结构密实，含有细沙。第③层以下为生土。

未发现古代文化遗存。

256
凤鸣华府（二期）

文物勘探

工作时间：2010年11月6日—12月5日
建设单位：西安煜星置业有限公司
项目性质：商业（房地产）
工作人员：张翔宇、王纪元、李刚

位于未央区大明宫街办。凤城二路东段北侧，东邻规划路，西邻规划路，北邻规划路。西南角坐标为：东经108°58′，北纬34°19′。用地范围呈长方形，用地面积约63631.0平方米。

地层堆积3层。第①层：表土层，厚0.2米，土色黄褐、土质疏松；第②层：扰土层，深0.2—1.2米，厚0.8—1.0米，土色褐黄，土质疏松；第③层：垆土层，深1.2—1.5米，厚约0.3米，土色褐红，土质较硬。第③层以下为生土。

未发现古代文化遗存。

257
浮沱锦绣安置楼（南区）

文物勘探

工作时间：2010年11月12日—12月18日
建设单位：西安经发置业有限公司
项目性质：商业（房地产）
工作人员：张翔宇、李刚

位于未央区谭家街办。北邻北区，西邻北辰路，南邻加气站。西南角坐标为：东经109°0′，北纬34°19′。用地范围呈长方形，实际勘探面积24144.0平方米。地势较平坦。

地层堆积2层。第①层：表土层，厚0.3米，土色黄褐，土质疏松，内含植物根系、草木灰星及现代砖瓦块等物；第②层：扰土层，厚1.4米，土色褐黄，土质疏松，内含少量砖块等物。第②层以下为生土。

发现汉代陶窑1座。

考古发掘

工作时间：2011年3月
建设单位：西安经发置业有限公司
项目性质：商业（房地产）
工作人员：张翔宇、柴怡

发掘古窑址1座。该窑址顶部已不存，仅剩工作间、窑门、窑室及烟囱四部分。窑室呈马蹄形，由两部分组成。南部为火膛，北部为窑床。整座窑室内填土均为灰褐色，土质松软，内含有陶片、瓦片、砖块及残骨等。从其形制、出土器物推断，古窑时代为汉代。

258
尚航路（K0+025—K0+620）

文物勘探

工作时间：2010年11月30日—12月7日
建设单位：西安未央工业园开发总公司
项目性质：公共基础建设（道路）
工作人员：张翔宇、李志军

位于未央区六村堡街办。南北走向，贯穿整个园区，南起石化大道，北至绕城辅道。西南角坐标为：东经108°52′，北纬34°19′。全长约2115.0米，宽60.0米。本次勘探在K0+025—K0+620段范围内，地表仍保留0.3—0.5米厚的堆积土，形成北高南低的地形面貌。勘探时，K0+025—K0+620段已开挖成3.0—5.0米的深坑，坑底部见古河床淤泥。实际勘探面积35700.0平方米。

地层堆积4层。第①层：表土层，厚0.5—0.8米，土色灰褐，土质疏松；第②层：近现代堆积层，深0.8—1.8米，厚1.0米左右，土质较硬，土色褐黄；第③层：水浸土层，深1.8—2.0米，厚0.2米，土色灰杂，土质特硬，且有薄层；第④层：沙层，深2.1—2.8米，沙质密实，含大量黄细沙。

未发现古代文化遗存。

259

台北湾（三期）

文物勘探

工作时间：2010年12月3—10日
建设单位：西安市海荣房地产集团有限公司
项目性质：商业（房地产）
工作人员：张翔宇、邹亚军

位于未央区未央宫街办。北邻凤城一路，东邻明光路。西南角坐标为：东经108°56′，北纬34°19′。用地范围呈长方形，南北长约196.77米，东西宽约167.85米，用地面积约33028.0平方米，实际勘探面积约33000.0平方米。勘探前场地内基本已开挖至深2.5米左右，基坑底部局部有机压土层。

地层堆积2层。第①层：表土层，厚0.5米，土色花杂，土质坚硬；第②层：扰土层，厚1.3米，土色呈褐色，土质较疏松，含少量瓦片等。第②层以下为生土。

未发现古代文化遗存。

260

旺景国际

文物勘探

工作时间：2010年12月5—12日
建设单位：西安亦景实业有限公司
项目性质：商业（房地产）
工作人员：张翔宇、张建辉

位于未央区张家堡街办。未央路东侧，长青一路以南，凤城六路以北。西南角坐标为：东经108°57′，北纬34°20′。用地范围呈长方形，南北长99.7米，东西宽69.5米，实际勘探面积6419.0平方米。地势平坦。

地层堆积2层。第①层：回填土层，厚0.3—0.5米，土色黄褐，土质一般，分布均匀；第②层：建筑垃圾层，深0.3—0.5米以下见，土色花杂，土质一般，含大量砖瓦水泥块。深度不详，探铲不能穿过。

未发现古代文化遗存。

261

青东村改造

文物勘探

工作时间：2010年12月11—22日
建设单位：西安市海荣房地产集团有限公司
项目性质：商业（房地产）
工作人员：张翔宇、邹亚军

位于未央区汉城街办。西邻朱宏路，北邻凤城九路。西南角坐标为：东经108°55′，北纬34°21′。用地范围呈长方形，东西长约214.8米，南北宽约182.72米，共用地面积约39248.0平方米，实际勘探面积为39031.5平方米。勘探时西部区域地表有建筑基础及建筑垃圾，东部区域已开挖长182.0米，宽164.0米，深3.5米的基坑。

地层堆积2层。第①层：表土层，厚1.2米，土质疏松；第②层：古河床冲积层，深1.2—2.5米，厚1.3米，土色呈黑褐色，内含少量粉沙，土质较纯净密实。第②层以下为沙层。

未发现古代文化遗存。

262

汉城公共服务中心

文物勘探

工作时间：2010年12月20—31日
建设单位：汉城街道办事处
项目性质：公共基础建设（公共服务中心）
工作人员：张翔宇、张建辉

位于未央区汉城街办。朱宏路西侧，凤城五路西口。西南角坐标为：东经108°55′，北纬34°20′。用地范围呈长方形，南北长172.0米，东西宽76.0米，实际勘探面积9000.0平方米。地表大部分区域为水泥地面，场地东面有在建的绿化带。

地层堆积2层。第①层：表土层，厚0.8米，土色花杂，土质一般，结构疏松；第②层：扰土层，厚1.7米，土色浅黄，土质一般，结构不均匀，呈块状结构。第②层以下为生土。

未发现古代文化遗存。

263

西三环加油站

文物勘探

工作时间：2010年12月22—24日
建设单位：陕西华银电力实业发展有限公司
项目性质：商业（加油站）
工作人员：张翔宇、李志军

位于未央区六村堡街办。东邻皂河，西邻西三环，北邻铁锁村道路。西南角坐标为：东经108°51′，北纬34°19′。用地范围呈长方形，南北长约114.0米，东西宽约38.0米，实际勘探面积4335.5平方米。勘探进场时，东边、南边各有一处临建房，其余地势平坦。

地层堆积3层。第①层：表土层，厚0.5—0.8米，土色灰褐，土质较软；第②层：扰土层，深1.5—1.8米，厚1.0米左右，土质松散，土色红褐，不均匀，块状结构；第③层：水浸土层，深1.8米以下见，土色灰杂，土质湿软，含有沙粒。

未发现古代文化遗存。

第二节 莲湖区

莲湖区，其名源自境内明代秦王所建之园林——莲湖。位于西安市城区西北部。地处渭河冲积平原二级阶地，地形东北部偏高，西部开阔平坦。区境东以北大街、北关正街、龙首村与新城区接壤，西以西户铁路、北以纬二十六街与未央区相连，南以护城河、大环河与碑林区、雁塔区毗邻。莲湖区是历史上著名的“丝绸之路”的起点，是隋唐皇帝和历代地方行政机关治所驻地。该区古遗迹保存状况较好，有唐长安城遗址、明清两代修建的鼓楼、明清城墙、化觉巷清真寺、清代广仁寺、杨虎城官邸“止园”等遗迹。其宗教文化浓郁，佛教、伊斯兰教、道教、天主教等各大宗教文化交相辉映，其代表性建筑亦各具特色。2000—2010年，莲湖区辖环城西路街办等9个街办。本次共收录71个文物勘探项目和发掘项目（图2-2），各个项目情况分述如下。

1

青门小区

考古发掘

工作时间：1993年3月
建设单位：西安市市政开发公司
项目性质：商业（住宅楼）
工作人员：西安市文物保护考古所

位于莲湖区红庙坡街办。西南角坐标为：东经108°56′，北纬34°17′。

共清理汉墓10座，其中竖穴墓道洞室墓7座，斜坡墓道洞室墓3座。随葬器物有陶器（鼎、盒、钫、壶、罐、仓、灶、甑、灯、豆、熏炉、釜、井）、铜器（铜镜、印、带钩、弩机、铺首衔环、刷、盖弓帽、衔镳、镡、柿蒂纹棺饰）、铁器（釜、剑）、玉器（鸟、鼻塞）、

莲湖区

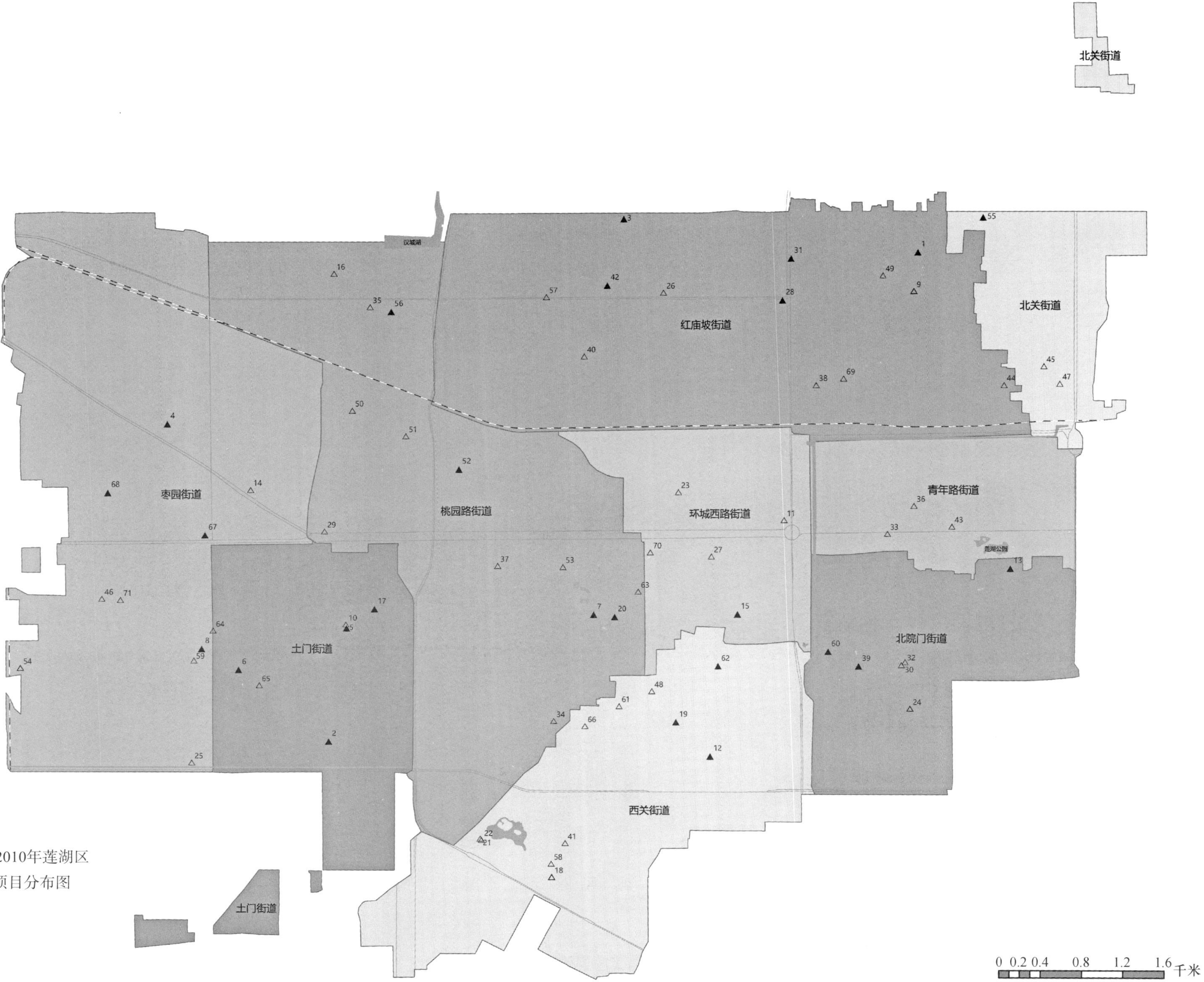

图2-2　2000—2010年莲湖区
勘探与发掘项目分布图

骨器（骨琀）及货币（五铢钱、大泉五十）及方砖墓志1方等。

（西安市文物保护考古所：《西安北郊青门汉墓发掘简报》，《文博》1998年第4期）

2

团结小区

文物勘探

工作时间：1998年12月1日
建设单位：西安变压器厂
项目性质：商业（住宅楼）
工作人员：李聚振

位于莲湖区土门街办。南邻团结东路，西南角坐标为：东经108°53′，北纬34°15′。

本次勘探包括3#楼东段、热交换站项目。3#楼东段基槽平面呈长方形，南北长21.0米，东西宽14.0米，实际勘探面积294.0平方米。热交换站呈不规则形，实际勘探面积约180.0平方米。

地层堆积，均已挖至生土层。

共发现古井1口，古窑址1处。3#楼东段发现古井1口，平面呈圆形，直径3.0米，深3.4米，内含古代砖瓦片等物。热交换站项目北部发现古窑址1处，平面呈圆形，直径7.0米，深3.0米，内含火烧土。

3

大白杨14#、15#仓库

文物勘探

工作时间：1999年3月9日
建设单位：西安土产公司
项目性质：商业（厂房）
工作人员：王光天、董天庆

位于莲湖区红庙坡街办。大白杨路8号，北邻梨园路。西南角坐标为：东经108°54′，北纬34°17′。14#仓库基槽平面呈长方形，东西长45.8米，南北宽22.8米，实际勘探面积1044.0平方米。15#仓库基槽平面呈长方形，东西长36.8米，南北宽13.8米，实际勘探面积508.0平方米。

地层堆积，已挖至生土层。

共发现古墓葬2座，古墓道4条。14#仓库基槽共发现古墓葬2座，古墓道2条。M1、M11均为竖穴土坑墓，平面呈长方形，长7.5米，宽6.2米，深5.0米。15#仓库基槽共发现古墓道2条，基槽东北角发现古墓道，长8.8米，宽1.8米，深0—4.0米，墓室位于基槽之外；基槽北部边缘古墓道，残长1.8米，宽1.1米，深2.0米。

4

大马路村2#住宅楼

文物勘探

工作时间：1999年5月23日
建设单位：不详
项目性质：商业（住宅楼）
工作人员：李聚振

位于莲湖区枣园街办。大马村用地内，南邻枣园西路。西南角坐标为：东经108°52′，北纬34°16′。2#楼基槽用地范围平面呈长方形，南北长22.0米，东西宽14.0米，实际勘探面积308.0平方米。

地层堆积，已挖至生土层。

共发现古墓葬1座。M1平面呈“甲”字形，坐北朝南，由墓室、墓道两部分组成。墓道大部分被扰坑打破，墓室数据不详。

5

新华印刷厂报轮车间、配电室

文物勘探

工作时间：1999年6月29日
建设单位：西安新华印刷厂
项目性质：商业（厂房）
工作人员：王光天、杜宝生

位于莲湖区土门街办。南邻西控公司福利区十八街坊，东邻庆康小区，北邻团结中路，西邻团结南路。西南角坐标为：东经108°53′，北纬

34°16′。报轮车间基槽用地范围平面呈长方形，东西长54.77米，南北宽21.1米，实际勘探面积1156.0平方米。配电室用地范围平面呈长方形，东西长22.0米，南北宽10.0米，实际勘探面积220.0平方米。

地层堆积，已挖至生土层。

共发现古河道1条，古井1口。古河道位于报轮车间基槽西部，呈东南—西北走向，河道宽21米，沙层厚约1.0米。古井位于报轮车间基槽东部，平面呈圆形，直径1.5米，井深5.0米，内填五花土，古代灰瓦片等。

6

西安制药厂项目

文物勘探

工作时间：1999年7月20日—8月25日
建设单位：西安制药厂
项目性质：商业（厂房）
工作人员：李聚振

位于莲湖区土门街办。北邻汉城东路，西邻汉城南路，南邻丰镐西路。西南角坐标为：东经108°53′，北纬34°16′。本次勘探包括冻干粉针车间、技校学生宿舍、技校教室、十三车间、28号住宅楼。

冻干粉针车间范围呈长方形，东西长51.0米，南北宽27.0米，实际勘探面积1377.0平方米。技校学生宿舍范围呈长方形，南北长47.2米，东西宽7.0米，实际勘探面169.4平方米。技校教室范围呈长方形，南北长11.0米，东西宽7.0米，实际勘探面77.0平方米。十三车间范围呈长方形，东西长35.0米，南北宽15.0米，实际勘探面积525.0平方米。28号住宅楼范围呈长方形，东西长45.0米，南北宽21.0米，实际勘探面积945.0平方米。

地层堆积，已挖至生土层。

冻干粉针车间基槽发现古墓葬13座，古墓道3条。竖穴土坑墓2座，南北向；竖穴墓道土洞墓11座，平面呈“日”字形的8座，平面呈刀把形的3座。技校学生宿舍基槽西北角发现墓室1座，残长1.0米，残宽1.0米，深1.0米。技校教室基槽东北角发现古墓道1条，残长0.5米，残宽0.5米，深1.5米。十三车间基槽未发现古文化遗存。28号住宅楼基槽发现古墓葬2座，均为竖穴墓道土洞墓，平面呈“日”字形1座，坐北朝南，总长7.5米，宽1.8米，深2.5米；刀把形1座，坐北朝南，总长7.0米，宽2.0米，深2.8米。

7

劳动公园住宅小区1#公寓楼

文物勘探

工作时间：1999年9月7日
建设单位：陕西省公安厅
项目性质：公共基础建设（公园）
工作人员：李聚振

位于莲湖区桃园路街办。劳动公园东南角区域，南邻团结东路，东邻世新家园小区，北、西邻劳动公园。西南角坐标为：东经108°54′，北纬34°16′。1#楼基槽用地范围平面呈长方形，东西长45.5米，南北宽22.5米，实际勘探面积1121.25平方米。

地层堆积，已挖至生土层。

共发现古墓2座，古井1口。M1、M2平面呈刀把形，坐北朝南，由墓道、墓室两部分组成，总长6.0米，宽1.0—2.0米，深2.2米。古井位于基槽西部，平面呈圆形，直径1.5米，井深1.5米，内填五花土等。

8

陈家寨村委会住宅楼

文物勘探

工作时间：1999年8月30日
建设单位：西安市莲湖区枣园街道陈家寨村
项目性质：公共基础建设（村委会）
工作人员：李聚振

位于莲湖区枣园街办。南邻红光路，东邻西安利君制药有限公司，北邻汉城东路，西邻旭景新港小区。西南角坐标为：东经108°52′，北纬34°16′。基槽用地范围平面呈长方形，南北长69.5米，东西宽17.6米，实际勘探面积1223.2平方米。

地层堆积，已挖至生土层。

共发现古墓8座，古井1口。M1—M8平面均呈刀把形，坐北朝南，由墓道、墓室两部分组成，总长6.0—7.0米，宽1.0—2.0米，深1.3—2.7米。古井位于基槽中部，平面呈圆形，直径1.5米，井深3.5米。

9

长城制药厂房（迪赛药业公司）

文物勘探

工作时间：1999年8月20日
建设单位：西安长城制药厂
项目性质：商业（厂房）
工作人员：王光天、杨惠元、杨新建

位于莲湖区红庙坡街办。南邻红庙坡路，西邻永新路，北邻新都花园小区，东邻永福花园小区。西南角坐标为：东经108°56′，北纬34°17′。基槽用地范围平面呈长方形，东西长15.0米，南北宽10.1米，实际勘探面积151.5平方米。

地层堆积，已挖至生土层。

未发现古代文化遗存。

10

新华印刷厂571#家属楼

文物勘探

工作时间：2000年4月18日
建设单位：西安新华印刷厂
项目性质：商业（住宅楼）
工作人员：王光天、杜宝生

位于莲湖区土门街办。南邻西控公司福利区十八街坊，东邻庆康小区，北邻团结中路，西邻团结南路。西南角坐标为：东经108°53′，北纬34°16′。基槽用地范围平面呈长方形，东西长37.7米，南北宽16.3米，实际勘探面积614.5平方米。

地层堆积，均已挖至生土层。

未发现古代文化遗存。

11

瑞祥大厦（军安王朝酒店）

文物勘探

工作时间：2001年6月21日
建设单位：西安瑞祥房地产开发有限公司
项目性质：商业（大厦）
工作人员：王光天、郭稳定、李巨科

位于莲湖区西关街办。玉祥门外十字西北角，东邻环城西路，南邻大庆路，西邻蔚蓝国际大厦，北邻汽车配件批发市场。西南角坐标为：东经108°55′，北纬34°16′。基槽用地范围平面呈长方形，南北长75.0米，东西宽51.5米，实际勘探面积3862.5平方米。

地层堆积2层。第①层：表土层，厚0.5—1.6米，土色花杂，土质松散，内含近现代砖瓦片；第②层：扰土层，厚1.5米，土色黄灰，土质松散，内含汉唐时期瓦片等物。第②层以下为生土。

未发现古代文化遗存。

12

西安机电学校公寓楼

文物勘探

工作时间：2001年11月10日
建设单位：西安三通建筑工程责任有限公司
项目性质：公共基础建设（学校）
工作人员：王光天、董乘顺

位于莲湖区西关街办。东邻南小巷，南邻丰庆小区，西邻银轻楼小区，北邻陕西省公路勘察设计院嘉福小区。西南角坐标为：东经108°55′，北纬34°15′。基槽用地范围平面呈长方形，东西长58.0米，南北宽20.5米，实际勘探面积1189.0平方米。

地层堆积，均已挖至生土层。

发现古河道1条。位于基槽东北区域，呈西北—东南走向，宽约6.0米，内含小块沙石。

13

房地局北大街管理所

文物勘探

工作时间：2002年9月13日
建设单位：陕西华美建设公司西安分公司
项目性质：公共基础建设（行政楼）
工作人员：李亚全

位于莲湖区青年路街办。西邻莲湖区教育局，南邻红阜街，东邻红福小区。西南角坐标为：东经108°56′，北纬34°16′。用地范围平面呈长方形，实际勘探面积777.0平方米。

地层堆积，均已挖至生土层。

共发现古墓葬1座，古井2口。M1为竖穴墓道土洞墓，坐北朝南，由墓道、墓室两部分组成，全长7.4米，宽1.4米，深1.3米，内填五花土。古井平面呈圆形，直径1.5—2.5米，深1.2—1.6米，内填虚土、砖瓦片。

14

人民面粉厂综合楼

文物勘探

工作时间：2002年10月
建设单位：西安市人民面粉厂
项目性质：商业（厂房）
工作人员：王光天、赵亚军、张龙鱼

位于莲湖区枣园街办。枣园东路2号，西邻城西客运站，南邻枣园东路，东邻枣园冶金社区。西南角坐标为：东经108°52′，北纬34°16′。用地范围平面呈长方形，东西长60.0米，南北宽20.0米，实际勘探面积1200.0平方米。

地层堆积，均已挖至生土层。

未发现古代文化遗存。

15

西安市第一中学锅炉房

文物勘探

工作时间：2002年10月16日
建设单位：西安市第一中学
项目性质：公共基础建设（学校）
工作人员：赵亚军、赵永建

位于莲湖区环城西路街办。南邻铁塔寺路，东南邻市一中家属院，北邻一中北路，西邻通惠锦苑小区。西南角坐标为：东经108°55′，北纬34°16′。拟建锅炉房用地范围平面呈长方形，东西长16.3米，南北宽12.1米，实际勘探面积197.3平方米。

地层堆积共1层。扰土层，厚1.0—1.5米，土色花杂，含回填垃圾、炉渣、砖瓦块等物。该层以下为生土。

共发现古井2口。J1平面呈圆形，直径0.8米，内填古代砖瓦。J2平面呈长方形，南北长1.5米，东西宽0.7米，深1.5米见古代砖瓦。

16

丰进小区3#、4#住宅楼

文物勘探

工作时间：2003年5月12日
建设单位：西安科苑建筑有限责任公司
项目性质：商业（房地产）
工作人员：范宏岐、田瑞务

位于莲湖区枣园街办。南邻大兴西路，西邻陕西省石油库家属院，北邻铁路，东邻西铁小区。西南角坐标为：东经108°53′，北纬34°17′。3#楼基槽勘探面积1227.1平方米，4#楼基槽勘探面积1394.0平方米。

地层堆积，均已挖至生土层。

未发现古代文化遗存。

17

西郊垃圾处理厂

考古发掘

工作时间：2003年
建设单位：不详
项目性质：公共基础建设（垃圾场）
工作人员：袁长江

位于莲湖区桃园路街办。团结东路中段垃圾场，西南角坐标为：东经108°54′，北纬34°16′。

发掘唐代墓葬3座，出土器物5件。

18

亨泰锦绣园

文物勘探

工作时间：2003年10月30日—11月15日
建设单位：西安亨泰房地产开发有限公司
项目性质：商业（房地产）
工作人员：程林泉

位于莲湖区桃园路街办。西邻桃园南路，南邻南二环。西南角坐标为：东经108°54′，北纬34°15′。用地范围呈长条形，实际勘探面积22000.0平方米。地势平坦。

地层堆积2层。第①层：表土层，厚0.3米，系建筑垃圾层；第 ②层：扰土层，深0.3—1.3米，厚1.0米，土色灰褐，土质较硬。第②层以下为生土。

未发现古代文化遗存。

19

旭景名园

考古发掘

工作时间：2003年12月
建设单位：西安普林房地产开发有限公司
项目性质：商业（房地产）
工作人员：程林泉、袁长江

位于莲湖区西关街办。西稍门十字南100米，北邻明觉巷，西邻劳动南路，南邻家业小区，东邻鸿运大厦。西南角坐标为：东经108°55′，北纬34°15′。勘探面积250平方米，发现古墓葬3座，随后进行了发掘。

发掘古墓葬3座（汉墓2座）。M1为东汉墓，资料已整理公布，简述如下。

M1：斜坡墓道砖砌多室墓，坐西朝东，由墓道、甬道、墓室三部分组成。葬具为4木棺，葬式仰身直肢。出土器物57件，另有铜钱135枚，有货泉、五铢。其中陶器45件，有壶、罐、瓮、仓、樽、釜、甑、盆、井、案、盘、耳杯、灯、熏炉、猪、狗、鸡等；铜镜2面；铁器2件，为剑、刀；铅弩机1件；玉石器5件，有口琀、坠饰、鼻塞、弹丸等。

（西安市文物保护考古所：《西安东汉墓》，文物出版社，2009年）

20

万山花园

文物勘探

工作时间：2003年12月—2004年1月4日
建设单位：宝鸡市十万大山房地产开发有限公司
项目性质：商业（房地产）
工作人员：王光天、赵亚军

位于莲湖区桃园路街办。南邻团结东路，西邻劳动公园，东邻亚特小区。西南角坐标为：东经108°54′，北纬34°16′。拟建综合楼平面呈直角梯形，面积930.0平方米；拟建住宅楼平面呈“L”形，面积1178.0平方米。

地层堆积，均已挖至生土层。

共发现古井6口。综合楼基槽发现古井3口，平面呈圆形，直径1.4—2.3米，深0.7—1.0米。住宅楼基槽发现古井3口，平面呈圆形，直径1.5—2.0米，深0.5—0.6米。

21

西郊公园（丰庆公园）

文物勘探

工作时间：2004年1月
建设单位：西安市丰庆公园筹建处
项目性质：公共基础建设（公园）
工作人员：孙武、崔荣

位于莲湖区西关街办。原西郊机场旧址上，东邻桃园南路，南邻二环路。西南角坐标为：东经108°54′，北纬34°15′。用地范围呈不规则三角形，实际勘探199800.0平方米。地势北高南低。

地层堆积2层。第①层：表土层，厚0.3米，土色花杂，土质疏松；第②层：扰土层，厚0.8米，土色灰黄，土质较疏松，含零星瓦片等物。第②层以下为生土。

未发现古代文化遗存。

22

丰庆公园（二期）

文物勘探

工作时间：2004年1月
建设单位：西安市丰庆公园筹建处
项目性质：公共基础建设（公园）
工作人员：张达宏

位于莲湖区西关街办。原西郊机场旧址上，东邻桃园南路，南邻二环路，位于一期南北两侧。西南角坐标为：东经108°54′，北纬34°15′。用地范围呈不规则长方形，实际勘探66700.0平方米。地势北高南低。

地层堆积2层。第①层：表土层，厚1.3米，土色花杂，土质较疏松，含近现代砖瓦残块；第②层：扰土层，厚1.0米，土色黑褐，土质较疏松，含绳纹瓦当、陶瓷残片等物。第②层以下为生土。

未发现古代文化遗存。

23

城西人家

文物勘探

工作时间：2004年7月14—20日
建设单位：西安三安房地产有限公司
项目性质：商业（房地产）
工作人员：孙武、崔荣

位于莲湖区环城西路街办。西邻劳动北路，北邻西站路。西南角坐标为：东经108°55′，北纬34°16′。用地范围呈长方形，实际勘探面积6500.0平方米。地势平坦。

地层堆积，均已挖至生土层。

未发现古代文化遗存。

24

红十字会医院大楼

文物勘探

工作时间：2004年8月12—17日
建设单位：西安市红十字医院
项目性质：公共基础建设（医院）
工作人员：张全民、刘广智

位于莲湖区北院门街办。北邻如意大厦，西邻桥梓口街，南邻五星街。西南角坐标为：东经108°56′，北纬34°15′。用地范围呈长方形，实际勘探面积800.0平方米。地势平坦。

地层堆积，均已挖至生土层。

未发现古代文化遗存。

25

昆明路综合楼

文物勘探

工作时间：2004年9月
建设单位：陕西瑞泰房地产开发有限公司
项目性质：商业（综合楼）
工作人员：孙福喜、李广全、邹亚军

位于莲湖区枣园街办。昆明路与汉城南路十字西北角，西南角坐标为：东经108°52′，北纬34°15′。用地范围呈长方形，实际勘探2177.5平方米。地势平坦。

地层堆积2层。第①层：表土层，厚0.5米，土色花杂，系建筑垃圾层；第②层：扰土层，厚1.5米，土色花杂，土质疏松，含少量砖瓦残块等物。

未发现古代文化遗存。

26

博雅苑

文物勘探

工作时间：2004年9月19—22日
建设单位：西安博海置业有限公司
项目性质：商业（房地产）
工作人员：王自力、邹亚军

位于莲湖区红庙坡街办。西邻劳动北路，南邻大兴东路，东邻西安大兴医院。西南角坐标为：东经108°55′，北纬34°17′。用地范围呈长方形，实际勘探面积10890.0平方米。地势平坦。

地层堆积2层。第①层：表土层，厚0.5米，系建筑垃圾层；第②层：回填土层，厚2.1米，土色花杂，土质较密实。第②层以下为生土。

未发现古代文化遗存。

27

天朗城市公园·迪普公寓

文物勘探

工作时间：2004年11月
建设单位：西安中北房地产开发有限公司
项目性质：商业（房地产）
工作人员：袁长江

位于莲湖区环城西路街办。北邻潘家村，东邻玉祥门。西南角坐标为：东经108°55′，北纬34°16′。用地范围呈“L”形，地势平坦。

地层堆积2层。第①层：表土层，厚0.3米，土色花杂，土质疏松；第②层：扰土层，厚0.5米，土色黄褐，土质较硬。第②层以下为生土。

未发现古代文化遗存。

28

天兴都市花园

文物勘探

工作时间：2004年11月1—8日
建设单位：天兴资产投资管理有限公司
项目性质：商业（房地产）
工作人员：张翔宇、李巨科

位于莲湖区红庙坡街办。红庙坡十字西南角，北邻大兴东路。西南角坐标为：东经108°55′，北纬34°17′。用地范围呈长方形，实际勘探4402.4平方米。地势平坦。

地层堆积1层。垆土层，厚0.4米，土色黑褐，土质较硬。此层以下为生土。

发现古墓葬3座，其中汉墓2座、唐墓1座。墓葬形制有竖穴墓道土洞墓2座，竖穴墓道砖室墓1座。墓向坐北朝南2座，坐南朝北1座。

29

消防四中队营房

文物勘探

工作时间：2004年11月21—23日
建设单位：西安市消防中队
项目性质：公共基础建设（消防站）
工作人员：王自力、邹亚军

位于莲湖区土门街办。南邻大庆路丝绸群雕。西南角坐标为：东经108°53′，北纬34°16′。用地范围呈长方形，实际勘探2500.0平方米。地势平坦。

地层堆积2层。第①层：表土层，厚0.5米，土色花杂，土质疏松；第②层：扰土层，厚0.7米，土色灰黄，土质密实。第②层以下为冲积层。

未发现古代文化遗存。

30

大麦市街东片安置楼

文物勘探

工作时间：2004年11月23日—12月17日
建设单位：西安中北房地产开发有限公司
项目性质：商业（房地产）
工作人员：张全民、刘广智

位于莲湖区北院门街办。西大街桥梓口十字东北角，西南角坐标为：东经108°56′，北纬34°15′。用地范围呈长方形，实际勘探9345.6平方米。地势平坦。

地层堆积，均已挖至生土层。

未发现古代文化遗存。

31

北大街商场职工安置楼（通济花园）

文物勘探

工作时间：2004年11月30日—12月4日
建设单位：西安万隆房地产开发有限公司
项目性质：商业（房地产）
工作人员：孙武、种保民

位于莲湖区红庙坡街办。星火路107号，南邻红庙坡路，北邻龙首北路。西南角坐标为：东经108°55′，北纬34°17′。用地范围呈长方形，实际勘探面积10000.0平方米。地势平坦。

地层堆积2层。第①层：表土层，厚0.3米，土色花杂，土质疏松；第②层：扰土层，厚0.2米，土色黄褐，土质较硬。第②层以下为生土。

发现汉墓3座。形制均为竖穴墓道土洞墓。墓向坐西朝东2座，坐东朝西1座。

32

上海公馆

文物勘探

工作时间：2004年12月13日—2005年1月5日
建设单位：陕西上民房地产开发有限公司
项目性质：商业（房地产）
工作人员：张全民、刘广智

位于莲湖区北院门街办。西大街369号，桥梓口十字西北角。西南角坐标为：东经108°56′，北纬34°15′。用地范围呈长方形，东西长88.4米，南北宽56.1米，实际勘探4823.0平方米。地势平坦。

地层堆积，已挖至生土层。

未发现古代文化遗存。

33

锦园·五洲风情

文物勘探

工作时间：2005年1月13日—4月5日
建设单位：陕西龙安实业开发有限责任公司
项目性质：商业（酒店）
工作人员：张全民、李广全

位于莲湖区青年路街办。北邻莲湖路，东邻古都大酒店，西邻西安公路。西南角坐标为：东经108°56′，北纬34°16′。用地范围呈“L”形，实际勘探面积6500.0平方米。地势平坦。

地层堆积，已挖至生土层。

未发现古代文化遗存。

34

兰空西安生活基地

文物勘探

工作时间：2005年3月1—4日
建设单位：兰空西安生活基地筹建处
项目性质：商业（房地产）
工作人员：孙武、王纪元

位于莲湖区桃园路街办。桃园南路85号，南邻西安锦园小区。西南角坐标为：东经108°54′，北纬34°15′。用地范围呈不规则长方形，实际勘探面积26666.0平方米。地势较平坦。

地层堆积3层。第①层：表土层，厚0.5米，

土色花杂，土质疏松，系建筑垃圾层；第②层：扰土层，深0.5—1.2米，厚0.7米，土色浅黄，土质较疏松，含少量灰星等物；第③层：汉唐文化层，深1.2—1.8米，厚0.6米，土色褐黄，土质较疏松，含少量汉唐时期陶片等物。第③层以下为生土。

未发现古代文化遗存。

35

大唐世家

文物勘探

工作时间：2005年3月3—4日
建设单位：陕西大唐房地产有限公司
项目性质：商业（房地产）
工作人员：孙武

位于莲湖区桃园路街办。大兴西路30号，北邻大兴西路，东邻陕西一建小区，西邻联合医疗仪器公司。西南角坐标为：东经108°53′，北纬34°17′。用地范围呈长方形，实际勘探面积20000.0平方米。地势平坦。

地层堆积，场地内已挖至生土。

未发现古代文化遗存。

36

西北三路危房改造

文物勘探

工作时间：2005年4月6—9日
建设单位：西安市房地二分局莲湖路房管所
项目性质：商业（住宅楼）
工作人员：张全民、刘广智

位于莲湖区青年路街办。西邻西北三路，西邻青年家园。西南角坐标为：东经108°56′，北纬34°16′。用地范围呈长方形，长31.8米，宽19.8米，实际勘探面积629.64平方米。地势平坦。

地层堆积，场地内已挖至生土。

未发现古代文化遗存。

37

丰登路小区

文物勘探

工作时间：2005年4月6—10日
建设单位：陕西省设备安装工程公司
项目性质：商业（住宅楼）
工作人员：程林泉、李广全

位于莲湖区桃园路街办。东南邻西安徽电机研究所，东北邻西电五小。西南角坐标为：东经108°54′，北纬34°16′。用地范围呈长方形，实际勘探面积26772.0平方米。地势平坦。

地层堆积2层。第①层：表土层，厚0.5米，土色褐黄，土质结构疏松；第②层：扰土层，深0.5—2.2米，厚1.7米，土色浅黄，结构均匀。第②层以下为生土。

未发现古代文化遗存。

38

自强西路商住楼

文物勘探

工作时间：2005年4月21—22日
建设单位：西安第三建筑公司
项目性质：商业（商住楼）
工作人员：程林泉、李广全

位于莲湖区红庙坡街办。北邻自强西路，东邻西安电线厂，南邻三公司原福利区，位于隋唐长安城“掖庭宫”范围内。西南角坐标为：东经108°55′，北纬34°17′。用地范围呈长方形，东西长100.0米，南北宽90.0米，实际勘探9000.0平方米。地势平坦。

地层堆积2层。第①层：表土层，厚1.0米，土色花杂，土质疏松，含现代垃圾；第②层：扰土层，厚0.5米，土色黄褐，土质较疏松，含少量古代砖瓦、陶片等物。第②层以下为生土。

未发现古代文化遗存。

39

聚源小区A栋商住楼

文物勘探

工作时间：2005年5月29日—7月10日
建设单位：不详
项目性质：商业（商住楼）
工作人员：张全民、刘广智

位于莲湖区北院门街办。西大街西段，西邻西举院巷。西南角坐标为：东经108°56′，北纬34°15′。用地范围呈长方形，实际勘探面积2500.0平方米。地势平坦。

地层堆积，场地内已挖至生土。

发现古井219口。

文物发掘

工作时间：2005年5—7月
建设单位：不详
项目性质：商业（房地产）
工作人员：张全民

在南北长约135米、东西宽约85米、深5.5米的建筑基坑内清理出古井98口，出土一批建筑构件和陶瓷器残片。这批古井有水井，也有渗井，时代大致为明清时期。

40

国家储备综合仓库533处安全改造工程（一期）

文物勘探

工作时间：2005年8月24日—9月22日
建设单位：陕西省物资储备管理局533处
项目性质：公共基础建设（储备仓库）
工作人员：程林泉、李广全

位于莲湖区红庙坡街办。南邻丰禾路，东邻533处家属院，西邻鑫苑大都汇，位于隋唐长安城“掖庭宫”西北角外。用地范围呈长方形，东西长650.0米，南北宽200.0米，实际勘探面积25050.0平方米。地势平坦。

地层堆积1层。厚1.3米，土色褐黄，土质疏松，部分为回填土层。此层以下为生土。

未发现古代文化遗存。

41

东方馨苑集资房（东航公寓）

文物勘探

工作时间：2005年9月24日—10月11日
建设单位：西安东航置业有限公司
项目性质：商业（房地产）
工作人员：王自力、邹亚军

位于莲湖区桃园路街办。西邻桃园南路，北邻丰庆路，东邻西市佳园。西南角坐标为：东经108°54′，北纬34°15′。用地范围呈长方形，南北长140.0米，东西宽115.0米，实际勘探面积16100.0平方米。地势南高北低。

地层堆积2层。第①层：表土层，厚0.7米，土色花杂，土质疏松；第②层：沉积性黏土层，厚0.8米，土色褐黑，土质较硬、纯净。第②层以下为古河床冲积层。

未发现古代文化遗存。

42

丹尼尔大兴路小区

文物勘探

工作时间：2005年11月5—16日
建设单位：陕西丹尼尔房地产开发有限公司
项目性质：商业（房地产）
工作人员：孙武、王纪元

位于莲湖区红庙坡街办。南邻大兴东路，西邻天朗公园城。西南角坐标为：东经108°54′，北纬34°17′。用地范围呈长方形，实际勘探面积120000.0平方米。地势平坦。

地层堆积，场地内已挖至生土。

发现汉唐时期古墓葬24座，其中汉墓18座、唐墓6座。墓葬形制有竖穴土圹墓2座，竖穴墓道土洞墓20座。墓向坐西朝东14座，坐北朝南3座，坐南朝北4座。

43

广信佳苑（天赐福地）

文物勘探

工作时间：2006年1月8—22日
建设单位：陕西天丰房地产有限公司
项目性质：商业（房地产）
工作人员：袁长江、贾文虎

位于莲湖区青年路街办。南邻莲湖路，东邻从新巷。西南角坐标为：东经108°56′，北纬34°16′。用地范围呈长方形，长96.4米，宽45.1米，实际勘探面积4000.0平方米。地势平坦。

地层堆积2层。第①层：表土层，厚0.6米，土色花杂，土质疏松，含建筑垃圾、植物根系等物；第②层：扰土层，厚0.9米，土质红褐，土质密实，含少量瓦片等物。第②层以下为生土。

未发现古代文化遗存。

44

煤炭物资供应公司住宅楼

文物勘探

工作时间：2006年3月10—13日
建设单位：陕西煤炭物资供应公司
项目性质：商业（房地产）
工作人员：袁长江、贾文虎

位于莲湖区红庙坡街办。北邻自强西路，西邻星火路。西南角坐标为：东经108°56′，北纬34°17′。用地范围呈长方形，长70.0米，宽18.0米，实际勘探面积1300.0平方米。地势平坦。

地层堆积，已挖至生土层。

未发现古代文化遗存。

45

纺织品公司高层

文物勘探

工作时间：2006年5月4—10日
建设单位：西安纺织品公司有限公司
项目性质：商业（住宅楼）
工作人员：张全民、刘广智

位于莲湖区红庙坡街办。南邻自强西路，西邻振华南路，东邻电大莲湖分校。西南角坐标为：东经108°57′，北纬34°17′。用地范围呈正方形，用地面积30000.0平方米。地势平坦。

地层堆积，已挖至生土层。

未发现古代文化遗存。

46

裕都苑

文物勘探

工作时间：2006年11月18日—12月18日
建设单位：西安上海裕都房地产开发有限公司
项目性质：商业（房地产）
工作人员：孙武、崔荣

位于莲湖区枣园街办。北邻团结西路，东邻西安蓝翎工贸有限公司，西邻春晓华苑。西南角坐标为：东经108°52′，北纬34°16′。用地范围呈“L”形，实际勘探面积56000.0平方米。地势平坦。

地层堆积1层。厚0.3米，大多为水泥地面和建筑垃圾。

未发现古代文化遗存。

47

自强新苑

文物勘探

工作时间：2006年11月24日—12月2日
建设单位：西安锦园房地产开发有限公司
项目性质：商业（房地产）

工作人员：倪志俊、李乖成

位于莲湖区红庙坡街办。自强西路12号，北邻自强西路，东邻北关正街。西南角坐标为：东经108°57′，北纬34°17′。用地范围呈不规则长方形，实际勘探面积20000.0平方米。地势平坦。

地层堆积1层。厚1.4米，土色灰褐，土质较硬，含古代砖瓦残块等物。此层以下为生土。

未发现古代文化遗存。

48

开元商住小区

文物勘探

工作时间：2007年3月16—26日
建设单位：西安开元商业地产发展有限公司
项目性质：商业（房地产）
工作人员：袁长江、徐西平

位于莲湖区西关街办。西稍门十字东南角，西邻劳动南路，北邻西关正街。西南角坐标为：东经108°55′，北纬34°15′。用地范围呈长方形，用地面积15800.0平方米。地势平坦。

地层堆积2层。第①层：表土层，厚0.4米，土色花杂，土质疏松，含建筑垃圾等物；第②层：扰土层，厚0.8米，土色浅褐，含少量砖瓦残块等物。第②层以下为生土。

未发现古代文化遗存。

49

虹实园（霁虹园）

文物勘探

工作时间：2007年7月18—23日
建设单位：陕西腾翔房地产开发有限公司
项目性质：商业（房地产）
工作人员：孙武

位于莲湖区红庙坡街办。西邻永新路，南邻正天雅居，北邻华远永兴大厦。西南角坐标为：东经108°56′，北纬34°17′。用地范围呈近正方形，用地面积2600.0平方米。地势平坦。

地层堆积3层。第①层：表土层，厚0.4米，土色花杂，土质较硬，含建筑垃圾；第②层：扰土层，深0.4—0.8米，厚0.4米，土色浅褐；第③层：垆土层，深0.8—1.3米，厚0.5米，土色黑褐，土质一般。第③层以下为生土。

未发现古代文化遗存。

50

双府·世家花园

文物勘探

工作时间：2007年8月7—23日
建设单位：西安市莲湖区二府庄村委会
项目性质：商业（房地产）
工作人员：倪志俊、段小斌

位于莲湖区桃园路街办。北邻丰衍路，西南邻二府庄村。西南角坐标为：东经108°53′，北纬34°17′。用地范围呈不规则形，用地面积33330.0平方米。地势平坦。

地层堆积2层。第①层：回填土层，厚0.8米，土色花杂，土质疏松，含建筑垃圾；第②层：垆土层，厚0.4米，土色褐黑，土质较硬。第②层以下为生土。

未发现古代文化遗存。

51

任家口村城改（雅逸新城）

文物勘探

工作时间：2007年8月23—25日
建设单位：西安市莲湖区任家口村村民委员会
项目性质：商业（房地产）
工作人员：孙武、崔荣

位于莲湖区土门街办。东邻西二环，北邻铁路。西南角坐标为：东经108°53′，北纬34°16′。用地范围呈不规则形，用地面积13333.3平方米。地势平坦。

地层堆积1层。回填土层，厚2.5米，土色花杂，土质疏松，含建筑垃圾等物。此层以下为生土。

未发现古代文化遗存。

52

用料管理处中心库房基地

文物勘探

工作时间：2007年12月20—27日
建设单位：西电变压器有限责任公司
项目性质：商业（厂房）
工作人员：袁长江

位于莲湖区桃园路街办。大庆路中段，西安变压器厂内北侧。西南角坐标为：东经108°54′，北纬34°16′。用地范围呈长方形，用地面积7500.0平方米。地势平坦。

地层堆积4层。第①层：表土层，厚0.3米，土色花杂，土质疏松；第②层：覆盖层，深0.3—0.9米，厚0.6米，土色灰黄，土质较疏松，含砖瓦残块等物；第③层：文化层，深0.9—4.3米，厚3.4米，土色黄褐，土质较软，含大量古代砖瓦残块等物；第④层：淤积沙层，深4.3米以下见，土色黄灰，为冲积河床区域。

发现汉唐文化堆积。

53

桃园路1、2、3、4号高层

文物勘探

工作时间：2008年3月16日—4月16日
建设单位：西安市西电高压开关有限公司
项目性质：商业（住宅楼）
工作人员：袁长江、贾文虎

位于莲湖区桃园路街办。劳动公园北门，南邻劳动公园，西邻桃园路，东邻新园路。西南角坐标为：东经108°54′，北纬34°16′。用地范围呈长方形，东西长120.0米，南北宽90.0米，用地面积11000.0平方米。地势平坦。

地层堆积1层。回填土层。此层以下为生土。

未发现古代文化遗存。

54

西电高压开关厂房

文物勘探

工作时间：2008年3月16日—4月16日
建设单位：西安市西电高压开关有限公司
项目性质：商业（厂房）
工作人员：袁长江、贾文虎

位于莲湖区枣园街办。南邻红光路，西邻正合物业公司，东邻西安机床电器厂。西南角坐标为：东经108°51′，北纬34°15′。用地范围呈长方形，东西长100.0米，南北宽60.0米，实际勘探面积5100.0平方米。地势平坦。

地层堆积1层。回填土层。此层以下为生土。

未发现古代文化遗存。

55

北关村安置房

文物勘探

工作时间：2008年7月9—10日
建设单位：莲湖区北关村村委会
项目性质：商业（安置楼）
工作人员：袁长江、徐西平

位于莲湖区北关街办。纬二十六街与文景路南段十字东南角。西南角坐标为：东经108°56′，北纬34°17′。用地范围呈长方形，东西长57.5米，南北宽34.0米，用地面积2000.0平方米。地势较平坦。

地层堆积1层。厚2.0米，大量砖瓦垃圾等物。此层以下为生土。

发现汉唐墓2座。墓葬形制有斜坡墓道土洞墓1座，竖穴墓道砖室墓1座。墓向坐北朝南1座，坐西朝东1座。

56

锦绣人家经济适用房（紫云溪）

文物勘探

工作时间：2008年9月—2013年10月12日
建设单位：西安西湖置业有限公司
项目性质：商业（房地产）
工作人员：倪志俊、王建生

位于莲湖区红庙坡街办。白家口村，北邻梨园路，西邻西三环。西南角坐标为：东经108°53′，北纬34°17′。用地范围呈不规则形，南北长310.0米，东西宽230.0米，用地面积23000.0平方米。地势北高南低。

地层堆积1层。厚3.8—13.7米，土质疏松，含大量建筑垃圾。此层以下为生土。

未发现古代文化遗存。

文物勘探（补探）

工作时间：2008年9月—2013年10月12日
建设单位：西安西湖置业有限公司
项目性质：商业（房地产）
工作人员：张翔宇、王建生

此次补探面积3256.0米。地势北高南低。

地层堆积2层。第①层：扰土层，厚0.5—0.8米，土色深褐，土质疏松，含少量草木灰星、布纹、绳纹碎瓦片等物；第②层：次生土层，深0.8—1.2米，厚0.3—0.4米，土色褐黄，土质较硬，含少量草木灰星。第②层以下为生土。

发现汉墓3座。墓葬形制有砖室墓1座，土洞墓2座。墓向均为东西向。

考古发掘

工作时间：2013年10月
建设单位：西安西湖置业有限公司
项目性质：商业（房地产）
工作人员：张翔宇

发掘汉墓葬3座。竖穴土圹墓1座，竖穴土洞墓1座，另1座因扰乱，形制不明。现简述如下。

M1：竖穴土坑墓，南北向，葬具葬式已不明。仅在填土中出土陶钵、陶罐残片若干。

M2：竖穴墓道土洞墓，墓道呈长方形。出土有釉陶仓1件、釉陶罐3件和陶器残片若干。

M3：由于遭破坏，墓葬形制已不存，现场仅存一方形坑。坑内填土遍布长方形墓砖，无出土物。

57

大兴东路（白家口立交—红庙坡十字）

文物勘探

工作时间：2008年12月27日—2009年1月14日
建设单位：西安市市政管理委员会
项目性质：公共基础建设（道路）
工作人员：倪志俊

位于莲湖区红庙坡街办。西起白家口立交，东至红庙坡十字。西南角坐标为：东经108°54′，北纬34°17′。用地范围呈长条形，长1980.7米，宽70.0米，用地面积105026.0平方米。地势平坦。

地层堆积2层。第①层：表土层，厚1.5米，土色花杂；第②层：扰土层，厚1.0米，土色褐黄。第②层以下为生土。

未发现古代文化遗存。

58

陕西省边防总队经济适用房

文物勘探

工作时间：2009年3月7—14日
建设单位：中国人民武警部队陕西省边防总队
项目性质：商业（经济适用房）
工作人员：许强、孙芳勇

位于莲湖区西关街办。桃园南路3号。用地范围呈长方形，实际勘探面积7014.0平方米。地势平坦。

地层堆积1层。厚1.5米，土色花杂，含植物根系等杂质。此层以下为生土。

未发现古代文化遗存。

59

旭景新港

文物勘探

工作时间：2009年3月25日—6月18日
建设单位：西安星火房地产开发公司
项目性质：商业（房地产）
工作人员：程林泉、王光天

位于莲湖区枣园街办。陈家寨村，东邻汉城南路，南邻红光路。西南角坐标为：东经108°52′，北纬34°15′。用地范围呈长方形，用地面积40000.0平方米。地势平坦。

地层堆积2层。第①层：表土层，厚0.8米，土色花杂，土质疏松；第②层：扰土层，厚0.7米，土色褐黄，土质较紧密。第②层以下为生土。

未发现古代文化遗存。

60

儿童医院门诊医技综合楼

文物勘探

工作时间：2009年5月10日—2010年2月28日
建设单位：西安市儿童医院
项目性质：公共基础建设（医院）
工作人员：王自力、刘军利

位于莲湖区北院门街办。西门里西举院巷69号，南邻西举院巷，西邻北马道巷。西南角坐标为：东经108°55′，北纬34°15′。用地范围呈两个长方形，东西长230.0米，南北宽75.0—95.0米，实际勘探面积19860.0平方米。地势平坦。

地层堆积3层。第①层：表土层，厚0.5米，土色花杂，土质疏松；第②层：扰土层，厚0.8米，土色褐黄，土质较疏松；第③层：次生土层，深1.3—1.6米，厚0.3米，土色浅黄，土质较密实，含少量灰星瓦片等物。第③层以下为生土。

发现古井11口。

61

西安古建园林设计研究院综合楼

文物勘探

工作时间：2009年5月31日—6月1日
建设单位：西安古建园林设计研究院
项目性质：公共基础建设（办公楼）
工作人员：倪志俊、段随毛

位于莲湖区西关街办。锦园路北侧5号，西南角坐标为：东经108°54′，北纬34°15′。用地范围呈长方形，南北长45.6米，东西宽38.4米。

地层堆积1层。厚1.5米，含大量建筑垃圾、砖瓦块、大部分见砖块处无法勘探。此层以下为生土。

未发现古代文化遗存。

62

林业厅职工住宅楼（一期）

文物勘探

工作时间：2009年10月24日—11月3日
建设单位：陕西省林业厅
项目性质：商业（住宅楼）
工作人员：张全民

位于莲湖区西关街办。西关正街兴学巷233号，东邻兴学巷，南邻西关正街，西邻五一村。西南角坐标为：东经108°55′，北纬34°15′。用地范围呈“凸”字形，实际勘探面积22667.0平方米。地势较平坦。

地层堆积1层。厚0.6米，土色花杂，土质较坚硬，内含大量建筑垃圾等物。此层以下为生土。

发现秦汉墓葬2座。形制有竖穴土圹墓1座，竖穴墓道土洞墓1座。墓向南北向1座，坐东朝西1座。

63

任家庄棚户区改造安置楼

文物勘探

工作时间：2009年11月21—23日

建设单位：西安建筑工程总公司房地产开发公司
项目性质：商业（房地产）
工作人员：段随毛、段智军

位于莲湖区桃园路街办。劳动路北口，北邻劳动西路，东邻劳动路。西南角坐标为：东经108°54′，北纬34°16′。用地范围呈长方形，东西长65.0米，南北宽51.0米，实际勘探面积3333.0平方米。地势较平坦。

地层堆积1层。厚0.3米，土质密实、坚硬。此层以下为生土。

未发现古代文化遗存。

64

印钞工房及科技信息中心

文物勘探

工作时间：2009年12月30—31日
建设单位：西安印钞有限公司
项目性质：商业（厂房）
工作人员：倪志俊

位于莲湖区土门街办。汉城路153号，西邻汉城路，南邻西安制药厂，为拆迁场地。西南角坐标为：东经108°52′，北纬34°16′。用地范围呈长方形，东西长175.0米，南北宽128.0米，实际勘探面积10000.0平方米。地势较平坦。

地层堆积3层。第①层：表土层，厚0.3—0.8米，均为建筑垃圾；第②层：扰土层，厚0.5米，土色黄褐，土质较疏松，内含近代瓷片等物；第③层：覆盖层，厚0.4米，土色黄褐，土质较紧密。第③层以下为生土。

未发现古代文化遗存。

65

翡麗城

文物勘探

工作时间：2010年4月1日—8月8日
建设单位：西安和怡房地产开发有限公司
项目性质：商业（房地产）
工作人员：倪志俊、黄建平

位于莲湖区土门街办。团结中路与团结北路交汇处的东北角，团结中路以北，团结北路以东。北邻西安油漆厂，原为西安机床厂厂区。西南角坐标为：东经108°52′，北纬34°15′。用地范围呈刀把形，东西长218.0米，南北宽159.0—185.0米，实际勘探面积30000.0平方米。地势较为平坦。

地层堆积2层。第①层：表土层，厚0.2米，土色花杂，含有大量砖瓦石块；第②层：扰土层，厚0.3米，土色浅黄，土质疏松不匀，含有少量瓦砾、草木根。第②层以下为生土。

未发现古代文化遗存。

文物勘探（1#楼补探）

工作时间：2012年11月7—8日
建设单位：西安和怡房地产开发有限公司
项目性质：商业（房地产）
工作人员：张翔宇、黄建平

此次补探范围约呈长方形，位于用地东南角处。东西长120.0米，南北宽20.0米，实际补探面积2400.0平方米。地势较为平坦。

地层堆积2层。第①层：表土层，厚0.2米，土色花杂，含有大量砖瓦石块；第②层：扰土层，厚0.3米，土色浅黄，土质疏松不匀，含有少量瓦砾、草木根。第②层以下为生土。

未发现古代文化遗存。

66

丰庆公园管理处职工住宅楼

文物勘探

工作时间：2010年5月14—24日
建设单位：西安市丰庆公园管理处
项目性质：商业（房地产）
工作人员：邹亚军、段乐顺

位于莲湖区西关街办。锦园路中段路西，南邻锦园小区，东邻锦园路，位于唐长安城醴泉寺遗址范围内。西南角坐标为：东经108°54′，北纬

34°15′。用地范围呈“L”形，南北长252.14、北端宽66.0米，南端宽141.61米，占地面积23711.9平方米。勘探时场地北端、南端有数处临建房，其余大部分地表被硬化地面和炉渣土覆盖，仅有北端一长22.0米、宽17.0米的长方形区域可探。实际勘探面积374.0平方米。

地层堆积2层。第①层：表土层，厚0.5米，土色花杂，土质较硬；第②层：扰土层，厚1.3米，土色浅灰黄褐色，土质较硬，内含砖瓦片及灰陶片。第②层以下为生土。

未发现古代文化遗存。

67

杨家围墙城中村改造1#地块

文物勘探

工作时间：2010年6月22日—8月3日
建设单位：西安名城置业有限公司
项目性质：商业（房地产）
工作人员：倪志俊、李乖成

位于莲湖区枣园街办。大庆路西段，大庆路与汉城路十字西北角，原为未央区杨家围墙村村民住房。西南角坐标为：东经108°52′，北纬34°16′。实际勘探面积8153.0平方米。勘探时原拆迁垃圾基本清理完毕，地表已开挖至1.8—3.0米深处。

地层堆积2层。第①层：表土层，厚0.3米，土质松散，灰褐色土；第②层：扰土层，厚0.9米，土色灰褐，土质较硬，内含瓦片。第②层以下为生土。

发现古墓葬3座。墓葬形制有竖穴墓道洞室墓1座，竖穴土圹墓1座，形制不明1座。墓向均为东西向。

考古发掘（一期）

工作时间：2010年8月
工作人员：张全民、郭永淇

清理古墓葬11座，出土各类文物56件。其中M11，南北向，由墓道、甬道、封门、墓室组成。墓道斜坡状，位于墓室南边。砖封门。墓室西侧铺有砖棺床。随葬品主要置于墓室东侧。M11出土的陶俑主要有男侍俑、女侍俑、天王俑、镇墓兽、陶牛、陶狗、陶鸡等，还出土有塔式罐、绿釉陶罐、玉佩饰、铜钱（开元通宝）、铅饼等。

考古发掘（二期）

工作时间：2010年8月
工作人员：张全民、郭永淇

清理唐代砖室古墓葬1座。编号M1，坐北朝南，由长斜坡墓道、甬道、封门、墓室组成。由于该墓葬被多次盗掘，封门及墓室顶部塌陷，墓葬遭到了严重的破坏。出土器物有双系黑釉瓷罐、灰釉瓷罐、风形石砚（残）、莲花瓣石柱础（残）、寿桃形石柱头、内布纹外素面筒瓦（残）、铁钉及石门残片等。

（西安市文物保护考古研究院：《西安市西郊杨家围墙唐墓M1发掘简报》，《考古与文物》2013年第2期；关林、郭永淇、杨军凯、辛龙：《西安杨家围墙出土唐代陶瓷器》，《收藏界》2012年第5期）

68

远东二中教学综合楼

文物勘探

工作时间：2010年7月23—26日
建设单位：西安市远东二中
项目性质：公共基础建设（学校）
工作人员：张翔宇、刘军利

位于莲湖区枣园街办。丰隆路远东二中校园内，西邻曹家堡，北邻金家堡菜市场。西南角坐标为：东经108°52′，北纬34°16′。教学综合楼呈长方形，长75.0米，宽22.5米，实际勘探面积1700.0平方米。整个场地平坦。

地层堆积2层。第①层：表土层，自然地平以下1.5米，土色花杂，土质疏松；第②层：扰土层，自然地平以下1.5—2米，厚0.5米，土色褐黄，土质较疏松，结构不均匀，含少量砖瓦残片。第②层以下为生土。

发现汉墓3座。

69

融锦·尚都

文物勘探

工作时间：2010年9月20日—10月16日
建设单位：西安融锦房地产开发有限公司
项目性质：商业（房地产）
工作人员：杨军凯、王纪元

位于莲湖区红庙坡街办。西邻工农路，南邻中兴路，北邻工农路101号家属楼，东邻规划路。西南角坐标为：东经108°56′，北纬34°17′。该用地范围呈多边形，用地面积约13334平方米。

根据现场地貌情况，勘探分为东、西两部分进行。

西半部地层堆积3层。第①层：表土层，厚0.5米；第②层：扰土层，距地表深0.5—1.8米，厚1.3米；第③层：垆土层，距地表深1.8—3.0米，厚1.2米，土色黑青，含水锈。

东半部地层堆积3层。第①层：表土层，厚0.8米；第②层：扰土层，距地表深0.8—1.5米，厚0.7米，内含大量砖瓦残片，土质较硬；第③层：垆土层，距地表深1.5—2.0米，厚0.5米，土质较硬，土色褐黄。第③层之下为生土层。

未发现古代文化遗存。

70

西仪集团103住宅小区

文物勘探

工作时间：2010年10月13—15日
建设单位：西仪集团有限责任公司
项目性质：商业（家属楼改造）
工作人员：倪俊、李乖成

位于莲湖区环城西路街办。劳动路西仪坊，大庆路西段南侧约260.0米，西仪路东侧，原西仪厂家属院拆迁改造工程。西南角坐标为：东经108°55′，北纬34°16′。用地范围呈长方形，东西长130.0米，南北宽66.0米，用地面积8590.0平方米。

地层堆积2层。第①层：表土层，厚0.6米，土质疏松，呈灰褐色；第②层：扰土层，厚0.6米，土色呈灰褐色，土质较硬，含瓦片等。第②层以下为生土。

未发现古代文化遗存。

71

东尚观湖二期（1#、2#楼及停车场）

文物勘探

工作时间：2010年11月28日—2011年4月28日
建设单位：西安上海裕都房地产开发有限公司
项目性质：商业（房地产）
工作人员：张翔宇、邹亚军

位于莲湖区枣园街办。团结西路28号，北邻团结西路，东邻东尚观湖一期。西南角坐标为：东经108°52′，北纬34°16′。用地范围呈长方形，东西长约285.0米，南北宽约120.0米，实际勘探面积约34000.0平方米，内有部分原建筑物基础及垃圾堆。

地层堆积2层。第①层：表土层，厚1.8米，土质疏松；第②层：扰土层，厚0.8米，土质为黑褐色，较疏松，内含少量的砖瓦块。第②层以下为生土。

未发现古代文化遗存。

第三节 新城区

新城区，其名源于民国时期陕西省政府治所东移。位于西安市城区东北部，跨越明清城墙内外。新城区地势平坦，东南部略高，西北部较低。海拔最高点位于东郊韩森冢，最低点位于北郊含元东路东段南侧。区境东以长乐路的东方厂铁路专用线与灞桥区为界，南以东大街和永乐路与碑林区接壤，以咸宁路、建工路、康宁路与雁塔区相连，西以北大街与莲湖区毗邻，北以啤酒路和龙首北路与未央区为界。新城区文化底蕴深厚，政治地位突出。唐有大明宫，宋以后为陕西的行政指挥中枢；在近代历史上亦抹下浓厚的一笔，张学良、杨虎城将军发动了震惊中外的西安事变。唐大明宫、宋东岳庙、西安事变之黄楼、八路军办事处等均是重要的遗迹。2000—2010年，新城区辖长乐中路街办等9个街办。本次共收录52个文物勘探项目和发掘项目（图2-3），各项目情况分述如下。

1

华山厂变电所

考古发掘

工作时间：1992年5月
建设单位：西安华山机械制造厂
项目性质：商业（厂房）
工作人员：张达宏、张全民

位于新城区长乐中路街办。西安华山机械厂厂内，西南角坐标为：东经109°1′，北纬34°16′。

西安华山机械制造厂在修建变电所开挖地基时，抢救性发掘了“唐严州刺史华文弘与夫人金华郡君”的合葬墓。这是一座多天井长斜坡墓双室土洞墓，坐北朝南，由墓道、过洞、天井、小龛、封门、前后甬道和前后墓室几部分组成。随葬器物有陶、泥、滑石、铜、铁、铅、玻璃、石和蚌等。

（张全民：《唐严州刺史华文弘夫妇合葬墓》，《文博》2003年第6期）

2

东方中学实验楼

文物勘探

工作时间：1999年1月17日
建设单位：西安东方中学
项目性质：公共基础建设（学校）
工作人员：李聚振

位于新城区韩森寨街办。西邻新科路，北邻东方社区101街坊，东、南邻东方社区102街坊。西南角坐标为：东经109°1′，北纬34°15′。用地范围呈“L”形，勘探面积208.0平方米。地势平坦。

地层堆积，已挖至生土层。

发现古墓葬1座。长2.0米，宽1.0米，深1.8米。

3

黄河厂九街坊（二期）

文物勘探

工作时间：2001年7月—2002年5月
建设单位：西安黄河机械制造厂
项目性质：商业（旧楼改造）
工作人员：孙福喜、王自力

位于新城区长乐中路街办。北邻长乐中路，

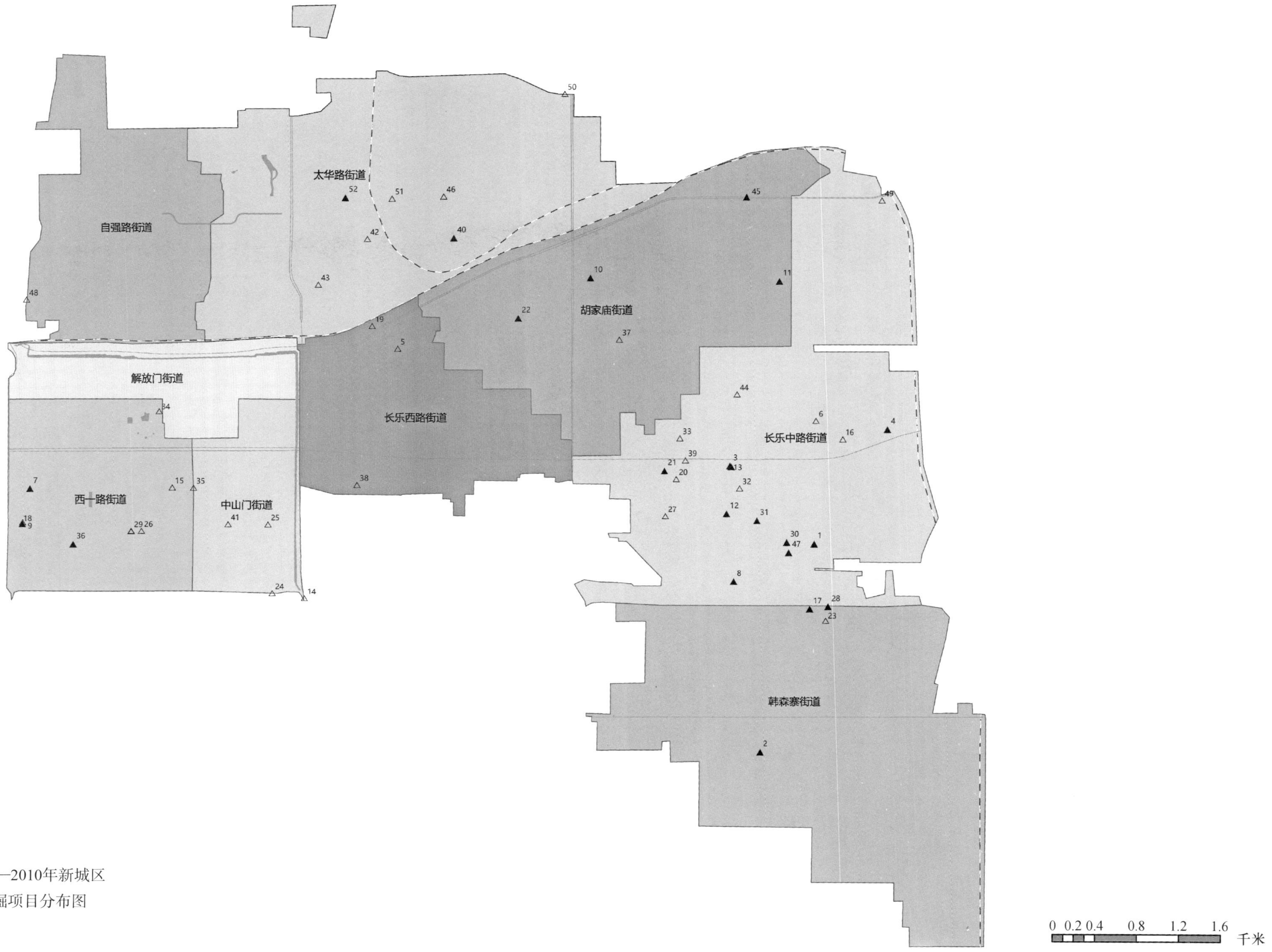

图2-3　2000—2010年新城区
勘探与发掘项目分布图

东邻康乐路，南邻黄河子弟中学，西邻公园北路。西南角坐标为：东经109°0′，北纬34°16′。用地范围呈长方形。地势平坦。本次勘探包括拟建的1#、2#、4#、5#、6#、7#、11#、12#、13#楼、物业楼、水池等用地区域。

地层堆积，场地内已挖至生土。

发现元代墓葬1座。

考古发掘

工作时间：2001年7—9月

工作人员：孙福喜、王自力

发掘元代壁画墓一座，编号为M1，简述如下。

M1：位于12号楼基西边缘。考古人员赶到现场时墓葬已部分遭到破坏。由墓道、甬道和墓室组成，坐北朝南。墓道仅存两台阶，甬道两侧有小龛。墓室方形穹隆顶，北部正中有砖砌棺床。甬道及墓室内壁绘壁画。甬道，东壁壁画已毁；西壁绘有一幅散乐图，三乐女各持乐器，皆作向墓室行进状。墓室西壁，以灯檠为界，北部占壁画面2/3绘有五女侍宴图；南部占壁画面1/3绘有湖石修竹。东壁，北部、中部绘有侍宴图，尚存两位侍女像；南部绘有湖石修竹。北壁，男女主人对立像，其上有启开红色帷幔，下为假门。南壁，正中为墓门，两侧绘博古插画图。穹隆顶，中部绘有凸棱将壁画分为上下两层，皆绘连续的祥云仙鹤呈带状环绕于幕顶。出土瓷器8件，有灯盏、兔毫盏、盏托；铁器3件，有牛、灯；石块5件；玻璃藻井1件；地券砖1方。地券砖上以朱砂楷书14行、322字，墓主人韩某葬于至元二十五年（1288年）。

（西安市文物保护考古所：《西安东郊元代壁画墓》，《文物》2004年第1期；西安市文物保护考古所：《西安市韩森寨元代纪年壁画墓》，《中国考古学年鉴·2004》，文物出版社，2005年）

4

黄河新村

文物勘探

工作时间：2002年1月

建设单位：西安黄河机械制造厂

项目性质：商业（住宅）

工作人员：王光天、卢增气

位于新城区长乐中路街办。北邻黄河厂区，西邻黄河游泳馆，南邻长乐东路，东邻铁路。西南角坐标为：东经109°1′，北纬34°16′。用地范围呈不规则长方形。地势平坦。本次勘探包括拟建的1#、2#、3#楼等用地区域。

地层堆积，已挖至生土层。

共发现古墓葬8座，墓道1条，古窑址1处。

1#楼基槽共发现古墓葬7座，古窑址1处；M1位于基槽西部，斜坡墓道带天井砖室墓，平面呈“甲”字形，坐西朝东，由墓道、天井、过洞、墓室等部分组成；墓道长18.0米，宽1.0米，深5.0米；墓室呈长方形，长5.0米，宽4.0米，深5.0米。其余为南北向竖穴墓道土洞墓。Y1位于基槽南部，南北向，基槽内仅探出部分窑床。

2#楼基槽共发现古墓葬1座，墓道1条。M1位于基槽中央，斜坡墓道带洞室墓，平面呈刀把形，坐北朝南，由墓道、墓室等部分组成。墓道残长5.5米，宽1.0米，深4.0米。墓室呈长方形，长5.0米，宽4.0米，深4.0米。

5

农械厂宿办楼、厂房

文物勘探

工作时间：2002年3月

建设单位：陕西省农械厂

项目性质：商业（厂房）

工作人员：王光天、徐西平、赵亚军

位于新城区长乐西路街办。北邻长乐西路，西邻西安仁爱白癜风医学研究所，南邻西农社区。西南角坐标为：东经108°59′，北纬34°16′。

用地范围呈长方形，实际勘探面积1041.9平方米。地势平坦。

地层堆积，已挖至生土层。

未发现任何古遗存。

6

黄河厂军品科研大楼

文物勘探

工作时间：2002年7月24日
建设单位：黄河机械制造厂
项目性质：商业（厂房）
工作人员：王光天、雷增气

位于新城区长乐中路街办。黄河机械制造厂区内。用地范围呈长方形，东西长50.0米，南北宽25.0米，实际勘探面积1250.0平方米。地势平坦。

地层堆积，场地内已挖至生土。

未发现任何古遗存。

7

新民街商住楼（云锦大厦）

文物勘探

工作时间：2002年9月18日
建设单位：陕西秦军房地产有限公司
项目性质：商业（商住楼）
工作人员：王光天

位于新城区西一路街办。东邻新民街，北邻省政府家属院，南邻世纪领域大厦。该项目大约位于隋唐长安城“东宫·左藏库”遗址范围内。西南角坐标为：东经108°57′，北纬34°16′。用地范围呈长方形，东西长54.7米，南北宽32.5米，实际勘探面积1777.8平方米。地势平坦。

地层堆积，场地内均已挖至生土层。

共发现古井26口。古井平面均呈圆形，直径0.5—1.7米，残深1.3—1.7米。

8

市政二公司二工区家属楼

文物勘探

工作时间：2002年12月3日
建设单位：西安市市政二公司
项目性质：商业（家属楼）
工作人员：陈海彦

位于新城区长乐中路街办。东邻康乐路，南邻韩森寨二村，西邻秦庄襄王大冢。西南角坐标为：东经109°0′，北纬34°15′。用地范围呈长方形，南北长44.0米，东西宽18.0米，实际勘探面积792.0平方米。地势平坦。

地层堆积，场地内均已挖至生土层。

共发现古墓葬12座，古井1口。M2、M3、M12为竖穴墓道土洞墓，平面呈刀把形，墓室深0.3—1.2米；M5、M6、M8、M9、M11为竖穴墓道土洞墓，平面呈“甲”字形，墓室深0.7—3.0米。J1平面呈圆形，直径1.5米，深1.0米。

9

第三十中学综合楼

文物勘探

工作时间：2002年12月23日
建设单位：西安市第三十中学
项目性质：公共基础建设（学校）
工作人员：罗胜安

位于新城区西一路街办。西邻北大交通银行，南邻西新街，东邻汉庭酒店。西南角坐标为：东经108°57′，北纬34°16′。用地范围呈长方形，东西长110.0米，南北宽17.0米，实际勘探面积1870.0平方米。地势平坦。

地层堆积，场地内已挖至生土。

共发现古井1口。平面呈圆形，直径2.0米，深1.4米，内含古代砖瓦片。

10

新兴·骏景园

文物勘探

工作时间：2003年8月10—30日
建设单位：西安新兴房地产开发有限公司
项目性质：商业（房地产）
工作人员：程林泉

位于新城区胡家庙街办。华清路立交东南方向，北邻兴工路，西邻金花北路。西南角坐标为：东经109°0′，北纬34°17′。用地范围呈长方形，实际勘探面积55336.0平方米。地势平坦。

地层堆积2层。第①层：表土层，厚0.6米，系建筑垃圾层；第②层：扰土层，厚1.2米，土色黄色，土质较硬。第②层以下为生土。

发现秦汉时期墓葬3座。墓葬形制有竖穴土圹墓1座，竖穴墓道土洞墓2座。墓向坐北朝南1座，坐西朝东1座，东西向1座。

11

兴工路营房（一期）

文物勘探

工作时间：2003年9月5日—12月6日
建设单位：第二炮兵工程学院
项目性质：公共基础建设（部队）
工作人员：王光天、雷增气

位于新城区胡家庙街办。南邻杨森制药厂，北邻兴工东路，东邻万寿北路。用地范围呈长方形，实际勘探面积8500.0平方米。地势平坦。

地层堆积2层。第①层：表土层，厚0.3米，土色花杂，土质疏松；第②层：扰土层，厚1.0米，土色黄褐，土质疏松。第②层以下为生土。

发现古墓葬2座。

考古发掘

工作时间：2003年11月
工作人员：程林泉、张翔宇

发掘汉代墓葬2座。其中M1资料已整理公布，简述如下。

M1：斜坡墓道土洞墓，坐北朝南。由墓道、甬道、墓室三部分组成。葬具为1木棺，葬式仰身直肢。出土器物20件，另有铜钱33枚，均为货泉。其中陶器19件，有壶、罐、樽、盆、案、盘、碗、耳杯、斗、勺等；铜削1件。时代为东汉早中期。

（西安市文物保护考古所：《西安东汉墓》，文物出版社，2009年）

12

黄河厂十街坊3#、4#楼

文物勘探

工作时间：2003年10月26日
建设单位：西安黄河机械制造厂
项目性质：商业（旧楼改造）
工作人员：王光天、卢增奇

位于新城区长乐中路街办。十街坊东南区域，北邻黄河小学、西光中学，东邻康乐路，南邻长乐中路派出所家属院，西邻公园北路。西南角坐标为：东经109°0′，北纬34°16′。用地范围呈长方形，地势平坦。本次勘探包括拟建的3#、4#楼。

地层堆积，场地内已挖至生土。

未发现任何古遗存。

13

黄河厂十六街坊1#、2#、3#、4#、5#楼及热交换站水箱

文物勘探

工作时间：2003年12月14日—2004年10月7日
建设单位：西安黄河机械制造厂
项目性质：商业（旧楼改造）
工作人员：王光天、卢增奇

位于新城区长乐中路街办。北邻长乐中路，东邻康乐路，南邻黄河中学，西邻公园北路。西

南角坐标为：东经109°0′，北纬34°16′。用地范围呈长方形。地势平坦。本次勘探包括拟建的1#、2#、3#、4#、5#楼、热交换站水箱等用地区域。

地层堆积，场地内已挖至生土。

共发现古墓葬2座，均位于2#楼基槽。其他基槽未发现古遗存。

M1：位于2#楼基槽西部，斜坡墓道砖室墓，平面呈“甲”字形，坐北朝南。由墓道、墓室两部分组成，墓道残长4.0米，宽1.0米，深2.5米；墓室平面呈正方形，长6.0米，宽6.0米，深2.5米，内填砖块、淤土。

M2：位于2#楼基槽东部，斜坡墓道砖室墓，平面呈刀把形，坐北朝南，由墓道、墓室两部分组成，墓道大部位于基槽以外，残长3.0米，宽1.0米，深2.5米；墓室平面呈正方形，长6.0米，宽6.0米，深2.5米，内填砖块、淤土。

14

顺城巷道路

文物勘探

工作时间：2005年5—10月
建设单位：西安市城乡建设委员会
项目性质：公共基础建设（道路）
工作人员：程林泉、袁振龙

位于新城区中山门街办。明城墙内侧，西南角坐标为：东经108°58′，北纬34°15′，途经中山门、东门、文昌门、南门、含光门、西南城角、西门、玉祥门。实际勘探面积35135.0平方米。地势平坦。

地层堆积1层。厚2.8米，土色花杂，土质较疏松，含近现代砖瓦残块等物。该层以下为生土。

未发现古代文化遗存。

15

东光国际

文物勘探

工作时间：2005年6月17—25日
建设单位：西安东光房地产有限公司
项目性质：商业（商厦）
工作人员：张全民、刘广智

位于新城区西一路街办。解放路和西三路十字西北角，西南角坐标为：东经108°58′，北纬34°16′。用地范围呈长方形，南北长105.0米，东西宽69.0米，实际勘探6700.0平方米。地势平坦。

地层堆积，场地内已挖至生土。

未发现古代文化遗存。

16

紫铭小区

文物勘探

工作时间：2005年6月22日—2006年1月10日
建设单位：西安黄河房地产开发公司
项目性质：商业（房地产）
工作人员：程林泉、雷争气

位于新城区长乐中路街办。南邻长乐东路，西邻黄河温泉小区，北邻紫铭路，东邻黄河小学。西南角坐标为：东经109°1′，北纬34°16′。

综合楼用地范围呈刀把形，南北长15.0—47.9米，东西宽15.0—35.65米，实际勘探面积约1215.0平方米，建设单位将基坑开挖至地表下4.0米。地势平坦。

1#楼用地范围呈正方形，东西长约38.2米，南北宽约39.5米，实际勘探面积约1508.9平方米。地势平坦。

2#楼用地范围呈正方形，东西长约38.2米，南北宽约39.55米，实际勘探面积约1510.0平方米。地势平坦。

3#楼用地范围呈正方形，东西长约38.0米，南北宽约40.0米，实际勘探面积约1520.0平方米。地势平坦。

4#楼用地范围呈正方形，东西长约37.7米，南北宽约39.50米，实际勘探面积约1489.0平方米。地势平坦。

5#楼用地范围呈正方形，东西长约38.5米，南北宽约39.5米，实际勘探面积约1521.0平方米。地势平坦。

6#楼用地范围呈正方形，东西长32.2—41.8米，南北宽14.4—34.3米，实际勘探面积约1200.0平方米。地势平坦。

7#楼用地范围呈长方形，东西长约70.0米，南北宽约24.0米，实际勘探面积约1680.0平方米，建设单位将基坑开挖至地表下3.5米。地势平坦。

地层堆积2层。第①层：表土层，厚1.0米，土色花杂，土质疏松；第②层：扰土层，厚1.0米，土色黄褐，土质较疏松。第②层以下为生土。

未发现古代文化遗存。

17
韩森路延伸线工程

文物勘探

工作时间：2005年7月11—20日
建设单位：西安市新城区建设局
项目性质：公共基础建设（道路）
工作人员：张翔宇、李乖成

位于新城区韩森寨街办。西接幸福中路，东邻金茂紫庭小区。西南角坐标为：东经109°1′，北纬34°15′。用地范围呈长条形，实际勘探10000.0平方米。地势平坦。

地层堆积，场地内均已挖至生土。

发现古墓葬85座，其中汉墓50余座、唐墓30余座。墓葬形制有竖穴土圹墓14座，竖穴墓道土洞墓62座，斜坡墓道土洞墓9座。墓向有坐北朝南62座，坐南朝北8座，坐西朝东1座。

考古发掘

工作时间：2005年7月
工作人员：张翔宇

发掘汉唐时期古墓葬35座，多为小型唐墓。其中M34为一座东汉时期墓葬，材料已整理公布，简述如下。

M34：斜坡墓道土洞多室墓，坐西朝东，由墓道、甬道、墓室三部分组成。葬具为3木棺，葬式仰身直肢。出土器物19件，其中陶器16件，有罐、仓、樽、灶、甑、盆、盘、耳杯、勺、猪、狗、鸡等；铜镜2面；铁器1件。

（西安市文物保护考古所：《西安东汉墓》，文物出版社，2009年）

18
第三十中学地下体育教室

文物勘探

工作时间：2005年10月11—14日
建设单位：西安市第三十中学
项目性质：公共基础建设（学校）
工作人员：袁长江、陈洪汕

位于新城区西一路街办。西邻北大交通银行，南邻西新街，东邻汉庭酒店。西南角坐标为：东经108°57′，北纬34°16′。用地范围呈长方形，实际勘探面积1700.0平方米。地势平坦。

地层堆积，场地内已挖至生土。

未发现古代文化遗存。

19
华清小区

文物勘探

工作时间：2005年10月15—28日
建设单位：陕西名都物业开发有限公司
项目性质：商业（房地产）
工作人员：袁长江

位于新城区胡家庙街办。华清西路225号，北邻陇海铁路，南邻华清西路。西南角坐标为：东经108°59′，北纬34°17′。用地范围呈长方形，东西长86.5米，南北宽60.5米，实际勘探3000.0平方米。地势平坦。

地层堆积2层。第①层：表土层，厚0.6米，土色花杂，土质疏松；第②层：扰土层，厚0.9米，土色黄褐，土质较疏松。第②层以下为生土。

未发现古代文化遗存。

20

黄河厂三十七街坊住宅楼

文物勘探

工作时间：2005年11月
建设单位：黄河机械制造厂
项目性质：商业（住宅楼）
工作人员：程林泉、雷全

位于新城区长乐中路街办。北邻长乐中路，东邻公园北路，南邻金康路，西邻西安北方医院。西南角坐标为：东经109°0′，北纬34°16′。用地范围呈长方形，南北长49.4米，东西宽41.0米，实际勘探面积2000.0平方米。地势平坦。

地层堆积，场地内已挖至生土。

未发现古代文化遗存。

21

北方医院西病房楼

考古发掘

工作时间：2006年1—2月
建设单位：西安市北方医院
项目性质：公共基础建设（医院）
工作人员：郭永淇、李小武

位于新城区长乐中路街办。长乐路北方医院院内，西南角坐标为：东经109°0′，北纬34°16′。

发掘汉墓1座，出土器物26件。

22

木材厂小区

文物勘探

工作时间：2006年4月6—20日
建设单位：西安市木材厂
项目性质：商业（房地产）
工作人员：张翔宇、赵亚军

位于新城区胡家庙街办。长缨西路原木材厂，南邻长缨西路，东邻陕西省机械化施工公司。西南角坐标为：东经108°59′，北纬34°17′。实际勘探面积45000平方米。

地层堆积3层。第①层：耕土层，厚0.3米，土色黄灰，土质松散，内含较多的近现代砖、瓦、瓷片及大量的植物根系等物；第②层：扰土层，厚0.5米左右，土色黄灰，土质较松，内含少量近代瓷片、砖瓦片；第③层：汉唐文化层，深0.8米左右见，厚0.4米左右，土色黄褐，土质较硬，内含少量汉唐时期的陶器残片。第③层以下为生土。

发现汉唐文化堆积。

23

幸福新城（福邸铭门）

文物勘探

工作时间：2006年6月2日—10月7日
建设单位：陕西恒正科技发展有限公司
项目性质：商业（房地产）
工作人员：倪志俊

位于新城区韩森寨街办。幸福中路东侧，南邻秦川机械厂。西南角坐标为：东经109°1′，北纬34°15′。用地范围呈长方形，实际勘探面积41000.0平方米。地势平坦。

地层堆积1层。厚3.0米，为回填土。该层以下为生土。

未发现古代文化遗存。

24

东岳庙广场

文物勘探

工作时间：2006年8月19—22日
建设单位：西安万业房地产开发有限公司
项目性质：商业（房地产）

工作人员：孙武、崔荣

位于新城区中山门街办。南邻东大街，东邻顺城巷。西南角坐标为：东经108°58′，北纬34°15′。用地范围呈长方形，实际勘探面积7000.0平方米。地势平坦。

地层堆积，已挖至生土层。

未发现古代文化遗存。

25

庙街

文物勘探

工作时间：2006年8月19—22日
建设单位：陕西鼎城置业有限公司
项目性质：商业（房地产）
工作人员：倪志俊、崔荣

位于新城区中山门街办。南邻东大街，东邻顺城东路。西南角坐标为：东经108°58′，北纬34°16′。用地范围呈“L”形，南北长108.0米，宽35.0—90.0米，实际勘探面积7200.0平方米。地势平坦。

地层堆积，已挖至生土层。

未发现古代文化遗存。

26

意达公司综合楼

文物勘探

工作时间：2006年10月20—24日
建设单位：陕西意达后勤服务公司
项目性质：商业（综合楼）
工作人员：孙武、崔荣

位于新城区西一路街办。东新街240号，北邻东新街，西邻平安银行。西南角坐标为：东经108°57′，北纬34°16′。用地范围呈长方形，长59.8米，宽43.4米，实际勘探面积3603.0平方米。地势平坦。

地层堆积，已挖至生土层。

未发现古代文化遗存。

27

森林乐章（东尚，三期）

文物勘探

工作时间：2006年10月23日—11月2日
建设单位：陕西龙扬经济发展有限公司
项目性质：商业（房地产）
工作人员：王自力、邹亚军

位于新城区长乐中路街办。北邻金康路，西邻西工院家属院，东邻三十八街坊。西南角坐标为：东经109°0′，北纬34°16′。用地范围呈长方形，实际勘探面积18500.0平方米。地势东高西低。

地层堆积2层。第①层：表土层，厚0.5米，土色花杂，土质疏松，多建筑垃圾；第②层：垆土层，厚0.3米，土色黑褐，土质坚硬。第②层以下为生土。

未发现古代文化遗存。

28

东尚新城

文物勘探

工作时间：2006年11月1—16日
建设单位：西安东尚地产开发有限公司
项目性质：商业（房地产）
工作人员：王自力、邹亚军

位于新城区韩森寨街办。西邻幸福中路，南邻韩森路。西南角坐标为：东经109°1′，北纬34°15′。用地范围呈“凸”字形，实际勘探面积37200.0平方米。地势平坦。

地层堆积2层。第①层：表土层，厚0.5米，土质疏松；第②层：垆土层，厚0.5米，土色油黑，土质坚硬。第②层以下为生土。

发现唐墓8座。形制有竖穴墓道土洞墓3座，斜坡墓道土洞墓5座。墓向均坐北朝南。

29

中银大厦

文物勘探

工作时间：2006年11月18日—12月18日
建设单位：中国银行股份有限公司陕西省分行
项目性质：商业（银行）
工作人员：倪志俊、王建生

位于新城区西一路街办。东新街246号，北邻东新街，西邻新城国际科技大厦。西南角坐标为：东经108°57′，北纬34°16′。用地范围呈长方形，实际勘探面3035.0平方米。地势平坦。

地层堆积2层。第①层：表土层，厚1.0米，土色花杂，土质疏松；第②层：扰土层，厚0.5米，土色灰黄，土质较疏松，含少量古代砖瓦残块等物。第②层以下为生土。

未发现古代文化遗存。

30

十六街坊25号楼

文物勘探

工作时间：2007年1月20—25日
建设单位：西安昆仑工业有限责任公司
项目性质：商业（旧楼改造）
工作人员：张全民、刘广智

位于新城区长乐中路街办。万寿路北段，南邻十七街坊，北邻十五街坊，西邻康乐路。西南角坐标为：东经109°1′，北纬34°16′。用地范围呈长方形，用地面积1387.0平方米。地势平坦。

地层堆积，场地已挖至生土层。

发现唐墓2座。墓葬形制均为竖穴墓道土洞墓，墓向均坐北朝南。

31

十五街坊5号楼

文物勘探

工作时间：2007年5月22日—6月25日
建设单位：西安昆仑工业有限责任公司
项目性质：商业（旧楼改造）
工作人员：张全民、刘广智

位于新城区长乐中路街办。万寿路北段，西南角坐标为：东经109°1′，北纬34°16′。用地范围呈长方形，用地面积2200.0平方米。地势平坦。

地层堆积，场地已挖至生土层。

发现唐墓5座。墓葬形制均为竖穴墓道土洞墓，墓向均坐北朝南。

32

十四街坊1号楼

文物勘探

工作时间：2008年3月2日—5月20日
建设单位：国营黄河机器制造厂
项目性质：商业（住宅楼）
工作人员：程林泉、李会强

位于新城区长乐中路街办。长乐中路与康乐路十字东南角，北邻长乐中路，西邻康乐路，南邻十五街坊，东邻万寿路。西南角坐标为：东经109°0′，北纬34°16′。用地范围呈长方形，东西长56.1米，南北宽23.5米，用地面积3162.0平方米。地势平坦。

地层堆积2层。第①层：表土层，厚0.3米，土质杂乱，较虚，有少量砖瓦等建筑垃圾；第②层：覆盖层，厚0.7米，土色黄褐，结构不均匀，含零星料姜石。第②层以下为生土。

未发现古代文化遗存。

33

三十六街坊住宅楼

文物勘探

工作时间：2008年3月20日—4月5日
建设单位：西安市昆仑工业（集团）有限公司
项目性质：商业（住宅楼）
工作人员：张全民、李广智

位于新城区韩森寨街办。东邻公园北路，北邻三十五街坊，西邻万年路，南邻西光社区三十六街坊。西南角坐标为：东经109°0′，北纬34°16′。用地范围呈长方形，东西长67.0米，南北宽28.0米，实际勘探面积1823.0平方米。地势较平坦。

地层堆积，场地内已下挖至生土层。

未发现古代文化遗存。

34

革命公园谢子长雕像基础

文物勘探

工作时间：2008年7月8日—8日
建设单位：革命公园管理会
项目性质：公共基础建设（公园）
工作人员：倪志俊、王纪元

位于新城区西一路街办。西五路革命公园东北角。勘探用地西南角坐标为：东经108°57′，北纬34°16′。用地范围呈长方形，用地面积300.0平方米。地势较平坦。

地层堆积3层。第①层：表土层，厚2.0米，土质疏松，含砖瓦残块等物；第②层：淤泥层，深2.0—2.7米，厚0.7米，土色青灰，土质较密实，有明显的氧化铁斑点；第③层：沉积层，深2.7米以下见，探至3.5米无变化，土色黑褐，土质较密实，有明显的氧化铁斑点。

未发现古代文化遗存。

35

民乐园万达广场

文物勘探

工作时间：2008年11月15日—2009年9月3日
建设单位：陕西银丰民乐置业有限公司
项目性质：商业（商场）
工作人员：程林泉、刘军利

位于新城区中山门街办。西邻解放路，北邻步行街。西南角坐标为：东经108°58′，北纬34°16′。用地范围呈长方形，用地面积70000.0平方米。地势平坦。

地层堆积2层。第①层：表土层，厚0.8米，土色花杂，土质疏松；第②层：扰土层，厚0.7米，土色褐黄，土质较疏松。第②层以下为生土。

未发现古代文化遗存。

36

明秦王府城墙遗址南城墙段
（新城广场）

文物勘探

工作时间：2008年12月25—30日
建设单位：西安市文物局
项目性质：主动调查、勘探和发掘（古遗迹调查）
工作人员：倪志俊

位于新城区西一路街办。北邻陕西省人民政府，南新街东西两侧。西南角坐标为：东经108°57′，北纬34°16′。

东段城墙：现存城墙南侧包括建设银行办公楼北外墙13.75米，勘探长63.0米，残宽3.0米，城墙基础宽15.0米。现存城墙南侧2.0米，北侧10.0米，深0.25—0.5米。

西段城墙：包括距省公安厅2号办公楼楼门东北边10.9米，北距新城剧院台阶7.6米，勘探长70.0米，东头保存最宽处9.7米，窄处8.0米，城墙基础总宽15.0米，现存城墙南侧2.0米，北侧3.7米，深0.2—0.5米。

西城墙：内侧距新城剧院8.4米，城墙残长48.0米，宽12.0米，城墙基础总宽15.0米，内侧1.0米，外侧2.0米。

37

泵阀总厂职工经济适用房

文物勘探

工作时间：2009年2月15—18日
建设单位：西安泵阀总厂有限公司
项目性质：商业（经济适用房）
工作人员：袁长江、种保民

位于新城区胡家庙街办。长缨东路305号，南邻长缨东路，西邻西安泵阀总厂卫生所，东邻西安出租汽车家属院。西南角坐标为：东经109°0′，北纬34°17′。用地范围呈近方形，东西长53.0米。南北长56.0米，实际勘探面积2800.0平方米。地势平坦。

地层堆积1层。厚0.8米，土质坚硬紧密，含砖瓦等物。此层以下为生土。

未发现古代文化遗存。

38

安仁坊安置小区6#、7#地块

文物勘探

工作时间：2009年5月31日—6月3日
建设单位：新城区城建投资管理有限公司
项目性质：商业（房地产）
工作人员：倪志俊、孙勇

位于新城区长乐西路街办。北邻长乐西路，南邻八仙庵。西南角坐标为：东经108°59′，北纬34°16′。6#用地范围呈“L”形，7#用地范围呈长方形，实际勘探面积5484.0平方米。地势平坦。

地层堆积2层。第①层：表土层，厚0.5米，土色花杂，土质疏松；第②层：扰土层，厚1.0米，土色褐黄，土质较疏松。第②层以下为生土。

未发现古代文化遗存。

39

燕兴商务大厦

文物勘探

工作时间：2009年9月4—7日
建设单位：陕西沣华置业有限公司
项目性质：商业（商厦）
工作人员：张小丽、朱连华

位于新城区长乐中路街办。长乐中路126号，北邻长乐中路，东邻公园北路，南邻金康路，西邻西部京闽茶城。西南角坐标为：东经109°0′，北纬34°16′。用地范围呈长方形，东西长60.0米，南北宽40.0米，实际勘探面积2400.0平方米。地势平坦。

地层堆积，场地内已到生土层。

未发现古代文化遗存。

40

三府湾六合窑小区

文物勘探

工作时间：2009年10月10—20日
建设单位：陕西三府湾城中村改造建设有限公司
项目性质：商业（住宅楼）
工作人员：张全民

位于新城区胡家庙街办。三府湾六合窑村，南邻华清西路。西南角坐标为：东经108°59′，北纬34°17′。用地范围呈不规则形，实际勘探面积13333.3平方米。地势较平坦。

地层堆积3层。第①层：表土层，厚0.3米，土色花杂，土质疏松，内含少量碎砖瓦片等物；第②层：近代土层，深0.3—0.5米，厚0.2米，土质较密实、均匀，内含少量碎砖瓦片及近代陶片等物；第③层：汉唐文化层，深0.5—0.8米，厚0.3米，土色褐黄，内含少量汉唐时期砖瓦残块等物。第③层以下为生土。

发现汉唐文化堆积。

41

万达·希尔顿酒店

文物勘探

工作时间：2010年1月25日—4月20日
建设单位：陕西华源房地产开发有限公司
项目性质：商业（酒店）
工作人员：杨军凯、郭永淇

位于新城区中山门街办。解放路东侧，南邻东新街，东邻尚勤路。西南角坐标为：东经108°58′，北纬34°16′。用地范围呈长方形，南北长163.0米，东西宽143.0米，实际勘探面积23100.0平方米。地势平坦。

地层堆积2层。第①层：表土层，厚0.5米，土色花杂，土质疏松，含大量砖瓦等建筑垃圾；第②层：扰土层，厚0.8米，土色浅黄，土质一般，含少量杂质。第②层以下为生土。

未发现古代文化遗存。

42

东安花园

文物勘探

工作时间：2010年3月1—11日
建设单位：西安东元房地产有限公司
项目性质：商业（房地产）
工作人员：倪志俊

位于新城区太华路街办。八府庄北路6号，未央区含元路北侧，万国花园东侧。西南角坐标为：东经108°59′，北纬34°17′。用地距唐大明宫遗址约3千米，用地范围呈梯形。南北长249.0米，东西宽58.0—141.0米，实际勘探面积22087.0平方米。地势较为平坦。

地层堆积2层。第①层：表土层，厚0.4米，土色花杂，含大量砖瓦垃圾；第②层：扰土层，厚0.8米，土色浅黄，土地质一般，含少量杂质。第②层以下为生土。

未发现古代文化遗存。

文物勘探（补探）

工作时间：2010年6月19—23日
建设单位：西安东元房地产有限公司
项目性质：商业（房地产）
工作人员：倪志俊、郗桉宏

此次补探面积22087.0平方米。

地层堆积2层。第①层：表土层，厚0.4米，土色花杂，含大量砖瓦垃圾；第②层：扰土层，厚0.8米，土色浅黄，土质一般，含少量杂质。第②层以下为生土。

未发现古代文化遗存。

43

八府庄安置小区

文物勘探

工作时间：2010年3月20日—5月1日
建设单位：陕西颐合房地产开发有限公司
项目性质：商业（房地产）
工作人员：倪志俊、段新义

位于新城区太华路街办。太华南路与含元路十字东北角，西邻新城区法院，南邻含元路。西南角坐标为：东经108°58′，北纬34°17′。用地范围呈长方形，东西长310.0米，南北宽360.0米，实际勘探面积110000.0平方米。地势较平坦。

地层堆积2层。第①层：表土层，厚1.0米，土质疏松，土色花杂；第②层：扰土层，厚0.5米，土质纯净，土色淡黄，结构均匀紧密。第②层以下为生土。

未发现古代文化遗存。

44

五一九专项工程20#建筑物

文物勘探

工作时间：2010年5月8—10日
建设单位：西安昆仑工业集团有限公司
项目性质：商业（房地产）
工作人员：倪志俊、郭永淇

位于新城区长乐中路街办。五一九专项工程规划区域北部在幸福北路67号，西邻幸福北路，南邻公寓楼，北邻办公楼。西南角坐标为：东经109°0′，北纬34°16′。用地范围呈长方形，长74.4米，宽50米，实际勘探面积3556.0平方米。地势较平坦。

地层堆积2层。第①层：表土层，厚0.4米，土色花杂，土质疏松；第②层：扰土层，厚0.3米，土色灰褐，含少量杂质。第②层以下为生土。

未发现古代文化遗存。

45

华清路职工住宅小区

文物勘探

工作时间：2010年5月27日—6月27日
建设单位：西安铁路局
项目性质：商业（房地产）
工作人员：杨军凯

位于新城区胡家庙街办。东邻西安东站，南邻华清东路。长约1000.0米，宽20.0—200.0米。西南角坐标为：东经109°1′，北纬34°17′。实际勘探面积134000.0平方米。地势平坦。

地层堆积2层。第①层：表土层，厚0.3米，土色灰色；第②层：扰土层，厚0.9米，土色深褐，土质较松软。第②层以下为生土。

发现古墓葬8座。根据墓葬形制初步判断，均为汉代墓葬；墓葬形制分别为斜坡墓道土洞墓、竖穴墓道土洞墓。M5形制不明。墓向有东西向5座，南北向6座。

考古发掘

工作时间：2010年7月1—19日
工作人员：杨军凯、郭永淇

发掘东汉时期、元代古墓葬8座，出土器物37件。

46

帝景湾

文物勘探

工作时间：2010年6月26—29日
建设单位：陕西博祥置业有限公司
项目性质：商业（房地产）
工作人员：张翔宇、李乖成

位于新城区太华路街办。南邻含元路，西邻八府庄北路。西南角坐标为：东经108°59′，北纬34°17′。用地范围呈“L”形，实际勘探面积28000.0平方米。地势平坦。

地层堆积2层。第①层：表土层，厚0.5米，均为建筑垃圾；第②层：扰土层，厚0.9米，土色灰褐色，土质较硬，含瓦片等物。第②层以下为生土。

未发现古代文化遗存。

47

昆仑厂十六街坊经济适用房

文物勘探

工作时间：2010年7月2—16日
建设单位：西安昆仑工业集团有限责任公司
项目性质：商业（经济适用房）
工作人员：尚民杰、邹亚军

位于新城区长乐中路街办。万寿路十六街坊东段南侧，东邻万寿中路，原为昆仑厂福利区。西南角坐标为：东经109°1′，北纬34°16′。用地范围呈不规则形，东西长218.5米，南北宽110.8米，实际勘探面积11206.0平方米。

地层堆积2层。第①层：表土层，厚2.0米，主要为基础砼等；第②层：次生土层，厚1.5米，土色灰褐，结构均匀，质地较紧密。第②层以下为生土。

发现古墓葬1座，形制为斜坡墓道洞室墓，墓向西南向。

48

风景公司交通运输住宅楼

文物勘探

工作时间：2010年7月13—19日
建设单位：西安风景置业有限公司
项目性质：商业（房地产）
工作人员：杨军凯

位于新城区太华路街办。自强东路759号，南邻自强东路，东邻向荣巷。西南角坐标为：东经108°57′，北纬34°17′。长约120.0米，宽62.0—82.0米，用地面积8463.0平方米，实际勘探面积8463.0平方米。地势平坦。

地层堆积2层。第①层：表土层，厚1.0米，内含大量现代建筑垃圾；第②层：扰土层，厚0.3米，土色深灰色，土质坚硬。第②层以下为生土。

未发现古代文化遗存。

49

藻露堂公司仓库及办公用房

文物勘探

工作时间：2010年7月28日—8月5日
建设单位：西安藻露堂药业股份有限公司
项目性质：商业（厂房）
工作人员：张翔宇、雷争气

位于新城区长乐中路街办。华清东路南侧，西安中药软片厂与新城区人防之间，陕西重型汽车股份有限公司以北。西南角坐标为：东经109°1′，北纬34°17′。用地呈不规则形，东西长110.8—116.5米，南北宽83.56—205.0米，实际勘探面积24000.0平方米。地势平坦。

地层堆积2层。第①层：表土层，厚1.5米，土色花杂，土质疏松；第②层：扰土层，厚0.5米，土色褐黄，土质疏松，结构不均匀，含少量灰星瓦片等。第②层以下为生土。

未发现古代文化遗存。

文物勘探（补探）

工作时间：2010年8月5—6日
建设单位：西安藻露堂药业股份有限公司
项目性质：商业（厂房）
工作人员：朱连华、雷争气

此次实际补探面积3400.0平方米。

地层堆积2层。第①层：表土层，厚1.5米，土色花杂，土质疏松；第②层：扰土层，厚0.5米，土色褐黄，土质疏松，结构不均匀，含少量灰星瓦片等。第②层以下为生土。

未发现古代文化遗存。

50

龙苑新世纪

文物勘探

工作时间：2010年7月28日—8月18日
建设单位：西安兴隆建设集团有限公司
项目性质：商业（房地产）
工作人员：杨军凯、李明亮

位于新城区太华路街办。西邻万华园琳苑小区，南邻东元西路，东邻金花北路。用地呈长方形，西南角坐标为：东经109°0′，北纬34°18′。长约149.0米，宽约75.0米，实际勘探面积10000.0平方米。地势平坦。

地层堆积2层。第①层：表土层，厚0.3米，土色灰色；第②层：扰土层，厚0.9米，土色深褐色，土质较松软。第②层以下为生土。

未发现古代文化遗存。

51

含元路住宅小区

文物勘探

工作时间：2010年9月20—29日
建设单位：西安铁路局
项目性质：商业（房地产）
工作人员：杨军凯、刘天运

位于新城区太华路街办。含元路中段，北邻含元路，西邻八府庄南路。西南角坐标为：东经108°59′，北纬34°17′。用地略呈三角形，长约160.0米，宽80.0—200.0米，用地面积26607.0平方米，实际勘探面积3500.0平方米，地势平坦。

地层堆积2层。第①层：表土层，厚约1.0米，内含大量现代建筑垃圾；第②层：扰土层，厚0.2米，土质疏松，土色呈灰褐色。第②层以下为生土。

未发现古代文化遗存。

52

东安·明朗苑

文物勘探

工作时间：2010年10月12—20日
建设单位：西安东安房地产有限公司
项目性质：商业（房地产）
工作人员：杨军凯、刘天运

位于新城区太华路街办。含元路249号，南邻含元路，西邻电动车批发市场，北邻新兴路，东邻铁路。西南角坐标为：东经108°58′，北纬34°17′。唐大明宫遗址以东约500.0米。用地范围呈不规则形，南北长约150.0米，东西宽71.0—112.0米，实际勘探面积11798.0平方米。勘探进场时，建筑基坑已开挖至地表下2米。

地层堆积2层。第①层：表土层，厚1.0米，包含现代建筑垃圾及建筑基础；第②层：扰土层，厚0.5米，土色为深灰色，土质较疏松。第②层以下为生土。

发现汉墓1座，墓葬形制为斜坡墓道土洞墓，墓向为坐东朝西。

第四节 碑林区

碑林区，其名源自境内始建于宋的“金石宝库”——碑林。位于西安市中心东南部，地貌类型属渭河冲积平原三级阶地，总体地形由东南向西北呈缓坡倾斜。最高处为祭台村与观音庙交界处，最低处为南院门水车巷南端。区境东起金花路东沿，与新城区相连；西界达城外抵劳动南路南段，城内至四府街，与莲湖区接壤；南依防洪渠，与雁塔区分界；北抵西大街东段，辖东大街，城外西起永乐路东至金花北路，分别与莲湖区、新城区毗邻。新城区古遗迹数量较多；唐小雁塔、唐兴庆宫、宋碑林、明关中书院均为该区重要的文化遗产。2000—2010年，碑林区辖长安路街办等8个街办。本次共收录51个文物勘探项目和发掘项目（图2-4），各项目情况分述如下。

1

西铁中心医院综合楼
（西安市第九医院）

文物勘探

工作时间：2001年8月
建设单位：西铁中心医院
项目性质：公共基础建设（医院）
工作人员：王光天、卢增奇、雷翔

位于碑林区太乙路街办。南邻南二环东段，东邻经九路。西南角坐标为：东经108°58′，北纬34°14′。用地范围呈刀把形，东西长20.8—66.7米，南北宽20.8—49.5米，实际勘探面积1917.0平方米。地势平坦。

地层堆积1层。回填层，厚1.5—4.5米，土色花杂，内含回填建筑垃圾等。此层以下为生土。

共发现古井2口。平面呈圆形，直径1.7米，井深1.5米，内填古代砖瓦、虚土等。

2

海润公司用地

考古发掘

工作时间：2001年8月
建设单位：西安海润有限公司
项目性质：商业（大厦）
工作人员：程林泉、袁长江、张翔宇、王喜刚、寇小石

图2-4　2000—2010年碑林区勘探与发掘项目分布图

位于碑林区长乐坊街办。南邻长乐公园（老动物园），西邻东二环，北、东邻西安工业大学。西南角坐标为：东经109°0′，北纬34°16′。用地范围呈长方形。发掘汉墓10余座，其中M3为一座西汉早期墓，资料已整理公布，简述如下。

M3：竖穴土圹墓，南北向，由主墓室、侧室两部分组成。墓圹有两级二层台。葬具为1椁2棺。共出土器物182件，其中有陶器19件，有鼎、盒、壶、钫、罐、缶、盘、盆、仓、灶、甑、纺轮等；铜器93件，有钫、熏炉、盆、灯、襟钩、印章、环、削、管形饰、镜等；银耳杯；琉璃器；玉器26件，有瑗、珩、觿、人、佩等。铜钫上铭文“窦氏容斗十一斤十两”，铜灯灯盘外壁上铭文“窦氏重四斤十两”，双面印章上篆体铭文“窦氏”“妾氏”。从出土器物推断，该墓的时代为西汉早期，出土的一组玉佩尤为珍贵。

（西安市文物保护考古所：《西安东郊西汉窦氏墓葬（M3）发掘报告》，《文物》2004年第6期）

3
西安博物院库馆

文物勘探

工作时间：2001年9月14日—10月22日
建设单位：西安市博物院
项目性质：公共基础建设（博物馆）
工作人员：王喜刚

位于碑林区长安路街办。西邻朱雀大街，南邻夏家庄。西南角坐标为：东经108°56′，北纬34°14′。用地范围呈正方形，南北长81.0米，东西宽81.0米，实际勘探面积6561.0平方米。地势平坦。

地层堆积3层。第①层：表土层，厚0.25米，土色灰褐，土质疏松；第②层：扰土层，深0.25—0.9米，厚0.65米，土色黄褐，土质较硬，含零星陶瓷片、踩踏面等物；第③层：垆土层，深0.9—1.3米，厚0.4米，土质纯净坚硬。第③层以下为生土。

发现汉唐时期墓葬8座。墓葬形制为竖穴土圹墓2座，竖穴墓道土洞墓6座。墓向坐北朝南4座，坐西朝东2座，南北向2座。踩踏面1处，房基4处。

4
柿园坊5#、9#、10#、12#、13#、14#、15#楼

文物勘探

工作时间：2002年1—11月
建设单位：不详
项目性质：商业（房地产）
工作人员：王光天、徐西平、赵亚军

位于碑林区东关南街街办。北邻柿园路，东邻兴庆宫小区，南邻兴庆宫公园，西邻龙渠堡小区。西南角坐标为：东经108°59′，北纬34°15′。5#楼基槽用地范围呈“L”形，用地面积1756.81平方米；9#楼基槽用地范围呈长方形，用地面积1032.12平方米；10#楼基槽用地范围呈长方形，用地面积977.22平方米；12#楼基槽用地范围呈长方形，用地面积966.24平方米；13#楼基槽用地范围呈长方形，用地面积1076.0平方米；14#楼基槽用地范围呈不规则长方形，用地面积1305.3平方米；15#楼基槽用地范围呈扇形，用地面积1301.86平方米。地势平坦。

地层堆积，场地内已挖至生土。

未发现古代文化遗存。

5
省测绘局科技综合楼

文物勘探

工作时间：2002年1月5日
建设单位：陕西省测绘局
项目性质：公共基础建设（科技楼）
工作人员：刘平安、罗胜安

位于碑林区文艺路街办。北邻友谊东路，西邻文艺南路，南邻陕西省测绘局地理信息局办公楼，西邻测绘西路。该项目位于隋唐长安城长兴

坊东北部。西南角坐标为：东经108°57′，北纬34°14′。用地范围呈长方形，东西长63.0米，南北宽17.4米，实际勘探面积1084.0平方米。地势平坦。

地层堆积，已挖至生土层。

共发现古井1口。平面呈圆形，直径1.2米，井深1.5米，内填古代砖瓦、虚土等。

6

第八十六中教学实验楼

文物勘探

工作时间：2002年4月25日
建设单位：西安市第八十六中学
项目性质：公共基础建设（学校）
工作人员：范宏岐、范秀云

位于碑林区文艺路街办。东邻雁塔路小学，南邻明胜路，西邻刁家村小区，北邻广电小区长胜街院区。西南角坐标为：东经108°57′，北纬34°15′。用地范围呈刀把形，南北长21.2—49.2米，东西宽19.2—36.59米，实际勘探面积1399.0平方米。地势平坦。

地层堆积，场地内已挖至生土。

共发现古井11口。平面均呈圆形，直径1.4—2.2米，深0.5—2.5米。

7

刁家村安置楼

文物勘探

工作时间：2002年8月24日
建设单位：西安长征房地产发展有限公司
项目性质：商业（安置楼）
工作人员：王光天、杨智慧、郭稳定

位于碑林区文艺路街办。东邻永胜街，北邻建西街，东邻长胜街，南邻明胜街。西南角坐标为：东经108°57′，北纬34°15′。用地范围呈刀把形，东西长91.42—141.2米，南北宽62.27—98.84米，实际勘探面积12134.0平方米。地势平坦。

地层堆积共2层。第①层：表土层，厚0.5米，土色花杂，土质较松，内含近现代砖瓦等物；第②层：扰土层，厚0.5—1.0米，土色黄灰，土质疏松，内含古代陶片等物。第②层以下为生土。

未发现古代文化遗存。

8

西安航空计算技术研究所变配电所

文物勘探

工作时间：2002年10月
建设单位：西安航空计算技术研究所（631所）
项目性质：公共基础建设（科研）
工作人员：王光天、赵永建

位于碑林区张家村街办。东邻太白北路，北邻伊顿公馆。用地范围呈长方形，南北长50.6米，东西宽14.0米，实际勘探面积7000.0平方米。地势平坦。

地层堆积，场地内已挖至生土。

未发现古代文化遗存。

9

陕建三公司26#院

文物勘探

工作时间：2002年11月22日
建设单位：陕西省建筑三公司
项目性质：商业（住宅）
工作人员：罗胜安

位于碑林区太乙路街办。安东街46号，南邻451医院，东邻太乙路。西南角坐标为：东经108°58′，北纬34°15′。

本次勘探6#楼、7#楼、8#楼、9#楼、10#楼、幼儿园项目。

6#楼基槽范围呈长方形，实际勘探面积1135.0平方米。

7#楼基槽范围呈长方形，实际勘探面积

1135.0平方米。

8#楼基槽范围呈长方形，实际勘探面积1135.0平方米。

9#楼基槽范围呈长方形，实际勘探面积876.0平方米。

10#楼基槽范围呈长方形，实际勘探面积785.5平方米。

幼儿园基槽用地范围呈“L”形，实际勘探面积1135.0平方米。

地层堆积，场地内已挖至生土。

未发现古代文化遗存。

10

荐福寺遗址

考古发掘

工作时间：2003年7—8月
建设单位：西安市小雁塔历史文化公园筹建处
项目性质：公共基础建设（公园）
工作人员：张全民、龚国强

位于碑林区长安路街办。北邻友谊西路，西邻朱雀路，南邻荐福寺路，东邻花木小区。西南角坐标为：东经108°56′，北纬34°14′。发掘唐代遗址100平方米，出土器物59件。发掘情况简述如下。

发现了唐代建筑夯土基址、墙基、渗井、砖砌排水沟，以及晚唐时期的灰坑和近代墓葬等遗迹。其中，晚唐灰坑中出土的遗物种类多，形制精美。出土遗物71件，陶器10件，有莲花纹瓦当、筒瓦、盆、净瓶、双耳罐、风形砚等；瓷器52件，有碗、钵、杯、盘、盒、盏、注、瓶、罐、枕等；石砚、骨梳、铜铃、贝壳等。

（中国社会科学院考古研究所西安唐城队、西安市文物保护考古所联合考古队：《西安小雁塔东院出土唐荐福寺遗物》，《考古》2006年第1期）

11

荣民酒店

文物勘探

工作时间：2004年3月25日—4月15日
建设单位：西安荣民房地产开发有限公司
项目性质：商业（商厦）
工作人员：张全民、刘广智

位于碑林区南院门街办。盐店街与南广济街十字西北角，西南角坐标为：东经108°56′，北纬34°15′。用地范围呈长方形，实际勘探面积4200.0平方米。地势平坦。

地层堆积，场地内已挖至生土。

发现古井58口。

12

荣民商厦

文物勘探

工作时间：2004年8月12—17日
建设单位：西安荣民房地产开发有限公司
项目性质：商业（商厦）
工作人员：张全民、刘广智

位于碑林区南院门街办。盐店街与南广济街十字西北角，西南角坐标为：东经108°56′，北纬34°15′。用地范围呈长方形。实际勘探面积2664.0平方米。地势平坦。

地层堆积，场地内已挖至生土。

未发现古代文化遗存（附图1）。

13

立丰国际购物商场

文物勘探

工作时间：2004年9月6—9日
建设单位：立丰（西安）房地产开发有限公司
项目性质：商业（商场）
工作人员：孙福喜、李广全

位于碑林区太乙路街办。西邻东二环，南邻信号厂社区。西南角坐标为：东经109°0′，北纬34°15′。用地范围呈长方形，实际勘探5000.0平方米。地势平坦。

地层堆积2层。第①层：表土层，厚0.4米，土色黑褐，土质疏松；第②层：扰土层，厚1.5米，土色花杂，土质疏松，含少量砖瓦残块等物。第②层以下为生土。

未发现古代文化遗存。

14

天天家园一期（瑞鑫摩天城）

文物勘探

工作时间：2004年12月12—18日
建设单位：陕西天羿置业发展有限公司
项目性质：商业（房地产）
工作人员：袁长江、种保民

位于碑林区张家村街办。南邻南二环，西邻白云路，北邻白庙小区，东邻大洋时代国际。西南角坐标为：东经108°55′，北纬34°14′。用地范围呈长方形，实际勘探面积10900.0平方米。地势平坦。

地层堆积2层。第①层：表土层，厚0.3米，系建筑垃圾层；第②层：扰土层，厚0.3米，土色浅黄，内含少量砖瓦、陶片等物。第②层以下为生土。

未发现古代文化遗存。

15

红元公寓（紫雁朗庭）

文物勘探

工作时间：2005年1月20—22日
建设单位：陕西红元房地产开发有限公司
项目性质：商业（房地产）
工作人员：程林泉、李广全

位于碑林区长安路街办。西邻振兴路第九中学，南邻西安银行机具研究所，东邻市燃料公司家属区。西南角坐标为：东经108°56′，北纬34°14′。用地范围呈长方形，实际勘探面积3400.0平方米。地势平坦。

地层堆积2层。第①层：表土层，厚0.6米，土色花杂，土质疏松，系建筑垃圾层；第②层：扰土层，厚0.9米，土色黄褐，土质疏松。第②层以下为生土。

未发现古代文化遗存。

16

西大街拓宽改造

考古发掘

工作时间：2005年3月—2006年10月
建设单位：不详
项目性质：公共基础建设（道路）
工作人员：张全民、杨军凯

位于碑林区南院门街办。西大街南北两侧，西接安定门（西门），东接钟楼。西南角坐标为：东经108°56′，北纬34°15′。

配合以西大街为首的城市建设项目，在莲湖区红十字会医院、荣民商厦、鑫宇商贸大厦A座楼、大麦市街东片安置楼、上海公馆、唐人街、锦园五洲风情、同方丽人城、荣民大酒店、西北三路安置楼、聚源小区A区安置楼、荣民国际商务大厦等建筑工地累计抢救清理古井905口，灰坑6座。主要出土了唐宋金元明清各代的陶瓷残片，个别为完整器物，还有一些铁器、铜器、骨玉器、钱币、砖瓦建筑构件等，以及个别陶瓷像。这些发现为研究西安城市的布局发展、地下水质变化、古代瓷器工艺的发展及使用都有重要的价值。对于研究当时人们的社会生活、信仰以及风俗习惯都提供了重要的实物资料。

（西安市文物保护考古所：《西安西大街古井出土唐代遗物》，《文物》2009年第5期）

17

旅馆村新区（新旅城）

文物勘探

工作时间：2005年5月27日—6月2日
建设单位：西安碑林区旅馆村村民委员会
项目性质：商业（房地产）
工作人员：李乖成

位于碑林区文艺路街办。西邻芙蓉三路，北邻水厂东路。西南角坐标为：东经108°57′，北纬34°14′。用地范围呈梯形，南北长210.0米，东西宽84.5—104.0米，实际勘探2000.0平方米。地势平坦。

地层堆积2层。第①层：表土层，厚0.3米，土色灰黄，土质疏松；第②层：扰土层，厚2.0米，土色浅黄，土质较密实，含少量砖瓦残块等物。第②层以下为生土。

未发现古代文化遗存。

18

毓兴公司办公楼

文物勘探

工作时间：2005年7月13—16日
建设单位：陕西省毓兴公司
项目性质：商业（办公楼）
工作人员：王自力、邹亚军

位于碑林区柏树林街办。东邻和平路，北邻西四道巷，南邻西五道巷。西南角坐标为：东经108°58′，北纬34°15′。用地范围呈长方形，东西长67.0米，南北宽59.0米，实际勘探4000.0平方米。地势平坦。

地层堆积2层。第①层：表土层，厚0.3米，土色花杂，土质疏松，含现代垃圾；第②层：垆土层，厚1.5米，土色黑褐，土质坚硬，含少量古代砖瓦、陶片等物。第②层以下为生土。

未发现古代文化遗存。

19

国际紫薇（九锦台）

文物勘探

工作时间：2005年9月2—11日
建设单位：西安文科示范产业投资公司
项目性质：商业（房地产）
工作人员：程林泉、李广全

位于碑林区张家村街办。含光北路23号，西北邻文华大厦，南邻1513厂南院，东邻光大南路，位于隋唐长安城“安业坊”。西南角坐标为：东经108°56′，北纬34°14′。用地范围呈长方形，实际勘探面积40000.0平方米。地势南高北低。

地层堆积1层。厚1.0米，土色褐黄，土质疏松。此层以下为生土。

未发现古代文化遗存。

20

北火巷住宅小区（一期）

文物勘探

工作时间：2005年11月23—12月3日
建设单位：西安北火巷旧村改造建设发展有限公司
项目性质：商业（住宅楼）
工作人员：袁长江、贾文虎

位于碑林区长乐坊街办。北邻新庆巷，西邻八仙庵小区，南邻长乐坊，东邻长乐巷。西南角坐标为：东经108°59′，北纬34°16′。用地范围呈长方形，实际勘探面积12654.0平方米。地势平坦。

地层堆积2层。第①层：表土层，厚0.6米，土色花杂，土质疏松；第②层：扰土层，厚0.9米，土色黄褐，土质较疏松。第②层以下为生土。

未发现古代文化遗存。

21
荣民国际大厦

文物勘探

工作时间：2006年4月1日—10月18日
建设单位：陕西荣民集团西安分公司
项目性质：商业（大厦）
工作人员：张全民、刘广智

位于碑林区南院门街办。东邻广济街，南邻盐店街。西南角坐标为：东经108°56′，北纬34°15′。用地范围呈长方形，实际勘探面积5500.0平方米。地势平坦。

地层堆积，场地已挖至生土层。

发现古井106口。

考古发掘

工作时间：2006年5—6月
建设单位：陕西荣民集团西安分公司
项目性质：商业（房地产）
工作人员：张全民

在5米深的建筑基坑内清理古井96口。出土大量陶瓷器残片，其中宋代陶塑襁褓婴孩、金代花卉三彩盘尤为引人注目。这批古井有水井，也有渗井，时代大致为宋金元明清时期。

22
北火巷住宅小区（二期）

文物勘探

工作时间：2006年10月9日—11月21日
建设单位：西安北火巷旧村改造建设发展有限公司
项目性质：商业（住宅楼）
工作人员：王自力、邹亚军

位于碑林区长乐坊街办。北邻新庆巷，西邻八仙庵小区，南邻长乐坊，东邻长乐巷。西南角坐标为：东经108°59′，北纬34°16′。用地范围呈长方形，实际勘探面积18600.0平方米。地势平坦。

地层堆积2层：第①层：表土层，厚0.5米，土色花杂，土质疏松；第②层：垆土层，厚0.5米，土色油黑，土质坚硬。第②层以下为生土。

发现古墓葬3座，其中秦汉墓1座、唐墓2座。墓葬形制有竖穴土圹墓1座，竖穴墓道土洞墓1座，斜坡墓道土洞墓1座。墓向坐南朝北2座，东西向1座。

23
云锦苑

文物勘探

工作时间：2006年10月29—31日
建设单位：陕西云锦置业有限公司
项目性质：商业（房地产）
工作人员：程林泉、雷全

位于碑林区太乙路街办。北邻咸宁西路，西邻乐居场路，位于隋唐长安城东市坊内。西南角坐标为：东经108°58′，北纬34°15′。用地范围呈长方形，实际勘探面积1950.0平方米。地势平坦。

地层堆积1层。厚1.0米，土色花杂，土质疏松，含少量砖瓦残块等物。此层以下为生土。

发现古井12口。平面均呈圆形，直径1.0—2.0米，深度2.5—2.7米，内含虚土。

24
李家村万达广场

文物勘探

工作时间：2007年1月13日—4月18日
建设单位：西安市碑林区李家村服装城拆迁改造道路拓宽建设有限公司
项目性质：商业（商场）
工作人员：孙武、朱红利

位于碑林区文艺路街办。东邻雁塔路，南邻友谊东路。西南角坐标为：东经108°58′，北纬34°14′。用地范围呈长方形，实际勘探面积48400.0平方米。地势平坦。

地层堆积1层。厚2.5米，土色花杂，土质疏松，系杂填土层。该层以下为生土。

未发现古代文化遗存。

25

西何家村城改

文物勘探

工作时间：2007年1月25日—3月10日
建设单位：西安毅达房地产开发有限公司
项目性质：商业（住宅楼）
工作人员：王自力、段勤学

位于碑林区张家村街办。西邻太白北路，南邻南二环。西南角坐标为：东经108°55′，北纬34°14′。场地内分南、北两区，劳卫路以北为北区，以南为南区。北区用地范围呈长方形，南部用地范围呈不规则形，总勘探面积50000.0平方米。地势平坦。

地层堆积2层。第①层：表土层，厚0.5米，土色花杂，土质疏松；第②层：垆土层，厚0.5米，土色黑褐，土质坚硬。第②层以下为生土。

发现汉墓2座。墓葬形制有竖穴墓道土洞墓1座，斜坡墓道土洞墓1座。墓向均坐西朝东。

26

枫绿国际住宅区

文物勘探

工作时间：2007年2月8—15日
建设单位：陕西星团置业有限公司
项目性质：商业（房地产）
工作人员：孙武、崔荣

位于碑林区张家村街办。朱雀路北段30号。南邻邮电北巷，东邻朱雀大街北段，北邻大学东路。西南角坐标为：东经108°56′，北纬34°15′。用地范围近长方形，用地面积7000.0平方米。地势平坦。

地层堆积1层。厚0.3米，土色花杂，土质疏松，含较多砖瓦石块等物。此层以下为生土。

未发现古代文化遗存。

27

长安国际（二期）

文物勘探

工作时间：2007年9月26日—10月5日
建设单位：陕西长安建设投资开发有限公司
项目性质：商业（房地产）
工作人员：倪志俊、邹亚军

位于碑林区长安路街办。南门（永宁门）外西南角，北邻长安国际（一期），南邻中国农业银行西安市分行，位于隋唐长安城兴道坊。西南角坐标为：东经108°57′，北纬34°15′。用地范围呈长方形，用地面积11164.0平方米。地势平坦。

地层堆积2层。第①层：表土层，厚0.5米，均为建筑垃圾；第②层：扰土层，厚0.3米，土色黑褐、褐黄相间，结构不均匀。第②层以下为生土。

未发现古代文化遗存。

28

永宁馨园

文物勘探

工作时间：2007年12月11—12日
建设单位：陕西永盛置业开发有限公司
项目性质：商业（房地产）
工作人员：倪志俊、王纪元

位于碑林区长安路街办。北邻友谊路，东邻永宁路，西邻长安北路。西南角坐标为：东经108°57′，北纬34°14′。用地范围呈长方形，用地面积4000.0平方米。地势平坦。

地层堆积，已挖至生土层。

未发现古代文化遗存。

29

珠江时代广场

文物勘探

工作时间：2008年2月29日—3月2日

建设单位：西安珠江房地产开发有限公司
项目性质：商业（房地产）
工作人员：侯智安

位于碑林区长安路街办。南门（永宁门）外东南角，北邻环城南路，西邻南关正街。西南角坐标为：东经108°57′，北纬34°15′。用地范围呈近长方形。地势平坦。

地层堆积，已挖至生土层。

未发现古代文化遗存。

30

长安壹栋

文物勘探

工作时间：2008年4月29日—5月4日
建设单位：西安叁叁实业有限公司
项目性质：商业（房地产）
工作人员：程林泉、王光天、张彬利

位于碑林区长安路街办。草场坡永宁村西侧，位于隋唐长安城永乐坊。西南角坐标为：东经108°57′，北纬34°14′。用地范围呈多边形，用地面积4500.0平方米。地势较平坦。

地层堆积2层。第①层：表土层，厚0.6米，土色花杂，土质疏松；第②层：扰土层，厚0.6米，土色褐黄，土质较紧密。第②层以下为生土。

未发现古代文化遗存。

31

水卫器材一厂综合楼

文物勘探

工作时间：2008年6月23—30日
建设单位：西安市水卫器材厂
项目性质：商业（综合楼）
工作人员：倪志俊、王建生

位于碑林区文艺路街办。文艺南路49号，西邻文艺南路，北邻建设西路，南邻市公路研究所家属区。西南角坐标为：东经108°57′，北纬34°14′。用地范围呈长方形，东西长88.34米，南北宽45.82米，用地面积4047.0平方米，实际勘探面积2000.0平方米。地势较平坦。

地层堆积1层。厚1.0—1.5米，土色花杂，含零星红烧土、草木灰星等物。此层以下为生土。

未发现古代文化遗存。

文物勘探（补探）

工作时间：2008年8月5—9日
建设单位：西安市水卫器材厂
项目性质：商业（综合楼）
工作人员：倪志俊、王建生

本次补探面积2047.7平方米，地势较平坦。

地层堆积1层。厚1.0—1.5米，土色花杂，含零星红烧土、草木灰星等物。此层以下为生土。

未发现古代文化遗存。

32

大学东路72#危房改造

文物勘探

工作时间：2008年7月1日—8月4日
建设单位：陕西新华厦置业有限公司
项目性质：商业（住宅楼）
工作人员：倪志俊、李乖成

位于碑林区长安路街办。碑林区小南门外，北邻大学东路，东邻振兴路。西南角坐标为：东经108°56′，北纬34°14′。用地范围呈长方形，南北长50.1米，东西宽22.0米，用地面积1100.0平方米。地势较平坦。

地层堆积1层。厚1.4—1.6米，土色花杂，含大量建筑垃圾。此层以下为生土。

未发现古代文化遗存。

33

三五一三厂职工四宿舍

文物勘探

工作时间：2008年9月19日—10月27日

建设单位：际华三五一三鞋业有限公司
项目性质：商业（厂房）
工作人员：程林泉、雷争气

位于碑林区长安路街办。草场坡新文巷东侧，位于隋唐长安城永乐坊。西南角坐标为：东经108°57′，北纬34°14′。用地范围呈刀把形，用地面积3900.0平方米。地势较平坦。

地层堆积2层。第①层：表土层，厚0.5米，土色花杂，土质疏松；第②层：扰土层，厚1.0米，土色褐黄，土质较紧密。第②层以下为生土。

未发现古代文化遗存。

34
长安一品

文物勘探

工作时间：2008年11月29日—2009年1月6日
建设单位：西安叁叁实业有限公司
项目性质：商业（房地产）
工作人员：程林泉、张彬利

位于碑林区张家村街办。含光路23号，北邻光大路，西邻含光路中段，南邻九锦台小区，东邻际华三五一三鞋业公司，位于隋唐长安城安业坊。西南角坐标为：东经108°56′，北纬34°14′。用地范围呈长方形，用地面积21333.3平方米。地势较平坦。

地层堆积2层。第①层：表土层，厚0.8米，土色花杂，土质疏松；第②层：扰土层，厚0.67米，土色褐黄，土质较紧密。第②层以下为生土。

未发现古代文化遗存。

35
乐居场棚改安置楼

文物勘探

工作时间：2008年12月11—30日
建设单位：西安市城市建设开发总公司
项目性质：商业（房地产）
工作人员：倪志俊、王纪元

位于碑林区太乙路街办。北邻咸宁西路，东邻经九路，属唐长安城东市遗址区。西南角坐标为：东经108°59′，北纬34°15′。用地范围分A1—A4区。A1区范围呈梯形，南北长55.46米，东西宽49.17米；A2区范围呈长方形，东西长110.0米，南北宽61.61米；A3区范围呈长方形，南北长180.0米，东西宽118.7米；A4区范围呈长方形，东西长286.75米，南北宽194.9米。实际勘探面积64831.5平方米。地势较平坦。

A1地层堆积3层。第①层：表土层，厚0.5—1.0米，均为建筑垃圾；第②层：扰土层，深0.8—1.3米，厚0.3米，土色灰黄，土质较疏松，内含较多的砖瓦残块等物；第③层：填土层，深1.3—1.8米，厚0.5米，土色青灰，土质较疏松。第③层以下为生土。

A2地层堆积分4个区域。

Ⅰ区地层堆积2层。第①层：垃圾层，厚0.5—1.0米，均为拆迁垃圾；第②层：填土层，厚0.5米，土色青灰，土质较疏松，内含较多的砖瓦残块等物。第②层以下为生土。

Ⅱ区地层堆积2层。第①层：垃圾层，厚1.0米，均为拆迁垃圾；第②层：填土层，厚2.0米，土色青灰，土质较疏松，内含较多的砖瓦残块、陶瓷碎片、草木灰等物。第②层以下为生土。

Ⅲ区地层堆积3层。第①层：垃圾层，厚1.0米，均为拆迁垃圾；第②层：扰土层，厚0.9米，土色灰黄，土质较疏松，内含较多的砖瓦残块，少量陶瓷碎片等物；第③层：填土层，厚1.5米，土色青灰，土质较疏松，内含较多的砖瓦残块、陶瓷碎片、草木灰等物。第③层以下为生土。

Ⅳ区地层堆积3层。第①层：垃圾层，厚1.0米，均为拆迁垃圾；第②层：扰土层，厚0.8米，土色灰黄，土质较疏松，内含较多的砖瓦残块，少量陶瓷碎片等物；第③层：填土层，厚2.0米，土色青灰，土质较疏松，内含较多的砖瓦残块、陶瓷碎片、草木灰等物。第③层以下为生土。

A3地层堆积分2个区域。

Ⅰ区地层堆积3层。第①层：垃圾层，厚0.5—0.8米，均为拆迁垃圾；第②层：扰土层，深0.8—1.5米，厚0.7米，土色灰黄，土质较疏松，内含较多的砖瓦残块，少量陶瓷碎片等物；

第③层：填土层，深1.2—3.5米，厚0.8—1.2米，土色青灰，土质较疏松，内含较多的砖瓦残块、陶瓷碎片、草木灰等物。第③层以下为生土。

Ⅱ区地层堆积3层。第①层：垃圾层，厚0.5—1.0米，均为拆迁垃圾；第②层：扰土层，深1.0—2.0米，厚1.0米，土色灰黄，土质较疏松，内含较多的砖瓦残块，少量陶瓷碎片等物；第③层：填土层，深2.0—3.5米，厚1.5米，土色青灰，土质较疏松，内含较多的砖瓦残块、陶瓷碎片、草木灰等物，含水量较大。第③层以下为生土。

A4地层堆积3层。第①层：垃圾层，厚0.3—1.0米，均为拆迁垃圾；第②层：扰土层，深0.3—1.7米，厚0.7米，土色灰黄，土质较疏松，内含较多的砖瓦残块，少量陶瓷碎片等物；第③层：填土层，厚2.0米，土色青灰，土质较疏松，内含较多的砖瓦残块、陶瓷碎片、草木灰等物，含水量较大。第③层以下为生土。

未发现古代文化遗存。

36

太和·公园人家

文物勘探

工作时间：2009年3月5—7日
建设单位：陕西太和实业集团有限公司
项目性质：商业（房地产）
工作人员：倪志俊、李乖成

位于碑林区长乐坊街办。金花北路甲字9号，西邻兴庆小学，东邻金花北路。西南角坐标为：东经109°0′，北纬34°16′。用地范围呈近长方形，实际勘探面积8184.0平方米。地势较平坦。

地层堆积，基坑已挖至生土层。

未发现古代文化遗存。

37

高山流水·仁厚庄

文物勘探

工作时间：2009年4月9—19日
建设单位：西安高山流水房地产开发有限公司
项目性质：商业（房地产）
工作人员：倪志俊、王纪元

位于碑林区东关南街街办。南邻仁厚庄南路，东邻东二环，北邻仁厚庄北路，属隋大兴唐长安城范围内。西南角坐标为：东经108°59′，北纬34°15′。用地范围呈长方形，实际勘探面积15000.0平方米，地表大部有建筑垃圾。

东北区域地层堆积2层。第①层：垃圾层，厚1.0—1.5米，内含大量砖瓦垃圾等杂物；第②层：扰土层，厚0.5—1.0米，土色花杂，土质较疏松，内含较多瓦、陶瓷残片。第②层以下为生土。

西区地层堆积2层。第①层：垃圾层，厚0.2—0.5米，土色花杂，内含砖瓦石块等物；第②层：扰土层，厚1.5—1.8米，土色花杂，土质较疏松，内含瓦、陶瓷碎片。第②层以下为生土。

未发现古代文化遗存。

38

冠生园大厦（旧城改造）

文物勘探

工作时间：2009年8月28日—9月1日
建设单位：西安汇通物业发展有限公司
项目性质：商业（商厦）
工作人员：段增运

位于碑林区长乐坊街办。南邻东关正街，东邻更新街。西南角坐标为：东经108°59′，北纬34°15′。用地范围呈长方形，实际勘探面积5900.0平方米。地势较平坦。

地层堆积2层。第①层：表土层，厚0.5米，土色花杂，土质疏松，含少量砖瓦碎片等物；第②层：扰土层，厚0.7米，土色红褐。第②层以下为生土。

未发现古代文化遗存。

39

伞塔路综合健身中心

文物勘探

工作时间：2009年10月1—16日
建设单位：西安市业余军事体育学校
项目性质：商业（健身中心）
工作人员：张翔宇、张小丽

位于碑林区长乐坊街办。伞塔路69号，北邻东窑坊城中村改造，西邻规划路。西南角坐标为：东经108°59′，北纬34°16′。用地范围呈长方形，实际勘探面积8000.0平方米。地势平坦。

地层堆积2层。第①层：表土层，厚0.8米，土色花杂，土质较疏松，内含少量砖瓦瓷片等物；第②层：扰土层，厚0.8米，土色褐黄，土质紧密。第②层以下为生土。

未发现古代文化遗存。

40

边南村城改6#、7#住宅楼

文物勘探

工作时间：2009年10月3—28日
建设单位：陕西华优房地产开发有限公司
项目性质：商业（住宅楼）
工作人员：张小丽、邹亚军

位于碑林区张家村街办。劳卫路1号，南邻西何家村，西邻西荷花园。西南角坐标为：东经108°56′，北纬34°14′。用地范围呈长方形，实际勘探面积7600.0平方米。地势较平坦。

地层堆积1层。厚1.2米，土色花杂，土质疏松，含大量建筑垃圾。此层以下为生土。

未发现古代文化遗存。

41

西安产权交易大厦

文物勘探

工作时间：2009年10月26—29日
建设单位：西安华衡事业发展有限公司
项目性质：商业（交易大厦）
工作人员：张全民

位于碑林区张家村街办。环城南路西段45号，南邻大学东路，东邻建行家属院，北邻环城南路，西邻含光路。西南角坐标为：东经108°56′，北纬34°15′。用地范围呈长方形，实际勘探面积2000.0平方米。地势较平坦。

地层堆积1层。厚2.8米，土色花杂，土质疏松，内含较多炉渣、砖块等物。此层以下为生土。

未发现古代文化遗存。

42

西安铁路局南郊43栋旧楼改造

文物勘探

工作时间：2010年4月23—24日
建设单位：西安铁路局
项目性质：商业（住宅楼）
工作人员：杨军凯、郭永淇

位于碑林区太乙路街办。铁路局南郊家属区院内，东邻西铁中心医院门诊部，南邻42栋楼，西邻规划路，北邻家属区综合市场。西南角坐标为：东经108°58′，北纬34°14′。用地范围呈长方形，东西长104.2米，南北宽51.74米，实际勘探面积4809.0平方米。地势较为平坦。

地层堆积2层。第①层：表土层，厚4.2米，土色花杂，土质疏松；第②层：垆土层，厚0.8米，土色黑褐色，土质较硬。第②层以下为生土。

未发现古代文化遗存。

43

煤炭研究院新6#高层

文物勘探

工作时间：2010年5月20—20日
建设单位：煤炭科学研究总院西安研究院
项目性质：商业（住宅楼）
工作人员：倪志俊

位于碑林区文艺路街办。建西街3号，西邻煤炭设计院，南邻建西街，北邻煤炭研究所。西南角坐标为：东经108°58′，北纬34°15′。用地范围呈长方形，长65.9米，宽52.5米，实际勘探面积3463.3平方米。地势较平坦。

地层堆积3层。第①层：表土层，厚0.6米，土色灰褐，土质坚硬，含砖瓦、煤渣等物；第②层：扰土层，厚2.2米，土质较坚硬，内含砖瓦块等物；第③层：垆土层，厚0.2米。第③层以下为生土。

未发现古代文化遗存。

44

朱雀大街南段道路延伸工程

文物勘探

工作时间：2010年5月28日—2011年3月10日
建设单位：西安市市政局
项目性质：公共基础建设（道路）
工作人员：张翔宇、王志浩

位于碑林区张家村街办。朱雀大街以南，该路段为南北走向，北起南二环以南，南至杜陵西路。西南角坐标为：东经108°56′，北纬34°10′。用地范围呈长条形，南北长1300.0米，东西宽55.0米，地势南高北低。用地面积为71500.0平方米，实际勘探面积55000.0平方米。

地层堆积A段分为3层。第①层：表土层，厚0.5—0.7米，土色花杂，土质疏松；第②层：扰土层，厚0.5—0.7米，土色深褐，土质疏松；第③层：次生土层，深1.0—1.4米以下见，厚0.4米，土色褐黄，土质疏松，含少量草木灰星等。第③层以下属自然土层，土色黄褐，土质结构较硬。

地层堆积B段分为3层。第①层：表土层，厚0.6米，土色花杂，土质结构疏松；第②层：扰土层，深0.6米以下见，厚1.1米，土色深褐，土质疏松；第③层：次生土层，深1.7米以下见，厚1.2米，土色黄褐，土质结构较硬。2.9米以下见自然土层，土色褐黄，无包含物。

发现秦汉唐时期古墓葬13座，其中秦汉墓11座、唐墓2座。墓葬形制有竖穴墓道洞室墓5座，斜坡墓道洞室墓5座，竖穴土圹墓3座。墓向南北向7座，东西向6座。

45

西安铁路局南郊43栋旧楼改造地下车库

文物勘探

工作时间：2010年7月10—13日
建设单位：西安铁路局
项目性质：商业（住宅楼）
工作人员：杨军凯、郭永淇

位于碑林区太乙路街办。铁路局南郊家属区院内，东邻西铁中心医院门诊部，南邻42栋楼，西邻规划路，北邻家属区综合市场。西南角坐标为：东经108°58′，北纬34°14′。用地范围呈长方形，南北长54.2米，东西宽34.9米，实际勘探面积1989.0平方米。地势较为平坦。

地层堆积2层。第①层：表土层，厚4.2米，土色花杂，土质疏松；第②层：垆土层，厚0.8米，土色黑褐色，土质较硬。第②层以下为生土。

未发现古代文化遗存。

46

西安理工大学教学实验大楼

文物勘探

工作时间：2010年7月15—17日
建设单位：西安理工大学
项目性质：公共基础建设（学校）

工作人员：张翔宇、杨虹

位于碑林区东关南街街办。金花南路西安理工大学校本部内，东邻东二环，南邻咸宁西路，理工大校本部西北部。西南角坐标为：东经108°59′，北纬34°15′。教学实验大楼呈长方形，长84.18米，宽24.46米，实际勘探面积2060.0平方米。地势平坦，原属建筑物拆迁区。

地层堆积2层。第①层：表土层，厚0.5米，土色花杂，土质松散；第②层：扰土层，厚0.2米，土色褐黄，土质松散，含少量砖瓦残片。第②层以下为生土。

未发现古代文化遗存。

47

省人民医院住院楼

文物勘探

工作时间：2010年8月13—16日
建设单位：陕西省人民医院
项目性质：公共基础建设（医院）
工作人员：张翔宇、邹亚军

位于碑林区张家村街办。友谊西路256号，东邻含光北路，北邻友谊西路，属于隋大兴唐长安城兴化坊范围内。西南角坐标为：东经108°55′，北纬34°14′。用地范围呈不规则长方形，长116.0米，宽45.5米，用地面积5278.0平方米，实际勘探面积为3550.0平方米。地势较平坦。

地层堆积2层。第①层：表土层，厚0.4米，土色花杂，土质坚硬；第②层：扰土层，厚1.4米，土色灰褐色，含少量杂质。第②层以下为生土。

未发现古代文化遗存。

48

西安交通大学东区西食堂

文物勘探

工作时间：2010年8月21—21日
建设单位：西安交通大学
项目性质：公共基础建设（大学）
工作人员：杨军凯、郭永淇

位于碑林区太乙路街办。兴庆路西安交通大学校内。西南角坐标为：东经108°59′，北纬34°15′。用地范围呈长方形，长84.6米，宽67.4米，实际勘探面积5702.0平方米。

地层堆积1层。厚2.0米，土色花杂、土质松散。此层以下为生土。

未发现古代文化遗存。

49

凯跃哈佛

文物勘探

工作时间：2010年9月16—21日
建设单位：陕西金泉置业有限公司
项目性质：商业（房地产）
工作人员：郭永淇、李明亮

位于碑林区太乙路街办。太乙路南段48号，东邻太乙路，南邻西安勘察测绘院，西邻空军四五一医院，北邻中铁学校。西南角坐标为：东经108°58′，北纬34°14′。用地范围呈长方形，东西长142.0米，南北宽56.0米，用地面积7952.0平方米，实际勘探面积7900.0平方米。地势较平坦，部分地表已下挖2.0米。

地层堆积2层。第①层：水泥面，厚0.5米；第②层：厚0.3米，含大量建筑垃圾等物。第②层以下为生土。

未发现古代文化遗存。

50

尊域（二期）

文物勘探

工作时间：2010年11月16—18日
建设单位：陕西华翼地产有限公司
项目性质：商业（房地产）
工作人员：张翔宇、李乖成

位于碑林区张家村街办。太白路西侧，边家

村十字西南。西南角坐标为：东经108°55′，北纬34°14′。用地范围呈长方形，南边长59.0米，北边长41.0米，实际勘探面积2500.0平方米。地势平坦。

地层堆积1层。厚0.6米，土色呈灰褐色，土质较硬，含少量瓦片。此层以下为生土。

未发现古代文化遗存。

51

长乐园艺花卉博览园

文物勘探

工作时间：2010年12月14—20日
建设单位：西安市长乐公园
项目性质：商业（博览园）
工作人员：张小丽、王志浩

位于碑林区长乐坊街办。长乐公园（原动物园）以东，北、东临陕西龙扬发展有限公司，东南距省级文物重点保护单位秦庄襄王墓冢约96.0米。西南角坐标为：东经109°0′，北纬34°15′。用地范围呈刀形，南北宽约150.31米，东西长约200.0米，实际勘探面积32935.5平方米。地势东南高、西北低，东南至西北呈阶梯状地形分布，阶梯落差约1.5米。

地层堆积2层。第①层：表土层，厚9.0米，土色花杂，土质疏松，含大量建筑垃圾；第②层：扰土层，厚0.5米，土色褐黄，土质疏松，含少量草木灰星及零星碎瓦片。第②层以下为生土。

未发现古代文化遗存。

第五节 雁塔区

雁塔区，其名源自境内唐慈恩寺大雁塔。位于西安城区南郊，地貌类型属平地台原相间，地势东高，为黄土台原；西低，为冲积平原。地势由东南向西北逐渐倾斜。最高点位于东南部少陵原北端，西北部鱼化寨一带海拔较低。区境东临浐河，与灞桥区相连；西北角与未央区接壤；西、南与长安区为邻；北以南二环路、建工路和咸宁路为界，与莲湖、碑林、新城区毗邻。雁塔区历史悠久，新石器时代鱼化寨先民繁衍于此，西周杜国在此封建，秦破分封"初县杜"，汉置杜陵。该区域古遗迹类型丰富、数量多；青龙寺、大雁塔、曲江池等为该区文化名片。2000—2010年，雁塔区辖大雁塔街办等8个街办。本次共收录298个文物勘探项目和发掘项目（图2-5），各项目情况分述如下。

1

西安财政管理干部培训中心
（现曲江宾馆）

考古发掘

工作时间：1997年2月
建设单位：西安财政管理干部培训中心
项目性质：商业（大厦）
工作人员：韩宝全、孙武、张全民、冉万里

位于雁塔区长延堡街办。东邻雁塔南路，南邻雁展路。西南角坐标为：东经108°58′，北纬34°12′。

共清理汉、后赵、明代时期古墓56座。其中汉墓20座，均为洞室墓，长斜坡墓道19座，竖井式墓道1座。出土的随葬品主要有陶器、铜器、玉器、滑石器、玻璃器、骨器、蚌壳、铅器、铁器、云母、金器、银器、绿松石器、泥

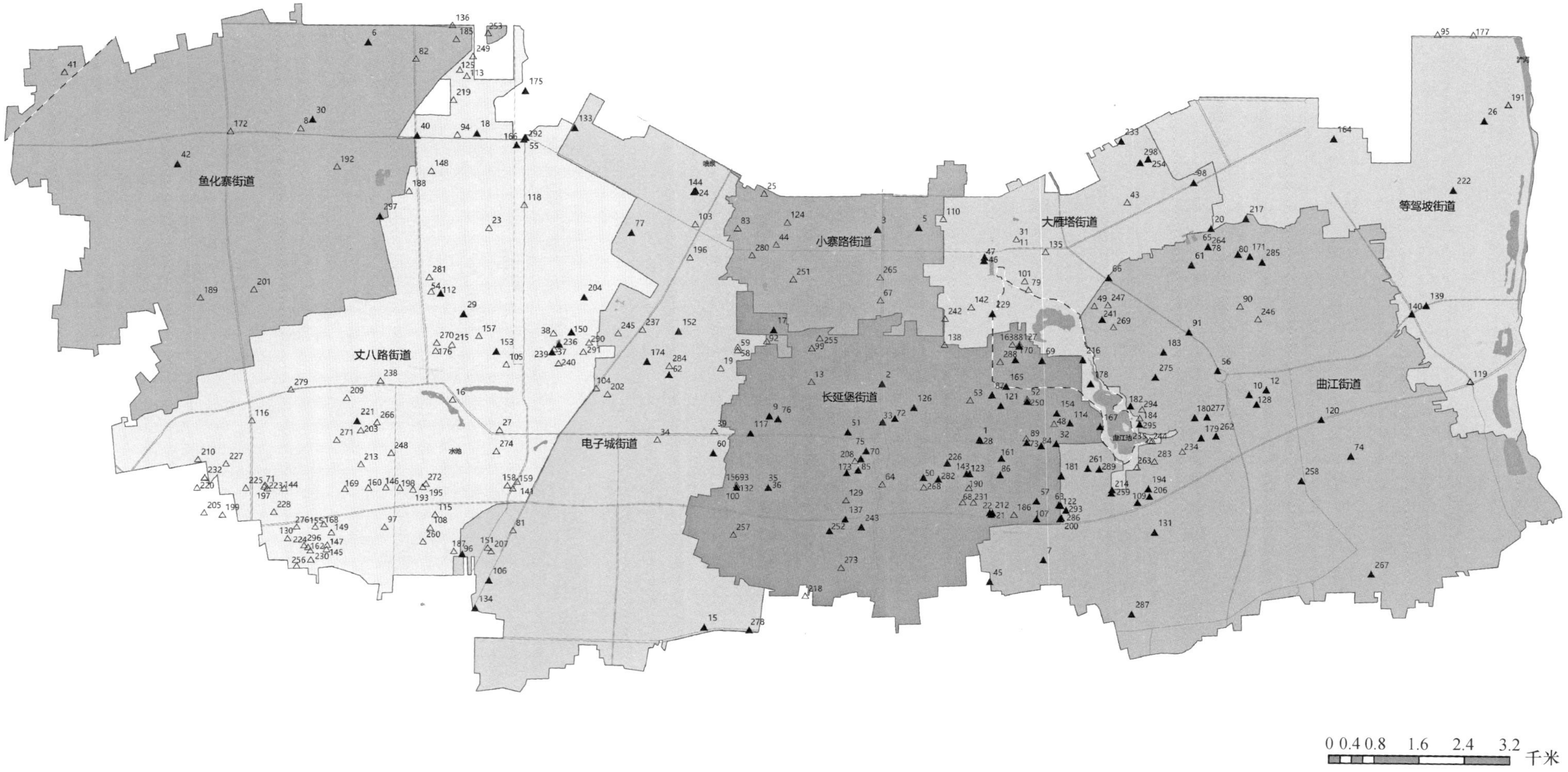

图2-5　2000—2010年雁塔区勘探与发掘项目分布图

器、钱币等。

后赵墓1座，为长斜坡墓道土洞墓。随葬品主要有陶器、铜器、铁器、银器、钱币等。

明代墓葬7座，其中5座均为秦藩郃阳王家族成员墓葬。

M2：三人合葬土洞墓，出土随葬品较少，主要有钱币、戒指、墓志（正面篆书“有明柳庄孟先生杨氏合葬墓”）。

M3：二人合葬土洞墓，随葬品主要有钱币、瓷罐、金币、买地券砖等。

M21：明秦郃阳安禧王与妃刘氏的合葬墓，随葬品出土不多，计有瓷缸、瓷碗、棺椁饰件、圹志（志盖阴刻篆书“大明郃阳安僖王圹志”“大明秦藩郃阳安僖王妃刘氏合葬圹志”）等。

M28：明秦藩郃阳惠恭王夫人雍氏之墓，主要有瓷缸、钱币、圹志等。

M29：明秦藩郃阳惠恭王妃钱氏之墓，为长斜坡墓道砖室墓，出土有瓷缸、木俑、陶俑、铜匙、铜饰、钱币、圹志等。

M49：明秦藩郃阳惠恭王朱公镗之墓。

（西安市文物保护考古所：《西安财政干部培训中心汉、后赵墓发掘简报》，《文博》1997年第6期；西安市文物保护考古所：《西安财政管理干部培训中心明墓发掘简报》，《文博》2002年第6期；张全民：《西安M33汉代玻璃研究》，《文博》2004年第1期）

2

欧风园商住楼

文物勘探

工作时间：1998年12月8日
建设单位：中建三局（西安）二公司
项目性质：商业（房地产）
工作人员：王光天、范宏岐

位于雁塔区长延堡街办。西邻长安南路，南邻师大路，东邻西安外国语大学雁塔校区，北邻雁招小区。西南角坐标为：东经108°57′，北纬34°12′。用地范围平面呈长方形，南北长109.5米，东西宽37.0米，实际勘探面积4135.0平方米。地势平坦。

地层堆积，已挖至生土层。

共发现古井6口。平面均呈圆形，直径1.2—1.8米，井深2.0—3.0，内填古代瓦片、软泥土、五花土等。

3

小寨农贸市场

文物勘探

工作时间：1998年12月15日
建设单位：陕西省建筑三公司第四分公司
项目性质：商业（市场）
工作人员：王光天、盖国江

位于雁塔区小寨路街办。东邻长安路，南邻兴善寺西街，西邻大兴善寺，北邻文化大厦。西南角坐标为：东经108°57′，北纬34°13′。用地范围平面呈“L”形，东西长18.5—35.0米，南北宽20.0—35.0米，实际勘探面积约920.0平方米。地势平坦。

地层堆积，已挖至生土层。

共发现古墓葬2座，古井5口。M1、M2墓葬形制均为秦汉时期竖穴土坑墓，长3.0米，宽1.5米，深0.7米。古井平面均呈圆形，直径1.2—1.5米，井深1.0—4.5米，内填古代瓦片、软泥土、五花土等。

4

西安电子科技大学东南院（二期）

文物勘探

工作时间：1999年1月31日—2000年3月15日
建设单位：西安电子科技大学
项目性质：公共基础建设（学校）
工作人员：王光天、范宏岐

位于雁塔区电子城街办。西安电子科技大学校内东南区域，北邻南二环，西邻白沙路，南邻科技路，东邻太白南路。西南角坐标为：东经

108°55′，北纬34°14′。

本次勘探包括39#、40#、41#、42#、43#、44#、45#、46#、47#、仓库楼、游泳池项目基槽，总用地范围呈直角梯形，实际勘探面积约10000.0平方米。地势平坦。

地层堆积，已挖至生土层。

共发现古井12口，平面均呈圆形，井直径1.1—1.8米，井残深0.3—3.5米。

5

陕西教育学院综合楼（A、B楼）

文物勘探

工作时间：1999年1月24日—4月10日
建设单位：陕西教育学院综合楼
项目性质：公共基础建设（学校）
工作人员：李聚振

位于雁塔区小寨路街办。陕西学前师范学院内。南邻兴善寺东街，东邻省委机关住宅小区，北邻安华南路，西邻西安市育才中学。西南角坐标为：东经108°57′，北纬34°13′。

A楼基槽用地范围呈长方形，东西长61.0米，南北宽16.7米，实际勘探面积约1019.0平方米。地势平坦。

B楼基槽用地范围呈长方形，东西长30.5米，南北宽15.5米，实际勘探面积约472.75平方米。地势平坦。

地层堆积，均已挖至生土层。

共发现古墓葬11座，古墓道3条。

A楼基槽共发现古墓葬6座。墓葬形制一致，平面呈“日”字形，竖穴墓道土洞墓，坐北朝南，由墓道、墓室两部分组成，总长3.0—9.5米，宽1.5—3.8米，深1.9—3.9米。

B楼基槽共发现古墓葬5座，古墓道3条。M3平面呈刀把形，坐南朝北，由墓道、墓室两部分组成，总长5.0米，宽1.2米，深2.5米；M5、M6平面呈“甲”字形，坐北朝南，由墓道、墓室两部分组成，总长5.0米，宽1.3米，深1.7米。M9仅发现墓室，墓道位于基槽之外，长2.0米，宽1.8米，深2.4米，内填五花土。M12平面呈“日”字形，坐北朝南，由墓道、墓室两部分组成，总长6.0米，宽1.2米，深2.7米。古墓道3条均位于基槽北部边缘，墓室位于基槽之外。

6

三五〇七厂43#、44#楼

文物勘探

工作时间：1999年3月23日
建设单位：西安三五〇七厂
项目性质：商业（住宅）
工作人员：李聚振

位于雁塔区鱼化寨街办。北邻昆明路，西邻西安化工厂，南邻大寨路，东邻丈八北路。西南角坐标为：东经108°52′，北纬34°15′。43#基槽用地范围呈长方形，东西长52.0米，南北宽16.8米，实际勘探面积约369.6平方米。地势平坦。44#基槽用地范围呈长方形，实际勘探面积约832.0平方米。地势平坦。

地层堆积，均已挖至生土层。

共发现古井3口。43#楼基槽共发现古井2口，平面均呈圆形，直径1.0米，残深0.5—0.6米。44#楼基槽共发现古井1口，平面呈圆形，直径2.0米，残深0.5米。

7

金滹沱村被盗古墓葬

考古发掘

工作时间：1999年8月
建设单位：西安市文物保护考古所
项目性质：配合公安机关调查（被盗墓）
工作人员：王久刚、程林泉、王磊

位于雁塔区曲江街办。被盗地点位于金滹沱村西，北邻南三环，西邻雁塔南路。西南角坐标为：东经108°58′，北纬34°11′。

M1：坐北朝南，平面呈长方形，方向175°，由墓道、封门、墓室三部分组成。出土器物共计111件，其中陶俑79件、陶房屋（模型）

3件、陶家具（模型）17件、陶灶具3件、瓷器2件、祭祀器3件、木印1件、玉带饰2件、石墓志1合（“皇明宗室汧阳端懿王圹志”，下葬时间为1496年）；铜钱45枚（除唐开元通宝外，均为宋代小平钱）。

（西安市文物保护考古所：《西安南郊皇明宗室汧阳端懿王朱公鐕墓清理简报》，《考古与文物》2001年第6期）

8

陕西工业专修学院教学楼、公寓楼

文物勘探

工作时间：2000年3月8日
建设单位：陕西工业专修学院
项目性质：公共基础建设（学校）
工作人员：王光天、翟建虎

位于雁塔区鱼化寨街办。富裕路中段。东邻西安外事学院（北校区），南邻富裕路中段，西南角坐标为：东经108°51′，北纬34°14′。

教学楼基槽用地范围呈长方形，东西长90.77米，南北宽24.7米，实际勘探面积约2242.0平方米。地势平坦。

公寓楼基槽用地范围呈长方形，东西长49.6米，南北宽17.0米，实际勘探面积约843.2平方米。地势平坦。

地层堆积，均已挖至生土层。

未发现古代文化遗存。

9

七〇五所1#楼扩建、3#楼、花园

文物勘探

工作时间：2000年4月29日—2001年8月20日
建设单位：中国船舶重工集团公司第七〇五研究所
项目性质：公共基础建设（科研楼）
工作人员：王光天、范宏岐、徐西平、赵亚军

位于雁塔区长延堡街办。南邻陕西省果树研究所，东邻明德庭院小区，北邻明德西路，西邻东仪路。

本次勘探包括1#楼、3#楼基槽、花园项目。拟建的1#楼扩建项目呈不规则长方形，实际勘探面积493.0平方米。3#基槽呈直角梯形，东西长63.5—43.2米，南北宽18.5米，实际勘探面积1079.3平方米。花园项目呈近长方形，东西长26.0—35.20米，南北宽20.0—29.3米，实际勘探面积约800.0平方米。地势平坦。

地层堆积，场地内均已挖至生土层。

共发现古井17口。平面均呈圆形，直径1.2—2.6米，井深1.0—3.0，内填古代砖瓦、淤土等。

10

三兆殡仪馆

考古发掘

工作时间：2000年8月
建设单位：西安市殡仪馆公墓管理部
项目性质：公共基础建设（殡仪馆）
工作人员：西安市文物保护考古所

位于雁塔区曲江街办。曲江立交东北角区域。西南角坐标为：东经109°0′，北纬34°12′。

共发掘汉墓8座，已发表3座汉墓资料。

M1：斜坡墓道砖室墓，坐西朝东，由墓道、墓室、耳室三部分组成。葬具、葬式均不详。共出土器物74件，另有铜钱164枚，均为五铢。其中陶器17件，有盒、壶、罐、奁、仓、灶、投壶、熏炉、釜、盘、甑等；铜器51件，有铃、带钩、襟钩、小铜钫、当卢、衔镳、辖軎、车轙、衡末饰、车軏饰、盖弓帽、刷、泡钉、车饰、铺首衔环、环、车饰件、扣饰、贝形器、镜等；铁器2件，有剑、刀；玉鼻塞1件；石砚1套；贝壳1件。

M3：竖穴墓道砖室墓，坐北朝南，由墓道、墓室、小龛三部分组成。葬具为1木棺，葬式仰身直肢。共出土器物24件，另有铜钱58枚，均为五铢。其中陶器19件，有鼎、壶、罐、奁、仓、灶、盆、甑、灯、熏炉等；铜器5件，有盆、弩机。

M4：竖穴墓道砖室墓，坐北朝南，由墓

道、墓室两部分组成。葬具1木棺，葬式仰身直肢。共出土器物32件，另有铜钱55枚，均为五铢。其中陶器16件，有鼎、壶、罐、仓、灶、盆、甑、灯等；铜器15件，有带钩、弩机、衡末、衔镳、车軎、扣饰、镜等；铁剑1件。

（西安市文物保护考古所、郑州大学考古专业编：《长安汉墓》，陕西人民出版社，2004年）

11

天豪花园7#楼

文物勘探

工作时间：2000年8月13日

建设单位：西安天豪实业有限公司

项目性质：商业（房地产）

工作人员：王光天、罗胜安

位于雁塔区大雁塔街办。北邻乐游东路，西邻乐游路，南邻西影路，东邻金裕花园小区。西南角坐标为：东经108°58′，北纬34°13′。拟建的7#基槽平面呈长方形，南北长194.0米，东西宽54.0米，实际勘探面积6048.0平方米。地势平坦。

地层堆积1层。冲积层，厚1.5米，土质密度一般。此层以下为生土。

未发现古代文化遗存。

12

三兆公墓

考古发掘

工作时间：2000年9—11月

建设单位：西安市殡仪馆公墓管理部

项目性质：公共基础建设（殡仪馆）

工作人员：王久刚

位于雁塔区曲江街办。曲江立交东北角区域。西南角坐标为：东经109°0′，北纬34°12′。

共发掘汉墓7座，已发表1座汉墓资料。

M1：斜坡墓道砖砌砖室墓，坐东朝西，由墓道、甬道、墓室三部分组成。葬具为1木棺，葬式仰身直肢。共出土器物31件，其中陶器25件，有罐、樽、灶、釜、甑、井、案、盆、碗、耳杯、斗、勺、灯等；铜镜1面；铁器5件，有削、棺钉。

（西安市文物保护考古所：《西安东汉墓》，文物出版社，2009年）

13

明德门小区水池水泵房

文物勘探

工作时间：2000年10月8日

建设单位：西安城乡建设开发公司所

项目性质：商业（房地产）

工作人员：王光天、杜宝生

位于雁塔区长延堡街办。南邻明德二路，东邻朱雀大街南段，北邻昌明路，西邻明德路。西南角坐标为：东经108°56′，北纬34°12′。项目用地平面呈长方形，东西长23.0米，南北宽13.5米，实际勘探面积310.0平方米。地势平坦。

地层堆积，已挖至生土层。

未发现古代文化遗存。

14

西安电子科技大学阶梯教室、蓄水池、超市

文物勘探

工作时间：2001年1月3日—8月24日

建设单位：西安电子科技大学

项目性质：公共基础建设（学校）

工作人员：王光天、范宏岐

位于雁塔区电子城街办。西安电子科技大学校内东南区域，北邻南二环，西邻白沙路，南邻科技路，东邻太白南路。西南角坐标为：东经108°55′，北纬34°14′。

阶梯教室项目基槽，用地范围呈长方形，实际勘探面积约4244.0平方米。

蓄水池项目基槽，用地范围呈长方形，实际

勘探面积约550.0平方米。

超市项目基槽，用地范围呈长方形，实际勘探面积约575.0平方米。地势平坦。

地层堆积，均已挖至生土层。

共发现古墓葬1座，古井50口。阶梯教室项目基槽共发现古井34口，平面均呈圆形，井直径1.1—3.6米，残深0.6—4.7米，内填古代砖瓦等物。蓄水池项目基槽发现古井8口。超市项目基槽发现古井8口，古墓葬1座。墓葬形制为斜坡墓道砖室墓，坐南朝北，由墓道、墓室、东西耳室组成。

15

西安欧亚学院雁塔校区学生公寓楼

文物勘探

工作时间：2001年2月13日
建设单位：西安欧亚学院
项目性质：公共基础建设（学校）
工作人员：王光天、徐西平、赵亚军

位于雁塔区电子城街办。东邻东仪路，南邻西部大道，西邻电子南街，北邻雁环路中段。西南角坐标为：东经108°55′，北纬34°10′。本次在5#、6#、7#、8#楼基槽勘探作业。5#楼基槽面积1610.2平方米，6#、7#、8#楼基槽面积均为1662.7平方米，共计勘探面积6598.3平方米。

地层堆积，已挖至生土层。

共发现古墓葬43座，古井70口。现将各楼位基槽发现情况简述如下。

5#楼基槽共发现古墓葬19座，古井27口。古墓形制有东西向竖穴土坑墓、南北向竖穴墓道土洞墓两种。竖穴土坑墓长1.4—2.5米，宽1.2—1.5米，深1.6—3.5米，内填棺灰痕。古井形制分为圆形和方形两种。其中圆形16口、方形11口。圆形井直径1.2—1.4米，深1.0—3.0米，内填古代砖瓦片。

6#楼基槽共发现古墓葬11座，古井9口。古墓形制均为东西向竖穴土坑墓，长1.7—2.4米，宽0.75—2.0米，深0.3—4.1米，内填棺灰痕。古井形制分为圆形和方形两种。其中圆形3口、方形5口。圆形井直径1.4—2.0米，深1.0—3.0米，内填古代砖瓦片。

7#楼基槽共发现古墓葬6座，古井8口。古墓形制均为东西向竖穴土坑墓，长1.7—2.7米，宽1.0—1.4米，深0.7—1.7米，内填棺灰痕。古井形制分为圆形和方形两种。其中圆形3口、方形5口。圆形井直径0.9—1.2米，深0.5—4.0米，内填古代砖瓦片。

8#楼基槽共发现古墓葬13座，古井26口。古墓形制有东西向竖穴土坑墓、南北向竖穴墓道土洞墓两种。竖穴土坑墓长1.5—2.6米，宽1.2—1.5米，深1.5—3.3米，内填棺灰痕。古井形制分为圆形和方形两种。其中圆形15口、方形11口。圆形井直径1.2—1.5米，深1.0—3.0米，内填古代砖瓦片。

16

派德公司办公楼

文物勘探

工作时间：2001年2月15日
建设单位：西安派德实业公司
项目性质：商业（厂房）
工作人员：王光天、邹亚军

位于雁塔区丈八路街办。陕西宾馆院内，东邻丈八东路，南邻丈八西路，西邻丈八四路，北邻科技八路。西南角坐标为：东经108°53′，北纬34°12′。西安丈八龙天然矿泉饮品有限公司拟建项目，用地范围呈长方形，东西长65.0米，南北宽32.0米，实际勘探面积约2080.0平方米。地势平坦。

地层堆积，均已挖至生土层。

未发现古代文化遗存。

17

西安石油学院雁塔校区公寓楼

考古发掘

工作时间：2001年3月
建设单位：西安石油学院

项目性质：公共基础建设（学校）
工作人员：程林泉、袁长江等

位于雁塔区长延堡街办。东邻含光路，南邻电子二路，西邻电子东街，北邻电子一路，此项目位于校园东部。西南角坐标为：东经108°56′，北纬34°13′。

发掘汉墓37座。西汉墓葬13座，东汉墓葬24座。其中1座西汉墓和8座东汉墓资料已公布，简述如下。

M22：斜坡墓道砖室墓，坐北朝南，由墓道、墓室两部分组成。葬具为1木棺，葬式不详。M22出土器物48件，另有铜钱190枚，均为五铢。其中陶器21件，有鼎、盒、壶、罐、奁、仓、釜、熏炉、灯等；铜器18件，有镜、盆、弩机、当卢、辖軎、盖弓帽、衔镳、衡末饰、铜饰、柿蒂饰等；铁器5件，有釜、削、饰件等；玉器3件，有口琀、鼻塞；小卵石1件。时代为西汉。

（西安市文物保护考古所、郑州大学考古专业编：《长安汉墓》，陕西人民出版社，2004年）

《西安东汉墓》报告收录8座东汉墓资料。形制有斜坡墓道土洞墓5座，斜坡墓道砖室墓3座；墓向坐北朝南4座，坐西朝东3座，坐东朝西1座。共出土器物282件，另有铜钱552枚，分别为有郭五铢、剪轮五铢、半两、货泉、小泉直一。其中陶器222件，有壶、罐、樽、灶、釜、甑、案、盘、碗、耳杯、斗、瓶、井、勺、俑、猪、狗、鸡等；铜器17件，有柿蒂饰、镜、削、铺首、刀等；铁器3件，有权、剑；玉器1件，为剑璏；石器2件，均为握；铅器5件，有镜、镳、饰件等。

（西安市文物保护考古所：《西安东汉墓》，文物出版社，2009年）

18

万古·中华小区（中华世纪城）

考古发掘

工作时间：2001年4—6月
建设单位：西安侨盛房地产开发有限公司
项目性质：商业（房地产）
工作人员：孙福喜、杨军凯

位于雁塔区丈八路街办。南邻科技路，东邻唐延路，北邻大寨路，西邻团结南路。西南角坐标为：东经108°53′，北纬34°14′。用地范围呈不规则长方形。地势平坦。

发掘汉至隋代墓葬20座，出土器物186件。其中汉墓10座，M15、M16、M22资料已整理公布，简述如下。

M15：斜坡墓道砖室墓，坐西朝东，由墓道、甬道、墓室三部分组成。葬具为1木棺，葬式不详。共出土器物68件，另有铜钱72枚，分别为布泉、货泉、大泉五十、五铢。其中陶器46件，有壶、罐、仓、樽、灶、釜、甑、井、案、盘、碗、耳杯、斗、勺、灯、猪、鸡、狗、车軎等；铜器9件，有削、弩机、牌饰等；铅器6件，有衔、镳、泡钉、鸟形饰等；石器6件，有砚、猪、眼罩、饰件等；琉璃耳珰1件。

M16：斜坡墓道砖室墓，坐西朝东，由墓道、甬道、墓室三部分组成。葬具不详，葬式不详。出土器物12件，另有铜钱19枚，均为五铢。其中陶器9件，有樽、灶、案、盘、耳杯、勺、瓶等；铜削1件；铁刀1件；石砚1件。

M22：斜坡墓道砖室墓，坐西朝东，由墓道、甬道、墓室三部分组成。葬具不详，葬式不详。共出土器物5件，另有铜钱37枚，分别为榆荚钱、剪轮五铢、有郭五铢。其中陶器3件，有朱书罐、盆、碗；铜镜1面；铁刀1件。

（西安市文物保护考古所：《西安东汉墓》，文物出版社，2009年；西安市文物保护考古所：《西安中华小区东汉墓发掘简报》，《文物》2002年第12期）

19

北山门口村委会楼

文物勘探

工作时间：2001年11月
建设单位：北山门口村委会
项目性质：公共基础建设（村委会）

工作人员：王光天、徐西平、赵亚军

位于雁塔区电子城街办。西邻电子正街，南邻中心街，东邻北山门小区一区，北邻北山门村幼儿园。西南角坐标为：东经108°55′，北纬34°12′。拟建村委会楼用地范围呈长方形，实际勘探面积654.08平方米。村委会广场用地范围呈长方形，实际勘探面积371.25平方米。地势平坦。

地层堆积2层。第①层：耕土层，厚0.3米，土色花杂，土质疏松；第②层：冲积土层，厚0.5—0.8米，土质较硬，部分区域见沙层。

未发现古代文化遗存。

20

交通大学数码园

考古发掘

工作时间：2002年3—6月
建设单位：西安交通大学
项目性质：商业（科技园）
工作人员：杨军凯

位于雁塔区等驾坡街办。西安交通大学数码园，东邻延兴门村。西南角坐标为：东经109°0′，北纬34°13′。发掘汉唐墓葬37座，出土器物263件。其中M2的资料已整理公布，简述如下。

M2：斜坡墓道土砖室墓，坐北朝南，由墓道、天井、过洞、壁龛、前墓室、甬道、后墓室等部分组成。出土器物有三彩俑，有武士俑、镇墓兽、女立俑、男立俑、牵马俑、马、骆驼等；三彩器物，有井、磨、灶、杵臼等；彩绘陶俑，有女骑马俑、女立俑、狗等；瓷灯；玉猪；铜器，有饰件、泡钉；钱币为开元通宝；墓志1合（楷书“周故处士康君墓志铭”）。

（西安市文物保护考古所：《唐康文通墓发掘简报》，《文物》2004年第1期）

21

曲江花园

考古发掘

工作时间：2002年3—7月
建设单位：西安曲江城市花园房地产开发有限公司
项目性质：商业（房地产）
工作人员：程林泉、袁长江

位于雁塔区曲江街办（曲江新区）。南邻南三环，东邻雁塔南路。西南角坐标为：东经108°57′，北纬34°11′。用地范围呈长方形。发掘汉代至宋元时期墓葬，其中汉墓7座，古窑址5处，出土器物40件。M5、M9资料已整理公布，简述如下。

M5：斜坡墓道土洞双室墓，坐西朝东，由墓道、甬道、墓室三部分组成。葬具为1木棺，葬式不详。M5出土器物35件，另有铜钱147枚，分别为货泉、五铢。其中陶器26件，有罐、樽、灶、甑、井、案、盘、碗、耳杯、斗、勺、猪、狗、鸡、砚等；铜器6件，有饰件、带钩、环、泡钉、柿蒂饰；铁器2件，有灯、刀；石弹丸。

M9：竖穴墓道土洞墓，坐北朝南，由墓道、甬道、墓室三部分组成。葬具为2木棺，葬式仰身直肢。M9出土器物23件，另有铜钱404枚，分别为小五铢、大泉五十、小泉直一。其中陶器18件，有壶、罐、釜、甑、盆、弹丸等；铁剑1件；石口琀1件。

（西安市文物保护考古所：《西安东汉墓》，文物出版社，2009年）

22

雁塔南路

考古发掘

工作时间：2002年3—5月
建设单位：不详
项目性质：公共基础建设（道路）
工作人员：程林泉、张翔宇

位于雁塔区长延堡街办。南窑头村东。西南

角坐标为：东经108°58′，北纬34°11′。发掘汉代至明代墓葬57座，其中汉墓24座，出土器物134件。M15、M19、M22三座墓资料已整理公布，简述如下。

M15：斜坡墓道砖砌多室墓，坐西朝东，由墓道、甬道、墓室三部分组成。葬具为1木棺，葬式不详。M15出土器物42件，另有铜钱44枚，有货泉、五铢。其中陶器40件，有壶、罐、仓、樽、灶、釜、甑、井、案、盘、碗、耳杯、斗、勺、猪、狗等；铜镜1面；铁棒1件。

M19：斜坡墓道土洞双室墓，坐西朝东，由墓道、甬道、墓室三部分组成。葬具为3木棺，葬式仰身直肢。M19出土器物10件。其中陶器8件，有罐、灶、甑、案、盘、碗、斗、勺等；铜泡钉2件。

M22：斜坡墓道砖砌多室墓，坐西朝东，由墓道、甬道、墓室三部分组成。葬具为1木棺，葬式不详。M22出土器物96件，另有铜钱188枚，有剪轮五铢、有郭五铢。其中陶器81件，有壶、罐、仓、樽、灶、釜、甑、盆、井、案、盘、碗、耳杯、勺、灯、猪、狗等；铜器13件，有带钩、泡钉、镜等；铁器2件，有剑、锛。

（西安市文物保护考古所：《西安东汉墓》，文物出版社，2009年）

23

佳贝公司大厦

文物勘探

工作时间：2002年5月

建设单位：陕西西工大佳贝科技股份有限公司

项目性质：商业（商厦）

工作人员：王光天、徐西平、赵亚军

位于雁塔区电子城街办。西安软件园区内，北邻科技二路，东邻万汇大厦，南邻宏源大厦，西邻团结南路。西南角坐标为：东经108°53′，北纬34°13′。拟建蓄水池用地范围呈长方形，实际勘探面积183.7平方米。锅炉房、泵房用地范围呈长方形，实际勘探面积126.5平方米。

地层堆积，均已挖至生土层。

未发现古代文化遗存。

24

西安电子科技大学中心配电室、锅炉房

文物勘探

工作时间：2002年6月2日

建设单位：西安电子科技大学

项目性质：公共基础建设（学校）

工作人员：王光天、赵亚军、雷中厚

位于雁塔区电子城街办。西安电子科技大学校内，北邻南二环，西邻白沙路，南邻科技路，东邻太白南路。西南角坐标为：东经108°55′，北纬34°14′。拟建配电室，用地范围呈长方形，实际勘探面积379.0平方米。拟建锅炉房，用地范围呈长方形，东西长49.6米，南北宽23.2米，实际勘探面积1150.72平方米。地势平坦。

地层堆积，均已挖至生土层。

拟建配电室范围，未发现古代文化遗存。

拟建锅炉房范围，发现古井11口。平面均呈圆形，井直径1.1—3.0米，残深0.7—3.2米。

25

老三届世纪星蓄水池项目

文物勘探

工作时间：2002年7月

建设单位：陕西老三届实业有限责任公司

项目性质：商业（商厦）

工作人员：王光天、徐西平、赵亚军

位于雁塔区小寨路街办。北邻南二环，南邻陕西省商贸学校，西邻永松路。西南角坐标为：东经108°56′，北纬34°14′。用地范围呈长方形，实际勘探面积586.8平方米。

地层堆积，均已挖至生土层。

未发现古代文化遗存。

26

史家湾唐墓

考古发掘

工作时间：2002年7月中旬
建设单位：史家湾砖厂
项目性质：其他（村民宅基地）
工作人员：张全民、郭永淇

位于雁塔区等驾坡街办。史家湾村内，西南角坐标为：东经109°3′，北纬34°14′。

发掘唐代墓葬1座，出土器物10件。该墓为一座竖穴墓道单砖室墓，墓室带十二小龛，规模较大，墓道和墓室尚保留有壁画。墓主为唐河东监军使、左监门卫将军刘中礼，是晚唐左神策军护军中尉、沛国公刘弘规创建的宦官世家的重要成员（“唐故彭城刘公墓志铭”）。

（张全民：《唐河东监军使刘中礼墓志考释》，《敦煌学辑刊》2007年第2期）

27

省体基地南大门侧房

文物勘探

工作时间：2002年8月
建设单位：陕西省体育训练中心
项目性质：公共基础建设（体育馆）
工作人员：王光天、刘新军、赵亚军

位于雁塔区丈八路街办。西、南邻丈八东路，东邻唐延路。西南角坐标为：东经108°53′，北纬34°12′。西侧房用地范围呈长方形，东西长7.5米，南北宽4.16米，实际勘探面积31.2平方米。东侧房用地范围呈长方形，东西长7.5米，南北宽4.16米，实际勘探面积31.2平方米。共勘探面积62.4平方米。

地层堆积，均已挖至生土层。

未发现古代文化遗存。

28

曲江宾馆二期喷泉

文物勘探

工作时间：2002年8月16日
建设单位：西安市曲江宾馆
项目性质：商业（酒店）
工作人员：王光天、郭安定

位于雁塔区长延堡街办。南邻雁展路，东邻雁塔南路，北邻曲江惠宾苑宾馆，西邻华侨城·天鹅堡小区。西南角坐标为：东经108°58′，北纬34°12′。拟建喷泉用地范围呈圆形，东西长13.5米，南北宽10.5—16.5米，实际勘探面积150.0平方米。地势平坦。

地层堆积共3层。第①层：填土层，厚0.5米，土质花杂，含建筑垃圾；第②层：覆盖层，厚1.0米，土质较虚，含少量砖块、瓦片等物；第③层：白垆土层，厚0.5米，含少量料姜石等物。第③层以下为生土。

未发现古代文化遗存。

29

西北工业大学软件学院本科生宿舍楼

文物勘探

工作时间：2002年10月
建设单位：西北工业大学
项目性质：公共基础建设（学校）
工作人员：王光天、张龙鱼、赵亚军

位于雁塔区丈八路街办，高新产业区西工大软件产业园内，北邻科技五路，东邻团结南路，南邻茶张路，西邻高新六路。西南角坐标为：东经108°53′，北纬34°13′。基槽用地范围呈“口”字形，用地面积3800.0平方米。地势平坦。

地层堆积共2层。第①层：表土层，厚0.3—0.8米，土色花杂，部分区域有建筑垃圾；第②层：冲积土层，深0.8米以下见，属于古河道堆积，土质纯净，内含细沙。

共发现古井4口。古井平面均呈圆形，直径1.2—1.4，深1.2—3.0米，内填古代砖瓦、虚土。

30

西安外事学院北校区（鱼化寨遗址）

考古发掘

工作时间：2002年10月—2004年12月
建设单位：西安外事学院
项目性质：公共基础建设（学校）
工作人员：张翔宇、郭永淇

位于雁塔区鱼化寨街办。鱼化寨村西北，南邻科技西路，西邻皂河，北邻大寨村，西安外事学院北校区内西北部。西南角坐标为：东经108°51′，北纬34°14′。

发掘仰韶时期遗址面积2800平方米，出土器物7000余件。现将发掘情况简述如下：Ⅰ区被晚期人类活动破坏，Ⅱ、Ⅲ区文化层堆积较厚且十分复杂，Ⅲ区底层堆积最为丰富。发现房址107座（半地穴式、地面式）；灰坑251座（方形、圆形、椭圆形、不规则形）；灶址29座（浅穴式）；窑址1处（横穴式，朝向西，由窑室、火膛、火道、操作间四部分组成）；壕沟2条；墓葬137座。包括老官台文化、仰韶文化、龙山文化遗存，其中以仰韶文化遗存最为丰富。仰韶文化早期遗存：陶器（尖底瓶、罐、盆、钵、瓮、壶、盂、釜、甑、铿等），石器（斧、锛、铲、球），骨器（笄、锥、匕、针等）。仰韶文化中期遗存：陶器（瓶、缸、盆）。仰韶文化晚期遗存：陶器（尖底瓶、罐、盆、缸、甑、漏斗、刀、环、纺轮、笄等）；石器（斧、锛、纺轮、球、网坠）；骨器（镞、笄、锥等）。墓葬137座，其中土坑墓14座，瓮棺葬墓123座。现仅对发掘的仰韶文化土坑墓作一介绍：发掘的14座土坑墓，依据墓坑的形制，可分为灰坑葬墓与竖穴土坑墓二种。出土器物72件，依质地可分为陶、石、骨几种。陶器41件，种类有尖底瓶、罐、钵、壶、盂、圆陶片、球七种；石器5件，种类有锛、球、石块三种；骨器仅骨珠一种，26件。

（西安市文物保护考古研究院：《西安鱼化寨遗址发掘简报》，《考古与文物》2012年第5期；西安市文物保护考古所：《西安鱼化寨遗址仰韶文化土坑墓发掘简报》，《考古与文物》2011年第6期；西安市文物保护考古所：《西安鱼化寨遗址仰韶文化瓮棺葬墓发掘简报》，《文博》2012年第1期；翟霖林：《西安鱼化寨遗址的聚落考古学研究——兼论渭水流域仰韶文化聚落的演变》，西北大学博士学位论文，2013年；西安市文物保护考古研究院：《西安鱼化寨》，科学出版社，2017年）

31

天豪住宅A区

文物勘探

工作时间：2002年10月30日—11月2日
建设单位：西安天豪实业有限公司
项目性质：商业（房地产）
工作人员：王光天、罗胜安

位于雁塔区大雁塔街办。北邻乐游东路，西邻乐游路，南邻西影路，东邻金裕花园小区。西南角坐标为：东经108°58′，北纬34°13′。拟建的A区1号基槽平面呈不规则长方形，东西长51.58米，南北宽42.7米，实际勘探面积2000.0平方米；A区2号基槽平面呈不规则长方形，南北长75.6米，东西宽49.58米，实际勘探面积3500.0平方米。地势平坦。

地层堆积，均已挖至生土层。

未发现古代文化遗存。

32

水厂东路（雁南四路）

考古发掘

工作时间：2003年
建设单位：西安曲江发展有限公司
项目性质：公共基础建设（道路）
工作人员：张全民

位于雁塔区长延堡街办。射击场南，西南角

坐标为：东经108°58′，北纬34°12′。

发掘唐代墓葬1座，出土器物20件。

33

长延堡商住小区（景天佳苑）

文物勘探

工作时间：2003年1月9—13日
建设单位：西安一景房地产开发有限公司
项目性质：商业（房地产）
工作人员：孙武、田瑞武、赵亚军

位于雁塔区长延堡街办。北邻长延堡村，西邻长安中路，南邻劳教所家属院，东邻陕西人民教育出版社。西南角坐标为：东经108°57′，北纬34°12′。用地范围呈长方形，东西长75.5米，南北宽65.0米，实际勘探面积4875.0平方米。地势西高东低，原为一旧医院。

地层堆积1层。表土层，厚0.5米，土色花杂，含大量砖瓦残块、建筑垃圾等。此层以下为生土。

发掘汉代墓葬1座。墓葬形制为斜坡墓道砖室墓，坐北朝南，由墓道、墓室两部分组成。墓道长8.0米，宽1.0米，深5.0米。墓室平面呈南北向长方形，长4.8米，宽3.2米，深5.0米，内填五花土、淤土。

34

西安近代化学研究所精加工车间

文物勘探

工作时间：2003年3月3—8日
建设单位：中国兵器工业西安近代化学研究所（204所）
项目性质：公共基础建设（科研楼）
工作人员：王光天、赵亚军

位于雁塔区电子城街办。北邻丈八东路，东邻双杜路。用地范围呈长方形，东西长62.85米，南北宽14.1米，实际勘探面积886.0平方米。地势平坦。

地层堆积，均已挖至生土层。

未发现古代文化遗存。

35

世家星城（一期）

文物勘探

工作时间：2003年2月6日—3月10日
建设单位：西安房地产开发股份有限公司
项目性质：商业（房地产）
工作人员：孙武、徐西平

位于雁塔区长延堡街办。长安西路与东仪路十字东北角，西南角坐标为：东经108° 56′，北纬34° 11′。用地范围呈“凸”字形，实际勘探面积206395.0平方米。地势北高南低。

地层堆积2层。第①层：表土层，厚0.3米，土色花杂，土质疏松；第②层：扰土层，厚1.2米，土色黄褐，土质密实，含少量砖瓦残块等物。第②层以下为生土。

发现古墓葬629座。墓葬形制有竖穴土圹墓278座，竖穴墓道土洞墓299座，竖穴墓道砖室墓1座，斜坡墓道土洞墓44座，斜坡墓道砖室墓7座。墓向坐北朝南124座，坐南朝北30座，坐东朝西47座，坐西朝东150座，东西向198座，南北向80座（附图3）。

36

世家星城（二期）

文物勘探

工作时间：2003年2月6日—3月15日
建设单位：西安房地产开发股份有限公司
项目性质：商业（房地产）
工作人员：孙武

位于雁塔区长延堡街办。长安西路与东仪路十字西北角，西南角坐标为：东经108°55′，北纬34°11′，用地范围呈长方形，实际勘探面积195950.39平方米。地势北高南低。

地层堆积2层。第①层：表土层，厚0.3米，

土色花杂，土质疏松；第②层：扰土层，厚1.2米，土色黄褐，土质密实，含少量砖瓦残块等物。第②层以下为生土。

发现古墓葬76座。墓葬形制有竖穴土圹墓4座，竖穴墓道土洞墓22座，斜坡墓道土洞墓44座，斜坡墓道砖室墓6座。墓向坐东朝西32座，坐西朝东12座，坐南朝北10座，坐北朝南18座。

考古发掘

工作时间：2003年5月—2004年6月

工作人员：王久刚、张小丽

清理战国至宋元时期墓葬200余座，出土器物2336件。

其中秦墓62座。墓葬形制有竖穴土圹墓和竖穴墓道土洞墓两座，其中竖穴墓道土洞墓为主要类型。墓向以东西向为主。可辨别的葬式分直肢葬和屈肢葬两种，以屈肢葬为主。秦墓出土陶器547件，种类有鼎、盒、壶、釜、鍪、钵、甑、盆、盂、罐、缶、瓮、灶、灯、囷、仓、鍑、钫、熏炉、铃、纺轮、球、鱼等；出土铜器92件，种类有鼎、甗、壶、盆、勺、鍪、铃、镜、带钩、镦、剑、印章、环、扳手、半两铜钱等；出土铁器30件，种类有灯、削、铺、锄、斧、杈、三足架等；出土玉器18件，种类有环、剑首、剑格、剑摽、璏、饼等；出土石器10件，种类有凿、片、球、串珠等；其他杂器12件，有金币、骨管、煤精体、蚌壳等。

（西安市文物保护考古所：《西安南郊秦墓·第二编·潘家庄世家星城秦墓》，陕西人民出版社，2004年；西安市文物保护考古研究院：《西安南郊潘家庄世家星城秦墓发掘简报（一）》，《秦始皇帝陵博物院》2013年第1期）

汉墓11座，其中5座资料已整理公布。墓葬形制均为斜坡墓道砖室墓，墓向坐西朝东3座，坐北朝南2座。11座汉墓出土器物167件，另有铜钱159枚（布泉、五铢）。其中陶器58件（壶、罐、仓、樽、灶、釜、甑、井、案、碗、耳杯、斗、勺、瓶、百枝灯、俑、马、独角兽、猪、牛、车、鸡、印章等）；铜器3件（带钩、襟钩、镜等）；铅器5件（衔镳、剑、釜等）；石器4件（口琀、条、弹丸、肛塞）；铅器3件（衔、镳）；琉璃耳珰3件；贝壳1件。

（1. 西安市文物保护考古所：《西安东汉墓》，文物出版社，2009年；西安市文物保护考古所：《西安南郊潘家庄169号东汉墓发掘简报》，《文物》2008年第6期）

该项目先后发掘战国秦汉墓数百座，且分布密集，其中尤以战国晚期至西汉早期的墓葬最具代表性，以鼎、盒、蒜头壶为典型的礼器组合，年代集中，似乎与秦代有密切关系。另外，出土的部分陶器上戳印或刻划的文字中有较多的“杜”字，可见这批墓主人是生活在杜城或附近的居民，对丰富杜城研究的实物资料。

37

木塔寺部分遗址勘探

文物勘探

工作时间：2003年3月3—8日

建设单位：西安市文物局

项目性质：主动调查、勘探和发掘（文物勘探）

工作人员：程林泉、王选羊

位于雁塔区丈八路街办。东邻太白南路，木塔寺遗址范围内。西南角坐标为：东经108°54′，北纬34°12′。实际勘探面积1485.4平方米。地势平坦。

地层堆积2层。第①层：表土层，厚0.3米，土色黄褐，土质疏松；第②层：扰土层，厚0.7米，土色黄褐，土质较硬，含零星瓦片、陶片等物。第②层以下为生土。

未发现古代文化遗存。

38

科技六路（木塔寨路段）

文物勘探

工作时间：2003年3月7—18日

建设单位：西安高新区土地储备中心

项目性质：公共基础建设（道路）

工作人员：程林泉、王选羊

位于雁塔区丈八路街办。南邻木塔寨村，北邻木塔寨苗圃。西南角坐标为：东经108°54′，北纬34°13′。用地范围呈长方形，实际勘探面积33650.0平方米。地势平坦。

地层堆积2层。第①层：表土层，厚0.3米，土色黄褐，土质疏松；第②层：扰土层，厚0.5米，土色黄褐，土质较硬，含零星瓦片、陶片等物。第②层以下为生土。

未发现古代文化遗存。

39

新大地花园

文物勘探

工作时间：2003年3月10—30日
建设单位：陕西志锋置业有限公司
项目性质：商业（房地产）
工作人员：程林泉

位于雁塔区电子城街办。东邻电子城，南邻丈八东路，西邻西万路。西南角坐标为：东经108°54′，北纬34°12′。用地范围呈长方形，实际勘探面积39966.0平方米。地势平坦。

Ⅰ区地层堆积2层。第①层：表土层，厚0.3米，系建筑垃圾；第②层：扰土层，厚0.5米，土色灰褐，含零星瓦片、陶片等物。第②层以下为生土。

Ⅱ区地层堆积4层。第①层：表土层，厚0.8米，系建筑垃圾；第②层：扰土层，深0.8—1.6米，厚0.8米，土色深褐，含零星瓦片等物；第③层：垆土层，深1.6—2.2米，厚0.6米，土色黝黑，土质僵硬；第④层：沙土层，深2.2—2.9米，厚0.7米，土色微黄，含少量沙子。

未发现古代文化遗存。

40

万城商物业丈八北路用地

文物勘探

工作时间：2003年3月14日—4月16日
建设单位：西安万城商物业有限公司
项目性质：商业（厂房）
工作人员：程林泉

位于雁塔区丈八路街办。东北邻响堂村。西南角坐标为：东经108°52′，北纬34°14′。用地范围呈长方形，实际勘探面积112672.3平方米。地势平坦。

北部地层堆积2层。第①层：表土层，厚0.3米，土色黑褐，土质疏松；第②层：扰土层，厚0.6米，土色花杂，土质略硬，含零星砖瓦等物。第②层以下为生土。

南部地层堆积3层。第①层：表土层，厚0.3米，土色黑褐，土质疏松；第②层：淤土层，深0.3—1.5米，厚1.2米，土色褐黄，土质较硬，含少量秦汉时期砖瓦、陶片等；第③层：冲积层，深1.5—2.8米，厚1.3米，属淤积而成。

发现战国至隋唐时期古墓葬28座，古窑址2处。墓葬形制有竖穴土圹墓18座，竖穴墓道土洞墓10座。墓向东西向10座，南北向8座，坐北朝南6座，坐南朝北1座，坐东朝西1座，坐西朝东2座。

41

西安新蕾学校

文物勘探

工作时间：2003年3月24—29日
建设单位：西安新蕾学校
项目性质：公共基础建设（学校）
工作人员：王光天、卢增奇

位于雁塔区鱼化寨街办。西邻姚家村，北邻阿房宫遗址区。西南角坐标为：东经108°49′，北纬34°15′。用地范围呈长方形，实际勘探面积23244.0平方米。地势平坦。

地层堆积4层。第①层：耕土层，厚0.3米，土色褐黄，土质疏松；第②层：扰土层，厚0.7米，土色红褐，土质疏松；第③层：古河床土，深1.1—2.8米，土色浅黄，土质均匀；第④层：细沙层，深2.8米以下见。

未发现古代文化遗存。

42

乐乐防盗门厂房

文物勘探

工作时间：2003年5月3—10日
建设单位：西安乐乐实业有限公司
项目性质：商业（厂房）
工作人员：孙福喜等

位于雁塔区鱼化寨街办。西邻西晁村，东邻西三环。西南角坐标为：东经108°50′，北纬34°14′。用地范围呈长方形，实际勘探面积13334.0平方米。地势平坦。

地层堆积2层。第①层：表土层，厚0.3米，土色灰褐，土质疏松；第②层：扰土层，厚1.7米，土色灰褐，土质较硬。第②层以下为生土。

发现古墓葬3座，其中，战国墓1座，汉墓1座，唐墓1座。墓葬形制有竖穴土圹墓1座，竖穴墓道土洞墓2座。墓向坐北朝南1座，坐西朝东1座，东西向1座。

43

西北有色地质研究所家属院

文物勘探

工作时间：2003年5月7日
建设单位：西北有色地质研究所
项目性质：商业（住宅楼）
工作人员：王光天、罗胜安等

位于雁塔区大雁塔街办。西影路25号，南邻西影路，西邻经九路，东邻曲江妇产医院。西南角坐标为：东经108°59′，北纬34°14′。

本次勘探7#楼、9#楼基槽。7#楼基槽用地范围呈长方形，东西长42.4米，南北宽18.8米，实际勘探面积808.0平方米。地势平坦。9#楼基槽用地范围呈长方形，东西长60.8米，南北宽18.4米，实际勘探面积1118.0平方米。地势平坦。

地层堆积，均已挖至生土层。

未发现古代文化遗存。

44

西华大厦

文物勘探

工作时间：2003年6月27日—7月5日
建设单位：陕西西华房地产开发有限公司
项目性质：商业（商厦）
工作人员：王光天、赵亚军

位于雁塔区小寨路街办。吉祥路21号，南邻吉祥路，东邻吉祥村小学，西邻212所，北邻吉祥村。西南角坐标为：东经108°56′，北纬34°13′。用地范围呈长方形，东西长940.0米，南北宽50.0米，实际勘探面积4602.0平方米。

地层堆积2层。第①层：表土层，厚0.4米，土色花杂，含大量砖瓦残块、建筑垃圾等；第②层：扰土层，厚0.6米，土色黄褐，土质杂乱。第②层以下为生土。

未发现古代文化遗存。

45

雁塔南路延伸段（绕城南—雁长界）

文物勘探

工作时间：2003年8月10—24日
建设单位：雁塔区交通局
项目性质：公共基础建设（道路）
工作人员：袁长江、邹亚军

位于雁塔区长延堡街办。东邻金滹沱村。西南角坐标为：东经108°58′，北纬34°11′。用地范围呈长条形，实际勘探面积80000.0平方米。地势平坦。

地层堆积1层。厚0.3米，土色黑褐，土质疏松。该层以下为生土。

发现古墓葬39座。墓葬形制有竖穴土圹墓3座，竖穴墓道土洞墓25座，竖穴墓道砖室墓1座，斜坡墓道土洞墓9座，斜坡墓道砖室墓1座。墓向坐西朝东3座，坐东朝西3座，坐北朝南28座，坐南朝北2座。

考古发掘

工作时间：2003年10月
工作人员：王久刚、张小丽

发掘汉代、明代墓葬4座，出土器物50件。

46

大雁塔北广场东路

考古发掘

工作时间：2003年8月24日—9月22日
建设单位：西安曲江发展有限公司
项目性质：公共基础建设（道路）
工作人员：张全民、杨军凯、张小丽、郭永淇

位于雁塔区大雁塔街办。大雁塔北广场东路，雁宛宾馆南侧蔷薇园大门北侧。西南角坐标为：东经108°58′，北纬34°13′。

发掘汉代墓葬2座，出土器物6件。

47

大雁塔广场开闭所

考古发掘

工作时间：2003年8—9月
建设单位：不详
项目性质：公共基础建设（电房）
工作人员：张全民、李小武

位于雁塔区大雁塔街办。大雁塔广场，西南角坐标为：东经108°58′，北纬34°13′。

发掘汉代墓葬2座，出土器物21件。两墓皆为长斜坡墓道单室土洞墓，有耳室或小龛，其一带砖封门。出土陶罐、陶壶、陶盆等器物。

48

颐天园

文物勘探

工作时间：2003年8月26日—9月6日
建设单位：陕西协和置业有限公司
项目性质：商业（房地产）
工作人员：袁长江、邹亚军

位于雁塔区长延堡街办。北邻庙坡头村，南邻雁南四路，西邻庙坡头路。西南角坐标为：东经108°58′，北纬34°12′。用地范围呈梯形，实际勘探面积27868.0平方米。地势平坦。

地层堆积2层。第①层：表土层，厚0.3米，土色黑褐，土质疏松；第②层：扰土层，厚0.8米，土色黄色，土质较硬，含零星砖瓦残块等物。第②层以下为生土。

未发现古代文化遗存。

49

海洋科普世界（一期）

文物勘探

工作时间：2003年9月1—12日
建设单位：西安曲江海洋世界有限公司
项目性质：商业（海洋馆）
工作人员：程林泉

位于雁塔区曲江街办（曲江新区）。北邻北池头村。西南角坐标为：东经108°59′，北纬34°13′。用地范围呈长方形，实际勘探面积43076.0平方米。地势平坦。

地层堆积3层。第①层：表土层，厚0.3米，土色黑褐，土质疏松；第②层：扰土层，深0.3—2.8米，厚2.5米，土色灰褐，土质较硬；第③层：垆土层，深2.8—3.2米，厚0.5米，土色黑褐，土质僵硬。第③层以下为生土。

未发现古代文化遗存。

50

雁南五路西段

文物勘探

工作时间：2003年9月25日—10月28日
建设单位：西安曲江发展有限公司
项目性质：公共基础建设（道路）
工作人员：倪志俊、刘社利

位于雁塔区长延堡街办。西接汇新路，东接雁塔南路，东西向。西南角坐标为：东经108°57′，北纬34°11′。用地范围呈长条形，长400.0米，宽30.0米，实际勘探面积12000.0平方米。地势平坦。

地层堆积，场地内均已挖至生土层。

发现战国至秦汉时期古墓葬16座。墓葬形制有竖穴土圹墓1座，竖穴墓道土洞墓13座，竖穴墓道2座。墓向坐北朝南13座，南北向3座。

51

翠苑小区（名城雅居）

文物勘探

工作时间：2003年9月26日—10月16日
建设单位：陕西中联房地产开发有限公司
项目性质：商业（房地产）
工作人员：袁长江、邹亚军

位于雁塔区长延堡街办。南邻丈八东路，西邻伟丰花园，东邻上海大众家属院。西南角坐标为：东经108°56′，北纬34°12′。用地范围呈长条形，实际勘探面积23921.0平方米。地势平坦。

地层堆积3层。第①层：表土层，厚1.4米，系建筑垃圾层；第②层：扰土层，深1.4—1.8米，厚0.4米，土色灰褐；第③层：垆土层，深1.8—2.2米，厚0.4米，土质坚硬。第③层以下为生土。

发现汉墓1座，斜坡墓道土洞墓，坐东朝西。

52

钻石半岛（一期）

考古发掘

工作时间：2003年10月
建设单位：陕西新城市房地产开发有限公司
项目性质：商业（房地产）
工作人员：程林泉

位于雁塔区长延堡街办。雁南三路南侧，雁塔南路东侧，隋大兴唐长安城城墙遗址南侧。西南角坐标为：东经108°58′，北纬34°12′。用地面积46722.92平方米。

发掘墓葬30座，其中汉代墓葬28座，唐代墓葬2座。发掘出土文物有铜镜、铜钱、陶俑、陶罐、玉饰等，计各类文物270余件 。

53

悦成花园

文物勘探

工作时间：2003年10月4—15日
建设单位：西安达成实业有限公司
项目性质：商业（房地产）
工作人员：袁长江、邹亚军

位于雁塔区长延堡街办。北邻雁南三路，西邻假日新嘉园，南邻泛美花园，东邻雁塔南路。西南角坐标为：东经108°58′，北纬34°12′。用地范围呈长方形，东西长106.0米，南北宽102.0米，实际勘探面积10500.0平方米。地势平坦。

地层堆积2层。第①层：表土层，厚0.3米，土色黑褐，土质疏松；第②层：扰土层，厚1.2米，土色黄褐，土质较硬。第②层以下为生土。

未发现古代文化遗存。

54

和平科技产业园办公楼及厂房

文物勘探

工作时间：2003年10月23日—11月2日

建设单位：陕西和平科技实业股份有限公司
项目性质：商业（厂房）
工作人员：袁长江、邹亚军

位于雁塔区丈八路街办。南邻科技五路，东邻高新六路，西邻双水磨村。西南角坐标为：东经108°52′，北纬34°13′。用地范围呈长方形，实际勘探面积8250.0平方米。地势平坦。

地层堆积2层。第①层：表土层，厚0.3米，土色黑褐，土质疏松；第②层：扰土层，厚0.5米，土色黄色，土质较硬。第②层以下为生土。

未发现古代文化遗存。

55

新西蓝公寓

考古发掘

工作时间：2003年11月
建设单位：陕西安城景置业有限责任公司
项目性质：商业（房地产）
工作人员：王久刚、张小丽

位于雁塔区丈八路街办。西邻唐延路，南邻科技路，东邻赵家坡村，北邻西北大学桃园校区。西南角坐标为：东经108°53′，北纬34°14′。用地范围呈“L”形。

发掘汉代墓葬9座，古窑址4座，出土器物34件。

56

曲江大道

文物勘探

工作时间：2003年11月1—18日
建设单位：西安曲江新区发展有限公司
项目性质：公共基础建设（道路）
工作人员：西安市文物保护考古所

位于雁塔区曲江街办。西北—东南走向，在原三兆路两边各加宽20.0米扩建而成。西南角坐标为：东经109°0′，北纬34°12′。用地范围呈长条形，实际勘探面积40000.0平方米。地势平坦。

地层堆积，已挖至生土层。

发现汉代古墓葬4座。墓葬形制有竖穴墓道土洞墓3座，斜坡墓道土洞墓1座。墓向坐北朝南3座，坐西朝东1座。

57

春晓苑

文物勘探

工作时间：2003年11月1—20日
建设单位：西安城市建设投资有限公司
项目性质：商业（房地产）
工作人员：西安市文物保护考古所

位于雁塔区曲江街办。西邻曲江水厂，北邻雁南五路，东邻芙蓉西路，南邻金滹沱村。西南角坐标为：东经108°58′，北纬34°11′。用地范围呈长条形，实际勘探面积23076.0平方米。地势南高北低。

地层堆积2层。第①层：表土层，厚0.3米，土色黑褐，土质疏松；第②层：扰土层，厚0.5米，土质疏松。第②层以下为生土。

发现古墓葬28座。墓葬形制有竖穴土圹墓4座，竖穴墓道土洞墓18座，竖穴墓道砖室墓1座，斜坡墓道土洞墓4座，斜坡墓道砖室墓1座。墓向坐西朝东2座，坐东朝西2座，坐南朝北17座，坐北朝南3座。

考古发掘

工作时间：2003年11—12月
工作人员：程林泉

发掘汉代墓葬31座，出土器物186件。8座墓葬资料已整理公布，简述如下。

墓葬形制有竖穴墓道土洞墓（M21、M26）、斜坡墓道土洞墓（M4、M15）、斜坡墓道砖室墓（M3、M9、M24、M29）。墓向坐西朝东4座，坐东朝西2座，坐南朝北1座，坐北朝南1座。出土器物115件，另有铜钱223枚（布泉、货泉、大泉五十、五铢）。其中陶器95件

（壶、罐、瓮、仓、樽、灶、釜、甑、井、案、盘、碗、耳杯、斗、勺、灯、纺轮、泥饼、狗等）；铜器11件（带钩、镜、匙、盆等）；铁器9件（刀、剑、削、钱等）；漆器2件（盒、案）。

（西安市文物保护考古所：《西安东汉墓》，文物出版社，2009年）

58

城南玫瑰园

文物勘探

工作时间：2003年11月4—14日
建设单位：陕西福地置业有限公司
项目性质：商业（房地产）
工作人员：袁长江、徐西平

位于雁塔区电子城街办。西邻电子东街，东邻万国花园，南邻北山门口村。西南角坐标为：东经108°55′，北纬34°12′。用地范围呈“L”形，南北长84.0—150.0米，东西宽70.3—127.8米，实际勘探面积14000.0平方米。

地层堆积3层。第①层：表土层，厚0.4米，土色黑灰，土质疏松；第②层：扰土层，深0.4—1.0米，厚0.6米，土色黄褐，土质较硬，含少量砖瓦等物；第③层：垆土层，深1.0—1.5米，厚0.5米，土色黑褐，土质结构紧密。第③层以下为生土。

未发现古代文化遗存。

59

城南玫瑰园A楼

文物勘探

工作时间：2003年11月23日—12月7日
建设单位：陕西福地置业有限公司
项目性质：商业（房地产）
工作人员：袁长江、徐西平

位于雁塔区电子城街办。西邻电子东街，东邻万国花园，南邻北山门口村。西南角坐标为：东经108°55′，北纬34°12′。用地范围呈“凹”字形，实际勘探面积3729.0平方米。地势平坦。

地层堆积，已挖至生土层。

未发现古代文化遗存。

60

包装市场小区

文物勘探

工作时间：2003年12月6日
建设单位：西安双维实业发展有限公司
项目性质：商业（房地产）
工作人员：张达宏

位于雁塔区电子城街办。北邻丈八东路，南邻双桥头村，西邻204研究所。西南角坐标为：东经108°55′，北纬34°12′。用地范围长方形，实际勘探面积50600.0平方米。地势平坦。

地层堆积3层。第①层：表土层，深0.5米，土色花杂，土质结构疏松；第②层：扰土层，深0.5—0.9米，厚0.4米，土色淡黄，含有近代陶片等物；第③层：垆土层，深0.9—1.7米，厚0.8米，土色黄褐，土质较密实，含有少量绳纹板瓦残片。第③层以下为生土。

发现古窑址1处。

61

西安理工大学曲江校区（二期）

考古发掘

工作时间：2004年1—5月
建设单位：西安理工大学
项目性质：公共基础建设（学校）
工作人员：程林泉、张翔宇

位于雁塔区曲江街办（曲江新区）。岳家寨村北，西南角坐标为：东经109°0′，北纬34°13′。2003年8月至12月，勘探面积180000平方米，发现古墓葬109座。考古发掘汉代至明代墓葬40余座，其中汉墓27座，古窑址1处，出土器物164件。部分墓葬资料已整理公布，简述如下。

M1：形制为斜坡墓道砖室墓，坐北朝南，由墓道、甬道、墓室三部分组成。墓门东、西两侧分别绘龙、翼虎，均为立状，爪持节。墓室东壁，绘车马出行、狩猎等内容。墓室后壁，上部绘一乘龙羽人，下部绘黄蛇、青蛇各一条，其间布以云气。墓室西壁，北部图案剥落，中部为斗鸡场景，南部为一幅女性宴月歌舞图。券顶，羽化升仙场景，南部正中绘有一只飞向墓门的凤鸟，两侧各绘一条翼龙，东侧龙前绘太阳、金乌，西侧龙前绘月亮、玉兔、蟾蜍，北部绘并排飞向墓门的两只仙鹤，其间布满云气。出土器物玉器（眼障、口琀、鼻塞、坠饰等）；铜印章；五铢钱若干。

（西安市文物保护考古所：《西安理工大西汉壁画墓发掘简报》，《文物》2006年第5期；孙福喜、程林泉、张翔宇：《西安理工大学基建工程中发现西汉壁画墓》，中国文物报2005年12月10日；孙福喜、程林泉、张翔宇：《西安理工大学西汉壁画墓初探》，《西北大学学报》（哲学社会科学版）2005年第3期；冯健、赵凤燕、李书镇、程蓓：《西安理工大学西汉壁画墓现场保护技术研究》，《文博》2013年第4期；冯健、夏寅、Catharina Blaensdorf、Susana Greiff：《西安理工大学曲江校区西汉壁画墓颜料分析研究》，《西北大学学报》（自然科学版）2012年第5期；郭永淇、陈斌、曹铭婧：《西安理工大西汉墓壁画的保护研究》，《人类文化遗产保护》，2012年）

M6、M9、M19、M21、M29、M33六座墓录入《西安东汉墓》。形制有斜坡墓道土洞墓3座，斜坡墓道砖室墓3座。墓向坐东朝西1座，坐西朝东3座，坐北朝南2座。出土器物182件，另有铜钱432枚（大泉五十、货泉、布泉、五铢）。其中陶器81件（壶、罐、仓、樽、灶、甑、井、案、盘、碗、耳杯、勺、瓶、灯、方形器、狗、马、猪、鸡、筒瓦、镇墓砖等）；铜器9件（泡钉、弩机、带钩、印章、削、镜）；铁器5件（釜、削）；银丝1件；铅器29件（人、车马器）；玉器1件（五铢）；石器7件（砚、猪）；漆盒3件；琉璃耳珰4件；果壳20枚；麻布鞋1双。

（西安市文物保护考古所：《西安东汉墓》，文物出版社，2009年）

62
二〇五所住宅楼（三期）

文物勘探

工作时间：2004年1月3—10日
建设单位：中国兵器工业第二〇五研究所
项目性质：商业（住宅楼）
工作人员：孙福喜、赵亚军

位于雁塔区电子城街办。东邻741厂生活区，南邻电子四路，西邻电子西街。用地范围呈长方形，实际勘探20279.0平方米。地势平坦。

地层堆积2层。第①层：表土层，厚0.4米，土色黑灰，土质疏松；第②层：扰土层，厚0.6米，土色黑褐，土质较硬。第②层以下为冲积层。

发现战国墓4座。墓葬形制均为竖穴土圹墓，墓向均为东西向。

63
翠竹园

文物勘探

工作时间：2004年1月10日—3月4日
建设单位：西安地洲置业有限公司
项目性质：商业（房地产）
工作人员：孙武、段增运

位于雁塔区曲江街办（曲江新区）。北邻曲江池南路，西邻曲江春晓苑，东邻曲江兰亭，南邻曲江明珠。西南角坐标为：东经108°58′，北纬34°11′，用地范围呈长方形，实际勘探130000.0平方米。地势平坦。

地层堆积2层。第①层：表土层，厚0.5米，土色浅褐，土质疏松；第②层：扰土层，厚0.7米，土色黄褐，土质密实。第②层以下为冲积层。

发现秦汉唐时期古墓葬49座（秦汉墓18座、唐墓31座）。墓葬形制有竖穴墓道土洞墓33座，斜坡墓道土洞墓16座。墓向坐西朝东1座，坐东朝西4座，坐南朝北6座，坐北朝南38座。

64

现代家居艺术中心

文物勘探

工作时间：2004年1月15—19日
建设单位：西安明轩家居艺术有限公司
项目性质：商业（商场）
工作人员：张宏达、杨智慧

位于雁塔区长延堡街办。西北邻陕西电视塔，西邻长安南路，东邻结核病医院，南邻安泰酒店。西南角坐标为：东经108°57′，北纬34°11′。用地范围呈梯形，实际勘探面积26640.0平方米。地势平坦。

地层堆积1层。厚3.5米，土色花杂，土质疏松，系回填垃圾层。此层以下为生土。

未发现古代文化遗存。

65

交大科技园国际孵化器、创业大厦、学生公寓、教育中心

文物勘探

工作时间：2004年2月23日—3月3日
建设单位：交大科技园有限公司
项目性质：商业（科技园）
工作人员：倪志俊、王纪元

位于雁塔区曲江街办（曲江新区）。雁翔路99号交大科技园区内，西南角坐标为：东经109°0′，北纬34°13′。实际勘探34000.0平方米。地势平坦。

地层堆积3层。第①层：表土层，厚0.3米，土色花杂，系机械碾压层；第②层：扰土层，深0.3—0.7米，厚0.4米，土色黄灰，土质较疏松，含近现代陶瓷残片、瓦片等物；第③层：汉唐文化层，深0.7—1.1米，厚0.4米，土色黄褐，土质较硬，含少量汉唐时期砖瓦残块。第③层以下为生土。

探出古墓葬2座（唐墓1座、明清墓1座）。

66

雁栖小区（C区）

文物勘探

工作时间：2004年2月27日—3月20日
建设单位：西安曲江土地储备中心
项目性质：商业（房地产）
工作人员：王自力、邹亚军

位于雁塔区曲江街办（曲江新区）。西邻三兆路，东邻岳家寨村，南邻曲江大道。西南角坐标为：东经108°59′，北纬34°13′。用地范围呈长方形，实际勘探199720.3平方米。地势西南高、东南低。

Ⅰ区地层堆积2层。第①层：表土层，厚0.3米，土色黑褐，土质疏松；第②层：扰土层，厚1.0米，土色灰褐，土质较硬。第②层以下为生土。

Ⅱ区地层堆积1层。厚0.3米，土色花杂，土质疏松。此层以下为生土。

Ⅲ区地层堆积2层。第①层：表土层，厚0.3米，土色花杂，土质疏松；第②层：扰土层，厚1.0米，土色褐色，土质较硬，含古代砖瓦残块等物。第②层以下为生土。

发现汉唐时期古墓葬21座。墓葬形制竖穴墓道土洞墓17座，斜坡墓道土洞墓4座。墓向坐东朝西5座，坐南朝北3座，坐北朝南13座。

67

雁塔国际文化广场（一期）

文物勘探

工作时间：2004年3月
建设单位：不详
项目性质：公共基础建设（广场）
工作人员：张宏达、杨智慧

位于雁塔区小寨路街办。南邻八里村，东

邻长安路，北邻雁塔西路，西邻西安交通大学雁塔校区。西南角坐标为：东经108°57′，北纬34°13′。用地范围长方形，实际勘探19980.0平方米。地势平坦。

地层堆积2层。第①层：表土层，厚1.5米，土色花杂，系建筑垃圾层；第②层：垆土层，厚1.2米，土色褐黄，土质较密实，含少量瓦片、陶瓷片等物。第②层以下为生土。

未发现古代文化遗存。

68

建设工程交易中心

文物勘探

工作时间：2004年3月4—8日
建设单位：西安曲江新区发展有限公司
项目性质：商业（市场）
工作人员：倪志俊、王选羊

位于雁塔区长延堡街办。东邻雁塔南路南端，西邻南窑村，南邻南绕城高速。西南角坐标为：东经108°57′，北纬34°11′。用地范围呈不规则长方形，东西长72.57—122.63米，南北宽40.0—61.68米，实际勘探9300.0平方米。地势平坦。

地层堆积3层。第①层：表土层，厚0.3米，土色黑褐，土质疏松；第②层：扰土层，深0.3—1.3米，厚1.0米，土色浅褐，土质较硬，含零星瓦片等物；第③层：垆土层，深1.3—1.6米，厚0.3米，土色黑色，土质坚硬。第③层以下为生土。

未发现古代文化遗存。

69

芙蓉南路

考古发掘

工作时间：2004年4月
建设单位：不详
项目性质：公共基础建设（道路）
工作人员：张翔宇

位于雁塔区曲江街办（曲江新区）。东西走向，西接芙蓉西路，东接芙蓉东路。用地范围呈长条形，西南角坐标为：东经108°58′，北纬34°12′。

发掘汉代墓葬1座，出土器物7件。简述如下。

M1：斜坡墓道砖室墓，坐西朝东，由墓道、墓室、小龛三部分组成。葬具为木棺，葬制不详。出土器物7件，另有铜钱3枚（大泉五十）。其中铜器4件（奁、盆、柿蒂棺饰）；铁器1件；石砚1件；木勺1件。

（西安市文物保护考古所、郑州大学考古专业编：《长安汉墓》，陕西人民出版社，2004年）

70

长延堡派出所办公楼

考古发掘

工作时间：2004年5月
建设单位：雁塔区长延堡派出所
项目性质：公共基础建设（公安）
工作人员：王久刚

位于雁塔区长延堡街办。西邻通邮路，南邻亚朵酒店，东邻电视塔，北邻西安市第八医院家属院。西南角坐标为：东经108°56′，北纬34°12′。清理汉墓3座、元墓1座。3座汉墓资料已整理公布，简述如下。

M1：长斜坡墓道砖券洞室墓，东西向，墓道在墓室西，方向270°，由墓道、墓室、左右耳室构成。

M2：长斜坡墓道砖券洞室墓，墓道在墓室西侧，方向265°，由墓道、墓室、左右耳室组成。

M3：竖穴墓道砖券洞室墓，墓道在墓室南，方向176°。

3座墓出土器物133件，另有铜钱87枚，陶耳杯数件。M1、M2原有壁画，并且出土众多陶俑，是研究汉代丧葬习俗的重要资料。

（西安市文物保护考古研究院：《西安南郊西汉墓发掘简报》，《文物》2012年第10期）

71

航天民用科技产业园

文物勘探

工作时间：2004年5月1—28日
建设单位：陕西航天动力高科技股份有限公司
项目性质：商业（产业园）
工作人员：倪志俊、李巨科

位于雁塔区丈八路街办。北邻锦业路，西邻西三环，南邻锦业一路，东邻丈八六路。西南角坐标为：东经108°51′，北纬34°11′。用地范围呈长方形，东西长565.0米，南北宽260.0米，实际勘探80004.0平方米。地势平坦。

地层堆积3层。第①层：表土层，厚0.3米，土色灰黄，土质疏松；第②层：扰土层，深0.3—0.6米，厚0.3米，土色灰黄，土质较硬；第③层：垆土层，深0.6—0.8米，厚0.2米，土色黑色，土质坚硬。第③层以下为生土。

未发现古代文化遗存。

72

司法局劳教所干警住宅楼（一期，司法小区）

文物勘探

工作时间：2004年5月9—18日
建设单位：西安市司法局劳教所
项目性质：商业（住宅楼）
工作人员：孙福喜、王自力、邹亚军

位于雁塔区长延堡街办。西安市劳教所院内，西邻军警路，南邻共建路，东邻东三爻村。西南角坐标为：东经108°57′，北纬34°11′。用地范围呈长方形，东西长198.1米，南北宽129.0米，实际勘探17500.0平方米。地势平坦。

地层堆积，场地内均已挖至生土层。

共发现古墓葬33座。古墓葬主要集中在项目用地西北部1#、3#楼基槽。其中战国墓25座，汉墓6座，明墓2座。

73

雁鸣小区（一期）

文物勘探

工作时间：2004年6月14—21日
建设单位：曲江新区土地储备中心
项目性质：商业（房地产）
工作人员：程林泉、李乖成

位于雁塔区曲江街办（曲江新区）。北邻水厂东路，东邻情侣路，南邻雁南四路。西南角坐标为：东经108°58′，北纬34°12′。用地范围呈长方形，实际勘探面积40000.0平方米。地势平坦。

地层堆积2层。第①层：表土层，厚0.3米，土色灰黄，土质疏松；第②层：扰土层，厚1.2米，土色灰黄，土质较硬，含砖瓦残块等物。第②层以下为生土。

未发现古代文化遗存。

74

鼎盛商场

文物勘探

工作时间：2004年6月14日—22日
建设单位：陕西省人民防空办公室
项目性质：商业（商厦）
工作人员：李巨科

位于雁塔区曲江街办（曲江新区）。北邻曲江管委会，西邻雁塔南路，南邻曲江公馆。西南角坐标为：东经108°58′，北纬34°13′。用地范围呈长方形，实际勘探面积16000.0平方米。地势平坦。

地层堆积3层。第①层：表土层，厚0.3米，土色灰黄，土质疏松；第②层：扰土层，深0.3—1.8米，厚1.5米，土色浅黄，土质较硬，含少量砖瓦残块；第③层：垆土层，深1.8—2.5米，厚0.7米，土色黑褐，土质较硬。第③层以下为生土。

发现汉唐墓葬7座（汉墓6座、唐墓1座）。墓葬形制竖穴墓道土洞墓6座，斜坡墓道砖室墓1

座；墓向坐北朝南5座，坐东朝西1座，坐西朝东1座。

75

西三爻村城改（一期）

文物勘探

工作时间：2004年6月25日—7月5日
建设单位：西安市西三爻村改造建设发展有限公司
项目性质：商业（房地产）
工作人员：袁长江、邹亚军

位于雁塔区长延堡街办。南邻麦德龙商场，东邻长延堡派出所。西南角坐标为：东经108°57′，北纬34°12′。用地范围呈长方形，实际勘探面积7224.6平方米。地势平坦。本次勘探包括5#、6#、7#住宅楼。

地层堆积2层。第①层：表土层，厚2.5米，土色花杂，土质杂乱，系建筑垃圾层；第②层：耕土层，深2.5—2.9米，厚0.4米，土色褐黄，土质密实。第②层以下为生土。

5#楼基槽发现汉墓1座，竖穴墓道土洞墓，坐西朝东，由墓道、墓室两部分组成，全长8.0米，宽2.7米，深2.0米，墓室砖铺地。

76

怡心居（二期）

文物勘探

工作时间：2004年6月27日—8月15日
建设单位：西安中北房地产开发有限公司
项目性质：商业（房地产）
工作人员：孙福喜、卢增奇

位于雁塔区丈八路街办。南邻西安石油学院公寓楼，东邻怡心居（一期）。西南角坐标为：东经108°56′，北纬34°12′。用地范围长方形，实际勘探18510.4平方米，地势平坦。

地层堆积2层。第①层：表土层，厚2.0米，系建筑垃圾层；第②层：扰土层，厚0.8米，土色黄褐，土质疏松。第②层以下为生土。

发现汉墓4座。墓葬形制竖穴土圹墓1座，竖穴墓道土洞墓2座，斜坡墓道土洞墓1座。墓向坐北朝南3座，东西向1座。

77

西安电子科技大学科技园

文物勘探

工作时间：2004年7月12日—7月12日
建设单位：西安三环路发展有限公司
项目性质：公共基础建设（学校）
工作人员：孙武、种保民

位于雁塔区电子城街办。博文路与科创路交汇处。西南角坐标为：东经108°54′，北纬34°13′。用地范围呈长方形，实际勘探30000.0平方米，地势平坦。

地层堆积2层。第①层：表土层，厚0.3米，土色浅褐，土质疏松；第②层：扰土层，厚0.6米，土色黄褐，土质密实。第②层以下为生土。

发现汉墓4座。墓葬形制竖穴墓道砖室墓1座，斜坡墓道土洞墓2座，斜坡墓道砖室墓1座。墓向坐南朝北1座，坐西朝东1座，坐北朝南2座。

78

绿岛书香

文物勘探

工作时间：2004年7月30日—8月11日
建设单位：陕西融信房地产开发有限公司
项目性质：商业（房地产）
工作人员：倪志俊

位于雁塔区曲江街办（曲江新区）。交大科技园区内，西邻教育中心。西南角坐标为：东经109°0′，北纬34°13′。用地范围呈长方形，实际勘探面积10000.0平方米，地势平坦。

地层堆积3层。第①层：表土层，厚0.3米，土色花杂，土质疏松；第②层：扰土层，厚0.3

米，土色黄灰，土质较硬；第③层：汉唐文化层，厚0.4米，土色黄褐，土质较硬，含少量汉唐时期陶片等物。第③层以下为生土。

发现汉唐墓葬22座（汉墓12座、唐墓10座）。墓葬形制有竖穴土圹墓2座，竖穴墓道土洞墓6座，斜坡墓道土洞墓10座，斜坡墓道砖室墓1座。墓向坐西朝东5座，坐东朝西4座，坐北朝南8座。

79

唐城四路（芙蓉东路）

文物勘探

工作时间：2004年8月1—3日
建设单位：西安曲江新区发展有限公司
项目性质：公共基础建设（道路）
工作人员：倪志俊、李巨科

位于雁塔区曲江街办（曲江新区）。西北—东南向，北邻西影厂。西南角坐标为：东经108°58′，北纬34°13′。用地范围呈长条形，实际勘探3876.0平方米，地势平坦。

地层堆积，已挖至生土层。

未发现古代文化遗存。

80

西安出租车公司旅游分公司办公区

文物勘探

工作时间：2004年8月16—21日
建设单位：西安出租车公司
项目性质：商业办公楼
工作人员：孙武、王纪元

位于雁塔区等驾坡街办。东邻规划四路，南邻规划五路，西邻西安交大曲江校区。西南角坐标为：东经109°0′，北纬34°13′。用地范围呈不规则长方形，实际勘探面积20646.0平方米。地势平坦。

地层堆积3层。第①层：表土层，厚0.3米，土色花杂，含砖瓦残块、灰星等物；第②层：扰土层，深0.3—0.6米，厚0.3米，土色黄灰，土质较疏松，含近现代陶片等物；第③层：汉唐文化层，深0.6—0.9米，厚0.3米，土色黄褐，土质较硬，含少量汉唐时期陶片等物。第③层以下为生土。

发现汉唐墓葬106座（汉墓37座、唐墓69座）。墓葬形制有竖穴土圹墓1座，竖穴墓道土洞墓89座，斜坡墓道土洞墓13座，斜坡墓道砖室墓1座。墓向坐西朝东4座，坐东朝西4座，坐北朝南93座，坐南朝北2座（附图4）。

81

泛想车城

文物勘探

工作时间：2004年8月24日—9月5日
建设单位：西安泛想汽车实业有限公司
项目性质：商业（汽车销售）
工作人员：袁长江

位于雁塔区电子城街办。西邻西万路（西沣路），南邻西沣一路，北邻康家湾，东邻沣泾二路。西南角坐标为：东经108°53′，北纬34°11′。用地范围长方形，实际勘探面积26400.0平方米，地势平坦。

A区地层堆积3层。第①层：表土层，厚0.5米，内含煤渣等物；第②层：扰土层，深0.5—0.7米，厚0.2米，土色黑褐，土质较软；第③层：垆土层，深0.7—0.8米，厚0.1米，土色黑褐。第③层以下为生土。

B区地层堆积3层。第①层：表土层，厚0.8米，为建筑垃圾层；第②层：扰土层，深0.8—1.2米，厚0.4米，土色黑褐，土质较硬，含近现代砖瓦等物；第③层：垆土层，深1.2—1.7米，厚约0.5米，土色黑褐。第③层以下为生土。

未发现古代文化遗存。

82

龙源居住小区（二期）

文物勘探

工作时间：2004年11月6—9日
建设单位：陕西龙源房地产开发有限公司
项目性质：商业（房地产）
工作人员：程林泉、孙武

位于雁塔区鱼化寨街办。南邻旭景碧泽园，西邻花卉市场。西南角坐标为：东经108°52′，北纬34°15′。用地范围呈长方形，实际勘探21600.0平方米，地势平坦。

地层堆积2层。第①层：表土层，厚0.7米，土色花杂，土质疏松；第②层：扰土层，厚1.0米，土色红褐，土质较疏松。第②层以下为冲积层。

未发现古代文化遗存。

83

吉祥花园

文物勘探

工作时间：2004年11月15—25日
建设单位：陕西创之星置业发展有限公司
项目性质：商业（房地产）
工作人员：倪志俊、李巨科

位于雁塔区小寨路街办。西邻吉祥村，东邻永松路，北邻西斜八路，南邻吉祥路。西南角坐标为：东经108°55′，北纬34°13′。用地范围呈三角形，实际勘探11454.0平方米，地势平坦。

A区地层堆积2层。第①层：表土层，厚1.2米，土色花杂，土质疏松，系建筑垃圾层；第②层：扰土层，厚0.5米，土色褐色，土质较硬，含少量砖瓦残块。第②层以下为生土。

B区地层堆积3层。第①层：表土层，厚1.2米，土色花杂，土质疏松，系建筑垃圾层；第②层：扰土层，深1.2—1.8米，厚0.6米，土色褐色，土质较硬，含少量砖瓦残块；第③层：垆土层，深1.8—3.2米，厚1.4米，土色黑褐，土质坚硬。第③层以下为生土。

C区地层堆积3层。第①层：表土层，厚1.2米，土色花杂，土质疏松，系建筑垃圾层；第②层：扰土层，深1.2—2.0米，厚0.8米，土色灰褐，土质较硬；第③层：垆土层，深2.0—4.0米，厚2.0米，土色黑褐，土质坚硬。第③层以下为生土。

未发现古代文化遗存。

84

曲江南苑

文物勘探

工作时间：2004年11月16—28日
建设单位：西安长江置业投资有限公司
项目性质：商业（房地产）
工作人员：孙武、李广全

位于雁塔区曲江街办（曲江新区）。北邻雁南四路，东邻情侣路（芙蓉西路），西邻庙坡头路。西南角坐标为：东经108°58′，北纬34°12′。用地范围呈长方形，实际勘探93257.0平方米，地势平坦。

北部区域地层堆积2层。第①层：表土层，厚0.4米，土色花杂，土质疏松；第②层：扰土层，厚1.8米，土色红褐，土质坚硬。第②层以下为生土。

南部区域地层堆积2层。第①层：表土层，厚0.4米，土色花杂，土质疏松；第②层：扰土层，厚0.8米，土色红褐色，土质坚硬。第②层以下为生土。

发现古墓葬8座（汉墓3座、唐墓5座）。墓葬形制有竖穴墓道土洞墓3座，斜坡墓道土洞墓5座。墓向坐西朝东1座，坐东朝西1座，坐南朝北6座。

85

西三爻村城改

文物勘探

工作时间：2004年12月22—28日
建设单位：西安市西三爻村改造建设发展有限公司

项目性质：商业（房地产）
工作人员：袁长江、邹亚军

位于雁塔区长延堡街办。东邻麦德龙商场，南邻西三爻村。西南角坐标为：东经108°56′，北纬34°12′。用地范围呈长方形，实际勘探面积1569.0平方米。地势平坦。

地层堆积2层。第①层：表土层，厚1.0米，土色花杂，土质杂乱，系建筑垃圾层；第②层：耕土层，深1.0—1.4米，厚0.4米，土色褐黄，土质密实。第②层以下为生土。

发现汉墓1座，斜坡墓道土洞墓，坐北朝南。

86

曲江溪水园（枫林·溪园）

考古发掘

工作时间：2005年1月
建设单位：西安高新技术产业开发区房地产开发公司
项目性质：商业（房地产）
工作人员：王久刚、王磊

位于雁塔区长延堡街办。南邻雁南五路，西邻雁塔南路，北、东邻曲江华府小区。西南角坐标为：东经108°58′，北纬34°11′。用地范围呈长方形。

M11为一座元墓，资料已整理公布，简述如下。

M11：长斜坡墓道土洞前后室墓。由墓道、甬道、前室、后室、过洞、小龛组成，坐北朝南，方向180°。前室为近方形，抹角，穹隆顶，随葬品主要在室内。后室有甬道与前室相通，长方形，抹角，有双棺，后壁正中有小龛。出土人物俑12件，动物俑20件，陶罐1件，陶瓶2件，陶盏3套，陶剑2件，陶车1辆，陶伞1件，瓷罐1件，瓷碗1件，墓志一方。墓主王世英，忠勇校尉同知耀州事，大德十年（1306年）葬于咸宁县洪固乡先茔。

（西安市文物保护考古所：《西安南郊元代王世英墓清理简报》，《文物》2008年第6期）

87

秀水园

考古发掘

工作时间：2005年
建设单位：不详
项目性质：商业（房地产）
工作人员：王久刚、王磊

位于雁塔区长延堡街办。雁塔南路与雁南三路十字东南角。西南角坐标为：东经108°58′，北纬34°12′。现将M5简述如下。

M5：斜坡墓道土洞式多室墓，坐西朝东，由墓道、甬道、前室、后室、南北侧室六部分组成。出土器物30件，其中陶器14件（人物俑、牛、车、罐、壶、盆、甑、灯等）；银器4件（钗、环），铜器8件（镜、铃、钗、镯、环等）；铁器1件；石器1件；角器2件（兽角）。

（西安市文物保护考古所：《西安南郊清理两座十六国墓葬》，《文博》2011年第1期）

88

曲江公馆

文物勘探

工作时间：2005年2月25日—3月1日
建设单位：西安协和置业有限公司
项目性质：商业（房地产）
工作人员：袁长江、王永记

位于雁塔区曲江街办（曲江新区）。东邻芙蓉西路，北邻雁南一路，南邻雁南二路。西南角坐标为：东经108°58′，北纬34°13′。用地范围呈长方形，用地面积21500.0平方米。地势平坦。

地层堆积2层。第①层：表土层，厚0.3米，土色黑褐，土质疏松；第②层：扰土层，厚0.8米，土色黄色，土质较硬。第②层以下为生土。

未发现古代文化遗存。

89

雁鸣小区（二期）

文物勘探

工作时间：2005年3月17—28日
建设单位：曲江新区土地储备中心
项目性质：商业（房地产）
工作人员：程林泉、王选羊

位于雁塔区曲江街办（曲江新区）。南邻雁南四路，西邻庙坡头路，北邻钻石王朝，东邻芙蓉西路。西南角坐标为：东经108°58′，北纬34°12′。用地范围呈梯形，地势平坦。

地层堆积2层。第①层：表土层，厚0.3米，土色灰黄，土质疏松；第②层：扰土层，厚0.6米，土色淡黄，土质较硬，含砖瓦残块等物。第②层以下为生土。

发现古墓葬40座。墓葬形制由竖穴墓道土洞墓34座，竖穴墓道砖室墓1座，斜坡墓道土洞墓5座。墓向坐北朝南35座，坐南朝北2座，坐东朝西3座。

考古发掘

工作时间：2005年5—7月
工作人员：程林泉、张翔宇

发掘古墓葬42座，大部分为明代墓葬，其中汉墓3座，M1、M2资料已整理公布，简述如下。

M1：斜坡墓道砌砖多室墓，坐东朝西，由墓道、甬道、墓室三部分组成。葬具为1木棺；葬式仰身直肢。出土器物55件，另有铜钱72枚。其中陶器50件（壶、罐、仓、樽、灶、甑、盆、井、案、盘、碗、耳杯、斗、勺、灯、熏炉、猪圈、柜、俑、狗、猪、羊、鸡、鸭等）；铜器4件（镜、削）；铜钱72枚（剪轮五铢、有郭五铢）；铁削1件。

M2：斜坡墓道土洞双室墓，坐东朝西，由墓道、甬道、墓室三部分组成。葬具不详，葬式不详。出土陶器25件（壶、罐、仓、灶、釜、甑、井、案、盘、碗、耳杯、斗、勺、猪、狗、鸡等）；铜钱5枚（有郭五铢、剪轮五铢）。

（西安市文物保护考古所：《西安东汉墓》，文物出版社，2009年）

90

雁栖三路（理工大曲江校区路段）

文物勘探

工作时间：2005年3月26—30日
建设单位：西安曲江新区管委会
项目性质：公共基础建设（道路）
工作人员：程林泉、李乖成

位于雁塔区曲江街办（曲江新区）。道路南北向，西邻西安理工大曲江校区，南邻岳家寨。西南角坐标为：东经109°0′，北纬34°13′。用地范围呈长条形，长500.0米，宽30.0米，实际勘探面积15000.0平方米。地势平坦。

地层堆积3层。第①层：表土层，厚0.3米，土色褐黄，土质较疏松；第②层：扰土层，深0.3—0.7米，厚0.4米，土色褐黄，土质较疏松；第③层：垆土层，深0.7米以下见，土色油黑，土质密实。第③层以下为生土。

未发现古代文化遗存。

91

雁曲五路

文物勘探

工作时间：2005年3月28日—4月11日
建设单位：西安曲江管委会
项目性质：公共基础建设（道路）
工作人员：程林泉、李乖成

位于雁塔区曲江街办（曲江新区）。北邻岳家寨，东接经七路，西接曲江路。西南角坐标为：东经109°0′，北纬34°13′。用地范围呈长条形，东西长908.0米，南北宽30.0米，实际勘探面积1900.0平方米。

地层堆积3层。第①层：表土层，厚0.3米，土色花杂，土质褐黄；第②层：扰土层，深0.3—1.5米，厚1.2米，土色黄褐，土质较硬，含少量古代砖瓦残块；第③层：垆土层，深1.5—2.2米，厚0.7米，土色黑褐，土质较硬。第③层以下为生土。

发现古墓葬42座（汉墓21座，唐墓21座）。墓葬形制有竖穴墓道土洞墓38座，竖穴墓道砖室墓2座，斜坡墓道土洞墓2座。墓向坐北朝南29座，坐西朝东12座，坐东朝西1座。

92

大明宫雁塔国际家具广场

文物勘探

工作时间：2005年4月5—25日
建设单位：西安大明宫国际家居有限公司
项目性质：商业（市场）
工作人员：袁长江、徐西平

位于雁塔区长延堡街办。电子二路与东仪路十字东南角，东邻含光路。西南角坐标为：东经108°56′，北纬34°12′。用地范围呈“L”形，实际勘探面积22500.0平方米。地势平坦。

地层堆积2层。第①层：表土层，厚0.3米，土色花杂，土质疏松；第②层：扰土层，厚0.7米，土色红褐，土质较硬，含少量近现代砖瓦残块。第②层以下为生土。

未发现古代文化遗存。

93

世家星城三期（11#、14#、16#、17#、19#楼）

文物勘探

工作时间：2005年5月1日—6月14日
建设单位：西安房地产开发股份有限公司
项目性质：商业（房地产）
工作人员：程林泉

位于雁塔区电子城街办。长安西路与东仪路十字西北角，西南角坐标为：东经108°55′，北纬34°11′。用地范围呈长方形，实际勘探面积6784.3平方米。地势北高南低。

地层堆积，场地内已挖至生土。

未发现古代文化遗存。

94

紫薇·臻品

文物勘探

工作时间：2005年5月5—20日
建设单位：陕西龙腾房地产开发有限公司
项目性质：商业（房地产）
工作人员：袁长江、徐西平

位于雁塔区丈八路街办（高新区）。科技路与团结南路十字西北角，西南角坐标为：东经108°53′，北纬34°14′。用地范围呈长方形，东西长194.0米，南北宽137.0米，实际勘探面积26664.0平方米。地势平坦。

地层堆积2层。第①层：表土层，厚0.3米，土色花杂，土质疏松；第②层：垆土层，厚0.5米，土色黑褐，土质较密实，含少量砖瓦、陶片等物。第②层以下为生土。

未发现古代文化遗存。

95

田信园一期（信苑小区一期）

文物勘探

工作时间：2005年5月11—25日
建设单位：西安大信房地产有限公司
项目性质：商业（房地产）
工作人员：王自力

位于雁塔区等驾坡街办。西邻西安照明电器工业公司，南邻咸宁东路，东邻田家湾村。西南角坐标为：东经109°2′，北纬34°15′。用地范围呈长方形，实际勘探15230.0平方米。地势平坦。

地层堆积，场地内已挖至生土。

未发现古代文化遗存。

96

和记黄埔·高新区用地（逸翠园小区）

文物勘探

工作时间：2005年5月17日—6月11日
建设单位：和记黄埔地产（西安）有限公司
项目性质：商业（房地产）
工作人员：程林泉、李巨科

位于雁塔区电子城街办（高新区）。东邻西沣公路，南邻紫薇田园都市，西邻丈八二路，北邻绕城高速。西南角坐标为：东经108°53′，北纬34°11′。用地范围呈不规则梯形，实际勘探面积485043.0平方米。地势平坦。

GXⅢ－5，GXⅢ－6地层堆积3层。第①层：表土层，厚0.3米，土色花杂，土质结构疏松；第②层：扰土层，深0.3—0.9米，厚0.6米，土色灰褐，含零星瓦片；第③层：垆土层，深0.9—1.3米，厚0.4米，土色黑褐，土质较硬。第③层以下为生土。

GXⅢ－4，GXⅢ－7、GXⅢ－8地层堆积3层。第①层：表土层，厚0.3米，土色花杂，土质疏松；第②层：扰土层，深0.3—0.7米，厚0.4米，土色黄褐，土质较硬，含近现代砖瓦等物；第③层：垆土层，深0.7—1.2米，厚0.5米，土色黑褐，土质较硬。第③层以下为生土。

发现古墓葬79座（秦汉墓10余座、隋唐墓10余座、明墓3座、其余年代不详），古河道3条。墓葬形制有竖穴土圹墓4座，竖穴墓道土洞墓62座，斜坡墓道土洞墓13座。墓向坐西朝东10座，坐东朝西2座，坐北朝南55座，坐南朝北10座，南北向3座，东西向1座。

考古发掘

工作时间：2010年6月4—14日
工作人员：张全民、郭永淇

发掘唐墓2座、北宋灵塔地宫1座。灵塔地宫为砖筑，四周砌有多层小龛。出土石刻一方，首题“京兆府崇胜禅院主僧法从卯塔暨终经之铭并序”，纪年为北宋至和三年（1056年）。

97

金叶科技产业园

文物勘探

工作时间：2005年5月27日—7月3日
建设单位：陕西科教集团股份有限公司
项目性质：商业（产业园）
工作人员：倪志俊、刘海生

位于雁塔区丈八路街办。北邻绕城高速，南邻东付村，东邻丈八四路，西邻丈八五路。西南角坐标为：东经108°52′，北纬34°11′。用地范围呈长方形，实际勘探面积66667.0平方米，地势平坦。

地层堆积2层。第①层：表土层，厚0.3米，土色灰黄，土质较疏松；第②层：扰土层，厚0.5米，土色黑褐，土质较硬。第②层以下为生土。

未发现古代文化遗存。

98

坤城花园（朗郡·水木兰亭）

文物勘探

工作时间：2005年6月23日—7月1日
建设单位：坤城地下空间开发有限公司
项目性质：商业（房地产）
工作人员：王自力、刘军利

位于雁塔区大雁塔街办。南邻西影路，东邻梅园小区。西南角坐标为：东经109°0′，北纬34°14′。用地范围呈梯形，南北长110.2米，东西宽101.7米，实际勘探面积6000.0平方米，地势平坦。

地层堆积2层。第①层：表土层，厚0.6米，土色花杂，土质疏松；第②层：扰土层，厚1.2米，土色黄褐，土质较硬，含少量近现代砖瓦残块。第②层以下为生土。

发现秦汉墓1座，竖穴土圹墓，南北向。

99

小悉尼·绿洲（一期）

文物勘探

工作时间：2005年7月4—8日
建设单位：陕西鹏信建设开发有限公司
项目性质：商业（房地产）
工作人员：孙武、崔荣

位于雁塔区长延堡街办。青松路46号，西邻明德路，南邻昌明路。西南角坐标为：东经108°56′，北纬34°12′。用地范围呈长方形，A块地南北长47.0米，东西宽20.6米；C块地东西长60.0米，南北宽30.0米。实际勘探面积3000.0平方米。

地层堆积，已挖至生土层。

未发现古代文化遗存。

100

世家星城四期（综合楼、1#楼、2#楼）

文物勘探

工作时间：2005年8月
建设单位：西安房地产开发股份有限公司
项目性质：商业（房地产）
工作人员：程林泉

位于雁塔区电子城街办。长安西路与东仪路十字西北角，西南角坐标为：东经108°55′，北纬34°11′。用地范围呈长方形，实际勘探面积13000.0平方米。地势北高南低。

地层堆积，场地内均已挖至生土层。

未发现古代文化遗存。

101

西安市文物局、市容园林局拆迁安置及古建园林设计院综合楼

文物勘探

工作时间：2005年8月6—25日
建设单位：西安市文物局、市容园林局
项目性质：商业（安置楼）
工作人员：袁长江

位于雁塔区大雁塔街办。西邻大雁塔广场，南邻园林局住宅小区，东邻芙蓉西路。西南角坐标为：东经108°58′，北纬34°13′。用地范围呈长方形，南北长198.2米，东西宽76.0米，实际勘探面积15048.0平方米。地势南高北低。

地层堆积1层。厚2.0米，土色花杂，土质疏松，部分为回填土层。此层以下为生土。

未发现古代文化遗存。

102

西三爻村城改一期（5、6、7号楼）

文物勘探

工作时间：2005年8月21日—9月14日
建设单位：西安市西三爻村改造建设发展有限公司
项目性质：商业（房地产）
工作人员：程林泉、雷增气

位于雁塔区长延堡街办。南邻麦德龙商场，东邻长延堡派出所。西南角坐标为：东经108°57′，北纬34°12′。用地范围呈长方形，实际勘探面积2500.0平方米。地势平坦。

地层堆积2层。第①层：表土层，厚0.6米，土色花杂，土质杂乱，系建筑垃圾层；第②层：耕土层，厚0.9米，土色褐黄，土质密实。第②层以下为生土。

发现汉墓1座。墓葬形制竖穴墓道土洞墓，墓向坐西朝东。

103

龙腾·新世界（三期）

文物勘探

工作时间：2005年8月28日—9月2日
建设单位：陕西龙腾房地产开发有限公司
项目性质：商业（房地产）
工作人员：袁振龙

位于雁塔区电子城街办（高新区）。太白南路与科技路十字西北，西南角坐标为：东经

108°55′，北纬34°13′。用地范围呈不规则长方形，实际勘探面积1000.0平方米。地势平坦。

地层堆积，场地内已挖至生土。

未发现古代文化遗存。

104

第三十九研究所科研二区（一期）

文物勘探

工作时间：2005年9月1—12日
建设单位：中国电子科技集团公司第三十九研究所
项目性质：公共基础建设（科研楼）
工作人员：程林泉、邹亚军

位于雁塔区丈八路街办。西邻东付村，北邻绕城高速。用地范围呈长方形，实际勘探面积39848.0平方米。地势平坦。

地层堆积2层。第①层：表土层，厚0.3米，土色花杂，土质松散，含少量砖瓦等物；第②层：新近沉积性黏土层，厚0.8米，土色黑褐，土质纯净，较硬，个别处含零星料姜石。第②层以下为生土。

未发现古代文化遗存。

105

税控收款机组组装车间、办公楼工程

文物勘探

工作时间：2005年9月8日—12日
建设单位：西安京龙实业发展有限公司
项目性质：商业（厂房）
工作人员：袁长江、陈宏汕

位于雁塔区丈八路街办。东邻木塔寨村，北邻水晶岛大厦，西邻消防小区。西南角坐标为：东经108°53′，北纬34°12′。用地范围呈长方形，实际勘探面积2800.0平方米，地势南高北低。

地层堆积2层。第①层：表土层，厚1.2米，土色灰黄，土质疏松；第②层：垆土层，厚0.5米，土色褐黄，土质较密实。第②层以下为生土。

未发现古代文化遗存。

106

西万路现代建材大世界

文物勘探

工作时间：2005年10月3—18日
建设单位：陕西佳鑫伟业发展有限公司
项目性质：商业（建材市场）
工作人员：袁长江

位于雁塔区电子城街办。西万路与雁环路十字东北角，西南角坐标为：东经108°53′，北纬34°11′。用地范围呈长方形，东西长300.0米，南北宽210.0米，实际勘探面积53328.0平方米。地势南高北低。

地层堆积2层。第①层：表土层，厚0.3米，土色花杂，土质疏松；第②层：扰土层，厚0.5米，土色黑褐，土质较疏松，含少量砖瓦、陶、瓷残块等物。第②层以下为生土。

发现秦汉唐时期古墓葬5座（秦汉墓4座、唐墓1座）。墓葬形制竖穴土圹墓1座，竖穴墓道土洞墓1座，斜坡墓道土洞墓3座。墓向均坐北朝南。

107

城市花园

文物勘探

工作时间：2005年10月8—27日
建设单位：西安曲江城市花园房地产开发有限公司
项目性质：商业（房地产）
工作人员：程林泉、李乖成

位于雁塔区曲江街办（曲江新区）。东邻情侣路，南邻南三环辅道，北邻春晓苑。西南角坐标为：东经108°58′，北纬34°11′。用地范围呈长方形，东西长262.0米，南北宽163.0米，实际勘探面积48400.0平方米。地势南高北低，呈梯田状。

地层堆积2层。第①层：表土层，厚0.3米，土色黄褐，土质疏松，内含近现代砖瓦块及植物根系等物；第②层：扰土层，厚1.2米，土色灰褐，土质较硬，内含砖瓦块等物。第②层以下为生土。

发现汉墓2座。墓葬形制均为斜坡墓道砖室墓，墓向均坐北朝南。

考古发掘

工作时间：2006年4月9—12日

工作人员：袁长江、李明亮

共发掘汉墓2座。M1：斜坡墓道砖室墓，由墓道和墓室两部分组成；墓道残长2.6米，宽0.8米，深0—5.3米；墓室为长方形砖拱结构，长3.12米，宽1.4米，深5.3米；出土器物有陶缸、陶灶、陶盆、陶盒、铜钱等。M2：斜坡墓道砖室墓，由墓道和墓室两部分组成；墓道残长2.0米，宽0.8米，深0—5.1米；墓室长方形砖拱结构，长3.8米，宽1.1米，深5.1米；出土器物有铜钱。

108

第三十九研究所9#大型天线装调车间厂房

文物勘探

工作时间：2005年11月1日

建设单位：中国电子科技集团公司第三十九研究所

项目性质：公共基础建设（科研楼）

工作人员：王光天、邹亚军

位于雁塔区丈八路街办。北邻南三环，西邻傅西巷，南邻锦业二路，东邻丈八三路。用地范围呈长方形，东西长98.0米，南北宽80.0米，实际勘探面积7840.0平方米。地势平坦。

地层堆积，已挖至生土层。

未发现古代文化遗存。

109

雁湖小区

文物勘探

工作时间：2005年11月28日—2006年4月10日

建设单位：西安曲江新区土地储备中心

项目性质：商业（房地产）

工作人员：李乖成

位于雁塔区曲江街办（曲江新区）。北邻环湖路，南邻南三环，西邻秦二世陵。西南角坐标为：东经108°59′，北纬34°11′。用地范围呈长方形，用地面积115487.0平方米，未探面积26620.0平方米。地势南高北低。

地层堆积3层。第①层：表土层，厚0.3米，土色灰黄，土质疏松；第②层：扰土层，深0.3—1.2米，厚0.9米，土色褐黄，土质较硬；第③层：垆土层，深1.2—1.5米，厚0.3米，土色黑褐，土质坚硬。第③层以下为生土。

发现古墓葬79座（秦汉墓20余座、隋唐墓20余座，其余时代不详）。墓葬形制有竖穴土圹墓2座，竖穴墓道土洞墓56座，竖穴墓道砖室墓5座，斜坡墓道土洞墓10座，斜坡墓道砖室墓5座。墓向坐北朝南24座，坐南朝北19座，坐东朝西17座，坐西朝东13座，坐西北朝东南2座，坐西南朝东北1座。

考古发掘

工作时间：2005年11月—2006年2月

工作人员：王久刚、张小丽

发掘汉唐时期古墓葬共24座。汉墓21座，出土器物110件。其中M14、M16资料已整理公布，简述如下。

M14：斜坡墓道土洞多室墓，坐西朝东，由墓道、甬道、墓室三部分组成。葬具为2木棺，葬式仰身直肢。出土器物27件。其中陶器26件（壶、罐、仓、樽、灶、盆、井、案、盘、碗、耳杯、斗、勺、猪、狗、鸡等）；铜镜1面。

M16：斜坡墓道砖室墓，坐西朝东，由墓道、甬道、墓室三部分组成。葬具为4木棺，葬式仰身直肢。出土器物30件，另有铜钱192枚。其中陶器23件（壶、罐、仓、樽、釜、甑、井、案、盘、耳杯、勺、猪、鸡等）；铜镜1面；铜钱192枚（货泉、五铢）；铁顶针1件；琉璃耳珰5件。

（西安市文物保护考古所：《西安东汉墓》，文物出版社，2009年）

110

华鑫嘉苑

文物勘探

工作时间：2005年12月10—20日
建设单位：陕西华鑫房地产开发有限公司
项目性质：商业（房地产）
工作人员：程林泉、雷全、卢增奇

位于雁塔区大雁塔街办。东邻翠华北路，北邻翠华大厦，南邻省博物馆，位于隋唐长安城“靖安坊”范围内。西南角坐标为：东经108°57′，北纬34°13′。用地范围呈长方形，实际勘探面积1900.0平方米。

地层堆积2层。第①层：表土层，厚1.0米，土色花杂，土质疏松，系建筑垃圾层；第②层：扰土层，厚1.5米，土色黄褐，土质较疏松，含少量灰星等物。第②层以下为生土。

未发现古代文化遗存。

111

芙蓉坊

文物勘探

工作时间：2005年12月11日—15日
建设单位：陕西大豐置业有限公司
项目性质：商业（房地产）
工作人员：倪志俊、李乖成

位于雁塔区曲江街办（曲江新区）。北邻雁南一路，东邻芙蓉西路，南邻曲江公馆。西南角坐标为：东经108°58′，北纬34°13′。用地范围呈不规则梯形，实际勘探面积15180.0平方米。地势平坦。

地层堆积2层。第①层：表土层，厚0.3米，土色黄褐，土质疏松；第②层：扰土层，厚2.2米，土色灰褐，土质较硬，含近现代砖瓦残块等。第②层以下为生土。

未发现古代文化遗存。

112

西高新义务教育学校

文物勘探

工作时间：2005年12月20—25日
建设单位：西安高新区义务教育学校
项目性质：公共基础建设（学校）
工作人员：孙武、王纪元

位于雁塔区丈八路街办。科技五路与高新六路十字西北角，西南角坐标为：东经108°52′，北纬34°13′。用地范围呈长方形，实际勘探面积10000.0平方米。地势平坦。

地层堆积3层。第①层：表土层，厚0.3米，土色黄灰，土质较疏松；第②层：扰土层，深0.3—0.8米，厚0.5米，土色褐黄，土质较密实，含少量陶片；第③层：冲积层，深0.8—1.2米，厚0.4米，土色浅黄，土质较硬。第③层以下为生土。

发现隋唐时期古墓葬2座。墓葬形制有竖穴墓道砖室墓1座，斜坡墓道土洞墓1座。墓向均坐北朝南。

113

枫林华府

文物勘探

工作时间：2006年2月10日—3月1日
建设单位：陕西师科房地产开发有限公司
项目性质：商业（房地产）
工作人员：程林泉、邹亚军

位于雁塔区鱼化寨街办。北邻3511厂，东邻团结南路，西邻民洁路。西南角坐标为：东经

108°53′，北纬34°15′。用地范围呈长方形，用地面积60173.0平方米。地势平坦。

地层堆积2层。第①层：表土层，厚1.0米，土色花杂，土质疏松；第②层：扰土层，厚0.6米，土色黄褐，土质疏松。第②层以下为古河床土层。

未发现古代文化遗存。

114

曲江南湖（南湖一号）

文物勘探

工作时间：2006年2月13日—5月2日
建设单位：西安曲江新区土地储备中心
项目性质：商业（房地产）
工作人员：程林泉、李乖成

位于雁塔区曲江街办。北邻南湖北路，西邻上林苑路，南邻芙蓉南路，东邻南湖东路。西南角坐标为：东经108°59′，北纬34°12′。用地范围呈长方形，勘探面积996000.0平方米。地势平坦。

地层堆积2层。第①层：表土层，厚0.3米，土色灰褐，土质疏松；第②层：扰土层，厚1.1米，土色灰褐，土质较硬。第②层以下为生土。

发现史前遗址7000平方米，隋唐曲江池遗址450000平方米，汉唐时期古墓葬147座（汉墓80余座、唐墓60余座）。墓葬形制有竖穴土圹墓7座，竖穴土圹砖室墓1座，竖穴墓道土洞墓108座，斜坡墓道土洞墓24座，斜坡墓道砖室墓7座。墓向坐北朝南34座，坐南朝北37座，坐西朝东24座，坐东朝西4座，坐东南朝西北31座，坐西南朝东北7座，坐东北朝西南2座。

115

二〇五所微光夜视基地

文物勘探

工作时间：2006年2月22日—3月27日
建设单位：中国兵器工业第二〇五研究所
项目性质：商业（研发楼）
工作人员：程林泉、邹亚军

位于雁塔区丈八路街办。西邻丈八三路，北邻南绕城高速，东邻付村东。用地范围呈长方形，用地面积26500.0平方米。地势平坦。

地层堆积2层。第①层：表土层，厚0.4米，土色花杂，土质疏松；第②层：沉积黏土层，厚0.6米，土色黑褐，土质纯净且较硬。第②层以下为生土。

未发现古代文化遗存。

116

西户路立交（丈八立交）

文物勘探

工作时间：2006年3月23—29日
建设单位：西安市三环路建设发展有限公司
项目性质：公共基础建设（道路）
工作人员：倪志俊、王选羊

位于雁塔区丈八路街办。东邻北岭村，西南角坐标为：东经108°51′，北纬34°12′。用地范围呈“十”字形，实际勘探面积10694.0平方米。地势平坦。

地层堆积2层。第①层：表土层，厚0.3米，土色灰黄，土质疏松；第②层：扰土层，深0.3—1.0米，厚0.7米，土色褐黄、土质较硬。第②层以下为生土。

未发现古代文化遗存。

117

唐园假日新城

文物勘探

工作时间：2006年3月23日—4月2日
建设单位：西安市雁塔区城乡建设开发公司
项目性质：商业（房地产）
工作人员：袁长江、徐西平

位于雁塔区长延堡街办。东邻东仪路，南邻丈八东路。西南角坐标为：东经108°55′，北纬34°12′。用地范围呈“L”形，实际勘探面积17400.0平方米。地势平坦。

地层堆积2层。第①层：表土层，厚0.3米，土色花杂，土质疏松，含砖瓦残块、植物根系等物；第②层：垆土层，厚0.5米，土色黑褐，土质密实，含少量砖瓦残块。第②层以下为生土。

发现古墓葬10座（秦汉墓7座、隋唐墓3座）。墓葬形制有竖穴土圹墓1座，竖穴墓道土洞墓9座。墓向坐西朝东5座，坐东朝西3座，坐北朝南1座，南北向1座。

118

唐延路延伸段（科技路—南二环）

文物勘探

工作时间：2006年3月25日—12月5日
建设单位：西安市市政管理委员会
项目性质：公共基础建设（道路）
工作人员：王自力、邹亚军

位于雁塔区丈八路街办（高新区）。南北走向，南接科技路，北接南二环，西邻唐城墙。西南角坐标为：东经108°53′，北纬34°14′。用地范围呈长条形，长1300.0米，宽40.0米，实际勘探面积52000.0平方米。地势平坦。

地层堆积2层。第①层：表土层，厚1.0米，土色花杂，土质疏松，含大量建筑垃圾；第②层：扰土层，深1.0—1.5米，厚0.5米，土色黑褐。第②层以下为生土。

未发现古代文化遗存。

119

长鸣路拓宽

文物勘探

工作时间：2006年3月25日—12月5日
建设单位：西安市市政管理委员会
项目性质：公共基础建设（道路）
工作人员：王自力、邹亚军

位于雁塔区等驾坡街办。南接绕城高速马腾空村，北接幸福南路等驾坡医院。西南角坐标为：东经109°2′，北纬34°12′。用地范围呈长条形，长4100.0米，宽60.0米，实际勘探面积246000.0平方米。地势平坦。

地层堆积2层。第①层：表土层，厚1.0米，土色花杂，土质疏松，含大量建筑垃圾；第②层：扰土层，深1.0—1.5米，厚0.5米，土色黑褐。第②层以下为生土。

未发现古代文化遗存。

120

东南三环C3、C4标段

考古发掘

工作时间：2006年4—6月
建设单位：西安市市政管理委员会
项目性质：公共基础建设（道路）
工作人员：王久刚、张小丽

位于雁塔区曲江街办（曲江新区）。缪家寨村北，西南角坐标为：东经109°1′，北纬34°12′。发掘汉至明代古墓葬57座，出土器物284件。其中汉墓11座，M46资料已整理公布，简述如下。

M46：斜坡墓道砖室墓，坐北朝南，由墓道、甬道、墓室三部分组成。葬具、葬式不详。出土陶器20件（罐、瓮、盆等）。

（西安市文物保护考古所：《西安东汉墓》，文物出版社，2009年）

C3标段唐墓还出土了数面精美铜镜，简述如下。

四瑞兽镜：东南三环3标段M44出土。八出菱花形，镜面微凸，半球形纽，无纽座，宽缘，缘边高凸。主纹区四只瑞兽均呈顺时针飞跑状，相对两只似狮，两只似鹿，瑞兽间各有一花枝。缘面四只蝴蝶和四朵花枝相间分布。直径14.38厘米，重586克。

龙纹镜：东南三环3标段M49出土。八出葵花形，镜面平直，半球形纽，无纽座，窄缘。纽外蜿绕一盘龙，曲颈回首，作张口吞纽状。盘龙刻画细腻，全身饰鳞甲，肩生翼，四肢露出尖利的三爪，右后肢和长尾相缠绕，周围饰四朵如意云纹。直径15.78厘米，重640克。

孔夫子荣启奇问答镜：东南三环3标段M30出土。八出葵花形，镜面平直，半球形纽，无纽座，窄缘。纽左侧孔夫子侧身站立，束髻，身着宽袖长袍，右手持龙头杖，左手抬起指向荣启奇。纽右侧荣启奇束髻，头戴花冠，身穿鹿皮裘服，左手持琴，右手持琴弓，正如痴如醉抚琴而歌。纽下方为一棵柳树。纽上方为横长方格，以两道竖线将其分为三列，内书“荣启奇问曰答孔夫子”。直径13.01厘米。重392克。

人物画像镜：东南三环3标段M69出土。圆形，镜面外凸，半球形纽，圆形纽座，三角缘。座外四神仙乘坐四辆车呈逆时针方向分布，其外为两周凸弦纹和一周短斜线纹，再外为两周双线凸弦纹之间夹一周锯齿纹和一周“S”形勾连纹。直径11.96厘米，重310克。

（张小丽：《西安新出土唐代铜镜》，《文物》2011年第9期）

121

紫荆花园

文物勘探

工作时间：2006年4月3日—5月13日
建设单位：西安金地置业开发有限公司
项目性质：商业（房地产）
工作人员：倪志俊、李乖成

位于雁塔区曲江街办（曲江新区）。北邻雁南三路，西邻雁塔南路，东邻湖滨花园，南邻省射击训练中心。西南角坐标为：东经108°58′，北纬34°12′。用地范围呈长方形，用地面积44254.4平方米。地势平坦。

地层堆积2层。第①层：表土层，厚0.3米，土色灰黄，土质疏松；第②层：扰土层，厚0.6米，土色褐黄，土质较硬。第②层以下为生土。

发现古墓葬27座（汉墓10余座、唐墓5座、其余时代不明）。墓葬形制有竖穴墓道土洞墓22座，斜坡墓道土洞墓4座，斜坡墓道砖室墓1座。墓向坐北朝南18座，坐南朝北6座，坐西朝东2座，坐东朝西1座。

122

翠竹园（三期）

文物勘探

工作时间：2006年4月2日—8月17日
建设单位：西安曲江文化产业投资有限公司
项目性质：商业（房地产）
工作人员：程林泉

位于雁塔区曲江街办（曲江新区）。北邻曲江池南路，东邻曲江兰亭小区，南邻曲江明珠小区，西邻曲江观春晓苑。西南角坐标为：东经108°58′，北纬34°11′。用地范围呈长方形，勘探面积38000.0平方米。地势平坦。

地层堆积，已挖至生土层。

发现汉唐时期古墓葬24座（汉墓15座、唐墓6座、其余年代不详）。墓葬形制有竖穴墓道土洞墓22座，竖穴墓道砖室墓2座。墓向坐南朝北3座，坐北朝南20座，坐东朝西1座。

考古发掘

工作时间：2006年3月10—25日
工作人员：袁长江、李明亮

共发掘汉墓21座。共出土器物96件，其中陶器30件，铜器46件，铁器5件，玉石器15件。位于小区的东部，综合楼下挖地基时发现，随后进行了抢救性发掘。发掘汉墓4座，其中M1、M2的规模较大，东西并列，均坐南向北，形制为斜坡墓道土圹砖室墓，M3、M4相对较小，位于M1、M2的北侧，为竖穴墓道砖室墓。简述如下。

M1：斜坡墓道砖室墓，坐南朝北，由墓道、甬道、侧室、墓室四部分组成；甬道两壁平砖横砌，封门为条砖砌筑。墓室双层子母砖错券顶，顶部之上覆盖黄沙；四壁为竖砖错缝平砌，壁面用白膏泥涂抹并彩绘人物。壁画内容有门吏、生活场景、天象等图案。四壁绘人物形象20个。北壁：人物2个，执剑站立的门吏形象，面向封门；东壁：人物5个，方形图案1个，自北向南第一个人物位于东壁北部，形象不清。人物二、三均为执漆杯小婢，人物四、五为妇人形象。方形图案底色上部为黑色，下部为红色，底色之上绘有云气纹。南壁：人物5个，自东向西人物一为执漆奁盒婢女，人物二为背包袱仆女，人物三为执香薰仕女，人物四为妇人形象，人物五为仆女。西壁：人物8个，自南向北第一、二、三人物为一妇人怀抱婴儿手牵小孩，人物四为一身材矮小男仆，人物五为婢女，人物六为执环首刀男士，人物七为佩剑男士，人物八为男仆形象。墓顶：天象图，有云气纹、太阳金乌、月亮蟾蜍、星宿、青龙、白虎、人物图案等。该壁画墓风格独特，是研究汉代丧葬思想的新材料。

M2：斜坡墓道砖室墓。M3、M4均为竖穴墓道砖室墓。M1共出土器物24件，其中有陶器、铜器、玉器、贝壳、瓦当等。

（西安市文物保护考古所：《西安曲江西汉壁画墓》，《中国考古学年鉴·2009》，文物出版社，2010年；西安市文物保护考古所：《西安曲江翠竹园西汉壁画墓发掘简报》，《文物》2010年第1期；西安市文物保护考古研究院：《西安西汉壁画墓》，文物出版社，2017年；曹铭婧：《西安曲江翠竹园西汉壁画墓保护技术研究》，《文博》2015年第5期）

123

康健小区

文物勘探

工作时间：2006年4月3—20日
建设单位：西安大唐圣境置业有限公司
项目性质：商业（房地产）
工作人员：倪志俊、李春元

位于雁塔区曲江街办（曲江新区）。西邻南窑村，东邻雁塔南路，北邻雁展路，南邻雁南五路西段。西南角坐标为：东经108°58′，北纬34°11′。用地范围呈长方形，实际勘探面积126730.0平方米。地势平坦。

地层堆积3层。第①层：表土层，厚0.3米，土色花杂，土质疏松；第②层：扰土层，深0.3—1.3米，厚1.0米，土色黄灰，土质较疏松；第③层：垆土层，深1.3—1.8米，厚0.5米，土色黑褐，土质较密。第③层以下为生土。

发现古墓葬79座（汉墓19座、隋唐墓1座、宋元—明清墓59座）。墓葬形制有竖穴墓道土洞墓67座，斜坡墓道土洞墓10座，斜坡墓道砖室墓1座。墓向坐南朝北70座，坐北朝南1座，坐西朝东6座，坐东朝西1座。

考古发掘

工作时间：2007年05月
工作人员：张小丽

发掘汉唐时期古墓葬20座，出土器物30件。

124

西安吐哈石油职工住宅楼

文物勘探

工作时间：2006年4月5—7日
建设单位：西安吐哈石油指挥部
项目性质：商业（住宅楼）
工作人员：程林泉、王纪元

位于雁塔区小寨路街办。东邻含光路，北邻崇业路。西南角坐标为：东经108°56′，北纬34°13′。用地范围呈长方形，用地面积7150.0平方米。地势平坦。

地层堆积3层。第①层：表土层，厚0.6米，土色花杂，土质疏松，包含砖块、瓦片、炭渣及零星碎石等；第②层：扰土层，深0.8—1.5米，厚0.7米，土色黄褐，土质较疏松，含少量汉唐时期瓦片等物；第③层：冲积层，深1.5—2.0米，厚0.5米，土色浅黄，土质较密。第③层以下为生土。

未发现古代文化遗存。

125

某陆军预备役营房

文物勘探

工作时间：2006年4月8—12日
建设单位：某陆军预备役
项目性质：公共基础建设（部队）

工作人员：袁长江、陈宏汕

位于雁塔区鱼化寨街办。用地范围呈长方形，长183.914米，宽109.3米，实际勘探面积18667.6平方米。地势平坦。

地层堆积3层。第①层：回填土层，厚1.5米，土色灰黄，含大量建筑垃圾等物；第②层：扰土层，深1.5—2.0米，厚0.5米，土色褐黄，土质较密实；第③层：冲积土层，深2.0—2.8米，厚0.8米，土色淡黄，土质密实。第③层以下为生土。

未发现古代文化遗存。

文物勘探（补探）

工作时间：2011年10月6—8日
工作人员：张翔宇、王纪元

此次补探面积3140.0平方米，地势平坦。

地层堆积3层。第①层：回填土层，厚1.5米，土色灰黄，含大量建筑垃圾等物；第②层：扰土层，深1.5—2.0米，厚0.5米，土色褐黄，土质较密实；第③层：冲积土层，深2.0—2.8米，厚0.8米，土色淡黄，土质密实。第③层以下为生土。

未发现古代文化遗存。

126

陕西师范大学体操房

文物勘探

工作时间：2006年4月23—29日
建设单位：陕西师范大学
项目性质：公共基础建设（学校）
工作人员：袁长江、徐西平

位于雁塔区长延堡街办。陕师大操场东南角，西南角坐标为：东经108°57′，北纬34°12′。用地范围呈长方形，长68.4米，宽49.5米，实际勘探面积3385.8平方米。地势平坦。

地层堆积2层。第①层：表土层，厚0.3米，土色花杂，土质疏松，含砖瓦残块、植物根系等物；第②层：垆土层，厚0.3米，土色黑褐，土质密实，含少量砖瓦残块。第②层以下为生土。

发现汉墓1座，斜坡墓道土洞墓，坐西朝东。

127

芙蓉坊（二期）

文物勘探

工作时间：2006年4月28日—6月17日
建设单位：陕西大豐置业有限公司
项目性质：商业（房地产）
工作人员：倪志俊、李乖成

位于雁塔区曲江街办（曲江新区）。北邻雁南一路，东邻芙蓉西路，南邻曲江公馆。西南角坐标为：东经108°58′，北纬34°13′。用地范围呈不规则梯形，实际勘探面积15180.0平方米。地势平坦。

地层堆积，已挖至生土层。

发现汉唐墓3座。墓葬形制均为竖穴墓道土洞墓。墓向坐北朝南1座，坐西朝东2座。

128

三兆职工住宅区

文物勘探

工作时间：2006年5月16—30日
建设单位：西安市三兆殡仪馆
项目性质：商业（住宅楼）
工作人员：倪志俊、李乖成

位于雁塔区曲江街办（曲江新区）。三兆公墓院内，西南角坐标为：东经109°0′，北纬34°12′。用地范围呈长方形，实际勘探面积20666.6平方米。地势平坦。

地层堆积3层。第①层：表土层，厚0.3米，土色黄灰，土质疏松；第②层：扰土层，深0.3—0.9米，厚0.6米，土色褐黄，土质较硬；第③层：垆土层，土色黑褐，土质较硬且纯净。第③层以下为生土。

发现古墓葬24座（秦汉墓18座、隋唐墓6座）。墓葬形制有竖穴土圹墓3座，竖穴墓道土洞墓14座，竖穴墓道砖室墓1座，斜坡墓道土洞墓5座，斜坡墓道砖室墓1座。墓向坐西朝东7座，坐东朝西2座，坐北朝南9座，坐南朝北2座。

129

华城国际

文物勘探

工作时间：2006年5月27日—6月12日
建设单位：陕西德胜实业有限公司
项目性质：商业（房地产）
工作人员：王自力、邹亚军

位于雁塔区长延堡街办。绕城高速与长安南路十字西北角，西南角坐标为：东经108°56′，北纬34°11′。用地范围呈长方形，东西长489.0米，南北宽192.0米，实际勘探面积63592.0平方米。地势平坦。

地层堆积2层。第①层：表土层，厚1.2米，土色花杂，土质松散，系建筑垃圾层；第②层：垆土层，厚0.5米，土色黑褐，土质纯净。第②层以下为生土。

未发现古代文化遗存。

130

EILOG设备产业化基地

文物勘探

工作时间：2006年5月29日—6月20日
建设单位：中国石油集团测井有限公司
项目性质：商业（产业基地）
工作人员：倪志俊、李乖成

位于雁塔区丈八路街办。西邻里花水村，北邻绕城高速，东邻丈八六路，南邻锦业二路。西南角坐标为：东经108°51′，北纬34°11′。用地范围呈长方形，勘探面积11220.0平方米。地势平坦。

地层堆积3层。第①层：表土层，厚0.8米，土质较硬，含现代建筑垃圾；第②层：扰土层，深0.8—1.4米，厚0.6米，土色灰黄，土质较硬；第③层：垆土层，土色黑褐，土质较硬、纯净。第③层以下为生土。

未发现古代文化遗存。

131

东南三环C15标段

考古发掘

工作时间：2006年6—8月
建设单位：西安市市政管理委员会
项目性质：公共基础建设（道路）
工作人员：王久刚、张小丽

位于雁塔区曲江街办（曲江新区）。羊头镇村北，西南角坐标为：东经108°59′，北纬34°11′。

共发掘古墓葬46座，以汉代墓葬为主，墓葬形制度多为斜坡墓道砖室墓，出土器物有陶壶、釉陶壶、陶罐、陶仓、陶灶、陶甑、陶盆、陶奁、陶俑、陶盘、陶案、陶斗、陶鸡、陶猪、陶井及车马器、五铢钱等。

132

世家星城三期（幼儿园、门面房）

文物勘探

工作时间：2006年6月13—12月31日
建设单位：西安房地产开发股份有限公司
项目性质：商业（房地产）
工作人员：程林泉

位于雁塔区电子城街办。长安西路与东仪路十字西北角，西南角坐标为：东经108°55′，北纬34°11′。用地范围呈长方形，实际勘探面积4299.5平方米。地势北高南低。

地层堆积，场地内已挖至生土。

未发现古代文化遗存。

133

朗臣大厦

文物勘探

工作时间：2006年6月23—25日
建设单位：陕西大华特事业有限公司
项目性质：商业（大厦）
工作人员：孙武、崔荣

位于雁塔区丈八路街办（高新区）。西邻高新四路，北邻光和路，南邻光夏路，东邻高新三路。西南角坐标为：东经108°54′，北纬34°14′。用地范围呈长方形，勘探面积7200.0平方米。地势平坦。

地层堆积1层。厚0.1米，土质较硬，含少量砖瓦块。此层以下为生土。

发现汉墓1座，竖穴墓道土洞墓，坐北朝南。

134

竹园新村

文物勘探

工作时间：2006年6月28日—7月5日
建设单位：陕西竹园明宸置业有限公司
项目性质：商业（房地产）
工作人员：程林泉、李乖成

位于雁塔区电子城街办。西邻西沣路，南邻五龙酒店，东邻翟家堡。西南角坐标为：东经108°53′，北纬34°10′。用地范围呈长方形。地势平坦。

地层堆积2层。第①层：表土层，厚0.3米，土色花杂，土质疏松；第②层：扰土层，厚0.5米，大部为杂填土。第②层以下为生土。

发现汉墓1座。

考古发掘

工作时间：2006年7月22—29日
工作人员：张全民、李小武、王喜刚

共清理古墓葬1座。墓葬形制为斜坡墓道砖室墓，出土有陶甑1件、陶盆1件、陶猪1件、陶狗1件、陶鸡2件。

135

西影厂南住宅楼

文物勘探

工作时间：2006年7月13—15日
建设单位：陕西铭源房地产开发有限公司
项目性质：商业（住宅楼）
工作人员：孙武、冯涛

位于雁塔区大雁塔街办。北邻西影路，西邻陕西省正和医院。西南角坐标为：东经108°58′，北纬34°13′。用地范围呈长方形，实际勘探面3000.0平方米。地势平坦。

地层堆积1层。厚0.3米，土质密实、坚硬，属机压土层。此层以下为生土。

未发现古代文化遗存。

136

昆明花园（一期）

文物勘探

工作时间：2006年7月17—23日
建设单位：西安金统房地产有限公司
项目性质：商业（房地产）
工作人员：程林泉、雷争气

位于雁塔区鱼化寨街办。北邻昆明路，西邻民洁路，东邻3511社区。西南角坐标为：东经108°53′，北纬34°15′。用地范围呈长方形，实际勘探面积10350.0平方米。地势平坦。

地层堆积3层。第①层：表土层，厚0.5米，土色花杂，土质疏松；第②层：扰土层，深0.5—1.2米，厚0.7米，土色褐黄，土质纯净、较硬；第③层：冲积层，深1.2—2.0米，厚0.8米，土色黄褐，土质较密实。第③层以下为生土。

未发现古代文化遗存。

137

曲江国际会展中心（一期）

文物勘探

工作时间：2006年7月28日—8月15日
建设单位：西安曲江国际会展有限公司
项目性质：商业（会展中心）
工作人员：倪志俊

位于雁塔区长延堡街办。北邻水厂路，东邻曲江南窑村，西邻长安南路。西南角坐标为：东经108°56′，北纬34°11′。用地范围呈长方形，地势平坦。

地层堆积，已挖至生土层。

发现古墓葬8座（汉墓4座、唐墓3座、1座年代不详）。墓葬形制均为竖穴墓道土洞墓。墓向坐南朝北3座，坐西朝东2座，坐东朝西3座。

考古发掘

工作时间：2006年7月
建设单位：西安曲江国际会展有限公司
项目性质：商业（会展中心）
工作人员：袁长江、辛龙

发掘汉墓4座，出土器物35件。M2资料已整理公布，简述如下。

M2：斜坡墓道土洞墓，坐北朝南，由墓道、甬道、墓室三部分组成。葬具为1木棺，葬式不详。出土器物24件，铜钱50枚（均为五铢钱），其中陶器21件（壶、罐、瓮、仓、樽、灶、釜、甑、灯、井、案、盘、碗、耳杯等）；铜镜1面；铁剑1件；石砚1件。

（西安市文物保护考古所：《西安东汉墓》，文物出版社，2009年）

138

曲江六号

文物勘探

工作时间：2006年7月31日—8月8日
建设单位：西安万业房地产开发有限公司
项目性质：商业（房地产）
工作人员：孙武、崔荣

位于雁塔区大雁塔街办。北邻雁南一路，西邻翠华路，南邻翠微路，东邻慈恩西路。西南角坐标为：东经108°57′，北纬34°12′。用地范围呈长方形，实际勘探面积7665.0平方米。地势平坦。

地层堆积1层。厚1.2米，系回填土，土色杂乱。此层以下为生土。

未发现古代文化遗存。

139

东南三环C5标段

考古发掘

工作时间：2006年8月10日—9月15日
建设单位：西安市市政管理委员会
项目性质：公共基础建设（道路）
工作人员：王久刚、张小丽

位于雁塔区等驾坡街办。马腾空村北，西南角坐标为：东经109°2′，北纬34°13′。

发掘汉代至明代古墓葬75座，出土器物548件，其中陶器382件，有陶缸、陶俑等；小件器物16件，有贝壳6件，铜钱86枚，铜饰品25件，铜镜4面，铅饰1件，玉簪1件，石猪1件，泥饼15件，墓志一合。现将部分出土器物简述如下。

海兽葡萄镜：东南三环5标段M28出土。圆形，镜面微凸，伏兽纽，无纽座，卷凸缘。纽外一周高凸棱将镜背分为内外两区，内区四只瑞兽和四只雀鸟相间分布于缠枝葡萄间，外区十只雀鸟、三只蝴蝶、两只蜻蜓相间分布，或飞于葡萄枝叶间，或栖于枝上，葡萄枝叶跨过凸棱。缘面饰一周桃形云纹。直径11.79厘米，重486克。

双雁双兽花枝镜：东南三环5标段M67出土。六出葵花形，镜面平直，伏兽纽，无纽座，窄缘。纽外两只瑞兽和两只飞鸟相间分布于葡萄枝叶间，其外为一周六出葵花形细凸棱。直径4.8厘米，重30克。

连珠纹镜：东南三环5标段M47出土。圆

形，镜面外凸，半球形纽，无纽座，三角缘。纽外饰一周连珠纹，其外有十四个小乳丁，每个乳丁外有一周椭圆形连珠纹，再外为一周锯齿纹、连珠纹、凸弦纹、短斜线纹以及两周凸弦纹和一周双线波折纹。直径7.72厘米，重53克。

（张小丽：《西安新出土唐代铜镜》，《文物》2011年第9期）

140

东南三环C6标段

考古发掘

工作时间：2006年8—10月
建设单位：西安市市政管理委员会
项目性质：公共基础建设（道路）
工作人员：袁长江、张小丽、翟霖林

位于雁塔区等驾坡街办。马腾空村东北，西南角坐标为：东经109°2′，北纬34°13′。发掘新石器时代客省庄二期文化遗存一处，该遗址位于浐河西岸的台地之上。遗址分布呈缓坡状，西高东低。

共发掘遗址面积2000平方米，房基13处，古窑址3处，灰坑184座，古井1口，出土器物865件。

房址均为半地穴式，按其平面形状可分为三类。

第一类，“吕”字形，2座，分前后室，两室之间有过道相通，门道位于一侧，呈台阶式，地面坚硬，四角堆有圆形石头，后室中间有一圆形灶坑。

第二类，方形或长方形，3座，均呈东西向，南侧有门道，保存完整的F12内有较薄的踩踏面，地面底层有一层草拌泥，之上为一层白灰，四壁光滑，局部可见草拌泥痕迹，灶坑位于房子中部，东侧有两个柱洞，房子四角均有鹅卵石。

第三类，圆形或椭圆形，8座，圆形，一侧有门道，房屋地面经过拍打或火烧处理，部分门道为台阶式。

3座陶窑，平面均呈椭圆形，火膛和火道保存完好，未见烟道，窑前有工作间，其中一间陶窑工作间位于北侧，余两座工作间位于南侧。

灰坑以圆形袋状为主，部分为不规则性，坑内出土物主要为陶片、石器以及骨器。

该遗址出土物以灰陶器为主，器类有陶鬲、陶罐、陶杯、陶纺轮、陶拍等，另外出土石器和骨器小件器物70余件。石器主要有石刀、石斧、石锛、石凿、石纺轮等，骨器有骨锥、骨镞等。

141

东航西北分公司行政管理中心

文物勘探

工作时间：2006年8月10—15日
建设单位：东方航空股份有限公司西北分公司
项目性质：商业（行政中心）
工作人员：袁长江、种保民

位于雁塔区电子城街办。高新区中央商务区内，东邻西沣路辅道，北邻锦业路，南邻锦业一路，西邻唐延路。西南角坐标为：东经108°53′，北纬34°11′。用地范围呈长方形，实际勘探面积11856.0平方米。地势平坦。

地层堆积2层。第①层：表土层，厚0.5米，土色浅褐，土质疏松，含砖瓦残块、植物根系等物；第②层：扰土层，厚1.0米，土质疏松，含砖瓦残块等物。第②层以下为生土。

未发现古代文化遗存。

142

万业·秦汉唐项目

文物勘探

工作时间：2006年8月16—19日
建设单位：西安万业房地产开发有限公司
项目性质：商业（房地产）
工作人员：孙武、崔荣

位于雁塔区大雁塔街办。东邻大雁塔停车广场，西邻陕师大附中，南邻慈恩路。西南角坐标为：东经108°58′，北纬34°13′。用地范围呈长方形，实际勘探面积26664.0平方米。地势平坦。

地层堆积1层。厚2.0米，系回填土层，含大量砖瓦建筑垃圾。该层以下为生土。

未发现古代文化遗存。

143

联勤服务中心

文物勘探

工作时间：2006年8月16—28日
建设单位：中国人民解放军兰州军区长城建筑设计研究院
项目性质：公共基础建设（服务中心）
工作人员：王自力、邹亚军

位于雁塔区曲江街办（曲江新区）。南邻雁南五路，东邻航图大队。用地范围呈长方形，东西长214.0米，宽86.0米，实际勘探面积17000.0平方米。地势平坦。

地层堆积2层。第①层：表土层，厚0.3米，土色花杂，土质疏松；第②层：垆土层，厚0.5米，土色黑色，土质坚硬，含水一般。第②层以下为生土。

发现秦汉时期古墓葬3座。墓葬形制有竖穴土圹墓1座，竖穴墓道土洞墓1座，斜坡墓道土洞墓1座。墓向坐东朝西1座，坐北朝南1座，南北向1座。

144

陕钼金属材料工业园

文物勘探

工作时间：2006年8月20日—9月8日
建设单位：金堆城钼业集团有限公司
项目性质：商业（工业园）
工作人员：倪志俊、王纪元、郭稳定

位于雁塔区丈八路街办。锦业一路西段南侧，西南角坐标为：东经108°51′，北纬34°11′。用地范围呈长方形，实际勘探面积100000.0平方米。地势平坦。

地层堆积3层。第①层：表土层，厚0.3米，土色灰黄，土质疏松，含少量砖瓦残块等物；第②层：扰土层，深0.3—1.0米，厚0.7米，土色花杂，土质疏松；第③层：冲积层，深1.0—2.2米，厚1.2米，土色黄灰，土质较紧密，含少量陶器残片、瓦片等物。第③层以下天然沙层。

未发现古代文化遗存。

145

飞轮公司厂房及办公楼

文物勘探

工作时间：2006年8月23—30日
建设单位：陕西飞轮电气化器材有限责任公司
项目性质：商业（厂房）
工作人员：倪志俊、王纪元

位于雁塔区丈八路街办。南邻锦业二路中段，东邻里花南路，南邻锦业二路。西南角坐标为：东经108°51′，北纬34°11′。用地范围呈长方形，实际勘探面积13000.0平方米。地势平坦。

地层堆积3层。第①层：表土层，厚0.3米，土色灰黄，土质疏松，含砖瓦残块、植物根系等物；第②层：扰土层，深0.3—0.8米，厚0.5米，土色黄褐，土质较疏松，含少量瓷片；第③层：冲积层，深0.8米以下见，土色浅黄，土质较密实，含灰星、瓦片等物。

未发现古代文化遗存。

146

陕西移动公司生产研发基地

文物勘探

工作时间：2006年10月16—27日
建设单位：陕西移动通信有限责任公司
项目性质：商业（研发基地）
工作人员：倪志俊、李乖成

位于雁塔区丈八路街办。北邻锦业一路，东邻丈八四路，南邻南三环。西南角坐标为：东经108°52′，北纬34°11′。用地范围平面呈刀形，实际勘探面积40000.0平方米。地势平坦。

地层堆积3层。第①层：表土层，厚0.3米，土色浅灰，土质疏松；第②层：扰土层，深0.3—0.5米，厚0.2米，土色灰褐，土质较硬，含古代砖瓦残块等物；第③层：垆土层，深0.5—0.9米，厚0.4米，土色黑褐，土质较纯净。第③层以下为生土。

未发现古代文化遗存。

147

瑞联公司厂房

文物勘探

工作时间：2006年11月7—10日
建设单位：西安瑞联近代电子材料有限责任公司
项目性质：商业（厂房）
工作人员：倪志俊、王纪元

位于雁塔区丈八路街办。南邻锦业二路，东邻里花南路，西邻东风本田冠群店。西南角坐标为：东经108°51′，北纬34°11′。用地范围呈长方形，实际勘探面积18760.0平方米。地势平坦。

地层堆积2层。第①层：表土层，厚0.3米，土色黄灰，土质疏松；第②层：扰土层，厚0.6米，土色黄灰，土质疏松。第②层以下为生土。

未发现古代文化遗存。

148

西辛庄安置小区

文物勘探

工作时间：2006年11月10日—12月8日
建设单位：西安高新技术产业开发区市政配套服务中心
项目性质：商业（房地产）
工作人员：袁长江、徐西平

位于雁塔区丈八路街办。南邻唐兴路，东邻高新六路。西南角坐标为：东经108°52′，北纬34°14′。用地范围呈长方形，长350.0米，宽194.5米，实际勘探面积66940.0平方米。地势平坦。

地层堆积3层。第①层：表土层，厚1.0米，系建筑垃圾；第②层：扰土层，深1.0—2.0米，厚1.0米，土色花杂，土质疏松，含少量砖瓦残块等物；第③层：淤积土层，深2.0米以下见，土色淡黄。

未发现古代文化遗存。

149

信凯工业园

文物勘探

工作时间：2006年11月18—23日
建设单位：西安信凯电子有限公司
项目性质：商业（工业园）
工作人员：袁长江、徐西平、邹亚军

位于雁塔区丈八路街办。北邻南绕城高速，南邻锦业二路，东邻里花南路。西南角坐标为：东经108°51′，北纬34°11′。用地范围呈长方形，长140.0米，宽66.5米，实际勘探面积9333.0平方米。地势平坦。

地层堆积2层。第①层：表土层，厚0.5米，土色花杂，土质疏松，含近现代砖瓦残块等物；第②层：垆土层，厚0.3米，土色黑褐，土质密实，含少量灰星等物。第②层以下为生土。

未发现古代文化遗存。

150

木塔寺苗圃

文物勘探

工作时间：2006年11月20日—12月10日
建设单位：西安天地源房地产开发有限公司
项目性质：商业（房地产）
工作人员：孙武、崔荣

位于雁塔区丈八路街办。北邻科技六路，西南角坐标为：东经108°54′，北纬34°13′。用地范围呈长方形，东西长215.5米，宽207.0米，实际勘探面积46000.0平方米。地势平坦。

地层堆积2层。第①层：表土层，厚0.5米，

土色杂乱；第②层：扰土层，厚1.0米，土色黑褐，土质纯净。第②层以下为古河床层。

考古发掘

工作时间：2007年
工作人员：张全民

发掘唐代遗址面积2000平方米，出土器物100件。

151 酷派智能产业园

文物勘探

工作时间：2006年11月23日—12月3日
建设单位：西安泰维无线科技有限公司
项目性质：商业（厂房）
工作人员：张全民、张彬利

位于雁塔区电子城街办。东邻西万路，北邻绕城高速。西南角坐标为：东经108°53′，北纬34°11′。用地范围呈刀形，实际勘探面积45328.0平方米。地势平坦。

地层堆积1层。厚0.3米，土色浅褐，土质疏松。此层以下为生土。

未发现古代文化遗存。

152 卫光科技工地

考古发掘

工作时间：2006年12月
建设单位：西安卫光气体有限公司
项目性质：商业（厂房）
工作人员：袁长江、杨永刚

位于雁塔区电子城街办。东邻618研究所，南邻电子二路，西邻艾利特电子公司。西南角坐标为：东经108°55′，北纬34°13′。发掘汉墓2座。M1资料已整理公布，简述如下。

M1：斜坡墓道砖砌双室墓；坐东朝西，由墓道、甬道、墓室三部分。葬具不详，葬式仰身直肢。出土器物31件，另有铜钱45枚（五铢钱）。其中陶器24件（壶、罐、仓、樽、灶、甑、井、案、盘、碗、耳杯、俑、狗等）；铜器3件（带钩、镜）；铁器2件（剑、锸）；石鼻塞1件；骨瓶1件。

（西安市文物保护考古所：《西安东汉墓》，文物出版社，2009年）

153 西安电子科技大学科研实验楼

文物勘探

工作时间：2006年12月1—7日
建设单位：西安西电科大机电科技有限公司
项目性质：公共基础建设（科研楼）
工作人员：袁长江、徐西平

位于雁塔区丈八路街办。北邻科技六路，东邻水晶岛。西南角坐标为：东经108°53′，北纬34°12′。用地范围呈不规则形，实际勘探面积15984.0平方米。地势平坦。

地层堆积3层。第①层：表土层，厚0.5米，土色花杂，土质疏松；第②层：垆土层，深0.5—0.8米，厚0.3米，土色黑褐，土质密实，含少量砖瓦残块；第③层：淤积层，深0.8—1.2米，厚0.4米。第③层以下为生土。

发现汉墓5座。墓葬形制有竖穴墓道土洞墓4座，斜坡墓道土洞墓1座。墓向均坐西朝东。

考古发掘

工作时间：2006年10月
工作人员：王久刚

发掘汉代墓葬3座，出土器物16件。

154

聚馨苑

文物勘探

工作时间：2006年12月10日—2007年1月4日
建设单位：西安曲江聚馨苑置业投资有限公司
项目性质：商业（房地产）
工作人员：孙武、贺建宏

位于雁塔区曲江街办（曲江新区）。北邻钻石王朝，南邻雁鸣小区，东邻芙蓉西路。西南角坐标为：东经108°58′，北纬34°12′。用地范围呈长方形，实际勘探面积26400.0平方米。地势平坦。

地层堆积，已挖至生土层。

发现古墓葬31座（秦汉墓20余座、隋唐墓7座）。墓葬形制有竖穴土圹墓1座，竖穴墓道土洞墓24座，斜坡墓道土洞墓5座，斜坡墓道1条。墓向坐北朝南27座，坐南朝北1座，东西向2座。

155

天网公司生产基地

文物勘探

工作时间：2006年12月13日—18日
建设单位：西安天网软件股份有限公司
项目性质：商业（厂房）
工作人员：袁长江、种保民

位于雁塔区丈八路街办。高新区中央商务区内，丈八六路与南绕城高速交会处东南角，北邻绕城，西邻丈八六路。西南角坐标为：东经108°51′，北纬34°11′。用地范围呈长方形，实际勘探面积11250.0平方米。地势平坦。

地层堆积2层。第①层：表土层，厚0.3米，土色浅褐，土质疏松，含近现代砖瓦残块等物；第②层：扰土层，厚0.7米，土色黄褐，土质密实，含少量砖瓦、木屑等物。第②层以下为生土。

未发现古代文化遗存。

156

世家星城三期（21#、27#、27A#、33#楼及H地下车库）

文物勘探

工作时间：2007年1月16日
建设单位：西安房地产开发股份有限公司
项目性质：商业（房地产）
工作人员：程林泉、王光天

位于雁塔区电子城街办。长安西路与东仪路十字西北角，西南角坐标为：东经108°55′，北纬34°11′。

地层堆积，场地内已挖至生土。

未发现古代文化遗存。

157

西安（国家）质检院

文物勘探

工作时间：2007年1月28日—2月16日
建设单位：西安产品质量监督检验所
项目性质：公共基础建设（质检院）
工作人员：程林泉、李乖成

位于雁塔区丈八路街办。西邻高新六路，南邻科技六路。西南角坐标为：东经108°53′，北纬34°13′。用地范围近长方形，用地面积6660.0平方米。地势平坦。

地层堆积2层。第①层：表土层，厚0.3米，土色褐黄，土质疏松；第②层：扰土层，厚0.9米，土色灰褐，土质较硬。第②层以下为生土。

未发现古代文化遗存。

158

陕西煤业化工集团研发中心

文物勘探

工作时间：2007年2月1—7日
建设单位：陕西煤业化工集团
项目性质：商业（研发楼）

工作人员：张全民、张彬利

位于雁塔区丈八路街办。北邻锦业一路，东邻西万路，南邻绕城高速。西南角坐标为：东经108°53′，北纬34°11′。用地范围近长方形，用地面积28000.0平方米。地势平坦。

地层堆积1层。厚0.3米，土色褐黄，土质疏松。此层以下为生土。

未发现古代文化遗存。

159

华陆公司大厦

文物勘探

工作时间：2007年2月12—16日
建设单位：华陆工程科技有限公司
项目性质：商业（大厦）
工作人员：袁长江、种保民

位于雁塔区电子城街办。高新技术开发区唐延南路7号，北邻锦业一路，南邻南三环。西南角坐标为：东经108°53′，北纬34°11′。用地范围近长方形，用地面积13333.0平方米。地势平坦。

地层堆积2层。第①层：表土层，厚0.3米，土色浅褐，土质疏松；第②层：扰土层，厚0.7米，土色黄褐，土质较硬，含少量砖瓦碎块、草木灰星等物。第②层以下为生土。

未发现古代文化遗存。

160

宝美电器新厂房

文物勘探

工作时间：2007年2月27日—3月5日
建设单位：西安宝美电器工业有限公司
项目性质：商业（厂房）
工作人员：张全民、张彬利

位于雁塔区电子城街办。东邻西万路，南邻绕城高速。西南角坐标为：东经108°52′，北纬34°11′。用地范围呈长方形，用地面积12000.0平方米。地势平坦。

地层堆积1层。厚0.3米，土色褐黄，土质疏松，含少量砖瓦碎块等物。此层以下为生土。

未发现古代文化遗存。

161

雁鸣小区小学

文物勘探

工作时间：2007年3月10—18日
建设单位：西安曲江新区土地储备中心
项目性质：公共基础建设（学校）
工作人员：袁长江、徐西平

位于雁塔区曲江街办（曲江新区）。东邻芙蓉西路，南邻雁鸣小区（二期）。西南角坐标为：东经108°58′，北纬34°12′。用地范围呈长方形，用地面积9506.0平方米。地势平坦。

地层堆积1层。厚0.5米，土色花杂，土质疏松，含砖瓦碎块等物。此层以下为生土。

发现古墓葬8座（汉墓6座、唐墓2座）。墓葬形制有斜坡墓道土洞墓1座，竖穴墓道土洞墓7座。墓向均坐北朝南。

162

光中影视基地

文物勘探

工作时间：2007年4月11日—4月21日
建设单位：西安光中影视有限公司
项目性质：商业（影视基地）
工作人员：倪志俊、王纪元

位于雁塔区丈八路街办。高新技术开发区丈八六路22号，南邻锦业二路。西南角坐标为：东经108°51′，北纬34°11′。用地范围呈长方形，用地面积20000.0平方米。地势平坦。

地层堆积3层。第①层：表土层，厚0.3米，土色花杂，土质疏松；第②层：扰土层，厚0.5米，土色灰黄，土质较疏松，含少量陶瓷碎片等物；第③层：冲积层，深0.8—1.0米，厚0.2米，土色浅黄，土质较密，含少量灰星等物。

未发现古代文化遗存。

163

曲江公馆（二期）

文物勘探

工作时间：2007年4月25日—3月5日
建设单位：西安协和置业有限公司
项目性质：商业（房地产）
工作人员：袁长江、徐西平

位于雁塔区曲江街办（曲江新区）。东邻芙蓉西路，北邻雁南一路，南邻雁南二路。西南角坐标为：东经108°58′，北纬34°13′。用地范围呈长方形，用地面积53333.3平方米。地势平坦。

地层堆积2层。第①层：表土层，厚0.5米，土色花杂，土质疏松；第②层：垆土层，厚0.5米，土色黑褐。第②层以下为生土。

未发现古代文化遗存。

164

雁东供热工程

文物勘探

工作时间：2007年5月28日—6月5日
建设单位：西安雁东供热有限公司
项目性质：商业（供热站）
工作人员：倪志俊、郭稳定

位于雁塔区等驾坡街办。幸福南路东侧，北邻康宁路，东邻东康路。西南角坐标为：东经109°1′，北纬34°14′。用地范围呈长方形，用地面积20000.0平方米。地势平坦。

地层堆积3层。第①层：表土层，厚0.3米，土色黄灰，土质疏松；第②层：扰土层，深0.3—0.7米，厚0.4米，土色灰黄，土质较疏松，含少量近代陶瓷残片等物；第③层：覆盖层，深0.7—1.5米，厚0.8米，土色褐黄，土质较紧密，含少量砖瓦残块等物。第③层以下为生土。

发现唐墓11座。墓葬形制均为竖穴墓道土洞墓。墓向坐北朝南10座，坐南朝北1座。

考古发掘

工作时间：2007年6月
工作人员：张小丽

发掘唐代古墓葬3座，出土器物20件。

165

雁南二路管道沟（抢救性发掘）

考古发掘

工作时间：2007年6月
建设单位：不详
项目性质：公共基础建设（道路）
工作人员：张小丽、翟霖林

位于雁塔区长延堡街办。北邻庙坡头村（金地芙蓉世家），南邻雁鸣小区。西南角坐标为：东经108°58′，北纬34°12′。用地范围呈长条形。M1资料已整理公布，简述如下。

M1：长斜坡墓道前后室土洞墓，方向92°，由墓道、甬道、前室、过洞、后室五部分组成。因墓道部分被破坏未作发掘。该墓前室和后室内刷薄薄一层白灰，然后用墨线勾画出极为简单的壁画。出土器物28件，另有铜钱101枚。陶器22件（罐、瓮、井、灯、灶、鸡、狗等），铜器3件（铃、弩机、镜），铁器3件（铁条、门环）。

（西安市文物保护考古所：《西安曲江雁南二路西晋墓发掘简报》，《文物》2010年第9期）

166

唐延路绿化带文物调查

文物勘探

工作时间：2007年6月5—16日
建设单位：西安国土资源局
项目性质：公共基础建设（道路）
工作人员：倪志俊、王纪元

位于雁塔区丈八路街办。唐延路西侧，北邻昆明路。西南角坐标为：东经108°53′，北纬34°14′。用地范围呈长条形，用地面积32000.0平方米。地势平坦。

地层堆积3层。第①层：表土层，厚1.2米，为建筑垃圾层；第②层：扰土层，厚0.5米，土色黄灰，土质疏松，含近代陶瓷碎片等物；第③层：隋唐文化层，厚0.5米，土色黄灰，土质较疏松，含少量隋唐时期砖瓦碎块等物。第③层以下为生土。

发现隋唐长安城夯土遗址1处，古窑址1处。

167

曲江池遗址

考古发掘

工作时间：2007年7月—9月
建设单位：不详
项目性质：商业（房地产）
工作人员：张小丽、翟霖林

位于雁塔区曲江街办（曲江新区）。曲江池西岸，西南角坐标为：东经108°59′，北纬34°12′。

发掘唐代遗址1000平方米，出土器物16件。

168

西安保时捷中心

文物勘探

工作时间：2007年7月8—10日
建设单位：陕西信捷汽车有限责任公司
项目性质：商业（汽车销售）
工作人员：张全民、段新社

位于雁塔区丈八路街办。高新技术开发区南三环辅道，北邻绕城高速，东邻雷克萨斯汽车销售中心，南邻陕西星王企业公司。西南角坐标为：东经108°51′，北纬34°11′。用地范围呈长方形，用地面积3500.0平方米。地势平坦。

地层堆积2层。第①层：表土层，厚1.5米，土色花杂，土质疏松；第②层：扰土层，厚0.7米，土色褐黄，土质较硬。第②层以下为生土。

未发现古代文化遗存。

169

合众思壮公司生产研发楼

文物勘探

工作时间：2007年7月9—13日
建设单位：西安合众思壮导航技术有限公司
项目性质：商业（研发楼）
工作人员：张全民、张彬利

位于雁塔区丈八路街办。锦业一路68号甲，南邻南三环，西邻丈八六路，东邻丈八五路。西南角坐标为：东经108°52′，北纬34°11′。用地范围呈长方形，用地面积18000.0平方米。地势平坦。

地层堆积1层。厚0.3米，土色浅褐，土质疏松。此层以下为生土。

未发现古代文化遗存。

170

芙蓉湖畔

文物勘探

工作时间：2007年7月14日—9月27日
建设单位：西安金地房地产开发有限公司
项目性质：商业（房地产）
工作人员：西安市文物保护考古所

位于雁塔区曲江街办（曲江新区）。东邻情侣路，南邻雁南二路，北邻雁南一路）。西南角坐标为：东经108°58′，北纬34°12′。用地范围呈梯形，用地面积平方米。地势平坦。

地层堆积2层。第①层：表土层，厚0.3米，土色灰褐，土质疏松；第②层：扰土层，厚0.3米，土色灰褐，土质较硬，含砖瓦残块等物。第②层以下为生土。

发现古墓葬88座。墓葬形制有斜坡墓道土洞墓11座，竖穴墓道土洞墓77座。墓向西北—东南向21座，东北—西南向3座，东西向6座，南北向58座。

工作时间：2008年3—4月
工作人员：翟霖林、李小武

发掘汉唐明时期古墓葬20座，出土器物70件。

171
西北化工研究院研发中心

文物勘探

工作时间：2007年7月28日—8月7日
建设单位：西北化工研究院
项目性质：商业（厂房）
工作人员：倪志俊、王纪元

位于雁塔区曲江街办（曲江新区）。西安交大科技产业园内，西南角坐标为：东经109°0′，北纬34°13′。用地范围近正方形，用地面积9530.0平方米。地势平坦。

地层堆积层3层。第①层：表土层，厚0.3米，土色黄灰，土质疏松，含砖瓦残块、植物根系等；第②层：扰土层，深0.3—0.7米，厚0.4米，土色黄灰，土质较疏松，含近现代瓷片等物；第③层：覆盖层，深0.7—1.2米，厚0.5米，土色黄褐，土质紧密。第③层以下为生土。

发现古墓葬6座（汉墓5座、唐墓1座）。墓葬形制有斜坡墓道土洞墓2座，竖穴墓道土洞墓4座。墓向均坐北朝南。

172
富鱼路

文物勘探

工作时间：2007年8月10—28日
建设单位：西安高新区市政配套服务中心
项目性质：公共基础建设（道路）
工作人员：倪志俊、王纪元

位于雁塔区鱼化寨街办。西接西三环，东接丈八北路。西南角坐标为：东经108°50′，北纬34°14′。用地范围呈长条形，长2723.0米，宽40.0米，用地面积109200.0平方米。地势平坦。

地层堆积3层。第①层：表土层，厚0.3米，土色黄灰，土质疏松，含砖瓦残块、植物根系等；第②层：扰土层，深0.3—1.0米，厚0.7米，土色黄灰，土质较疏松，含近现代瓷片等物；第③层：冲积层，深1.0—2.2米，厚1.2米，土色浅黄，土质较紧密。第③层以下为细沙层。

未发现古代文化遗存。

173
华城财富中心

文物勘探

工作时间：2007年8月10—30日
建设单位：西安市三爻村城中村建设发展公司
项目性质：商业（房地产）
工作人员：王自力、邹亚军

位于雁塔区长延堡街办。西邻朱雀路，南邻长安西路，东邻麦德龙广场。西南角坐标为：东经108°56′，北纬34°11′。用地范围呈长方形，用地面积2600.0平方米。地势平坦。

地层堆积2层。第①层：表土层，厚0.5米，土色花杂，土质较硬，含建筑垃圾；第②层：垆土层，深0.5—1.2米，厚0.7米，土色黑褐，土质纯净。第②层以下为生土。

发现汉唐时期古墓葬5座（汉墓3座、唐墓2座）。墓葬形制均为斜坡墓道土洞墓，墓向均坐北朝南。

174
西安国际电气中心

文物勘探

工作时间：2007年9月17日—10月3日
建设单位：西安创联电气科技有限公司
项目性质：商业（房地产）
工作人员：王自力、刘军利

位于雁塔区电子城街办。北邻电子三路，东

邻西京公司。西南角坐标为：东经108°54′，北纬34°12′。用地范围呈长方形，用地面积16500.0平方米。地势平坦。

地层堆积3层。第①层：表土层，厚0.3米，土色花杂，土质疏松，含砖瓦残块、植物根系等；第②层：扰土层，深0.3—1.0米，厚0.7米，土色褐黄，土质较硬，含砖瓦残块等；第③层：古河床土层，深1.0米以下见，土质密实。

发现汉墓4座。墓葬形制均为竖穴墓道土洞墓。墓向坐西朝东3座，坐北朝南1座。

175

唐延路东侧储备地

文物勘探

工作时间：2007年9月17日—10月3日
建设单位：西安市国土资源局
项目性质：商业（土储）
工作人员：倪志俊、李乖成

位于雁塔区丈八路街办。唐延路东侧，北邻南二环，南邻群贤庄。西南角坐标为：东经108°53′，北纬34°14′。用地范围呈不规则形，用地面积30000.0平方米。地势平坦。

东区地层堆积3层。第①层：建筑垃圾层，厚1.0米；第②层：填土层，厚0.4米，土色花杂，土质疏松，含瓦片、陶片等物；第③层：覆盖层，厚0.6米，土色褐黄，土质较密实，含灰星等物。第③层以下为生土。

西区北部地层堆积3层。第①层：建筑垃圾层，厚0.8米；第②层：扰土层，厚1.4米，土色花杂，土质较疏松，含陶片、瓦片、灰星等物；第③层：覆盖层，厚0.6米，土色深褐，土质较疏松，含灰星、瓦片等物。第③层以下为生土。

西区南部地层堆积3层。第①层：表土层，厚0.3米，土色花杂，土质疏松，含植物根系等物；第②层：扰土层，深0.3—1.3米，厚1.0米，土色花杂，土质疏松，含瓦片、灰星等物；第③层：覆盖层，深1.3—1.5米，厚0.2米，土色黄褐，土质较坚硬，含瓦片等物。第③层以下为生土。

发现古窑址2处。

176

枫林汇景（一期）

文物勘探

工作时间：2007年9月18日—10月11日
建设单位：西安市天地源房地产开发公司
项目性质：商业（房地产）
工作人员：孙武

位于雁塔区丈八路街办。北邻科技六路，东邻团结南路，南邻科技七路，西邻丈八北路。西南角坐标为：东经108°52′，北纬34°12′。用地范围呈长方形，东西长220.0米，南北宽155.0米，实际勘探面积34100.0平方米。地势较为平坦。

地层堆积2层。第①层：表土层，厚0.3米，土色花杂，土质一般；第②层：扰土层，厚0.9米，土色灰黄，土质较纯净。第②层以下为生土。

未发现古代文化遗存。

177

恒大绿洲

文物勘探

工作时间：2007年9月20日—10月5日
建设单位：西安祺云置业有限公司
项目性质：商业（房地产）
工作人员：倪志俊、李乖成

位于雁塔区等驾坡街办。东邻浐河，南邻咸宁东路，西邻田家湾村，北邻草南村。西南角坐标为：东经109°2′，北纬34°15′。用地范围呈不规则长方形，用地面积207175.0平方米。地势平坦。

地层堆积3层。第①层：表土层，厚0.3米，土色灰褐，土质疏松，含砖瓦残块、植物根系等；第②层：扰土层，深0.3—1.5米，厚1.2米，土色灰黄，土质较硬，含砖瓦残块等；第③层：淤积层，深1.5—2.5米，厚1.0米，土色灰青，土质坚硬。

未发现古代文化遗存。

178

南湖北路（曲江池北路）

文物勘探

工作时间：2007年10月
建设单位：西安曲江新区土地储备中心
项目性质：公共基础建设（道路）
工作人员：倪志俊、李乖成

位于雁塔区曲江街办（曲江新区）。西接上林苑路，东接芙蓉南路。西南角坐标为：东经108°59′，北纬34°12′。用地范围呈长条形，长1400.0米，宽30.0米，用地面积42000.0平方米。地势平坦。

地层堆积2层。第①层：表土层，厚0.3米，土色灰黄，土质疏松，含近现代砖瓦残块；第②层：扰土层，厚0.9米，土色灰黄，土质较硬，含古代砖瓦残块。第②层以下为生土。

发现古墓葬24座。竖穴墓道土洞墓13座，斜坡墓道土洞墓9座，竖穴墓道砖室墓2座。墓向坐东朝西5座，坐西朝东6座，坐北朝南12座，坐南朝北1座。

考古发掘

工作时间：2007年5月
工作人员：张小丽、翟霖林

发掘汉墓17座，出土器物132件。

179

曲江池南路

文物勘探

工作时间：2007年10月
建设单位：西安曲江新区土地储备中心
项目性质：公共基础建设（道路）
工作人员：倪志俊、李乖成

位于雁塔区曲江街办（曲江新区）。西接南湖东路，北接芙蓉东路。西南角坐标为：东经109°00′，北纬34°12′。用地范围呈长条形，长1880.0米，宽30.0米，用地面积56400.0平方米。地势平坦。

地层堆积2层。第①层：表土层，厚0.3米，土色灰黄，土质疏松，含近现代砖瓦残块；第②层：扰土层，厚0.8米，土色灰黄，土质较硬，含古代砖瓦残块。第②层以下为生土。

发现古墓葬16座。墓葬形制有竖穴墓道土洞墓11座，斜坡墓道土洞墓3座，斜坡墓道砖室墓2座。墓向坐西朝东3座，坐东朝西2座，坐北朝南11座。

考古发掘

工作时间：2007年5月
工作人员：张小丽、翟霖林

发掘汉墓8座，出土器物24件。

180

南湖中路

文物勘探

工作时间：2007年10月
建设单位：西安曲江新区土地储备中心
项目性质：公共基础建设（道路）
工作人员：倪志俊、李乖成

位于雁塔区曲江街办（曲江新区）。西接南湖东路，东接芙蓉东路。西南角坐标为：东经109°00′，北纬34°12′。用地范围呈长条形，长1080.0米，宽30.0米，用地面积32400.0平方米。地势平坦。

地层堆积2层。第①层：表土层，厚0.3米，土色灰黄，土质疏松，含近现代砖瓦残块；第②层：扰土层，厚0.9米，土色灰黄，土质较硬，含古代砖瓦残块。第②层以下为生土。

发现古墓葬30座（秦汉墓20余座、隋唐墓6座）。墓葬形制有竖穴土圹墓1座，竖穴墓道土洞墓14座，斜坡墓道土洞墓4座，竖穴墓道砖室墓3座，斜坡墓道砖室墓8座。墓向以南北向为主。

181
新鸿基（鸿基紫韵）

文物勘探

工作时间：2007年10月8日—11月29日
建设单位：西安新鸿基房地产开发有限公司
项目性质：商业（房地产）
工作人员：倪志俊、李乖成

位于雁塔区曲江街办（曲江新区）。西邻情侣路，东邻上林苑路，南邻芙蓉南路，北邻雁南四路。西南角坐标为：东经108°58′，北纬34°11′。用地范围呈长方形，用地面积101997.23平方米。地势平坦。

地层堆积2层。第①层：表土层，厚0.3米，土色灰黄，土质疏松，含砖瓦残块、植物根系等；第②层：扰土层，厚0.4米，土色灰黄，土质较硬，含砖瓦残块等。第②层以下为生土。

发现古墓葬22座（汉墓11座、唐墓11座）。墓葬形制有斜坡墓道土洞墓15座，竖穴墓道土洞墓6座，斜坡墓道砖室墓1座。墓向有坐北朝南3座，坐南朝北1座，坐东朝西5座，坐西朝东10座，坐东南朝西北3座。

182
曲江环湖路

考古发掘

工作时间：2007年11—12月
建设单位：西安曲江新区土地储备中心
项目性质：公共基础建设（道路）
工作人员：张小丽、翟霖林

位于雁塔区曲江街办。曲江池北、中、东路。西南角坐标为：东经108°59′，北纬34°12′。

发掘汉代墓葬41座，出土器物700件。

183
方城路

文物勘探

工作时间：2007年11月
建设单位：西安市曲江新区土地储备中心
项目性质：公共基础建设（道路）
工作人员：倪志俊、李乖成

位于雁塔区曲江街办（曲江新区）。南接芙蓉南路，东接新开门。西南角坐标为：东经109°0′，北纬34°12′。用地范围呈长条形，长900.0米，宽30.0米，用地面积27000.0平方米。地势平坦。

地层堆积2层。第①层：表土层，厚0.3米，土色灰黄，土质疏松；第②层：扰土层，厚0.9米，土色灰黄，土质较硬，含古代砖瓦残块等物。第②层以下为生土。

发现汉墓4座。

考古发掘

工作时间：2007年6月
工作人员：张小丽、翟霖林

发掘汉代墓葬2座，出土器物23件。

184
曲江南湖14号地

文物勘探

工作时间：2007年11月8—29日
建设单位：西安曲江新区土地储备中心
项目性质：商业（房地产）
工作人员：西安市文物保护考古所

位于雁塔区曲江街办（曲江新区）。西邻曲江池遗址公园，东邻南湖东路。北邻南湖北路。西南角坐标为：东经108°59′，北纬34°12′。用地范围呈不规则形，地势平坦。

地层堆积2层。第①层：表土层，厚0.3米，土色灰黄，土质疏松，含近现代砖瓦残块；第②

层：扰土层，厚1.1米，土色灰黄，土质较硬，含古代砖瓦残块。第②层以下为生土。

发现古墓葬26座（汉墓10余座、唐墓5座，其余年代不详）。墓葬形制有竖穴墓道土洞墓、斜坡墓道土洞墓。

185

三五一三厂23#住宅楼

文物勘探

工作时间：2007年12月19—25日
建设单位：西安三五一三毛巾厂
项目性质：商业（房地产）
工作人员：程林泉、雷争气

位于雁塔区鱼化寨街办。昆明路三五一三厂家属院内，东邻17#住宅楼，北邻21#住宅楼。西南角坐标为：东经108°53′，北纬34°15′。用地范围呈长方形，用地面积1234.0平方米。地势平坦。

地层堆积，场地范围内已挖至生土层。

未发现古代文化遗存。

186

曲江上宅（曲江观塘）

文物勘探

工作时间：2007年12月30日—2008年1月10日
建设单位：陕西万众地产置业有限责任公司
项目性质：商业（房地产）
工作人员：倪志俊、雷争气

位于雁塔区曲江街办（曲江新区）。南邻南三环，北邻雁南五路，西邻曲江观邸。西南角坐标为：东经108°58′，北纬34°11′。用地范围呈长方形，用地面积11000.0平方米。地势平坦。

地层堆积2层。第①层：表土层，厚0.3米，土色花杂，土质疏松；第②层：扰土层，厚4.2米，土色褐黄，结构不均匀，含少量砖瓦残块等物。第②层以下为生土。

未发现古代文化遗存。

187

SEW-传动设备西安厂区

文物勘探

工作时间：2008年1月12日—2月17日
建设单位：SEW-传动设备（西安）有限公司
项目性质：商业（厂房）
工作人员：倪志俊、王纪元

位于雁塔区丈八路街办。南邻锦业二路，东邻丈八二路。西南角坐标为：东经108°53′，北纬34°11′。用地范围呈长方形，用地面积27000.0平方米。地势平坦。

地层堆积4层。第①层：回填土层，厚1.7米，土色花杂，土质疏松，系建筑垃圾；第②层：表土层，厚0.3米，土色灰黄，土质疏松，含近现代砖瓦残块等物；第③层：覆盖层，厚0.6米，土色黄灰，土质较疏松，含灰星、白钙丝；第④层：冲积层，厚1.5米，土色浅黄，土质较紧密，含少量灰星、砖瓦残块。第④层以下为沙层。

未发现古代文化遗存。

188

捷瑞·新时代

文物勘探

工作时间：2008年2月12—16日
建设单位：陕西捷瑞置业有限公司
项目性质：商业（房地产）
工作人员：袁长江、贾文虎

位于雁塔区鱼化寨街办。丈八北路108号，东邻丈八北路，北邻西辛庄加气站，西邻鱼化寨。西南角坐标为：东经108°52′，北纬34°14′。用地范围呈“U”形，东西长106.0米，南北宽75.0米，用地面积5100.0平方米。地势平坦。

地层堆积4层。第①层：表土层，厚1.0米，为砖瓦块覆盖；第②层：覆盖层，厚1.5米，土色灰褐，内含少量沙石块；第③层：沙层，厚0.5—1.2米，局部厚度不等；第④层：淤积层，土色黄灰，局部出现沙带淤积，疑为冲积河床区域扰土层。第④层以下为生土。

未发现古代文化遗存。

189

西南郊污水处理厂

文物勘探

工作时间：2008年3月10—30日
建设单位：西安高新污水处理有限公司
项目性质：公共基础建设（水利）
工作人员：倪志俊、王纪元

位于雁塔区鱼化寨街办漳浒村北。北邻科技西路，西邻经二十二路。西南角坐标为：东经108°50′，北纬34°13′。用地范围呈长方形，实际勘探面积106667.0平方米。地势平坦。

地层堆积4层。第①层：表土层，厚0.2米，土色灰黄，土质疏松，内含较多近现代砖瓦等物；第②层：扰土层，深0.2—0.8米，厚0.3—0.5米，土色灰黄，土质较疏松，内含近现代陶瓷碎片等物；第③层：覆盖层，深0.5—1.4米，厚0.3—0.6米，土色黑褐，土质疏松，内含少量灰星；第④层：冲积层，深1.0—1.4米，探至5.0米（见水）无变化，土色浅黄，土质较密。

未发现古代文化遗存。

190

英豪大厦

文物勘探

工作时间：2008年3月20—30日
建设单位：陕西英豪实业有限公司
项目性质：商业（商厦）
工作人员：孙武

位于雁塔区曲江街办（曲江新区）。曲江新区商务区T17地块，东邻政通大道，南邻商通大道，北邻文兴路。西南角坐标为：东经108°58′，北纬34°11′。用地范围呈扇形，实际勘探面积3200.0平方米。地势较平坦。

地层堆积2层。第①层：表土层，厚1.1米。土色花杂，土质一般，含砖瓦碎片等物；第②层：垆土层，厚0.7米，土色黑褐，土质较紧密。第②层以下为生土。

未发现古代文化遗存。

191

康城花园（暖山·西安）

文物勘探

工作时间：2008年3月21—30日
建设单位：西安富祥房地产有限公司
项目性质：商业（房地产）
工作人员：倪志俊、李乖成

位于雁塔区等驾坡街办。东邻浐河西路，南邻田史路，北邻咸宁东路。西南角坐标为：东经109°3′，北纬34°14′。用地范围呈长方形，用地面积40000.0平方米。地势平坦。

地层堆积2层。第①层：表土层，厚0.3米，土色灰黄，土质疏松；第②层：扰土层，厚0.8米，土色灰黄，土质较硬，内含砖瓦等物。第②层以下为生土。

未发现古代文化遗存。

192

七方·生活家园

文物勘探

工作时间：2008年4月23日—5月1日
建设单位：西安七方置业有限公司
项目性质：商业（房地产）
工作人员：孙武、李福建

位于雁塔区鱼化寨街办。东邻丈八北路，南邻富裕路（科技西路），西邻鱼化税务所。西南角坐标为：东经108°51′，北纬34°14′。用地范围约呈梯形，实际勘探面积17500.0平方米。地势平坦。

地层堆积3层。第①层：表土层，厚1.5米，土色花杂，土质疏松，含砖瓦碎片等物；第②

层：扰土层，深1.5—2.5米，厚1.0米，土色褐黄，土质密实，含少量砖瓦残块等物；第③层：沙层，2.5米以下见。

未发现古代文化遗存。

193

英华达科研楼

文物勘探

工作时间：2008年5月9—13日
建设单位：英华达（西安）通信科技有限公司
项目性质：商业（科研楼）
工作人员：张全民、张彬利

位于雁塔区丈八路街办。锦业一路60号，北邻锦业一路，西邻博士路，南邻绕城高速，东邻丈八三路。西南角坐标为：东经108°52′，北纬34°11′。用地范围呈长方形，实际勘探面积5000.0平方米。地势平坦。

地层堆积1层。厚0.3米，土色浅褐，土质疏松，含砖瓦碎片等物。此层以下为生土。

未发现古代文化遗存。

194

曲江小学（曲江池小学）

文物勘探

工作时间：2008年5月16日—20日
建设单位：西安曲江建设投资有限公司
项目性质：公共基础建设（学校）
工作人员：倪志俊、李乖成

位于雁塔区曲江街办（曲江新区）。西邻雁湖小区，南邻南三环。西南角坐标为：东经108°59′，北纬34°11′。用地范围呈长方形，用地面积13320.0平方米。地势南高北低。

地层堆积2层。第①层：表土层，厚0.3米，土色灰黄，土质疏松，含现代砖瓦等物；第②层：扰土层，厚0.8米，土色灰青，土质较硬。第②层以下为生土。

未发现古代文化遗存。

文物勘探（补探）

工作时间：2009年4月8—16日
建设单位：西安曲江建设投资有限公司
项目性质：公共基础建设（学校）
工作人员：倪志俊、李乖成

本次补探面积8100平方米。

地层堆积1层。厚0.1米，上色灰黄，土质疏松。此层以下为生土。

发现汉墓5座。墓葬形制均为竖穴墓道土洞墓。墓向南北向3座，东西向1座。

考古发掘

工作时间：2009年5月
建设单位：西安曲江建设投资有限公司
项目性质：公共基础建设（学校）
工作人员：张全民

发掘汉代古墓葬5座。出土文物有铜钱、陶仓、陶灶、陶罐、铜带钩、铜耳珰等，各类文物共计15件。

195

旗远研发基地

文物勘探

工作时间：2008年5月16—20日
建设单位：西安旗远实业有限公司
项目性质：商业（研发基地）
工作人员：李小武

位于雁塔区丈八路街办。南邻锦业一路，东邻丈八三路，北邻锦业路。西南角坐标为：东经108°52′，北纬34°11′。用地范围呈长方形，实际勘探面积28800.0平方米。地势平坦。

地层堆积2层。第①层：表土层，厚0.5米，土色灰黄，土质疏松，含砖瓦碎片等物；第②层：扰土层，厚1.2米，土色灰青，土质坚硬，较纯净。第②层以下为生土。

未发现古代文化遗存。

196

崇立苑

文物勘探

工作时间：2008年5月21—23日
建设单位：陕西崇立实业发展有限公司
项目性质：商业（房地产）
工作人员：张全民、张彬利

位于雁塔区电子城街办。北邻丁白路，西邻太白南路。西南角坐标为：东经108°55′，北纬34°13′。用地范围呈三角形，长89.0米，宽57.0米，实际勘探面积2500.0平方米。地势较平坦。

地层堆积2层。第①层：表土层，厚0.8米。土色花杂，土质较硬，含大量建筑垃圾等物；第②层：垆土层，厚0.7米，土色褐黄，土质坚硬。第②层以下为生土。

未发现古代文化遗存。

197

科飞生产基地

文物勘探

工作时间：2008年5月29—6月3日
建设单位：陕西科飞电气有限责任公司
项目性质：商业（生产楼）
工作人员：倪志俊、张彬利

位于雁塔区丈八路街办。北邻锦业路，西邻西三环，南邻锦业一路。西南角坐标为：东经108°51′，北纬34°11′。用地范围呈长方形，实际勘探面积10466.6平方米。地势平坦。

地层堆积1层。厚0.3米，土色浅褐，土质疏松，含砖瓦碎片等物。此层以下为生土。

未发现古代文化遗存。

198

中投公司外包基地

文物勘探

工作时间：2008年6月1—10日
建设单位：西安中投科技服务有限公司
项目性质：商业（厂房）
工作人员：孙武、段天峰

位于雁塔区丈八路街办。丈八二路与南三环十字东北角，西邻丈八二路，北邻锦业一路，南邻三环。西南角坐标为：东经108°52′，北纬34°11′。用地范围呈长方形，南北长148.0米，东西长96.0米，实际勘探面积13500.0平方米。地势平坦。

地层堆积2层。第①层：表土层，厚1.1米。土色花杂，土质一般，含砖瓦碎片等物；第②层：垆土层，深1.1—1.8米，厚0.7米，土色黑褐，土质较紧密。第②层以下为生土。

未发现古代文化遗存。

199

库伯公司厂房

文物勘探

工作时间：2008年6月20—30日
建设单位：库伯西安熔断器有限公司
项目性质：商业（厂房）
工作人员：倪志俊、张彬利

位于雁塔区丈八路街办。锦业路86号，北邻锦业路，西邻西三环。西南角坐标为：东经108°50′，北纬34°11′。用地范围呈梯形，用地面积20000.0平方米。地势较平坦。

地层堆积1层。厚0.1米，土色浅褐，土质疏松，含砖瓦碎片。此层以下为生土。

未发现古代文化遗存。

200

阳光花园（曲江明珠）

文物勘探

工作时间：2008年6月24日—7月2日
建设单位：陕西新开广厦房地产开发公司
项目性质：商业（房地产）
工作人员：倪志俊、李乖成

位于雁塔区曲江街办（曲江新区）。南邻南三环，北邻翠竹园。西南角坐标为：东经108°58′，北纬34°10′。用地范围长方形，用地面积47952.0平方米。地势较平坦。

地层堆积2层。第①层：表土层，厚0.3米，土色灰褐，土质疏松；第②层：扰土层，厚0.9米，土色灰褐，土质较硬，含少量砖瓦等物。第②层以下为生土。

发现古墓葬6座。墓葬形制有斜坡墓道土洞墓4座，竖穴墓道土洞墓2座。墓向有南北向5座，东西向1座。

考古发掘

工作时间：2009年11月
工作人员：张小丽

发掘汉唐时期古墓葬5座，出土器物30件。

201

复地城（复地优尚国际）

文物勘探

工作时间：2008年7月1—6日
建设单位：西安三鑫房地产发展有限公司
项目性质：商业（房地产）
工作人员：袁长江、种保民

位于雁塔区鱼化寨街办。南邻博迪学院，东邻皂河，北邻陕西东大置业有限公司，西邻鱼斗路。西南角坐标为：东经108°51′，北纬34°13′。用地范围呈不规则长方形，用地面积62598.0平方米。地势较平坦。

地层堆积1层。厚0.5米，土色疏松，土色花杂。该层以下为生土。

未发现古代文化遗存。

202

高速公路西高新基地

文物勘探

工作时间：2008年7月20日—8月5日
建设单位：陕西省高速公路建设集团公司
项目性质：商业（办公楼）
工作人员：倪志俊、王纪元

位于雁塔区电子城街办。西邻太白南路，南邻融侨紫薇馨苑。西南角坐标为：东经108°54′，北纬34°12′。用地范围呈平行四边形，用地面积29793.0平方米。地势较平坦。

地层堆积4层。第①层：回填土层，厚0.5—1.0米，土质较硬；第②层：耕土层，厚0.3米，土色花杂，土质疏松；第③层：扰土层，厚0.3—0.5米，土色黄褐，土质较疏松；第④层：冲积层，厚2.5米，土色浅黄，土质较密。第④层以下为生土见沙层。

未发现古代文化遗存。

203

高新区GXⅢ–(2)–83

文物勘探

工作时间：2008年8月10日—9月10日
建设单位：西安中铁长丰置业有限公司
项目性质：公共基础建设（房地产）
工作人员：孙武

位于雁塔区丈八路街办（高新区）。东邻丈八四路，西邻丈八五路。西南角坐标为：东经108°52′，北纬34°12′。用地范围呈长方形，用地面积133320.0平方米。地势较平坦。

地层堆积4层。第①层：表土层，厚0.4米，土色浅褐，土质较软；第②层：扰土层，深0.4—1.1米，厚0.7米，土色浅褐，土质一般，含少量沙粒；第③层：沙土层，深1.1—1.3米，厚0.2米，土色浅黄，土质一般；第④层：垆土层，深1.3—2.0米，土色黑褐，土质较硬。第④层以下为生土。

未发现古代文化遗存。

204

甘家寨安置楼

文物勘探

工作时间：2008年8月10日—9月10日
建设单位：西安高新技术产业开发区市政配套中心
项目性质：商业（安置楼）
工作人员：倪志俊、王纪元

位于雁塔区电子城街办。高新技术开发区白沙路，东邻文理学院，南邻天地源·枫林绿洲，西邻云顶园，北邻科技二路。西南角坐标为：东经108°54′，北纬34°13′。用地范围呈长方形，用地面积180000.0平方米。地势较平坦。

地层堆积2层。第①层：扰土层，厚1.0米，土色黑褐，土质较疏松，含少量灰星、瓦片等物；第②层：冲积层，厚0.4米，土色深褐，土质较紧密。

发现古墓葬42座（汉墓1座、明清墓41座），古窑址8处。

205

科达利公司工业园

文物勘探

工作时间：2008年8月15—20日
建设单位：陕西科达利五金有限公司
项目性质：商业（工业园）
工作人员：张全民、张彬利

位于雁塔区丈八路街办（高新区）。南三环拐弯处内侧，北邻锦业一路。西南角坐标为：东经108°51′，北纬34°10′。用地范围呈长方形，用地面积8000.0平方米。地势较平坦。

地层堆积2层。第①层：表土层，厚0.1米，土色浅褐，土质疏松，含砖瓦碎块等物；第②层：扰土层，厚1.2米，土质含现代白灰、建筑砖块等物。第②层以下为生土。

未发现古代文化遗存。

206

雁湖小区（二期）

文物勘探

工作时间：2008年9月—2009年2月21日
建设单位：曲江建设投资有限公司
项目性质：商业（房地产）
工作人员：倪志俊、李乖成

位于雁塔区曲江街办（曲江新区）。曲江池南路，北邻芙蓉南路，西邻雁湖小区一期，南邻南三环。西南角坐标为：东经108°59′，北纬34°11′。用地范围呈长方形，实际勘探面积72231.0平方米。地势平坦。

地层堆积2层。第①层：表土层，厚0.3米，土色灰黄，土质疏松；第②层：扰土层，厚1.1米，土色灰褐，土质较硬。第②层以下为生土。

发现古墓葬10座，古窖藏1处。墓葬形制有斜坡墓道土洞墓6座，竖穴墓道土洞墓4座。墓向南北向7座，东西向3座。

考古发掘

工作时间：2009年8—10月
工作人员：李小武

发掘汉代墓葬7座，出土器物40件。

207

中石油管材研究所基地建设

文物勘探

工作时间：2008年9月29日—10月6日
建设单位：中国石油天然气集团公司
项目性质：商业（厂房）
工作人员：张全民、张彬利

位于雁塔区电子城街办。东邻西万路，南邻锦业二路。西南角坐标为：东经108°53′，北纬34°11′。用地范围呈长方形，用地面积38500.0平方米。地势较平坦。

地层堆积2层。第①层：表土层，厚0.1米，

土色浅褐，土质疏松；第②层：扰土层，厚0.9米，含建筑砖块等物。第②层以下为生土。

未发现古代文化遗存。

208

华城万象（二期）

文物勘探

工作时间：2008年10月10日—2009年5月30日
建设单位：陕西华汉实业集团有限公司
项目性质：商业（房地产）
工作人员：倪志俊、邹亚军

位于雁塔区长延堡街办。北邻长延堡派出所，东邻麦德龙广场，南邻华城万象（一期）。西南角坐标为：东经108°56′，北纬34°11′。用地范围呈长方形，用地面积16000.0平方米。地势较平坦。

地层堆积1层。厚4.5米，土色花杂，土质疏松，含大量建筑垃圾。此层以下为生土。

未发现古代文化遗存。

209

艾尔肤公司厂区

文物勘探

工作时间：2008年11月18—22日
建设单位：陕西艾尔肤组织工程有限公司
项目性质：商业（厂房）
工作人员：张全民、张彬利

位于雁塔区丈八路街办（高新区）。东邻瞪羚一路，北邻科技八路，西邻瞪羚二路。西南角坐标为：东经108°52′，北纬34°12′。用地范围呈长方形，用地面积13320.0平方米。地势平坦。

地层堆积1层。厚0.1米，土色浅褐，土质疏松，含少量砖瓦残块等物。此层以下为生土。

未发现古代文化遗存。

210

华为西安全球交换技术中心
（华为西安研究所）

文物勘探

工作时间：2008年11月28日—12月22日
建设单位：深圳市华为投资控股有限公司
项目性质：商业（工业园）
工作人员：张全民、张彬利

位于雁塔区丈八路街办（高新区）。西邻丈八八路，东邻丈八七路，南邻锦业路。西南角坐标为：东经108°50′，北纬34°11′。用地范围呈长方形，用地面积179000.0平方米。地势平坦。

地层堆积2层。第①层：表土层，厚0.3米，土色浅褐，土质疏松；第②层：垆土层，厚0.5米，土色黑褐，土质紧密。第②层以下为生土。

未发现古代文化遗存。

211

城市花园

文物勘探

工作时间：2008年12月2—5日
建设单位：西安曲江城市花园房地产开发有限公司
项目性质：商业（房地产）
工作人员：倪志俊、段新义

位于雁塔区曲江街办（曲江新区）。芙蓉西路6号，芙蓉西路与雁南五路交汇处西南角，南邻南三环。西南角坐标为：东经108°58′，北纬34°11′。用地范围呈长方形，实际勘探面积19980.0平方米。地势较平坦。

地层堆积2层。第①层：表土层，厚0.3米，土色灰褐，土质疏松；第②层：扰土层，厚1.1米，土色灰褐，土质较硬，内含砖瓦块等物。第②层以下为生土。

发现唐墓2座。墓葬形制均为竖穴墓道土洞墓。墓向坐西朝东1座，坐北朝南1座。

212

曲江行政商务中心T38地块

文物勘探

工作时间：2008年12月10—13日
建设单位：西安曲江荣盛置业有限公司
项目性质：商业（房地产）
工作人员：张翔宇、王纪元

位于雁塔区长延堡街办。雁塔南路以西，南三环以北交汇处，东邻雁塔南路，南邻南三环。西南角坐标为：东经108°58′，北纬34°11′。用地范围呈长方形，实际勘探面积5875.0平方米。地势平坦。

地层堆积2层。第①层：表土层，厚0.3米，土色灰黄，土质疏松；第②层：冲积层，厚0.9米，土色灰黄，土质较硬。第②层以下为生土。

发现汉墓1座，形制为竖穴墓道土洞墓，墓向坐北朝南。

213

中航飞机公司西安基地

文物勘探

工作时间：2009年2月3—12日
建设单位：中航勘察设计研究院
项目性质：商业（企业扩建）
工作人员：倪志俊、王纪元

位于雁塔区丈八路街办（高新区）。锦业路西段北侧，南邻锦业路，西邻丈八五路，东邻丈八四路。用地范围呈长方形，东西长340.0米，南北宽137.0米，实际勘探面积45000.0平方米。地势平坦。

地层堆积3层。第①层：表土层，厚0.3米，土色灰黄，土质疏松；第②层：扰土层，深0.3—0.8米，厚0.5米，土色黄灰，土质较疏松；第③层：覆盖层，深0.8—1.5米，厚0.7米，土色黑褐，土质较密实。第③层以下为生土。

未发现古代文化遗存。

214

秦二世遗址公园

文物勘探

工作时间：2009年2月10日—3月25日
建设单位：西安曲江新区园林建设有限公司
项目性质：公共基础建设（遗址公园）
工作人员：倪志俊、孙勇

位于雁塔区曲江街办（曲江新区）。曲江村南坡上，北邻曲江池遗址公园。西南角坐标为：东经108°59′，北纬34°11′。封土堆直径25.0米，高5.0米，墓北有石碑1座，高3.0米，宽0.98米，厚0.28米，印刻“秦二世皇帝陵”隶书大字，为清乾隆四十一年山西巡抚华沅所立。碑厚印刻《夜役说》，为生员周新命于嘉庆十年所书。

地层堆积2层。第①层：表土层，厚0.3米，土色花杂，土质疏松，含少量砖瓦灰星等物；第②层：扰土层，厚0.7米，土色褐黄，含少量的砖瓦灰星等物。第②层以下为生土。

发现古墓葬2座（秦二世皇陵1座、汉墓1座），夯土区4处，窑址1处。

215

枫林意树（二期）

文物勘探

工作时间：2009年2月20日—3月1日
建设单位：西安天地源房地产开发有限公司
项目性质：商业（房地产）
工作人员：孙武、崔荣

位于雁塔区丈八路街办（高新区）。东邻团结南路，北邻科技六路。西南角坐标为：东经108°53′，北纬34°12′。用地范围呈长方形，东西长190.0米，南北宽180.0米，实际勘探面积33333.3平方米。地势平坦。

地层堆积3层。第①层：表土层，厚0.5米，含水一般；第②层：扰土层，厚0.2米，土色黄褐，土质较硬；第③层：冲积层，深0.7—1.0米，土质坚硬，含少量料姜石。第③层以下为河床淤积土层。

未发现古代文化遗存。

216

曲江池3号地

文物勘探

工作时间：2009年3月
建设单位：陕西金地佳和置业有限公司
项目性质：商业（房地产）
工作人员：倪志俊、李乖成

位于雁塔区曲江街办（曲江新区）。曲江池遗址公园西侧，上林苑路与芙蓉南路交汇处，西邻上林苑路，北邻雁南三路。西南角坐标为：东经108°59′，北纬34°12′。用地范围呈长方形，实际勘探面积63861.0平方米，地势平坦。

地层堆积2层。第①层：表土层，厚0.3米，土色灰褐，土质疏松；第②层：扰土层，厚0.9米，土色灰褐，土质较硬，内含砖瓦块等物。第②层以下为生土。

发现古墓葬10座（汉墓8座、唐墓2座）。墓葬形制有竖穴墓道土洞墓8座，斜坡墓道土洞墓2座。墓向有南北向3座，东西向3座，西北—东南向1座，东北—西南向3座。

217

交大曲江新村住宅小区

文物勘探

工作时间：2009年4月10—20日
建设单位：西安交大科技产业园有限公司
项目性质：商业（房地产）
工作人员：倪志俊、王纪元

位于雁塔区曲江街办（曲江新区）。雁翔路99号，西邻雁翔路，东邻规划六路。西南角坐标为：东经109°0′，北纬34°13′。用地范围呈不规则长方形，实际勘探面积36500.0平方米，地势较平坦。

南区地层堆积1层。回填土层，内含大量建筑垃圾，探至4.0米无变化。

北区地层堆积3层。第①层：表土层，厚0.3米，土色花杂，内含砖瓦石块等物；第②层：扰土层，厚0.3米，土色花杂，土质疏松，内含少量陶、瓦片等物；第③层：覆盖层：厚0.7米，土色深褐，土质较疏松，内含少量灰星瓦片等物。第③层以下为生土。

发现古墓葬2座。

考古发掘

工作时间：2009年8月6日—9月7日
工作人员：张小丽、张红仓、王志勇、杨永刚

发掘汉代古墓葬2座，出土器物81件。南北向砖室墓。出土陶器有陶狗、陶俑、陶马、陶罐、陶灶、陶鼎、陶碗、陶壶、陶盒等；石器有石夯头；铜器有铜钱、铜合页、铜铺首、铜泡钉、铜饰、铜盖弓帽、铜环、铜铃；另铜钱有五铢钱、货泉、大泉五十；玉器有玉肛塞、玉璧、玉耳塞、玉眼障。

218

西安绕城南基地

文物勘探

工作时间：2009年4月13—19日
建设单位：陕西省交通建设集团公司
项目性质：公共基础建设（交通）
工作人员：袁长江、徐西平

位于雁塔区长延堡街办。长安路与南三环十字西南角，北邻南三环，东邻长安南路，南邻雁环中路，西邻朱雀大街南段。西南角坐标为：东经108°56′，北纬34°10′。用地范围呈长方形，南北长207.0米，东西宽190.0米，实际勘探面积22264.0平方米。地势平坦。

地层堆积1层。厚3.0—6.5米，土色花杂，内含大量砖瓦垃圾等杂物。此层以下为生土。

未发现古代文化遗存。

219

中铁·高新六路（中铁·瑞园）

文物勘探

工作时间：2009年4月14—20日
建设单位：西安侨隆置业有限公司
项目性质：商业（房地产）
工作人员：倪志俊、李志军

位于雁塔区丈八路街办（高新区）。东邻响堂村，南邻科技北路，西邻美立方小区。西南角坐标为：东经108°53′，北纬34°14′。用地范围呈不规则三角形，实际勘探面积17086.0平方米。地势西南高、东北低。

地层堆积2层。第①层：表土层，厚0.5米，土色灰褐，土质较疏松；第②层：扰土层，厚1.0米，土色褐黄，土质较疏松。第②层以下为生土。

未发现古代文化遗存。

220

高新区廉租房小区（锦业新居）

文物勘探

工作时间：2009年4月27日—5月4日
建设单位：西安市房产经营一公司
项目性质：商业（房地产）
工作人员：倪志俊、李乖成

位于雁塔区丈八路街办（高新区）。南邻南三环，西邻丈八八路，北邻锦业一路。西南角坐标为：东经108°50′，北纬34°11′。用地范围呈不规则长方形，实际勘探面积40000.0平方米。地势较平坦。

地层堆积2层。第①层：表土层，厚0.3米，土色灰黄，土质疏松；第②层：扰土层，厚0.9米，土色灰黄，土质较硬。第②层以下为生土。

未发现古代文化遗存。

221

陕西省科技资源中心

文物勘探

工作时间：2009年5月14—18日
建设单位：陕西省科技资源中心筹建处
项目性质：商业（科技资源中心）
工作人员：倪志俊、李乖成

位于雁塔区丈八路街办（高新区）。东邻丈八五路，北邻瞪羚路，西邻瞪羚一路，南邻丈八西路。西南角坐标为：东经108°52′，北纬34°12′。用地范围呈长方形，实际勘探面积33300.0平方米。地势较为平坦。

地层堆积2层。第①层：表土层，厚0.3米，土色灰黄，土质疏松；第②层：扰土层，厚0.7米，土色青褐，土质较硬。第②层以下为生土。

发现明清时期古墓葬3座。墓葬形制均为竖穴墓道土洞墓，墓向均为东西向。

222

灞桥区廉租房小区

文物勘探

工作时间：2009年5月26日—9月12日
建设单位：西安市房产经营第四公司
项目性质：商业（房地产）
工作人员：倪志俊、李乖成

位于雁塔区等驾坡街办。新兴南路以南，月登阁路以北。西南角坐标为：东经109°2′，北纬34°14′。用地范围呈长方形，实际勘探面积40000.0平方米。地势较平坦。

地层堆积2层。第①层：表土层，厚0.3米，土色灰黄，土质疏松；第②层：扰土层，厚1.0米，土色灰青，土质较硬。第②层以下为生土。

发现古墓葬80座。墓葬形制有竖穴土圹墓4座，斜坡墓道土洞墓29座，竖穴墓道土洞墓47座。墓向东西向21座，南北向54座，西北—东南向2座，东北—西南向3座。

考古发掘

工作时间：2009年7—9月
工作人员：张小丽

发掘汉唐时期古墓葬13座，出土器物74件。M1、M2、M10为竖穴墓道土洞墓，平面呈刀把形，坐北朝南；M3、M4为斜坡墓道带天井土洞墓，平面呈刀把形，坐北朝南；M5、M8为斜坡墓道洞室墓，平面呈“甲”字形，坐北朝南；M6为斜坡墓道洞室墓，平面呈“甲”字形，坐西朝东；M7为斜坡墓道洞室墓，平面呈刀把形，坐北朝南；M9为斜坡墓道砖室墓，坐北朝南，墓室由前室、耳室、后室等部分组成；M11为斜坡墓道砖室墓，坐西朝东，墓室由前室、耳室、后室等部分组成。

223

中扬公司厂房

文物勘探

工作时间：2009年6月10—28日
建设单位：西安中扬电器股份有限公司
项目性质：商业（企业扩建）
工作人员：倪志俊、王纪元

位于雁塔区丈八路街办（高新区）。锦业一路西段南侧，西邻西三环，东邻金堆城钼业公司，南邻西安晚报印务中心新址。西南角坐标为：东经108°51′，北纬34°11′。干式电抗器生产线及高压实验大厅项目，用地范围呈长方形，实际勘探面积43125.0平方米。地势平坦。

东区地层堆积3层。第①层：表土层，厚0.3米，土色花杂，土质疏松；第②层：冲积层，深0.3—1.5米，厚0.3—0.8米，土色灰黄，土质疏松；第③层：沉积层，厚0.8—1.5米，土色青灰，土质较密实，内含少量灰星。

西区地层堆积3层。第①层：表土层，厚0.3—0.5米，含大量砖瓦石块等物；第②层：冲积层，深0.3—0.8米，厚0.3—0.5米，土色灰黄，土质疏松；第③层：沉积层，深0.8—1.0米，土色青灰，土质较密实，内含少量灰星。

未发现古代文化遗存。

224

陕西省汽车检测中心站

文物勘探

工作时间：2009年6月12—16日
建设单位：陕西省汽车检测站
项目性质：商业（交通）
工作人员：张全民、张彬利

位于雁塔区丈八路街办（高新区）。东邻丈八六路，南邻锦业二路。西南角坐标为：东经108°51′，北纬34°11′。用地范围呈不规则长方形，实际勘探面积66000.0平方米。地势较平坦。

地层堆积2层。第①层：表土层，厚0.2米。土色浅褐，土质疏松，含砖瓦碎片等物；第②层：扰土层，厚0.8米，内含小砖块等物。第②层以下为生土。

未发现古代文化遗存。

225

鹏程公司厂房

文物勘探

工作时间：2009年7月9—18日
建设单位：西安鹏程机电设备有限公司
项目性质：商业（厂房）
工作人员：张全民、张彬利

位于雁塔区丈八路街办（高新区）。北邻锦业一路，南邻西安市供电局，东邻西三环。西南角坐标为：东经108°50′，北纬34°11′。用地范围呈长方形，实际勘探面积25000.0平方米。地势平坦。

地层堆积1层。厚0.2米，土色浅褐，土质疏松，含砖瓦碎片等物。此层以下为生土。

未发现古代文化遗存。

226

紫薇·永和坊

文物勘探

工作时间：2009年7月16日—8月3日
建设单位：西安曲江文化产业投资公司
项目性质：商业（房地产）
工作人员：孙勇

位于雁塔区长延堡街办。雁塔南路西侧，北邻会展路，南邻雁南五路。西南角坐标为：东经108°57′，北纬34°12′。用地范围呈长方形，实际勘探面积84952.0平方米。地势南高北低，呈台阶式。

地层堆积2层。第①层：表土层，厚0.3米，土色花杂，土质较疏松，含少量砖瓦等物；第②层：扰土层，厚0.7米，土色红褐，土质较疏松，结构不均匀，含少量灰星砖瓦片等物。第②层以下为生土。

发现明清墓葬4座。墓葬形制均为竖穴墓道土洞墓，墓向均为坐南朝北。

227

西高新半导体产业园

文物勘探

工作时间：2009年7月20日—2010年3月16日
建设单位：陕西电子信息集团
项目性质：商业（产业园）
工作人员：倪志俊、王纪元

位于雁塔区丈八路街办（高新区）。锦业路与西三环交汇处西北角，东邻西三环，南邻锦业路，西邻丈八七路。西南角坐标为：东经108°50′，北纬34°12′。用地范围呈长方形，南北长460.0米，东西宽385.0米，实际勘探面积150000.0平方米。地势较平坦。

地层堆积3层。第①层：表土层，厚0.3米，土色灰黄，土质疏松，含近代砖瓦碎片等物；第②层：扰土层，厚0.9米，土色黄灰，土质较疏松，内含少量砖瓦片、红烧土块等物；第③层：垆土层，深1.2—1.5米，厚0.3米，土色黝黑，土质较硬。第③层以下为生土。

未发现古代文化遗存。

228

科达利公司西高新工业园

文物勘探

工作时间：2009年7月30日—8月8日
建设单位：陕西科达利五金塑胶有限公司
项目性质：商业（厂房）
工作人员：张全民、张彬利

位于雁塔区丈八路街办。高新区南三环北辅道39号，西三环以东，南三环辅道以北。西南角坐标为：东经108°51′，北纬34°11′。用地范围近扇形，实际勘探面积10000.0平方米。地势平坦。

地层堆积1层。厚0.2米，土色浅褐色，土质疏松，含砖瓦碎片，植物根系等物。该层以下为生土。

未发现古代文化遗存。

229

雁塔南路步行街改造

考古发掘

工作时间：2009年8月
建设单位：不详
项目性质：公共基础建设（广场）
工作人员：袁长江、张小丽

位于雁塔区大雁塔街办。雁塔南路北段，西南角坐标为：东经108°58′，北纬34°13′。

发掘元代墓葬1座，出土器物60件。

230

北沈家桥小区

文物勘探

工作时间：2009年8月7—9日
建设单位：陕西三泽实业有限公司

项目性质：商业（房地产）
工作人员：倪志俊、邹亚军

位于雁塔区丈八路街办。高新区锦业二路与丈八六路交汇处东南角。西南角坐标为：东经108°51′，北纬34°11′。用地范围呈不规则长方形，东西长93.99米，南北宽52.62米，实际勘探面积3955.65平方米。地势平坦。

地层堆积1层。回填土，土色花杂，土质坚硬，内含大量路基石及砖块等物。此层以下为原始河床沉积土层。

未发现古代文化遗存。

231

创意大厦

文物勘探

工作时间：2009年8月9—17日
建设单位：西安曲江文化产业投资有限公司
项目性质：商业（房地产）
工作人员：倪志俊、李乖成

位于雁塔区曲江街办。曲江新区行政商务区政通大道2号，南邻南三环，东邻政通大道，北邻文曲路。西南角坐标为：东经108°58′，北纬34°11′。用地范围呈三角形，实际勘探面积9809.2平方米。地势较平坦。

地层堆积，地表均为建筑垃圾。

未发现古代文化遗存。

232

西安船舶重工产业园

文物勘探

工作时间：2009年8月10日—10月15日
建设单位：中国船舶重工集团公司第七〇五研究所
项目性质：商业（产业园）
工作人员：张全民、张彬利

位于雁塔区丈八路街办。东邻丈八七路，北邻锦业路。用地范围呈长方形，实际勘探面积70000.0平方米。地势平坦。

地层堆积2层。第①层：表土层，厚0.2米，土色灰褐，土质较虚，含砖瓦碎块等物；第②层：垆土层，厚0.3米，土色黑色。第②层以下为生土。

未发现古代文化遗存。

233

武警部队陕西省总队医院病房楼

文物勘探

工作时间：2009年8月14—20日
建设单位：中国人民武装警察部队陕西省总队医院
项目性质：公共基础建设（医院）
工作人员：倪志俊、郭永淇

位于雁塔区大雁塔街办。南二环东段88号武警医院内，北邻6层楼住院部，南邻锅炉房洗衣房。西南角坐标为：东经108°59′，北纬34°14′。用地范围呈长方形，实际勘探面积3190.0平方米。地势平坦。

地层堆积，已挖至生土层。

发现古墓葬2座。墓葬形制均为竖穴墓道土洞墓，墓向均坐南朝北。

考古发掘

工作时间：2009年8月
工作人员：张全民、郭永淇

发掘明代时期古墓葬2座，无出土器物。

234

荣禾·曲池东岸

文物勘探

工作时间：2009年8月14日—9月3日
建设单位：西安曲江荣盛置业有限公司
项目性质：商业（房地产）
工作人员：倪志俊、孙勇

位于雁塔区曲江街办（曲江新区）。新开门

南路，南邻曲江池南路，北邻寒窑路。西南角坐标为：东经109°0′，北纬34°12′。用地范围呈刀形，用地面积15598.1平方米。地势平坦。

地层堆积2层。第①层：表土层，厚0.3米，土色花杂，土质疏松，含少量砖瓦等物；第②层：扰土层，厚1.2米，土色红褐，土质较疏松，结构不均匀，含少量灰星砖瓦等物。第②层以下为生土。

未发现古代文化遗存。

235

曲江东岸A区

文物勘探

工作时间：2009年8月20日—9月3日
建设单位：西安曲江荣盛置业有限公司
项目性质：商业（房地产）
工作人员：倪志俊、孙勇

位于雁塔区曲江街办（曲江新区）。西邻曲江池遗址公园，北邻寒窑路。西南角坐标为：东经108°59′，北纬34°12′。用地范围呈长方形，实际勘探面积18528.0平方米。地势南高北低，呈坡状。

地层堆积2层，第①层：表土层，厚0.3米，土质疏松，土色花杂，含少量砖瓦、植物根系等物；第②层：扰土层，厚0.9米，土质较疏松，土色红褐，结构不均匀，含少量植物根系、灰星砖瓦等物。第②层以下为生土。

未发现古代文化遗存。

236

木塔寺东广场

考古发掘

工作时间：2009年9月
建设单位：不详
项目性质：公共基础建设（公园）
工作人员：张全民、郭永淇

位于雁塔区丈八路街办。北邻科技六路，木塔寺遗址公园东部。西南角坐标为：东经108°54′，北纬34°12′。

发掘唐代、北宋、明清时期古墓葬3座，出土器物5件。

237

安费诺（西安）产业基地

文物勘探

工作时间：2009年9月2—10日
建设单位：西安安科通信有限公司
项目性质：商业（产业基地）
工作人员：倪志俊、王纪元

位于雁塔区电子城街办。西邻太白南路，南邻电子二路。西南角坐标为：东经108°55′，北纬34°13′。用地范围呈长方形，实际勘探面积23000.0平方米。地势平坦。

地层堆积3层。第①层：表土层，厚1.0米，含大量建筑垃圾；第②层：扰土层，厚1.0米，土色黄灰，土质较疏松，内含少量近代陶器残片、灰星等物；第③层：河床冲积层，厚0.5米，土色黄灰，土质较软，内含灰星、沙粒等物。

未发现古代文化遗存。

238

利星行奔驰汽车厂房

文物勘探

工作时间：2009年9月15—30日
建设单位：晋弘（西安）置业有限公司
项目性质：商业（厂房）
工作人员：倪志俊、王纪元

位于雁塔区丈八路街办。东邻丈八四路，西邻丈八五路，南邻科技八路，北邻西户路。西南角坐标为：东经108°52′，北纬34°12′。用地范围呈长方形，实际勘探面积42688.0平方米。地势平坦。

地层堆积3层。第①层：表土层，厚1.3—3.0米，为现代建筑、生活垃圾等物；第②层：扰土层，厚0.3—0.6米，土色黄灰、土质疏松，内含近代陶瓷碎片等物；第③层：覆盖层，厚0.4米，土色黄褐，土质较疏松，内含少量灰星。第③层以下为古河床冲积层。

未发现古代文化遗存。

239

木塔寺遗址公园

文物勘探

工作时间：2009年9月15日—10月18日
建设单位：西安市高新区园林局
项目性质：公共基础建设（公园）
工作人员：张全民、刘广智

位于雁塔区丈八路街办。东邻兰亭坊小区，南邻木塔寨村，北邻科技六路，属国家级重点文物保护单位隋大兴城唐长安城城墙西南隅，为隋禅定寺、唐大庄严寺保护区范围内。西南角坐标为：东经108°54′，北纬34°12′。用地范围呈刀形，南北长380.0米，东西宽135.0米，实际勘探面积40000.0平方米。地势较为平坦。

地层堆积4层。第①层：表土层，厚0.3米，含大量砖瓦片、塑料制品等垃圾；第②层：扰土层，深0.3—0.9米，厚0.6米，土色褐黄，土质较虚，含有少量的砖瓦片等物；第③层：黄土层，深0.9—1.2米，厚0.3米，土色褐黄，土质较硬，含细沙土和零星瓦片等物；第④层：垆土层，深1.2—1.5米，厚0.3米，土质较硬。第④层以下为生土。

发现古代遗迹现象6处。隋唐夯土2处，隋唐—明清夯土2处，清代夯土1处，隋唐石砌建筑基址1处。

240

紫薇·公园时光

文物勘探

工作时间：2009年9月17—25日
建设单位：西安高科新西部实业发展有限公司
项目性质：商业（房地产）
工作人员：倪志俊、段随毛

位于雁塔区丈八路街办。北邻木塔寺公园，西邻唐延路，南邻科技七路。西南角坐标为：东经108°54′，北纬34°12′。用地范围呈长方形，实际勘探面积30000.0平方米。地势较平坦。

地层堆积3层。第①层：表土层，厚0.5米，土色花杂，土质疏松，含少量砖瓦、植物根系等物；第②层：扰土层，厚0.5米，土色黑褐，土质较疏松，含少量灰星砖瓦等物；第③层：古河床土层，深1.0米以下见，土质紧密，土色黄褐。

未发现古代文化遗存。

241

建隆住宅小区（曲江·紫汀苑）

文物勘探

工作时间：2009年9月18日—10月20日
建设单位：陕西建隆置业有限公司
项目性质：商业（房地产）
工作人员：倪志俊、徐西平

位于雁塔区曲江街办（曲江新区）。芙蓉东路与芙蓉中路十字西北角，春临路以东。西南角坐标为：东经108°59′，北纬34°13′，用地范围呈圆角三角形，实际勘探面积133333.3平方米。地势北高南低。

地层堆积2层，第①层：表土层，厚0.5米，土色花杂，土质疏松，含少量砖瓦碎片等物；第②层：扰土层，厚0.5米，土色黑褐，土质较疏松。第②层以下为生土。

发现古墓葬35座。墓葬形制有竖穴墓道土洞墓32座，竖穴土圹墓1座，斜坡墓道土洞墓2座。墓向有坐北朝南32座，坐东朝西3座。

考古发掘

工作时间：2010年6月7日—12月11日
工作人员：张翔宇、郭永淇

发掘汉代至明代时期古墓葬26座，出土器物78件。

242

长庆坊

文物勘探

工作时间：2009年9月26日—10月16日
建设单位：长庆石油勘探局矿区服务事业部长庆坊建设组
项目性质：商业（房地产）
工作人员：倪志俊、全小平

位于雁塔区小寨路街办。红砖南路8号，东邻翠花南路，南邻雁南一路，西临东八里村，北邻红砖南路。西南角坐标为：东经108°57′，北纬34°13′。用地范围呈长方形，实际勘探面积100125.0平方米。地势较平坦。

地层堆积2层。第①层：表土层，厚0.5米，土色浅灰，土质松软，内含大量植物根系及草木灰等物；第②层：扰土层，厚1.0米，局部有建筑垃圾，土色浅褐，土质紧密，含砖瓦碎块等物。第②层以下为生土。

未发现古代文化遗存。

文物勘探（补探1）

工作时间：2010年3月23日—12月26日
建设单位：长庆石油勘探局矿区服务事业部长庆坊建设组
项目性质：商业（房地产）
工作人员：倪志俊、全小平

补探范围呈长方形，南北长269.38米，东西宽266.0米，实际补探面积71655.08平方米。地势较平坦。

地层堆积3层。第①层：表土层，厚0.3米，土色浅灰，土质松软；第②层：扰土层，深0.3—1.8米，厚1.5米，土色浅褐，土质较紧密；第③层：次生土层，深1.8—2.2米，厚0.4米，土色浅褐，土质紧密，含少量砖瓦渣星等物。第③层以下为生土。

未发现古代文化遗存。

文物勘探（补探2）

工作时间：2012年11月5—20日
建设单位：长庆石油勘探局矿区服务事业部长庆坊建设组
项目性质：商业（房地产）
工作人员：张翔宇、全小平

补探范围呈长方形，实际补探面积8419.17平方米。地势较平坦。

地层堆积，场地内已清理至生土。

未发现古代文化遗存。

243

陕西省交通集团办公楼

考古发掘

工作时间：2009年10月
建设单位：陕西省交通集团
项目性质：商业（办公楼）
工作人员：张小丽

位于雁塔区长延堡街办。南三环与长安路十字西南角，西南角坐标为：东经108°57′，北纬34°11′。

发掘唐代墓葬1座，出土器物6件。

244

曲江东岸B区

文物勘探

工作时间：2009年10月10—25日
建设单位：西安曲江荣盛置业有限公司
项目性质：商业（房地产）
工作人员：倪志俊、孙勇

位于雁塔区曲江街办（曲江新区）。西邻曲江池遗址公园，北邻寒窑路，南邻曲池南路。西南角坐标为：东经108°59′，北纬34°12′。用地范围呈长方形，实际勘探面积58032.5平方米。地势南高北低，呈坡状。

地层堆积2层。第①层：表土层，厚0.3米，

土质疏松，土色花杂，含少量砖瓦、植物根系等物；第②层：扰土层，厚0.9米，土质较疏松，土色红褐，结构不均匀，含少量植物根系、灰星砖瓦等物。第②层以下为生土。

未发现古代文化遗存。

245

西安绿色家园

文物勘探

工作时间：2009年10月19—24日
建设单位：西安绿色家园购物广场有限公司
项目性质：商业（房地产）
工作人员：倪志俊、李乖成

位于雁塔区电子城街办。东邻太白南路，北邻科技六路。西南角坐标为：东经108°54′，北纬34°13′。用地范围呈刀形，实际勘探面积60000.0平方米。地势平坦。

地层堆积1层，该场地均为建筑垃圾，以下为生土。

未发现古代文化遗存。

246

曲江新区廉租房小区

文物勘探

工作时间：2009年10月23—26日
建设单位：西安市工商业房地产经营公司
项目性质：商业（房地产）
工作人员：倪志俊、李乖成

位于雁塔区曲江街办（曲江新区）。雁翔路西南侧，东邻雁翔路中段，北、南、西各邻黄渠头村耕地。西南角坐标为：东经109°0′，北纬34°13′。用地范围呈三角形，用地面积40000.0平方米，实际勘探面积34000.0平方米。地势较为平坦。

地层堆积2层，第①层：表土层，厚0.3米，土质疏松，土色灰黄，内含现代砖瓦等物；第②层：扰土层，厚4.9米，为回填土，土色灰褐，土质较硬，内含砖瓦块等物。第②层以下为生土。

未发现古代文化遗存。

文物勘探（补探）

工作时间：2011年1月13—16日
建设单位：西安市工商业房地产经营公司
项目性质：商业（房地产）
工作人员：倪志俊、李乖成

此次补探面积6000.0平方米，地势较为平坦。

地层堆积2层，第①层：表土层，厚0.5米，土质疏松，土色灰褐，内含现代砖瓦等物；第②层：扰土层，厚2.1米，土色灰褐，土质较硬，内含砖瓦块等物。第②层以下为生土。

未发现古代文化遗存。

247

中海国际社区7#、8#地块
（中海·熙岸）

文物勘探

工作时间：2009年10月25日—11月15日
建设单位：中海兴业（西安）有限公司
项目性质：商业（房地产）
工作人员：倪志俊、孙勇

位于雁塔区曲江街办（曲江新区）。东北邻曲江大道，西北邻北池头一路，西南邻曲江海洋馆。西南角坐标为：东经108°59′，北纬34°13′。用地范围呈梯形，东西长330.0—350.0米，南北宽170.0—190.0米，实际勘探面积65000.0平方米。地势较平坦。

地层堆积3层。第①层：表土层，厚0.5米，土色花杂，土质疏松，含少量砖瓦、植物根系等等物；第②层：扰土层，深0.5—1.2米，厚0.7米，土色褐黄，土质较疏松，含少量灰星瓦片等物；第③层：次生土层，深1.2—1.5米，厚0.3米，土色浅黄，土质较紧密。第③层以下为生土。

未发现古代文化遗存。

248

神州数码西安科技园

文物勘探

工作时间：2009年11月20—27日
建设单位：西安神州数码有限公司
项目性质：商业（科技园）
工作人员：张全民、张彬利

位于雁塔区丈八路街办（高新区）。丈八四路20号，南邻锦业路，东邻丈八四路。西南角坐标为：东经108°52′，北纬34°12′。用地范围呈长方形，实际勘探面积26666.6平方米。地势平坦。

地层堆积2层。第①层：表土层，厚0.2米，土色浅褐，土质疏松，含砖瓦碎片等物；第②层：垆土层，厚0.3米。第②层以下为生土。

未发现古代文化遗存。

249

宝力豪公馆

文物勘探

工作时间：2009年11月5—10日
建设单位：陕西九帮房地产开发有限公司
项目性质：商业（房地产）
工作人员：倪志俊、李乖成

位于雁塔区丈八路街办（高新区）。团结南路西侧，北邻枫林华府二期，东邻团结南路，南邻大寨路。西南角坐标为：东经108°53′，北纬34°15′。用地范围呈刀形，东西长59.9—109.3米，南北宽61.0—106.0米，实际勘探面积9300.0平方米。地势较平坦。

地层堆积2层。第①层：表土层，厚0.5米，含建筑垃圾等物；第②层：扰土层，厚0.4米，土色灰青。第②层以下为生土。

未发现古代文化遗存。

250

钻石半岛（二期）

文物勘探

工作时间：2009年11月15—20日
建设单位：西安新城市房地产开发有限公司
项目性质：商业（房地产）
工作人员：倪志俊、段随毛

位于雁塔区长延堡街办。北邻雁南三路，西邻庙坡头路。西南角坐标为：东经108°58′，北纬34°12′。用地范围呈长方形，东西长175.0米，南北宽78.0米，用地面积13650.0平方米。实际勘探面积13650.0平方米，地势平坦。

地层堆积1层。厚0.3米，土色花杂，含少量植物根系等物。此层以下为生土。

未发现古代文化遗存。

251

陕西省肿瘤医院科研楼（一期）

文物勘探

工作时间：2009年11月26日—12月1日
建设单位：陕西省肿瘤医院
项目性质：公共基础建设（医院）
工作人员：张全民

位于雁塔区小寨路街办。雁塔西路309号，南邻雁塔西路，西邻含光路。西南角坐标为：东经108°56′，北纬34°13′。用地范围呈长方形，实际勘探面积5074.0平方米。地势较平坦。

地层堆积2层。第①层：表土层，厚0.6米，土质较疏松，土色花杂，内含近现代砖瓦等物；第②层：河床冲积层，厚0.7米，土色浅黑色，土质较坚硬。第②层以下为生土。

未发现古代文化遗存。

252

西安市城南客运站

文物勘探

工作时间：2009年11月28日—12月12日
建设单位：陕西迪普投资集团有限公司
项目性质：公共基础建设（交通）
工作人员：倪志俊、全小平

位于雁塔区长延堡街办。朱雀南路和南三环西南角，东邻朱雀南路，南邻雁环路，西邻规划路（南寨村），北邻南三环，属秦汉唐墓葬分布范围区域内。西南角坐标为：东经108°56′，北纬34°11′。用地范围呈长方形，用地面积98388.18平方米。实际勘探面积85000.0平方米。地势平坦。

地层堆积2层。第①层：表土层，厚0.5米，土色浅灰，土质松软；第②层：扰土层，厚1.0米，局部有建筑垃圾，土色浅褐，土质密实，含瓦砖碎块、渣星及灰星。第②层以下为生土。

发现古代墓葬6座（秦汉墓4座、唐墓1座）。墓葬形制有竖穴土圹墓4座，竖穴墓道土洞墓1座，斜坡墓道土洞墓1座。墓向西北—东南向2座，南北向2座，东西向1座。

考古发掘

工作时间：2010年6月
工作人员：张全民

发掘唐代墓葬1座，出土器物10件。现将M1简述如下：

M1：平面呈刀把形，由墓道、过洞（2个）、天井（2个）、小龛（6个）、甬道和墓室组成。墓道位于墓室以南，墓室为砖室墓。方向180°。在墓室偏西发现青石椁盖和底。该墓由于盗掘严重，仅发现文物近40件，种类有陶塔式罐盖、陶文官俑头、陶风帽俑头、陶马头、陶象头饰、陶羊头、陶鸭身、陶牛、三彩骆驼头、三彩马头 、三彩俑身、铜钱、铜泡钉、铁泡钉，另外发现大量三彩残片。

253

时代风尚

文物勘探

工作时间：2009年12月7—11日
建设单位：陕西时代博金置业有限公司
项目性质：商业（房地产）
工作人员：张全民、刘广智

位于雁塔区鱼化寨街办。东邻创新路，北邻昆明路，西邻团结南路，南邻黄金嘉园小区。西南角坐标为：东经108°53′，北纬34°15′。用地范围呈长方形，东西长100.0米，南北宽47.0米，实际勘探面积4700.0平方米。地势平坦。

地层堆积1层。厚1.8—3.2米，含大量建筑垃圾、砖瓦块等物。此层以下为生土。

未发现古代文化遗存。

254

青龙寺

考古发掘

工作时间：2010年1月
建设单位：青龙寺
项目性质：主动调查、勘探和发掘（考古发掘）
工作人员：张全民、郭永淇

位于雁塔区大雁塔街办。雁翔路青龙寺北大门内，西南角坐标为：东经108°59′，北纬34°14′。

发掘元代墓葬1座，出土器物42件。

255

朱雀花园（一期）

文物勘探

工作时间：2010年1月10日—2011年4月6日
建设单位：陕西迪普投资集团有限公司
项目性质：商业（房地产）
工作人员：张翔宇、全小平

位于雁塔区长延堡街办。青松路46号，西

邻明德路，北邻青松路，东邻朱雀路，南邻一运司家属。西南角坐标为：东经108°56′，北纬34°12′。用地范围呈长方形，南北长168.9米，东西宽137.9米，总面积20112.4平方米，实际勘探面积13212.4.0平方米。地势较平坦。

地层堆积2层。第①层：扰土层，厚0.5米，土色浅褐，土质较紧密，内含砖瓦渣星等物；第②层：扰次生土层，厚0.4米，土色浅褐，土质密实，含少量砖瓦星等物。第②层以下为生土。

未发现古代文化遗存。

256

东尚蜂鸟

文物勘探

工作时间：2010年1月20—31日
建设单位：西安市陈仓房地产开发有限公司
项目性质：商业（房地产）
工作人员：倪志俊、邹亚军

位于雁塔区丈八路街办（高新区）。锦业二路与丈八六路十字西南角用地，北邻锦业二路，东邻丈八六路。西南角坐标为：东经108°51′，北纬34°10′。用地范围呈不规则长方形，南北长194.92米，东西宽168.2米，地势平坦，用地面积32449.0平方米，实际勘探面积28000.0平方米。

地层堆积2层。第①层：表土层，厚0.5米。土色灰褐，土质坚硬，内含砖瓦等建筑垃圾；第②层：扰土层，厚2.5米，土色灰黄，土质较硬，内含砖瓦等建筑垃圾。第②层以下为生土层。

未发现古代文化遗存。

257

中铁铂丰公司YT2-99-18

文物勘探

工作时间：2010年1月28日—2月8日
建设单位：西安中铁铂丰置业有限公司
项目性质：商业（房地产）
工作人员：倪志俊、孙勇

位于雁塔区长延堡街办。南三环南侧，雁环路北侧，东邻西姜村。西南角坐标为：东经108°55′，北纬34°11′。用地范围呈长方形，东西长550.0—3000.0米，南北宽280.0—440.0米，实际勘探面积107333.0平方米。地势南高北低。勘探时西南区域有砼地面。

地层堆积3层。第①层：表土层，厚0.3米，土色花杂，土质松散，含少量砖瓦；第②层：扰土层，深0.3—2.0米，厚1.7米，土色褐黄、土质较疏松，结构不均匀，含少量灰星瓦片；第③层：次生土层，深2.0—2.5米，厚0.5米，土色浅黄、土质较紧密，结构较均匀，含少量灰星瓦片。第③层以下为生土。

未发现古代文化遗存。

258

曲江·零邑

文物勘探

工作时间：2010年2月8—28日
建设单位：西安曲江新区土地储备中心
项目性质：商业（房地产）
工作人员：倪志俊、李乖成

位于雁塔区曲江街办（曲江新区）。北邻绕城高速南段，南邻杜陵邑南路，原为雁塔区三兆村耕地。西南角坐标为：东经109°1′，北纬34°11′。用地范围呈梯形，北边长298.17米，西边长170.3米，南边长303.87米，东边长270.41米，用地面积66658.53平方米。

地层堆积2层。第①层：表土层，厚0.3米，土色灰黄，土质松散，内含砖瓦；第②层：扰土层，厚1.1米，土色灰褐，土质较硬，含砖瓦块等物。第②层以下为生土。

发现唐墓2座。墓葬形制均为竖穴墓道土洞墓。墓向坐西北朝东南1座，坐东北朝西南1座。古窑址3处，平面均近圆形。

259

曲江·明亮家园

文物勘探

工作时间：2010年3月1—20日
建设单位：西安曲江建设集团有限公司
项目性质：商业（房地产）
工作人员：西安市文物保护考古所

位于雁塔区曲江街办（曲江新区）。南邻南三环，北邻秦二世遗址公园，地处西安市南郊汉唐墓葬范围内。西南角坐标为：东经108°59′，北纬34°11′。用地范围呈不规则形，东西长105.0—305.0米，南北宽55.0—405.0米，实际勘探面积90000.0平方米。地势南高北低，呈台阶式。

地层堆积3层。第①层：表土层，厚0.3米，土色花杂，土质松散，含少量砖瓦；第②层：扰土层，深0.3—1.2米，厚0.9米，土色褐黄，土质较松散，结构不均匀，含灰星瓦片；第③层：次生土层，深0.6—1.5米，厚0.9米，土色浅黄，土质较密实，结构较均匀，含灰星瓦片。第③层以下为生土。

发现古墓葬16座。墓葬形制有竖穴墓道洞室墓8座、斜坡墓道洞室墓8座。墓向南北向11座、东西向5座。护墓沟1处。

考古发掘

工作时间：2010年5—9月
工作人员：张小丽

发掘汉代古墓葬20座，出土器物85件。

260

第三十九研究所科研二区（二期）

文物勘探

工作时间：2010年3月10—21日
建设单位：中国电子科技集团公司第三十九研究所
项目性质：公共基础建设（科研楼）
工作人员：程林泉、邹亚军

位于雁塔区丈八路街办。丈八三路西侧，西邻该项目一期工程用地，原为雁塔区东付村土地。该期工程东片区用地范围呈长方形，南北长222.5米，东西宽85.0米。地势较为平坦。“仿真测试实验室”区域用地范围呈方形，东西长63.0米，南北宽62.0米，地表填埋了超过2.0米厚的建筑垃圾。实际勘探面积22700.0平方米。

地层堆积2层。第①层：表土层，厚0.3米，土色花杂，土质松散，含少量砖瓦等物；第②层：新近沉积性黏土层，厚0.8米，土色黑褐，土质纯净，较硬，个别处含零星姜结石。第②层以下为生土。

未发现古代文化遗存。

261

金地湖城大境（5、6号地块）

文物勘探

工作时间：2010年3月10—30日
建设单位：陕西金地佳和置业有限公司
项目性质：商业（房地产）
工作人员：张翔宇、杨斌斌

位于雁塔区曲江街办（曲江新区）。曲江南湖西南处，东邻曲江南湖、南邻芙蓉南路、西邻上林苑路，北邻金地四号地块。西南角坐标为：东经108°59′，北纬34°12′。该用地呈长方形，东西长580.0米，南北宽170.0米，实际勘探面积98500.0平方米。地表平坦，东侧呈梯形。

地层堆积2层。第①层：表土层，厚0.3米，土质疏松；第②层：扰土层，厚0.7米，土色呈灰褐色，土质较硬。第②层以下为生土。

发现汉唐时期古墓葬21座（汉墓10余座、唐墓5座）。墓葬形制均为斜坡墓道土洞墓。墓向有南北向12座墓，东西向9座。

262

万科·曲江传奇

文物勘探

工作时间：2010年3月12日—4月14日

建设单位：西安万科恺州置业有限公司
项目性质：商业（房地产）
工作人员：郭永淇

位于雁塔区曲江街办（曲江新区）。南邻三环东南连接线，北邻芙蓉南路。西南角坐标为：东经109°0′，北纬34°12′。用地范围呈不规则形，实际勘探面积142798.0平方米。地势较平坦。勘探时地表局部区域堆积有建筑垃圾，南部区域有少量苗圃。

地层堆积2层。第①层：表土层，厚0.3米，土色灰褐，土质疏松，内含近代砖瓦；第②层：扰土层，厚0.8米，土色灰褐，土质较硬，含瓦片。第②层以下为生土。

发现古墓葬2座，墓葬形制为斜坡墓道土洞墓1座，墓向坐西朝东，另有形制不明1座。古窑址3处。

考古发掘

工作时间：2010年4月16—30日
工作人员：张全民、郭永淇

清理古墓葬1座（北朝时期），古窑址2座（西汉时期）。现将M1、Y1、Y2简述如下。

M1：为长斜坡土洞墓，由墓道、甬道、土坯封门、墓室组成。M1早年被盗，出土文物11件，包括陶男女侍俑、陶鸡、陶狗、陶鸭、陶房仓、陶井、陶灶、陶甑、陶瓦当等。

Y1、Y2：均为长方形砖瓦窑，其结构由窑室、烟道、火道、火门、工作间组成。出土文物11件。Y1、Y2出土汉代大量瓦当（筒瓦、板瓦）。

263
曲江池中路（寒窑路）东延伸段

文物勘探

工作时间：2010年3月15—17日
建设单位：西安曲江土地储备中心
项目性质：公共基础建设（道路）
工作人员：张翔宇、王志浩

位于雁塔区曲江街办（曲江新区）。东西向，西接新开门南路，东至南三环。西南角坐标为：东经108°59′，北纬34°12′。实际勘探面积7659.0平方米，地表平坦。

地层堆积2层。第①层：表土层，厚0.3米，土色花杂；第②层：扰土层，厚0.6米，土色灰褐，土质较硬，含瓦片等。第②层以下为生土。

未发现古代文化遗存。

264
博源科技广场

文物勘探

工作时间：2010年3月21—31日
建设单位：西安交通大学科技园有限责任公司
项目性质：公共基础建设（广场）
工作人员：张翔宇、王纪元

位于雁塔区曲江街办（曲江新区）。雁翔路99号，东邻雁翔路，南邻花果山度假山庄，北邻交大科技园。西南角坐标为：东经109°0′，北纬34°13′。用地范围呈方形，实际勘探面积27000.0平方米。地势平坦。

地层堆积3层。第①层：表土层，厚0.2米，土质较疏松，土色灰褐；第②层：扰土层，厚0.5米，土质结构杂乱，土质较硬，含有少量的砖瓦残渣；第③层：垆土层，厚0.3米，土色褐红，土质结构紧密。第③层以下为生土。

发现汉代墓葬1座，形制为竖穴墓道土洞墓，坐西朝东。

考古发掘

工作时间：2010年3月19日—4月10日
工作人员：张全民、郭永淇

发掘汉墓1座，出土器物2件。现将M1简述如下：该墓葬为长斜坡土洞墓，由墓道、封门、前室、后室及两个侧室组成。由于M1被严重盗掘，仅出土2件陶案及陶壶、陶盘、陶鼎残片等。

265

省军区军人服务A区商业楼

文物勘探

工作时间：2010年3月26日—4月23日
建设单位：中国人民解放军陕西军区
项目性质：商业（商业楼）
工作人员：张全民、刘少学

位于雁塔区小寨路街办。长安南路小寨十字西南角，省军区院内，南邻自来水公司南郊营业厅，东邻长安路。用地范围呈长方形，南北长122.0米，东西宽75.0米，实际勘探面积10400.0平方米。地势平坦。

地层堆积，场地内已开挖至生土层。

未发现古代文化遗存。

266

第四安置小区（丈八家园）

文物勘探

工作时间：2010年3月26日—6月29日
建设单位：西安高新产业技术开发区征地拆迁管理办公室
项目性质：商业（房地产）
工作人员：倪志俊、王纪元

位于雁塔区丈八路街办（高新区）。南邻丈八西路，北邻科技八路，西邻规划路，东邻水渠。西南角坐标为：东经108°52′，北纬34°12′。该用地范围呈长方形，实际勘探面积33333.5平方米。地面为拆迁建筑垃圾，地势较平坦。

地层堆积3层。第①层：垃圾层，厚约2.0米；第②层：扰土层，厚0.9—1.2米，土色黄灰，土质较疏松，内含少量的砖瓦片；第③层：沙层，深3.2—4.0米。

未发现古代文化遗存。

267

杜陵邑广场

考古发掘

工作时间：2010年4月
建设单位：不详
项目性质：公共基础建设（广场）
工作人员：张全民、郭永淇

位于雁塔区曲江街办（曲江新区）。三兆村村北，南邻林带路（杜陵邑南路），北邻缪家寨，东西两侧均为三兆村农田。西南角坐标为：东经109°1′，北纬34°11′。

发掘唐代唐墓1座，出土器物26件。现将M1简述如下。

M1：竖穴土洞墓，平面刀把形，由墓道、甬道、墓室三部分组成。出土大量粉彩陶俑（粉彩侍女俑、天王俑、胡人俑、镇墓兽、陶马、陶骆驼）、塔式罐、“开元通宝”等。

268

曲江新区（N8-5#、N8-6#）地块

文物勘探

工作时间：2010年4月15—23日
建设单位：陕西天和佳置业投资有限公司
项目性质：商业（房地产）
工作人员：倪志俊、王纪元

位于雁塔区曲江街办（曲江新区）。行政商务区西侧，西邻汇新路，南邻和谐路，东邻翠华路。西南角坐标为：东经108°57′，北纬34°11′。用地范围呈长方形，东西长129.0米，南北宽58.0—62.0米。地势较为平缓。实际勘探面积7500.0平方米。东部有部分建筑垃圾，高出原地面约4.0米，其余均为东窑坊拆迁地。

地层堆积3层。第①层：表土层，厚约1.5米，东部厚约5.5米（含高出地面部分），含大量现代建筑垃圾；第②层：扰土层，厚约2.6米，土色浅褐色，土质较疏松，含少量灰星，零星砖瓦残片、红烧土等物；第③层：黑垆土层，深4.2—

4.3米，厚0.2—0.3米，土色黑褐色，土质较硬且较纯净，含大量钙丝。第③层以下为生土层。

未发现古代文化遗存。

269

华侨城一期（华侨城·108坊）

文物勘探

工作时间：2010年4月22日—5月5日
建设单位：西安华侨投资有限公司
项目性质：商业（房地产）
工作人员：杨军凯

位于雁塔区曲江街办（曲江新区）。雁引路以东，芙蓉中路以北，春临路以西。西南角坐标为：东经108°59′，北纬34°13′。用地范围长约270.0米，宽180.0—370.0米，实际勘探面积84840.0平方米。地势平坦。

地层堆积2层。第①层：表土层，厚约0.2米，深灰色；第②层：扰土层，厚0.8米，灰褐色，土质疏松。第②层以下为生土。

未发现古代文化遗存。

270

枫林意树12、13、23—26住宅及办公用地

文物勘探

工作时间：2010年5月2日—6月3日
建设单位：西安天地源房地产开发有限公司
项目性质：商业（房地产）
工作人员：杨军凯、孙勇

位于雁塔区丈八路街办（高新区）。科技六路与团结南路交界处，西南角坐标为：东经108°53′，北纬34°12′。用地范围呈长方形，南北长184.0米，东西宽236.0米，实际勘探面积43329.0平方米。地势较平坦。

地层堆积2层。第①层：表土层。厚1.5米，土色花杂、土质疏松；第②层：扰土层，厚1.5米，土色黄褐、土质较疏松，含少量灰星瓦片。第②层以下为生土。

未发现古代文化遗存。

271

西电高压开发研发基地

文物勘探

工作时间：2010年5月4—12日
建设单位：西安西电高压开关操动机构有限责任公司
项目性质：商业（厂房）
工作人员：倪志俊、王纪元

位于雁塔区丈八路街办（高新区）。袁旗寨村锦业路69号创业园B区，西邻创业路，南邻锦业路。西南角坐标为：东经108°51′，北纬34°12′。全球开关业务操动机构生产研发基地项目，用地范围呈长方形，实际勘探面积23500.0平方米。地势较平坦。

北部地层堆积2层。第①层：表土层，厚1.0米，均为建筑垃圾；第②层：扰土层，厚0.5米，内含少量植物根系、砖瓦碎块等物。第②层以下为生土。

南部地层堆积3层。第①层：表土层，厚0.8米，均为建筑垃圾；第②层：河床冲积层，厚1.1米，土色黄褐，土质较硬；第③层：沙层，地表下1.8米见，沙色呈褐红色。

未发现古代文化遗存。

272

研祥公司研发中心

文物勘探

工作时间：2010年5月4—13日
建设单位：西安研祥兴业电子科技有限公司
项目性质：商业（研发楼）
工作人员：倪志俊、王纪元

位于雁塔区丈八路街办（高新区）。锦业一路56号，北邻锦业一路，西邻锦业七街，南邻南三环。西南角坐标为：东经108°52′，北纬

34°11′。研祥特种计算机研发中心项目的用地范围呈方形，实际勘探面积15600.0平方米。地势较为平坦。

地层堆积4层。第①层：表土层，厚0.5米，内含近代砖瓦垃圾；第②层：耕土层，厚0.5米，土色花杂，土质较软；第③层：河床沉积层，厚0.4米，含少量料姜石，土质较硬；第④层：河床淤积层，厚0.7米，土色浅黄，含大量钙质结核、氧化铁斑点。第④层以下为生土。

未发现古代文化遗存。

273

华城泊郡

文物勘探

工作时间：2010年5月7日—2011年3月17日
建设单位：陕西华汉实业集团有限公司
项目性质：商业（房地产）
工作人员：张翔宇、邹亚军

位于雁塔区长延堡街办。长安南路与雁环路口处，北邻三森家具城，东邻长安南路。西南角坐标为：东经108°56′，北纬34°11′。用地范围呈“L”形，东西长270.0米，南北宽97.0—137.0米，实际勘探面积38000.0平方米。地势较平坦。

地层堆积2层，第①层：表土层，厚0.8米，土质疏松，内含大量建筑垃圾等物；第②层：扰土层，厚0.8米，土色黑褐，土质较疏松，内含少量砖块等物。第②层以下为生土。

未发现古代文化遗存。

274

旺都

文物勘探

工作时间：2010年5月20—25日
建设单位：西安鑫日房地产有限责任公司
项目性质：商业（房地产）
工作人员：倪志俊、邹亚军、段乐顺

位于雁塔区丈八路街办（高新区）。北沈家桥村，南邻锦业路，西邻丈八一路。西南角坐标为：东经108°53′，北纬34°12′。该用地范围呈长方形，南北长222.0米，东西宽121.0米，用地面积26862.0平方米，实际勘探面积为26467.0平方米。地势较平坦。

地层堆积2层。第①层：表土层，厚0.4米，土色花杂，土质较硬；第②层：河床土层，深0.4—2.0米，厚1.6米，土色灰黄褐，土质纯净，结构均匀密实。第②层以下为沙层。

未发现古代文化遗存。

275

曲江公馆和园

考古发掘

工作时间：2010年6月
建设单位：西安协和置业股份有限公司
项目性质：商业（房地产）
工作人员：张全民、郭永淇

位于雁塔区曲江街办（曲江新区）。南湖东路与南湖北路十字东北角，西南角坐标为：东经108°59′，北纬34°12′。

发掘汉代古墓葬15座，出土器物70件。

276

亨特公司新厂房

文物勘探

工作时间：2010年6月27—29日
建设单位：亨特建筑产品（西安）有限公司
项目性质：商业（厂房）
工作人员：张翔宇、李乖成

位于雁塔区丈八路街办（高新区）。里花水村拆迁旧址，南邻南三环辅道，西邻造字台路。西南角坐标为：东经108°51′，北纬34°11′。实际勘探面积34667.0平方米。勘探时地表平坦。

地层堆积该用地可分南、北两个区域。

北部为古代河流冲积堆积，分2层。第①层：表土层，厚0.3米，土质松散；第②层：冲积层，厚1.4米，土色灰褐，土质坚硬。第②层以下为生土。

南部堆积2层。第①层：表土层，厚0.3米，土色灰黄，土质松散；第②层：扰土层，厚1.1米，土色灰褐，土质较硬，内含砖瓦片。第②层以下为生土。

未发现古代文化遗存。

277

紫薇·曲江意境

文物勘探

工作时间：2010年7月15日—8月5日
建设单位：西安紫薇投资发展有限公司
项目性质：商业（房地产）
工作人员：张小丽、刘天运

位于雁塔区曲江街办（曲江新区）。芙蓉东路东侧，南三环西侧。西南角坐标为：东经108°59′，北纬34°12′。用地呈不规则形，长约400.0米，宽180.0—260.0米，实际勘探面积91386.8平方米。该场地地势呈南部高、北部低的台阶状。

地层堆积：

该处地势呈台阶状，南高北低，我们将之分为Ⅰ、Ⅱ区两部分。

Ⅰ区地层堆积2层。第①层：表土层，厚0.3米，土色呈浅灰色，土质松软；第②层：扰土层，厚0.9米，土色深褐，土质较松软，内含少量瓦片。第②层以下为生土。

Ⅱ区地层堆积2层。第①层：表土层，厚0.3米，土色呈浅灰色，土质松软；第②层：扰土层，厚1.5米，土色为深褐色，土质较松软，内含少量瓦片。第②层以下为生土。

发现秦汉唐时期古墓葬40座（秦汉墓10余座、隋唐墓10余座、其他年代不详）。墓葬形制有土洞墓35座、砖室墓3座、竖穴土圹墓2座。墓向东西向2座，西南—东北向2座，东南—西北向1座，南北向35座。

278

东仪路延伸工程

文物勘探

工作时间：2010年7月25日—2011年1月30日
建设单位：西安兴隆建设集团有限公司
项目性质：公共基础建设（道路）
工作人员：倪志俊、张翔宇、王志浩

位于雁塔区长延堡街办。南北走向，东仪路以南，北起南三环，中段与雁环路相交穿过向南延伸，南至西部大道。西南角坐标为：东经108°55′，北纬34°10′。用地范围呈长条形，南北长1400.0米，东西宽55.0米，实际勘探面积69000.0平方米。北段地势较为平坦，南段东高西低。

该路段内地层堆积大致分为A、B、C三部分。

A段（西部大道向北）堆积3层。第①层：表土层，厚约0.4米，土色花杂，土质疏松；第②层：扰土层，深0.4米以下见，厚1.5米，土色花杂，土质疏松；第③层：次生土层，深1.5米以下见，厚1.2米，土色褐黄，土质较硬，含少量河沙及草木灰星，为河床淤积层。第③层以下为生土。

B段（雁环路以南）堆积3层。第①层：表土层，厚0.4米，土色花杂，土质疏松；第②层：扰土层，深0.4米以下见，厚0.6米，土色褐黄，土质疏松；第③层：次生土层，深1.0米以下见，厚0.5米，土质结构较好，土色深褐，深1.5米以下见原始土层。

C段（雁环路以北至南三环以南）堆积2层。第①层：表土层，厚1.0米，土色花杂，土质结构疏松；第②层：扰土层，深1.0米以下见，厚0.3米，土色深褐色，土质结构紧密，含零星草木灰星。第②层以下为生土。

发现汉代古墓葬1座，墓葬形制为斜坡墓道土洞墓，墓向坐北朝南。

279

美寓华庭（二期）

文物勘探

工作时间：2010年8月5—16日
建设单位：陕西豪普置业有限公司
项目性质：商业（房地产）
工作人员：张翔宇、王纪元

位于雁塔区丈八路街办（高新区）。东与一期相邻，南邻高新区第一农村安置小区（铺尚新村花园），北邻科技八路。西南角坐标为：东经108°51′，北纬34°12′。用地范围呈梯形，南北长119.12—155.84米，东西宽102.74米，实际勘探面积14050.0平方米。地势南高北低，表层部分区域有建筑垃圾。

地层堆积3层。第①层：表土层，厚0.5米，土色花杂，土质疏松；第②层：扰土层，深0.5—1.2米，厚0.7米，土色深褐色，土质较硬，内含沙粒；第③层：河道冲积层，深1.2米以下见，土色花杂，土质较硬。

未发现古代文化遗存。

280

祥和花园（二期，祥和雅居）

文物勘探

工作时间：2010年8月6—12日
建设单位：西安博家实业有限公司
项目性质：商业（房地产）
工作人员：张翔宇、王志浩

位于雁塔区小寨路街办。四季西巷与吉祥路十字西南角，西邻西安试剂厂，南邻御笔华府住宅小区，位于隋大兴城唐长安城遗址宣义坊范围内。西南角坐标为：东经108°55′，北纬34°13′。该用地范围约呈长方形，南北长179.0米，东西宽109.0米，用地面积19511.0平方米，实际勘探面积19492.0平方米。勘探时用地北部堆有建筑材料和临建房。

地层堆积2层。第①层：表土层，厚1.5米，土色花杂，土质疏松；第②层：古河床淤积土层，深1.5米见原状古河床土层，土质疏松。

未发现古代文化遗存。

281

九鼎城

文物勘探

工作时间：2010年8月18—28日
建设单位：陕西问鼎房地产开发有限公司
项目性质：商业（房地产）
工作人员：张翔宇、王纪元

位于雁塔区丈八路街办（高新区）。北邻科技四路，西邻丈八北路。西南角坐标为：东经108°52′，北纬34°13′。用地范围呈长方形，实际勘探面积16666.7平方米。地势较为平坦。

地层堆积3层。第①层：表土层，厚0.3米，土色花杂，土质较硬；第②层：生土层，深0.3—0.8米，厚0.5米，土色纯黄色，土质较疏松；第③层：沙层，深0.8米以下为粗沙。

未发现古代文化遗存。

282

拓锐国际

文物勘探

工作时间：2010年8月28日—11月7日
建设单位：陕西玖远房地产开发有限公司
项目性质：商业（房地产）
工作人员：西安市文物保护考古所

位于雁塔区长延堡街办。雁南五路与翠华路十字西南角，北邻雁南五路，东邻翠华路南段。西南角坐标为：东经108°57′，北纬34°11′。用地范围呈长方形，实际勘探面积3525.0平方米。

地层堆积2层。第①层：表土层，厚1.5米，土质疏松；第②层：次生土层，深1.5米以下见，厚0.5米，土色深褐，土质较疏松。第②层以下为生土。

发现唐墓3座。墓葬形制有斜坡墓道土洞墓2座，斜坡墓道砖室墓1座。

283

曲江·玫瑰园

文物勘探

工作时间：2010年9月1—15日
建设单位：西安龙盛置业有限公司
项目性质：商业（房地产）
工作人员：张翔宇、贾强

位于雁塔区曲江街办（曲江新区）。曲江池南路北侧，西南角坐标为：东经108°59′，北纬34°12′。用地范围呈长方形，南北长283.0米，东西宽81.0米，实际勘探面积22481.8平方米。地势高低不平。

根据地表情况的不同，本区域分为Ⅰ、Ⅱ、Ⅲ、Ⅳ四个区域。

Ⅰ区：建筑垃圾坑，含大量砖瓦残块。

Ⅱ区：回填土整平，含少量砖瓦残块，种有绿化苗木。

Ⅲ区：回填土整平，含少量砖瓦残块，种有少量幼树。

Ⅳ区：堆积大量建筑垃圾，含大量砖瓦块，长69.0米，宽81.0米，高4.9米。上面长满荒草。

地层堆积1层。回填土层，厚0.7米，土色黄褐，土质松散，含少量现代砖瓦碎块。此层以下为生土。

未发现古代文化遗存。

284

西京电气总公司52#、53#住宅楼和地下车库

文物勘探

工作时间：2010年9月17—19日
建设单位：西安电气总公司
项目性质：商业（厂房）
工作人员：袁长江、种保民

位于雁塔区电子城街办。电子三路西京社区南院，西邻电子西街，东邻唐家村。西南角坐标为：东经108°55′，北纬34°12′。用地53#楼呈长方形，长86.0米，宽47.0米；52#楼及地下车库呈“L”形，长87.22米，宽70.0米，实际勘探面积7800.0平方米，地势较平坦。53#楼在基础下挖1.5米后进入现场勘探的。

地层堆积2层。第①层：表土层，厚0.5米，土质杂乱，含大量砖瓦残块，局部探铲无法提取；第②层：古河床冲积土层，厚0.7米，土质坚硬，深0.5—1.2米以下见沙，探铲无法提取。

未发现古代文化遗存。

文物勘探（补探）

工作时间：2011年1月9—12日
建设单位：西安电气总公司
项目性质：商业（厂房）
工作人员：张翔宇、种保民

此次补探，52#原有建筑垃圾进行清理后，进行勘探，实际补探面积3346.0平方米。

地层堆积2层。第①层：表土层，厚0.5米，土质杂乱，含大量砖瓦残块，局部探铲无法提取；第②层：古河床冲积土层，厚0.7米，土质坚硬，深0.5—1.2米以下见沙，探铲无法提取。

未发现古代文化遗存。

285

汇博林

文物勘探

工作时间：2010年10月10—19日
建设单位：西安明珠房地产开发有限公司
项目性质：商业（房地产）
工作人员：张小丽、王纪元

位于雁塔区曲江街办（曲江新区）。西安交通大学科技园内，西邻西北化工研究院，南邻规划路，北邻科技园大道，东邻规划路。西南角坐标为：东经109°0′，北纬34°13′。该用地范围呈方形，勘探面积25000.0平方米。

地层堆积3层。第①层：表土层，厚0.2米，土色灰褐，土质疏松；第②层：扰土层，距地表深0.2—0.7米，厚0.5米，土质结构杂乱，土质较

硬；第③层：垆土层，距地表深1.0—1.3米，厚约0.3米，土色褐红，土质结构密实。第③层以下为生土。

发现汉唐墓葬5座。墓葬形制均为土洞墓。墓向南北向4座，东西向1座。

考古发掘

工作时间：2010年10月19日—11月4日
工作人员：王晓鹏

共发掘古墓葬5座，其中汉墓2座，唐墓2座，明墓1座。共出土器物7件，陶俑（残）2件，陶缸1件、铁枕1件、弩机1件、铜剑（残）1件、铜钱（五铢钱）1枚。

286

黄渠头安置小区（金波园小区）

文物勘探

工作时间：2010年10月20日—11月10日
建设单位：西安曲江二期配套建设有限公司
项目性质：商业（房地产）
工作人员：张小丽、徐西平

位于雁塔区曲江街办（曲江新区）。芙蓉西路南段与25号路（规划中）十字西南角，原为雁塔区曲江街办金滹沱村耕地。西南角坐标为：东经108°58′，北纬34°11′。用地范围呈长方形，东西长606.357米，南北宽166.79米。地势呈锅底形。

地层堆积2层。第①层：表土层，厚0.5米，土色花杂，土质疏松；第②层：淤积层，厚2.5米，含砖瓦、垃圾及杂土。第②层以下为生土。

未发现古代文化遗存。

文物勘探（补探）

工作时间：2013年11月24日
建设单位：西安曲江二期配套建设有限公司
项目性质：商业（房地产）
工作人员：张小丽、徐西平

本次补探面积约1000平方米。

地层堆积2层。第①层：表土层，厚0.5米，土色花杂，土质疏松；第②层：淤积层，厚2.5米，含砖瓦、垃圾及杂土。第②层以下为生土。

发现汉代古墓葬4座。

考古发掘

工作时间：2013年11月
工作人员：张翔宇、刘汉兴、高　博、李浩然、左弼文

M88为竖穴墓道土洞墓，由墓道和墓室两部分组成，坐南朝北，方向350°，平面略呈梯形，墓室略宽于墓道。该墓未被盗扰，骨架保存较好，位于墓室的中部，单人仰身直肢葬，面向上，头向南。葬具为木棺。共出土8件器物，按质地分为陶、铁、石三类。器形有香炉、铁牛、铁猪、镇墓石、方砖买地券［大金贞祐四年（1216年）］

（西安市文物保护考古研究院、辽宁师范大学历史文化旅游学院：《西安南郊黄渠头村金墓发掘简报》，《文物春秋》2014年第5期）

287

神舟大道（北段）

文物勘探

工作时间：2010年11月18日—12月10日
建设单位：西安曲江二期配套建设有限公司
项目性质：公共基础建设（道路）
工作人员：张翔宇、徐西平

位于雁塔区曲江街办（曲江新区）。南三环以南，原为曲江街办金滹沱村耕地。西南角坐标为：东经108°59′，北纬34°10′。大华世家西侧规划路（神舟大道北段）项目的用地范围呈长条形，南北长1236.36米，东西宽33米，实际勘探面积40799.88平方米。地势北高南低，呈阶梯状。

地层堆积2层。第①层：表土层，厚0.5米，土色花杂，土质疏松；第②层：黑垆土层，厚0.3米，含砖瓦、垃圾、杂土等物。第②层以下为生土。

发现汉唐时期古墓葬17座（汉墓14座、唐墓3座）。墓葬形制分为竖穴土洞墓11座、斜坡墓道土洞墓6座。墓向东西向1座，南北向16座。

288

逸海商购空间

文物勘探

工作时间：2010年11月22—28日
建设单位：陕西逸海投资置业有限公司
项目性质：商业（房地产）
工作人员：杨军凯、刘天运

位于雁塔区曲江街办（曲江新区）。雁塔南路东侧，北邻通善坊，东邻慈恩东路。西南角坐标为：东经108°58′，北纬34°12′。用地范围呈长方形，长约110.0米，宽约97.0米，实际勘探面积10650.0平方米。地势平坦。

地层堆积2层。第①层：表土层，厚1.2米，多为建筑水泥及砖块；第②层：扰土层，厚2.8米，土质松散，土色红褐色。第②层以下为生土。

未发现古代文化遗存。

289

湖城大境8#地块

文物勘探

工作时间：2010年11月25日—12月23日
建设单位：陕西金地佳和置业有限公司
项目性质：商业（房地产）
工作人员：张翔宇、孙勇

位于雁塔区曲江街办（曲江新区）。南邻寒窑路，北邻曲江池北路，西邻曲江池遗址公园。西南角坐标为：东经108°59′，北纬34°12′。用地范围呈长方形，南北长570.0米，东西宽36.00米，实际勘探面积205128.0平方米。地势南北高、中间低，呈台阶状，高差3.0—6.0米。

地层堆积3层。第①层：表土层，厚0.3米，土色花杂，土质疏松；第②层：扰土层，深0.3—0.8米，厚0.5米，土色褐黄，土质较疏松，含灰星瓦片；第③层：黑垆土层，深0.8—1.0米，厚0.2米，土色黑褐、土质较密实，结构均匀，含少量灰星瓦片。第③层以下为生土。

发现古墓葬42座（多数为汉墓）。墓葬形制分为土洞墓38座，砖室墓4座。墓向南北向33座，东西向9座。窑址1处。

文物勘探（补探）

工作时间：2011年6月20日—9月8日
建设单位：陕西金地佳和置业有限公司
项目性质：商业（房地产）
工作人员：张小丽、孙勇

本次补探面积50000.0平方米。

地层堆积3层。第①层：表土层，厚0.3米，土色花杂，土质疏松；第②层：扰土层，深0.3—0.8米，厚0.5米，土色褐黄，土质较疏松，结构不均匀，含灰星瓦片；第③层：黑垆土层，深0.8—1.0米，厚0.2米，土色黑褐，土质较密实，结构较均匀，含少量灰星瓦片。第③层以下为生土。

发现古墓葬58座。墓葬形制有竖穴土洞墓42座、竖穴砖室墓16座。墓向以南北向为主（41座），部分为东西向（17座）。

290

木塔寨安置

文物勘探

工作时间：2010年11月30日—12月6日
建设单位：陕西铭源房地产开发有限公司
项目性质：商业（房地产）
工作人员：张翔宇、崔军

位于雁塔区丈八路街办。科技六路以南，位于隋大兴唐长安城遗址范围内，用地原为木塔寨村北苗圃用地。西南角坐标为：东经108°54′，北纬34°12′。用地范围呈正方形，东西长145.0米，南北宽140.0米，用地面积20300.0平方米，实际勘探面积20000.0平方米。地势平坦。

地层堆积1层。厚2.0米，土质坚实而杂乱，内含砖瓦、垃圾等杂物。此层以下为生土。

未发现古代文化遗存。

291

香榭兰廷

文物勘探

工作时间：2010年11月30日—12月20日
建设单位：陕西铭源房地产开发有限公司
项目性质：商业（房地产）
工作人员：张翔宇、崔军

位于雁塔区丈八路街办（高新区）。唐延路以东，科技六路以南，属隋大兴唐长安城遗址范围内，距木塔寺遗址200米。西南角坐标为：东经108°54′，北纬34°12′。用地范围呈刀形，南北长128.6—261.6米，东西宽97.1—241.5米。勘探进场时，部分区域已开挖1.0米。

地层堆积3层。第①层：表土层，厚1.0米，土质疏松，土色花杂；第②层：淤泥土层，厚0.8米，土色黑褐，含少量砖瓦、垃圾杂土；第③层：沙层，深1.8—2.8米以下见，沙层纯净。

未发现古代文化遗存。

292

金地曲江南湖1#地块（补探）

文物勘探

工作时间：2010年12月1—15日
建设单位：陕西金地佳和置业有限公司
项目性质：商业（房地产）
工作人员：张翔宇、李乖成

位于雁塔区曲江街办（曲江新区）。唐城墙遗址南侧，东邻南湖东路，南邻南湖北路，西邻王家庄耕地，北邻唐城墙遗址公园。西南角坐标为：东经108°53′，北纬34°14′。用地呈长方形，东西长336.0米，南北宽300.0米，用地面积100859.0平方米。此次补探面积50014.0平方米。

地层堆积1层。扰土层，厚0.1米，土质松散，内含植物腐殖质。此层以下为生土。

发现汉墓6座。墓葬形制均为竖穴墓道土洞墓，墓向均坐南朝北。

293

金水园小区（二期）

文物勘探

工作时间：2010年12月10—15日
建设单位：西安曲江二期配套建设有限公司
项目性质：商业（房地产）
工作人员：张翔宇、徐西平、赵亚军

位于雁塔区曲江街办（曲江新区）。芙蓉西路南段与25号路（规划中）十字西南角，原为金滹沱村耕地。西南角坐标为：东经108°58′，北纬34°11′。用地范围呈长方形东西宽50.0米，南北长166.79米，实际勘探面积8339.5平方米。地势南高北低，呈阶梯形。

地层堆积2层。第①层：表土层，厚0.5米，土色花杂，土质疏松；第②层：扰土层，厚1.5米，含砖瓦、垃圾及杂土。第②层以下为生土。

发现汉墓1座，竖穴墓道土洞墓。

294

湖城大境14#地块

文物勘探

工作时间：2010年12月15—25日
建设单位：陕西金地佳和置业有限公司
项目性质：商业（房地产）
工作人员：张小丽、孙勇、雷争气

位于雁塔区曲江街办（曲江新区）。北邻曲江池北路，西邻曲江池遗址公园。西南角坐标为：东经108°59′，北纬34°12′，地处西安市南郊汉唐墓葬范围内。用地范围呈不规则形，南北长360.0米，东西宽20.0—290.0米，实际勘探面积55900.0平方米。该地块为原砖厂的取土坑，地表有砖瓦等建筑垃圾。

地层堆积2层。第①层：表土层，厚0.5—2米，土色花杂，土质疏松；第②层：扰土层，厚0.5米，土色褐黄，土质较疏松，结构不均匀，含少量灰星瓦片等。第②层以下为生土。

未发现古代文化遗存。

295

湖城大境酒店

文物勘探

工作时间：2010年12月15—25日
建设单位：陕西金地佳和置业有限公司
项目性质：商业（酒店）
工作人员：张小丽、孙勇、雷争气

位于雁塔区曲江街办（曲江新区）。北邻曲江池北路，西邻曲江池遗址公园。西南角坐标为：东经108°59′，北纬34°12′。用地范围呈不规则形，南北长360.0米，东西宽20.0—290.0米，实际勘探面积56475.0平方米。

地层堆积2层。第①层：表土层，厚0.5—2.0米，土色花杂，土质疏松；第②层：扰土层，厚0.5米，土色褐黄，土质较疏松，结构不均匀，含少量灰星瓦片。第②层以下为生土。

未发现古代文化遗存。

296

炬光公司产业基地

文物勘探

工作时间：2010年12月22—31日
建设单位：西安炬光科技有限公司
项目性质：商业（产业基地）
工作人员：张翔宇、王纪元

位于雁塔区丈八路街办（高新区）。丈八六路西侧，东邻丈八六路，西邻亨特建材，南邻陕西省绕城高速公路管理局汽车检测大厅。西南角坐标为：东经108°51′，北纬34°11′。高功率半导体激光器产业基地项目的用地范围呈方形，用地面积20000.0平方米。

地层堆积3层。第①层：表土层，厚0.8米，土色杂乱，内含大量砖瓦残块；第②层：耕土层，距地表深0.8—1.1米，厚0.3米，土色褐黄，土质疏松；第③层：扰土层，距地表深1.1—1.7米，厚约0.6米，土色褐红，土质较硬。第③层以下为生土。

未发现古代文化遗存。

297

西安外事学院南校区二期教学楼、公寓楼

文物勘探

工作时间：2010年12月23—2011年1月6日
建设单位：西安外事学院
项目性质：公共基础建设（学校）
工作人员：张翔宇、李斌

位于雁塔区鱼化寨街办。东邻胡家庄，西邻规划中的经九路。西南角坐标为：东经108°52′，北纬34°13′。用地范围呈长方形，南北长约250.0米，东西宽约230.0米，实际勘探面积48000平方米。

地层堆积3层。第①层：耕土层，深0—0.3米，土色花杂，土质疏松；第②层：扰土层，深0.3—1.2米，土色浅褐，土质较硬；第③层：垆土层，深1.2—1.7米，土色深褐，土质坚硬。第③层以下为生土。

发现古墓2座，墓葬形制均为竖穴墓道洞室墓，墓向均为东西向。

考古发掘

工作时间：2011年9月
建设单位：西安外事学院
项目性质：公共基础建设（学校）
工作人员：张翔宇等

本次发掘的2座古墓葬，未出土文物，根据墓葬形制初步断其时代大致在明清时期。

298

青龙寺日式料理项目

考古发掘

工作时间：2010年12月
建设单位：不详
项目性质：商业（饮食店）
工作人员：郭永淇、辛龙等

位于雁塔区大雁塔街办。青龙寺保管所北

侧，青龙路南，青龙寺公园北门以西。西南角坐标为：东经108°59′，北纬34°14′。位于隋唐长安城“新昌坊”东北。

本次发掘唐代古井16口，古井J1—J16均为圆形土壁井，个别有明显工具痕迹。J1—J15内含较多的砖瓦和瓷器残片。J16口部用残砖券砌十余层，其上倒扣一个陶盆，下空18米，未能发掘至底。该处大多为未见水的枯井或渗井。J1、J3、J4、J8、J12、J13、J14、J15均无出土器物。J2出土1枚乾元重宝。J5出土白瓷葵花形碗1件，邢窑产，晚唐时期。J6出土青釉瓷唾盂1件，越窑产，中晚唐时期。J7出土茶叶末釉执壶1件，盛唐、中唐时期；白釉绿彩盘1件，邢窑，晚唐时期；葵花形白瓷碗1件，巩义窑，中唐时期；巩义窑白瓷碗1件，中唐时期；邢窑白瓷碗 1件，盛唐、中唐时期；黑瓷盏 1件，巩义窑，盛唐 、中唐时期；茶叶末釉盏 1件，耀州窑 ，盛唐、中唐时期；白瓷杯1件，晚唐时期；青瓷瓶1件，越窑，中唐时期。J11出土喙口执壶1件，盛唐、中唐时期。古井出土器物年代多为中、晚唐时期，少数可早至盛唐、中唐 。可见这批古井的开凿年代不早于盛唐，填埋年代不晚于晚唐。

（西安市文物保护考古研究院：《西安青龙寺唐代古井发掘简报》，《文博》2017年第2期）

第六节 长 安 区

长安区，其名源自汉代古长安，意为“长治久安”。位于西安市南部，南依秦岭，从西和南两个方向环拥西安市区。地势为东原、南山、西部川，地势南高北低，东高西低。最高点为秦岭麦秣磊东南，最低点为区境西北角的西江渡。区境东接蓝田县，南连柞水县、宁陕县，西毗户县、咸阳市。长安区历来为文化大镇，境内有西周丰镐遗址、秦代阿房宫、汉代昆明池、杜陵遗址、唐代香积寺等遗址。佛教十大宗派的法相宗、净土宗、华严宗、律宗的发祥地均在长安。2000—2010年，长安区辖郭杜街办等20个街办，灵沼等5个乡。本次共收录144个文物勘探项目和发掘项目（图2-6），各项目情况分述如下。

1
华杰健身体育中心

考古发掘

工作时间：2000年9月
建设单位：华杰健身体育中心
项目性质：商业（大厦）
工作人员：程林泉、王久刚

位于长安区韦曲街办（地理坐标信息不详）。

共发掘汉代至明代古墓葬44座，汉墓15座，唐墓10座，明墓19座，已发表2座汉墓资料。

M3：斜坡墓道砖室墓，坐西朝东，由墓道、甬道、墓室三部分组成。葬具、葬式不详。共出土器物28件，另有铜钱193枚（货泉、五铢）。其中陶器21件（罐、樽、灶、甑、井、碗、耳杯、斗、勺、猪等）；铜镜3面；石器2件（砚、研）；漆木器2件。

M4：斜坡墓道土洞双室墓，坐西朝东，由墓道、甬道、墓室三部分组成。葬具、葬式不详。共出土器物24件。其中陶器20件（樽、灶、甑、井、案、盘、碗、耳杯、斗、勺、猪、狗、鸡等）；铜镜1面；铁器2件（刀、棺钉）；骨笄1件。

（西安市文物保护考古所：《西安东汉墓》，文物出版社，2009年）

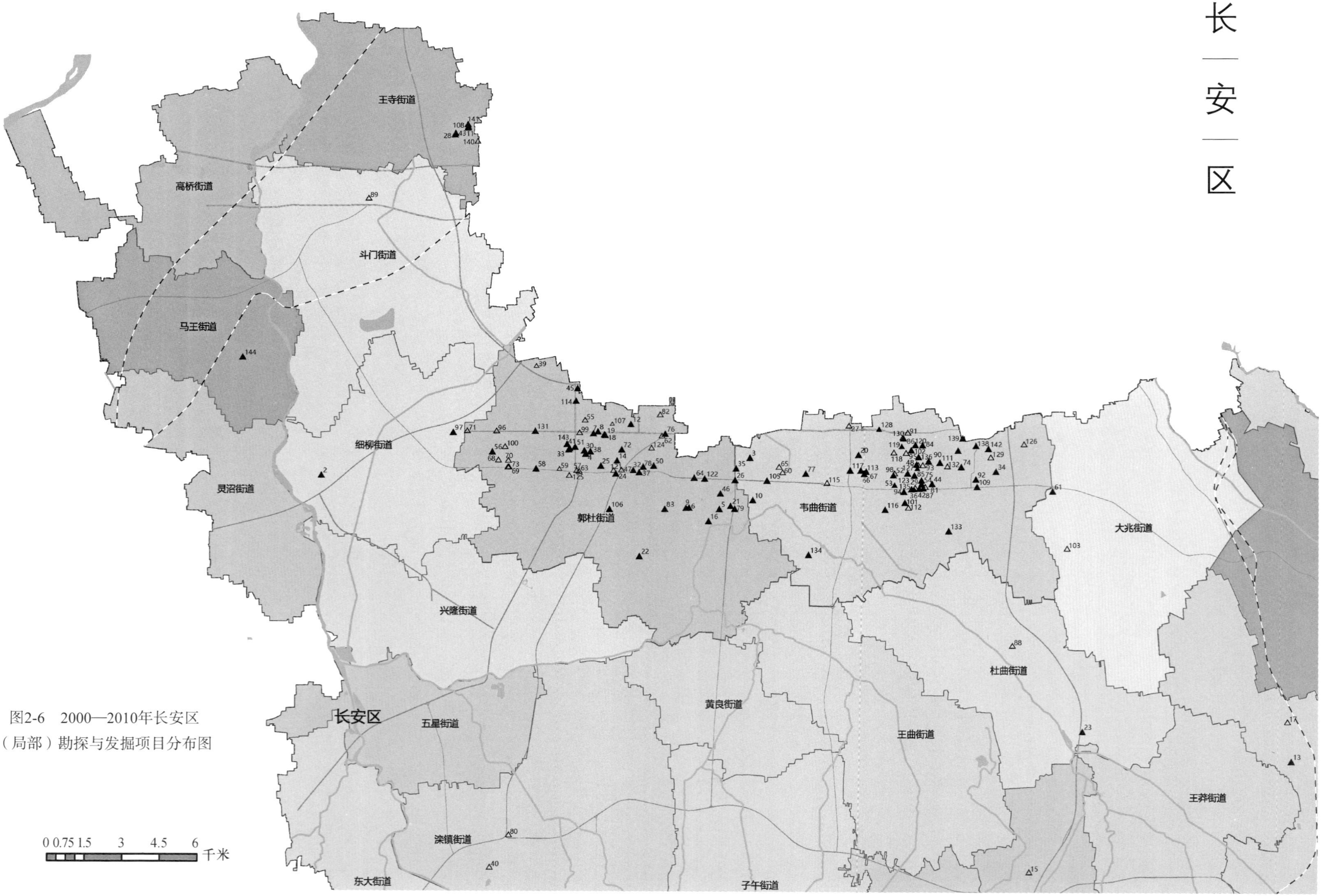

图2-6　2000—2010年长安区（局部）勘探与发掘项目分布图

0 0.75 1.5　3　4.5　6 千米

2

西户高速路

考古发掘

工作时间：2001年3月
建设单位：不详
项目性质：公共基础建设（道路）
工作人员：程林泉、王久刚

发掘点两处。一位于长安区细柳街办，荆寺二村中南部，南邻三星立交，西邻新家堡子，西南角坐标为：东经108°45′，北纬34°9′。另一处位于灵沼街办，下南丰村西，西南角坐标为：东经108°43′，北纬34°8′。

荆寺二村清理汉墓9座，竖穴墓道土洞墓7座，斜坡墓道土洞墓2座。出土器物103件，其中，陶器57件（鼎、盒、壶、蒜头壶、钫、罐、缶、盆、灶、甑、釜、囷、璧、球等），铜器34件（镜、带钩、环、柿蒂形棺饰、铜车马饰），铁器（釜、灯、削），玉器（剑璏、璧）。

（西安市文物保护考古所：《西安南郊荆寺二村西汉墓发掘简报》，《考古与文物》2009年第4期）

下南丰村发掘汉墓13座。M13，斜坡墓道砖室墓，坐东朝西，由墓道、墓室两部分组成。葬具、葬式均不详。M13出土器物22件，另有铜钱21枚（五铢）。其中陶器12件（鼎、盒、壶、罐、奁、灶、釜、盆、甑、熏炉、灯等）；铜器9件（镜、弩机、铺首衔环、盖弓帽、泡钉等）。

（西安市文物保护考古所、郑州大学考古专业编：《长安汉墓》，陕西人民出版社，2004年）

3

京科花园

考古发掘

工作时间：2001年6月
建设单位：长安建设投资有限公司
项目性质：商业（房地产）
工作人员：王久刚、李明亮

位于长安区韦曲街办。北邻韦曲北街，东邻府东一路，南邻智慧城小区，西邻子午大道。西南角坐标为：东经108°54′，北纬34°10′。

发掘5座墓（西汉初年墓2座、北魏北周墓3座）。其中3座北魏北周墓（编号为M3、M4、M5）资料已整理公布，简述如下。

3座墓呈东西并排分布，间距约13米。均为南北向“甲”字形长斜坡墓道土洞墓，由墓道、过洞、甬道、封门、墓室五部分组成，墓道在南，墓室在北。M3出土器物49件，其中陶器48件（人物俑、武士俑、小冠武吏俑、小冠侍俑、裹巾俑、鸡、牛、骆驼、仓、井等），瓷器1件（青瓷罐）； M4出土器物86件，其中陶器83件，瓷器2件，石墓志1件；M5出土器物142件，其中陶器134件、瓷器3件、铁器4件、石墓志1件。M4、M5出有墓志，均为北魏末年墓。M4墓主是韦辉和，京兆山北人。M5墓主是韦乾，字德政，京兆杜人。

（西安市文物保护考古所：《西安南郊北魏北周墓发掘简报》，《文物》2009年第5期）

4

长安产业园·西古工地

考古发掘

工作时间：2001年5—6月
建设单位：西安西古电缆有限公司
项目性质：商业（厂房）
工作人员：王久刚、杨军凯

位于长安区郭杜街办。长安产业园内，东邻硕士路，南邻创汇路，西邻发展大道，北邻信息大道。西南角坐标为：东经108°51′，北纬34°10′。

清理古墓葬22座。其中M22为西晋晚期墓葬，资料已整理公布，简述如下。

M22：斜坡墓道土洞墓，坐北朝南，由墓道、甬道、前室、过洞、后室五部分组成，出土器物20件，陶器18件（罐、盆、仓、灶、甑、井、俑、牛车、牛、鸡、鞍马），银器1件（银钗），铜器1件（五铢钱）。

（西安市文物保护考古研究院：《西安南郊郭杜镇西晋墓发掘简报》，《文博》2013年第3期）

5

西安邮电学院长安校区

考古发掘

工作时间：2001年7月—2002年8月
建设单位：西安邮电学院
项目性质：公共基础建设（学校）
工作人员：王久刚

位于长安区郭杜街办。西安邮电大学长安校区内，北邻西长安街，东邻子午大道，南邻学府大街，西邻书香路。西南角坐标为：东经108°54′，北纬34°9′。西安市文物保护考古研究院只负责发掘南半部分，北半部分由长安区博物馆负责发掘。这里只对我单位发掘的情况作一简要介绍。

发掘战国秦、汉、唐墓葬200余座，出土器物1200余件。其中战国秦墓162座，大型西汉墓2座，东汉墓9座。

战国秦墓，形制主要有竖穴土圹墓，竖穴土圹偏洞室墓，竖穴土圹双室土洞墓，竖穴墓道土洞墓。其中，竖穴墓道土洞墓为主要类型。墓向以西向为主。可辨别的葬式分直肢葬和屈肢葬两种，以屈肢葬为主。出土器物877件，其中陶器560件，其他质地器物317件。陶器种类有鼎、盒、壶、罐、瓮、缶、釜、鍪、盆、钵、盂、甑、灶、俑、球等；铜器种类有盉、镜、带钩、殳、鐏、镞、璜、铃、环、泡、印章、钱币等；铁器种类有鼎、璜、带钩、削、锥、铲、锸等；玉器种类有环、饼、带钩、口琀、塞、佩、圈等；石器种类有环、塞、柄等；煤精器种类均为塞；骨器种类有管、塞、柄、梳；料器均为料珠。

（西安市文物保护考古所：《西安南郊秦墓·第二编》，陕西人民出版社，2004年）

两座大型西汉墓2座，位于南部偏西的位置，编号分别为M1和M2，南北并列，间距32米，坐东向西，方向约280°。墓上残存有封土，封土西南侧各有一祠堂类建筑。

M1：位于南侧，封土底边长方形，南北长36米，东西宽30米，残存高度0.9—2.0米。墓葬形制为斜坡墓道土圹木椁墓，墓道与墓圹开口向下有三级二层台。墓道梯形，北侧有三耳室，南侧有两耳室，开口长26.8米，东宽6.8米，西宽1.8米。墓圹开口长方形，东西长12.64米，南北宽9.6米，底东西长7.8米，南北宽5.12米，底距开口深11.2米。墓圹底部置多箱式木椁，之上积炭。条砖封门，外侧堆积大卵石封堵。

M2：位于M1北侧，形制与M1略有不同，墓道与墓室之间有过洞，墓圹呈“凸”字形。封土南北长40米，东西宽36米，残高1.5米。墓道开口呈梯形，开口长22.16米，西宽1.76米，东宽6米，底部宽1.2米。过洞长6米，洞高2米，两壁有立柱，柱下有扁圆础石。墓圹东西长15.2米，西部南北宽15.2米，东部南北宽8.8米，底部南北通长11.6米，前部南北宽12米，后部南北宽4米。墓道两侧有对称的2耳室和6小龛，近墓室一端积大卵石。葬具均为多椁箱结构。

东汉墓，9座，其中7座（编号为M1、M3、M10、M22、M971、M1233、M1294）已整理公布，现将这7座墓情况作一简要介绍。

M1：斜坡墓道穹隆顶单室砖墓，一侧有耳室，坐西向东。出土陶器23件，器类有罐、樽、釜、甑、案、盘、碗、耳杯、人物俑、动物俑等，另有铜刀和铜钱。其中七连俑最具特色。

M3：斜坡墓道多室砖墓，坐西向东，前室方形穹隆顶，后室及左右侧室长方形券顶砖室。出土陶器30件，器类主要有壶、罐、樽、灶、釜、案、盘、碗、耳杯、猪、狗、鸡等，另有龙虎对峙镜、五铢钱。

M10：竖穴墓道方形穹隆顶土洞墓。坐东向西。出土陶器26件，器类主要有壶、罐、仓、樽、灶、釜、甑、井、案、盘、碗、耳杯、斗、勺、猪、狗、鸡等，另有五铢钱13枚。西安东汉墓，墓道绝大多数为斜坡，这是为数极少的一座竖穴墓道，墓道与墓室之间绝大多数有甬道，而这座墓没有，也是挺少见。其中的缘由值得思考。东汉时期的洛阳，竖穴墓数量还是相当的多，斜坡墓道并不占主流，大多只是一侧或末端置一台阶小道子。这座墓的竖穴墓与洛阳地区的是否有关，也值得注意。

M22：斜坡墓道多室土洞墓，坐西向东。前室方形穹隆顶，后室及左右侧室拱顶土洞。后室葬1人，左侧室3人，右侧室2人，其中两具棺内为二人合葬。出土陶器50余件，器类主要有壶、罐、樽、釜、灶、甑、井、案、耳杯、盘、碗、斗、勺、猪、狗、鸡等，另有龙虎对峙铜镜1面。东汉墓以多人合葬为特征，但同棺合葬者实不多见，这在北朝时期的墓葬中为常见习俗，是否为少数民族葬俗的特征，值得注意。另外从这座墓的陶器特征看，当为东汉末年，甚或至曹魏时期。

M971：斜坡墓道券顶砖室墓，坐北向南。出土陶器11件，器类主要有罐、灶、甑、井、案、盘、耳杯、猪等。这座墓葬的形制结构具有西汉特点，然而，砖室前部留出一段土洞，颇有个性。另外，壁的立砖顺砌，顶的平砖横向券，从用料上看省了不少砖，但技术上难度很大，要求也很高，并且不够坚固。这或许与当时墓主家的经济状况有关，经济不雄厚，还要砌成砖室，只能是这样凑合了。

M1233：前后室砖墓，坐西向东。出土陶器25件，器类主要有壶、罐、樽、甑、井、案、盘、碗、耳杯、斗、勺、方盘形器等。

M1294：斜坡墓道券顶砖室墓，坐南向北。出土陶器22件，器类主要有壶、罐、仓、樽、灶、釜、甑、井、案、盘、碗、耳杯、猪、狗等。

（西安市文物保护考古所：《西安东汉墓》，文物出版社，2009年）

唐墓，编号为M13-1，土洞墓，方向180°。由墓室、墓道两部分组成，葬式不清。该墓因早年盗扰，出土器物以小件器物为主，18件。陶器6件（弦纹罐、俑、狗）；瓷器5件（酱釉执壶、葫芦形白釉壶、青釉骑马俑、黑釉狗）；铜器4件（银壳镜、鎏金凤鸟饰、鎏金三角形饰、钱币“开元通宝”）；玉梳脊、水晶珠。

（西安市文物保护考古所：《西安市南郊茅坡村发现一座唐墓》，《文物》2004年第9期）

6 陕西师范大学新校区

文物勘探

工作时间：2001年—2002年5月
建设单位：陕西师范大学
项目性质：公共基础建设（学校）
工作人员：邹亚军等

位于长安区郭杜街办。陕西师范大学新校区内，西南角坐标为：东经108°53′，北纬34°9′。

地层堆积3层。第①层：表土层，厚0.3米，土质疏松；第②层：扰土层，深0.3—0.7米，厚0.4米，土质较硬；第③层：秦汉唐文化层，深0.7—1.1米，厚0.4米，土色褐黄，土质较密。第③层以下为生土。

发现古墓葬141座，灰坑2处，夯土遗址9处。

考古发掘

工作时间：2001年12月—2002年11月
建设单位：陕西师范大学
项目性质：公共基础建设（学校）
工作人员：张全民、刘呆运、王久刚

发掘汉、西晋和隋唐墓葬100座。其中M12有明确纪年（该墓是唐兵部常选孙承嗣和夫人高氏的合葬墓），资料已整理公布，简述如下。

M12：斜坡墓道带两个天井单砖室墓，由墓道、过洞、天井、甬道、墓室等部分组成。出土器物159件，多位于甬道内和墓室前方，棺床上下也有部分遗物出土。其中，陶俑149件（十二时俑、牵驼俑、胡人俑、立俑、乐俑、百戏俑、骆驼、马、牛、猪、羊、狗、鸡）；陶器3件（塔式罐、灯盏）；铜器（带头、铜钱）；铁器（锥、条）；墓志两合（盖顶正中阴刻篆书“大唐故阳府君墓志铭”、孙承嗣妻高氏墓志未见志盖）。

（陕西省考古研究所、西安市文物保护考古所：《唐孙承嗣夫妇墓发掘简报》，《考古与文物》2005年第6期）

在施工挖管道沟时，发现一座唐代壁画墓，有明确纪年。墓葬形制，斜坡墓道带天井和小龛的单室砖墓，坐北朝南，由墓道、天井、过洞、壁龛、砖券甬道和墓室六部分组成。出土彩绘陶俑（骑马俑、大小立俑、动物俑）计238件，均出自壁龛中；陶器（塔式罐、罐、灯、鼓）；铜器（铜饰、铁门钉和铁泡钉）；墓志2合（盖顶篆书阴刻“大唐故韦府君墓志铭”、盖顶篆书阴刻“大唐故刘夫人墓志铭”。

（陕西省考古研究所、西安市文物保护考古所：《唐长安南郊韦慎名墓清理简报》，《考古与文物》2003年第6期）

7
陕西开元药厂厂房

文物勘探

工作时间：2001年10月11日
建设单位：陕西开元制药有限公司
项目性质：商业（厂房）
工作人员：邹亚军等

位于长安区郭杜街办。北邻西部大道，西邻造字台路，东邻发展大道。西南角坐标为：东经108°51′，北纬34°10′。用地范围呈长方形，实际勘探面积1778.0平方米。地势平坦。

地层堆积1层。表土层，厚0.2—0.5米，土色花杂，土质疏松。此层以下为生土。

发现古墓葬1此，墓道5条，墓室8座，古井2口。M1斜坡墓道土洞墓，平面呈“甲”字形，坐北朝南，由墓道、墓室两部分组成，总长7.6米，宽1.8米，深3.5米，内填虚土。

8
西部绒业公司厂房

文物勘探

工作时间：2001年12月25日
建设单位：西部绒业集团公司
项目性质：商业（厂房）
工作人员：罗胜安、刘平安

位于长安区郭杜街办。西安市高新开发区长安科技产业园西部大道115号，南邻西部大道，东邻发展大道，北邻锦业四路，西邻造字台路。西南角坐标为：东经108°51′，北纬34°10′。用地范围呈刀把形，南北长36.0—144.0米，东西宽50.0—125.0米。地势平坦。

地层堆积，已挖至生土层。

发现唐墓6座，墓道2条。墓葬形制均竖穴墓道土洞墓，平面呈刀把形，坐北朝南。M3全长9.0米，宽2.0米，深3.5米，内填五花土；M4全长7.0米，宽1.5米，深3.2米，内填五花土、淤土；M7全长3.5米，宽2.5米，深1.6米，内填五花土；M8全长4.0米，宽1.2米，深1.2米，内填五花土；M9全长6.0米，宽1.5米，深1.5米，内填五花土；M10全长8.0米，宽2.0米，深1.7米，内填五花土。

9
陕西师范大学新校区后勤集团基建工地

考古发掘

工作时间：2002年4—7月
建设单位：陕西师范大学
项目性质：公共基础建设（学校）
工作人员：杨军凯

位于长安区郭杜街办。陕西师范大学新校区内，西南角坐标为：东经108°53′，北纬34°9′。发掘汉、唐、明时期墓葬75座，出土器物160余件。M31资料已整理公布，简述如下。

M31：斜坡墓道土洞墓，由墓道、天井、过洞、甬道、墓室等部分组成。墓室西部设砖砌棺床。出土大量的三彩俑，有镇墓兽、天王俑、文官俑、武官俑、牵马俑、骑骆驼奏乐俑、胡人俑、女立俑、风帽俑、男立俑、杂技俑等。此外，还有单彩动物俑、彩绘陶俑等。

（西安市文物保护考古所：《西安南郊唐墓（M31）发掘简报》，《文物》2004年第1期）

10

西北政法大学新校区

考古发掘

工作时间：2002年4—10月
建设单位：西北政法大学
项目性质：公共基础建设（学校）
工作人员：后晓荣、孙福喜

位于长安区郭杜街办。西北政法大学新校区内，西南角坐标为：东经108°55′，北纬34°9′。

发掘战国、秦、汉、唐墓葬88座。其中M20（张汤墓）、M34资料已整理公布，简述如下。

M20：斜坡墓道土洞墓，坐东朝西，由墓道、甬道、墓室三部分组成。葬具葬式不详。出土器物有铜器（洗、镜、镦、铃、印章、带钩、弩机、柿蒂饰、车马器、刷、环、饰品等），另有铜钱（五铢钱）；铁器（剑、刀、削、铺首等）；陶鱼；石料等。两枚铜印章均为双面穿带印，一枚文“张汤、张君信印”；一枚文“张汤、臣汤”。

（西安市文物保护考古所：《西安市长安区西北政法学院西汉张汤墓发掘简报》，《文物》2004年第6期；张翔宇：《西汉“张汤”墓相关问题探讨》，《辽宁师范大学学报》（社会科学版）2012年第3期）

M34：斜坡墓道土洞墓，坐北朝南，由墓道、过洞、天井、甬道、封门、墓室六部分组成。葬具不详，葬式单人仰身直肢葬。M34出土器物有陶俑包括镇墓俑、仕女俑、牵马（驼）俑、动物俑等；三彩器（罐、水盂）；骨料器（料簪、骨钗）；小铜件（马镫、“开元通宝”钱币）；蚌壳；漆盒等。

（西安市文物保护考古所：《西安西北政法学院南校区34号唐墓发掘简报》，《文物》2002年第12期）

11

阿房宫前殿遗址

考古发掘

工作时间：2002年10月—2003年12月
建设单位：中国社会科学院考古研究所、西安市文物保护考古所
项目性质：主动调查、勘探和发掘（考古勘探与发掘）
工作人员：李毓芳、孙福喜、王自力、张建峰

位于长安区王寺街办。西南角坐标为：东经108°48′，北纬34°16′。资料已整理公布，现将前殿遗址简述如下。

前殿遗址，阿房宫前殿遗址夯土台基东西长1270.0米、南北宽426.0米、现存最大高度（从台基北部边缘秦代地面算起）为12.0米。夯层厚5.0厘米左右，夯窝直径5.0—8.0厘米。前殿遗址夯土台基中出土铜镞1枚，在夯土台基南面的土层中，在扰土层下、汉代文化层上面还有一层路土，距地表深0.3—1.25米；自北向南成斜坡状，南北长114.0米。在前殿遗址夯土台基南面3米发现一处铺瓦遗迹；从倒塌堆积的碎瓦片中还发现有少量表面饰中粗绳纹、内面为布纹的筒瓦。铺瓦遗迹所用板瓦和筒瓦以秦瓦为主，也有少量汉瓦。未发现阿房宫前殿被大火焚烧的痕迹。

（中国社会科学院考古研究所、西安市文物保护考古所阿房宫考古工作队：《西安市阿房宫遗址的考古新发现》，《考古》2004年第4期）

12

紫薇田园都市K区（秦岭叠翠K区）

考古发掘

工作时间：2002年10—11月
建设单位：西安紫薇房地产开发有限公司
项目性质：商业（房地产）
工作人员：王久刚、张小丽

位于长安区郭杜街办。西南邻J区（桂林山水），西北邻A区（天山雪莲），东邻D区（香

格里拉）、F区（蓬莱仙境）。西南角坐标为：东经108°52′，北纬34°10′。用地范围呈半圆形。地势平坦。

发掘北周、隋、唐时期墓葬49座，出土器物328件。其中M18资料已公布，简述如下。

M18：斜坡墓道土洞墓，由墓道、甬道、墓室三部分组成。出土器物，陶器26件（镇墓兽、天王俑、仕女俑、十二生肖俑、塔式罐等）；铜器10件（镜、铜钱“开元通宝”）；银盒、漆盒、水晶项链、水晶珠、贝壳及墓志1合（盖顶篆文阴刻“唐故夫人米氏墓志铭”）。

（西安市文物保护考古研究院：《唐代辅君夫人米氏墓清理简报》，《文博》2015年第4期）

北周墓葬3座（M32、M33、M34）、隋代墓葬1座（M35）均为韦氏家族墓。简述如下。

M34：斜坡墓道土洞墓，由墓道、甬道、封门、墓室等部分组成。

M35：斜坡墓道土洞墓，由墓道、墓室等部分组成。南北向。葬具为2木棺，葬式仰身直肢。

这四座墓共出土器物234件（组），有陶器（马、羊、狗、鸡、仓、灶、井、碓、罐等），镇墓兽、武士俑、骑马俑、仪仗俑、舂米俑、跪坐烧火俑等，金戒指1枚。另有M33出土韦昭墓志1合，M34出土韦瓒第一夫人王氏墓志1合，M35出土韦基墓志1合。

（西安市文物保护考古所：《前进中的西安市文物保护考古所》，内部资料；张小丽、张婷：《唐弘农县太君杨氏墓志铭考释》，《碑林集刊》第11辑）

13

引镇粮站商住楼

文物勘探

工作时间：2003年1月25日
建设单位：长安区粮食局
项目性质：商业（商住楼）
工作人员：王光天、张龙鱼、赵亚军

位于长安区引镇街办。北邻108省道，东邻邮政储蓄银行。西南角坐标为：东经109°6′，北纬34°4′。项目用地平面呈长方形，东西长31.8米，南北宽18.5米，实际勘探面积588.3平方米。地势平坦。

地层堆积，均已挖至生土层。

共发现墓道5条。位于基槽的西南部，南北向，墓室均压于基槽之外。

14

骊晶公司厂房

文物勘探

工作时间：2003年3月2日
建设单位：西安骊晶电子技术有限公司
项目性质：商业（厂房）
工作人员：王光天、邹亚军

位于长安区郭杜街办。长安科技产业园内，南邻创汇路，西邻硕士路，北邻信息大道，东邻创业大道。西南角坐标为：东经108°52′，北纬34°10′。拟建厂房平面呈“U”形，东西长60.0米，南北宽59.0米，实际勘探面积3000.0平方米；拟建电炉车间平面呈长方形，东西长24.7米，南北宽12.0米，实际勘探296.0平方米。地势平坦。

地层堆积，均已挖至生土层。

共发现墓道1条。位于厂房基槽的东北部，大部分压于基槽之外，残长2.8米，宽1.2米，深1.2米。

15

省道107改建（环山旅游公路）

文物勘探

工作时间：2003年3月10日—5月15日
建设单位：西安市公路工程管理处
项目性质：公共基础建设（道路）
工作人员：西安市文物保护考古所

该路段起点于长安区太乙宫街办，途经户县，终于周至县楼观台李家村。西南角坐标为：东经109°0′，北纬34°2′。全长50千米，地势较平坦。

长安段（K54+000—K66+400）堆积3层。第①层：表土层，厚0.3米，土质疏松；第②层：扰土层，深0.3—1.1米，厚0.8米，土质较硬；第③层：垆土层，深1.1—1.5米，厚0.4米，土色黑褐，土质僵硬。第③层以下为生土。

户县—周至段（K85+000—K121+900）堆积2层。第①层：表土层，厚0.3米，土色黑褐，土质疏松；第②层：扰土层，厚0.5米，土色灰褐，土质较疏松。第②层以下为沙层。

未发现古代文化遗存。

16

西安邮电学院体育馆

考古发掘

工作时间：2003年4月
建设单位：西安邮电学院
项目性质：公共基础建设（学校）
工作人员：王久刚

位于长安区郭杜街办。西安邮电大学长安校区内，西南角坐标为：东经108°54′，北纬34°9′。现将宋代李唐王朝后裔家族墓3座简述如下。

M1（李保枢墓）：竖穴墓道土洞墓，方向100°，由墓道、甬道、墓室组成。葬具为1棺，葬式不详，出土墓碑1件，墓志1合，并有石函、黑釉瓷瓶等，棺内有水银遗留。

M2（李璹墓）：竖穴墓道土洞墓，方向90°，由墓道、过洞、甬道、墓室等部分组成。葬具为1棺，葬式仰身直肢。出土石函、木盒、墓志1合、瓷瓶、铜发钗、小陶罐、金镶水晶饰品、石砚、铜钱等。

M3（夫人宋氏墓）：竖穴墓道土洞墓，方向85°，由墓道、墓室等部分组成。葬具为1棺，葬式仰身直肢。出土墓志1合、陶罐、金饰、银钗、铜钱等。

（西安市文物保护考古所：《西安长安区郭杜镇清理的三座宋代李唐王朝后裔家族墓》，《文物》2008年第6期）

17

长安区第六中学综合教学楼

文物勘探

工作时间：2003年5月10日
建设单位：长安区第六中学
项目性质：公共基础建设（学校）
工作人员：王光天、赵亚军

位于长安区引镇街办。西邻引镇北街村，北邻骊豪酒店，东邻铁路。西南角坐标为：东经109°6′，北纬34°5′。用地范围呈长方形，南北长59.3米，东西宽16.2米，实际勘探960.0平方米。地势平坦。

地层堆积2层。第①层：表土层，厚5.2米，含沙石土块等；第②层：垆土层，深5.2米以下见，土色黑褐，土质密实，含水量大。第②层以下为生土。

未发现古代文化遗存。

18

光机所（南区）

考古发掘

工作时间：2003年7月5—20日
建设单位：西安光学精密机械研究所
项目性质：公共基础建设（科研楼）
工作人员：张全民

位于长安区郭杜街办。长安产业园区内，北邻西部大道，西邻发展大道，南邻创新路，东邻硕士路。西南角坐标为：东经108°51′，北纬34°10′。

发掘唐代墓葬3座，出土器物39件。在5米深的基槽下清理唐墓3座，皆为土洞墓室。其中M1为弧背刀把形，墓道残缺，无出土物。M2略呈“中”字形，可见2个天井，出土镇墓兽、天王俑、男俑、女俑、十二生肖俑、陶塑家禽家畜、塔式罐、墓志等。墓主为舒州长史吕景昌，与夫人郭氏于永泰二年（766年）葬于高阳原。M3为折背刀形墓，梯形竖穴墓道，出土镇墓兽、十二生肖俑、陶马、陶罐、铜镜等，为中唐时期墓葬。

19

光机所（北区）

考古发掘

工作时间：2003年7月11日—12月11日
建设单位：西安光学精密机械研究所
项目性质：公共基础建设（科研楼）
工作人员：张全民

位于长安区郭杜街办。长安产业园区，西部大道和发展大道交汇处东南。西南角坐标为：东经108°51′，北纬34°10′。

发掘唐代墓葬6座，出土器物76件。其中齐氏家族纪年墓3座。M1为梯形竖穴墓道，墓道内发现石羊和残经幢；墓室为弧方形砖墓，被盗严重，发现残陶片，出土墓志一合；墓主齐志英，银青光禄大夫、检校太子宾客、御史中丞，葬于大中二年（848年）。M3梯形竖穴墓道，土洞墓室，砖铺地；出土青瓷罐、白瓷残片、残铜镜、墓志等；墓主齐志葶，为齐志英之弟，奉天镇博野军左厢兵马使，葬于咸通三年（862年）。M6为折背刀形墓，梯形竖穴墓道，土洞墓室；出土陶砚、墓志等；墓主齐克谏，为齐志英之子，银青光禄大夫、检校太子宾客，追授宥州刺史。葬于大中四年（850年）。

20

金钼花园

考古发掘

工作时间：2004年
建设单位：西安金堆城钼业集团有限公司
项目性质：商业（房地产）
工作人员：张全民

位于长安区韦曲街办。韦曲东街66号，东南邻韦大路，西邻北长安街，北邻吉泰路。西南角坐标为：东经108°57′，北纬34°10′。

陆续清理古墓19座，时代有汉、北朝、唐、宋、明等。其中M11墓主为唐瑞州来远县令史纯感，纪年为调露二年（680年）。

21

西安邮电学院学生公寓

文物勘探

工作时间：2004年2月28日—3月6日
建设单位：西安邮电学院
项目性质：公共基础建设（学校）
工作人员：倪志俊

位于长安区郭杜街办。位于校区东南角，西南角坐标为：东经108°54′，北纬34°9′。用地范围呈“L”形，地势平坦。

地层堆积3层。第①层：表土层，厚0.3米，土色花杂，土质疏松，含砖瓦残块等物；第②层：扰土层，深0.3—0.8米，厚0.5米，土色黄灰，土质较疏松，含少量近代陶片、瓷片等物；第③层：汉唐文化层，深0.8—1.2米，厚0.4米，土色黄褐，土质较硬，含少量汉唐时期陶瓷片等物。第③层以下为生土。

发现古墓葬29座（汉墓14座、唐墓15座）。墓葬形制有竖穴墓道土洞墓22座，竖穴墓道石室墓1座，斜坡墓道土洞墓5座，斜坡墓道砖室墓1座。墓向坐西朝东10座，坐东朝西5座，坐南朝北1座，坐北朝南13座。

22

西安外国语学院长安校区（一期）

文物勘探

工作时间：2004年6月10日—7月10日
建设单位：西安外国语学院
项目性质：公共基础建设（学校）
工作人员：孙武、段增运

位于长安区郭杜街办。西邻翰林南路，南邻凤林南路，东邻文苑南路，北邻西北大学长安校区。西南角坐标为：东经108°52′，北纬34°8′。

用地范围呈长方形，实际勘探面积386860.0平方米。地势平坦。

地层堆积3层。第①层：表土层，厚0.3米，土色灰黄，土质疏松；第②层：扰土层，深0.3—0.6米，厚0.3米，土色浅黄，土质较疏松，含砖瓦残块等物；第③层：汉唐文化层，深0.6—0.9米，厚0.3米，土色深褐，土质较密实，含零星汉唐时期砖瓦残块等物。第③层以下为生土。

发现秦汉唐时期古墓葬63座（秦墓1座、汉墓34座、唐墓28座），古道路2条，古窑址1处。墓葬形制有竖穴墓道土洞墓35座，斜坡墓道土洞墓26座，斜坡墓道砖室墓1座。墓向坐北朝南43座，坐南朝北4座，坐东朝西8座，坐西朝东7座（附图5）。

考古发掘

工作时间：2004年

工作人员：张全民

发掘十六国时期、唐代墓葬15座，出土器物100件。2004年9月至2005年1月，配合该校一期项目进行了发掘。共发掘古墓葬23座，时代为晋、唐、宋等各朝代，出土各类文物130余件。2005年7月至12月，配合该校二期项目进行了发掘。共发掘古墓葬29座，时代为北朝隋唐等朝代，出土各类文物90余件。

23

西柞路

考古发掘

工作时间：2004年10—12月

建设单位：不详

项目性质：公共基础建设（道路）

工作人员：张翔宇、王久刚

位于长安区杜曲街办。西北村、杜曲村东，西南角坐标为：东经109°2′，北纬34°5′。

西北村段，发掘汉墓54座，形制以斜坡墓道土洞墓为主（48座），斜坡墓道砖室墓5座，竖穴墓道土洞墓1座。均为单人葬，从分布上看，大多两两一组，成对排列，当为夫妇并穴合葬。21座南向，21座西向，8座北向，4座东向。葬具大多单棺，少数一棺一椁。封门则以木板封门为主，个别砖封门。出土器物以陶器为主，鼎、盒、钫、壶、罐、仓、灶、樽最常见，尤其是出土了一大批彩绘陶器，极其珍贵。墓葬的时代主要集中在西汉中晚期，少数墓可能西汉晚期。

村曲段，位于杜曲东北的半原上，发掘墓葬30座，以战国秦至汉初为主，计27座，其余3座或为东汉、魏晋时期。墓葬形制，以竖穴墓道土洞墓为主，墓道宽于墓室，次为竖穴土圹墓，部分有二层台，方向以北向主为，部分偏向西北或东北。M13、M29为东汉或魏晋墓，资料已整理公布，简述如下。

M13：斜坡墓道土洞多室墓，坐北朝南，由墓道、甬道、墓室三部分组成。葬具为4木棺、1草席；葬式均仰身直肢。出土器物33件，另有铜钱2枚（五铢）。其中陶器20件（罐、饼），铜器7件（环、钗、镜等），铁锸1件，骨管饰4件，蚌壳1件。

（西安市文物保护考古所：《西安东汉墓》，文物出版社，2009年）

西柞高速M29，斜坡墓道土洞墓，坐东朝西，由墓道、甬道、墓室三部分组成；出土器物14件。其中陶器11件（罐、盘、盒、人物俑、狗、猪、鸡、灶、甑、井等），铜器3件（镜、削、弩机）。

（西安市文物保护考古所：《西安南郊清理两座十六国墓葬》，《文博》2011年第1期）

24

邓南村建材市场

文物勘探

工作时间：2004年11月7—20日

建设单位：邓南村村委会

项目性质：商业（建材市场）

工作人员：孙武、种保民

位于长安区郭杜街办。郭杜十字西南角，西南角坐标为：东经108°52′，北纬34°9′。用地范围呈长方形，实际勘探10000.0平方米。地势平坦。

地层堆积2层。第①层：表土层，厚0.3米，土色花杂，土质疏松；第②层：扰土层，厚0.3米，土色黄褐，土质密实。第②层以下为冲积层。

发现隋唐时期墓葬8座。墓葬形制均为斜坡墓道土洞墓，墓向均坐北朝南。

考古发掘

工作时间：2004年12月中旬
工作人员：张全民

发掘隋唐时期古墓葬8座，出土器物59件。

25
广丰公司厂房

文物勘探

工作时间：2004年11月10日—12月1日
建设单位：西安广丰科技发展有限公司
项目性质：商业（厂房）
工作人员：袁长江、徐西平

位于长安区郭杜街办。长安工业园内，发展大道与创汇路十字西南。西南角坐标为：东经108°51′，北纬34°10′。用地范围呈长方形，东西长154.0米，南北宽104.0米，实际勘探12560.0平方米。地势平坦。

地层堆积2层。第①层：表土层，厚0.3米，土色花杂，土质疏松；第②层：垆土层，厚0.5米，土色黑褐，土质密实。第②层以下为生土。

发现汉唐时期墓葬11座（汉墓3座、唐墓8座）。墓葬形制有竖穴墓道土洞墓1座，斜坡墓道土洞墓9座。墓向均坐北朝南。

考古发掘

工作时间：2005年5月
工作人员：张全民、李小武

发掘汉唐时期墓葬8座，出土器物50件，其中M13（曹魏元帝景元元年朱书镇墓陶瓶）、M14，资料已整理公布，简述如下。

M1：斜坡墓道土洞墓，坐北朝南，由墓道、甬道、墓室三部分组成。出土器物20件，其中陶器15件（罐、镇墓瓶、仓、盆、盘、勺、甑、耳杯、灶、井、鸡、狗、猪等），铜器4件（镜、镯）。

M14：斜坡墓道土洞墓，坐北朝南，由墓道、甬道、墓室三部分组成。出土器物32件，其中陶器19件（罐、碗、盘、盆、甑、耳杯、勺、案、釜、灶、井、猪、狗、鸡等），铜器5件（钗、镜），铁器2件（镜、片），银器2件（镯），玻璃器3件（串饰、珰）。

（西安市文物保护考古所：《西安三国曹魏纪年墓清理简报》，《考古与文物》2007年第2期；张全民：《曹魏景元元年朱书镇墓文读解》，《考古与文物》2007年第2期；西安市文物保护考古研究所：《西安东汉墓》，文物出版社，2009年）

26
子午大道（韦郭路—丈八路段）

文物勘探

工作时间：2005年3月21日—2008年7月10日
建设单位：西安市政管理委员会
项目性质：公共基础建设（道路）
工作人员：王自力、邹亚军

位于长安区郭杜街办。南起韦郭路，北至丈八路。西南角坐标为：东经108°54′，北纬34°9′。用地范围呈长条形，实际勘探面积245840.0平方米，地势平坦。

北部地层堆积3层。第①层：表土层，厚0.5米，土色花杂，土质疏松；第②层：扰土层，深0.5—0.8米，厚0.3米，土色灰白，土质较密实；第③层：垆土层，深0.8—1.2米，厚0.4米，土色黑褐，土质较纯净。第③层以下为生土。

南部底层堆积3层。第①层：表土层，厚0.5米，土色花杂，土质疏松；第②层：扰土层，深0.5—1.0米，厚0.5米，土色灰白，土质较密实；第③层：冲积层，深1.0—2.5米，厚1.5米，土色褐黄，土质较密实。第③层以下为沙土层。

发现古墓葬23座（秦汉时期墓葬13座、

隋唐时期墓葬10座）。墓葬形制有竖穴土圹墓2座，竖穴墓道土洞墓13座，竖穴墓道砖室墓3座，斜坡墓道土洞墓4座，斜坡墓道砖室墓1座。墓向坐北朝南4座，坐西朝东7座，坐东朝西10座。

27

朝华美域

文物勘探

工作时间：2005年3月25—30日
建设单位：西安朝华置业有限公司
项目性质：商业（房地产）
工作人员：王自力、邹亚军

位于长安区韦曲街办。南邻西部大道，东邻长安南路，北邻中铁电气化局，西邻陕西省电子职业技术学院。西南角坐标为：东经108°57′，北纬34°10′。用地范围呈长方形，勘探面积4000.0平方米，地势平坦。

A区地层堆积1层。厚1.8米，土色花杂，土质疏松，为填土层。此层以下为生土。

B区场地内均已挖至生土层。

未发现古代文化遗存。

28

上林苑四号建筑遗址的勘探和发掘

考古发掘

工作时间：2005年4月—2006年12月
建设单位：中国社会科学院考古研究所、西安市文物保护考古所
项目性质：主动调查、勘探和发掘（调查、发掘）
工作人员：李毓芳、孙福喜、王自力、张建锋等

位于长安区王寺街办。阿房宫村南、赵家堡村东北，西距阿房宫前殿遗址500米。西南角坐标为：东经108°48′，北纬34°16′。现将四号建筑遗址的勘探和发掘简述如下。

四号建筑遗址土台的勘探与发掘，土台位于四号建筑遗址中部偏西，勘探发现土台的北面、东面、西面均有建筑遗迹，南面未见建筑遗迹。发掘出土遗物有少量的板瓦残片和筒瓦残片，瓦片均为灰色。

四号建筑遗址土台北部的勘探与发掘，勘探中发现在地表下0.5—1.3米为宫殿建筑夯土基址，夯土厚1.6米左右。建筑遗址结构复杂，面积较大。出土了大量的砖、板瓦、筒瓦和瓦当等建筑材料及少量铁钉和钱币等。

三土台基址东部建筑遗址的勘探与发掘，勘探中发现在表土下1.0—1.2米处为建筑夯土基址，夯土厚1.0米左右。发现东、西并列的两组地下排水管道。

土台基址西部与南部、东南部的勘探，勘探中发现一般在地表下0.7—1.0米为建筑夯土基址，夯土厚1.7—1.9米。

（中国社会科学院考古研究所、西安市文物保护考古所阿房宫考古队：《上林苑四号建筑遗址的勘探和发掘》，《考古学报》2007年第3期）

29

军野公司厂房

文物勘探

工作时间：2005年4月10—17日
建设单位：陕西军野电子实业有限公司
项目性质：商业（厂房）
工作人员：张全民

位于长安区韦曲街办。航天科技产业园内，南邻东长安街，东邻泰戈公司，西邻慧谷路（神舟三路）。西南角坐标为：东经108°58′，北纬34°9′。用地范围呈长方形，勘探面积30000.0平方米。地势平坦。

地层堆积3层。第①层：表土层，厚0.4米，土色花杂，土质疏松；第②层：扰土层，深0.4—0.8米，厚0.4米，土色浅褐，土质较疏松；第③层：汉唐文化层，深0.8—1.2米，厚0.4米，土色深褐，土质较硬，含少量汉唐时期陶片等物。第③层以下为生土。

发现汉唐时期古墓葬10座（汉墓2座、唐墓8座）。墓葬形制有竖穴墓道土洞墓6座，斜

坡墓道土洞墓4座。墓向坐北朝南9座，坐东朝西1座。

30

西岳公司厂房

文物勘探

工作时间：2005年4月20日—5月14日
建设单位：西安西岳电子技术有限公司
项目性质：商业（厂房）
工作人员：孙武、种保民

位于长安区郭杜街办。信息大道26号，西邻西太路，东邻枣子台路，南邻创汇路。西南角坐标为：东经108°51′，北纬34°10′。西岳电子技术6寸线项目，用地范围呈长方形，用地面积86580.0平方米。地势平坦。

地层堆积2层。第①层：表土层，厚0.3米，土色花杂，土质疏松；第②层：扰土层，厚0.5米，土色黄褐，土质较疏松。第②层以下为生土。

发现唐墓23座。墓葬形制有竖穴墓道土洞墓7座，斜坡墓道土洞墓16座。墓向均坐北朝南。

31

西北工业大学长安校区

文物勘探

工作时间：2005年5月10—26日
建设单位：西北工业大学
项目性质：公共基础建设（学校）
工作人员：西安市文物保护考古所

位于长安区东大街办。南邻环山路，东邻东大路。西南角坐标为：东经108°45′，北纬34°2′。用地范围呈不规则长方形，实际勘探面480000.0平方米。地势平坦。

地层堆积2层。第①层：表土层，厚0.3米，土色灰黄，土质疏松；第②层：扰土层，厚0.5米，土色灰色，土质较疏松，含少量近代陶器残片。第②层以下为冲积层。

未发现古代文化遗存。

32

郭杜街办住宅楼

文物勘探

工作时间：2005年5月16—20日
建设单位：西安市郭杜街办
项目性质：商业（住宅楼）
工作人员：倪志俊、王纪元

位于长安区郭杜街办。东邻郭杜地税所，西邻西沣路，南邻韦斗路（郭杜东街）。西南角坐标为：东经108°52′，北纬34°9′。用地范围呈长方形。地势平坦。

地层堆积3层。第①层：表土层，厚0.3米，土色黄灰，土质疏松；第②层：扰土层，深0.3—0.8米，厚0.5米，土色黄灰，土质较疏松，含少量瓦片等物；第③层：汉唐文化层，深0.8—1.2米，厚0.4米，土色黄褐，土质较硬，含少量汉唐时期陶器残片等物。第③层以下为生土。

发现唐墓2座。墓葬形制均为斜坡墓道土洞墓，墓向均坐北朝南。

33

美国美光公司厂房

文物勘探

工作时间：2005年7月13—30日
建设单位：美国美光公司
项目性质：商业（厂房）
工作人员：孙武、王纪元

位于长安区郭杜街办。北邻西部大道，东邻西太路，南邻羊村，西邻乳家庄。西南角坐标为：东经108°51′，北纬34°10′。用地范围呈长方形，实际勘探150000.0平方米。地势平坦。

地层堆积3层。第①层：表土层，厚0.3米，土色黄灰，土质疏松；第②层：扰土层，深0.3—0.7米，厚0.4米，土色黄灰，土质较疏松，含少量古代砖瓦、陶片等物；第③层：汉唐文化层，深0.7—1.1米，厚0.4米。第③层以下为生土。

发现古墓葬28座（汉墓4座、唐墓14座，其余年代不详），古窑址2座。墓葬形制有竖穴土圹墓1座，竖穴墓道土洞墓21座，斜坡墓道土洞墓3座。墓向坐北朝南10座，坐南朝北14座。

34

110千伏长安东变电所

文物勘探

工作时间：2005年9月
建设单位：110千伏长安东变电所
项目性质：公共基础建设（电力）
工作人员：孙武、王志浩

位于长安区韦曲街办。西南角坐标为：东经109°0′，北纬34°9′。地势较平坦。实际勘探面积3000.0平方米。

地层堆积3层。第①层：表土层，厚0.5米，土色花杂，土质疏松；第②层：扰土层，深0.5—0.8米，厚0.3米，土色浅褐，土质较硬，含近现代砖瓦残块等物；第③层：汉唐文化层，深0.9—1.4米，厚0.5米，土色深褐，土质较密实，含零星汉唐时期陶片、瓦片等物。第③层以下为生土。

发现汉唐时期古墓葬7座（汉墓2座、唐墓5座）。墓葬形制均为斜坡墓道土洞墓。墓向坐北朝南2座，坐西朝东5座。

35

长安新城（智慧城）

文物勘探

工作时间：2005年9月
建设单位：陕西长建房地产开发有限公司
项目性质：商业（房地产）
工作人员：程林泉、邹亚军

位于长安区郭杜街办。东邻504所，南邻长安行政中心，西邻茅坡村。西南角坐标为：东经108°54′，北纬34°10′。用地范围呈长方形，实际勘探面积55000.0平方米。地势平坦。

地层堆积3层。第①层：表土层，厚0.5米，土色花杂，土质松散，含少量砖瓦等物；第②层：扰土层，深0.5—0.8米，厚0.3米，土色浅褐，土质较疏松，含少量近代陶瓷残片等物；第③层：汉唐文化层，深0.8—1.3米，厚0.5米，土色深褐，土质较密实，见少量汉唐时期陶片。第③层以下为生土。

发现古墓葬42座（秦汉墓30座、唐墓12座）。墓葬形制有竖穴土圹墓15座，竖穴墓道土洞墓20座，斜坡墓道土洞墓7座。墓向坐西朝东8座，坐东朝西1座，坐南朝北1座，坐北朝南17座，南北向4座，东西向11座。

36

神舟三路、工业一路、工业二路

文物勘探

工作时间：2005年9月
建设单位：西安航天基地产业园
项目性质：公共基础建设（道路）
工作人员：程林泉、邹亚军

位于长安区韦曲街办。航天产业园内，西南角坐标为：东经108°58′，北纬34°9′。总计勘探面积41024.0平方米。

神舟三路：南北向，北起航天大道，南至东长安街。用地范围呈长方形，实际勘探面积21420.0平方米。地势平坦。

工业一路：南北向，北起航天中路，南接工业二路。用地范围呈长条形，实际勘探面积7200.0平方米。地势平坦。

工业二路：东西向，西接雁塔南路，东接神舟五路。用地范围呈长条形，实际勘探面积12404.0平方米。地势平坦。

地层堆积3层。第①层：表土层，厚0.5米，土色花杂，土质疏松；第②层：扰土层，深0.5—0.9米，厚0.4米，土色浅褐，土质较疏松，含近现代砖瓦残块等物；第③层：汉唐文化层，深0.9—1.4米，厚0.5米，土色深褐，土质较密实，含少量汉唐时期陶片、瓦片等物。第③层以下为生土。

发现唐墓13座（神舟三路3座、工业二路8座、工业一路2座）。墓葬形制有竖穴墓道土洞墓3座，斜坡墓道土洞墓8座。墓向坐北朝南10座，坐南朝北1座。

37

陕西广播电视大学新校区

文物勘探

工作时间：2005年9月5—9日
建设单位：陕西广播电视大学
项目性质：公共基础建设（学校）
工作人员：孙武、王纪元

位于长安区郭杜街办。樱花广场西北角，南邻郭杜东街，西邻翠提湾小区，东邻高阳二路。西南角坐标为：东经108°52′，北纬34°10′。陕西广播电视大学新校区2#、3#教师公寓，4#、5#学生公寓教学楼和实验楼项目，用地范围呈不规则长方形，实际勘探面积14000.0平方米。地势平坦。

地层堆积3层。第①层：表土层，厚0.3米，土色黄灰，土质疏松，含少量砖瓦等物；第②层：扰土层，深0.3—0.9米，厚0.6米，土色黄灰，土质较疏松，含少量近代瓷片；第③层：汉唐文化层，深0.9—1.4米，厚0.5米，土色黄褐，土质较疏松，含少量汉唐时期陶片、灰星等物。第③层以下为生土。

发现唐代墓葬5座。墓葬形制竖穴墓道土洞墓2座，斜坡墓道土洞墓3座。墓向均坐北朝南。

考古发掘

工作时间：2006年4月17—19日
工作人员：张全民、李小武、李伦

M13为一座唐墓，出土器物5件，有陶罐3件，釉陶罐1件，铜镜1面。

38

塔斯曼公司厂房

文物勘探

工作时间：2005年10月5—11日
建设单位：西安塔斯曼电力设备公司
项目性质：商业（电力设备）
工作人员：孙武、王纪元

位于长安区郭杜街办。学士路东侧，西南角坐标为：东经108°51′，北纬34°10′。塔斯曼126—252千伏开关设备项目的用地范围呈长方形，实际勘探面积35000.0平方米。地势平坦。

地层堆积3层。第①层：表土层，厚0.3米，土色黄灰，土质疏松；第②层：扰土层，深0.3—0.8米，厚0.5米，土色黄灰，土质较疏松，含少量近现代砖瓦残片等物；第③层：汉唐文化层，深0.8—1.2米，厚0.4米，土色黄褐，土质较疏松，含少量汉唐时期陶瓷片等。第③层以下为生土。

发现唐墓13座。墓葬形制均为斜坡墓道土洞墓，墓向均坐北朝南。

39

西南郊千伏变电站

文物勘探

工作时间：2005年10月15—24日
建设单位：中国电力工程顾问集团西北电力设计院
项目性质：公共基础建设（电力）
工作人员：孙武、王纪元

位于长安区郭杜街办。东邻河池寨村，南邻绕城高速。西南角坐标为：东经108°50′，北纬34°11′。用地范围呈梯形。地势平坦。

地层堆积2层。第①层：表土层，厚0.3米，土色花灰，土质疏松，内含近现代砖瓦块及植物根系等物；第②层：扰土层，深0.3—0.9米，厚0.6米，土色花褐，土质较硬，内含砖瓦块等物。第②层以下为生土。

未发现古代文化遗存。

40

路易山庄

文物勘探

工作时间：2005年10月18—24日
建设单位：陕西路易实业有限公司

项目性质：商业（房地产）
工作人员：孙武、郭稳定

位于长安区滦镇街办。沣峪口南约300.0米处，西南角坐标为：东经108°49′，北纬34°2′。用地范围呈长方形，实际勘探面积22500.0平方米。地势南高北低。

地层堆积2层。第①层：表土层，厚0.3米，土色灰黄，土质疏松；第②层：垆土层，厚0.8米，土色灰黄，土质较疏松，含少量近代陶瓷残片等物。第②层以下为生土。

未发现古代文化遗存。

41

高新区进出口加工区

文物勘探

工作时间：2005年11月19—23日
建设单位：西安航光仪器厂
项目性质：商业（厂房）
工作人员：孙武、王纪元

位于长安区郭杜街办。南邻羊村，北邻美国美光公司，西邻西太路。西南角坐标为：东经108°51′，北纬34°10′。用地范围呈长方形，东西198.0米，南北宽124.0米，实际勘探面积20000.0平方米。地势平坦。

地层堆积3层。第①层：表土层，厚0.3米，土色黄灰，土质较疏松；第②层：扰土层，深0.3—0.6米，厚0.3米，土色黄灰，土质较疏松，含少量陶瓷残片、砖瓦等；第③层：汉唐文化层，深0.6—1.0米，厚0.4米，土色黄褐，土质较疏松，含少量汉唐时期砖瓦残块。第③层以下为生土。

发现唐墓7座。

42

天惠公司厂房

文物勘探

工作时间：2005年11月21—29日
建设单位：陕西天惠科技有限公司
项目性质：商业（厂房）
工作人员：王自力、邹亚军

位于长安区韦曲街办。航天产业园内，工业一路与工业二路十字东北角。西南角坐标为：东经108°58′，北纬34°9′。用地范围呈长方形，东西长134.5米，南北宽118.0米，实际勘探面积15871.0平方米。地势北高南低。

地层堆积2层。第①层：表土层，厚0.5米，土色花杂，土质疏松；第②层：扰土层，厚0.8米，土色褐黑，土质较纯净，含水一般。第②层以下为生土。

发现秦汉唐墓葬18座（秦汉墓14座、唐墓4座）。墓葬形制有竖穴土圹墓2座，竖穴墓道土洞墓5座，斜坡墓道土洞墓11座。墓向坐北朝南13座，坐西朝东3座。

43

上林苑遗址三号建筑、五号建筑排水管道发掘

考古发掘

工作时间：2005年12月—2006年12月
建设单位：中国社会科学院考古研究所、西安市文物保护考古所阿房宫考古队
项目性质：主动调查、勘探和发掘（调查、发掘）
工作人员：李毓芳、孙福喜、王自力、张建锋等

位于长安区王寺街办。阿房宫村南、赵家堡村东北，西距阿房宫前殿遗址500米。西南角坐标为：东经108°48′，北纬34°16′。

现将上林苑遗址三号建筑及五号建筑排水管道遗迹的发掘简述如下。

1. 三号建筑遗址。已遭到严重破坏，建筑物仅在北部残留有一小部分。遗址区域内的地层堆积状况基本一致，层位关系较为简单。

第①层：表土层，灰色土，质地松软，厚0.1—0.5米。

第②层：扰土层，灰黄色土，质地较松散，距地表深0.15—0.3米，厚0.1—0.15米。该层内包

含有战国时期的筒瓦、板瓦残片，以及现代瓷片、粉笔等。

第③层：汉代文化层，为建筑物倒塌后形成的堆积。灰色或灰红色土，质地松散，厚0.1—1.0米。中部建筑倒塌堆积中，包含物以战国时期的筒瓦、板瓦残片为主（多被烧成浅红色），还出土被烧成红色的草泥墙皮残块和朱红色地面残块，另伴出有1枚汉代五铢铜钱。而在底部建筑倒塌堆积中，包含物以汉代筒瓦、板瓦残片为主，还出土少量战国时期的素面或山形云纹半瓦当以及绳纹铺地砖等。

第④层：为建筑的夯土基础，未继续向下清理。

三号建筑遗址原为一座高台建筑，但因当地居民长期在此取土、建房和平整土地，已遭到严重破坏。现存的遗址可分为下部夯土台基和上部建筑两部分。该遗址出土的遗物以建筑材料为主，包括砖、板瓦、筒瓦和瓦当等。此外，还发现少量铜钱以及铸钱的陶背范残块等。

2. 五号建筑遗址。该遗址是当地钢厂在厂房废址进行改建工程时，通过钻探发现的，位于现今地表以下4.0米处。

第①层：表土层，主要为现代垃圾土，厚0.5—0.82米。

第②层：扰土层，浅褐色土，质地稍硬，距地表深0.5—1.82米，厚0.7—1.02米。该层内包含有少量战国时期瓦片和现代铁丝等。

第③层：战国时期文化层，灰色土，质地疏松，距地表深1.2—4.3米，厚0.78—2.5米。此层包含有战国时期的建筑倒塌堆积，出土遗物包括砖、瓦和瓦当等。

第④层：夯土层，为五花土，质地较硬，距地表深2.2—2.7米，厚0.1—0.5米。

夯土层以下为生土。

五号建筑遗址的保存状况极差，经钻探了解，房屋建筑遗迹已被破坏殆尽。仅在厂房废址形成的深坑北壁上残留少许建筑夯土，分布范围南北最宽0.3、东西断续长27.0、最厚处为0.4—0.5米。该遗址出土的遗物以建筑材料为主，包括砖、板瓦、筒瓦和瓦当等，均制作极为粗糙。保存下来的遗迹主要是两组排水管道，它们从房屋建筑的残址下面通过，被三座唐墓打破，应属于五号建筑遗址的排水设施。第一组排水管道为南北向，现已发掘的部分长18.0米。这组排水管道是先在生土中挖沟，然后铺设水管，沟上口宽0.9、底部宽1.0、现存深1.6米。水管之上的填土为五花土，未经夯打；第二组排水管道位于第一组管道东面，相距20.5米。整体呈东西向，其东端继续向东延伸至发掘区域外，西端呈直角向北拐而成南北向，拐角处以弯头水管套接，北端则续向北延伸至发掘区域外。已发掘的部分东西向管道长59.0米，南北向管道长10.0米。

（中国社会科学院考古研究所、西安市文物保护考古所阿房宫考古队：《西安市上林苑遗址三号建筑及五号建筑排水管道遗迹的发掘》，《考古》2007年第3期）

44

长远公司厂房

文物勘探

工作时间：2005年12月9—29日

建设单位：西安长远电子工程有限公司

项目性质：商业（厂房）

工作人员：王自力、邹亚军

位于长安区韦曲街办。航天产业园内，慧谷一路与工业二路十字东北角。西南角坐标为：东经108°58′，北纬34°9′。雷达电子产品生产基地项目的用地范围呈长方形，实际勘探面积49625.0平方米。地势平坦。

地层堆积2层。第①层：表土层，厚0.5米，土色花杂，土质疏松；第②层：垆土层，厚0.7米，土色褐黑，土质纯净，含少量绳纹瓦片等物。第②层以下为生土。

发现秦汉唐时期古墓葬62座（秦汉墓35座、唐墓27座）。墓葬形制有竖穴土圹墓4座，竖穴墓道土洞墓34座，斜坡墓道土洞墓24座。墓向坐北朝南56座，坐西朝东2座。

45

乳庄变电站

文物勘探

工作时间：2006年2月
建设单位：西安市政配套服务中心
项目性质：公共基础建设（电力）
工作人员：程林泉、王纪元

位于长安区郭杜街办（高新区）。里花水立交东南角，恭张村北，绕城高速南。西南角坐标为：东经108°51′，北纬34°11′。用地范围呈长方形，实际勘探面积41000.0平方米。地势平坦。

地层堆积3层。第①层：表土层，厚0.3米，土色黄灰，土质疏松；第②层：扰土层，深0.3—1.0米，厚0.7米，土色黄灰，土质较疏松，含少量近代陶瓷残片等物；第③层：汉唐文化层，深1.0—1.5，厚0.5米，土色黄褐，土质较疏松，含少量汉唐时期陶片、砖瓦残块等物。第③层以下为生土。

发现古墓葬3座。

考古发掘

工作时间：2006年2月17日—3月7日
工作人员：张全民、李小武、王喜刚

共发掘唐墓4座，护墓沟1条。出土文物18件，其中陶器9件、瓷器2件、铜饰4件、贝饰1件、骨饰1件、石块1件。

46

陕西师范大学长安校区（二期）

考古发掘

工作时间：2006年2月17日—5月29日
建设单位：陕西师范大学
项目性质：公共基础建设（学校）
工作人员：李尔吾、张全民、王喜刚等

位于长安区郭杜街办。西南角坐标为：东经108°53′，北纬34°9′。根据2006年西安市文物保护研究所与陕西省考古研究院签订的考古发掘协议，陕西师范大学（二期）建设工程由我所承担该工地一半的发掘工作。本次共清理古墓葬41座，时代有汉、晋、隋、唐各时代，出土文物900余件。按质地可分为陶、瓷、玉石、铜、铁、银、铅器等。主要器物种类有镇墓兽、武士俑、天王俑、立俑、骑马俑、陶骆驼、陶马、陶猪、陶狗、陶鸡、陶羊、陶仓、陶灶、陶困、陶罐、陶壶、陶双耳罐、陶勺、陶案、陶灯、陶奁、釉陶盘、白瓷杯、白瓷注、青釉四系罐、铜镜、铜阳燧、铜合页、铜环、铜带銙、铜勺、铜钱、铁镜、铅马镫、银戒指、蚌壳、石墓志等。

M1（张綝夫妇合葬墓）资料已整理公布，现简述如下。

M1为长斜坡墓道带三个天井的单室土洞墓，平面呈“甲”字形，由墓道、过洞、天井、甬道和墓室组成，水平总长34.68米。坐北朝南，方向180°。

墓室平面大致呈方形，南宽北窄，南北长3.36、东西宽3.21—3.52米。四壁高1.9米，四角略低于壁面，仅在墓壁局部涂白灰，上绘简单的壁画，没有地仗层。墓顶坍塌，推测为穹隆顶，高度不详。推测高约3.3米。墓深8.0米，底距地表8.3米。随葬器物多置于墓室西南部和东南部。墓室东部和棺内出土少量随葬器物。张綝墓志与薛夫人墓志并排置于木棺南侧、甬道以北，张綝墓志位于西侧，薛夫人墓志位于甬道北口中部。

出土器物150余件，陶俑、陶畜禽、陶模型器、陶器、釉陶和瓷器、铜器、铁器和墓志等。张綝夫妇合葬墓的形制较完整，且绘有简单的壁画，出土器物较丰富，纪年明确，是一座典型的隋代纪年墓。

张綝仕宦历北魏、西魏、北周、隋等朝代，墓志涉及重大历史事件和重要历史人物。对于研究北朝历史具有重要价值。青年才俊张綝遇见天柱大将军尔朱荣，即被召授幕府参军，后不断升迁。魏武帝入关，张公翊奉皇驾，与西魏王朝的实际建立者、创业西京的北周太祖文皇帝见面，被拜为大将军。天和五年（570年），张綝担任集州刺史、使持节、车骑大将军、仪同三司。入隋开皇元年（581年 ），晋爵汝南公。张綝于开皇七年（587年）十月十一日薨，开皇九年（589年）十月廿四日葬于高阳原。夫人薛世兰于大业元年（605年）十二月十四日薨。大业三年（607年）二月五日合葬。

（西安市文物保护考古研究院：《西安长安隋张綝夫妇合葬墓发掘简报》，《文物》2018年第1期）

47

西安信息汽车高新教研中心（一期）

文物勘探

工作时间：2006年2月25日—3月15日
建设单位：西安天森信息科技有限公司
项目性质：商业（厂房）
工作人员：倪志俊、王纪元

位于长安区郭杜街办。东邻西万路，西南角坐标为：东经108°52′，北纬34°10′。用地范围呈梯形，用地面积30000.0平方米，地势平坦。

地层堆积3层。第①层：表土层，厚0.3米，土色灰黄，土质疏松；第②层：扰土层，深0.3—0.6米，厚0.3米，土色黄褐，土质较疏松；第③层：汉唐文化层，深0.6—1.1米，厚0.5米，土色褐黄，土质较密，含少量汉唐时期陶器残片等物。第③层以下为生土。

未发现古代文化遗存。

48

绿迪·X-亚麻酸项目

文物勘探

工作时间：2006年3月5—14日
建设单位：陕西绿迪投资控股有限公司
项目性质：商业（厂房）
工作人员：倪志俊、王纪元

位于长安区韦曲街办。航天产业园内，北邻韦鸣路（飞天路），东邻好快活食品公司，南邻航天中路，西邻神舟三路。西南角坐标为：东经108°58′，北纬34°10′。X-亚麻酸项目的用地范围呈长方形，用地面积32000.0平方米。地势平坦。

地层堆积3层。第①层：表土层，厚0.3米，土色花杂，土质疏松，包含砖块、瓦片、炭渣及零星碎石等；第②层：扰土层，深0.3—0.8米，厚0.5米，土色深褐，土质结构较疏松；第③层：汉唐文化层，深0.8—1.5米，厚0.7米，土色深褐，土质较密，含少量汉唐时期陶片等物。第③层以下为生土。

发现古墓葬21座（汉墓2座、唐墓10座、明清墓7座）。墓葬形制有竖穴土圹墓1座，竖穴墓道土洞墓16座，斜坡墓道土洞墓4座。墓向坐北朝南15座，坐西南朝东北3座，坐东朝西2座。

49

文华景苑

文物勘探

工作时间：2006年3月7—20日
建设单位：西安文华房地产开发有限公司
项目性质：商业（房地产）
工作人员：孙武、王纪元

位于长安区东大街办。大寺木竹坪村西北侧，北邻高冠河。西南角坐标为：东经108°46′，北纬33°58′。用地范围呈长方形，用地面积26640.0平方米。地势平坦。

地层堆积3层。第①层：表土层，厚0.3米，土色花杂，土质疏松；第②层：扰土层，深0.3—0.8米，厚0.5米，土色灰褐，土质较疏松；第③层：沙石层，深0.8米以下见，为秦岭北麓冲积、堆积而成。

未发现古代文化遗存。

50

融发·沁园·心园

考古发掘

工作时间：2006年3月15日—5月15日
建设单位：西安市融发房地产开发有限公司
项目性质：商业（房地产）
工作人员：张全民、李小武、王喜刚

位于长安区郭杜街办。北邻樱花二路，东邻文苑北路，南邻樱花广场，西邻陕西工商职业学院。西南角坐标为：东经108°52′，北纬34°10′。用地范围呈长方形，东西长约500.0米，南北宽约360米，总占地面积约180000.0平方米。西区为沁园小区，东区为心园小区。

共发掘汉唐墓葬18座，出土器物有陶壶、陶罐、陶仓、陶甑、陶瓶、陶灶、陶俑、陶耳杯、陶盘、陶勺、陶案、陶狗、陶猪、陶鸡、釉陶壶、釉陶仓、铜镜、铜环、铜印章、铜铃、铁灯、铁削、铁剑、耳珰、玉石、铅弩机等。

51

美国应用材料厂房

文物勘探

工作时间：2006年3月24日—4月15日
建设单位：西安高新管委会
项目性质：商业（厂房）
工作人员：倪志俊、王纪元

位于长安区郭杜街办。出口加工区B区内，东邻经二十路，西邻经二十二路，南邻纬十八路，北邻纬十六路。西南角坐标为：东经108°51′，北纬34°10′。用地范围呈长方形，勘探面积10000.0平方米。地势平坦。

地层堆积3层。第①层：表土层，厚0.3米，土色黄灰，土质疏松；第②层：扰土层，深0.3—0.7米，厚0.4米，土色黄灰，土质较疏松；第③层：汉唐文化层，深0.7—1.2米，厚0.5米，土色黄褐，土质较密实。第③层以下为生土。

发现汉唐时期古墓葬20座（汉墓8座、唐墓12座）。墓葬形制有竖穴墓道土洞墓12座，斜坡墓道土洞墓8座。墓向坐西朝东3座，坐东朝西5座，坐北朝南12座。

52

韦曲东街C标段

文物勘探

工作时间：2006年4月2—10日
建设单位：西安西高新韦曲产业园管委会
项目性质：公共基础建设（道路）
工作人员：孙武、王志浩

位于长安区韦曲街办。东邻少陵路，西邻慧谷路，北邻陕西绿迪有限公司。西南角坐标为：东经108°58′，北纬34°9′。用地范围呈长方形，实际勘探面积15000.0平方米。地势平坦。

地层堆积3层。第①层：表土层，厚0.3米，土色黄灰，土质疏松；第②层：扰土层，深0.3—0.7米，厚0.4米，土色黄灰，土质较疏松；第③层：汉唐文化层，深0.7—1.0米，厚0.3米，土色黄褐，土质较密，含少量汉唐时期砖瓦残块等物。第③层以下为生土。

未发现古代文化遗存。

53

森舍公司厂房

文物勘探

工作时间：2006年4月10—17日
建设单位：西安森舍电子有限责任公司
项目性质：商业（厂房）
工作人员：倪志俊、王纪元

位于长安区韦曲街办。航天产业科技园内，北邻工业二路，西邻陕西军野电子公司，南邻东长安街。西南角坐标为：东经108°58′，北纬34°9′。森舍SA复合型检波器项目的用地范围呈长方形，实际勘探面积10000.0平方米。地势平坦。

地层堆积3层。第①层：表土层，厚0.3米，土色黄灰，土质疏松；第②层：扰土层，深0.3—0.7米，厚0.4米，土色黄灰，土质较疏松，含少量瓦片等物；第③层：汉唐文化层，深0.7—1.2米，厚0.5米，土色黄褐，土质较密，含少量汉唐时期砖瓦残块等物。第③层以下为生土。

发现唐墓7座。墓葬形制有竖穴墓道土洞墓1座，斜坡墓道土洞墓6座。墓向均坐北朝南。

54

泰戈公司厂房

文物勘探

工作时间：2006年4月14—26日
建设单位：西安泰戈分析仪器公司
项目性质：商业（厂房）
工作人员：倪志俊、王纪元

位于长安区韦曲街办。航天科技产业基地内，南邻东长安街，西邻森舍公司，北邻工业二路。西南角坐标为：东经108°58′，北纬34°9′。用地范围呈长方形，用地面积11000.0平方米。

地层堆积3层。第①层：表土层，厚0.3米，土色花杂，土质疏松，包含砖块、瓦片、炭渣及零星碎石等；第②层：扰土层，深0.3—0.7米，厚0.4米，土色浅褐，土质较疏松，包含物有碎砖瓦星、炭渣、草木灰星等；第③层：汉唐文化层，深0.7—1.1米，厚0.4米，土色深褐，土质较密，含少量汉唐时期砖瓦残块等物。第③层以下为生土。

发现唐墓2座。墓葬形制均为斜坡墓道土洞墓，墓向均坐北朝南。

55

市政配套服务中心拆迁安置小区

文物勘探

工作时间：2006年6月13—23日
建设单位：西安高新产业技术开发区市政配套服务中心
项目性质：商业（住宅楼）
工作人员：倪志俊

位于长安区郭杜街办。高新技术产业开发区，南邻长里村，西邻张村。西南角坐标为：东经108°51′，北纬34°10′。用地范围呈长方形，地势较平坦。

地层堆积3层。第①层：表土层，厚0.3米，土色灰黄，土质疏松；第②层：扰土层，深0.3—0.8米，厚0.5米，土色黄褐，土质较疏松，内含少量的砖瓦片，草木灰星，植物根系；第③层：秦汉文化层，深0.8—1.3米，厚0.5米，土色褐黄，土质较密实，含少量秦汉时期砖瓦块等物。第③层以下为生土。

未发现古代文化遗存。

56

华明公司厂房

文物勘探

工作时间：2006年6月25日—7月3日
建设单位：西安华明电器开关厂
项目性质：商业（厂房）
工作人员：倪志俊、王纪元

位于长安区郭杜街办。五四村西，西南角坐标为：东经108°49′，北纬34°10′。用地范围呈长方形，实际勘探面10000.0方米。地势平坦。

地层堆积3层。第①层：表土层，厚0.3米，土色灰黄，土质疏松；第②层：扰土层，深0.3—0.6米，厚0.3米，土色褐黄，土质较疏松，含少量近代瓷片、瓦片；第③层：汉唐文化层，深0.6—0.9米，厚0.3米，土色褐黄，土质较密实，含少量汉唐时期陶瓷残片、瓦片。第③层以下为生土。

发现汉唐墓10座。墓葬形制有竖穴墓道土洞墓5座，斜坡墓道土洞墓5座。墓向坐北朝南9座，坐西北朝东南1座。

57

纬十六街

文物勘探

工作时间：2006年9月
建设单位：西安高新技术产业开发区市政配套中心
项目性质：公共基础建设（道路）
工作人员：倪志俊、王纪元

位于长安区郭杜街办。高新技术产业开发区，东邻二次创业B区，南邻韦斗路。西南角坐标为：东经108°51′，北纬34°9′。用地范围呈长条形，地势平坦。

地层堆积3层。第①层：表土层，厚0.3米，土色灰黄，土质疏松；第②层：扰土层，深0.3—0.9米，厚0.6米，土色花杂，土质疏松，含近现代砖瓦残块等物；第③层：冲积层，深0.9米以下见冲积层，土色浅黄，土质较密。第③层以下见沙层。

未发现古代文化遗存。

58

经二十二街（乳庄南—韦斗路）

文物勘探

工作时间：2006年9月
建设单位：西安高新技术产业开发区市政配套中心
项目性质：公共基础建设（道路）
工作人员：倪志俊、王纪元

位于长安区郭杜街办。高新技术产业开发区，东邻二次创业B区，南邻韦斗路。西南角坐标为：东经108°50′，北纬34°10′。用地范围呈长条形，地势平坦。

地层堆积3层。第①层：表土层，厚0.3米，土色灰黄，土质疏松；第②层：扰土层，深0.3—0.7米，厚0.4米，土色花杂，土质疏松，含近现代砖瓦残块等物；第③层：汉唐文化层，深0.7—1.0米，厚0.3米，土色黄褐，土质较密，含少量汉唐时期陶片、瓦片等物。第③层以下为生土。

发现古墓葬6座。墓葬形制有竖穴墓道土洞墓1座，斜坡墓道土洞墓5座。墓向坐北朝南4座，坐东朝西2座。

考古发掘

工作时间：2006年10月—2007年3月
工作人员：张小丽

发掘汉唐时期古墓葬6座，出土器物62件。

59

经二十八街

文物勘探

工作时间：2006年9月
建设单位：西安高新技术产业开发区市政配套中心
项目性质：公共基础建设（道路）
工作人员：倪志俊、王纪元

位于长安区郭杜街办。高新技术产业开发区，东邻二次创业B区，南邻韦斗路。西南角坐标为：东经108°50′，北纬34°10′。用地范围呈长条形，地势平坦。

地层堆积3层，第①层：表土层，厚0.3米，土色灰黄，土质疏松；第②层：扰土层，厚0.6米，土色花杂，土质疏松，含近现代砖瓦残块等物；第③层：冲积层，深0.9米以下见，土色浅黄，土质较紧密。第③层以下为沙层。

未发现古代文化遗存。

60

陕西移动通信公司生产楼

文物勘探

工作时间：2006年10月19—23日
建设单位：陕西移动通信有限责任公司
项目性质：商业（生产楼）
工作人员：程林泉、李乖成

位于长安区韦曲街办。西邻崔家营，南邻韦郭路（长安街）。西南角坐标为：东经108°55′，北纬34°9′。用地范围呈长条形，实际勘探面积6600.0平方米。地势平坦。

地层堆积2层。第①层：表土层，厚0.3米，土色浅灰，土质疏松；第②层：扰土层，厚0.2米，土色灰褐，土质较硬，含古代砖瓦残块等物。第②层以下为生土。

未发现古代文化遗存。

61

西柞建设管理处办公生活区

文物勘探

工作时间：2006年11月10—27日
建设单位：陕西交通建设集团公司西镇分公司
项目性质：商业（住宅区）
工作人员：倪志俊

位于长安区韦曲街办。韦鸣路韩家湾，南邻东长安街延伸线。西南角坐标为：东经109°1′，北纬34°9′。用地范围呈长方形，实际勘探面积33000.0平方米。地势平坦。

地层堆积3层。第①层：表土层，厚0.3米，土质疏松，含近现代砖瓦；第②层：扰土层，深0.3—0.8米，厚0.5米，土色灰褐，土质较硬，含古代砖瓦残块等物；第③层：垆土层，深0.8—1.3米，厚0.5米，土质纯净。第③层以下为生土。

发现古墓葬61座（汉墓20余座、唐墓15座、其余年代不详）。墓葬形制有竖穴墓道土洞墓51座，斜坡墓道土洞墓10座。墓向坐东北朝西南12座，坐北朝南43座，坐东朝西4座，坐西朝东1座。

62

新丰泰雷克萨斯销售中心

文物勘探

工作时间：2007年1月22—25日
建设单位：陕西钧盛汽车服务有限公司
项目性质：商业（汽车销售）
工作人员：孙武、李广全

位于长安区郭杜街办。北邻绕城高速，东邻里花南路，西、南邻陕西星王企业有限公司。西南角坐标为：东经108°53′，北纬34°10′。用地范围呈长方形，用地面积6000.0平方米。地势平坦。

地层堆积2层。第①层：表土层，厚1.2米，土色褐黄，土质疏松；第②层：沙土层，深1.2米以下见，土质纯净。

未发现古代文化遗存。

63

长安区食品公司职工住宅楼

文物勘探

工作时间：2007年3月28—30日
建设单位：长安区食品公司
项目性质：商业（住宅楼）
工作人员：倪志俊、王纪元

位于长安区郭杜街办。韦斗路与郭杜北街十字西南角。西南角坐标为：东经108°51′，北纬34°10′。用地范围呈三角形，南北长118.0米，东西宽39.0米，用地面积2300.0平方米。地势平坦。

地层堆积2层。第①层：表土层，厚0.4米，多为建筑基础和垃圾等物；第②层：扰土层，厚0.5米，土色灰黄，土质较硬，含少量砖瓦等物。第②层以下为生土。

未发现古代文化遗存。

64

城南香榭·国色天香（康挤小镇）

文物勘探

工作时间：2007年3月30日—5月30日
建设单位：西安天都房地产开发有限公司
项目性质：商业（房地产）
工作人员：孙武、郭稳定

位于长安区郭杜街办。韦郭路（西长安街）989号，南邻陕西师范大学长安校区，东邻万科城·常春藤小区，北邻樱花一路。西南角坐标为：东经108°53′，北纬34°9′。用地范围呈长方形。地势平坦。

地层堆积2层。第①层：表土层，厚0.3米，土色花杂，土质疏松，含近现代砖瓦残块等物；第②层：扰土层，厚0.5米，土色灰黄，土质较疏松，含陶瓷碎片等物。第②层以下为生土。

发现汉唐时期古墓葬216座（汉墓22座、唐墓194座），古墓道1条，古道路1条。墓葬形制有斜坡墓道土洞墓156座，竖穴墓道土洞墓51座，斜坡墓道砖室墓8座，竖穴墓道砖室墓1座。

墓向坐北朝南192座，坐南朝北3座，坐西朝东19座，坐东朝西4座。

考古发掘

工作时间：2007年4—5月；2014年6月—2016年6月
工作人员：张全民

考古发掘工作分两阶段进行。2007年4月至5月，在建设项目开工之前，首先在工地南部进行了一期发掘。共清理汉墓和隋唐墓葬30座，出土陶器、铜器、瓷器、玉石器等各类文物360多件。自2014年6月开始，至2016年6月，主要配合建设单位在建筑基槽内进行古墓发掘。共清理北朝隋唐墓葬39座，出土各类文物约450件。

特别是2014年6月至8月清理的唐李粲、李宽父子墓，取得了较大收获。李粲墓为长斜坡墓道3天井单室土洞壁画墓，平面呈“甲”字形，坐北朝南，方向180°。其结构由长斜坡墓道、天井、过洞、甬道、墓室组成。该墓虽经盗掘，出土器物仍较丰富，共计出土文物117件。据墓志记载：墓主人李粲，北海朱虚人，原姓内氏，因唐高祖与之有旧，以避世祖名，赐姓李氏。位至左监门大将军、上柱国、应国公，谥曰胡公。李宽墓位于李粲墓北侧偏东，为长斜坡墓道4天井单砖室墓，平面呈“甲”字形，方向185°。该墓由墓道、天井、过洞、壁龛、甬道、墓室组成。墓室内发现残存壁画，因盗扰及脱落，图案不清。 该墓第2、3和4天井两壁均带有小龛，其中第2天井东、西小龛内，发现保存完好的大量随葬品。据墓志记载：墓主人李宽为李粲之子，官至太常卿、上柱国、陇西郡公，仪凤三年（678年）迁葬于雍州乾封县高阳原。两墓的发掘对研究北朝至唐初历史、李氏家族变迁发展史具有很高的史料价值。墓中出土的戴虎头兜鍪甲骑具装俑、带榫双髻女俑头、驮物骆驼等为研究隋末唐初陶俑形制的发展、地域交流以及制作工艺的变化提供了重要的实物资料。

65
圣合家园

文物勘探

工作时间：2007年5月18日—6月1日
建设单位：陕西省圣合实业发展有限公司
项目性质：商业（房地产）
工作人员：王自力、邹亚军

位于长安区韦曲街办。南邻新华街，东邻广场北路，北邻韦曲北街。西南角坐标为：东经108°55′，北纬34°9′。用地范围呈长方形，用地面积70000.0平方米。地势平坦。

地层堆积2层。第①层：表土层，厚0.5米，土质坚硬，为碾压层，含现代建筑垃圾等物；第②层：沉积土层，深0.5—1.2米，厚0.7米，土质坚硬。第②层以下为古河沙层。

未发现古代文化遗存。

66
七一七一厂-3工程

文物勘探

工作时间：2007年6月15日—8月29日
建设单位：中国航天时代电子公司七一七一厂
项目性质：商业（厂房）
工作人员：孙武、崔荣

位于长安区韦曲街办。西安航天科技产业基地内，北邻韦大路，南邻韦曲东路。用地范围呈长方形，用地面积43329.0平方米。地势平坦。

地层堆积2层。第①层：表土层，厚0.5米，土色花杂，土质疏松；第②层：垆土层，厚0.3米，土色褐黑，土质纯净且较硬。第②层以下为生土。

发现古墓葬26座（汉墓10余座、隋唐墓10余座）。墓葬形制有竖穴墓道土洞墓12座，斜坡墓道土洞墓14座。墓向东北—西南向1座，坐北朝南25座。

考古发掘

工作时间：2008年1—8月
工作人员：杨军凯

发掘唐代时期古墓葬15座，出土器物126件。

67

西部慧谷集中供热工程（一期）

文物勘探

工作时间：2007年7月
建设单位：西安热电供热有限公司
项目性质：商业（供热站）
工作人员：倪志俊、郭稳定

位于长安区韦曲街办。航天科技产业园，西邻少陵路，南邻焦村，北邻韦曲东街。西南角坐标为：东经108°57′，北纬34°10′。用地范围近长方形，用地面积32000.0平方米。地势平坦。

地层堆积3层。第①层：表土层，厚0.3米，土色灰黄，土质疏松；第②层：扰土层，深0.3—0.6米，厚0.3米，土色黄灰，土质较疏松，含少量近代陶瓷残块等物；第③层：覆盖层，深0.6—0.8米，厚0.2米，土色黄褐，土质紧密。第③层以下为生土。

发现古墓葬59座（汉墓30余座、隋唐墓15座、其余时代不详）。墓葬形制有竖穴墓道土洞墓32座，竖穴土圹墓2座，斜坡墓道土洞墓25座。墓向坐北朝南54座，坐西朝东2座。

68

次干道D道路

文物勘探

工作时间：2007年8月5—25日
建设单位：西安高新区市政配套服务中心
项目性质：公共基础建设（道路）
工作人员：倪志俊、王纪元

位于长安区郭杜街办。西接经三十二路，东接西户路。西南角坐标为：东经108°49′，北纬34°10′。用地范围呈长条形，长300.0米，宽30.0米，用地面积9000.0平方米。地势平坦。

地层堆积3层。第①层：表土层，厚0.3米，土色黄灰，土质疏松，含砖瓦残块、植物根系等；第②层：扰土层，深0.3—0.6米，厚0.3米，土色黄灰，土质较疏松，含近现代瓷片等物；第③层：冲积层，厚1.5米，土色浅黄，土质较紧密。第③层以下为细沙层。

未发现古代文化遗存。

69

经三十二路

文物勘探

工作时间：2007年8月10—28日
建设单位：西安高新区市政配套服务中心
项目性质：公共基础建设（道路）
工作人员：倪志俊、王纪元

位于长安区郭杜街办。南接韦斗路，北接绕城高速绿化带。西南角坐标为：东经108°49′，北纬34°10′。用地范围呈长条形，长2400.0米，宽30.0米，用地面积7200.0平方米。地势平坦。

地层堆积3层。第①层：表土层，厚0.3米，土色黄灰，土质疏松，含砖瓦残块、植物根系等；第②层：扰土层，深0.3—0.7米，厚0.4米，土色黄灰，土质较疏松，含近现代瓷片等物；第③层：冲积层，厚0.5米，土色浅黄，土质较密实。第③层以下见细沙层。

未发现古代文化遗存。

70

纬十路

文物勘探

工作时间：2007年8月10—28日
建设单位：西安高新区市政配套服务中心
项目性质：公共基础建设（道路）
工作人员：倪志俊、王纪元

位于长安区郭杜街办。西接经三十二路，西

南角坐标为：东经108°49′，北纬34°10′。用地范围呈长条形，长1230.0米，宽30.0米，用地面积36900.0平方米。地势平坦。

地层堆积3层。第①层：表土层，厚0.3米，土色黄灰，土质疏松，含砖瓦残块、植物根系等；第②层：扰土层，深0.3—0.6米，厚0.3米，土色黄灰，土质较疏松，含近现代瓷片等物；第③层：覆盖层，厚1.5米，土色浅黄，土质较密实，含少量灰星、陶片等物。第③层以下为细沙层。

未发现古代文化遗存。

71

西部大道延伸段

文物勘探

工作时间：2007年8月10—28日
建设单位：西安高新区市政配套服务中心
项目性质：公共基础建设（道路）
工作人员：倪志俊、王纪元

位于长安区郭杜街办。东接西部大道，西接经三十二路。西南角坐标为：东经108°49′，北纬34°10′。用地范围呈长条形，长360.0米，宽60.0米，用地面积27600平方米。地势平坦。

地层堆积3层。第①层：表土层，厚0.3米，土色黄灰，土质疏松，含砖瓦残块、植物根系等；第②层：扰土层，深0.3—0.5米，厚0.2米，土色黄灰，土质较疏松，含近现代瓷片等物；第③层：覆盖层，厚0.4米，土色黄褐，土质较密实，含少量灰星、陶片等物。第③层以下为生土。

未发现古代文化遗存。

72

国中星城（林隐天下）

文物勘探

工作时间：2007年8月15日—2008年3月25日
建设单位：西安国中星城置业有限公司
项目性质：商业（房地产）
工作人员：倪志俊、王志浩

位于长安区郭杜街办。高新技术产业开发区工业园，北邻西部大道，东邻博士路。西南角坐标为：东经108°51′，北纬34°10′。用地范围呈长方形，东西长150.0米，南北宽130.0米，实际勘探面积19497.0平方米。地势较平坦。

地层堆积3层。第①层：表土层，厚0.5米，土色花杂，土质疏松，含大量砖瓦碎块等物；第②层：垆土层，深0.5—0.8米，厚0.3—0.4米，土质较紧密，结构均匀，内含少量砖瓦等物；第③层：汉唐文化层，深0.8—1.2米，厚0.4米，土色褐黄，内含少量汉唐时期砖瓦残块、草木灰星等物。第③层以下为生土。

发现古墓葬34座，古窑址2处。古墓葬形制有斜坡墓道土洞墓11座，竖穴墓道土洞墓23座。墓向南北向33座，东西向1座。

考古发掘

工作时间：2008年5—6月
工作人员：张全民

发掘唐代墓葬14座，出土器物4件。

73

经三十路

文物勘探

工作时间：2007年9月17日—10月3日
建设单位：西安高新区市政配套服务中心
项目性质：公共基础建设（道路）
工作人员：倪志俊、王纪元

位于长安区郭杜街办。东邻祝村，南邻韦斗路。西南角坐标为：东经108°49′，北纬34°10′。用地范围呈长条形，用地面积18000.0平方米。地势平坦。

地层堆积3层。第①层：表土层，厚0.5米，土色花杂，土质疏松，含砖瓦残块、植物根系等；第②层：扰土层，深0.5—0.8米，厚0.3米，土质密实；第③层：汉唐文化层，深0.8—1.2米，厚0.4米，土质较密实，含少量汉唐时期的砖瓦残块等物。第③层以下为生土。

未发现古代文化遗存。

74

西安航天科技产业基地标准厂房

文物勘探

工作时间：2007年11月5—20日
建设单位：西安航天科技产业基地开发建设有限公司
项目性质：商业（厂房）
工作人员：孙武

位于长安区韦曲街办。西安航天科技产业基地园区内，北邻韦鸣路（飞天路），东邻慧谷一路。西南角坐标为：东经108°59′，北纬34°9′。用地范围近长方形，用地面积130000.0平方米，地势平坦。

地层堆积3层。第①层：表土层，厚0.5米，土色褐黄，土质疏松；第②层：扰土层，深0.5—0.8米，厚0.3米，土质较密实，结构均匀，含近现代砖瓦残块；第③层：汉唐文化层，深0.8—1.2米，厚0.4米，土色褐黄，土质较疏松，含少量汉唐时期砖瓦残块等物。第③层以下为生土。

发现古墓葬14座（汉墓7座、唐墓4座、其余年代不详）。墓葬形制有斜坡墓道土洞墓5座，竖穴墓道土洞墓9座。墓向南北向6座，东西向4座，西北—东南向4座。

75

西安航天科技产业基地1500吨硅片项目

文物勘探

工作时间：2007年11月7日—12月2日
建设单位：西安航天基地置业有限责任公司
项目性质：商业（厂房）
工作人员：孙武

位于长安区韦曲街办。西安航天科技产业基地园区内，东邻神舟四路，北邻航天中路，西邻工业一路，南邻斯达天惠电脑公司。西南角坐标为：东经108°58′，北纬34°9′。用地范围呈长方形，用地面积67670.0平方米。地势较平坦。

地层堆积3层。第①层：表土层，厚0.3米，土色褐黄，土质疏松；第②层：扰土层，深0.3—0.6米，厚0.3米，土质较密实；第③层：汉唐文化层，深0.6—0.9米，厚0.3米，土色褐黄，含少量汉唐时期砖瓦残块等物。第③层以下为生土。

发现古墓葬14座。墓葬形制有竖穴墓道土洞墓9座，斜坡墓道土洞墓5座。墓向均坐北朝南（附图6）。

考古发掘

工作时间：2007年12月—2008年9月
工作人员：张全民、郭永淇

发掘十六国时期、宋元时期古墓葬12座，出土器物267件。M9规模较大，资料已整理公布，简述如下。

M9：斜坡墓道土洞墓，坐北朝南，由墓道、过洞、天井、甬道、墓室五部分组成。出土器物39件（组），其中，陶器34件（罐、灯、磨、灶、甑、盆、井、男女侍俑、乐俑、马、狗、鸡、猪等）；铜器3件（铺首、鐎斗、扣）；铁刀1件；石器1件。

（西安市文物保护考古研究院：《西安凤栖原十六国墓发掘简报》，《文博》2014年第1期）

76

西部大道（西沣公路—朱雀大街）

文物勘探

工作时间：2008年4—7月
建设单位：长安区建设局
项目性质：公共基础建设（道路）
工作人员：倪志俊、王纪元、王志浩

位于长安区郭杜街办。东起朱雀大街，西到西沣公路，接西部大道。西南角坐标为：东经108°53′，北纬34°10′。用地范围呈长条形，地势东高西低。

地层堆积3层。第①层：表土层，厚0.5米，土色花杂，土质疏松，含大量砖瓦碎片等物；第②层：扰土层，深0.5—0.8米，厚0.3米，土质较密实，含少量近代砖瓦等物；第③层：汉唐文化层，深0.8—1.2米，厚0.4米，土色褐黄，内含少量汉唐时期砖瓦残块等物。第③层以下为生土。

发现古墓葬162座（战国墓28座、秦汉墓60余座、唐墓40余座、其余年代不详）。墓葬形制有竖穴土圹墓28座，斜坡墓道土洞墓9座，竖穴墓道土洞墓125座。

77

太阳水岸新城

文物勘探

工作时间：2008年4月3—30日
建设单位：陕西太浩科技发展有限公司
项目性质：商业（房地产）
工作人员：李福建

位于长安区韦曲街办。水磨村东部，北邻广场西路，东邻西京路，南邻西安吉源集团。西南角坐标为：东经108°56′，北纬34°9′。用地范围呈长方形，东西长311.0米，南北宽217.0米，实际勘探面积61000.0平方米。地势平坦。

地层堆积3层。第①层：表土层，厚0.3米。土色黄褐，土质疏松；第②层：扰土层，深0.3—0.8米，厚0.5米，土色灰褐，土质较硬，内含砖瓦残片等物；第③层：垆土层，深0.8—1.0米，厚0.2米，土色黑褐，土质较硬。第③层以下为沙层。

发现古墓葬7座。墓葬形制均为竖穴墓道，墓向均坐北朝南。

考古发掘

工作时间：2008年4—5月
工作人员：张全民

发掘唐代古墓葬5座，出土器物4件。

78

樱花西苑

考古发掘

工作时间：2008年5月
建设单位：西安时佳置业有限责任公司
项目性质：商业（房地产）
工作人员：张全民

位于长安区郭杜街办。郭杜东街49号，南邻郭杜东街，东邻高阳四路，西北邻忆江南小区。西南角坐标为：东经108°52′，北纬34°9′。用地范围约呈长方形。

发掘唐代古墓葬7座，出土器物48件。

79

邮电学院长安新校区东区二期公寓楼

考古发掘

工作时间：2008年6月
建设单位：西安邮电大学
项目性质：公共基础建设（学校）
工作人员：王久刚、郭永淇

位于长安区韦曲街办。邮电学院长安新校区东区，西邻子午大道，北邻西长安街，东邻府东一路。西南角坐标为：东经108°54′，北纬34°9′。

发掘汉代墓葬15座，出土器物81件。

80

帝景山庄

文物勘探

工作时间：2008年6月9日—7月5日
建设单位：西安珠江荣华房地产有限公司
项目性质：商业（房地产）
工作人员：倪志俊、王纪元

位于长安区滦镇街办。滦镇南约500.0米处，西邻西万路，南邻关中环线，位于秦岭山脉北面山前斜坡地带。西南角坐标为：东经108°49′，北纬34°3′。用地范围呈长方形，实际勘探面积83333.33平方米。地势南高北低。

地层堆积3层。第①层：表土层，厚0.5米，土色花杂，土质疏松；第②层：冲积层，厚0.3—0.7米，土色花杂，土质较疏松，含少量沙石；第③层：黑土层，厚0.5—0.8米，土色黑灰，土质虚软。

未发现古代文化遗存。

文物勘探（补探）

工作时间：2010年3月9—29日
建设单位：西安珠江荣华房地产有限公司
项目性质：商业（房地产）
工作人员：倪志俊、王纪元

补探面积不详，地势南高北低。

地层堆积3层。第①层：表土层，厚0.5米。土色花杂，土质疏松；第②层：冲积层，厚0.3—0.7米，土色花杂，土质较疏松，含少量沙石；第③层：黑土层，厚0.5—0.8米，土色黑灰，土质虚软。

未发现古代文化遗存。

81

泰达公司厂房

文物勘探

工作时间：2008年6月16—20日
建设单位：西安泰达低温设备有限公司
项目性质：商业（厂房）
工作人员：倪志俊、王志浩

位于长安区韦曲街办。西安航天民用产业基地内，南邻东长安街，东邻神舟四路，北邻工业二路。西南角坐标为：东经108°58′，北纬34°9′。西安泰达低温设备航天基地项目的用地范围呈长方形，用地面积6700.0平方米。地势较平坦。

地层堆积3层。第①层：表土层，厚0.3米，土色花杂，土质疏松；第②层：扰土层，深0.3—0.8米，厚0.5米，含少量砖瓦等物；第③层：汉唐文化层，深0.8—1.2米，厚0.4米。土色褐黄，含少量草木灰星、汉唐时期碎瓦片等物。第③层以下为生土。

未发现古代文化遗存。

82

中石油西安物探研发基地

文物勘探

工作时间：2008年6月20—30日
建设单位：中石油东方地球物理勘探有限公司西安分公司
项目性质：商业（研发楼）
工作人员：张全民、张彬利

位于长安区郭杜街办。南邻锦业二路，东邻西万路。西南角坐标为：东经108°53′，北纬34°10′。用地范围呈长方形，用地面积44000.0平方米。地势较平坦。

地层堆积1层，厚0.3米，土色浅褐，土质疏松，含砖瓦碎片。此层以下为生土。

未发现古代文化遗存。

83

长安星园（长安馨苑）

文物勘探

工作时间：2008年7月29日—8月8日
建设单位：西安森特置业有限公司
项目性质：商业（房地产）
工作人员：吕斌、段新义

位于长安区郭杜街办。东邻文苑中路，南邻学府大道。西南角坐标为：东经108°52′，北纬34°8′。用地范围呈长方形，用地面积39000.0平方米。地势较平坦。

地层堆积3层。第①层：表土层，厚0.5米，土色花杂，含少量砖瓦块；第②层：扰土层，深0.5—1.0米，厚0.5米，土色深褐，土质结构较密实，含残陶片；第③层：垆土层，深1.0—1.3米，厚0.3米，土色浅黄，土质结构密实，含汉唐时期及早期陶片。第③层以下为生土。

发现古墓葬20座，古窑址2处。墓葬形制有斜坡墓道土洞墓11座，竖穴墓道土洞墓9座。墓向坐北朝南18座，坐南朝北2座。

考古发掘

工作时间：2008年9月
工作人员：张小丽、辛龙

发掘汉唐墓葬11座，出土器物67件。

84

省国防科工委、省核工业地质局住宅楼

文物勘探

工作时间：2008年8月10—17日
建设单位：陕西省国防科工委
项目性质：商业（住宅楼）
工作人员：倪志俊、李乖成

位于长安区韦曲街办。西安航天民用产业基地内，南邻航开路。西南角坐标为：东经108°58′，北纬34°10′。用地范围呈长方形。

地层堆积2层。第①层：表土层，厚0.3米，土色灰黄，土质疏松，内含近现代砖瓦等物；第②层：扰土层，厚0.6米，土色灰黄，土质较硬，内含少量瓦砾及砖瓦块等物。第②层以下为生土。

发现汉唐时期古墓葬6座（汉墓5座、唐墓1座）。墓葬形制有斜坡墓道砖室墓1座，竖穴墓道土洞墓5座。墓向坐西朝东1座，坐东南朝西北1座，坐南朝北4座。

85

恒达公司厂房

文物勘探

工作时间：2008年8月21—28日
建设单位：西安恒达微波技术开发公司
项目性质：商业（厂房）
工作人员：倪志俊、王志浩

位于长安区韦曲街办。西安航天民用产业基地内，东邻神舟四路，南邻飞天路，西邻神舟三路。西南角坐标为：东经108°58′，北纬34°10′。恒达微波技术生产项目的用地范围呈长方形，用地面积10733.3平方米。地势较平坦。

地层堆积3层。第①层：表土层，厚0.5米，土色花杂，土质疏松；第②层：扰土层，深0.5—0.8米，厚0.3米，土色褐黄，土质结构较密实；第③层：汉唐文化层，深0.8—1.2米，厚0.4米，土色褐黄，内含少量汉唐时期砖瓦残块及草木灰星等物。第③层以下为生土。

未发现古代文化遗存。

86

云天会所

文物勘探

工作时间：2008年11月12—17日
建设单位：西安恒丰泰投资有限公司
项目性质：商业（房地产）
工作人员：孙武、崔荣

位于长安区韦曲街办。西安航天民用产业基地内，北邻航天路，东邻神舟三路。西南角坐标为：东经108°58′，北纬34°10′。用地范围呈刀形，用地面积14000.0平方米。地势平坦。

地层堆积1层。表土层，厚0.8米，土色花杂，土质坚硬，为机压土层。此层以下为生土。

未发现古代文化遗存。

87

一汽奥迪4S店

文物勘探

工作时间：2008年11月12—20日
建设单位：陕西庞大乐业汽车销售有限公司
项目性质：商业（汽车销售）
工作人员：倪志俊、李乖成

位于长安区韦曲街办。西安航天民用产业基地内，南邻东长安街，东邻神舟三路，北邻工业

二路。西南角坐标为：东经108°58′，北纬34°9′。用地范围呈长方形，用地面积11726.0平方米。地势平坦。

地层堆积2层。第①层：表土层，厚0.3米，土色灰黄，土质疏松；第②层：垆土层，土色黑褐，土质较硬。第②层以下为生土。

发现古墓葬19座。墓葬形制有竖穴墓道土洞墓14座，斜坡墓道土洞墓5座。墓向有坐北朝南18座，坐西朝东1座。

考古发掘

工作时间：2008年12月
工作人员：张全民

配合陕西庞大乐业一汽奥迪4S店工地的建设，共发掘古墓葬5座，时代为汉、隋、宋，出土文物约40件。

88
碑林区看守所

文物勘探

工作时间：2008年12月2—9日
建设单位：西安市公安局碑林分局
项目性质：公共基础建设（看守所）
工作人员：倪志俊、李乖成

位于长安区杜曲街办新村。西南角坐标为：东经109°0′，北纬34°6′。用地范围呈长方形，用地面积33300.0平方米。地势平坦。

地层堆积2层。第①层：表土层，厚0.8米，土色灰黄，土质疏松；第②层：冲积层，厚2.5米，土色灰黄，土质较硬。第②层以下为生土。

未发现古代文化遗存。

89
宏庐混凝土公司厂房

文物勘探

工作时间：2009年1月8—9日
建设单位：陕西宏庐混凝土有限责任公司
项目性质：商业（厂房）
工作人员：倪志俊、邹亚军

位于长安区斗门街办。落水村108国道旁，原厂区向西北迁移改造。西南角坐标为：东经108°46′，北纬34°14′。用地范围呈长方形，南北长60.0米，东西宽42.0米，实际勘探面积2500.0平方米。地势平坦。

地层堆积3层。第①层：表土层，厚0.5米，土色花杂，土质较疏松；第②层：冲积层，深0.5—1.8米，厚1.3米，土色淡黄，土质纯净，层次分明；第③层：粗沙层，深1.8米以下见，黄色粗沙（探铲无法提取）。

未发现古代文化遗存。

90
创业孵化集群（北区）

文物勘探

工作时间：2009年2月23—25日
建设单位：西安航天基地置业有限公司
项目性质：商业（房地产）
工作人员：倪志俊、李乖成

位于长安区韦曲街办。西安航天民用产业基地内，航拓路南，神舟四路西。西南角坐标为：东经108°58′，北纬34°10′。用地范围呈长方形，实际勘探面积12545.0平方米。地势平坦。

地层堆积2层。第①层：表土层，厚0.3米，土色灰黄，土质疏松；第②层：扰土层，厚1.1米，土色灰褐，土质较硬。第②层以下为生土。

发现隋唐时期古墓葬1座，斜坡墓道土洞墓，坐北朝南。

考古发掘

工作时间：2009年3—4月
工作人员：张全民、郭永淇

发掘隋代墓葬1座，出土器物107件，资料已整理公布，简述如下。

M1：斜坡墓道土洞壁画墓，坐北朝南，由墓道、天井、过洞、甬道、墓室五部分组成。过洞及甬道东西局部有壁画，墓室壁画脱落严重，仅能隐约看到黑色、橘色边框，壁画内容不详。出土器物107件，主要是彩绘陶俑，个别贴金，种类多样（镇墓兽、武士俑、骑马男俑、侍立俑、劳作俑、马、骆驼、羊、鸡、狗、子母猪、猪、仓、房、磨、碓、灶、罐、瓶等）；青石墓志一合，墓主人薛氏为魏左光禄大夫、散骑常侍、开府仪同三司、平原侯长孙公之妻，受封周城郡君。隋仁寿三年（603年）下葬。

（西安市文物保护考古所：《西安市凤栖原隋薛氏墓》，《中国考古学年鉴·2010》，文物出版社，2011年）

91

陕西省核工业地质调查院

文物勘探

工作时间：2009年3月

建设单位：陕西省核工业地质局

项目性质：公共基础建设（科研楼）

工作人员：倪志俊

位于长安区韦曲街办。西安航天民用产业基地内，东邻神舟三路，北邻航天大道，属于西安市南郊汉唐墓葬区内。西南角坐标为：东经108°58′，北纬34°10′。用地范围呈不规则方形，实际勘探面积28000.0平方米。地势较平坦。

地层堆积3层。第①层：表土层，厚0.5米，土色花杂，土质疏松；第②层：扰土层，厚0.3—0.4米，土色较密实，结构均匀，内含少量砖瓦等物；第③层：汉唐文化层，深0.8—1.2米，厚0.4米，土色褐黄，内含少量汉唐时期砖瓦残块、残器等。第③层以下为生土。

发现古墓葬4座。墓葬形制有竖穴墓道土洞墓3座，斜坡墓道土洞墓1座。墓向有东西向2座，南北向1座，东南向1座。

考古发掘

工作时间：2009年4月24日—5月4日

工作人员：杨军凯、郭永淇

发掘唐代墓葬4座，出土器物16件。陕西核工业地质调查院考古工地位于西安航天民用产业基地内。北邻航天大道，东邻神舟三路，南邻航天发动机厂（7103），西邻神舟二路，地处少陵原古墓葬分布区，汉代至唐代墓葬分布较为集中。共发掘古墓葬4座，出土文物10余件，主要为唐代三彩盘、三彩碗、陶俑、陶盂、陶壶、陶罐等。

本次发掘由于墓葬多被盗掘，故出土文物较少。但M1出土的唐代三彩器却保存完好，反映了唐代民间三彩的制作工艺和发展水平，为我们研究唐代三彩文化提供了一定的参考资料。

92

LED半导体照明标准厂房

文物勘探

工作时间：2009年4月27日—5月1日

建设单位：西安航天民用产业基地投资有限公司

项目性质：商业（厂房）

工作人员：倪志俊、李乖成

位于长安区韦曲街办。西安航天民用产业基地内，南邻韩家湾村，西邻神舟六路。西南角坐标为：东经108°59′，北纬34°9′。用地范围呈长方形，实际勘探面积36465.0平方米。地势平坦。

地层堆积2层。第①层：表土层，厚0.3米，土色灰黄色，土质疏松；第②层：扰土层，厚3.7米，土色灰褐，土质较硬。第②层以下为生土。

发现古窑址7处。

考古发掘

工作时间：2009年7月9—30日

工作人员：郭永淇

发掘清代时期古窑址7处，无出土器物。该工地位于西安航天民用产业基地韩家湾村南岭，南依土原，北邻韦鸣公路。

本次发掘清理的7处陶窑，均为方形砖瓦窑，其结构由窑室、烟道、火道、火门、火膛、窑箅、工作间等部分组成。

窑室，平面呈方形，顶部均残，四壁平整坚硬，底部或中部一周设有通风带。烟道，设在窑室正前方底部直通至顶部，烟道平面呈圆形或长方形，上部均残。每座陶窑均设有三个烟道。火道，长方形拱顶，在火门的一端，与火门同高。火门，均为拱形顶且多被火烤变形，Y6及Y7为砖拱，其余均为土拱。火膛，低于窑室底50—80厘米，平面呈长方形。窑箅，设于火膛内，大部分被人为破坏，仅Y6和Y7残存，且用砖支架而成，或竖排或横排分布，便于通风和漏灰。工作间，都为开放式，位于火门、火道之外向周边扩展，仅Y6和Y7共用一个工作间，且为狭长形通道。

本次发掘出土遗物甚少，多为砖、瓦当和屋脊残块。根据出土遗物及陶窑结构判断该处窑址大约建于晚清民国时期。

93

联强公司厂房

文物勘探

工作时间：2009年5月
建设单位：联强国际（中国）投资有限公司
项目性质：商业（厂房）
工作人员：倪志俊、段随毛

位于长安区韦曲街办。西安航天民用产业基地内，西邻神舟三路，南邻飞天路。西南角坐标为：东经108°58′，北纬34°10′。联强国际（西安）计算机软硬件研发及配套服务中心项目，用地范围呈长方形，实际勘探面积23400.0平方米。地势较平坦。

地层堆积2层。第①层：表土层，由东到西原地面以下3.0—5.0米以上为回填土，土色花杂，土质疏松，含有少量的现代砖瓦片等物；第②层：扰土层，土质较密实，结构均匀。第②层以下为生土。

未发现古代文化遗存。

94

东长安街（南福）

文物勘探

工作时间：2009年5月4—20日
建设单位：西安航天民用产业基地投资公司
项目性质：公共基础建设（道路）
工作人员：倪志俊、李乖成

位于长安区韦曲街办。西安航天民用产业基地内，该路段长400.0米，宽60.0米（K0+280—K0+680）。用地范围呈长条形，实际勘探面积24000.0平方米。地势平坦。

地层堆积2层。第①层：表土层，厚0.3米，土色灰黄，土质疏松；第②层：扰土层，厚0.9米，土色灰黄，土质较硬。第②层以下为生土。

发现古墓葬6座。墓葬形制有竖穴墓道土洞墓3座，斜坡墓道土洞墓3座。墓向坐北朝南4座，坐西朝东1座，坐南朝北1座。

考古发掘

工作时间：2009年6月15—20日
工作人员：杨军凯、郭永淇

发掘唐代墓葬2座，无出土器物。

M1：斜坡墓道土洞墓。墓道长5.9米，南宽1.06米，北宽0.6米；墓室长2.8米，北宽1.9米，南宽1.6米。因盗扰未发现任何随葬品。时代为唐代。

M2：竖穴墓道土洞墓。墓道残长1.8米，宽1.1米；墓室长2.6米，宽2.5米。因该墓曾被盗掘，仅出土残砖志一块，字迹漫漶，内容不详。另采集瓷碗残片1件。时代为唐代。

95

西安602#推力室综合制造厂房

文物勘探

工作时间：2009年6月7—9日
建设单位：西安市航天发动机厂
项目性质：商业（厂房）
工作人员：张全民、张彬利

位于长安区韦曲街办。西安航天民用产业基地内，东邻神舟三路，南邻飞天路。西南角坐标为：东经108°58′，北纬34°10′。用地范围呈长方形，实际勘探面积9170.0平方米。地势平坦。

地层堆积3层。第①层：表土层，厚0.3米，土色灰褐，土质较疏松；第②层：扰土层，厚0.9米，土色灰褐，土质较硬且纯净；第③层：垆土层，厚0.9—2.2米，土色黑褐，土质僵硬较纯净。第③层以下为生土。

未发现古代文化遗存。

96

恒诺公司厂房

文物勘探

工作时间：2009年7月

建设单位：陕西恒诺机电有限公司

项目性质：商业（厂房）

工作人员：倪志俊

位于长安区郭杜街办。经三十路与西部大道交汇处，西邻经三十路，北邻西部大道。西南角坐标为：东经108°50′，北纬34°10′。恒诺机电高新生产基地项目，用地范围呈长方形，实际勘探面积7500.0平方米。地势平坦。

地层堆积2层。第①层：表土层，厚0.3米，土色灰褐色，土质疏松，含近代砖瓦碎片等物；第②层：扰土层，厚2.5米，土色灰褐色，土质较硬。第②层以下为生土。

未发现古代文化遗存。

97

西部大道至太平峪口一级公路

文物勘探

工作时间：2009年7月2日—2010年6月2日

建设单位：西安市交通工程管理处

项目性质：公共基础建设（道路）

工作人员：倪志俊、李乖成

该起点位于西高新区，路线穿过长安区、户县两区县，其中长安区境内16.92千米，户县境内4.707千米。起点为西安高新技术产业开发区纬十六路与比亚迪大道丁字交叉路口。西南角坐标为：东经108°48′，北纬34°10′。路线向西南延伸，经羊村、小仁村、羊元村、东甘河村、堰渡、张王村，路线在K6+000—K8+100处以6.0—20.0米跨越洨河。K8+150处离开规划中的长安通讯产业园向西南方向延伸，经过北元村、晓阳村、龙王村、北张堡村，路线在K12+873处跨进沣河，路线继续向西经过秦镇、郭村、大良村、南坡村、宋村，K19+800处与户县南北九号路相连，路线南折，沿户县南北九号路向南与东西八号路相交，路线终点为户县南北九号路与东西八号路十字交叉口处，路线终点至环山路段为草堂产业基地正在实施的。终点桩号为K21+441.38，支线起点为主线桩号K10+398.646沿途经过胡家村、袁家村、小留堡等村子，路线终点与环山路丁字交叉口处，桩号为K5+092.359，路线均为长安境内。西部大道至太平峪口一级公路新建工程路线全长26.719千米，其中主线长度21.627千米，支线长度5.092千米。

本路段占地2058.77亩，路线所处地形有河谷河漫滩、冲积平原及山前洪积平原，地势较平坦，部分路段处于史前遗址分布区、汉唐墓葬分布区等范围内。勘探总里程26.845千米。

经过对该用地范围内的全面勘探，基本了解了每个路段的地层堆积，现分段叙述如下。

K0—K0+350为羊村拆迁区，地层堆积2层。第①层：表土层，厚0.5米，土色花杂，土质疏松，含大量砖瓦等建筑垃圾；第②层：扰土层，厚0.5米，土色褐黄，土质较疏松，含少量植物根系、灰星瓦片等物。第②层以下为生土。

K0+350—K0+720为砖厂，地表有砖瓦、炉渣等物。

K0+750为韦斗路，路面为柏油路面。

K1+50以北为堆土，高度1.5—3.5米。

K1+500—K2+000为大仁村拆迁区，地层堆积3层。第①层：表土层，厚0.5米，土色花杂，土质疏松，含大量建筑垃圾等物；第②层：扰土层，深0.5—1.0米，厚0.5米，土色褐黄，土质较疏松，含少量植物根系、灰星瓦片等物；第③层：古河床冲积土层，深1.0米以下见，土色浅黄，土质紧密，内含少量植物根系。

K2+800—K2+900为砖厂取土坑，深3.0—6.0米。

K2+900—K4+200为农耕地，地层堆积2层。第①层：表土层，厚0.3米，土色花杂，土质疏松，含大量建筑垃圾；第②层：扰土层，厚0.5米，土色褐黄，土质较疏松，含少量植物根系、灰星瓦片等物。第②层以下为生土。

K4+200—K5+400，地层堆积2层。第①层：表土层，厚0.8米；第②层：垆土层，厚0.4米。第②层以下为生土。

K8+50，洨河通过。

K8+000—K12+130为农耕地，地层堆积2层。第①层：表土层，厚0.3米，土色花杂，土质疏松，含大量建筑垃圾；第②层：扰土层，厚0.5米，土色褐黄，土质较疏松，含少量植物根系、灰星瓦片等物。第②层以下为生土。

K9+775—K10+200，有遗迹现象18处，其中古墓葬3座，近代墓15座。

K12+130—K12+180，取土坑，深3.0—5.0米。

K12+180—K12+310，有扰坑，含有陶瓷片。

K12+310—K12+800，沣河河漫滩。

K12+800—K13+700，沣河河漫滩。

K13+700—K14+150，太平河河道。

K14+150—K14+500，农耕地，深1.2—2.5米以下见沙层。

K14+500—K14+630，长安区东大乡秦镇村农耕地，有遗迹现象21处，其中古墓葬1座。

K14+500—K14+720，农耕地，地层堆积2层。第①层：表土层，厚0.3米，土色花杂，土质疏松，含大量建筑垃圾；第②层：扰土层，厚0.8米，土色褐黄，土质较疏松，含少量植物根系、灰星瓦片等物。第②层以下为生土。

K14+720—K14+900，取沙坑，深3.0—5.0米。

K14+900—K15+180，取土坑，深3.0—6.0米。

K15+180—K17+100，农耕地，深0.6—1.5米以下见沙。

K17+100—K21+569.886，农耕地，地层堆积3层。第①层：表土层，厚0.3米，土色花杂，土质疏松，含大量建筑垃圾；第②层：扰土层，深0.3—0.6米，厚0.3米，土色褐黄，土质较疏松，含少量植物根系、灰星瓦片等物；第③层：淤泥土层，深0.6米以下见，土色褐黄，土质紧密，含水量大，黏度大。

发现汉墓4座。墓葬形制有斜坡墓道砖室墓1座，竖穴墓道洞室墓3座。墓向坐东北朝西南1座，坐南朝北2座，坐北朝南1座。史前遗址1处。

考古发掘

工作时间：2009年9月—2010年5月
工作人员：张小丽、翟霖林

位于长安区五星街办。北张堡村西、北部，沣河东岸约200米的台地上。

发掘古遗址900平方米，出土器物600件。发掘仰韶文化中晚期、龙山文化晚期及西周时期灰坑105座，壕沟一段，春秋晚期墓葬7座。

仰韶文化中晚期遗迹主要为灰坑22座，灰坑形制有圆形袋状、圆形锅底状、椭圆形锅底状等。遗物主要为陶器残片，以红陶为最多，灰陶次之。常见器类有铁轨式口沿罐等。石器均为磨制，主要器类有石刀、石杵等。骨器有骨锥、骨针、骨镞和骨笄等。

龙山文化晚期遗迹主要为灰坑70座，灰坑形制以圆形袋状为主。遗物主要为陶器残片，陶质有夹砂和泥质两种，器形有鬲、斝、无耳罐、双耳罐、折肩罐、豆、敛口瓮等。

春秋晚期墓葬7座，形制均为竖穴土圹，底部均有二层台，葬俗有单人葬与双人葬两种，葬式均为仰身屈肢。随葬器物以仿铜陶礼器为主。

98

航天中路东延伸段

文物勘探

工作时间：2009年7月16—20日
建设单位：西安市航天民用产业基地
项目性质：公共基础建设（道路）
工作人员：倪志俊、李乖成

位于长安区韦曲街办。西安航天民用产业基地内，西南角坐标为：东经108°58′，北纬34°9′。

用地面积呈长条形，该路段长210.0米，宽40.0米，实际勘探面积8400.0平方米。地势平坦。

地层堆积2层。第①层：表土层，厚0.3米，土色灰黄，土质疏松，内含近现代砖瓦片等物；第②层：扰土层，厚0.9米，土色灰褐，土质较硬。第②层以下为生土。

发现古墓葬22座。墓葬形制有斜坡墓道土洞墓3座，竖穴土圹墓2座，竖穴墓道土洞墓17座。墓向坐北朝南13座，坐西向东3座，坐南朝北3座，坐东北朝西南1座。

考古发掘

工作时间：2009年9—11月
工作人员：张全民、郭永淇

发掘汉、南北朝、隋唐、宋时期古墓葬12座，出土器物148件。其中M1主人为隋代柴恽，简述如下。

M1：斜坡墓道土洞壁画墓，坐北朝南，由墓道、天井、过洞、甬道、前室、后室六部分组成。过洞前方墓道两壁上，原各绘一幅壁画，已模糊不清；前室四壁涂有白灰，分栏绘制壁画，依稀可辨为侍立女子形象，体态清瘦。出土器物81件，主要是陶器/俑（镇墓兽、武士俑、风帽俑、小冠俑、笼冠俑、骑马鼓吹仪仗俑、女侍俑、执箕俑、踏碓俑、骆驼、马、鸡、猪、灶、井、碓、碗）；白瓷碗、白瓷瓶；青石墓志，墓主柴恽为开府仪同三司、东宫右武卫副率、平原公，葬于隋大业二年（606年）十二月二十九日。

（西安市文物保护考古所：《西安市凤栖原隋柴恽墓》，《中国考古学年鉴·2010》，文物出版社，2011年）

99

陕西四方汽车4S店

文物勘探

工作时间：2009年7月20—23日
建设单位：陕西四方汽车贸易有限公司
项目性质：商业（汽车销售）
工作人员：倪志俊、李乖成

位于长安区郭杜街办。科技园西部大道82号，北邻西部大道，西邻西太路。西南角坐标为：东经108°51′，北纬34°10′。用地范围呈长方形，实际勘探面积8220.0平方米。地势平坦。

地层堆积2层。第①层：表土层，厚0.3米，土色灰褐，土质疏松，含近代砖瓦碎片等物；第②层：扰土层，厚2.5米，土色灰褐，土质较硬。第②层以下为生土。

未发现古代文化遗存。

100

大屏幕LED数字视频生产基地

文物勘探

工作时间：2009年7月20日—8月5日
建设单位：西安青松科技股份有限公司
项目性质：商业（生产基地）
工作人员：倪志俊、王纪元

位于长安区郭杜街办。东邻经三十路，北邻纬十四路。西南角坐标为：东经108°49′，北纬34°10′。用地范围呈长方形，实际勘探面积12000.0平方米。地势较平坦。

地层堆积2层。第①层：表土层，厚0.3米，土色黄灰，土质疏松，含近代砖瓦碎片等物；第②层：扰土层，厚0.5米，土色黄褐色，土质较疏松。第②层以下为生土。

未发现古代文化遗存。

101

东长安街石椁墓

考古发掘

工作时间：2009年8—9月
建设单位：不详
项目性质：公共基础建设（道路）
工作人员：张小丽、郭永淇

位于长安区韦曲街办。西兆余村北，东长

安街以南。西南角坐标为：东经108°58′，北纬34°9′。

发掘唐代石椁墓1座，出土器物84件。

102

绿洲半岛

文物勘探

工作时间：2009年8月2日—9月2日
建设单位：西安增源房地产开发有限公司
项目性质：商业（房地产）
工作人员：倪志俊、王纪元

位于长安区韦曲街办。西安航天民用产业基地内，北邻航开路，东邻神舟四路，南邻航拓路，西邻神舟三路。西南角坐标为：东经108°58′，北纬34°10′。用地范围呈长方形，实际勘探面积125000.0平方米。地势较平坦。

地层堆积3层。第①层：表土层，厚0.3米，土色黄灰，土质疏松；第②层：扰土层，厚0.5米，土色黄灰，土质较疏松；第③层：覆盖层，深0.6—0.8米，厚0.3—0.6米，土色褐黄，土质紧密，内含少量灰星、白钙丝等物。第③层以下为生土。

发现古墓葬40座。墓葬形制有竖穴墓道土洞墓24座，斜坡墓道土洞墓10座，斜坡墓道砖室墓2座，竖穴土圹墓1座。墓向坐南朝北1座，坐北朝南26座，坐西朝东9座，坐西北朝东南3座。

考古发掘

工作时间：2010年03月13—30日
工作人员：张全民、郭永淇

发掘汉代至明代时期古墓葬21座。其中汉墓11座，隋墓1座，唐墓2座，明墓5座，时代不详的2座。出土文物148件，其中陶器126件，有陶罐、陶壶、陶杯、陶鸡、陶狗等；银饰1件；瓷器1件；铜器20件，包括铜镜、铜环、铜钱等。

103

大峪供水航天进水管道项目

文物勘探

工作时间：2009年8月9—19日
建设单位：西安市大峪供水和石砭峪复线工程建设管理处
项目性质：公共基础建设（道路）
工作人员：倪志俊、李志军

位于长安区大兆街办、韦曲街办。由东至西途经大兆乡东营村、中兆村、二府井村、小井村、新寨子等，全线总长3.6千米，部分工程是沿原旧水渠基础进行修建的。西南角坐标为：东经109°2′，北纬34°8′。实际勘探面积16425.0平方米。

地层堆积2层。第①层：表土层，厚0.5米，土色灰褐，土质疏松，含少量砖、炭渣等物；第②层：扰土层，厚1.0米，土色红褐，土质较硬。第②层以下为生土。

未发现古代文化遗存。

104

长安121项目（天赐颐府）

文物勘探

工作时间：2009年9月
建设单位：西安市航天民用产业基地
项目性质：商业（产业园）
工作人员：倪志俊、李乖成

位于长安区韦曲街办。西安航天民用产业基地内，西邻神舟三路，南邻航拓路。西南角坐标为：东经108°58′，北纬34°10′。用地范围呈长方形，实际勘探面积80667.0平方米。地势较平坦。

地层堆积3层。第①层：表土层，厚0.3米，含大量植物根系及现代陶瓷残片等物；第②层：扰土层，深0.3—0.8米，厚0.5米，土质较密实，内含近代陶瓷残片等物；第③层：汉唐文化层，深0.8—1.2米，厚0.4米，土色褐黄，内含少量汉唐时期砖瓦残块及草木灰星等物。第③层以下为生土。

发现古墓葬25座。墓葬形制有斜坡墓道土洞墓1座，斜坡墓道砖室墓1座，竖穴墓道土洞墓23座。墓向坐北朝南8座，坐西北朝东南2座，坐西朝东1座，坐南朝北4座，坐东南朝西北7座，坐东北朝西南1座。

考古发掘

工作时间：2009年12月—2010年1月
工作人员：张全民、郭永淇

发掘墓葬共12座，其中汉墓1座，南北朝墓1座，唐墓6座，明墓2座。出土文物80余件。在北朝墓M12的墓室中，出土大量鼓吹骑马俑、甲骑具装俑等，对研究北朝丧葬习俗提供了重要的实物资料。

105

产业园建设A区

文物勘探

工作时间：2009年9月8日—10月9日
建设单位：中国空间技术研究院西安分院
项目性质：商业（产业园）
工作人员：倪志俊

位于长安区韦曲街办。西安航天民用产业基地内，北邻韦鸣路，东邻韩家湾村。西南角坐标为：东经108°55′，北纬34°9′。用地范围呈长方形，实际勘探面积220000.0平方米。地势东南高、西北低。

地层堆积2层。第①层：表土层，厚0.3米，土色灰褐，土质疏松；第②层：扰土层，厚0.8米，土色灰褐，土质较硬，内含古代砖瓦块等物。第②层以下为生土。

发现古墓葬8座（汉墓3座，唐墓2座，其余年代不详）。墓葬形制有竖穴墓道土洞墓3座，斜坡墓道土洞墓5座。墓向南北向7座，东南—西北向1座。

106

华商传媒产业基地

文物勘探

工作时间：2009年9月20日—11月28日
建设单位：西安市郭杜教育科技产业开发区管委会
项目性质：商业（产业基地）
工作人员：张全民、段新义

位于长安区郭杜街办。郭南村以南，南邻学府大道，北邻兴业二路，西邻翰林北路。西南角坐标为：东经108°52′，北纬34°9′。用地范围呈方形，实际勘探面积27000.0平方米。地势平坦。

地层堆积3层。第①层：表土层，厚0.4米，土色花杂，土质疏松；第②层：扰土层，厚0.4米，土色黄褐，土质疏松，含砖瓦等物；第③层：汉唐文化层，深0.8—1.2米，结构紧密，土色深褐，内含零星绳纹碎片等物。第③层以下为生土。

发现古墓葬97座。墓葬形制为土洞墓82座，砖室墓1座，竖穴土圹墓1座。墓向南北向39座，东西向24座，东北—西南向5座，西北—东南向9座。

考古发掘

工作时间：2010年2—5月
工作人员：张全民

发掘唐代墓葬37座，出土器物417件。

107

摩比公司二期厂房

文物勘探

工作时间：2009年9月20日—10月2日
建设单位：摩比科技（西安）有限公司
项目性质：商业（厂房）
工作人员：倪志俊

位于长安区郭杜街办。东邻硕士路6号，北邻规划路（锦业四路）。西南角坐标为：东经

108°51′，北纬34°10′。用地范围呈长方形，实际勘探面积9000.0平方米。地势平坦。

地层堆积2层。第①层：扰土层，厚0.5米，土色灰黄，土质疏松，内含少量近代陶瓷残片等物；第②层：覆盖层，厚0.6—0.8米，土色黄褐，土质较疏松，内含少量的白钙丝、灰星等物。第②层以下为生土。

未发现古代文化遗存。

108

阿房宫遗址环境整治

文物勘探

工作时间：2009年9月22日—10月20日
建设单位：西安市秦阿房宫遗址保护所
项目性质：主动调查、勘探和发掘（遗址保护）
工作人员：倪志俊、徐西平

位于长安区王寺街办。西邻大古城村，北邻小古城村，为阿房宫前殿遗址的西南边缘区域。西南角坐标为：东经108°49′，北纬34°16′。属阿房宫遗址重点保护区，用地面积49520.0平方米，实际勘探面积25600.0平方米。地势平坦。

A区地层堆积5层。第①层：表土层，厚0.3米，土色灰褐，土质疏松，内含植物根系等物；第②层：扰土层，厚0.4米，土色灰褐，土质较硬，内含古代瓦片等物；第③层：五花夯土层，深1.5米，每层夯土厚6.0—8.9厘米，土质坚硬；第④层：深6.0—7.3米，有一层特薄的淤土层，厚3.0—5.0厘米，夹在夯土之中，细密而坚实；第⑤层：五花夯土层，深6.3—7.8米，厚1.4—2.1米，每层厚6.0—8.0厘米，土质坚硬。第⑤层以下为生土。

B区地层堆积3层。第①层：表土层，厚0.15—0.3米，为表面夯土破坏后，自然形成的杂土层，土质较坚硬；第②层：五花夯土层，深0.15—3.3米，厚3.0米，夯层厚6.0—8.0厘米，土质坚硬；第③层：沙土层，深3.3米见，厚1.8—2.2米，属中粗沙层。第③层以下为生土。

C区地层堆积2层。第①层：表土层，厚0.3—0.6米，为表面夯土破坏后，自然形成的杂土层，土质较坚硬；第②层：五花夯土层，厚1.4—1.7米，夯层厚6.0—8.0厘米，土质坚硬。第②层以下为生土。

D区地层堆积1层。表土层，厚0.6米，土色灰褐，土质疏松，内含植物根系等物。此层以下为生土。

通过本次勘探再次明确了前殿夯土台基原埋入地下的西部、南部边界，探清了现存夯土台基西侧断崖中部大沙坑、夯土台基西南部的地层结构。再次验证阿房宫前殿夯土台基是利用了龙首原向西南延伸的自然地势，在夯土台及西南部地势较高，在其上直接加工夯筑而起，北部地势较低，人工夯筑部分工程量极大，夯土也厚。

109

第五〇四研究所

考古发掘

工作时间：2009年10月
建设单位：第五〇四研究所
项目性质：公共基础建设（科研楼）
工作人员：张小丽

位于长安区韦曲街办，韩家湾村南。

发掘汉唐时期古墓葬5座，出土器物81件。

110

西部3S空间信息产业化基地

文物勘探

工作时间：2009年10月14—19日
建设单位：中国煤炭地质总局航测遥感局
项目性质：商业（产业基地）
工作人员：倪志俊、李乖成

位于长安区韦曲街办。西安航天民用产业基地内，东邻神舟四路，南邻航飞路，西邻神舟三路。西南角坐标为：东经108°58′，北纬34°10′。用地范围呈长方形，实际勘探面积31387.5平方米。地势平坦。

地层堆积2层。第①层：表土层，厚0.3米，

土色灰黄，土质疏松，内含近代砖瓦等物；第②层：扰土层，厚0.9米，土色灰褐，土质较硬。第②层以下为生土。

发现古墓葬1座，墓葬形制为斜坡墓道土洞墓，墓向坐北朝南。

考古发掘

工作时间：2009年10月
工作人员：张全民、郭永淇

发掘墓葬一座，编号M1，形制为长斜坡墓道带两个天井的双室土洞墓，坐北朝南，方向179°，由墓道、过洞、天井、甬道和墓室组成。限于条件，墓道和天井仅进行了局部清理。M1出土器物130件（组），可分为陶俑、模型明器和日用器物，质地皆为泥质灰陶，火候较高。陶俑制作较精细，彩绘保存较好。

（西安市文物保护考古所：《西安韦曲高望堆北朝墓发掘简报》，《文物》2010年第9期；西安市文物保护考古所：《西安市凤栖原北朝墓》，《中国考古学年鉴·2010》，文物出版社，2011年）

111
金桥·紫禁长安（高速·紫禁长安）

文物勘探

工作时间：2009年11月4—30日
建设单位：陕西鸿业房地产开发公司
项目性质：商业（房地产）
工作人员：倪志俊

位于长安区韦曲街办。西安航天民用产业基地内，南邻韦鸣路，西邻神舟四路，北邻航拓路。西南角坐标为：东经108°59′，北纬34°10′。用地范围呈长方形，实际勘探面积126667.0平方米。地势平坦。

地层堆积3层。第①层：表土层，厚0.4米，土色花杂，土质疏松，内含大量植物根系及近现代砖瓦碎块等物；第②层：扰土层，深0.4—0.8米，厚0.4米，土色黄褐，土质疏松，内含少量草木灰星等物；第③层：汉唐文化层，深0.8—1.5米，厚0.7米，土色深褐，内含零星绳纹、布纹砖瓦残片及草木灰星等物。第③层以下为生土。

发现古墓葬1座，斜坡墓道土洞墓，坐北朝南。

考古发掘

工作时间：2009年12月—2010年1月
工作人员：杨军凯、郭永淇

发掘唐墓1座，出土器物6件。形制为斜坡墓道土洞墓，由墓道、天井、过洞、甬道、墓室五部分组成。墓室平面呈方形，西半部分设有一砖棺床，高出东半部分30.0厘米，砖铺地。出土器物有陶罐、铅车马器、青石墓志1合。墓主人韦衡为大周相州司马、上柱国，同时出土武周万岁登封元年（696年）墓志一合。

（西安市文物保护考古所：《西安市凤栖原唐韦衡墓》，《中国考古学年鉴·2010》，文物出版社，2011年）

112
东长安街道路（K0+000—K0+820）

文物勘探

工作时间：2009年11月7日—2010年2月27日
建设单位：西安国家民用航天产业基地
项目性质：公共基础建设（道路）
工作人员：倪志俊

位于长安区韦曲街办。西安航天民用产业基地内，西至焦村以东K0+000，东至韩家湾K0+820。西南角坐标为：东经108°59′，北纬34°9′。该路段长820.0米，宽60.0米，实际勘探面积49200.0平方米。

地层堆积2层。第①层：耕土层，厚0.3米；第②层：扰土层，厚0.6米，土色灰褐色，土质较硬，含瓦片。第②层以下为生土。

未发现古代文化遗存。

113

航天基地垃圾压缩站

文物勘探

工作时间：2009年11月23—27日
建设单位：西安航天基地
项目性质：公共基础建设（垃圾压缩站）
工作人员：西安市文物保护考古所

位于长安区韦曲街办。航天中路以南，西邻热力公司。西南角坐标为：东经108°57′，北纬34°9′。实际勘探面积约4667.0平方米

地层堆积3层。第①层：表土层，厚0.3米，土色花杂，土质疏松；第②层：扰土层，厚0.3—0.5米，土质较紧密，结构均匀，内含少量的碎砖瓦片及近代碎残陶片等物；第③层：汉唐文化层，深0.8—1.3米，厚0.5米，土色褐黄，内含少量汉唐时期碎砖瓦残块及草木灰星。第③层以下为生土。

发现古墓葬6座，墓葬形制均为斜坡墓道土洞墓，墓向均为坐北朝南。

考古发掘

工作时间：2009年12月—2010年1月
工作人员：杨军凯、郭永淇

发掘隋唐时期古墓葬6座，出土器物2件。

114

法士特家属区（三期）

文物勘探

工作时间：2009年11月27日—12月10日
建设单位：西安法士特汽车传动机有限公司
项目性质：商业（住宅楼）
工作人员：倪志俊、王纪元

位于长安区郭杜街办（高新区）。锦业二路西段南侧，北邻锦业二路，西邻亚迪路（西三环延伸线），南邻锦业三路。西南角坐标为：东经108°51′，北纬34°11′。用地范围呈长方形，东西长222.5米，南北宽173.5米，实际勘探面积38000.0平方米。地势平坦。

地层堆积2层，第①层：表土层，厚0.3米，土色黄灰，土质疏松，内含少量近现代砖瓦片等物；第②层：扰土层，厚0.4米，土色黑褐，土质较疏松，内含少量陶器残片等物。第②层以下为生土。

发现古窑址3座。

115

长乐中央广场

文物勘探

工作时间：2009年12月1—6日
建设单位：陕西新岁丰置业有限公司
项目性质：公共基础建设（广场）
工作人员：张全民、段文华

位于长安区韦曲街办。西长安街105号，南邻西长安街，西邻长兴路。西南角坐标为：东经108°56′，北纬34°9′。用地范围呈长方形，实际勘探面积23310.0平方米。地势平坦。

地层堆积2层。第①层：表土层，厚0.5米，土色花杂，土质较坚硬，内含炉渣、砖瓦残块等物；第②层：回填土层，深0.5米以下见，为建筑垃圾，无法探底。

未发现古代文化遗存。

116

雁塔南路（皇子坡段）

文物勘探

工作时间：2010年2月4—25日
建设单位：西安航天基地投资发展有限公司
项目性质：公共基础建设（道路）
工作人员：倪志俊、段新义

位于长安区韦曲街办。西安航天民用产业基地内，南邻长安东街，北邻航天中路（中段）。西南角坐标为：东经108°57′，北纬34°9′。用地范围呈长方形，南北长521.08米，东西宽70.0米，

面积35845.6平方米。地势南低北高。

地层堆积3层。第①层：表土层，厚0.3米，土色灰黄，土质疏松，内含近代砖瓦；第②层：扰土层，深0.3—1.2米，厚0.9米，土色灰褐，土质较硬；第③层：垆土层，深1.2—1.6米，厚0.4米，土色黑褐，土质较硬。第③层以下为生土。

发现古墓葬8座，古窑址1处。墓葬形制均为斜坡墓道带天井洞室墓，方向均为南北向。

考古发掘

工作时间：2010年5—6月
工作人员：张全民、郭永淇

雁塔南路黄子坡段，发掘北朝、唐、宋时期古墓葬6座，出土器物306件。南北朝墓2座（M1、M2），唐代墓葬3座（M4、M5、M6），宋代墓葬1座（M3）。出土文物306件。此次发掘出土了一些比较精致的生活用品，其中有4件白瓷莲花座盏托，与之相配的有影青六曲葵口瓷盏、白瓷六曲葵口盏、白瓷圆口小底盏。墓中还出土了茶叶末釉瓷瓶、骨梳、金珠、铜镜、铜钱、石砚台、墓志等文物。根据墓志记载：墓主人范府君，讳天祐，字伯祥，曾授国子监、郊社斋郎、彭州永昌县尉、普州安居县事等职。死于大宋皇祐元年（1049年）正月二十一日，熙宁八年（1076年）十一月二日迁葬于宋永兴军万年县洪固乡，享年61岁。

（西安市文物保护考古研究院：《西安北宋范天祐墓发掘简报》，《中国国家博物馆馆刊》2017年第6期；郭永淇：《北宋范天祐墓志考释》，《中国国家博物馆馆刊》2017年第6期）

117

航天中路

文物勘探

工作时间：2010年3月3—4日
建设单位：西安航天基地投资发展有限公司
项目性质：公共基础建设（道路）
工作人员：倪志俊、李乖成

位于长安区韦曲街办。西安航天民用产业基地，原为高望堆村耕地。西南角坐标为：东经108°57′，北纬34°10′。用地长106.0米，宽50.0米，实际勘探面积5300.0平方米。

地层堆积2层。第①层：表土层，厚0.3米，土色灰褐，土质疏松，内含砖瓦；第②层：扰土层，厚1.0米，土色灰褐，土质较硬，含瓦片。第②层以下为生土。

发现古墓葬1座，形制为斜坡墓道土洞墓，墓向坐北朝南。

考古发掘

工作时间：2010年6月10—18日
工作人员：张全民、郭永淇

发掘现场位于航天城热电厂以北，发掘唐代墓葬1座，无出土器物。

118

西航162锻造厂房

文物勘探

工作时间：2010年3月4—5日
建设单位：西安航天发动机厂
项目性质：商业（厂房）
工作人员：倪志俊、李乖成

位于长安区韦曲街办。西航厂南部，西南角坐标为：东经108°58′，北纬34°10′。该场地东西长70.0米，南北宽26.0米，实际勘探面积1820.0平方米。西部偏北有一取土坑，东部为回填土。

地层堆积2层。第①层：表土层，厚0.3米，土色灰褐，土质疏松，内含砖瓦；第②层：扰土层，厚0.7米，土色灰青，土质较硬，含砖瓦碎块。第②层以下为生土。

未发现古代文化遗存。

119

航天基地七一〇三厂601#钎焊厂房

文物勘探

工作时间：2010年3月21—31日
建设单位：西安市航空发动机厂
项目性质：商业（厂房）
工作人员：倪志俊、李乖成

位于长安区韦曲街办。西安航天民用产业基地内，东邻慧谷路。西南角坐标为：东经108°58′，北纬34°10′。用地范围呈长方形，用地面积8000.0平方米。地势较平坦。

地层堆积2层。第①层：表土层，厚0.3米，土色灰褐，土质较疏松；第②层：扰土层，厚0.9米，土质较硬，较纯净。第②层以下为生土。

发现古墓葬21座。墓葬形制有斜坡墓道土洞墓6座，竖穴墓道土洞墓15座。墓向西向1座，西南向1座，南向12座，东南向2座，东北向2座，北向2座，西北向1座。

考古发掘

工作时间：2009年3—4月
工作人员：张全民、郭永淇

共发掘清理古墓葬19座。其中南北朝时期古墓葬3座，唐代墓葬16座，出土文物共44件。出土器类主要有小陶俑、胸像俑、陶骆驼、陶罐、塔式罐、瓷碗、瓷壶、瓷盏、铜镜、铜镯、铜簪、铜钱、铜泡钉、铁剪、蚌壳等。本次发掘的墓葬大部分盗扰严重，保存较差，但个别墓葬出土的唐代白瓷碗、白瓷壶制作精美，工艺精湛，为研究唐代白瓷的制作工艺与艺术造型提供了实物研究资料。出土的多个唐代半身胸像俑也反映出当时唐代陪葬品中的一种流行趋势，为我们进一步研究唐代文化及丧葬礼俗提供了丰富的资料。

120

西航厂锅炉房及配套设施

文物勘探

工作时间：2010年3月23日—4月1日
建设单位：西安航天发动机厂
项目性质：商业（锅炉房）
工作人员：倪志俊、李乖成

位于长安区韦曲街办。西安航天民用产业基地内，东邻神舟三路。西南角坐标为：东经108°58′，北纬34°10′。用地范围呈不规则形，实际勘探面积18000平方米。地势较平。

地层堆积2层。第①层：表土层，厚0.3米，土色灰褐，土质疏松；第②层：扰土层，厚0.3—1.2米，土色灰褐，土质较硬，含瓦片。第②层以下为生土。

发现隋唐时期古墓2座，墓葬形制均为斜坡墓道土洞墓，墓向均为东西向。

121

盛名苑（高新·未未来）

文物勘探

工作时间：2010年4月8日—5月3日
建设单位：陕西巨富实业有限公司
项目性质：商业（房地产）
工作人员：倪志俊、段增运

位于长安区郭杜街办。东邻自立橡胶厂，西邻硕士路，南邻韦斗公路。西南角坐标为：东经108°55′，北纬34°13′。用地范围呈平行四边形，长103.0米，宽89.0米，实际勘探面积9191.0平方米。地势南高北低。

地层堆积3层。第①层：表土层，厚0.3米，土质疏松；第②层：扰土层，深0.3—0.5米，厚0.2米，土色灰黄，土质较纯净、紧密；第③层：黑垆土层，深0.5—0.8米，厚0.3米，土色黑褐。第③层以下为生土。

未发现古代文化遗存。

122

万科·常春藤

考古发掘

工作时间：2010年5月
建设单位：西安万科房地产开发有限公司
项目性质：商业（房地产）
工作人员：杨军凯、郭永淇

位于长安区郭杜街办。南邻陕西师范大学新校区，北邻韦郭路。西南角坐标为：东经108°53′，北纬34°9′。

发掘汉唐时期古墓葬26座，出土器物339件。其中汉代墓葬17座，隋唐墓葬4座，宋墓1座，明清墓葬4座。出土器物包括陶罐、陶盆、陶甑、陶灶、陶砚、陶猪、天王俑、镇墓兽、铜钱、铁器、砖志、墓志等文物。现举例说明如下。

M1：平面呈刀把形，方向190°，由墓道、五天井、五过洞、小龛、甬道、墓室等部分组成。墓道位于墓室之南，长方形斜坡道，长27.5、宽1.8米，底距地表10.0米。过洞：从南向北依次为第1过洞，长2.0、宽1.7米；第2过洞，长1.7、宽1.7米；第3过洞，长2.5、宽1.7米；第4过洞，长2.4、宽1.7米；第5过洞，长1.7、宽1.7米。天井：从南向北依次为第1天井，长3.5、宽1.75米；第2天井，长1.6、宽1.7米；第3天井，长1.7、宽1.7米；第4天井，长1.6、宽1.7米；第5天井，长2、宽1.7米。小龛：第4过洞东西壁各有1个小龛，东龛进深1.0、宽0.9、高0.5米；西龛进深1.0、宽0.9、高0.7米；第5过洞东西壁各有1个小龛，东龛进深0.8、宽0.7、高0.4米；西龛进深1.0、宽0.75、高0.6米。甬道：长2.0、宽1.2、高1.8米。墓室：平面呈正方形，拱顶砖室墓，长3.7、宽3.7、高1.8米。出土器物73件，包括铜钱、铜器、串珠、墓志、陶俑、骑马俑等文物。根据墓葬形制及出土器物推断该墓为唐墓。

M3：平面呈“甲”字形，由墓道、甬道、墓室三部分组成，方向190°。长斜坡墓道，长3.0、宽0.8、底距地表4.5米。甬道长0.8、宽0.8米。土洞墓室，拱顶，长4.3、宽2.2、高1.8米。出土器物共17件，包括陶罐、陶甑、陶灶、陶瓶、陶案、陶碟、耳杯、陶狗、陶猪、铜钱、铁灯等文物。

123

服务外包产业园

文物勘探

工作时间：2010年5月1—12日
建设单位：西安航天基地服务外包产业园有限公司
项目性质：商业（产业园）
工作人员：张全民、邹亚军

位于长安区韦曲街办。西安航天民用产业基地内，北邻飞天路，东邻高望村，西邻开泰动漫，南邻航天中路。西南角坐标为：东经108°97′，北纬34°16′。用地范围呈长方形，东西长208.0米，南北宽181.38米，实际勘探面积37727.2平方米。地势基本平坦。

地层堆积3层。第①层：表土层，厚0.4米，土色花杂，土质疏松；第②层：扰土层，深0.4—0.7米，厚0.3米，土色灰褐，含少量杂质；第③层：垆土层，深0.7—1.2米，厚0.5米，土色黑褐，土质较硬，含少量杂质。第③层以下为生土。

发现古墓葬34座。墓葬形制为土洞墓29座，砖室墓3座，竖穴土圹墓1座，1座形制不明。墓向东西向18座，南北向12座，M6方向不明。

考古发掘

工作时间：2010年6月
工作人员：王久刚、杨军凯、辛龙等

发掘汉代至明代时期古墓葬43座，出土器物455件。M5、M11为北周墓，资料已整理公布，简述如下。

M5：斜坡墓道土洞墓，坐北朝南，由墓道、甬道、墓室三部分组成。

M11：斜坡墓道土洞墓，坐北朝南，由墓道、甬道、封门、墓室四部分组成。

两墓出土器物11件，陶俑（站立俑、骑马俑、陶马）、铁镜、铜钱、石墓志（出土于

M11，盖顶面刻篆书“大周雍州骆谷镇将故张君志”）。

（西安市文物保护考古所：《西安南郊清理两座小型北周墓》，《文博》2011年第2期）

文物勘探（1#、2#楼补探）

工作时间：2012年7月26—27日
建设单位：西安航天基地服务外包产业园有限公司
项目性质：商业（产业园）
工作人员：张翔宇、邹亚军

用地范围呈长方形，东西长196.0米，南北宽29.0米，实际补探面积5684.0平方米。地势基本平坦。

地层堆积，施工方已将基坑开挖至1.8米，全部开挖至生土层。

发现古墓葬4座。墓葬形制均为竖穴墓道土洞墓。墓向坐西向东1座，坐北向南3座。

考古发掘

工作时间：2012年8月
工作人员：王久刚、杨军凯、辛龙等

清理发掘四座北周时期墓葬。其中三座纪年墓，分别为天和二年（567 年）张猥墓（M11）、建德元年（572 年）张政墓（M4）和天和六年（571 年）张盛墓（M2），为北周时期家族墓。出土了陶俑、铜镜、石棺等大量随葬器物。现将此4座墓简述如下。

张猥墓（M11）：长斜坡墓道单室土洞墓，坐北朝南。由墓道、甬道、封门、墓室四部分组成。葬式、葬具不清。出土铜钱、铁镜及墓志一合。铜钱，铁镜位于墓室西北部，墓志位于墓室口。

张盛墓（M2）：位于张猥墓正北约30米处。长斜坡墓道单室土洞墓，坐北朝南，平面呈甲字形，自南向北依次由墓道、甬道、墓室三部分组成。由于该墓被严重盗扰，仅出土铁铺首、银簪及墓志一合。

张政墓（M4）：位于张盛墓正西25米。长斜坡墓道单室土洞墓，坐北朝南，开口扰土层下。平面呈甲字形，自南向北依次由墓道、过洞、天井、甬道、墓室组成。甬道及墓室南部出土陶俑、陶井、陶磨、陶碓及墓志一合。墓室北侧放置一东西向青石质石棺，长2.2、宽1.01、高1.12米。由盖、底、头挡、足挡及南北两块棺帮组成。棺盖呈圆弧状，阴线刻四朵莲花及一畏兽头，头挡刻朱雀；足挡刻玄武；北侧棺帮刻青龙；南侧棺帮刻白虎。棺内有三具人骨，随葬器物为一面铜镜和东罗马金币一枚。

M3：与张盛墓、张政墓并列，东距张盛墓10米，西距张政墓15米。长斜坡墓道单室土洞墓，坐北朝南，开口扰土层下。平面呈“甲”字形，自南向北依次由墓道、甬道、墓室三部分组成。M3出土北周货泉一枚。

（西安市文物保护考古研究院：《西安北周张氏家族墓清理发掘收获》，《中国文物报》2013年8月2日第8版）

124

金宇蓝苑

文物勘探

工作时间：2010年5月12—21日
建设单位：陕西崇立实业发展有限公司
项目性质：商业（房地产）
工作人员：倪志俊、邹亚军

位于长安区郭杜街办。西沣路以南，西邻郭杜北街，东邻盛世长安，南邻樱花二路。西南角坐标为：东经108°52′，北纬34°9′。用地范围呈不规则长方形，东西长159.9米，南北长191.0米，实际勘探面积32093.3平方米。地势较平坦。

地层堆积2层。第①层：表土层，厚0.4米，土色花杂，土质较硬；第②层：垆土层，厚0.3米，土色黑褐，土质较硬。第②层以下为生土。

未发现古代文化遗存。

125

乘用车物流中心

文物勘探

工作时间：2010年5月15—20日
建设单位：陕西安吉华秦物流有限公司
项目性质：商业（物流中心）
工作人员：倪志俊、王纪元

位于长安区郭杜街办。经三十路以西，西南角坐标为：东经108°51′，北纬34°9′。实际勘探面积12000.0平方米。

地层堆积3层。第①层：表土层，厚0.3米，土色灰黄，土质疏松；第②层：扰土层，深1.2—1.3米，厚0.9—1.0米，土色黄灰，土质较疏松，内含少量砖瓦片、红烧土块、草木灰星等物；第③层：垆土层，深1.3—1.6米，厚约0.3米，土色黝黑发亮，土质较硬。第③层以下为生土。

未发现古代文化遗存。

126

西安市结核病医院迁建工程生活区

文物勘探

工作时间：2010年5月18日—11月28日
建设单位：西安市结核病胸部肿瘤医院
项目性质：公共基础建设（医院）
工作人员：张小丽、李乖成

位于长安区韦曲街办。西柞高速东侧，东邻大府井村耕地，南邻大府井村，北邻新迁建西安市精神卫生中心。西南角坐标为：东经109°0′，北纬34°10′。用地范围呈“凹”字形，东西长265.648米，南北宽162.2米，实际勘探面积36720平方米。

地层堆积2层。第①层：耕土层，厚0.3米。土质疏松；第②层：扰土层，厚0.7米，土色灰褐，土质较硬。第②层以下为生土。

未发现古代文化遗存。

127

朝光置业房地产项目

文物勘探

工作时间：2010年6月2日—7月12日
建设单位：新加坡朝光置业有限公司
项目性质：商业（房地产）
工作人员：张翔宇、王志浩

位于长安区韦曲街办。西安航天民用产业基地内，神舟三路与航天中路十字西南角，雁南路以东。西南角坐标为：东经108°58′，北纬34°9′。用地范围约呈长方形，实际勘探面积为113339.0平方米。地势南低北高。勘探时中部区域和南部区域有建筑垃圾、堆木及少量树木。

地层堆积3层。第①层：表土层，厚约0.3米，土色花杂，土质疏松；第②层：扰土层，深0.3—0.7米，厚0.4米，土色黄褐，土质较疏松；第③层：次生土层，深0.7—1.0米，厚0.3米，土色深褐，土质结构较密实，含零星碎残陶片及草木灰星等。第③层以下为生土。

发现汉唐时期墓葬38座（汉墓20余座、隋唐墓10余座）。墓葬形制有斜坡墓道土洞墓26座，竖穴墓道土洞墓12座。墓向南北向36座，东西向2座。古代围沟2处。

128

卡布奇诺国际社区

文物勘探

工作时间：2010年6月18日—7月3日
建设单位：陕西科为房地产开发有限公司
项目性质：商业（房地产）
工作人员：张翔宇、王志浩

位于长安区韦曲街办。航天大道与规划路东北角，东、北邻北里王村民宅，南邻高压绿化带。西南角坐标为：东经108°57′，北纬34°10′。用地范围呈长方形，勘探面积49499.0平方米。地势东南高、西北低。

地层堆积3层。第①层：表土层，厚0.3米，

土色褐黄，土质疏松；第②层：扰土层，厚0.3米，土色褐黄，土质疏松；第③层：次生土层，厚0.4米，土色深褐，含零星陶瓷碎片。第③层以下为生土。

发现古墓葬29座。墓葬形制有竖穴土圹墓24座，竖穴墓道土洞墓5座。墓向东西向18座，南北向11座。

考古发掘

工作时间：2010年07月11—31日
工作人员：张小丽、郭永淇

共发掘清理古墓葬5座，其中唐代墓葬3座，战国墓葬2座，共出土文物18件，主要器型有陶罐、陶釜、铜钱、玉饰件、铜饰件、铁剪、青石墓志等。本次发掘的墓葬大部分盗掘严重，保存较差，只有个别完整器物。

129 枣园新村

文物勘探

工作时间：2010年7月17—27日
建设单位：西安航天基地实业发展有限公司
项目性质：商业（房地产）
工作人员：张翔宇、王志浩

位于长安区韦曲街办。航拓路与航天东路十字西南角。西南角坐标为：东经109°0′，北纬34°10′。用地范围约呈长方形，东西长242.0米，南北宽100.7米，用地面积约为24369.0平方米。地势东西低，中部高。

地层堆积2层。第①层：表土层，厚0.3米，土色深褐，土质疏松；第②层：扰土层，厚0.3米，土色深褐，土质较疏松。

未发现古代文化遗存。

130 西航607#精密机械加工综合厂房

文物勘探

工作时间：2010年7月28日—8月6日
建设单位：西安航天发动机厂
项目性质：商业（厂房）
工作人员：倪志俊、邹亚军、段乐顺

位于长安区韦曲街办。西安航天发动机厂内，北邻航天大道，东邻神舟三路。西南角坐标为：东经108°58′，北纬34°10′。用地范围呈长方形，东西长95.96米，南北宽75.48米。用地面积约7243.0平方米，实际勘探面积为7243.0平方米。勘探前地表部分区域有土堆和建筑垃圾。

地层堆积2层。第①层：扰土层，深0—0.4米，厚0.4米，土色花杂，土质松软；第②层：垆土层，深0.4—1.2米，厚0.8米，土色灰黄褐，含少量杂质。第②层以下为生土。

未发现古代文化遗存。

131 乳家庄宋代砖雕墓

考古发掘

工作时间：2010年9月
建设单位：不详
项目性质：公共基础建设（道路）
工作人员：张小丽

位于长安区郭杜街办。乳家庄村西北约200米，南邻西部大道，东邻上林苑一路，西北邻南新村。西南角坐标为：东经108°50′，北纬34°10′。发掘宋墓一座，编号为M1，资料已整理公布，简述如下。

M1：坐北朝南，方向165°。墓葬上部因早先取土被破坏，现墓口距地表仅0.2米。墓葬形制为竖穴墓道长方形砖室墓，由墓道和墓室两部分组成，墓室砖雕极其精美。出土各类器物18件，另有镇墓小卵石3块。

（西安市文物保护考古研究院：《西安乳家庄宋代砖雕墓发掘简报》，《文物》2013年第8期）

132
山水悦庭

文物勘探

工作时间：2010年9月25日—10月3日
建设单位：西安航天基地投资发展有限公司
项目性质：商业（房地产）
工作人员：张翔宇、段新义

位于长安区韦曲街办。西安航天民用产业基地内，神舟五路与飞天路交汇处西南角，南邻航天中路，北邻飞天路，东邻神舟五路。西南角坐标为：东经108°59′，北纬34°10′。用地范围呈正方形，东西长165.0米，南北宽131.381米，实际勘探面积约29925.0平方米。地势较平坦。

地层堆积3层。第①层：表土层，厚0.3米。土色花杂，土质疏松；第②层：扰土层，深0.3—1.2米，厚0.9米，土色黑褐，结构均匀；第③层：沙石层，深1.2米以下为生土层，土色褐黄，结构均匀密实。

未发现古代文化遗存。

133
航天南路

文物勘探

工作时间：2010年9月30日—10月18日
建设单位：西安国家民用航天产业基地
项目性质：公共基础建设（道路）
工作人员：张翔宇、骆俊哲

位于长安区韦曲街办。西安航天民用产业基地内，在焦村以南、杨村以西。西南角坐标为：东经108°58′，北纬34°9′。用地范围呈长条形，长700.0米，宽50.0米，实际勘探面积35000.0平方米。地势西高东低。

地层堆积3层。第①层：表土层，厚0.3米，土色呈灰褐色，土质疏松；第②层：扰土层，深0.3—0.8米，厚0.5米，土色呈深褐色，土质结构较硬；第③层：垆土层，深0.8—1.5米，厚0.7米，土色呈黑褐色，土质结构较硬。第③层以下为生土。

发现古代墓葬22处。古墓葬形制分斜坡墓道土洞墓、竖穴墓道土洞墓、斜坡墓道多室墓。墓向有东西向6座，南北向11座，西北—东南向5座。

考古发掘

工作时间：2010年11月
工作人员：杨军凯、郭永淇

发掘汉代至清代古墓葬21座，出土器物90件。这批墓葬均不同程度被盗扰，其中东汉时期古墓葬4座，唐代古墓葬3座，明代墓葬2座。出土器物主要有陶罐、陶壶、陶仓、陶奁、陶盒、陶盆、陶灶、陶釜、陶案、陶勺、陶耳杯、陶牛、陶马、陶猪、陶狗、陶羊、陶鸡、陶井、陶甑、铜镜、铜钱、青石墓志、砖墓志、塔式罐、陶俑、镇墓兽等。本次发掘出土的汉代实物资料为研究汉代物质文化习俗提供了有力的依据，并对研究凤栖原汉代墓葬的分布和文化谱系提供了丰富的材料。

134
西京学院（南区）

考古发掘

工作时间：2010年10月
建设单位：西京学院
项目性质：公共基础建设（学校）
工作人员：张小丽、朱连华

位于长安区韦曲街办。西京路1号，西南角坐标为：东经108°56′，北纬34°8′。发掘汉唐时期古墓葬8座。其中M5资料已整理公布，简述如下。

M5：长斜坡墓道单室土洞墓，平面呈刀形，由墓道、三过洞、三天井、甬道、墓室、壁龛等组成。该墓被盗严重，清理出随葬器物16

件（组），散落于甬道、棺床东侧及墓室东北角。包括陶器、铜器、铁器、泥钱、贝壳、墓志等。出土墓志，纪年明确，为隋开皇十八年（598年）使持节柱国泰州刺史韦协墓。该墓可辨识的壁画仅存于天井及墓室北壁下部、西壁南角和东壁南角。天井壁画的总体布局是东西两壁互相对称，绘有列戟、仪仗图，两壁壁画内容略有差异。墓室壁画主要为内侍、侍女等人物。根据墓志可知，墓主字钦仁，京兆杜陵人，《隋书》《北史》对其均有记载，根据志文知其为韦夐之孙、韦洸世子，与文献记载相一致。开皇八年任秘书郎，十一年任柱国，十三年任使持节定州诸军事定州刺史，十五年为息州刺史，十八年任泰州刺史，同年卒于任上，卒时仅35岁。墓主最后任泰州刺史一职与文献记载不符，文献均载韦协最后任秦州刺史并卒于任上。

（西安市文物保护考古研究院：《隋韦协墓发掘简报》，《文博》2015年第3期）

135

保时捷4S店

文物勘探

工作时间：2010年10月17—25日
建设单位：陕西馨海实业有限公司
项目性质：商业（汽车销售）
工作人员：郭永淇、李明亮

位于长安区韦曲街办。西安航天民用产业基地内，东长安街389号，南邻东长安街，东邻奥迪4S店。西南角坐标为：东经108°58′，北纬34°9′。用地范围呈长方形，南北长142.0米，东西宽69.0米，实际勘探面积10000.0平方米。地势较平坦。

地层堆积2层。第①层：表土层，厚0.35米，土色灰褐，土质疏松；第②层：垆土层，厚0.3米，土色黑褐，土质坚硬。第②层以下为生土。

发现古墓葬2座，墓葬形制均为竖穴墓道洞室墓，墓向均为坐北朝南。

考古发掘

工作时间：2010年11月
工作人员：杨军凯、郭永淇

本次发掘共清理宋代古墓葬2座。出土文物13件，其中陶器3件、黑瓷罐2件、铁器1件和铜钱7枚。古墓葬保存较差，盗掘十分严重。

136

海升果业总部及研发中心

文物勘探

工作时间：2010年10月27日—11月2日
建设单位：陕西海升果业发展股份有限公司
项目性质：商业（厂房）
工作人员：倪志俊、李乖成

位于长安区韦曲街办。西安航天民用产业基地内，东邻孵化器，南邻联强恒大，西邻神舟三路，北邻航拓路。西南角坐标为：东经108°58′，北纬34°10′。用地范围呈长方形，东西长258.0米，南北宽134.0米，用地面积40229.0平方米。地势较平坦。

地层堆积2层。第①层：表土层，厚1.7米；第②层：扰土层，厚1.2米，土色灰褐色，土质较硬。第②层以下为生土。

未发现古代文化遗存。

文物勘探（补探）

工作时间：2011年1月3日—2012年2月28日
建设单位：陕西海升果业发展股份有限公司
项目性质：商业（厂房）
工作人员：张翔宇、李乖成

本次补探是在建设单位对原堆土等障碍清除后进行的。

地层堆积2层。第①层：表土层，厚0.5米，内含砖瓦；第②层：扰土层，厚0.7米，土色灰褐，土质较硬。第②层以下为生土。

发现唐代古墓葬5座。形制均为竖穴墓道土洞墓，墓向均南北向。

137

东长安街道路（K1+640—K2+065）

文物勘探

工作时间：2010年10月28日—11月20日
建设单位：西安国家民用航天产业基地
项目性质：公共基础建设（道路）
工作人员：郭永淇

位于长安区韦曲街办。西安航天民用产业基地内，原为焦村耕地，西邻焦村，东邻神舟大道。勘探范围为K1+640至K2+065标段，位于南郊汉唐墓葬区范围内。西南角坐标为：东经108°57′，北纬34°9′。用地范围呈长方形，长575.0米，宽60.0米，实际勘探面积48024.36平方米。地势较平坦。

地层堆积3层。第①层：耕土层，深0—0.25米，厚0.25米，土色灰褐，土质松软；第②层：扰土层，深0.25—0.75米，厚0.5米，土色浅灰褐；第③层：垆土层，深0.75—1.1米，厚0.35米，土色黑褐，土质坚硬。第③层以下为生土。

未发现古代文化遗存。

138

神舟六路

文物勘探

工作时间：2010年10月23日—11月14日
建设单位：西安国家民用航天产业基地
项目性质：公共基础建设（道路）
工作人员：张翔宇、段随毛

位于长安区韦曲街办。西安航天民用产业基地内，原为东兆余村耕地，北邻航天大道，东邻裴家埪村。项目用地范围约呈长方形，南北长1012.0米，东西宽30.0米。

地层堆积3层。第①层：耕土层，深0—0.5米，厚0.5米，土色花杂，土质松软；第②层：黑垆土层，深0.5—1.0米，厚0.5米，土色黑褐，土质较硬；第③层：生土层，深1.0米以下见，土质纯净，土色淡黄。

发现古墓葬15座。

考古发掘

工作时间：2010年11月
工作人员：杨军凯、郭永淇

在东兆余村北、高望堆村东发掘汉代、十六国时期及唐代墓葬共30座，其中唐郭仲文墓（M1）发现了大量精美的壁画。M1为竖穴墓道砖券单室墓，由墓道、封门、甬道、墓室等组成，方向180°，总长12.5、深7.5米。在墓道、甬道、墓室绘有壁画，M1已被盗掘，出土的随葬器物有4件（组），散置于墓室地面与棺床上，陶塔式罐、玉剑格、石器盖、墓志（“唐故太原郭公墓志铭”）。

（陕西省考古研究院、西安市文物保护考古研究院：《西安凤栖原唐郭仲文墓发掘简报》，《文物》2012年第10期；杨军凯、杨洁：《唐郭仲文墓志及其家族葬地考》，《文物》2012年第10期；李维、郭永淇、杨军凯、辛龙：《唐郭仲文墓壁画》，《收藏界》2012年第3期）

139

航天住宅小区（航天时代置业项目）

考古发掘

工作时间：2010年11月—2011年7月
建设单位：西安国家民用航天产业基地
项目性质：商业（房地产）
工作人员：杨军凯、郭永淇、辛龙

位于长安区韦曲街办。北邻航天大道，东邻神舟六路。西南角坐标为：东经108°59′，北纬34°10′。清理汉至明代古墓葬20座。其中M4、M13为唐代砖室壁画墓，资料已整理公布，简述如下。

M4：斜坡墓道砖室壁画墓，坐北朝南，由墓道、过洞、天井、封门、甬道、墓室六部分组成。墓道、过洞、天井、甬道壁画脱落严重，内容无法辨认，唯墓室壁画保存尚可。东壁：绘有四个人物，均向南侧身；北壁：分东西两部分，西部位于棺床北端之上，其余为东部。东部绘有两个人物，均面西而立；西部左、右、上三面绘有红框，为北侧屏风画；西壁：为棺床后屏风画，分栏为六幅；南壁：左、右、上三面绘有红色边框，为棺床北侧屏风画，已漫漶不清，局部仅见松枝及松针。

M13：斜坡墓道砖室壁画墓，坐北朝南，由墓道、过洞、天井、封门、甬道、墓室六部分组成。壁画仅见墓室东壁四幅人像，均向南侧身。M13共出土器物124件，其中陶俑123件（镇墓兽、天王俑、风帽俑、骑马女俑、骑马男俑、羊、猪、鸡、狗）；墓志1合（盖顶篆书阴刻“大唐故益州行台左丞始州刺史六安县开国公武府君夫人琅邪县君诸葛氏墓志铭”）。

（西安市文物保护考古研究院：《西安航天城两座唐代壁画墓发掘简报》，《文博》2015年第2期；辛龙：《唐琅耶县君诸葛芬墓志考释》，《文博》2015年第2期）

140

阿房宫遗址保护设施建设（陈列展厅和管理用房部分）

文物勘探

工作时间：2010年11月7—11日
建设单位：阿房宫遗址保管所
项目性质：主动调查、勘探和发掘（遗址保护）
工作人员：张翔宇、邹亚军

位于长安区王寺街办。王寺东街172号遗址保护所院内，北邻红光路及王寺东街，西邻王寺村，东邻锦绣阿房宫旅游景区，属于全国重点文物保护单位秦阿房宫遗址的保护范围内。前殿遗址以南约260.0米。西南角坐标为：东经108°49′，北纬34°15′。用地范围呈刀把形，长约150.0米，宽44.7—61.0米，实际勘探面积8300.0平方米。地势较平坦。

地层堆积2层。第①层：表土层，厚0.4米，土色花杂，土质坚硬；第②层：扰土层，厚1.2米，土色灰褐，内含少量杂质。第②层以下为生土。

未发现古代文化遗存。

141

阿房宫遗址保护设施建设（前殿遗址防护围栏及沙石路部分）

文物勘探

工作时间：2010年11月10—30日
建设单位：阿房宫遗址保管所
项目性质：主动调查、勘探和发掘（遗址保护）
工作人员：张翔宇、邹亚军

位于长安区王寺街办。位于阿房宫前殿遗址夯土台基以前，北边紧贴前殿夯土台基断崖，南邻红光路，东至三桥街办聚驾庄村，西至王寺街办的小古城村。西南角坐标为：东经108°48′，北纬34°16′。长约960.0米，宽约60.0米，实际勘探面积约54000.0平方米。地势较平坦。

地层堆积3层。第①层：表土层，深0—0.4米，厚0.4米，土色花杂，土质较硬；第②层：扰土层，深0.4—0.8米，厚0.4—0.8米，土色灰褐，含少量杂质；第③层：夯土层，深0.8米以下见，厚1.5—2.5米，土色黄褐，土质纯净，密实而坚硬。第③层以下为生土。

发现一座多次被盗的唐代墓葬，暴露的墓道部分距地表1.5米，墓道宽1.2米。

142

神光·蓝宝石单晶片生产基地（补探）

文物勘探

工作时间：2010年12月10—16日
建设单位：西安神光安瑞光电科技有限公司
项目性质：商业（厂房）
工作人员：张翔宇、徐西平

位于长安区韦曲街办。西安航天民用产业园，航开路（规划）与航天东路十字西南角。西南角坐标为：东经109°0′，北纬34°10′。用地范围呈长方形，东西长460.0米，南北宽362.0米。勘探进场时用地，地势东北高，西南低，呈坡形，因部分区域有树林未能进行勘探。树林补探范围共三块地，呈长方形。第1块树林长185.0米，宽

25.0米；第2块树林长94.0米，宽20.0米；第3块树林长99.0米，宽50.0米。实际补探面积11462.0平方米。

地层堆积2层。第①层：表土层，厚0.5米，土色花杂，土质疏松；第②层：黑垆土层，厚0.5米，土色黑褐，结构匀称，土质较硬。第②层以下为生土。

未发现古代文化遗存（第一次勘探发现古墓葬42座）。

考古发掘

工作时间：2010年9月
工作人员：杨军凯、郭永淇

发掘汉代、北朝、唐代时期古墓葬30座，出土器物228件。其中M2有明确纪年，系唐郭仲恭及夫人金堂长公主合葬墓。M15为蒋少卿墓。M16为夫人宝手墓。相关情况简述如下。

M2：斜坡墓道砖室墓，坐北朝南，由墓道、过洞、天井、甬道、墓室五部分组成。M2共出土器物8件。其中，瓷器1件（罐）、铜器1件（镜）、铁器1件（猪）、石器3件（枕、盒、鸟）、墓志2合（M2∶6盖顶面篆书阴刻“唐故赠殿中监郭府君墓志铭”；M2∶7盖顶面楷书阴刻“唐故金堂长公主赠凉国大长公主墓志铭并序”）。

M15（蒋少卿墓）：长斜坡墓道多天井单室土洞墓，坐北向南，方向180°。平面呈“甲”字形，由墓道、过洞、天井、墓室等部分组成。出土随葬器物31件（组），包括陶器29件（组）（武士俑、镇墓兽、风帽俑、小冠俑、笼冠俑、女立俑、骑马俑、骆驼、狗、鸡、猪）、铜钱、墓志（“唐故殿中侍御医上护军蒋府君墓志”）。

M16（夫人宝手墓）：位于蒋少卿墓西侧，为长斜坡墓道多天井单室土洞墓，坐北向南，方向175°。平面呈刀形，由墓道、过洞、天井、甬道、墓室等部分组成。出土随葬器物24件（组），包括陶器（武士俑、镇墓兽、风帽俑、骑马、牛、狗、鸡、灯盏）、铜钱、琉璃器、墓志（“唐故朝议郎行尚药侍御医上护军蒋府君夫人陇西郡太”）（附图7）。

（西安市文物保护考古研究院：《唐郭仲恭及夫人金堂长公主墓发掘简报》，《文博》2013年第2期；西安市文物保护考古研究院：《西安唐殿中侍御医蒋少卿及夫人宝手墓发掘简报》，《文物》2012年第10期；杨军凯、郭永淇、辛龙：《西安长安东兆余村发现唐代殿中侍御医蒋少卿夫妇墓》，《收藏界》2012年第4期）

143

信泰公司厂房及动力站

文物勘探

工作时间：2010年12月10—16日
建设单位：信泰电子（西安）有限公司
项目性质：商业（厂房）
工作人员：张翔宇、徐西平

位于长安区郭杜街办。高新技术产业开发区出口加工区B区内，南邻支一路，西邻经二十二路。西南角坐标为：东经108°54′，北纬34°14′。用地范围呈长方形，实际勘探面积25000.0平方米。地势较为平坦。

地层堆积2层。第①层：表土层。厚0.2米，土色褐红，土质较硬；第②层：生土层，深0.2米以下见，土色纯黄，土质结构密实。

发现古墓2座，墓葬形制均为竖穴墓道洞室墓，墓向均为南北向。

考古发掘

工作时间：2010年11月4—5日
工作人员：西安市文物保护考古所研究一室

M5：长斜坡墓道单室土洞墓，方向165°，墓道长6.0米，宽1.2米；墓室平面近横长方形，长2.1米，宽2.5米，高1.1米；墓室内人骨、葬具都已不存，出土陶饼3件。根据墓葬形制及出土器物判断，该墓时代为唐代。

144

沣镐遗址考古勘探（曹家村以北、马王镇以南区域）

文物勘探

工作时间：2010年12月28日—2011年1月23日
建设单位：西安市文物局
项目性质：主动调查、勘探和发掘（考古调查、勘探）
工作人员：杨军凯、刘天运

位于长安区马王街办。西南角坐标为：东经108°43′，北纬34°12′。2010年，西安市文物局展开了对全国重点文物保护单位沣镐遗址的考古调查工作，旨在解决沣镐遗址遗迹分布情况、范围等方面问题，为西安沣镐遗址保护规划提供真实可靠的依据。沣镐遗址位于长安区沣河两岸，地势平坦，沣京在西岸，镐京在东岸，总面积约15.0平方千米。勘探区域基本为农田，种植小麦等农作物。本次勘探范围为沣河西岸的长安区马王镇马王村以南、曹寨村以北区域，调查、勘探面积约为392000.0平方米。

勘探分为6个区域进行（为方便叙述，在此分为Ⅰ-Ⅵ区）。

Ⅰ区：位于马王村与曹寨村之间，距生产路约5.0米，勘探范围南北长约812.0米，东西宽约12.0米，勘探面积约9700.0平方米。

Ⅱ区：位于Ⅰ区东部，相距约70.0米，距生产路约60.0米，勘探范围长约350.0米，宽20.0—60.0米，勘探面积约9000.0平方米。

Ⅲ区：位于Ⅰ区西北部，相距约100米，铁道东部，勘探范围长约80.0米，宽20.0—60.0米，勘探面积约5000平方米。

Ⅳ区：位于铁道北部，勘探范围长约120.0米，宽约50.0米，勘探面积约6000.0平方米。

Ⅴ区：位于Ⅳ区北部，勘探范围长约100.0米，宽约80.0米，勘探面积约8000.0平方米。

Ⅵ区：位于铁道东部，相距约3.0米，同铁道走向。勘探范围长约300.0米，宽约5.0米，勘探面积约1500.0平方米，实际勘探面积39200.0平方米。

由于各勘探区域的地形、地貌差异，地层堆积也各不相同，现将各区域底层情况分述如下。

Ⅰ区地层堆积4层。第①层：耕土层，厚约0.3米，土色为浅灰色，内含大量植物根系；第②层：扰土层，深0.3—1.5米，土色为浅褐色，土质松软；第③层：古代文化层，深1.5—2.5米，土色灰色，内含灰星、烧土星及少量陶片；第④层：冲积层，深2.5—3.5米，土色为深褐色，土质较硬。第④层以下为生土。

Ⅱ区地层堆积3层。第①层：耕土层，厚约0.3米，土色为浅灰色，内含大量植物根系；第②层：扰土层，深0.3—1.5米，土色为浅褐色，土质松软；第③层：冲积层，深1.5—2.0米，土色为深褐色，土质较软。第③层以下为生土。

Ⅲ区地层堆积2层。第①层：耕土层，厚约0.3米，土色为浅灰色，内含大量植物根系；第②层：扰土层，深0.3—0.6米，土色为浅褐色，土质松软。第②层以下为生土。

Ⅳ区地层堆积3层。第①层：耕土层，厚约0.3米，土色为浅灰色，内含大量植物根系；第②层：扰土层，深0.3—1.0米，土色为浅褐色，土质松软；第③层：古代文化层，深1.0—1.5米，土色为灰色，内含灰星及少量陶片。第③层以下为生土。

Ⅴ区地层堆积3层。第①层：耕土层，厚约0.3米，土色为浅灰色，内含大量植物根系；第②层：扰土层，深0.3—1.0米，土色为浅褐色，土质松软；第③层：古代文化层，深1.0—1.8米，土色灰色，内含灰星及少量陶片。第③层以下为生土。

Ⅵ区地层堆积3层。第①层：耕土层，厚约0.3米，土色为浅灰色，内含大量植物根系；第②层：扰土层，深0.3—1.0米，土色为浅褐色，土质松软；第③层：黑垆土层，深1.0—1.5米，土质较硬，土色纯净。第③层以下为生土。

发现西周时期古墓葬6座，灰坑30处，古沟1条。

第七节 灞桥区

灞桥区，其名源自境内的古灞桥，秦穆公称霸西戎，改滋水为灞水，并建桥以图东进。位于西安东部，地貌类型渭河冲积平原为主，具有山、坡、川、滩、原的多样性。其北部为渭河冲积平原区，东部为低山丘陵区，东南部为台原区。最高点位于东南部白鹿原崇阳沟附近，最低点位于西北部浐灞河交汇处河滩上。区境东与临潼区、蓝田县接壤，西与雁塔区、新城区、未央区相连，南与长安区为邻，北以渭河与高陵县相望。灞桥区历史源远流长，西周属丰镐的近畿之地，楚汉战争刘邦曾屯兵于此，汉文帝于狄寨原为其母薄太后筑陵，置南陵为县，历来为西安地区的东南孔道。该区域古遗迹丰富，主要有新石器时期的半坡遗址和米家崖遗址、商代老牛坡遗址及汉代霸陵、薄太后墓、窦皇后墓等。2000—2010年，灞桥区辖纺织城街办等9个街办。本次共收录69个文物勘探项目和发掘项目（图2-7），各项目情况分述如下。

1

纺织城基建工程

考古发掘

工作时间：1995年12月
建设单位：不详
项目性质：公共基础建设（不详）
工作人员：王自力

位于灞桥区纺织城街办。西南角坐标为：东经109°3′，北纬34°16′。其中发掘的M3为竖穴墓道砖室墓，坐北朝南，方向178°，由墓道、甬道、墓室三部分组成。出土器物有铜镜、双系瓷瓶、陶塔式罐、石砚、铁香炉、铁牛、铁猪、琉璃器、滑石狮形香熏、墓志。墓志铭为“唐故杨公曹氏墓志铭”“唐故振武监军使赠内侍杨公夫人澌郡曹氏墓志铭并序”（876年下葬）。

（王自力：《西安唐代曹氏墓及出土的狮形香熏》，《文物》2002年第12期）

2

民主坊住宅改造（北区一期）

文物勘探

工作时间：1999年1月26日
建设单位：五环（集团）实业有限责任公司
项目性质：商业（住宅区）
工作人员：王光天、范宏岐

位于灞桥区纺织城街办。北邻纺六路，西邻纺织城西街，南邻纺七路，西南邻五环集团文化广场，东邻纺织城正街。西南角坐标为：东经109°4′，北纬34°15′。用地范围呈直角梯形，本次勘探区域为拟建的4#、5#、6#、7#、8#、9#、10#、11#、12#、13#、14#楼基槽范围。

地层堆积，场地内均已挖至生土层。

未发现任何文化遗存。

3

国棉五厂家属院蓄水池

文物勘探

工作时间：1999年4月18日
建设单位：西北国棉五厂
项目性质：商业（住宅区）
工作人员：王光天、范宏岐

灞桥区

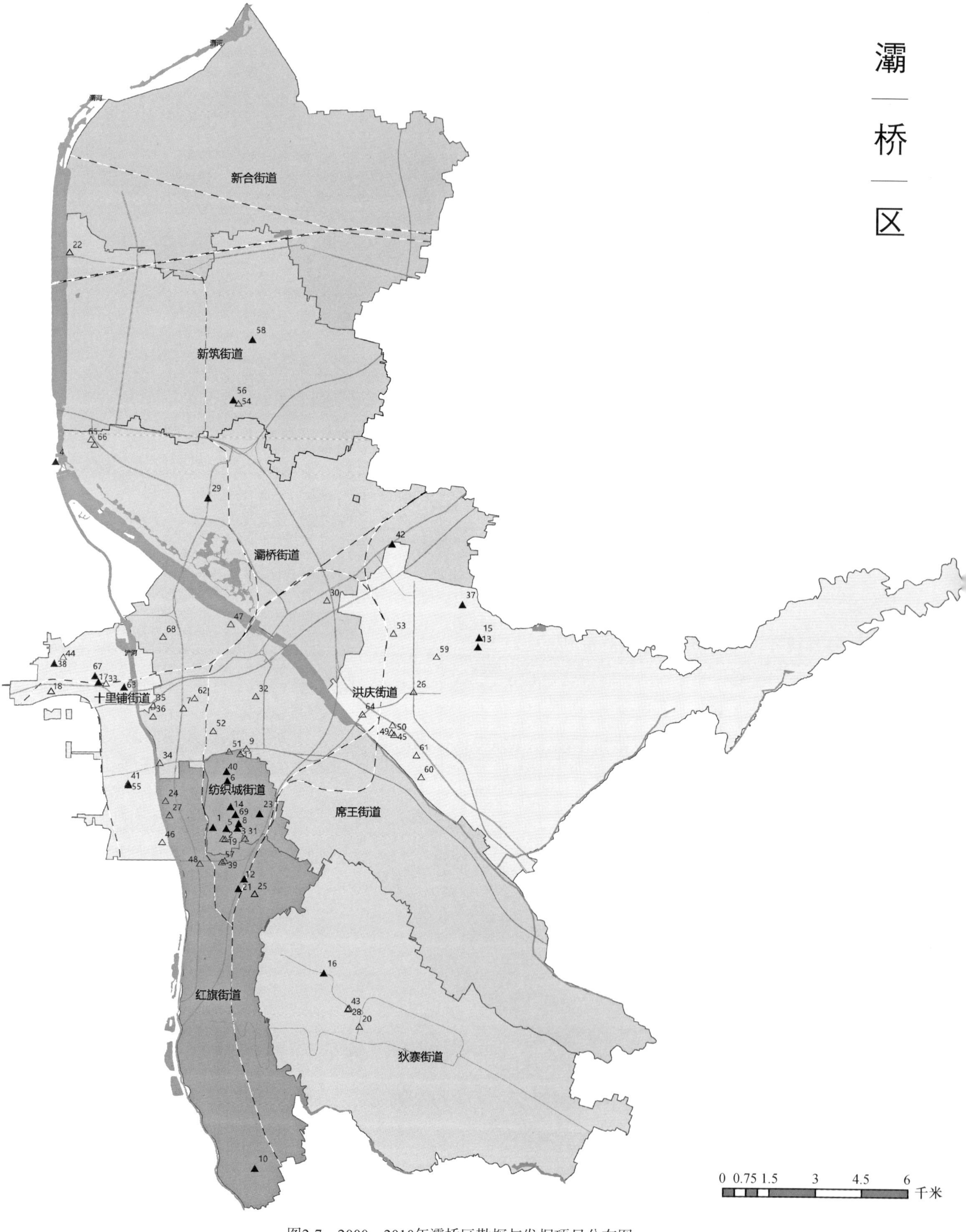

图2-7 2000—2010年灞桥区勘探与发掘项目分布图

位于灞桥区纺织城街办。国棉五厂家属院内，西、北邻纺五路，东邻纺织城东街，南邻纺六路。西南角坐标为：东经109°4′，北纬34°15′。用地范围呈正方形，东西长34.0米，南北宽34.0米，实际勘探面积1200平方米。地势平坦。

地层堆积，场地内均已挖至生土层。

共发现古墓葬1座。M1平面呈刀把形，坐南朝北，由墓道、墓室两部分组成，墓道部分位于基槽之外，全长2.5米，宽2.5米，深0.4米。

4

段家村汉代水上大型建筑遗址

考古发掘

工作时间：2000—2002年
建设单位：西安市文物保护考古所
项目性质：主动调查、勘探和发掘（考古发掘）
工作人员：杨军凯、孙武

位于灞桥区灞桥街办。段家村以西，浐河、灞水交汇处以北。西南角坐标为：东经109°1′，北纬34°21′。发掘水上建筑一座，简述如下。

遗址现存两处，一处紧靠现河道东侧，另一处在其东边大水坑内。两处遗址相距130余米，均宽35余米，为木质榫卯结构。遗址层位：①砾石层；②泥沙层；③细沙层。发现的木构成组排列，可分为三类：大箱体、大凹槽形木结构、小箱体。在木结构、箱体内发现汉代砖瓦、陶井圈、陶片、五铢钱、铜箭头、铁器等。其中半块粗绳纹“亭”字文砖。在今河道东侧发现呈一字形南北排列的古树根多个。

（西安市文物保护考古所编：《灞河汉代大型水上建筑遗址》，《前进中的西安市文物保护考古所》，内部资料；冯德君、杨军凯、赵泾峰、孙武：《灞桥段家村汉代水上大型建筑遗址出土木材的研究》，《西北林学院学报》2004年第19期）

5

西北国棉五厂厂区

考古发掘

工作时间：2000年8月
建设单位：西北国棉五厂
项目性质：商业（厂房）
工作人员：西安市文物保护考古所

位于灞桥区纺织城街办。民主北坊西侧，西南角坐标为：东经109°4′，北纬34°15′。共发掘汉墓18座，已发表2座汉墓资料。

M17：斜坡墓道砖砌多室墓，坐西朝东，由墓道、甬道、墓室三部分组成。葬具为2木棺，葬式不详。共出土器物43件，另有铜钱27枚（五铢）。其中陶器39件（壶、罐、瓮、仓、樽、案、盘、碗、耳杯、勺、猪、狗、鸡等）；铜镜1面；铁器2件（刀、剑）；琉璃耳珰1件。

M21：斜坡墓道土洞双室墓，坐西朝东，由墓道、甬道、墓室三部分组成。葬具、葬式均不详。共出土器物44件，其中陶器42件（壶、罐、仓、灶、釜、甑、井、案、盘碗、耳杯、斗、勺、瓶、猪、狗、鸡等）；铜镜1面；铁灯1件。

（西安市文物保护考古所：《西安东汉墓》，文物出版社，2009年）

6

向阳坊社区

考古发掘

工作时间：2001年1月
建设单位：不详
项目性质：商业（住宅楼）
工作人员：王自力、孙福喜、王磊

位于灞桥区纺织城街办。西南邻纺正街，北邻纺一路，东邻西安电力机械厂。西南角坐标为：东经109°4′，北纬34°16′。发掘的温思暕墓（M1）、温绰夫妇墓（M2）尤为重要，简述如下。

M1（温思暕墓）：斜坡墓道土洞双室墓，

坐北朝南，由墓道、天井、过洞、壁龛、前甬道、后甬道、前墓室、后墓室等部分组成。出土器物256件，有石人、陶俑。志风帽俑、骑马俑、动物俑）、瓷碗、三彩罐、铜镜、铜饰、玉石小件、墓志一合。志盖顶中央阴刻篆文“大周故温府君墓志铭”，志文内用了不少武则天创造的文字等。

M2（温绰夫妇墓）：斜坡墓道土洞墓，由墓道、甬道、墓室等组成，墓向坐北朝南。出土器物有陶俑（天王俑、镇墓兽）、陶罐、木俑及漆木器、铅丝、铜镜、鎏金铜带具、铜带钩、鎏金铜箔、玻璃球、骨器、开元通宝钱币、墓志一合。志盖顶中央阴刻篆文“大唐故左将军宣化府统军温府君墓志”等。根据墓志记载，温绰贞观七年（633年）因病而亡，夫人赵氏咸亨元年（670年）卒。温思暕乃温绰之子，生前被封为上柱国、司农少卿、太中大夫、武周证圣元年（695年）卒。

（西安市文物保护考古所：《西安东郊唐温绰、温思暕墓发掘简报》，《文物》2002年第12期；西安市文物保护考古所编：《唐温绰（夫妇合葬）、温思暕父子墓》，《前进中的西安市文物保护考古所》）

7

灞桥热电公司第二生活区

文物勘探

工作时间：2001年2月
建设单位：灞桥热电公司
项目性质：商业（住宅楼）
工作人员：程林泉、李华强

位于灞桥区席王街办。西邻动力西路，南邻原住宅区，东邻热电公司单身宿舍。西南角坐标为：东经109°3′，北纬34°17′。用地范围呈长方形，地势平坦。

地层堆积，已挖至生土层。

未发现任何文化遗存。

8

五环集团温泉游泳馆

文物勘探

工作时间：2001年11月21日
建设单位：五环（集团）实业有限责任公司
项目性质：商业（住宅楼）
工作人员：王光天、范宏岐、赵亚军

位于灞桥区纺织城街办。五厂十字东约150米处，五环集团苗圃园内，北邻纺五路，南邻金纺佳苑小区。西南角坐标为：东经109°4′，北纬34°16′。用地范围呈长方形，东西长44.0米，南北宽32.0米，勘探面积1500平方米。地势平坦。

地层堆积，已挖至生土层。

共发现古墓道2条，位于南部边缘处，墓道部分及墓室位于红线范围外。墓道南北向，竖井式，残长0.6米，宽1.4米，深1.4米，内填五花土。

9

园丁新村小区9#、10#楼

文物勘探

工作时间：2002年3月10—15日
建设单位：西安市灞桥区城镇建设开发公司
项目性质：商业（住宅楼）
工作人员：王光天、王皓、王峰

位于灞桥区席王街办。北邻长乐东路，西邻纺新街。西南角坐标为：东经109°4′，北纬34°17′。9#、10#楼用地呈长方形，东西长65.0米，宽22.0米，总勘探面积2860.0平方米。地势平坦。

地层堆积，已挖至生土层。

未发现任何文化遗存。

10

常家湾汉墓

考古发掘

工作时间：2002年4月
建设单位：不详
项目性质：其他（田地发现）
工作人员：张小丽、呼安林

位于灞桥区红旗街办。常家湾村东农耕地中，西南角坐标为：东经109°4′，北纬34°10′。发掘东汉墓一座，编号M1，简述如下。

M1：斜坡墓道砖室墓，坐北朝南，由墓道、甬道、墓室三部分组成。葬具、葬式均不详。出土器物35件，另有铜钱26枚（货泉、五铢）。其中陶器34件（壶、罐、樽、灶、甑、盆、井、案、盘、碗、耳杯、斗、勺、猪、狗、鸡等）；铜镜1面。

（西安市文物保护考古所：《西安东汉墓》，文物出版社，2009年）

11

席王办事处代建工程（席王小区）

文物勘探

工作时间：2002年4月24—30日
建设单位：西安市灞桥区城镇建设开发公司
项目性质：商业（住宅楼）
工作人员：王光天、邹亚军

位于灞桥区席王街办。北邻长乐东路，东邻纺新路，南邻纺星一区，西邻新医路。西南角坐标为：东经109°4′，北纬34°16′。用地范围呈直角三角形，用地面积14388.0平方米。地势平坦。

地层堆积1层。扰土层，厚0.1米，机械碾压，土质较硬。此层以下为生土。

未发现任何文化遗存。

12

绕城高速公路（马家沟段）

考古发掘

工作时间：2002年4—5月
建设单位：西安绕城高速建设办公室
项目性质：公共基础建设（道路）
工作人员：杨军凯、冯健、王磊

位于灞桥区红旗街办。马家沟村东，西南角坐标为：东经109°4′，北纬34°15′。发掘唐墓一座，编号M1。

地层堆积3层。第①层：耕土层，厚约0.3米，土色花杂，土质疏松，内含植物根系和现代砖瓦碎块；第②层：扰土层，厚约0.6米，土色深褐，土质较硬，内含少量植物根系和砖瓦碎块；第③层：垆土层，厚约0.6米，土色黑褐，土质坚硬，呈块状结构，内含少量杂物。第③层下为生土层。M1原应开口于②层下。

M1：长斜坡墓道多天井单室土洞墓，坐北朝南，方向186°。墓葬平面呈刀形，由墓道、过洞、天井、壁龛、甬道和墓室组成。随葬器物主要出土于壁龛、甬道和墓室东部。东龛出土均为三彩风帽俑，多已残缺；西龛出土三彩风帽俑、女立俑，单彩动物、模型等；墓室和甬道内出土三彩天王俑、镇墓兽、文官俑、武官俑、骑马俑、文吏俑、牵马（驼）俑、女立俑、马、骆驼，以及陶器、铜器、金银器和墓志。志有“唐故朝议大夫行太州司马阎君墓志铭”“大周朝请大夫行宜州美原县令阎君夫人裴氏墓志铭并序”铭等。棺床南端有一漆盒，仅存漆皮，无法提取。女性头戴冠饰，已散乱。

（西安市文物保护考古研究院：《西安马家沟唐太州司马阎识微夫妇墓发掘简报》，《文物》2014年第10期；杨军凯：《唐阎识微及夫人裴氏墓志考释》，《文物》2014年第10期）

13

砚湾村唐墓

考古发掘

工作时间：2002年6—11月
建设单位：不详
项目性质：配合公安机关调查类（被盗墓）
工作人员：王久刚

位于灞桥区洪庆街办。砚湾村南500米处，西南角坐标为：东经109°8′，北纬34°18′。发掘唐墓1座，简述如下。

墓葬形制为斜坡墓道砖室墓，坐北朝南，由墓道、甬道、墓室三部分组成。出土彩绘陶俑450件，有骑马俑、男立俑、女立俑、动物俑，铁牛3头（公安机关追缴9头，共12头），墓志一合。

墓道、甬道两壁、墓室四壁、墓顶有壁画但因於土塌陷及盗墓爆破而破坏严重。墓道两壁，绘有手持香炉或手捧果盘的侍女，腾云驾雾的青龙、白虎、手持剑戟的武士。甬道、墓室绘有群马，惜剥落殆尽。

根据墓志记载，该墓主人为唐故松漠府都督、幽州节度副史、北平郡王李过折，卒于开元二十三年（735年）。李过折史书有载，他原为契丹军事长官，后诛其酋长而策反归唐，唐王朝对其战功进行封赏。

（西安市文物保护考古所编：《唐北平郡王李过折壁画墓》，《前进中的西安市文物保护考古所》，内部资料）

14

唐华四棉冷冻钻扩建

文物勘探

工作时间：2003年3月28日
建设单位：唐华四棉厂
项目性质：商业（厂房）
工作人员：王光天、范宏岐、田瑞务

位于灞桥区纺织城街办。西邻纺织城西街，南邻纺四路。西南角坐标为：东经109°4′，北纬34°16′。用地范围呈长方形，东西长25.0米，南北宽19.0米，实际勘探面积475.0平方米。地势平坦。

地层堆积，均已挖至生土层。

共发现古井2口。位于基槽西部。平面呈圆形，直径3.0—4.0米，深0.4—0.5米。

15

航天四院三线调迁和高新工程配套

文物勘探

工作时间：2003年4月6日—5月9日
建设单位：航天四院
项目性质：商业（厂房）
工作人员：程林泉

位于灞桥区洪庆街办。砚湾村西，西邻向阳西路，北邻向阳北麓，南邻向阳中路，东邻向阳东路。用地范围呈长方形，实际勘探面积124047.8平方米。地势平坦。

地层堆积2层。第①层：表土层，厚0.3米，土色黄褐，土质疏松；第②层：扰土层，厚3.5米，土色黑褐，土质僵硬。第②层以下为生土。

发现汉唐时期墓葬26座（大冢1座，小型墓葬25座），古窑址1处，古代夯土遗迹1处。墓葬形制有竖穴墓道土洞墓24座，斜坡墓道土洞墓2座。墓向坐北朝南12座，坐东朝西5座，坐西朝东9座。

16

西安东方培训学院（一期）

文物勘探

工作时间：2003年4月9—30日
建设单位：西安东方培训学院
项目性质：公共基础建设（学校）
工作人员：孙福喜

位于灞桥区狄寨街办。水安路东段，张李村东侧，属坡原地带。西南角坐标为：东经

109°5′，北纬34°13′。用地范围呈长方形，实际勘探面积91337.9平方米。地势东高西低。

地层堆积2层。第①层：表土层，厚1.5米，原始坡冲积而成；第②层：扰土层，厚0.6米，土色褐黄，土质较硬，含少量秦汉时期砖瓦残块等物。第②层以下为生土。

发现汉唐墓2座（汉墓1座，唐墓1座）。墓葬形制均为竖穴墓道土洞墓，墓向均为坐东朝西。

17

西康铁路生产生活基地

文物勘探

工作时间：2003年7月2—14日
建设单位：西康铁路建设开发小组
项目性质：商业（房地产）
工作人员：程林泉

位于灞桥区十里铺街办。南邻陇海铁路，西邻酒十路，北邻米家崖村。西南角坐标为：东经109°1′，北纬34°18′。用地范围呈长方形，实际勘探面积3000.0平方米。地势平坦。

地层堆积3层。第①层：表土层，厚0.5米，土色花杂，土质较疏松；第②层：扰土层，深0.5—0.7米，厚0.2米，土色灰黄，土质较疏松，含近现代砖瓦残块等物；第③层：汉唐文化层，深0.7—1.2米，厚0.5米，土色灰黄，土质较疏松，含少量汉唐时期陶片等物。第③层以下为生土。

发现汉代墓葬2座。墓葬形制均为竖穴墓道土洞墓。墓向坐南朝北1座，坐东朝西1座。

18

西安市第三污水处理厂（一期）

文物勘探

工作时间：2003年12月1—18日
建设单位：西安市第三、第四污水处理厂筹建处
项目性质：公共基础建设（水利）
工作人员：孙武、刘军利

位于灞桥区十里铺街办。东邻梆子井村，南邻西康铁路。西南角坐标为：东经109°2′，北纬34°18′。用地范围呈长条形，实际勘探面积90000.0平方米。地势平坦。

地层堆积3层。第①层：表土层，厚0.3米，土色黑褐，土质疏松；第②层：扰土层，深0.3—2.0米，厚1.7米，土色褐黄，土质僵硬；第③层：沙石层，探铲无法通过。

未发现古代文化遗存。

19

民主坊

文物勘探

工作时间：2003年12月22日
建设单位：五环（集团）实业有限责任公司
项目性质：商业（住宅楼）
工作人员：孙福喜、范宏岐

位于灞桥区纺织城街办。北邻纺六路，西邻纺织城西街，南邻纺七路，东邻纺织城正街。西南角坐标为：东经109°4′，北纬34°15′。本次勘探区域为拟建的16#、20#、21#、23#、24#、25#、28#、29#楼的基槽范围。

地层堆积，场地内均已挖至生土层。

未发现任何文化遗存。

20

西安汽车科技专修学院校区、1#公寓楼

文物勘探

工作时间：2004年2月13—23日
建设单位：西安汽车科技专修学院
项目性质：公共基础建设（学校）
工作人员：孙武、崔荣、雷增奇

位于灞桥区狄寨街办。东邻六十二中，西南角坐标为：东经109°6′，北纬34°13′。用地范围呈“L”形，南北长90.0—232.0米，东西宽86.0—164.0米，实际勘探26680.0平方米。1#公寓楼项

目基槽呈长方形，东西长43.2米，南北宽18.0米，实际勘探面积780.0平方米。地势平坦。

地层堆积，已挖至生土层。

未发现古代文化遗存。

21

西安市公交总公司第八分公司

文物勘探

工作时间：2004年2月23—25日
建设单位：西安市公交总公司
项目性质：公共基础建设（交通）
工作人员：孙福喜、雷增气

位于灞桥区纺织城街办。东邻西康铁路，北邻水安路，西邻绕城高速。西南角坐标为：东经109°4′，北纬34°15′。用地范围呈长方形，实际勘探6460.0平方米。地势平坦。

第一探区，平面呈梯形，南北长152.0米，东西宽35.0—50.0米，实际勘探面积约6800.0平方米。

地层堆积2层。第①层：填土层，厚1.5米，土色花杂，土质疏松；第②层：黏土层，深1.5—2.5米，厚1.0米，土色褐红，土质较硬。第②层以下为生土。

第一探区共发现古墓葬1座，秦汉时期竖穴土圹墓，平面呈长方形。

22

骞柳小区

文物勘探

工作时间：2005年4月5—19日
建设单位：西港房地产开发有限公司
项目性质：商业（房地产）
工作人员：程林泉、李乖成

位于灞桥区新筑街办。西邻西港花园，南邻秦汉大道，北邻鹤翔路。西南角坐标为：东经109°1′，北纬34°24′。用地范围呈不规则长方形，实际勘探面积130000.0平方米。地势平坦。

地层堆积3层。第①层：表土层，厚0.3米，土色灰黄，土质疏松；第②层：扰土层，深0.3—1.2米，厚0.9米，土色灰黄，土质较硬，含少量近现代砖瓦残块；第③层：沙层，探铲无法提取。

未发现古代文化遗存。

23

唐代齐璿墓前碑石

考古发掘

工作时间：2005年4月下旬
建设单位：不详
项目性质：其他（村民宅基地）
工作人员：王久刚

位于灞桥区纺织城街办。枣园苏村内，西南角坐标为：东经109°4′，北纬34°16′。

青石龟座位于宅基地中间，面朝南，龟座上部距现地表约1米。清理发掘中在位于龟座左前方发现了碑石，碑首朝南，正面向下，距龟座0.9米。碑为螭首龟座，青石刻成，碑座为独立雕刻而成。碑首圆形，中间有圭形碑额，碑额雕刻螭身缠绕，两后足向上于碑额上部，螭爪托起一圆珠，珠周围刻火焰纹。碑文共34行，每行68字，刻满应为2312字，除去空格79字（磨毁的字不在其内），实刻字数2233个。碑文录文如下：大唐故太中大夫益州大都督府长史赠礼部尚书高阳公齐府君碑铭并序。

（西安市文物保护考古所：《西安市东郊枣园苏村出土唐代齐璿墓前碑石》，《文物》2009年第8期）

24

滨河花园一期（水岸东方一期）

文物勘探

工作时间：2005年7月9—23日
建设单位：陕西广福置业发展有限公司
项目性质：商业（房地产）
工作人员：程林泉、李乖成

位于灞桥区红旗街办。西邻浐河，南邻檀香园小区，东邻东三环，北邻长乐东路。西南角坐标为：东经109°3′，北纬34°16′。用地范围呈长方形，实际勘探面积195000.0平方米。地势平坦。

地层堆积2层。第①层：表土层，厚0.3米，土色灰褐，土质疏松；第②层：扰土层，厚0.4米，土色灰褐，土质疏松，含少量沙粒、植物根系等。第②层以下为生土。

未发现古代文化遗存。

25

西铁公安处灞桥看守所

文物勘探

工作时间：2005年8月4—13日
建设单位：西铁公安处
项目性质：公共基础建设（看守所）
工作人员：袁长江、贾文虎

位于灞桥区狄寨街办。北邻神峪寺沟村，东邻狄寨公路。西南角坐标为：东经109°4′，北纬34°14′。用地范围呈长方形，实际勘探面积12667.3平方米。地势东高西低。

地层堆积2层。第①层：表土层，厚0.3米，土色花杂，土质疏松；第②层：扰土层，厚0.5米，土色花杂，土质较疏松。第②层以下为生土。

未发现古代文化遗存。

26

田洪正街

文物勘探

工作时间：2005年9月22日—10月28日
建设单位：灞桥区建设局
项目性质：公共基础建设（道路）
工作人员：王自力、邹亚军

位于灞桥区洪庆街办。道路南北向，北接长平路，南接祥云路。西南角坐标为：东经109°7′，北纬34°17′。用地范围呈长条形，实际勘探10000.0平方米。地势平坦。

地层堆积1层。厚1.2米，土色花杂，土质疏松，含少量砖瓦残块等物。该层以下为生土。

未发现古代文化遗存。

27

滨河花园二期（水岸东方二期）

文物勘探

工作时间：2005年9月23日—10月2日
建设单位：陕西广福置业发展有限公司
项目性质：商业（房地产）
工作人员：倪志俊、李乖成

位于灞桥区红旗街办。西邻浐河，南邻檀香园小区，东邻东三环，北邻水岸东方一期。西南角坐标为：东经109°3′，北纬34°16′。用地范围呈长方形，实际勘探面积195000.0平方米。地势平坦。

地层堆积2层。第①层：表土层，厚0.3米，土色灰褐，土质疏松；第②层：扰土层，厚0.4米，土色灰褐，土质疏松，含少量沙粒、植物根系等。第②层以下为生土。

未发现古代文化遗存。

28

陕西省对外贸易学校（一期）

文物勘探

工作时间：2005年12月
建设单位：陕西省对外贸易学校
项目性质：公共基础建设（学校）
工作人员：倪志俊、陈宏汕

位于灞桥区狄寨街办。东邻西安汽车科技学院，东南邻大康村。西南角坐标为：东经109°6′，北纬34°13′。用地范围呈长方形，用地面积30000.0平方米。地势东高西低。

地层堆积2层。第①层：表土层，厚0.6米，土色花杂，土质疏松，含少量砖瓦残块等物；第②层：扰土层，厚1.5米，土色深褐，土质较硬，含少量汉代瓦片。第②层以下为生土。

未发现古代文化遗存。

29

东三环C10标段

考古发掘

工作时间：2006年3月8日—5月12日
建设单位：不详
项目性质：公共基础建设（道路）
工作人员：程林泉、王久刚、张小丽

位于灞桥区新筑街办。东邻雾庄村与环城高速，南邻黄邓村，北邻绕城高速公路。西南角坐标为：东经109°3′，北纬34°20′。用地范围呈南北向长条形。

地层堆积4层。第①层：表土层，厚0.3米，土色浅褐，土质疏松，含植物根系；第②层：扰土层，厚0.5米，土色黄褐，土质较紧密；第③层：垆土层，厚0.5米，土色红棕，土质较硬；第④层：生土层，土色黄色，土质较纯净。

发掘古墓葬117座。其中唐墓87座，以小型唐墓为主，唐墓形制主要为短斜坡墓道土洞墓；东汉墓10座，墓葬形制主要为长斜坡墓道砖室墓；隋墓1座；宋墓8座；明墓9座；清墓2座。共出土器物250余件，有陶缸、陶盆、陶灶、陶奁、陶井、陶猪、陶狗、陶鸡、陶俑、陶仓、瓷壶、陶塔式罐、铜镜、铜簪、铁剪、骨梳、铜钱等。

30

十里铺—兵马俑快速干道
(K2+945—K9+800)

文物勘探

工作时间：2006年1月
建设单位：西安市公路管理处
项目性质：公共基础建设（道路）
工作人员：倪志俊、张达宏

起点于灞桥区灞桥街办。西南角坐标为：东经109°5′，北纬34°19′。西安建材工业技术学院西侧，与绕城高速和西韩公路相交，途经建秦有色合金厂、豁口村、中谷中实国家粮食储备库、邵平店村等，终于西安三木化工公司东侧。用地范围呈长条形，长6100.0米，宽37.0米，用地面积225700.0平方米。地势高低起伏差异较大。

地层堆积2层。第①层：表土层，厚0.5米，土色灰黄与黄褐相间，土质较疏松，含近代陶片；第②层：扰土层，厚0.7米，土色褐黄与淡黄相间，土质较密实。第②层以下为生土。

未发现古代文化遗存。

31

唐华六棉光明社区

文物勘探

工作时间：2006年2月23—28日
建设单位：陕西唐华六棉有限责任公司
项目性质：商业（住宅楼）
工作人员：张全民、刘广智

位于灞桥区纺织城街办。东邻绕城高速，北邻纺六路，南邻纺七路，南邻东城尚景小区。西南角坐标为：东经109°4′，北纬34°15′。用地范围呈长方形，用地面积6000.0平方米。地势平坦。

地层堆积，已挖至生土层。

未发现古代文化遗存。

32

贝斯特货运站（一期）

文物勘探

工作时间：2006年5月17—24日
建设单位：陕西贝斯特集团
项目性质：商业（厂房）
工作人员：袁长江、王建生

位于灞桥区席王街办。南邻柳新路，西邻灞瑞二路，北邻灞瑞一路，东邻纺渭路。西南角坐标为：东经109°4′，北纬34°17′。用地范围呈长方形，实际勘探面33333.0平方米。地势平坦。

地层堆积2层。第①层：表土层，厚0.3米，土色灰褐，土质较疏松；第②层：扰土层，厚0.7米，土质较密实，含少量砖瓦垃圾等物。第②层以下为古河床冲积层。

未发现古代文化遗存。

33

米家崖桃花岛（一期）

文物勘探

工作时间：2007年5月

建设单位：西安环岛置业有限责任公司

项目性质：商业（房地产）

工作人员：倪志俊、王建生

位于灞桥区十里铺街办。浐河西岸周家坡村，四面临水。西南角坐标为：东经109°1′，北纬34°17′。用地范围近长方形，用地面积22500.0平方米。地势北高南低。

地层堆积2层。第①层：表土层，厚1.0米，土色花杂，土质疏松；第②层：沙层，探铲无法通过。

未发现古代文化遗存。

34

湖滨东路（华清路—长乐路）

文物勘探

工作时间：2007年7月18日—8月10日

建设单位：西安盛恒房地产开发有限公司

项目性质：基础设施建设（道路）

工作人员：倪志俊

位于灞桥区十里铺街办。浐河东岸，西南角坐标为：东经109°2′，北纬34°16′。用地范围呈长条形。地势平坦。

地层堆积4层。第①层：表土层，厚0.3米，土色花杂，土质疏松；第②层：冲积层，深0.3—0.8米，厚0.5米，土色花杂，含少量瓦片；第③层：淤积层，深0.8—1.3米，厚0.5米，土色花杂，含少量砖块；第④层：沙石层，深1.3—1.8米，厚0.5米。

未发现古代文化遗存。

35

御锦城（一期）

文物勘探

工作时间：2007年7月22日—8月7日

建设单位：盛恒房地产开发有限公司

项目性质：商业（房地产）

工作人员：倪志俊、雷争气

位于灞桥区席王街办。东邻东三环，南邻长乐东路，西邻浐河。西南角坐标为：东经109°2′，北纬34°17′。用地范围近长方形。地势平坦。

地层堆积2层，第①层：表土层，厚0.3米，土色花杂，土质疏松；第②层：扰土层，厚0.4米，土色褐黄，土质较疏松，含植物根系。第②层以下为古河床土层。

未发现古代文化遗存。

36

御锦城（二、三期）

文物勘探

工作时间：2007年8月25日—9月15日

建设单位：盛恒房地产开发有限公司

项目性质：商业（房地产）

工作人员：张翔宇、孙勇

位于灞桥区席王街办。东邻东三环，南邻长乐东路，西邻浐河。西南角坐标为：东经109°2′，北纬34°17′。用地范围呈长方形，用地面积171000.0平方米。地势平坦。

地层堆积2层。第①层：表土层，厚0.3米，土色花杂，土质疏松；第②层：扰土层，厚0.4米，土色褐黄，土质较疏松，含植物根系。第②层以下为古河床土层。

未发现古代文化遗存。

37

二炮工程学院训练场

文物勘探

工作时间：2007年10月26日—11月5日
建设单位：中国人民解放军第二炮兵工程学院
项目性质：公共基础建设（学校）
工作人员：程林泉、王光天、邹亚军

位于灞桥区洪庆街办。东北邻街子村。用地范围呈长方形，用地面积30541.0平方米。地势东高西低。

地层堆积2层。第①层：表土层，厚0.5米，土色花杂，土质疏松，含砖瓦残块、植物根系等；第②层：扰土层，厚0.3米，土色黑褐，土质较硬。第②层以下为生土。

发现古墓葬47座（汉墓28座，其余年代不详）。墓葬形制有竖穴墓道土洞墓37座，斜坡墓道土洞墓10座。墓向坐北朝南32座，坐东朝西11座，坐西朝东3座。

38

翠屏湾

文物勘探

工作时间：2008年3月18日—4月6日
建设单位：西安黄海房地产开发有限公司
项目性质：商业（房地产）
工作人员：李小武、种保民

位于灞桥区十里铺街办。矿山路口南100.0米处，北邻矿山路，西邻老人苍村。西南角坐标为：东经109°1′，北纬34°18′。用地范围呈三角形，用地面积33300.0平方米。地势平坦。

地层堆积2层。第①层：表土层，厚0.5米，土色花杂，土质疏松；第②层：垆土层，厚0.7米，土色黑褐，土质纯净。第②层以下为生土。

未发现古代文化遗存。

文物勘探（补探）

工作时间：2012年2月
建设单位：西安黄海房地产开发有限公司
项目性质：商业（房地产）
工作人员：李小武、种保民

发现古墓葬1座。

考古发掘

工作时间：2012年3月16日
工作人员：李小武

发掘一座墓葬，根据墓葬形制和随葬器物初步断其时代大致在汉代。

39

纺织城公交枢纽站

文物勘探

工作时间：2008年6月11—19日
建设单位：西安市交通总公司
项目性质：公共基础建设（交通）
工作人员：李小武、种保民

位于灞桥区席王街办。南邻纺北路，东邻纺渭路。西南角坐标为：东经108°58′，北纬34°11′。用地范围呈长方形，东西长179.26米，南北宽88.0米，实际勘探面积13566.0平方米。地势较平坦。

地层堆积2层。第①层：表土层，厚0.3米，土色花杂，土质一般；第②层：扰土层，厚3.9米，含少量砖瓦、垃圾、杂土等物。第②层以下为生土。

未发现古代文化遗存。

40

纺织城客运站

文物勘探

工作时间：2008年6月21日—7月9日
建设单位：西安纺织城客运站有限公司

项目性质：公共基础建设（交通）
工作人员：袁长江、种保民

位于灞桥区席王街办。南邻纺北路，东邻纺渭路。西南角坐标为：东经109°4′，北纬34°16′。用地范围呈长方形，用地面积35000.0平方米。地势较平坦。

A区地层堆积2层。第①层：表土层，厚0.3米，土色花杂，土质疏松；第②层：扰土层，厚3.9米，土色杂乱，内含少量砖瓦、炉渣。第②层以下为生土。

B区地层堆积1层。厚0.3米，土色花杂，土质疏松。此层以下为生土。

发现唐墓5座。墓葬形制均为竖穴墓道土洞墓，墓向均为坐北朝南。

41

长乐坡村城改

文物勘探

工作时间：2008年9月5—8日
建设单位：陕西乐源房地产开发有限公司
项目性质：商业（房地产）
工作人员：孙武、李福建

位于灞桥区十里铺街办。长乐坡村南，北邻长乐东路。西南角坐标为：东经109°2′，北纬34°16′。用地范围呈长方形，用地面积8666.7平方米。地势较平坦。

地层堆积3层。第①层：表土层，厚0.2米，土色花杂，土质较硬；第②层：扰土层，厚2.8米，土色杂乱，土质较硬，含砖瓦残块等物；第③层：沙土层，深3.0米以下见，土质纯净。

未发现古代文化遗存。

42

五洲公司厂房

文物勘探

工作时间：2008年9月27日—10月16日
建设单位：陕西五洲钒金属材料科技有限公司
项目性质：商业（厂房）
工作人员：倪志俊、邹亚军

位于灞桥区灞桥街办。西邻西安红旗腾龙管业有限公司，南邻108国道。西南角坐标为：东经109°7′，北纬108°53′。用地范围呈平行四边形，用地面积51333.0平方米。地势较平坦。

地层堆积3层。第①层：表土层，厚0.3米，土色花杂，土质疏松；第②层：扰土层，深0.3—0.8米，厚0.5米，土色花杂，土质结构密实，含少量砖瓦碎块等物；第③层：垆土层，深0.8—1.5米，厚0.7米，土色褐黑，土质较硬。第③层以下为生土。

发现秦汉时期墓葬4座。墓葬形制有竖穴墓道土洞墓3座，竖穴土圹墓1座。墓向南北向2座，东西向2座。

43

陕西省对外贸易学校（中专部）

文物勘探

工作时间：2008年10月25—28日
建设单位：陕西省对外贸易学校
项目性质：公共基础建设（学校）
工作人员：袁长江、种保民

位于灞桥区狄寨街办。狄寨路2028号，西南角坐标为：东经109°6′，北纬34°13′。用地范围呈长方形，用地面积10000.0平方米。地势平坦。

地层堆积1层。厚2.5米，土色花杂，土质疏松，含少量砖瓦残块等物。此层以下为生土。

未发现古代文化遗存。

44

星火村城改周家坡建设（锦城四季）

文物勘探

工作时间：2009年5月24—30日
建设单位：西安市房地产开发总公司
项目性质：商业（房地产）
工作人员：孙武、赵永健

位于灞桥区十里铺街办。矿山路东段，北邻矿山路，西邻翠屏湾楼盘。西南角坐标为：东经109°1′，北纬34°18′。用地范围呈长方形，实际勘探面积13333.33平方米。地势平坦。

地层堆积3层。第①层：表土层，厚0.3米，土色黄褐色，土质疏松；第②层：扰土层，深0.3—0.7米，厚0.4米，土色褐黄，土质较硬；第③层：垆土层，深0.7—1.5米，厚0.8米，土色深褐，土质较硬。第③层以下为生土。

未发现古代文化遗存。

45

纺织企业外迁承接工业园区骨干路网及标准厂房小区

文物勘探

工作时间：2009年7月8—17日
建设单位：西安市纺织城开发建设总公司
项目性质：商业（厂房）
工作人员：程林泉、邹亚军

位于灞桥区洪庆街办。惠西村灞河东岸，属洪庆原汉唐墓葬区范围内。西南角坐标为：东经109°7′，北纬34°17′。用地范围呈长方形，实际勘探面积66866.0平方米。地势较平坦。

地层堆积2层。第①层：表土层，厚0.3米，土色花杂，土质疏松；第②层：冲积层，厚0.7米，土色暗黄，含大量粉沙及细沙。第②层以下为天然沙石层。

未发现古代文化遗存。

46

西安荣宝4S店

文物勘探

工作时间：2009年7月20—23日
建设单位：西安荣宝汽车销售服务有限公司
项目性质：商业（汽车销售）
工作人员：倪志俊

位于灞桥区红旗街办。西邻东三环，东邻半引路，南邻五星村，北邻郭家滩。西南角坐标为：东经109°2′，北纬34°15′。用地范围呈平行四边形，实际勘探面积9900.0平方米。地势平坦。

地层堆积2层。第①层：表土层，厚0.3米，土色灰褐，土质疏松；第②层：扰土层，厚0.2米，土色灰褐，土质较硬。第②层以下为生土。

未发现古代文化遗存。

47

香江湾

文物勘探

工作时间：2009年7月30日—8月8日
建设单位：西安浐灞香江置业有限公司
项目性质：商业（房地产）
工作人员：倪志俊、李乖成

位于灞桥区席王街办。浐灞生态区金融商务区，南邻环岛路，东北邻灞河，西南邻马鞍桥村。西南角坐标为：东经109°4′，北纬34°18′。用地范围呈不规则长方形，实际勘探面积16.22万平方米。地势较平坦。

地层堆积1层。表土层，厚0.3米，土色灰褐，土质疏松，含沙石块、近代砖瓦等物。此层以下为沙层，探铲无法探入。

未发现古代文化遗存。

48

陕西高速公路养护技术研发综合楼及住宅楼

文物勘探

工作时间：2009年8月2—4日
建设单位：陕西高速机械化工程有限公司
项目性质：商业（住宅楼）
工作人员：倪志俊、李乖成

位于灞桥区红旗街办。纺南路西段2号，西邻东三环，北邻咸宁东路。西南角坐标为：东经109°3′，北纬34°15′。用地范围呈扇形，实际勘探面积10000.0平方米。

地层堆积，地表以下为垃圾回填层，以下为生土。

未发现古代文化遗存。

49

通达公司厂房

文物勘探

工作时间：2009年9月19—24日
建设单位：西安通达铁路器材有限公司
项目性质：商业（厂房）
工作人员：程林泉、邹亚军

位于灞桥区洪庆街办。惠西村灞河东岸，纺织城企业外迁承接工业园C区，灞柳二路369号。西南角坐标为：东经109°7′，北纬34°17′。用地范围近正方形，东西长106.0米，南北宽103.0米，实际勘探面积9000.0平方米。地势平坦。

地层堆积3层。第①层：表土层，厚0.3米，土色灰褐，土质疏松，内含少量砖渣、瓷片等物；第②层：冲积层，厚0.5米，土色褐黄，土质较坚硬，内含细沙；第③层：沙石混合层，深0.8米以下可见。

未发现古代文化遗存。

50

永春家居公司厂房

文物勘探

工作时间：2009年9月19—28日
建设单位：陕西永春家居用品有限公司
项目性质：商业（厂房）
工作人员：程林泉、邹亚军

位于灞桥区洪庆街办。惠西村灞河东岸，纺织城企业外迁承接工业园C区。西南角坐标为：东经109°8′，北纬34°15′。日产12000件家居用品项目，用地范围近长方形，实际勘探面积41000.0平方米。地势平坦。

地层堆积2层。第①层：表土层，厚0.3米，土色灰褐，土质疏松，内含少量砖渣、瓷片等物；第②层：扰土层，厚0.3米，土色灰褐，土质疏松，内含少量砖渣、瓷片等物。

未发现古代文化遗存。

51

纺织城地区开发建设公司综合楼

文物勘探

工作时间：2009年9月21—22日
建设单位：灞桥区纺织城地区开发建设公司
项目性质：商业（综合楼）
工作人员：程林泉、邹亚军

位于灞桥区纺织城街办。纺北路西口南侧，西邻华园酒店，北邻纺北路。西南角坐标为：东经109°4′，北纬34°17′。用地范围呈刀形，东西长56.97—78.5米，南北宽35.88—47.85米，实际勘探面积1840.0平方米。地势平坦。

地层堆积1层。厚0.3米，土色花杂，土质坚硬，内含少量砖渣、沙子、碎石等物。此层以下为生土。

未发现古代文化遗存。

52

电厂东路危房改造

文物勘探

工作时间：2009年11月22—25日
建设单位：西安市房地产第三经营公司
项目性质：商业（住宅楼）
工作人员：张翔宇、王纪元

位于灞桥区席王街办。电厂东路3号，西南角坐标为：东经109°3′，北纬34°17′。用地范围呈长方形，南北长64.0米，东西宽50.0米，实际勘探面积2400.0平方米。地势平坦。

地层堆积，已下挖至4.0—5.0米深，均到生土层。

未发现古代文化遗存。

53

商洛地区粮食局驻西安中转站职工住宅楼

文物勘探

工作时间：2010年3月27—28日
建设单位：商洛地区粮食局驻西安中转站
项目性质：商业（住宅楼）
工作人员：郭永淇

位于灞桥区洪庆街办。西邻田洪正街，北邻洪庆税务所，南邻陕西航天医院。西南角坐标为：东经109°7′，北纬34°18′。用地范围呈梯形，南边长55.0米，北边长42.0米，宽54.8米，实际勘探面积2600.0平方米。地块中间为一梯形绿化带，四周为水泥路面和待拆建筑。

地层堆积2层。第①层：表土层，厚0.5米，土色花杂，土质疏松，内含少量杂物；第②层：冲积土层，厚2.5米，土色黄褐、土质较硬。第②层以下为生土。

未发现古代文化遗存。

54

西安华南城一期（424#地）

文物勘探

工作时间：2010年4月15日—5月20日
建设单位：西安华南城有限公司
项目性质：商业（物流中心）
工作人员：倪志俊、孙勇

位于灞桥区新筑街办。新寺村西侧生产路以西，南邻北三环辅道，西邻港务西路。西南角坐标为：东经109°4′，北纬34°22′。用地范围呈长方形，南北长465.0米，东西宽350.0米，实际勘探面积160000.0平方米。地势平坦，西南角有一取土坑。

地层堆积3层。第①层：表土层，厚0.3米，土色花杂，土质疏松；第②层：扰土层，厚0.3米，土色褐黄，土质较疏松，含灰星瓦片；第③层：古河床淤积土层，深0.6—1.2米，厚0.6米，土色浅黄，土质紧密，结构均匀。

未发现古代文化遗存。

55

长乐坡住宅小区

文物勘探

工作时间：2010年5月8—12日
建设单位：西安昆仑工业有限公司
项目性质：商业（房地产）
工作人员：郭永淇

位于灞桥区十里铺街办。南邻省政府家属院，北邻长乐路，东、西均邻平房建筑群。西南角坐标为：东经109°2′，北纬34°16′。用地范围呈梯形，东西长133.8米，南北宽105.0米，实际勘探面积8000.0平方米。地势西高东低。

地层堆积3层。第①层：表土层，厚1.0米，土色灰褐，土质疏松，内含现代砖瓦等物；第②层：冲积层，深1.0—2.2米，厚1.2米，土色暗黄褐，土质较坚硬，内含沙粒、料姜石等物；第③层：沙土层，深2.2—4.2米，厚2.0米，土色浅灰褐，土质疏松，内含大量沙石。

发现古墓葬2座（唐墓1座、1座年代不详）。墓葬形制均为竖穴墓道土洞墓，墓向坐北朝南1座，坐西朝东1座。

56

新寺遗址考古勘探
（西安华南城考古工地）

文物勘探

工作时间：2010年5月15日—7月15日
建设单位：西安国际港务区管委会
项目性质：商业（物流中心）
工作人员：倪志俊、王光天

位于灞桥区新筑街办。港务区用地范围内，西南角坐标为：东经109°3′，北纬34°22′。本次拟勘探范围为新寺村以西，南至北三环辅道，西至西安华南城有限公司华南城一期用地，东至新寺村、北至港务南路（规划路），东西长约646.0米，南北宽约542.0米，勘探面积350184.0平方米。勘探区域地势呈东西向鱼脊状，中间高、南北低。中部区域海拔约为378.0米，北部为早年取土后形成的坑，海拔约376.0米，南部海拔约377.0米，三部分交界处有明显的高度落差。勘探进场时，北部、东南部种植小麦、玉米等农作物和部分林地，西南部区域地表有石子、土堆和临建房，东部为新寺村民宅。

勘探区域地层堆积各区域有所不同，根据地形特征，将勘探区域分为五个区域（Ⅰ、Ⅱ、Ⅲ、Ⅳ、Ⅴ区）。

Ⅰ区堆积1层。本区域由于取土，已形成一大坑，地表较Ⅲ区低约3.0米。为耕土层，厚0.3米，土色花杂，土质疏松，此层以下为生土。

Ⅱ区堆积2层。第①层：表土层，厚0.3米，土色花杂，土质疏松；第②层：汉代文化层，厚1.0—1.2米，土色花杂、土质密实。第②层以下为生土。

Ⅲ区堆积3层。第①层：表土层，厚0.3米，土色花杂，土质疏松；第②层：扰土层，厚0.4米，土色花杂，土质疏松；第③层：汉代文化层，厚0.8—1.3米，土色花杂，土质密实，结构不均匀，含少量灰星、砖瓦残片等。第③层以下为生土。

Ⅳ区堆积3层。第①层：表土层，厚0.3米，土色花杂，土质疏松；第②层：扰土层，厚0.4米，土色花杂，土质疏松；第③层：汉代文化层，厚0.8—1.3米，土色花杂，土质密实，结构不均匀，含少量灰星、砖瓦残片等。第③层以下为生土。

Ⅴ-1区，位于新寺村南部，共堆积2层。第①层：表土层，厚0.3米，土色花杂，土质疏松；第②层：扰土层，厚0.2—1.0米，土色黄褐，结构疏松，含零星碎瓦片。第②层以下为生土。

Ⅴ-2区，位于新寺村北部，堆积2层。第①层：表土层，厚0.3米，土色花杂，土质疏松；第②层：扰土层，厚0.4米，土质灰黑，结构疏松，含零星碎瓦片。第②层以下为生土。

Ⅴ-3区，位于新寺村内，堆积3层。第①层：表土层，厚0.3米，土色花杂，土质疏松；第②层：扰土层，厚0.9米，土色黄褐，结构疏松；第③层：汉代文化层，深1.2—1.8米，厚0.6米，土色花杂，土质密实，结构不均匀，含少量灰星、砖瓦残片等。第③层以下为生土。

发现古代夯土基址及踩踏20处。

考古发掘

工作时间：2010年6月12日—7月23日

建设单位：西安国际港务区管委会

项目性质：商业（物流中心）

工作人员：张翔宇、柴怡

发掘汉代遗址400平方米，出土器物50件。西安华南城考古工地位于西安国际港务区内。东临港务大道，南临北三环，北临灞桥区新筑街道办新寺村，位于新寺遗址西南。

本次试掘共发掘探沟4条。其中G1位于424地块南墙北约80米处，G1为7.0米×2.0米。探沟内可见零星夯土，地层堆积为4层。第①层，耕土层，厚0.1—0.2米；第②层，厚0.5—0.7米，土色褐黄，土质较疏松；第③层，厚0.15—0.2米，灰褐色，土质较硬；第④层为垆土层。

G2位于G1北侧17米，为15.0米×2.0米。东部有一填埋坑，坑以西发现有踩踏面，踩踏面部分被破坏，宽3.3—4.1米，G2北壁4.5米处布置一条与G2垂直的探沟G3。通过G2与G3的试掘，发现贯穿这两个探沟的踩踏面可能为一处南高北低，走向为由东南向西北方向延伸的道路遗迹，在已开挖基槽西南壁可见道路延伸的痕迹。从基槽壁面所反映的剖面情况看，踩踏面可分为上下两层，其中上层踩踏面较薄，厚度约在2.0厘米，下层踩踏面相对较厚，为3.0—8.0厘米，上下两层踩踏面反映该处道路遗迹可能使用时间较长。在1号基槽东北壁，还发现有管道遗迹。管道遗迹有上下两层，其中上层管道较细，直径约在35.0厘米，由南向北贯穿1号与2号基槽间土梁。下层管道较粗，直径约在47厘米，未贯穿土梁。经勘探，未在其他地方发现管道遗迹，可能因为前期施工，管道遗迹被破坏，因此管道遗迹的范围及走向不详。

另在勘探范围内发现若干处填埋坑，发掘其

中三座，出土有板瓦、筒瓦、瓦当及方砖残片，瓦当均残损，可见“长”字样，其中H3发现的一块长条砖上有刻文。

该项目位于新寺遗址西南部，试掘发现的道路、管道遗迹及灰坑，可能与新寺遗址的组成部分或有重要联系。根据发掘及现场采集的遗物分析，该遗址的时代分布相对集中，为我们研究新寺遗址的分布范围与文化属性提供了有力的依据，也为研究新寺遗址的性质提供了重要的材料。

57

风力发电设备生产基地

文物勘探

工作时间：2010年6月10—16日
建设单位：国水投资集团西安风电股份有限公司
项目性质：商业（厂房）
工作人员：倪志俊、王纪元

位于灞桥区红旗街办。纺南路1号，东邻永安路，西邻陕西省红旗水泥制品厂（穆将王村）。西南角坐标为：东经109°4′，北纬34°15′。该用地范围呈南北长方形，为原延河水泥机械厂，属旧厂改造，实际勘探面积25600.0平方米。

地层堆积2层。第①层：表土层，厚4.0米，土色灰褐，土质结构杂乱，土质较疏松；第②层：扰土层，厚0.4米，土质结构杂乱，土质较硬。第②层以下为生土。

未发现古代文化遗存。

58

西北大区物流中心（一期）

文物勘探

工作时间：2010年7月26日—8月16日
建设单位：中国移动通信集团陕西有限公司
项目性质：商业（企业扩建）
工作人员：倪志俊、王纪元

位于灞桥区新筑街办。西安国际港务区港务大道中段东侧，北邻陕西医药物流中心，西邻港务大道。西南角坐标为：东经109°4′，北纬34°23′。该用地范围呈长方形，分为一、二期，两次实施。一期勘探范围长460.0米，宽140.0米。实际勘探面积64400.0平方米。地势平坦。

地层堆积3层。第①层：表土层，厚0.2米，土色灰褐，土质结构杂乱，质地较松；第②层：扰土层，地表下约0.7米，厚约0.5米，土质结构杂乱，土质较硬；第③层：垆土层，地表下约0.9米，厚约0.3米，土色褐红，土质结构密实。第③层以下为生土。

发现汉墓1座，斜坡墓道土洞墓，东西向。

考古发掘

工作时间：2010年9月
建设单位：中国移动通信集团陕西有限公司
项目性质：商业（企业扩建）
工作人员：朱连华

清理汉墓1座，形制为长斜坡墓道前后室砖室墓，被盗严重。出土有陶灶、陶勺、陶鸡、陶案及铜镜、铜钱等。

59

中国航天科技集团第四研究院、第四十三研究所、航天四院四十三所四号工程（二期）

文物勘探

工作时间：2010年8月8—22日
建设单位：中国航天科技集团第四研究院、第四十三研究所、航天四院四十三所
项目性质：公共基础建设（科研楼）
工作人员：翟霖林、邹亚军

位于灞桥区洪庆街办。洪庆原庆华路以东，南邻向阳南路，北邻向阳中路，东邻向阳东路。我们将南部称之为A区，北部称为B区。两区域均为长方形。A区，东西长105米，南北宽68米；B区，东西长300米，南北宽103米。用地范围内的地势较平坦。实际勘探面积51000平方米。

A区地层堆积2层。第①层：杂土层，厚1.5米，土色花杂，土质较硬；第②层：扰土层，厚1.5米，土色浅灰黄褐，土质较硬，内含砖瓦片及灰陶片。第②层以下为生土。

B区地层堆积2层。第①层：表土层，厚1.5米，土色花杂，土质较硬；第②层：扰土层，厚1.5米，土色浅灰黄褐，土质较硬，内含砖瓦片及灰陶片。第②层以下为生土。

未发现古代文化遗存。

60

德蓝公司厂房

文物勘探

工作时间：2010年9月3—17日
建设单位：西安德蓝精密铸造有限公司
项目性质：商业（厂房）
工作人员：朱连华、郭永淇

位于灞桥区洪庆街办。现代纺织产业园区，东邻新纺五路，西邻新纺四路，南邻河滨路，位于灞河东岸的一级台地上。西南角坐标为：东经109°7′，北纬34°16′。西安德蓝精密铸造厂整体搬迁项目，用地范围呈长方形，东西长180.0米，南北宽74.0米，用地面积13320.0平方米，实际勘探面积13320.0平方米。地势较平坦。

地层堆积1层。冲积层，厚0.4—0.5米，土色灰褐，土质较硬。此层以下为沙层。

未发现古代文化遗存。

61

泵阀总厂厂房

文物勘探

工作时间：2010年9月3—20日
建设单位：西安泵阀总厂有限公司
项目性质：商业（厂房）
工作人员：朱连华、郭永淇

位于灞桥区洪庆街办（现代纺织产业园区内）。灞柳二路1369号，东邻新纺五路，西邻新纺四路，南邻河滨路，位于灞河东岸的一级台地上。西南角坐标为：东经109°7′，北纬34°16′。用地范围呈长方形，东西长698.0米，南北宽119.3米，用地面积约83271.0平方米，实际勘探面积83250.0平方米。地势较平坦。

地层堆积1层。厚0.4—0.5米，土色灰褐，土质较硬。此层以下为沙层。

未发现古代文化遗存。

62

官厅供销合作社改造营业设施及职工安置房

文物勘探

工作时间：2010年9月28日—10月10日
建设单位：灞桥区官厅供销合作社
项目性质：商业（房地产）
工作人员：郭永淇、刘天运

位于灞桥区席王街办。电厂西路官厅十字西北角，西南角坐标为：东经109°3′，北纬34°17′。长约120.0米，宽约18.0米，实际勘探面积2400.0平方米。现场地势平坦。

地层堆积3层。第①层：表土层，厚1.0米；第②层：扰土层，深1.0—3.0米，土色为深灰色，土质坚硬；第③层：沙土层。

未发现古代文化遗存。

63

米家崖廉租房（一、二期）

考古发掘

工作时间：2010年10月—2011年9月
建设单位：西安市房地产开发总公司
项目性质：公共基础建设（廉租房）
工作人员：张翔宇、柴怡、赵晶、高博

位于灞桥区十里铺街办。米家崖村南，东邻浐河，西邻酒十路，北距陇海铁路约50.0米。西南角坐标为：东经109°2′，北纬34°17′。该拟用地原为村民自建房拆除后的水泥硬面，经前期文物勘探，在拟用地范围内发现大面积灰层堆积。一、二期拟用地范围位于米家崖遗址南部边缘地区。

四号楼基槽：位于用地北部，北邻陇海铁路约50.0米。发掘面积630.0平方米。发掘灰坑33座，房址3座，窑址1处。F1的修建非常有特色，即在平底上以黄土和碎石子陶渣相间逐层堆积修筑房屋的防潮地面。灰坑内出土有数量较多的陶器残片、兽骨、石器、骨器等，陶器以泥质灰陶为主，纹饰有绳纹、篮纹、戳印纹、附加堆纹等。另外还出土有石斧、石刀、石镞、石簪、骨镞、骨簪等，并出土有大量兽骨及螺壳等。

九号楼基槽：位于四号楼基槽南侧约70.0米，发掘面积650.0平方米。发掘灰坑50座，陶窑3处，沟2条。出土陶器多数残破，以泥质灰陶为主，器形以盆、鬲、罐、瓶等为主，纹饰有绳纹、篮纹、戳印纹、附加堆纹等。

十号楼基槽：位于九号楼基槽东北侧。发掘面积1600.0平方米。发掘灰坑120座，陶窑2处，房址1座。出土陶器以泥质灰陶为主。器形以盆、鬲、罐、瓶等为主，纹饰有绳纹、篮纹、戳印纹、附加堆纹等。

十九号楼基槽：位于十号楼基槽东侧，发掘面积900.0平方米。发掘灰坑99座，陶窑3处，房址4座，墓葬1座。出土陶器形以盆、鬲、罐、瓶等为主，纹饰有绳纹、篮纹、戳印纹、附加堆纹等。另外还出土有骨簪、骨锥、骨质鱼钩、石刀、石铲、石斧、石凿、石镞、陶环、陶纺轮、玉环等器物。

目前，我院与陕西师范大学历史文化学院合作，对该批资料进行整理。

（陕西师范大学历史文化学院、西安市文物保护考古研究院：《陕西西安米家崖遗址2010～2011年度Ⅰ区发掘简报》，《考古与文物》2019年第5期）

64

压锭改造、产能升级、搬迁入园建设用地

文物勘探

工作时间：2010年11月1日—12月10日

建设单位：西安纺织集团有限责任公司

项目性质：商业（企业扩建）

工作人员：郭永淇、李明亮

位于灞桥区洪庆街办。纺织工业园滨河四路1号，西南角坐标为：东经109°6′，北纬34°17′。该地呈不规则形，长约968.0米，宽225.0—820.0米，实际勘探面积425802.0平方米。该地地势为台阶状，北高南低。

地层堆积2层。第①层：表土层，厚约0.3米，土色为浅灰色，土质疏松；第②层：淤积层，深0.3—3.5米，土色红褐，土质较软。第②层以下为生土。

未发现古代文化遗存。

65

枫林九溪A地块

文物勘探

工作时间：2010年11月10日—12月9日

建设单位：西安市高新区枫桦建设开发有限公司

项目性质：商业（房地产）

工作人员：张翔宇、王纪元

位于灞桥区新筑街办。西安国际港务区内，南邻北三环，西邻河堤路，东邻迎宾大道，北邻港务南路。西南角坐标为：东经109°1′，北纬34°21′。用地范围呈长方形，用地面积约8666.7平方米。

地层堆积2层。第①层：表土层，厚0.2米，土色黄褐，土质疏松；第②层：细沙层，距地表深0.2—0.6米，厚0.4米，内含少量砖瓦残片，土质疏松。

未发现古代文化遗存。

66

枫林九溪B、C地块

文物勘探

工作时间：2010年11月10日—12月9日

建设单位：西安市高新区枫桦建设开发有限公司

项目性质：商业（房地产）
工作人员：张翔宇、王纪元

位于灞桥区新筑街办。西安国际港务区内，南邻港务南路，西邻河堤路，东邻迎宾大道，北邻规划路。西南角坐标为：东经109°1′，北纬34°21′。用地范围呈长方形，用地面积约119700.0平方米。

地层堆积2层。第①层：表土层，厚0.2米，土色黄褐，土质疏松；第②层：细沙层，距地表深0.2米，厚0.4米，内含少量砖瓦残片，土质疏松。

未发现古代文化遗存。

67

巴黎大厦

文物勘探

工作时间：2010年11月22—29日
建设单位：西安华田实业有限公司
项目性质：商业（房地产）
工作人员：郭永淇、刘天运

位于灞桥区十里铺街办。酒十路和米秦路十字西南角，西南角坐标为：东经109°1′，北纬34°18′。用地范围呈长方形，长约160.0米，宽约72.0米，实际勘探面积11000.0平方米。场地地势平坦。

地层堆积2层。第①层：表土层，厚约1.0米，内含大量建筑垃圾；第②层：扰土层，深0.2米，土质坚硬，为现代灰土。第②层以下为生土。

发现唐墓1座，墓葬形制为斜坡墓道土洞墓，墓向坐北朝南。

68

中国银行集团客户服务中心

文物勘探

工作时间：2010年11月22日—12月1日
建设单位：中国银行股份有限公司陕西省分行
项目性质：商业（银行）
工作人员：郭永淇、刘天运

位于灞桥区席王街办（浐灞生态区）。环岛路与环二路西南角，西南角坐标为：东经109°3′，北纬34°18′。用地范围呈长方形，长约235.0米，宽约195.0米，实际勘探面积45333.0平方米。勘探进场前地势平坦。

地层堆积3层。第①层：表土层，厚0.3米，土色浅灰，土质疏松；第②层：扰土层，深0.3—0.6米，土色红褐，土质疏松；第③层：沙土层，深0.6米以下见，细沙，纯净。

未发现古代文化遗存。

69

纺厦兴苑

文物勘探

工作时间：2010年11月28日—2011年4月28日
建设单位：西安纺织城商业大厦
项目性质：商业（商厦）
工作人员：杨军凯、邹亚军、刘天运

位于灞桥区纺织城街办。纺正街262号，西南角坐标为：东经109°4′，北纬34°16′。平面呈长方形，南北长约62.0米，东西宽约52.0米，实际勘探面积3100.0平方米。现场地势平坦。

地层堆积2层。第①层：表土层，厚1.0米；第②层：扰土层，厚0.5米，土色深灰，土质较松软。第②层以下为生土。

发现汉唐时期古墓葬14座（汉墓11座、唐墓3座）。墓葬形制均为土洞墓，其中斜坡墓道土洞墓9座，竖穴墓道土洞墓5座。墓向南北向13座，西北—东南向1座。

70

江村古墓

考古调查

工作时间：2006年7月—2009年5月
建设单位：西安市文物保护考古所
项目性质：主动调查、勘探和发掘（考古勘探与试掘）

工作人员：程林泉、韩国河、张翔宇等

位于灞桥区狄寨街办。江村古墓位于东郊白鹿原上。调查及勘探范围大致西至江村、北至仁家坡、东至龙湾、南至金星村。西南角坐标为：东经109°6′，北纬34°14′。

2006年7月西安市文物保护考古所开始对该墓及周围广大区域进行大规模的调查，经过近4年的工作，基本搞清了该墓的形制结构及周围文物遗迹的分布情况。江村古墓的调查采用了群众走访、实地踏查、文物勘探和考古试掘相结合的方式，有计划、分阶段有序进行。通过这次系统调查，我们基本搞清楚了江村古墓的性质及周边区域的文物分布情况。江村古墓是一座有四条长斜坡墓道的“亚”字形大型积炭木椁墓，应是一座帝陵级别的墓葬，其周围分布的大量陪葬坑及东侧的窦皇后陵，这一布局与汉景帝阳陵极其相似，结合相关文献记载，我们认为江村古墓就是汉文帝的霸陵。江村古墓的发现，改变了长期以来一直认为汉文帝霸陵在凤凰咀的错误认识，并且对于文帝以山为陵也有了新的理解。

（详见附录）

第八节 蓝田县

蓝田县，因境内盛产美玉而得名，周礼“玉之美者为蓝”，得名蓝田。位于西安市东南，县境内地形复杂，地貌各异，地势由东南向西北倾斜。最高点位于南部秦岭山脉，最低点位于中部灞河河滩地带。县境东南以秦岭为界，与商洛市洛南县、商州区、柞水县相接；西以库峪河为界，与长安区、灞桥区毗邻；北以骊山为界，与临潼区和渭南市临渭区、华州区接壤。蓝田自古据秦楚大道，有“三辅要冲”之称，是关中通往东南诸省的要道。该区域古遗迹主要有旧石器时代上陈遗址、蓝田猿人，东汉才女蔡文姬墓，“第二敦煌”的壁塑瑰宝水陆庵等。2000—2010年，蓝田县辖蓝关街办1个街办，华胥镇等18个镇。本次共收录49个文物勘探项目和发掘项目（图2-8），各项目情况分述如下。

1

华胥镇张斜村小学教学楼

文物勘探

工作时间：1998年10月28日
建设单位：蓝田县华胥镇张斜村小学
项目性质：公共基础建设（学校）
工作人员：董天清

位于蓝田县华胥镇。南邻福银高速（灞河），西、北邻张家斜村。西南角坐标为：东经109°10′，北纬34°13′。项目范围呈长方形，东西长46.44米，南北宽8.44米，实际勘探面积391.0平方米。地势平坦。

地层堆积，已挖至生土层。

未发现古代文化遗存。

2

华胥镇上许小学教学楼

文物勘探

工作时间：1999年1月7日
建设单位：华胥镇上许小学
项目性质：公共基础建设（学校）
工作人员：王光天、董天清

蓝 田 县

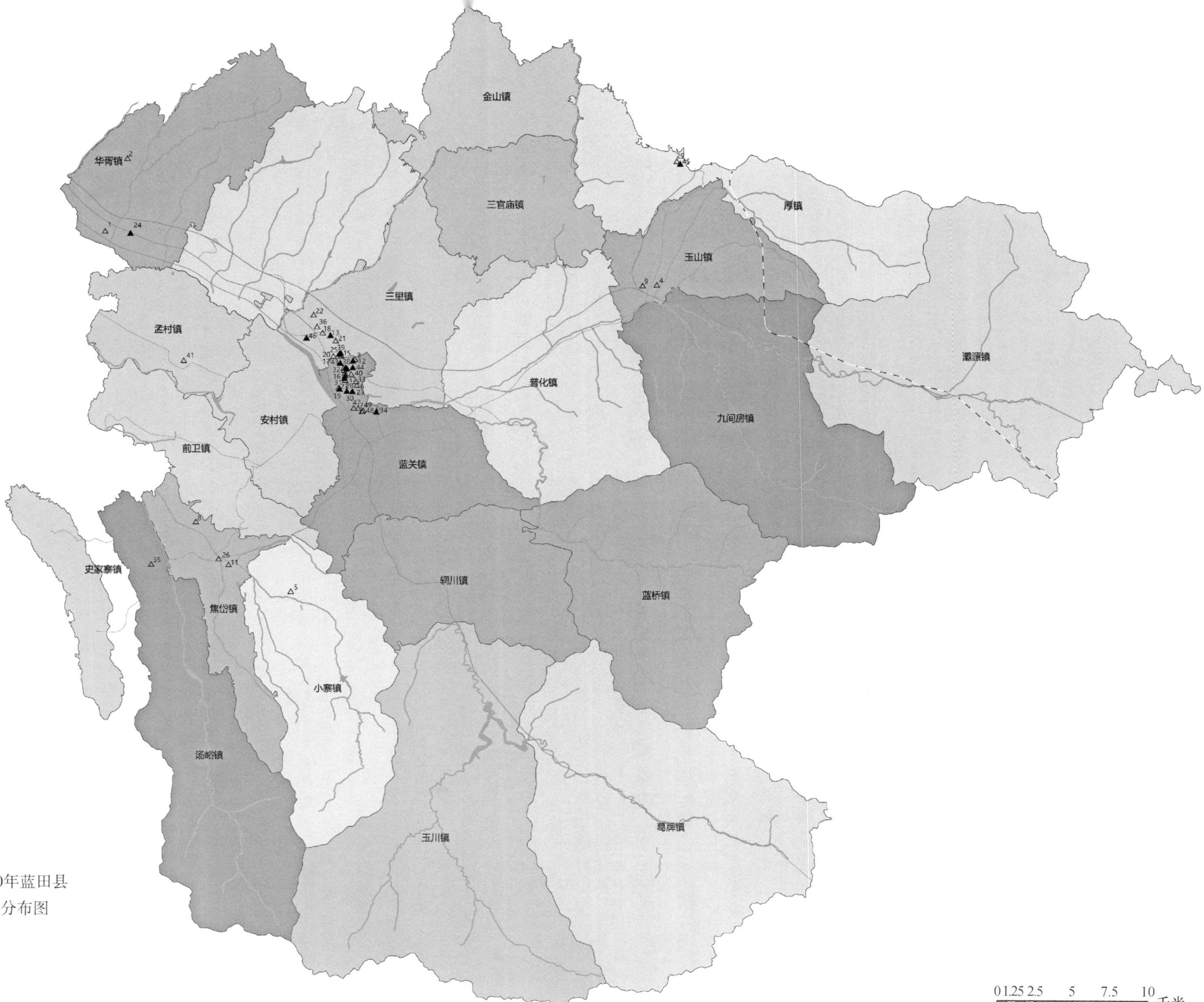

图2-8　2000—2010年蓝田县勘探与发掘项目分布图

位于蓝田县华胥镇。上许村内，西南角坐标为：东经109°11′，北纬34°16′。项目范围呈长方形，东西长33.4米，南北宽7.2米，实际勘探面积240.0平方米，地势平坦。

地层堆积，已挖至生土层（红色土质）。

未发现古代文化遗存。

3

蓝田乳制品厂住宅小区2#楼

文物勘探

工作时间：1999年4月26日

建设单位：蓝田乳制品厂

项目性质：商业（住宅楼）

工作人员：董天清

位于蓝田县蓝关街办。南邻北环路东段，西南角坐标为：东经109°19′，北纬34°10′。2#楼基槽范围呈长方形，东西长36.54米，南北宽13.84米，实际勘探面积505.7平方米。地势平坦。

地层堆积，已挖至生土层。

未发现古代文化遗存。

4

许庙信用社营业楼

文物勘探

工作时间：1999年4月28日

建设单位：蓝田许庙信用社

项目性质：公共基础建设（银行）

工作人员：董天清

位于蓝田县玉山镇。西北邻108省道，南邻许庙饭店。西南角坐标为：东经109°30′，北纬34°12′。项目范围呈不规则长方形，实际勘探面积409.0平方米。地势平坦。

地层堆积，已挖至生土层。

未发现古代文化遗存。

5

鹿原供电站宿办楼

文物勘探

工作时间：1999年5月5日

建设单位：蓝田县小寨建筑公司

项目性质：公共基础建设（供电站）

工作人员：董天清

位于蓝田县小寨镇。西邻顺宇路，西南角坐标为：东经109°17′，北纬34°3′。项目范围呈长方形，东西长37.5米，南北宽9.44米，实际勘探面积354.0平方米。地势平坦。

地层堆积，已挖至生土层。

未发现古代文化遗存。

6

东街小学教学楼

文物勘探

工作时间：1999年5月20日

建设单位：蓝田县东街小学

项目性质：公共基础建设（学校）

工作人员：王光天、董天清

位于蓝田县蓝关街办。西邻东街，南邻西安中药集团蓝田分公司，北邻五金店。西南角坐标为：东经109°19′，北纬34°9′。项目范围呈“L”形，东西长38.0米，南北宽10.0—20.0米，实际勘探面积约460.0平方米。地势平坦。

地层堆积，已挖至生土层。

未发现古代文化遗存。

7

交警大队办公楼

文物勘探

工作时间：1999年5月20日

建设单位：蓝田县交警大队

项目性质：公共基础建设（办公楼）

工作人员：王光天、董天清

位于蓝田县蓝关街办。北邻蓝水路，西邻蓝田县质监局，东邻大寨路。西南角坐标为：东经109°19′，北纬34°8′。项目范围呈长方形，东西长30.4米，南北宽约15.0米，实际勘探面积约450.0平方米。地势平坦。

地层堆积，已挖至生土层。

未发现古代文化遗存。

8

焦岱镇荣家沟小学教学楼

文物勘探

工作时间：1999年11月10日
建设单位：蓝田焦岱镇荣家沟小学
项目性质：公共基础建设（学校）
工作人员：董天清

位于蓝田县焦岱镇。门口为353乡道，西南邻浐河（上游），南邻荣家沟村，东邻大觉寺，西北邻徐家沟。西南角坐标为：东经109°14′，北纬34°5′。用地项目范围呈长方形，东西长45.54米，南北宽8.94米，实际勘探面积127.0平方米。地势平坦。

地层堆积1层。厚0.4—0.6米，土色灰黄，土质较纯，为冲积土层。此层以下为沙土，探铲不过。

未发现古代文化遗存。

9

许庙变电所

文物勘探

工作时间：2000年3月14日
建设单位：蓝田许庙变电所
项目性质：公共基础建设（变电站）
工作人员：董天清

位于蓝田县玉山镇。西南角坐标为：东经109°30′，北纬34°12′。项目范围呈长方形，东西长28.64米，宽9.54米，实际勘探面积273.0平方米。地势平坦。

地层堆积，已挖至生土层。

未发现古代文化遗存。

10

北关中学学生公寓楼、2886实验楼

文物勘探

工作时间：2000年6月29日
建设单位：蓝田县北关中学
项目性质：公共基础建设（学校）
工作人员：董天清

位于蓝田县蓝关街办。南邻建材街，东邻罗马假日酒店。西南角坐标为：东经109°19′，北纬34°10′。公寓楼用地项目范围呈长方形，东西长105.0米，南北宽18.8米，实际勘探面积1006.0平方米。实验楼用地范围呈“L”形，实际勘探面积1130.0平方米。地势平坦。

地层堆积，已挖至生土层。

公寓楼用地共发现古墓葬1座，古井1口。墓葬形制为南北向竖穴墓道土洞墓，总长6.2米，宽1.2米，深1.0米，内填五花土；古井平面呈圆形，直径0.6米，井深2.1米。

实验楼用地未发现古遗存。

11

焦岱镇信用社宿办楼

文物勘探

工作时间：2000年6月29日
建设单位：蓝田焦岱镇信用社
项目性质：公共基础建设（办公楼）
工作人员：董天清

位于蓝田县焦岱镇。南邻中心街，东邻焦岱建材家具城，北邻浐河（上游），西邻焦岱鼎湖幼儿园。西南角坐标为：东经109°15′，北纬34°3′。用地项目范围呈长方形，东西长32.9米，南北宽15.0米，实际勘探面积460.0平方米。地势平坦。

地层堆积1层。厚0.4—0.6米，土色青灰，

土质较纯，为冲积土层。该层以下为沙土，探铲不过。

未发现古代文化遗存。

12

蓝田县印刷厂2#住宅楼

文物勘探

工作时间：2000年7月13日
建设单位：蓝田县印刷厂
项目性质：商业（住宅楼）
工作人员：王光天、董天清

位于蓝田县蓝关街办。北环路1号，南邻北环路东段，东邻沪霍线。西南角坐标为：东经109°19′，北纬34°10′。项目范围呈长方形，东西长39.8米，南北宽约16.0米，实际勘探面积约636.8平方米。地势平坦。

地层堆积，已挖至生土层。

共发现古墓道1条，古井1口。古墓道呈南北向长方形，墓室位于墓道北端（基槽之外），残长4.5米，宽1.0米，深2.0米。古井平面呈圆形，直径1.0—2.6米，井深0.6—2.6米。

13

公路巡逻民警大队工业园区中队办公楼

文物勘探

工作时间：2000年7月20日
建设单位：蓝田县公安局
项目性质：公共基础建设（办公楼）
工作人员：王光天、董天清

位于蓝田县蓝关街办。蓝田县工业园区东北区域，北邻沪霍线，西邻文姬中学。西南角坐标为：东经109°18′，北纬34°10′。项目用地分三个基槽，平面呈“品”字形分布，基槽1位于东北区域，平面呈长方形，长18.2米，宽7.2米；基槽2位于东南区域，平面呈长方形，长18.2米，宽7.2米；基槽3位于西部区域，平面呈长方形，长34.7米，宽10.06米。实际勘探面积共计611.0平方米。地势平坦。

地层堆积，已挖至生土层。

共发现古河道1条。东西走向，宽约20.0米。

14

社会保险事业管理处职工住宅楼

文物勘探

工作时间：2000年11月25日
建设单位：蓝田县社会保险事业管理处
项目性质：商业（住宅楼）
工作人员：王光天、董天清

位于蓝田县蓝关街办。北邻向阳路东段，西邻蓝新路南段。西南角坐标为：东经109°19′，北纬34°9′。项目范围呈长方形，东西长60.4米，南北宽约15.5米，实际勘探面积约936.2平方米。地势平坦。

地层堆积，已挖至生土层。

共发现古井2口。平面呈圆形，直径1.0—2.6米，井深0.6—2.6米。

15

农业机械修造厂2#住宅楼

文物勘探

工作时间：2001年3月10日
建设单位：蓝田县农业机械修造厂
项目性质：商业（住宅楼）
工作人员：王光天、董天清

位于蓝田县蓝关街办。东邻蓝新路中段，南邻青羊路。西南角坐标为：东经109°19′，北纬34°10′。项目范围呈长方形，东西长52.2米，南北宽约12.9米，实际勘探面积约670.0平方米。地势平坦。

地层堆积，已挖至生土层，深1.5米以下见古河床。

未发现古代文化遗存。

16

社会事业保险处办公楼

文物勘探

工作时间：2001年3月10日
建设单位：蓝田县社会事业局
项目性质：公共基础建设（办公楼）
工作人员：王光天、董天清

位于蓝田县蓝关街办。蓝新路南段9号，西南角坐标为：东经109°19′，北纬34°9′。项目范围呈长方形，东西长29.7米，南北宽约15.1米，实际勘探面积约450平方米。地势平坦。

地层堆积，场地内已挖至生土。

共发现古井10口。平面呈圆形，直径1.0—1.8米，深1.5—3.0米。

17

畜牧兽医技术服务中心

文物勘探

工作时间：2001年3月20日
建设单位：蓝田县畜牧兽医技术服务中心
项目性质：商业（服务中心）
工作人员：王光天、董天清

位于蓝田县蓝关街办。北邻北环路东段，南邻润佳小区。西南角坐标为：东经109°19′，北纬34°9′。项目范围呈长方形，东西长44.0米，南北宽约18.0米，实际勘探面积约792.0平方米。地势平坦。

地层堆积，已挖至生土层。

未发现古代文化遗存。

18

工业园电力开闭所办公楼

文物勘探

工作时间：2001年3月29日
建设单位：蓝田县工业园区电力开闭所
项目性质：商业（办公楼）
工作人员：王光天、董天清

位于蓝田县蓝关街办。蓝田工业园区内，北邻白杨路，东邻蓝田县供电局。西南角坐标为：东经109°18′，北纬34°10′。项目范围呈“L”形，东西长26.6米，南北宽9.7—17.5米，实际勘探面积约310.0平方米。地势平坦。

地层堆积2层。第①层：耕土层，厚0.3—0.4米，土色花杂，土质松散，内含植物根系；第②层：黏土层，厚0.5—0.7米，土色褐红，土质纯净，结构均匀。第②层以下为生土。

未发现古代文化遗存。

19

西寨住宅小区2#楼

文物勘探

工作时间：2001年5月10日
建设单位：蓝田县房地产开发有限公司
项目性质：商业（住宅楼）
工作人员：王光天、董天清

位于蓝田县蓝关街办。西邻灞河（沪陕高速），南邻西寨村，东邻长坪路中段，北邻工农路。西南角坐标为：东经109°19′，北纬34°9′。项目范围呈长方形，东西长27.7米，南北宽约12.0米，实际勘探面积约332.4平方米。地势平坦。

地层堆积，已挖至生土层，深1.5米以下见古河床。

未发现古代文化遗存。

20

国税新村家属院内综合楼

文物勘探

工作时间：2001年5月10日
建设单位：蓝田县国税局
项目性质：商业（住宅楼）
工作人员：王光天、董天清

位于蓝田县蓝关街办。南邻青羊路，东邻

经济技术小区，北邻青羊庄幼儿园。西南角坐标为：东经109°19′，北纬34°10′。项目范围呈长方形，东西长38.7米，南北宽约8.7米，实际勘探面积约3336.0平方米。地势平坦。

地层堆积，已挖至生土层。

未发现古代文化遗存。

21 人民银行住宅楼

文物勘探

工作时间：2001年6月28日
建设单位：蓝田县社会保险事业管理处
项目性质：商业（住宅楼）
工作人员：王光天、董天清

位于蓝田县蓝关街办。北邻温泉路，东邻沪霍线，南邻城北小区。西南角坐标为：东经109°19′，北纬34°10′。项目范围呈长方形，东西长55.4米，南北宽约19.0米，实际勘探面积约1053.0平方米。地势平坦。

地层堆积，已挖至生土层。

未发现古代文化遗存。

22 五里头小学教学楼

文物勘探

工作时间：2001年8月31日
建设单位：蓝田县三里镇乡五里头小学
项目性质：公共基础建设（学校）
工作人员：王光天、董天清

位于蓝田县三里镇。五里头村内，南邻三五路，北邻沪陕高速，东邻五羊路，西邻靳家湾村。西南角坐标为：东经109°18′，北纬34°11′。项目范围呈长方形，东西长44.3米，南北宽约8.3米，实际勘探面积约368.0平方米。地势平坦。

地层堆积，已挖至生土层。

未发现古代文化遗存。

23 中医医院门诊楼

文物勘探

工作时间：2001年9月17日
建设单位：蓝田县中医医院
项目性质：公共基础建设（医院）
工作人员：王光天、董天清

位于蓝田县蓝关街办。东邻西街，南邻瑞兴商行，西邻公路新村小区。西南角坐标为：东经109°19′，北纬34°9′。项目范围近正方形，南北长约18.4米，东西宽16.8米，实际勘探面积约309.1平方米。地势平坦。

地层堆积，不详。

共发现古井1口，平面呈圆形，直径1.2米，深3.2米。

24 华胥镇政府宿办楼

文物勘探

工作时间：2001年11月3日
建设单位：华胥镇政府
项目性质：公共基础建设（办公楼）
工作人员：王光天、董天清

位于蓝田县华胥镇。镇政府院内，北邻101省道。西南角坐标为：东经109°11′，北纬34°13′。项目范围呈长方形，东西长43.5米，南北宽约9.3米，实际勘探面积约410.0平方米。地势平坦。

地层堆积，已挖至生土层。

共发现古井1口。平面呈圆形，直径1.0米，深1.3米。

25 三建司学生公寓楼

文物勘探

工作时间：2001年11月10日

建设单位：蓝田县三建司
项目性质：公共基础建设（学校）
工作人员：董天清

位于蓝田县城关街办。北邻北关实验中学，东邻罗马假日酒店，南邻建材街。西南角坐标为：东经109°19′，北纬34°10′。用地项目呈长方形，东西长58.0米，南北宽19.5米，实际勘探面积678.0平方米。地势平坦。

地层堆积，已挖至生土层。

共发现古墓道1条，南北向，长2.0米，宽1.0米，深1.2米，内填五花土。

26

焦岱镇地税办公楼

文物勘探

工作时间：2001年11月20日
建设单位：蓝田县鼎湖建筑队
项目性质：公共基础建设（办公楼）
工作人员：董天清

位于蓝田县焦岱镇。北邻浐河，南邻中心街，西邻107省道。西南角坐标为：东经109°14′，北纬34°4′。用地项目呈长方形，东西长31.2米，南北宽11.65米，实际勘探面积363.0平方米。地势平坦。

地层堆积1层。厚0.7米，土色黑黄，土质较纯，含水率较高。此层以下为沙土，探铲不过。

未发现古代文化遗存。

27

城关人民审判庭楼

文物勘探

工作时间：2001年11月20日
建设单位：蓝田县城关人民法院
项目性质：公共基础建设（审判楼）
工作人员：董天清

位于蓝田县城关街办。北邻文化路，西邻蓝新路中段，东邻向文巷。西南角坐标为：东经109°19′，北纬34°9′。用地项目范围呈“L”形，东西长21.8米，南北宽10.3—16.2米，实际勘探面积380.0平方米。地势平坦。

地层堆积，已挖至生土层。

共发现古墓葬1座，竖穴土坑墓，南北向，长2.0米，宽1.0米，深0.7米。

28

蓝田县房地产开发有限公司住宅楼

文物勘探

工作时间：2002年2月26日
建设单位：蓝田县房地产开发有限公司
项目性质：商业（住宅楼）
工作人员：王光天、董天清

位于蓝田县蓝关街办。蓝新路3号，西南角坐标为：东经109°19′，北纬34°9′。本次勘探1#楼基槽、2#楼基槽。1#楼基槽范围呈长方形，东西长34.0米，南北宽15.2米，实际勘探面积516.8平方米，地势平坦；2#楼基槽范围呈长方形，东西长34.0米，南北宽15.8米，实际勘探面积537.0平方米，地势平坦。

地层堆积，已挖至生土层。

未发现古代文化遗存。

29

厚镇乡中心小学教学楼

文物勘探

工作时间：2002年3月22日
建设单位：厚镇乡中心小学
项目性质：公共基础建设（学校）
工作人员：王光天、董天清

位于蓝田县厚镇乡。北邻107省道，西南角坐标为：东经109°31′，北纬34°15′。用地范围呈长方形，东西长57.8米，南北宽17.9米，实际勘探面积951.94平方米。地势平坦。

地层堆积共2层。第①层：表土层，厚0.4

米，土色花杂，土质松散；第②层：扰土层，厚0.8—1.0米，土色褐红，土质坚硬，部分区域含料姜石。第②层以下为生土层。

未发现古代文化遗存。

30

燃料公司商住楼

文物勘探

工作时间：2002年5月2日
建设单位：蓝关镇建筑公司
项目性质：商业（商业楼）
工作人员：王光天、董天清

位于蓝田县蓝关街办。东邻白鹿路，北邻长坪路（蓝田交通征费稽查所），南邻燕波电线公司。西南角坐标为：东经109°19′，北纬34°9′。用地范围呈长方形，东西长74.34米，南北宽11.3米，实际勘探面积840.0平方米。地势平坦。

地层堆积，已挖至生土层。

共发现古墓葬7座，古井1口。墓向均为南北向，长2.3—2.4米，宽1.0—1.3米，深0.2—1.3米。古井平面呈圆形，直径1.0米，深3.0米。

31

西寨小区3#住宅楼

文物勘探

工作时间：2002年6月13日
建设单位：陕西信德公司
项目性质：商业（房地产）
工作人员：王光天、董天清

位于蓝田县蓝关街办。北邻工农路，东邻长坪路中段，西南邻南寨村。西南角坐标为：东经109°19′，北纬34°9′。用地范围呈长方形，东西长37.5米，南北宽19.0米，实际勘探面积711.0平方米。地势平坦。

地层堆积共1层。黑土层，厚0.5—0.8米，土质坚硬。此层以下为生土层。

共发现古墓葬13座，墓葬形制均为东西向竖穴土坑墓，长2.3—2.5米，宽1.3—1.8米，深度不详。

32

财政局综合办公楼

文物勘探

工作时间：2002年6月15日
建设单位：蓝田县三里镇建筑公司
项目性质：公共基础建设（行政楼）
工作人员：王光天、董天清

位于蓝田县蓝关街办。北邻向阳路东段，东邻恒盛购物广场，东邻华庭酒店。西南角坐标为：东经109°19′，北纬34°9′。用地范围呈长方形，东西长28.1米，南北宽14.4米，实际勘探面积404.6平方米。地势平坦。

地层堆积，已挖至生土层。

未发现古代文化遗存。

33

剧院商业1#楼

文物勘探

工作时间：2002年7月11日
建设单位：蓝关镇建司第四项目部
项目性质：商业（商业楼）
工作人员：王光天、董天清

位于蓝田县蓝关街办。南邻县门街，西邻县政府。西南角坐标为：东经109°19′，北纬34°9′。用地范围呈长方形，东西长42.0米，南北宽9.5米，实际勘探面积400.0平方米。地势平坦。

地层堆积2层。第①层：杂填土层，厚0.3—0.4米，土色花杂，土质疏松，内含少量砖瓦块；第②层：冲积层，土质较纯。第②层以下为沙层（古河床）。

未发现古代文化遗存。

34

职业教育中心教学实验楼

文物勘探

工作时间：2002年7月28日
建设单位：蓝田县蓝关镇建筑工程公司
项目性质：公共基础建设（学校）
工作人员：王光天、董天清

位于蓝田县蓝关街办。东邻滋水路，北邻蓝水路，南邻陕西航天技术学院。西南角坐标为：东经109°20′，北纬34°8′。项目用地范围呈“L”形，实际勘探面积557.0平方米。地势平坦。

地层堆积，已挖至生土层。

共发现古墓葬1座，古井1口。M1平面呈长方形，总长2.5米，宽1.4米，深1.1米，内填五花土、淤土。J1平面呈圆形，直径1.2米，深2.8米。

35

洪家寨变电所家属楼

文物勘探

工作时间：2002年10月16日
建设单位：蓝田县鼎湖建筑队
项目性质：商业（住宅）
工作人员：王光天、董天清

位于蓝田县汤峪街办。洪家寨村，东邻108省道，北邻107省道。西南角坐标为：东经109°12′，北纬34°4′。项目用地范围呈“L”形，实际勘探面积560.0平方米。地势平坦。

地层堆积，已挖至生土层，部分区域1.2米下见古河床。

未发现古代文化遗存。

36

西威铝业厂房

文物勘探

工作时间：2002年11月4日
建设单位：西安市西威铝业有限公司
项目性质：商业（厂房）
工作人员：王光天、邹亚军

位于蓝田县蓝关街办。蓝田工业园，西邻四贤路，北邻文姬路。西南角坐标为：东经109°18′，北纬34°11′。拟建氧化车间1080.0平方米，挤压车间2590.0平方米，熔铸车间780.0平方米，办公楼580.0平方米。地势平坦。

地层堆积3层。第①层：耕土层，厚0.3米，土色花杂，有植物根系；第②层：扰土层，厚0.3米，土色褐黄，土质疏松；第③层：冲积土层，厚0.2—0.3米，土色灰黄，含少量沙粒等。

未发现古代文化遗存。

37

粮贸公司商住楼

文物勘探

工作时间：2002年11月24日
建设单位：蓝田县粮贸公司
项目性质：商业（住宅）
工作人员：王光天、董天清

位于蓝田县蓝关街办。西邻蓝新路中段，西南角坐标为：东经109°19′，北纬34°9′。用地范围呈长方形，东西长52.6米，南北宽17.4米，实际勘探面积676.8平方米。地势平坦。

地层堆积，已挖至生土层。

未发现古代文化遗存。

38

农业综合开发服务楼

文物勘探

工作时间：2002年11月24日
建设单位：蓝田县农业局
项目性质：公共基础建设（办公楼）
工作人员：王光天、董天清

位于蓝田县蓝关街办。西邻蓝新路中段，西南角坐标为：东经109°19′，北纬34°9′。用地范围呈长方形，东西长44.8米，南北宽18.4米，实际勘探面积575.0平方米。地势平坦。

地层堆积1层。黑土层，厚0.8—1.2米，土色黑色，土质坚硬。此层以下为生土层。

未发现古代文化遗存。

39

北关小学

文物勘探

工作时间：2003年1月6日
建设单位：蓝田县北关小学
项目性质：公共基础建设（学校）
工作人员：王光天、董天清

位于蓝田县蓝关街办。南邻北环路西段，西邻蓝丰家园小区，北邻蓝田县环境卫生管理站，东邻蓝新路中段。西南角坐标为：东经109°19′，北纬34°10′。用地范围呈“L”形，实际勘探面积941.6平方米。地势平坦。

地层堆积，均已挖至生土层。

共发现古墓道1条。东西向，墓室位于基槽外，墓道平面呈长方形，长2.0米，宽1.9米，深2.7米，内填虚土。

40

蓝田宾馆会议中心

文物勘探

工作时间：2003年5月8日
建设单位：蓝田人民政府办公室
项目性质：商业（宾馆）
工作人员：王光天、董天清

位于蓝田县蓝关街办。北邻向阳路，西邻体育路，南邻城关中学，东邻新城路。西南角坐标为：东经109°19′，北纬34°9′。用地范围呈长方形，东西长35.0米，南北宽7.5—32.0米，实际勘探面积1000.0平方米。地势平坦。

地层堆积，均已挖至生土层。

未发现古代文化遗存。

41

孟村中学教学楼

文物勘探

工作时间：2003年5月8日
建设单位：蓝田县孟村中学
项目性质：公共基础建设（学校）
工作人员：王光天、董天清

位于蓝田县孟村镇。北邻水安路，西邻胡家村。西南角坐标为：东经109°13′，北纬34°10′。用地范围呈长方形，东西长50.8米，南北宽13.5米，实际勘探面积685.0平方米。地势平坦。

地层堆积，均已挖至生土层。

未发现古代文化遗存。

42

城关农行分理处办公楼

文物勘探

工作时间：2003年5月20日
建设单位：农业银行蓝田分公司
项目性质：公共基础建设（银行）
工作人员：王光天、董天清

位于蓝田县蓝关街办。蓝新路南段，南邻新民街西段，东邻体育路。西南角坐标为：东经109°19′，北纬34°9′。用地范围呈长方形，东西长32.0米，南北宽14.0米，实际勘探面积450平方米。地势平坦。

地层堆积，均已挖至生土层。

共发现古井4口。平面呈圆形，直径1.2—1.4米，深1.8—6.5米。

43

田家炳中学教学综合楼、教师宿舍楼

文物勘探

工作时间：2004年4月17—19日
建设单位：西安市田家炳中学

项目性质：公共基础建设（学校）
工作人员：王光天、董天清

位于蓝田县蓝关街办。南邻文化路，西邻蓝新路中段，北邻北环路。西南角坐标为：东经109°19′，北纬34°9′。教学楼用地范围呈长方形，东西长35.0米，南北宽23.0米，实际勘探面积8000.0平方米。教师宿舍楼范围呈长方形，东西长54.4米，南北宽21.5米，实际勘探面积1186.0平方米。地势平坦。

地层堆积1层。厚3.0米，土色花杂，土质疏松，含砖瓦残块。此层以下为生土。

教学楼用地未发现古代文化遗存。

教室宿舍楼用地发现古井1口，平面呈圆形，直径1.2米，深7.0米。

44

蓝田县医院传染病楼

文物勘探

工作时间：2004年11月3—7日
建设单位：蓝田县医院
项目性质：公共基础建设（医院）
工作人员：袁长江、徐西平

位于蓝田县蓝关街办。南邻文化路，西南角坐标为：东经109°19′，北纬34°9′。用地范围呈长方形，实际勘探900.0平方米。地势平坦。

地层堆积，均已挖至生土层。

发现汉墓7座。形制有竖穴墓道土洞墓6座，斜坡墓道砖室墓1座。墓向均坐东朝西。

45

省道107（蓝田县厚镇—长安区太乙宫）

文物勘探

工作时间：2006年7月
建设单位：西安市公路工程管理处
项目性质：公共基础建设（道路）
工作人员：张宏达

该路段起于蓝田县厚镇。西南角坐标为：东经109°31′，北纬34°15′。终于长安区太乙宫。途经蓝田县厚镇、玉山镇、普化镇、焦岱镇、骆驼岭、公王岭、将军岭、长安区引镇、王莽乡等地，路线全场70.2千米。

河流经过区域，地层堆积大多为河漫滩地或古河床，局部有黄土分布。其地层结构表现为黄土状土、淤泥沙层，深0.5—1.2米，土色灰黄。

黄土层区域，地层堆积2层。第①层：表土层，深0.3—0.5米，土色花杂，土质疏松，含近现代砖瓦陶片等物；第②层：扰土层，深0.5—1.2米，厚0.7米，含有较多的灰色陶瓷残片。第②层在兰辋公路两侧，姚源村区（K7+400米—K18+50米）、焦岱镇桃花岭区（K30+800米—K32+320米）、汤峪区（K33+840米—K35+600米）有较明显的反应。第②层以下为生土。

发现秦汉唐时期古墓葬23座（秦汉墓10余座，隋唐墓10余座），古窑址1处。墓葬形制有斜坡墓道1条，竖穴土圹墓1座，竖穴墓道土洞墓7座，斜坡墓道土洞墓14座。墓向坐西朝东10座，坐北朝南3座，坐南朝北8座。

46

五里头村吕氏家族墓葬区

文物勘探

工作时间：2007年12月19日—2008年3月25日
工作单位：陕西省考古研究院、西安市文物保护考古所
项目性质：配合公安机关调查（被盗墓）
工作人员：许自然等

位于蓝田县三里镇。五里头村四组农耕地北部，西邻五里头村砖瓦厂，北距柿园村约500.0米。西南角坐标为：东经108°58′，北纬34°11′。实际勘探面积158000.0平方米。地势平坦。

地层堆积14层。第①层：表土层，厚0.35米，土色黄褐，土色疏松；第②层：扰土层，厚1.7米，土色深黄褐，土色较疏松；第③层：黑垆土层，厚0.5米，土色黑褐色，土质较密，含少量沙砾等物；第④层：红褐色土层，厚0.2—

0.3米，土质较密；第⑤层：黄土层，厚2.5—3.0米，南浅北深，土质较疏松，有层理，但不明显，内含少量沙砾等物；第⑥层：黑胶泥层，厚0.5米，土色黑褐，结构紧密，土质较硬，带黏性；第⑦层：钙质姜结石层，厚0.15—0.2米，土色浅黄，零星分布，结构密实；第⑧层：黄土层，厚1.6—1.8米，土色褐黄，土质较疏松，含少量根系等物；第⑨层：红胶泥层，厚0.8—1.0米，土质细密，未见层理，湿陷性微硬；第⑩层：钙质姜结石层，厚0.2—0.3米，土色浅黄，石质较硬；第⑪层：黄土层，厚2.0米，土色深黄，含微量红氧化铁斑点；第⑫层：钙质姜结石层，厚0.15—0.2米，土色浅黄，石质较密；第⑬层：褐红色土层，厚1.5—2.0米，土色褐红，土质紧密至坚硬，较均匀，未见层理；第⑭层：钙质结核层，以下未穿透。

发现宋墓9座，汉墓10座，沟2条。墓葬形制有刀把形竖穴墓道土洞墓17座，斜坡墓道土洞墓2座。墓向坐北朝南17座，坐南朝北1座，坐西北朝东南1座。

考古发掘

工作时间：2006年12月—2009年12月

建设单位：陕西省考古研究院、西安市文物保护考古所

项目性质：配合公安机关调查（被盗墓）

工作人员：张蕴、刘思哲、张小丽、王久刚等

该地区地层堆积9层。第①层为耕土层；第②层为扰土层；第③层为保存的宋代地面，墓道皆开口于该层面之上。第③层下为不同时期、不同颜色的原生黄土堆积。第⑨层距地表深约9.5米，为钙结石堆积层，夹杂大量卵石。距地表约11.0米深处为密集钙结石层，大量石块叠压交错形成厚0.2—0.3米的板结层，勘探时探铲不能穿过。现将发掘情况简述如下。

1. 古墓葬：共计清理古墓葬29座，其中成人墓20座，婴幼儿墓9座。墓葬方向为北偏东，深8.5—15.5米。均为竖穴墓道、平顶或拱顶土洞墓室，墓道东、西两壁设三角形踏窝各一排，供上下墓室使用。

2. 兆沟：东兆沟具有排泄自然水流的作用，这也是墓地兆沟的主要功能之一；西兆沟解剖点位于沟南部，探沟尺寸同东沟探沟。经发掘，东、西两壁平缓有坍塌，现沟宽8.5、深0.7米。包含物少，沟底有细沙层；北兆沟解剖点位于正中偏东处，探沟呈南北向横切沟体。北兆沟保存状况最好，沟口宽5.0、深1.7米。南、北两壁基本完整，沟底面较硬，未见明显沙层。包含物仍显稀少。

3. 家庙遗址：吕氏家庙位于墓园正南方500.0米处，该区域现已为五里头小学占用。家庙整体为坐北向南三进院砖木结构，修筑讲究、雕梁画栋，前有门庭、中有正堂、后为四合院。占地10亩，遗址堆积厚达1米。

4. 出土遗物：共计655件（组），包括陶、瓷、石、铜、铁、锡、银、金、漆、骨及珠贝类，皆为实用器。陶器数量较少，以灰陶罐、铲形灰陶砚为主。瓷器数量多、品相好，以陕西铜川耀州窑青釉瓷为主。骊山石器是每座墓葬中必出的极具地域特点的物品。

（陕西省考古研究院：《陕西蓝田县五里头北宋吕氏家族墓地》，《考古》2010年第8期）

47

蓝水新城（天鹅湖一期）

文物勘探

工作时间：2008年12月25—30日

建设单位：陕西伟丰置业有限公司

项目性质：商业（房地产）

工作人员：倪志俊、邹亚军

位于蓝田县蓝关街办。大寨村西北部，西南角坐标为：东经109°19′，北纬108°54′。用地范围呈长方形，用地面积24051.0平方米。地势平坦。

地层堆积3层。第①层：表土层，厚0.2米，土色灰黄，土质疏松；第②层：淤泥层，深0.2—0.5米，厚0.3米，土色黑褐，土质较硬，属古河道流经区域；第③层：原始河床土层，深0.5—0.8米，土色泛白，结构均匀。

未发现古代文化遗存。

48

蓝水新城（二组团）

文物勘探

工作时间：2009年9月21—28日
建设单位：陕西伟丰置业有限公司
项目性质：商业（房地产）
工作人员：程林泉、邹亚军

位于蓝田县蓝关街办。南邻蓝水路及大寨村，西邻新城小区一组团。西南角坐标为：东经109°20′，北纬34°8′。该用地范围呈长方形，东西长279.44米，南北宽146.92米，实际勘探面积34000.0平方米。地势较平坦。

地层堆积3层。第①层：表土层，厚0.3米，土色灰褐，土质疏松，含少量沙石、砖渣等物；第②层：冲积土层，深0.3—0.8米，厚0.5米，土色呈黄褐色，土质较坚硬，结构均匀，内含少量粉沙；第③层：沙石层，深0.8米以下为古河道砂石层，结构均匀密实。

未发现古代文化遗存。

49

蓝水新城（三组团）

文物勘探

工作时间：2010年8月15—28日
建设单位：陕西伟丰置业有限公司
项目性质：商业（房地产）
工作人员：朱连华、邹亚军、段乐顺

位于蓝田县蓝关街办。南邻蓝水路及大寨村，西邻新城小区一组团，南邻蓝水路及大寨村，西邻新城小区二组团。西南角坐标为：东经109°20′，北纬34°8′。该用地范围呈长方形，东西长240.0米，南北宽113.0米，实际勘探面积27000.0平方米。勘探时地面南高北低，地表有少量的沙石及垃圾堆。

地层堆积3层。第①层：表土层，厚0.3米，土色花杂，土质疏松；第②层：原始古河道冲积层，深0.3—0.8米，厚0.5米，土色呈黑褐色；第③层：沙石层，深0.8米以下为古河道沙石层，结构均匀密实。

未发现古代文化遗存。

第九节　临　潼　区

临潼区，其名源自境内东临、西潼二河之名。位于西安东部，地貌按形态来分，山、川、台、原俱全，属于构造地貌。最高点位于东南部骊山地区，最低点中部渭河滩上。区境南接蓝田县，北接阎良区，西北接连咸阳市三原县，西接高陵县，东接渭南市临渭区，西南与灞桥区为界。临潼区境内历史遗产众多，有仰韶时期的姜寨遗址、烽火戏诸侯的骊山、鸿门宴的新丰镇鸿门堡、秦始皇陵、唐华清池及西安事变兵谏亭等。2000—2010年，临潼区辖张骊山街办等23个街办。本次共收录15个文物勘探项目和发掘项目（图2-9），各项目情况分述如下。

1

中国标准缝纫机集团北区1、2号楼

文物勘探

工作时间：2001年8月6日
建设单位：中国标准缝纫机集团有限公司
项目性质：商业（住宅）
工作人员：王光天、徐西平、刘新军

图2-9 2000—2010年临潼区
勘探与发掘项目分布图

位于临潼区秦陵街办。西邻秦始皇陵博物院骊山园，北邻临潼区标缝学校。西南角坐标为：东经109°16′，北纬34°23′。1、2号楼基槽用地范围呈长条形，实际勘探面积1170.0平方米。地势平坦。

地层堆积，已挖至生土层。

未发现古代文化遗存。

2

关中公路环线快速干道
（三义村—田市镇段）

文物勘探

工作时间：2004年2月18日—7月30日
建设单位：西安市公路工程管理处
项目性质：公共基础建设（道路）
工作人员：程林泉、张宏达

起于三原县大程镇三义村。西南角坐标为：东经109°12′，北纬34°22′。途经新兴镇、武屯镇、相桥镇，终于田市镇，全长26620.0米。

地层堆积2层。第①层：表土层，厚0.5米，土色花杂，土质杂乱，系建筑垃圾层；第②层：扰土层，深0.5—1.5米，厚1.0米，土色黄褐，土质较密实，含零星绳纹瓦片等物。第②层以下为生土。

发现汉墓4座。墓葬形制有竖穴墓道土洞墓2座，竖穴墓道砖室墓1座，斜坡墓道土洞墓1座。墓向坐西朝东3座，坐东朝西1座。

3

十里铺—兵马俑快速干道（秦陵段）

文物勘探

工作时间：2006年1月
建设单位：西安市公路管理处
项目性质：公共基础建设（道路）
工作人员：段清波、张金斌

位于临潼区秦陵街办。杨家村至临马公路，西南角坐标为：东经109°15′，北纬34°22′。用地范围呈长条形，长6171.0米，宽37.0米，用地面积228327.0平方米。地势南高北低。

地层堆积2层。第①层：表土层，厚0.3米，土色花杂，土质较疏松，含近代陶片；第②层：扰土层，厚1.1米，土色褐色，土质较密实，含砖瓦残片、木炭、灰星等物。第②层以下为生土。

发现汉墓2座，古窑址1处，秦始皇陵防洪大堤建筑遗址1处。墓葬形制均为竖穴墓道土洞墓，墓向均坐南朝北。

4

十里铺—兵马俑快速干道
（K9+800—K15+579）

文物勘探

工作时间：2006年1月
建设单位：西安市公路管理处
项目性质：公共基础建设（道路）
工作人员：程林泉、张达宏

起于灞桥区灞桥街办。西安三木化工公司东侧，西南角坐标为：东经109°11′，北纬34°22′。途经岳沟村、斜口镇、高家村、省建材三公司等地，终于临潼区斜口街办西潼高速公路相交处。用地范围呈长条形，宽37.0米。地势高低起伏差异较大。

地层堆积2层。第①层：表土层，厚0.5米，土色灰黄，土质较疏松；第②层：扰土层，厚1.0米，土色淡黄，土质较密实。第②层以下为生土。

未发现古代文化遗存。

5

新丰镇编组站改

文物勘探

工作时间：2006年1月—2007年5月
建设单位：西安铁路局新丰指挥部
项目性质：商业（物流基地）
工作人员：倪志俊、李乖成

位于临潼区新丰街办、秦陵街办。鱼池村吴中组，西南角坐标为：东经109°16′，北纬34°24′。实际勘探面积1200000.0平方米，地貌较为复杂。

地层堆积1层。厚0.1米，土色灰黄，土质疏松。此层以下为生土。

发现各类遗迹1100余处，包括战国、秦、汉、唐、明、清时期的古墓葬，古窑址、灰坑及护墓沟等。现将勘探成果简述如下。

1. 路基部分：发现古墓葬6座。墓葬形制均为竖穴墓道土洞墓，墓向坐北朝南3座，坐东朝西3座。

2. 屈家取土场：西区发现古墓葬942座（战国墓852座，汉墓89座，唐墓1座），灰坑2个，古窑址2处。东区共发现古墓葬157座（战国秦墓137座，汉墓20座）。

3. 长条取土场：东区古墓葬29座，古窑址2处，夯土区1处。西区古墓葬36座（汉墓16座、唐墓10余座），古窑址5处。

4. 秦陵取土场：东区古墓葬33座（汉墓15座、唐墓5座，其他时代13座），古窑址2处，护墓沟1条。西区古墓葬60座。

考古发掘

工作时间：2007年4月15—6月30日
工作人员：王久刚、郭永淇

发掘古墓葬53座，出土器物560件。汉墓51座，唐墓2座。其中西汉墓49座，7座带耳室；东汉墓共2座。出土器类主要有陶器413件，银器4件，铜器156件，铁器44件，铅器9件，石器20件，玉器26件，琉璃器2件，瓷器2件等。出土铜钱主要有五铢钱、半两钱、大泉五十、小泉直一、货泉、货布、开元通宝。

M1为一座东汉墓，资料已整理公布，简述如下。

M1：斜坡墓道砖砌多室墓，坐西朝东，由墓道、甬道、墓室三部分组成。葬具为2木棺，葬式不详。共出土器物88件，另有铜钱973枚（半两、货泉、大泉五十、货布、五铢）。其中陶器69件（壶、罐、瓮、仓、樽、灶、釜、甑、井、案、盘、碗、耳杯、斗、勺、瓶、灯、猪、狗等）；铜器12件（盆、灯、刀、削、泡钉、饰件等）；铁器4件（釜、刀、削等）；银环2件；铅衔镳1件。

（西安市文物保护考古所：《西安东汉墓》，文物出版社，2009年；该项目是与陕西省考古研究院合作开展，分段实施的，省考古院的资料已整理出版，即陕西省考古研究院：《临潼新丰——战国秦汉墓考古发掘报告》，科学出版社，2016年）

6
西咸北环线

考古发掘

工作时间：2006年4月9—29日
建设单位：西安铁路局
项目性质：公共基础建设（铁路）
工作人员：程林泉、张翔宇、郭永淇、王励耘

位于临潼区相桥镇，解放村北的坡地上，北邻西泉村，西邻西泉派出所。项目用地平面呈东西向长条形。西南角坐标为：东经109°9′，北纬34°24′。

发掘中小型汉代墓葬38座，出土器物70余件。出土器物有陶罐、陶仓、陶壶、陶钫、陶案、釉陶仓、釉陶罐、釉陶奁、釉陶钫、釉陶壶、铜镜、铜带钩、铜钱（多为五铢钱）、玉饰件。

7
十里铺—兵马俑城市快速干道东延伸线

文物勘探

工作时间：2006年8月
建设单位：西安市公路工程管理处
项目性质：公共基础建设（道路）
工作人员：程林泉、张达宏

位于临潼区代王街办。起于代王镇陕鼓集

团公司大门道路，终点与十里铺兵马俑快速干道相接连。西南角坐标为：东经109°17′，北纬34°23′。用地范围呈长条形。地势平坦。

地层堆积3层。第①层：表土层，厚0.5米，土色花杂，土质疏松，含近代砖瓦陶片等物；第②层：扰土层，深0.5—1.5米，厚1.0米，土色淡黄，土质较密实，含零星绳纹瓦当、灰星等物；第③层：冲积层，深1.5—2.0米，厚0.5米，土色褐黄，土质密实。第③层以下为生土。

未发现古代文化遗存。

8

十里铺—兵马俑城市快速干道

（武家沟段）

文物勘探

工作时间：2006年8月19—22日
建设单位：西安市公路工程管理处
项目性质：公共基础建设（道路）
工作人员：程林泉、张达宏

位于临潼区斜口街办。武家沟村砖厂东北，西南角坐标为：东经109°9′，北纬34°21′。用地范围呈长条形，实际勘探面积5000.0平方米。地势平坦。

地层堆积3层。第①层：表土层，厚0.5米，土色花杂，土质疏松，含近代砖瓦陶片等物；第②层：扰土层，深0.5—1.5米，厚1.0米，土色淡黄，土质较密实，含零星绳纹瓦当、灰星等物；第③层：冲积层，深1.5—2.0米，厚0.5米，土色褐黄，土质密实。第③层以下为生土。

未发现古代文化遗存。

9

瑞麟君府

文物勘探

工作时间：2006年12月9—24日
建设单位：陕西瑞麟置业有限公司
项目性质：商业（房地产）
工作人员：程林泉、邹亚军

位于临潼区秦陵街办。南邻秦陵南路，东邻东二环路，西邻省建三公司，与胡王北村相望。西南角坐标为：东经109°14′，北纬34°22′。用地范围近梯形，实际勘探面积130000.0平方米。地势南高北低，呈坡状。

地层堆积2层。第①层：表土层，厚0.3米，土色花杂，土质疏松；第②层：扰土层，厚0.4米，土色黄褐，土质较疏松。第②层以下为古河道。

未发现古代文化遗存。

10

骊景·新世界

文物勘探

工作时间：2007年7月18—23日
建设单位：陕西博城房地产开发有限公司
项目性质：商业（房地产）
工作人员：倪志俊、徐西平

位于临潼区骊山街办。南邻东关正街，东邻会昌路。西南角坐标为：东经109°13′，北纬34°22′。用地范围呈长方形，用地面积19333.3平方米。地势平坦。

地层堆积，场地内已开挖至生土层。

发现古墓葬1座，秦汉时期竖穴土圹墓，南北向。

11

华宇·山水秦唐（一期）

文物勘探

工作时间：2007年9月1—15日
建设单位：陕西华宇实业有限公司临潼分公司
项目性质：商业（房地产）
工作人员：袁长江、徐西平

位于临潼区骊山街办。东邻银桥大道，南邻桃园北路，北邻澜泊湾。西南角坐标为：东经109°13′，北纬34°23′。用地范围呈不规则长方形，用地面积50000.0平方米。地势平坦。

地层堆积2层。第①层：表土层，厚0.3米，土色花杂，土质疏松，含瓦片等物；第②层：淤积土层，厚0.7米，土色浅黄，含零星瓦当。第②层以下为生土。

未发现古代文化遗存。

12

垣头村被盗古墓

考古发掘

工作时间：2009年12月—2010年1月
建设单位：不详
项目性质：配合公安机关调查（被盗墓）
工作人员：杨军凯、郭永淇

位于临潼区任留乡。垣头村西300米，西南角坐标为：东经109°13′，北纬34°29′。根据临潼区任留乡垣头村村民的举报，2009年12月23日西安市文物稽查大队在临潼区公安局及临潼区文物管理部门的协助下，对正在盗取垣头村古墓的多名盗墓贼进行了现场抓捕。从盗墓现场可以看出，盗墓贼已经钻探至墓底并准备放炸药进行作业。根据这一情况，西安市文物保护考古所准备对临潼区垣头村古墓进行抢救性考古发掘，目的主要在于保护该座战国古墓葬免遭不法分子的进一步破坏，同时通过科学的考古发掘，为西安地区历史考古研究提供更加丰富的实物资料。发掘战国时期古墓葬1座，出土器物18件。

13

芷阳四路

文物勘探

工作时间：2010年3月8—23日
建设单位：西安曲江临潼国家旅游休闲度假区区委会
项目性质：公共基础建设（道路）
工作人员：杨军凯、孙勇

位于临潼区斜口街办。西安曲江临潼国家旅游休闲度假区内，地处芷阳遗址范围内。西南角坐标为：东经109°10′，北纬34°21′。该用地范围呈长方形，南北长1200.0米，东西宽70.0米，面积84000.0平方米，实际勘探面积84000.0平方米。地势南高北低，呈台阶形，勘探时部分地表面有大量的砖瓦水泥等建筑垃圾。

地层堆积3层。第①层：表土层，深0—0.5米，土色花杂，土质疏松；第②层：扰土层，深0.5—1.5米，厚1.0米，土色褐黄，土质较疏松；第③层：山洪冲积土层，深1.5—1.8米以下见，土色浅黄，土质密实，结构均匀。

未发现古代文化遗存。

14

群星莱骊（三期）

文物勘探

工作时间：2010年9月27日—10月7日
建设单位：陕西诚林置业有限责任公司
项目性质：商业（房地产）
工作人员：张翔宇、邹亚军

位于临潼区骊山街办。陕鼓大道以北，西邻陕西省生物药品厂。西南角坐标为：东经109°11′，北纬34°22′。用地范围呈不规则长方形，南北长250.0—270.0米，东西宽151.0—210.0米，实际勘探面积48000.0平方米。地势较平坦。

地层堆积4层。第①层：表土层，厚0.4米，土色花杂，土质较硬；第②层：扰土层，距地表深0.7米，厚0.5米，土质结构杂乱，土质较硬；第③层：原始古河道冲积层，深0.4—1.2米，厚0.8米，土色呈黄褐色，结构较疏松，内含少量的瓦片；第④层：沙石层，深1.2米以下为古河道沙石层，结构均匀密实。

未发现古代文化遗存。

15

芷阳二路（西临高速—骊山大道）

文物勘探

工作时间：2010年11月20日—12月10日
建设单位：西安曲江临潼国家旅游休闲度假区区

委会

项目性质：公共基础建设（道路）

工作人员：杨军凯、孙勇

位于临潼区斜口街办。西安曲江临潼国家旅游休闲度假区内，地处芷阳遗址范围内。西南角坐标为：东经109°11′，北纬34°22′。用地范围呈长方形，南北长1200.0米，东西宽70.0米，面积84000.0平方米，实际勘探面积84000.0平方米。地势南高北低，呈台阶形，勘探时部分地表面有大量的砖瓦水泥等建筑垃圾。

地层堆积2层。第①层：表土层，厚0.5米，土色花杂，土质疏松；第②层：扰土层，深0.5—1.5米，厚1.0米，土色褐黄，土质较疏松。第②层之下为生土。

未发现古代文化遗存。

第十节 高陵县

高陵县，因境内有奉正原，原体高隆，称原为陵，故名高陵。位于西安城区东北部，地貌多为泾渭河冲积平原区，小面积为黄土残原及泾渭河道与河漫滩，地势大致自西北微向东南倾斜。西南部马家湾一带地势较高，泾渭河谷一带地势较低。县境东靠临潼区，南接未央区、灞桥区，西连咸阳市渭城区、三原县、泾阳县，北临阎良区。境内有唐昭慧塔、李晟碑、东渭桥遗址等古文化遗迹。2000—2010年，高陵县辖泾渭镇等4个镇，崇皇乡等4个乡。本次共收录37个文物勘探项目和发掘项目（图2-10），各项目情况分述如下。

1 天使食品公司住宅楼

文物勘探

工作时间：2000年12月15日

建设单位：西安市天使食品有限公司

项目性质：商业（厂房）

工作人员：李小修

位于高陵县泾渭街办。泾、渭河之间三角洲区域，北邻长庆西路，东邻泾渭二路。西南角坐标为：东经108°59′，北纬34°26′。本次勘探包括住宅楼、办公楼、生产车间。住宅楼项目呈长方形，实际勘探面积371.4平方米；办公楼项目呈长方形，实际勘探面积266.0平方米；生产车间项目呈长方形，实际勘探面积1396.0平方米。

地层堆积共3层。第①层：耕土层，厚0.3米，土色花杂，为农耕地层；第②层：扰土层，厚1.5米，土质较虚，含灰渣等；第③层：垆土层，厚0.9米，土质密实，土色红褐，含料姜石等。第③层以下为生土。

未发现古代文化遗存。

2 东方软木公司厂房

文物勘探

工作时间：2001年10月19日—11月25日

建设单位：西安东方软木有限公司

项目性质：商业（厂房）

工作人员：王光天、徐西平、赵亚军

位于高陵县泾渭街办。泾、渭河之间三角洲区域，北邻泾渭华府小区，东邻泾渭五路，西邻美郡嘉年华小区。西南角坐标为：东经109°1′，北纬34°26′，用地面积不详。本次勘探包括1#、2#大棚，1#、2#车间和宿办楼基槽。

高陵县

图2-10 2000—2010年高陵县勘探与发掘项目分布图

地层堆积1层。回填垃圾层，厚0.5—1.0米，土色花杂，内含建筑垃圾。此层以下为生土。

未发现古代文化遗存。

3

陕汽公司商用车厂房

文物勘探

工作时间：2004年2月13日—3月28日
建设单位：陕西重型汽车有限公司
项目性质：商业（厂房）
工作人员：袁长江、徐西平

位于高陵县泾渭街办。泾渭科技产业园内，西邻南北主干道（泾渭路），北邻泾渭科技产业园管委会，东邻渭阳路。西南角坐标为：东经109°1′，北纬34°29′。用地范围呈长方形，实际勘探面积165.27万平方米，地势平坦。

北部地层堆积3层。第①层：表土层，厚0.3米，土色花杂，土质疏松，含砖瓦残块、植物根系等物；第②层：淤积土层，深0.3—1.0米，厚0.7米，土色浅黄，土质密实；第③层：覆盖层，深1.0—1.8米，厚0.8米，土色红褐，土质密实，含少量古代瓦片、陶片等物。第③层以下为生土。

南部地层堆积2层：第①层：表土层，厚0.3米，土色花杂，土质疏松，含砖瓦残块等物；第②层：扰土层，厚0.7米，土色红褐，土质密实。第②层以下为生土。

发现汉唐时期古墓葬34座，古河道2条，灰坑279处，古窑址5处。墓葬形制有竖穴土圹墓2座，竖穴墓道土洞墓12座，竖穴墓道砖室墓1座，斜坡墓道土洞墓19座。墓向坐北朝南26座，坐南朝北1座，坐西朝东4座，坐东朝西2座。

考古发掘

工作时间：2005年5—9月
工作人员：张小丽

位于高陵县泾渭街办，泾渭产业园内。

共发掘汉代遗址面积1000平方米，出土器物111件。

4

泾渭产业园行政中心

文物勘探

工作时间：2004年7月10日—8月12日
建设单位：西安经济技术开发区泾渭科技产业园
项目性质：商业（产业园）
工作人员：袁长江、徐西平

位于高陵县泾渭街办。南邻泾河，西邻泾渭路，北邻韩村。西南角坐标为：东经109°0′，北纬34°27′。用地范围呈长方形。地势平坦。

地层堆积2层。第①层：表土层，厚0.3米，土色花杂，土质疏松；第②层：淤泥土层，厚0.5米，土色浅黄，土质密实，含少量砖瓦残块等物。

未发现古代文化遗存。

5

泾渭产业园国际学校（经发中学）

文物勘探

工作时间：2004年7月19—29日
建设单位：西安经发集团有限公司
项目性质：公共基础建设（学校）
工作人员：袁长江、徐西平

位于高陵县泾渭街办。东邻姬阳大道（泾渭路），南邻韩村，北邻泾环南路。西南角坐标为：东经109°0′，北纬34°29′。用地范围呈长方形，实际勘探面积666666.0平方米。地势平坦。

地层堆积2层。第①层：表土层，厚0.3米，土色花杂，土质疏松，含有瓦片等物；第②层：扰土层，厚1.2米，土色浅黄，土质较密实，含少量砖瓦残块等物。第②层以下为生土。

未发现古代文化遗存。

6

泾渭医院

文物勘探

工作时间：2004年7月29日—8月8日
建设单位：西安经发集团有限公司
项目性质：公共基础建设（医院）
工作人员：袁长江、徐西平

位于高陵县泾渭街办。东邻泾渭路，北邻泾高南路，西邻陕西瑞达变压器公司，南邻高陵县税务分局。西南角坐标为：东经109°0′，北纬34°29′。用地范围呈长方形，实际勘探面积666666.0平方米。地势平坦。

地层堆积2层。第①层：表土层，厚0.3米，土色花杂，土质疏松，含有瓦片等物；第②层：扰土层，厚1.2米，土色浅黄，土质较密实，含少量砖瓦残块等物。第②层以下为生土。

未发现古代文化遗存。

7

西部钛业公司厂房

文物勘探

工作时间：2004年12月18日—2005年1月20日
建设单位：西部钛业有限公司
项目性质：商业（厂房）
工作人员：袁长江、徐西平

位于高陵县泾渭街办。泾渭产业园区内，东邻渭阳路，南邻西金路。西南角坐标为：东经109°1′，北纬34°29′。用地范围呈长方形，东西长500.0米，南北宽369.0米，实际勘探面积184920.0平方米。地势南高北低。

地层堆积3层。第①层：表土层，厚0.3米，土色花杂，土质疏松；第②层：淤积层，深0.3—1.2米，厚0.9米，土色浅黄；第③层：扰土层，深1.2—2.2米，厚1.0米，土色红褐，土质较硬、密实，含少量砖瓦残片等物。第③层以下为生土。

发现汉墓4座，灰坑18处。墓葬形制有竖穴土圹墓1座，竖穴墓道土洞墓3座。墓向均坐北朝南。

8

西部超导公司厂房

文物勘探

工作时间：2004年12月18日—2005年1月20日
建设单位：西部超导科技有限公司
项目性质：商业（厂房）
工作人员：袁长江、徐西平

位于高陵县泾渭街办。泾渭产业园区内，东邻泾渭路，南邻陕汽路。西南角坐标为：东经109°1′，北纬34°29′。用地范围呈长方形，南北长371.0米，东西宽193.0米，实际勘探面积72263.0平方米。地势南高北低。

地层堆积共3层。第①层：表土层，厚0.3米，土色花杂，土质疏松；第②层：淤积层，深0.3—1.2米，厚0.9米，土色浅黄；第③层：扰土层，深1.2—2.2米，厚1.0米，土色红褐，土质较硬、密实，含少量砖瓦残片等物。第③层以下为生土。

发现秦汉时期古墓葬12座，古道路1条，灰坑3处。墓葬形制有竖穴土圹墓8座，竖穴墓道土洞墓4座。

9

合容电力公司厂房

文物勘探

工作时间：2004年12月18日—2005年1月20日
建设单位：陕西合容电力电容器有限公司
项目性质：商业（厂房）
工作人员：袁长江、徐西平

位于高陵县泾渭街办。泾渭开发区内西金路9号，南邻西金路，西邻渭阳路。西南角坐标为：东经109°1′，北纬34°29′。用地范围呈长方形，南北长273.395米，东西宽195.636米，实际勘探面积51285.3平方米。地势平坦。

地层堆积3层。第①层：表土层，厚0.3米，土色花杂，土质疏松；第②层：淤土层，深0.3—1.2米，厚0.9米，土色浅黄，土质较硬，含零星瓦片等物；第③层：扰土层，深1.2—2.2米，厚

1.0米，土色红褐，土质密实，含少量陶片、瓦片等物。第③层以下为生土。

发现古墓葬12座（秦汉墓7座，其余年代不详），古道路1条，灰坑2处。墓葬形制有竖穴土圹墓5座，竖穴墓道土洞墓7座。墓向坐北朝南7座，南北向3座，东西向2座。

10

英强电力公司厂房

文物勘探

工作时间：2005年1月7—16日
建设单位：英强电力工程材料有限公司
项目性质：商业（厂房）
工作人员：袁长江、徐西平

位于高陵县泾渭街办。泾渭工业园内，北邻泾高南路，东邻洪庆电工公司。西南角坐标为：东经109°0′，北纬34°29′。用地范围呈长方形，南北长175.4米，东西宽162.6米，实际勘探面积29236.0平方米。地势平坦。

地层堆积3层。第①层：表土层，厚0.3米，土色花杂，土质疏松，内含近现代砖瓦块及植物根系等物；第②层：扰土层，深0.3—0.8米，厚0.5米，土色花杂，土质较硬，内含砖瓦块等物；第③层：垆土层，深0.8—1.2米，厚0.4米，土色红褐，土质密实。第③层以下为生土。

未发现古代文化遗存。

11

西部金属材料公司厂房

文物勘探

工作时间：2005年1月12日—2月1日
建设单位：西部金属材料股份有限公司
项目性质：商业（厂房）
工作人员：袁长江、徐西平

位于高陵县泾渭街办。泾渭产业园内，南邻西金路，西邻泾渭国际中心，东邻渭阳。西南角坐标为：东经109°0′，北纬34°29′。用地范围呈长方形，实际勘探面积220615.0平方米。地势平坦。

地层堆积3层。第①层：表土层，厚0.3米，土色花杂，土质疏松，含砖瓦残片；第②层：扰土层，深0.3—1.0米，厚0.7米，土色浅黄，土质较疏松；第③层：覆盖层，深1.0—1.8米，厚0.8米，土色红褐，土质密实。第③层以下为生土。

发现汉墓2座，古窑址5处，灰坑4处，古道路2条。墓葬形制均为竖穴墓道土洞墓，墓向均坐北朝南。

12

西北有色金属研究院西部材料园

文物勘探

工作时间：2005年1月25日—2月3日
建设单位：西北有色金属研究院
项目性质：商业（工业园）
工作人员：袁长江、徐西平

位于高陵县泾渭街办。西邻渭阳路，南邻六横道（西金路），东邻西部金属材料公司。西南角坐标为：东经109°0′，北纬34°29′。用地范围呈长方形，实际勘探面积23716.0平方米。地势平坦。

地层堆积3层。第①层：表土层，厚0.3米，土色花杂，土质疏松，系建筑垃圾层；第②层：淤泥土层，深0.3—0.7米，厚0.4米，土色浅黄，土质疏松；第③层：扰土层，深0.7—1.2米，厚0.5米，土色红褐，土质密实。第③层以下为生土。

未发现古代文化遗存。

13

经发创新工业园

文物勘探

工作时间：2005年6月1—18日
建设单位：西安经济技术开发区建设有限责任公司
项目性质：商业（工业园）
工作人员：袁长江、徐西平

位于高陵县泾渭街办。北邻陕西洪庆电工公司，东邻泾渭路，西南邻西安新三鸣汽车部件公司。西南角坐标为：东经109°0′，北纬34°29′。用地范围呈长方形，勘探面积115625.0平方米。地势平坦。

地层堆积3层。第①层：表土层，厚0.3米，土色花杂，土质疏松；第②层：扰土层，深0.3—1.5米，厚1.2米，土色浅黄，含少量瓦片等物；第③层：覆盖层，深1.5—2.2米，厚0.7米，土色红褐，土质密实。第③层以下为生土。

发现汉墓2座，古道路2条。墓葬形制均为竖穴墓道土洞墓，墓向均坐北朝南。

14

第三安装工程公司三安厂区

文物勘探

工作时间：2005年8月22—28日
建设单位：中国机械工业安装工程公司
项目性质：商业（厂房）
工作人员：袁长江、徐西平

位于高陵县泾渭街办。泾渭工业园内，北邻雷家村二组，南邻泾高南路东延伸线。西南角坐标为：东经109°1′，北纬34°29′。用地范围呈长方形，南北长139.7米，东西宽80.0米，实际勘探面积11173.0平方米。地势平坦。

地层堆积2层。第①层：表土层，厚0.3米，土色花杂，土质疏松；第②层：扰土层，厚0.5米，土色花杂，土质较疏松。第②层以下为生土。

未发现古代文化遗存。

15

三维能源设备厂房

文物勘探

工作时间：2005年10月23—28日
建设单位：陕西三维能源设备公司
项目性质：商业（厂房）
工作人员：袁长江、徐西平

位于高陵县泾渭街办。泾渭工业园内，北邻雷家村一组，西邻渭阳路。西南角坐标为：东经109°1′，北纬34°29′。用地范围呈长方形，南北长150.0米，东西宽80.0米，实际勘探面积10000.0平方米。地势平坦。

地层堆积2层。第①层：表土层，厚0.3米，土色花灰，土质疏松，内含近现代砖瓦块及植物根系等物；第②层：淤土层，厚0.5米，土色花杂，土质较疏松。第②层以下为生土。

未发现古代文化遗存。

16

联东汽车电子工业园

文物勘探

工作时间：2006年6月1—18日
建设单位：泾渭产业园管委会
项目性质：商业（工业园）
工作人员：袁长江、徐西平

位于高陵县泾渭街办。泾渭工业园内，东邻南北主干道（泾渭路），北邻陕西洪庆电工有限公司。西南角坐标为：东经109°1′，北纬34°16′。用地范围呈长方形，勘探面积131752.0平方米。地势平坦。

地层堆积2层。第①层：表土层，厚0.3米，土色花杂，土质疏松；第②层：扰土层，深0.3—1.5米，厚1.2米，土色浅黄，土质较硬。第②层以下为生土。

发现汉墓2座，古道路2条。墓葬形制均为竖穴墓道土洞墓，墓向均坐北朝南。

17

玉金工贸公司厂房

文物勘探

工作时间：2006年6月3—14日
建设单位：西安市玉金工贸有限公司
项目性质：商业（厂房）
工作人员：王自力、邹亚军

位于高陵县泾渭街办。泾渭工业园内，南邻泾诚路。西南角坐标为：东经109°2′，北纬34°28′。用地范围呈长方形，实际勘探面积29376.0平方米。地势平坦。

地层堆积2层。第①层：表土层，厚0.3米，土色灰褐，土质较疏松；第②层：扰土层，厚0.7米，土质较密实，含少量砖瓦垃圾等物。第②层以下为古河床冲积层。

发现灰坑3处。

18

泾河产业园区中钢工地

考古发掘

工作时间：2006年8—10月
建设单位：中钢集团西安重机公司
项目性质：商业（厂房）
工作人员：杨军凯（陕西省考古研究所合作发掘）

位于高陵县泾渭街办。泾渭工业园内，南邻中钢大道，西邻渭华路，北邻泾高南路，东邻泾渭路。西南角坐标为：东经109°0′，北纬34°29′。

发掘唐代古墓葬7座，出土器物55件。

19

泾河北110瓦变电站

文物勘探

工作时间：2006年8月16—20日
建设单位：西安秦远电力建筑安装公司
项目性质：公共基础建设（电力）
工作人员：倪志俊、贺建宏

位于高陵县泾渭街办。泾渭工业园内，西南角坐标为：东经109°0′，北纬34°29′。用地范围呈长方形，实际勘探面积7000.0平方米。地势平坦。

地层堆积2层。第①层：表土层，厚0.3米，土色浅黄，土质疏松，含砖瓦残块、植物根系等物；第②层：扰土层，深0.3—2.2米，厚1.9米，土色浅褐，土质一般。第②层以下为生土。

未发现古代文化遗存。

20

金泰钢结构公司厂房

文物勘探

工作时间：2006年11月13—19日
建设单位：西安市金泰钢结构工程有限公司
项目性质：商业（厂房）
工作人员：袁长江、徐西平

位于高陵县泾渭街办。泾渭工业园内，南邻泾高南路，西邻西安宇坤实业有限公司，西邻恒嘉热处理公司。西南角坐标为：东经109°0′，北纬34°29′。用地范围呈长方形，长200.0米，宽180.0米，实际勘探面积36000.0平方米。地势平坦。

地层堆积2层。第①层：表土层，厚0.5米，土色花杂，土质疏松，含近现代砖瓦残块等物；第②层：扰土层，厚1.5米，土色浅黄，土质密实，含少量砖瓦等物。第②层以下为生土。

未发现古代文化遗存。

21

长宁公司厂房

文物勘探

工作时间：2007年1月25日—3月10日
建设单位：西安长宁实业有限公司
项目性质：商业（厂房）
工作人员：王久刚

位于高陵县泾渭街办。西孙村东南侧，南邻泾诚路，东邻崇杨路。西南角坐标为：东经109°0′，北纬34°29′。超高强度抽油杆制造项目，用地范围呈长方形，实际勘探面积42039.0平方米。地势平坦。

地层堆积2层。第①层：表土层，厚0.5米，土色花杂，土质疏松；第②层：扰土层，厚0.8米，土色灰黄，土质较紧密，含少量秦汉时期陶片等物。第②层以下为生土。

发现灰坑7处。

22

普利森机械制造新厂区

文物勘探

工作时间：2007年3月13日—4月3日
建设单位：西安普利森机械制造有限公司
项目性质：商业（厂房）
工作人员：孙武

位于高陵县泾渭街办。泾渭工业园内，南邻西金路，西邻崇杨路，北邻泾河派出所，东邻博雅汽车公司。西南角坐标为：东经109°1′，北纬34°29′。用地范围呈长方形，用地面积65000.0平方米。地势平坦。

地层堆积2层。第①层：表土层，厚0.3米，土色花杂，土质疏松，含建筑垃圾等物；第②层：扰土层，厚0.9米，土色浅黄，土质一般，含少量砖瓦残块等物。第②层以下为生土。

未发现古代文化遗存。

23

金鹏塑料公司厂房

文物勘探

工作时间：2007年6月28日—7月12日
建设单位：西安金鹏塑料制造有限公司
项目性质：商业（厂房）
工作人员：倪志俊、徐西平

位于高陵县泾渭街办。泾渭工业园内。东邻渭华路，南邻陕汽路。西南角坐标为：东经108°59′，北纬34°28′。用地范围近长方形，用地面积130000.0平方米。地势平坦。

地层堆积2层。第①层：表土层，厚0.3米，土色褐黄，土质疏松；第②层：淤积土层，厚1.0米，土色浅黄，含零星瓦块等物。第②层以下为天然沙层。

未发现古代文化遗存。

24

宝钢配送公司厂房

文物勘探

工作时间：2007年10月19—30日
建设单位：西安宝钢钢材加工配送有限公司
项目性质：商业（厂房）
工作人员：孙武

位于高陵县泾渭街办。泾渭工业园内，南邻中钢大道，东邻渭华路，北邻宇丰喷涂技术公司。西南角坐标为：东经108°59′，北纬34°28′。用地范围呈长方形，用地面积59327.0平方米。地势平坦。

地层堆积3层。第①层：表土层，厚0.3米，土色浅褐，土质疏松，含砖瓦残块、植物根系等；第②层：覆盖层，深0.3—1.2米，厚0.9米，土色浅黄，土质较疏松，含少量灰星等；第③层：垆土层，深1.2—1.7米，厚0.5米，土色深褐，土质较硬。第③层以下为生土。

未发现古代文化遗存。

25

亨利兴公司厂房

文物勘探

工作时间：2007年12月15—24日
建设单位：西安亨利兴机械有限公司
项目性质：商业（厂房）
工作人员：程林泉、邹亚军

位于高陵县泾渭街办。东邻崇杨路，南邻泾城路，北邻华岐印务有限公司。西南角坐标为：东经109°1′，北纬34°28′。用地范围呈长方形，用地面积14000.0平方米。地势平坦。

地层堆积2层。第①层：表土层，厚0.5米，土色花杂，土质疏松；第②层：冲积土层，厚2.0米，土色暗黄或褐黑，土质纯净，结构均匀。第②层以下为生土。

未发现古代文化遗存。

26

华岐印务公司厂房

文物勘探

工作时间：2007年12月15—24日
建设单位：西安华岐印务有限公司工程
项目性质：商业（厂房）
工作人员：程林泉、邹亚军

位于高陵县泾渭街办。东邻崇杨路，南邻西安亨利兴机械公司。西南角坐标为：东经109°1′，北纬34°29′。用地范围呈刀形，用地面积11333.3平方米。地势平坦。

地层堆积2层。第①层：表土层，厚0.5米，土色花杂，土质疏松；第②层：冲积土层，厚2.0米，土色暗黄或褐黑，土质纯净，结构均匀。第②层以下为生土。

未发现古代文化遗存。

27

博维汽车公司生产基地

文物勘探

工作时间：2008年3月12—21日
建设单位：陕西博维汽车零部件公司
项目性质：商业（生产基地）
工作人员：程林泉、孙武

位于高陵县泾渭街办。南邻西金路，西邻崇杨路，东邻桑军路。西南角坐标为：东经109°2′，北纬34°29′。用地范围呈长方形，实际勘探面积50616.0平方米。地势较为平坦。

地层堆积2层。第①层：表土层，厚0.3米。土色花杂，土质一般；第②层：扰土层，厚0.9米，土色浅黄，土质一般。第②层以下为生土。

未发现古代文化遗存。

28

兴庆石油公司厂房

文物勘探

工作时间：2008年4月28日—5月4日
建设单位：西安兴庆石油设备有限公司
项目性质：商业（厂房）
工作人员：孙武、刘天运

位于高陵县泾渭街办。泾渭工业园内，北邻中钢大道，东邻泾渭路。西南角坐标为：东经109°1′，北纬34°26′。用地范围呈长方形，实际勘探面积23000.0平方米。地势平坦。

地层堆积2层。第①层：表土层，厚0.3米，土色浅褐，土质疏松，含草木灰等物；第②层：覆盖层，深0.3—1.2米，厚0.9米，土色浅黄，含少量砖瓦、垃圾、杂土等物。第②层以下为生土。

未发现古代文化遗存。

29

华强工贸公司厂房

文物勘探

工作时间：2008年6月7—25日
建设单位：岐山县华强工贸有限责任公司
项目性质：商业（厂房）
工作人员：程林泉、王光天

位于高陵县泾渭街办。北区六横路东段北侧，西南角坐标为：东经109°2′，北纬34°29′。用地范围呈长方形，南北长280.0米，东西宽160.0米，实际勘探面积44800.0平方米，

地层堆积3层。第①层：表土层，厚0.5米，土色花杂，土质疏松，含砖瓦碎片等物；第②层：冲积土层，深0.5—2.0米，厚1.5米，土色灰白，土质细腻；第③层：粉沙土层，深2.0—3.5米，厚1.5米，土色淡黄。第③层以下为生土。

未发现古代文化遗存。

30

风力发电设备新厂

文物勘探

工作时间：2008年6月16—30日
建设单位：国水投资集团西安风电设备股份有限公司
项目性质：商业（厂房）
工作人员：倪志俊、孙武

位于高陵县泾渭街办。泾渭工业园渭华中路，东邻渭华路，南邻金鹏有限公司。西南角坐标为：东经108°59′，北纬34°28′。用地范围呈长方形，用地面积169509.0平方米。地势平坦。

地层堆积2层。第①层：表土层，厚0.3米，土色浅褐，土质较虚；第②层：扰土层，厚0.5米，土色浅褐，土质一般，含少量砖瓦、垃圾、杂土等物。第②层以下为生土。

未发现古代文化遗存。

31

泾高北路

文物勘探

工作时间：2008年8月10日—9月15日
建设单位：西安市经济技术开发区委员会
项目性质：公共基础建设（道路）
工作人员：倪志俊、徐西平

位于高陵县泾渭街办。东西向，西接渭华路，东接高韩路。西南角坐标为：东经109°0′，北纬34°30′。用地范围呈长条形，用地面积129339.8平方米。地势较平坦。

地层堆积2层。第①层：表土层，厚0.5米，土色花杂，土质疏松；第②层：扰土层，厚0.5米，土色褐黄。第②层以下为生土。

未发现古代文化遗存。

32

新三力汽车公司厂房

文物勘探

工作时间：2008年9月1—10日
建设单位：西安新三力汽车零部件有限公司
项目性质：商业（厂房）
工作人员：倪志俊

位于高陵县泾渭街办。南邻中钢大道，西邻渭华路。西南角坐标为：东经108°59′，北纬34°29′。用地范围呈长方形，用地面积8667.0平方米。地势较平坦。

地层堆积3层。第①层：表土层，厚0.3米，土色浅褐，土质较虚；第②层：扰土层，深0.3—1.2米，厚0.9米，土色浅黄，土质较虚；第③层：垆土层，深1.2—1.7米，厚0.5米，土色深褐，土质较硬。第③层以下为生土。

未发现古代文化遗存。

33

蓝领公寓

文物勘探

工作时间：2008年11月1—8日
建设单位：西安经发城建开发有限公司
项目性质：商业（房地产）
工作人员：倪志俊、李乖成

位于高陵县泾渭街办。泾渭路以西，中钢二期以北。西南角坐标为：东经109°0′，北纬34°32′。用地范围呈长方形，用地面积13320.0平方米。地势平坦。

地层堆积2层。第①层：表土层，厚0.3米，土色灰黄，土质较硬；第②层：冲积层，厚2.0米，土色灰黄，土质坚硬。第②层以下为生土。

未发现古代文化遗存。

34

泾渭时代广场

文物勘探

工作时间：2009年8月2—9日
建设单位：西安经发城建开发有限公司
项目性质：公共基础建设（广场）
工作人员：倪志俊、李乖成

位于高陵县泾渭街办。西邻泾渭路，南邻西金路。西南角坐标为：东经109°0′，北纬34°29′。用地范围呈长方形，实际勘探面积24900.0平方米。地势平坦。

地层堆积2层。第①层：表土层，厚0.3米，土色灰黄，土质疏松，内含近现代砖瓦等物；第②层：扰土层，厚1.9米，土色灰黄，土质较硬，内含古代砖瓦等物。第②层以下为生土。

未发现古代文化遗存。

35

特种材料工业园

文物勘探

工作时间：2009年11月6日—12月6日
建设单位：西部超导材料科技有限公司
项目性质：商业（工业园）
工作人员：倪志俊、徐西平

位于高陵县泾渭街办。地处泾河北岸，东邻泾渭路，南邻陕汽路。西南角坐标为：东经108°59′，北纬34°28′。用地范围呈长方形，东西长732.281米，南北长359.298米，实际勘探面积25200.0平方米。地势东高西低。

东部区域，地层堆积2层。第①层：表土层，厚0.3米，土色灰黄，土质较软，含大量现代砖、瓦、瓷、塑料、铁、砼残块及炉渣等物；第②层：扰土层，厚0.4米，土色黄褐，土质较硬，含有砖瓦残块及姜石等物。第②层以下为生土。

中西部区域，地层堆积4层。第①层：表土层，厚0.3米，土色灰黄，土质较软；第②层：扰土层，深0.3—0.6米，厚0.3米，土色黄褐，土质较硬；第③层：淤泥土层，深0.6—0.8米，厚0.2米，土色青灰，土质细腻密实；第④层：沉积土层，深0.8—4.0米，厚2.0—3.0米，土色黑褐，土质较硬，内含少量木炭等物。

发现战国秦汉时期古墓葬47座，夯土遗址7处，古道路2条，陶窑1处。墓葬形制有竖穴土圹墓44座，砖室墓3座。墓向南北向39座，东西向7座，墓向不明1座。

36

贾蔡村佛窟遗址

考古发掘

工作时间：2010年6—8月
建设单位：不详
项目性质：其他（村民宅基地）
工作人员：张翔宇、赵晶

位于高陵县张卜乡。南临渭河，贾蔡村一队以北，奉正原南部边缘之上，北临“汉唐古道”，即当地人所称之“凤凰嘴”，南距渭河约800米。其南是唐代东渭桥，北为东渭仓。佛窟的南部紧临一村民房屋院落，高出地面约10.0米。西南角坐标为：东经109°8′，北纬34°28′。

通过初步勘探，发现洞窟一处，南部被破坏。根据勘探情况，布5米×10米的探方一个，地层堆积简单，上层为耕土层，厚0.25—0.55米，之下为生土。佛窟顶部塌毁，开口于耕土层下。

洞窟，坐北向南，平面略呈长方形，顶部塌毁，南部和东南部被破坏，南北残长6.0米，东西宽3.2米，壁残高1.6米，西壁残存三个立柱槽，槽宽0.24—0.3米，残高1.6—1.68米。壁面抹一层厚约0.3厘米的草拌泥。洞窟内出土四面体造像碑一通、善业泥200余件、泥佛头1件及大量泥佛像残块，另外还出土大量砖块，以条形砖最多，砖面按压绳纹，另有条砖加工成的楔形砖等。

造像碑，略呈长方形，上部略有收分，由碑盖、碑身、碑座三部分构成，碑盖残，碑身、碑座保存较好。碑盖，仅残存上半部，残长44.0厘米，宽23.0厘米，厚4.0—7.0厘米，正面有四凸棱的图案，凸棱宽约5.0厘米，底部正中有一圆形圜底榫窝，直径约6.0厘米，深约2.0厘米。碑身，高106.0厘米，宽32.0—44.0厘米，厚19.0—26.0厘米，碑身顶部正中有半球形铆，与碑盖底部的圜底形榫窝相。碑身四面均有小佛龛，佛像、供养人像、文字。碑阳，中部凿有上下两龛，上龛内浮雕“一佛二弟子”，下龛内中间浮雕一蹲踞状夜叉双手托举一莲花座香炉，两侧各一蹲狮；龛楣作垂幔状，上部线刻有花朵、佛像及建筑立柱，龛下部线刻佛像及供养人像。碑阴，中部凿有一帐形龛，内浮雕“一佛二菩萨”，龛上部线刻各种花朵、建筑立柱及佛像，龛下部正中线刻一带座的宝珠形香炉，两侧各一蹲狮，其下为线刻佛像及供养人像。碑左、右侧中部各凿一龛，平面均呈长方形，内浮雕一佛像，龛上下均为线刻的供养人像。碑座，高35.0厘米，宽54.0厘米，厚47.0厘米，大致呈长方体，正面有10名供养人像，分别居于两侧，中间为两列竖向书写的文字，紧挨文字的供养人像较大，其余较小，两侧供养人像均面向中间；左右两侧各有5名供养人像，供养人及姓名相间排列，供养人像均侧身面朝其身右侧，背面有6名供养人像，同样侧身面向自身右侧，与姓名相间排列。碑座一侧面有铭刻文字若干，共十列，每列字数不等，记载该通造像碑为孙道藏于保定四年“仰为先母敬造”。

善业泥，200多块，多泥质灰陶，个别泥质红陶，均为长方形，模制，长3.0—4.3厘米，宽2.3—3.2厘米，厚0.43—1.26厘米。善业泥正面均模印，基本相同，均为一佛二菩萨。其中还发现粘贴有善业泥的土块，善业泥呈横排贴附于草拌泥块之上。

另有佛头1件，背光残块6块，泥质，彩塑，表面饰红彩或绿彩；佛身残块7件，泥质，彩塑；佛像头部残块2件，泥质，浮雕，一件为后脑勺部分，另一件为面部，五官清晰，头部有鎏金痕迹；佛像残件2件，一件可见衣饰褶皱的凸起部分，另一件似为狮子头部，可见头部毛发。

地处北周文化中心的长安，因地理条件限制，不易开凿石窟寺，故不存在北周石窟寺。鉴于此次大部分的遗物均出土于土洞窟中，首先对该洞窟进行判断，土洞窟位于原畔，内部为相连的四个小洞窟所组成，根据地理位置及内部结构，推测该洞窟原来应为一开凿于原畔的佛教洞窟，因为地理变化造成其深埋地下。洞窟中塑有造像及彩绘，由于在洞窟中发现有汉代“五铢钱”及北周保定四年（564年）的佛教造像碑一通，根据善业泥上的佛像形制来看，该佛教洞窟的年代应该不早于北周时期。

佛教造像碑是南北朝时期佛教的重要遗存，现存实物以北魏时期的最早，而以东魏、北齐和西魏、北周时期的数量最多。以西安为中心，东起潼关，西及宝鸡，北至铜川的平原、谷地，是西北地区造像碑发展的核心区域。流行两种风格造像碑：其一，一般于碑身中上部开一龛，龛外线刻或减地平雕附线刻；其二，见于西安左近，碑面大部用以开龛造像，具有明显浮雕效果。其中作二层主龛且碑身较宽的扁平长方形碑，与碑身较窄且不十分规则的扁平长方形碑仅见此区。此次在贾蔡村佛教洞窟中发现的佛教造像碑有明确的纪年，为研究同时期的造像碑提供了参考标准。该造像碑与11通陕西地区（咸阳及渭南地区）出土的保定年间的造像碑相比在碑的形制、佛像造型、佛袈裟式样、袈裟下摆形式及雕刻技法上一致，但在龛形、小龛布局及人物组合方面略有差距，其中龛内浮雕的造像组合以及手印、坐式均与以往的有区别。

善业泥，即小型模压而成的泥质浮雕佛像，多见于唐代所造。这种小型模印佛像，早在北魏即已出现了。义净《南海寄归内法传》卷四中有“造泥制底及拓模泥像，或印绢纸，随处供养。或积为聚，以砖裹之即成佛塔。或置空野，任其销散”，此处“拓模泥像”就是泥佛像的意思，上述文字说明了“泥佛像”的用途：随处供养；或堆在一起，外面用砖做成佛塔，即泥佛像的制作是用来贡献给佛塔的；又或是直接放在旷野外。印度人无论出家在家，都把泥佛像的制作和奉献，看作是影响到未来的“业”。这是在佛教起源地印度泥佛像的用途，佛教传入中国并出现此种泥佛像后用途又为怎样？西安地区目前已经发现的大量唐代善业泥基本都是在寺院遗址出土的，为大慈恩寺大雁塔、西明寺、实际寺、礼泉寺等寺院遗址，根据出土地点，判断仍应该是作为供奉之用。此次发现的善业泥数量较大，形制规整，且有部分标本直接贴附于洞窟墙壁的草拌泥之上，推测是作为佛教洞窟中的装饰，与佛教石窟寺中绘制于洞窟墙壁上的造像用途相同，此类模式善业泥的发现也为明确国内出土善业泥的用途提供了另一条线索。

37

110千伏榆楚变电站工程

文物勘探

工作时间：2010年12月28日—2011年1月4日
建设单位：泾渭供电分公司
项目性质：公共基础建设（电力）
工作人员：张翔宇、邹亚军

位于高陵县崇皇街办。西邻桑军大道，南邻四横路。西南角坐标为：东经109°1′，北纬34°28′。用地范围呈长方形，南北长135.55—136.52米，东西宽99.89—100.19米，实际勘探面积13607.9平方米。地势较平坦。

地层堆积2层。第①层：表土层，厚0.4米，土色花杂，土质因冻结而坚硬；第②层：次生土层，厚3.4米，土色褐黄色，土质较虚，内含少量的瓦片灰星等杂物。第②层以下为生土。

共发现古路1条。

第十一节 阎良区

阎良区，相传其名源自“闾阎良善”一词。位于西安东北部，地貌主要有平原、黄土台原两种基本形态，地势北高南低，呈梯状降低，相差不大。最高点在北部黄土台原的振兴乡东太平庄，最低点在武屯乡石川河与清河交汇处二龙口。区境东与渭南市临渭区接壤、西与咸阳市三原县毗邻、北依荆山原与渭南市富平县紧邻、南以清河为界与临潼区相望。其境内秦栎阳遗址、古栎阳桥为重要的文化遗迹。2000—2010年，阎良区辖凤凰路街办等7个街办。本次共收录34个文物勘探项目和发掘项目（图2-11），各项目情况分述如下。

1

关中环线（水北村土场）

文物勘探

工作时间：2005年4月
建设单位：不详
项目性质：商业（砖厂）
工作人员：程林泉、张达宏

位于阎良区新兴街办。水北村南侧，东邻西韩铁路，西邻水北村沙石厂，南邻石川河。西南角坐标为：东经109°15′，北纬34°41′。用地范围呈不规则形，原为农田，属石川河北岸二层台地地带，实际勘探面积16666.0平方米。地势北高南低。

地层堆积3层。第①层：表土层，厚0.4米，土色花杂，土质较疏松，含现代瓦片等物；第②层：扰土层，深0.4—2.0米，厚1.6米，土色灰黄，土质较密实，含少量陶片等物；第③层：垆土层，深2.0—3.8米，厚1.8米，土色棕红，土质密实。第③层以下为生土。

发现古墓葬31座（战国墓29座、汉墓2座）。墓葬形制有竖穴土圹墓25座，竖穴墓道土洞墓5座，斜坡墓道土洞墓1座。墓向坐北朝南3座，坐南朝北2座，坐东朝西1座，南北向15座，东西向10座。

图2-11　2000—2010年阎良区
勘探与发掘项目分布图

2
武屯镇通程加油站

文物勘探

工作时间：2007年4月24—27日
建设单位：阎良区武屯镇通程加油站
项目性质：商业（加油站）
工作人员：倪志俊、王建生

位于阎良区武屯镇。北邻航天城大道，西邻广阳村。西南角坐标为：东经109°18′，北纬34°38′。用地范围呈菱形，用地面积4423.0平方米。地势较平坦。

地层堆积2层。第①层：表土层，厚0.3米，土色花杂，土质疏松，含近现代砖瓦碎块等物；第②层：扰土层，厚2.0米，土色灰黄、褐黄相间，土质较疏松。第②层以下为生土。

未发现古代文化遗存。

3
阎良污水处理厂

文物勘探

工作时间：2008年7月1—16日
建设单位：西安市阎良国家航空高科技产业基地委员会
项目性质：公共基础建设（水利）
工作人员：倪志俊、邹亚军

位于阎良区北屯街办。东邻靳家村，西邻渭河。西南角坐标为：东经109°13′，北纬34°36′。用地范围呈长方形，南北长342.0米，东西宽221.0米，用地面积75500.0平方米。地势较平坦。

地层堆积4层。第①层：表土层，厚0.3米，土色花杂，土质疏松；第②层：天然淤泥层，深0.3—0.9米，厚0.6米，土色褐黑，土质纯净、较硬，含水一般；第③层：古河床层，深0.9—1.8米，厚0.9米，土色白色，结构均匀；第④层：淤泥土层，深1.8—2.8米，厚1.0米，沙质密实。

未发现古代文化遗存。

4
碧水蓝庭（二期）

文物勘探

工作时间：2010年3月5—20日
建设单位：西安荣华集团有限公司
项目性质：商业（房地产）
工作人员：杨军凯、孙勇

位于阎良区振兴街办。阎良航空产业基地，南邻蓝天路，西邻创新大道。西南角坐标为：东经109°12′，北纬34°38′。用地范围呈长方形，东西长345.0米，南北宽210.0米，用地面积72450.0平方米，实际勘探面积71330.0平方米。地势平坦。勘探时地表为农耕地，部分区域有土堆。

地层堆积3层。第①层：耕土层，厚0.3米，土色花杂，土质松散，含少量砖瓦；第②层：扰土层，深0.3—2.5米，厚2.2米，土色褐黄，土质较疏松，结构不均匀，含少量灰星瓦片；第③层：次生土层，深2.5—2.8米，厚0.3米，土色浅黄，土质较紧密，结构较均匀，含少量灰星瓦片。第③层以下为生土。

未发现古代文化遗存。

5
城乡生活垃圾资源化处理厂

考古发掘

工作时间：2010年12月28日—2011年1月14日
建设单位：西安市阎良区市容园林局
项目性质：公共基础建设（垃圾场）
工作人员：朱连华、李乖成

位于阎良区凤凰街办。关中环线以北断原原顶。东邻凤凰街办断原村墓园，南邻断原村砖厂，西邻振兴街办蒲家村，北邻蒲家村、断原村耕地。西南角坐标为：东经109°14′，北纬34°41′。用地范围呈长方形。东西长248.0米，南北宽180.0米，实际勘探面积42668.0平方米。地势南高北低。

地层堆积2层。第①层：表土层，厚0.3米，

土质疏松；第②层：扰土层，厚0.7米，土色灰褐，土质较硬。第②层以下为生土。

发现汉唐时期古墓葬25座（汉墓10余座、唐墓4座），古窑址1处。古墓葬形制有砖室墓8座，土洞墓17座；墓向南北向5座，东西向20座。古窑址为带窑道馒头窑，窑室平面呈圆形。

第十二节 户 县

户县，相传其名源自有扈氏国名，后称鄠县，2016年更名为鄠邑区。位于西安城区西南部，地貌类型为山区、山前坡地及平原区。最高点位于秦岭深处的冰晶顶，最低点位于东北部渭河滩地。县境南依秦岭与安康市宁陕县接壤，北临渭水与兴平市、咸阳市秦都区隔岸相望，东以高冠河、沣河与长安区毗邻，西以白马河与周至县为界。境内有“三论宗”的祖庭草堂寺、祖庵重阳宫等著名文化遗产。2000—2010年，户县辖甘亭街办，五竹乡等13个镇。本次共收录34个文物勘探项目和发掘项目（图2-12），各项目情况分述如下。

1
光明乡卫生院住院楼

文物勘探

工作时间：1998年12月5日
建设单位：户县苍游建安公司
项目性质：公共基础建设（医院）
工作人员：王光天、董乘顺

位于户县甘亭镇光明乡。南邻正小路，西、北邻娄村。西南角坐标为：东经108°37′，北纬34°8′。用地范围呈长方形，东西长31.16米，南北宽14.76米，实际勘探面积450.0平方米。地势平坦。

地层堆积2层。第①层：扰土层，厚0.4米，土色褐黄，黏性较大；第②层：沙层，厚0.4米，粉末沙质。

共发现古墓葬2座，古井2口。

M1为竖穴土坑墓，应为秦汉时期，平面呈长方形，东西向，长约3.0米，宽约2.0米，深2.0米，土质较虚。M2为竖穴墓道土洞墓，平面呈“甲”字形，坐西朝东，由墓道、墓室两部分组成，墓道长1.5米，宽0.8米，深2.0米；墓室长3.0米，宽2.0米，深2.0米。土质较虚。J1、J2、J3平面均呈圆形，直径1.0—1.2米，内含虚土。

2
牛东乡宿办楼

文物勘探

工作时间：1998年12月7日
建设单位：户县光明建司五队
项目性质：公共基础建设（办公楼）
工作人员：王光天、董乘顺

位于户县秦渡镇牛东乡，牛东乡政府院内。西南角坐标为：东经108°42′，北纬34°7′。用地范围呈长方形，东西长44.6米，南北宽8.0米，实际勘探面积360.0平方米。地势平坦。

地层堆积1层。扰土层，厚0.4米，土色乳白，硬度一般。此层以下为生土。

未发现古代文化遗存。

户县

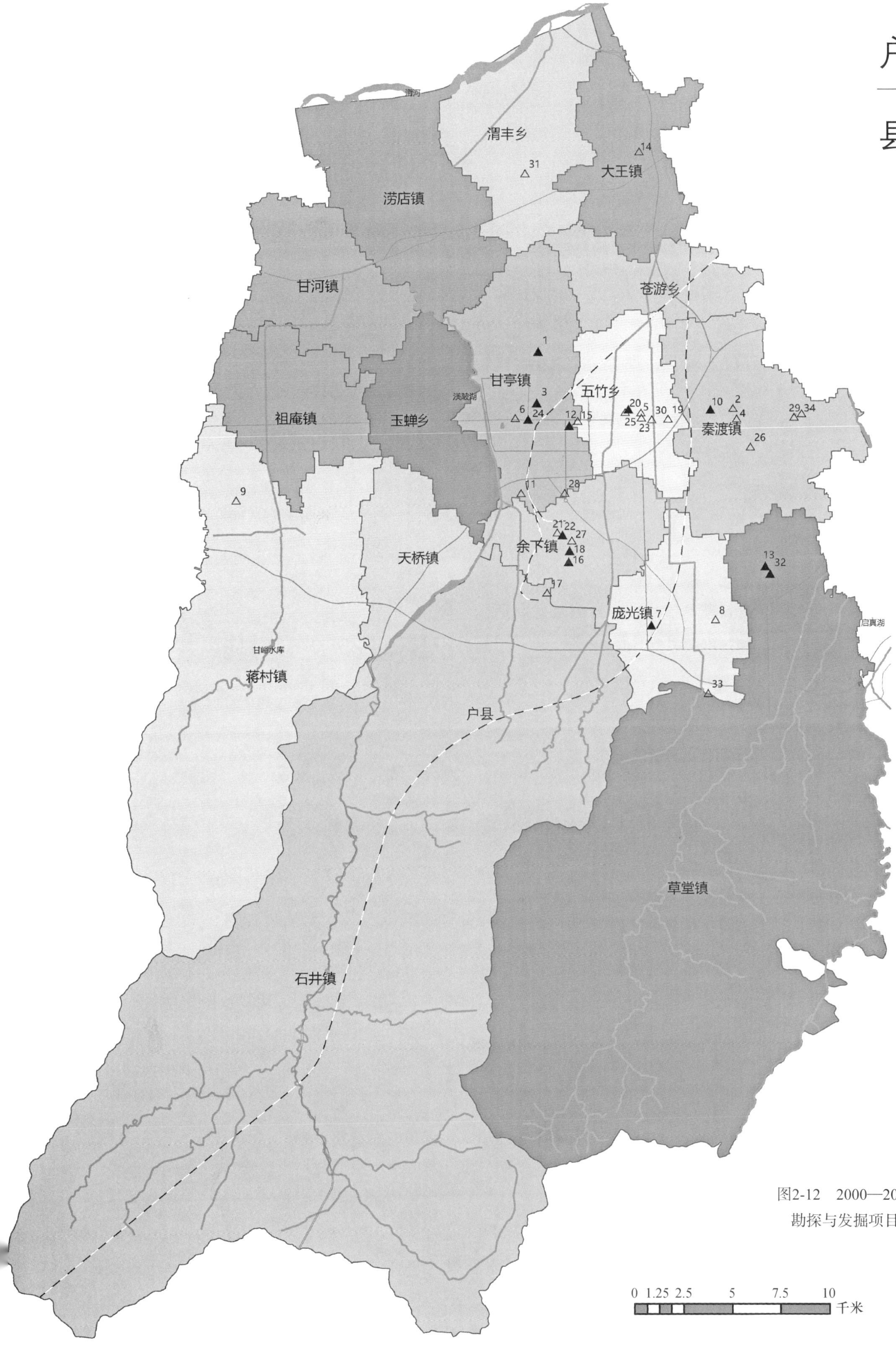

图2-12　2000—2010年户县勘探与发掘项目分布图

3

古城小区23#楼

文物勘探

工作时间：1998年12月30日
建设单位：秦户建筑公司一处
项目性质：商业（住宅楼）
工作人员：王光天、董乘顺

位于户县甘亭镇。北邻渼陂东路，东邻展宏路，南邻八一城市花园小区，西邻公路段小区。西南角坐标为：东经108°37′，北纬34°7′。23#基槽用地呈“L”形，东西长15.0—29.3米，南北宽14.0—34.0米，实际勘探面积580.0平方米。地势平坦。

地层堆积2层。第①层：冲积土层，深0.3—1.2米，土色乳白，硬度一般，含有零星料姜石；第②层：沙层，深1.2米以下见，沙质为粉沙。

共发现古墓葬2座。墓葬形制均为竖穴墓道土洞墓，坐北朝南，内填五花土。

4

牛东粮库

文物勘探

工作时间：1999年4月8日
建设单位：户县粮食局建筑公司
项目性质：公共基础建设（粮库）
工作人员：王光天、董乘顺

位于户县秦渡镇。南邻213县道，北邻牛东村。西南角坐标为：东经108°42′，北纬34°6′。用地范围呈“吕”字形，实际勘探面积不详。地势平坦。

地层堆积1层。冲积土层，厚0.4米，土色褐黄，硬度一般，含有零星料姜石。此层以下为生土。

未发现古代文化遗存。

5

五竹乡卫生院住院楼

文物勘探

工作时间：1999年5月23日
建设单位：户县五竹乡方家寨建筑队
项目性质：公共基础建设（医院）
工作人员：王光天、董乘顺

位于户县五竹乡。西邻214县道，南邻户县动物卫生监督所五竹分所，北邻丰一东路。西南角坐标为：东经108°39′，北纬34°6′。用地范围呈长方形，东西长32.5米，南北宽13.0米，实际勘探面积422.5平方米。地势平坦。

地层堆积1层。冲积土层，厚0.4米，土色褐黄或乳白，含有零星料姜石。此层以下为沙层。

未发现古代文化遗存。

6

户县飞机场空井力楼、住宅楼

文物勘探

工作时间：1999年6月5日
建设单位：户县飞机场
项目性质：公共基础建设（飞机场）
工作人员：王光天、李小修

位于户县甘亭镇。用地范围呈长方形，南北长114.3米，东西宽32.0米，实际勘探面积448.0平方米。地势平坦。

地层堆积，已挖至生土层。

未发现古代文化遗存。

7

庞光化羊教学楼
（紫薇尚层希望小学）

文物勘探

工作时间：1999年6月7日
建设单位：户县化羊建司
项目性质：公共基础建设（学校）

工作人员：王光天、董乘顺

位于户县庞光镇。西邻214县道，北邻穆家堡村，东邻铁路，南邻化中村。西南角坐标为：东经108°40′，北纬34°2′。基槽用地范围呈长方形，东西长47.6米，南北宽8.3米，实际勘探面积396.0平方米。地势平坦。

地层堆积2层。第①层：扰土层，厚0.3米，土色灰黑，部分区域含有细沙；第②层：沙层，深0.3米以下见，土色褐黄或灰白，硬度一般，含有粉沙和细沙。

共发现古河渠2条，古窖藏1处。古河渠位于基槽西部、中部区域，西南—东北走向，宽8.0—10.0米，大部分见沙石铺底。古窖藏，平面呈圆形，南部位于基槽之外，直径约2.5米，应为古时的“兰窖”，即古时染布的水窖。

8

庞光焦将教学楼

文物勘探

工作时间：1999年7月5日
建设单位：户县甘亭四队
项目性质：公共基础建设（学校）
工作人员：王光天、董乘顺

位于户县庞光镇。东邻焦将村，北邻焦将村水泥路，西邻草堂四路。西南角坐标为：东经108°42′，北纬34°2′。用地范围呈“U”形，东西长42.0米，南北宽8.3—15.6米，实际勘探面积460.0平方米。地势平坦。

地层堆积2层。第①层：冲积土层，厚0.5米，粉质性黏土；第②层：黏土层，深0.5米以下见，土色褐黄，土质较纯，硬度一般。第②层以下为生土。

未发现古代文化遗存。

9

蒋村镇农技站办公楼

文物勘探

工作时间：1999年8月18日
建设单位：户县五竹乡方家寨建筑队
项目性质：公共基础建设（办公楼）
工作人员：王光天、董乘顺

位于户县蒋村镇。北邻108省道，南邻蒋村中学。西南角坐标为：东经108°29′，北纬34°5′。用地范围呈长方形，东西长23.8米，南北宽8.5米，实际勘探面积202.3平方米。地势平坦。

地层堆积2层。第①层：冲积土层，厚0.5—1.2米，土质较虚，含砖瓦等；第②层：沉积性黏土，深1.2米以下见，土色黑色，土质较软，含有粉质性沙石。

未发现古代文化遗存。

10

牛东乡千王村小学教学楼

文物勘探

工作时间：1999年10月30日
建设单位：户县建筑总公司
项目性质：公共基础建设（学校）
工作人员：王光天、董乘顺

位于户县牛东乡。南邻千王村，西邻西安红尚红食品有限公司，北邻张五桥村。西南角坐标为：东经108°41′，北纬34°7′。用地范围呈不规则长方形，实际勘探面积936.0平方米。地势平坦。

地层堆积2层。第①层：冲积土层，厚0.8米，粉质性黏土；第②层：黏土层，深0.8米以下见，土色褐黄，土质较软，含有零星料姜石。第②层以下为生土。

共发现古墓葬1座，古河道1条。

M1为竖穴土坑墓，东西向，长3.0米，宽1.5米，深0.8米，底部砖铺地，应为汉代墓葬。古河道位于基槽东北部，东南—西北走向，古河道北部位于基槽之外，深1.5米。

11

秦华公司厂房

文物勘探

工作时间：2000年1月4日
建设单位：户县秦华机械有限公司
项目性质：商业（厂房）
工作人员：王光天、董乘顺

位于户县甘亭镇。南邻省道108，西邻钓台路，北邻西安德鑫印刷有限公司。西南角坐标为：东经108°36′，北纬34°5′。厂房基槽用地呈长方形，东西长60.0米，南北宽30.0米，实际勘探面积1800.0平方米。地势平坦。

地层堆积2层。第①层：扰土层，厚0.8米，土色褐黄，土质较软；第②层：沙土层，0.8米以下见，土色灰白，硬度一般，含有零星料姜石。第②层以下为生土。

未发现古代文化遗存。

12

京兆小区

文物勘探

工作时间：2000年12月16日—2002年12月13日
建设单位：户县房地产开发有限公司
项目性质：商业（房地产）
工作人员：王光天、董乘顺

位于户县玉蝉乡。南邻东新路，东邻玉立实验中学，北邻丰京路，西邻人民路。西南角坐标为：东经108°37′，北纬34°6′。

4#楼基槽范围呈长方形，东西长47.5米，南北宽16.3米，实际勘探面积775.0平方米。

5#楼基槽范围呈长方形，东西长47.2米，南北宽15.1米，实际勘探面积713.0平方米。

11#楼基槽范围呈长方形，东西长69.2米，南北宽16.3米，实际勘探面积1128.0平方米。

12#楼基槽范围呈长方形，东西长82.0米，南北宽16.5米，实际勘探面积1288.0平方米。

14#楼基槽范围呈长方形，东西长49.0米，南北宽16.2米，实际勘探面积793.8平方米。

17#楼基槽范围呈长方形，东西长32.0米，南北宽17.0米，实际勘探面积559.0平方米。

18#楼基槽范围呈长方形，东西长32.0米，南北宽18.50米，实际勘探面积592.0平方米。

19#楼基槽范围呈长方形，东西长54.0米，南北宽15.3米，实际勘探面积826.2平方米。

地层堆积1层。冲积层，厚0.5—0.8米，土色灰白，土质纯净，硬度一般。此层以下为生土。

14#基槽东部、17#基槽北部发现古河道1条，西北—东南向，宽7.0—10.0米，深0.8米。其余楼基槽未发现古代文化遗存。

13

江河机器厂厂房

文物勘探

工作时间：2001年2月20日
建设单位：西安江河机器厂
项目性质：商业（厂房）
工作人员：王光天、董乘顺

位于户县草堂镇。正太路北段，东邻213县道，北邻新大地铝合金门窗厂，南邻粮站轴承螺丝五金厂。西南角坐标为：东经108°43′，北纬34°3′。厂房基槽用地呈长方形，东西长53.0米，南北宽18.0米，实际勘探面积900.0平方米。地势平坦。

地层堆积1层。扰土层，厚0.8米，土色褐黄或灰白，土质较软。此层以下为生土。

共发现古河道1条。位于用地西南区域，河道为西南—东北走向。

14

洋天包装厂办公楼、厂房

文物勘探

工作时间：2001年5月5日
建设单位：户县洋天包装材料厂
项目性质：商业（厂房、办公楼）
工作人员：王光天、董乘顺

位于户县大王镇。西南邻大王东村小学，东邻214县道。西南角坐标为：东经108°39′，北纬34°12′。办公楼基槽用地呈长方形，东西长39.3米，南北宽11.0米，实际勘探面积432.3平方米。厂房基槽用地呈长方形，东西长42.0米，南北宽16.0米，实际勘探面积672.0平方米。办公楼和厂房基槽的地势平坦。

地层堆积1层。扰土层，厚0.3—0.8米，土色花杂，土质较虚，内含砖瓦等物。此层以下为生土。

未发现古代文化遗存。

15

新科机械厂办公楼

文物勘探

工作时间：2001年8月13日
建设单位：户县新科机械厂
项目性质：商业（办公楼）
工作人员：王光天、董乘顺

位于户县五竹乡。北邻沣京路东段交警大队，东邻宏桥路。西南角坐标为：东经108°38′，北纬34°6′。办公楼基槽用地呈长方形，东西长26.0米，南北宽10.0米，实际勘探面积260.0平方米。地势平坦。

地层堆积1层。冲积土层，厚0.3米，土色褐黄，土质较纯。此层以下为生土。

未发现古代文化遗存。

16

惠源小区54#楼

文物勘探

工作时间：2001年9月9日
建设单位：西安惠安化工厂
项目性质：商业（住宅楼）
工作人员：王光天、董乘顺

位于户县余下镇。东邻惠民路，西南角坐标为：东经108°37′，北纬34°3′。54#楼基槽用地范围呈长方形，东西长53.0米，南北宽15.1米，实际勘探面积800.3平方米。地势平坦。

地层堆积1层。冲积土层，厚0.5—0.7米，土色褐黄，土质较纯。此层以下为地下水位层。

共发现古墓2座，古井1口。M1、M2均位于基槽东北区域，墓道均位于基槽之外，M2墓室打破M1墓室。M1为斜坡墓道砖室墓，平面呈“甲”字形，坐南朝北，由墓道、前室、后室等部分组成。M2为斜坡墓道砖室墓，平面呈刀把形，坐南朝北，由墓道、墓室组成。J1平面呈圆形，直径1.5米，内填五花土、虚土。

17

户县电厂废水处理回用工程

文物勘探

工作时间：2001年9月15日
建设单位：户县电厂
项目性质：公共基础建设（电力）
工作人员：王光天、董乘顺

位于户县余下镇，户县电厂厂区内。东邻电厂路，北邻建材路。西南角坐标为：东经108°37′，北纬34°2′。用地面积范围呈不规则长方形，东西长29.5—47.5米，南北宽29.0—45.0米，实际勘探面积21668.7平方米。

地层堆积1层。冲积土层，厚1.0米，土色黑色，土质较硬。此层以下为地下水位层。

未发现古代文化遗存。

18

惠安小学教学楼

文物勘探

工作时间：2001年11月1日
建设单位：西安惠安小学
项目性质：公共基础建设（学校）
工作人员：王光天、董乘顺

位于户县余下镇。南邻希望路，西邻余下小区，北邻兴教路，东邻惠民路。西南角坐标为：

东经108°37′，北纬34°3′。教学楼基槽用地范围呈长方形，东西长76.1米，南北宽15.7米，实际勘探面积914.0平方米。地势平坦。

地层堆积2层。第①层：表土层，厚0.5米，土色灰色，土质较纯；第②层：冲积土层，厚0.5米，土色黑色，土质较硬。第②层以下为地下水位层。

共发现古墓1座。位于项目东南角。M1为竖穴土坑墓，应为秦汉时期，东西向，东西长4.0米，宽2.0米，深1.5米，内填虚土。

19

五竹乡方家寨小学

文物勘探

工作时间：2001年11月4日
建设单位：方家寨小学
项目性质：公共基础建设（学校）
工作人员：王光天、董乘顺

位于户县五竹乡。南邻丰京路（原105县道），北邻五竹镇中心幼儿园。西南角坐标为：东经108°40′，北纬34°6′。用地范围呈长方形，东西长48.6米，南北宽14.2米，实际勘探面积690.1平方米。地势平坦。

地层堆积1层。扰土层，厚0.5—0.8米，土色褐黄或灰白，土质纯净，硬度一般。此层以下为生土。

未发现古代文化遗存。

20

永丰塑料厂厂房（二期）

文物勘探

工作时间：2002年6月1日
建设单位：西安永丰塑料厂
项目性质：商业（厂房）
工作人员：王光天、董乘顺

位于户县五竹乡，户县沣京工业园沣京大道9号，北邻丰一西路，东邻兴园路。西南角坐标为：东经108°39′，北纬34°6′。用地面积范围呈长方形，东西长60.0米，南北宽18.0米，实际勘探面积1080.0平方米。

地层堆积1层。冲积层，厚0.5米，土色灰白，部分区域土色褐黄，土质纯净，硬度一般。

未发现古代文化遗存。

21

热电厂福利区1#楼

文物勘探

工作时间：2002年7月28日
建设单位：户县热电厂
项目性质：商业（住宅楼）
工作人员：王光天、董乘顺

位于户县余下镇。南邻团结西路，西邻电厂路。西南角坐标为：东经108°37′，北纬34°4′。用地范围呈长方形，东西长40.0米，南北宽19.0米，实际勘探面积760.0平方米。地势平坦。

地层堆积1层。冲积土层，厚0.5—1.0米，土质纯净，硬度一般。此层以下为地下水位层。

共发现古井1口。平面呈圆形，直径1.0米，内填虚土。

22

电厂中学学生宿舍楼

文物勘探

工作时间：2002年10月1日
建设单位：户县电厂中学
项目性质：公共基础建设（学校）
工作人员：王光天、董乘顺

位于户县余下镇。北邻团结西路，东邻天汇御苑小区，西邻电厂路。西南角坐标为：东经108°37′，北纬34°4′。用地面积范围呈长方形，东西长30.0米，南北宽7.5米，实际勘探面积230.0平方米。

地层堆积2层。第①层：扰土层，厚0.5—0.7米，粉质性黏土，含水量大；第②层：冲积土层，厚0.8米，土色黑色，黏性较强，土质纯净较硬。第②层以下为地下水位层。

未发现古代文化遗存。

23

牧童乳业公司厂房

文物勘探

工作时间：2002年10月2日—2003年2月15日
建设单位：中铁十五局集团第二工程公司
项目性质：商业（厂房）
工作人员：王光天、董乘顺

位于户县五竹乡，周北村用地范围内。西南角坐标为：东经108°39′，北纬34°6′。本次拟建的锅炉房用地面积528.0平方米，制冷空气水泵房用地面积210.0平方米，蓄水池330.0平方米，车间面积4770.0平方米，办公楼用地面积645.0平方米，污水池用地面积264.0平方米，职工食堂和职工宿舍楼用地面积792.0平方米。勘探面积合计7539.0平方米。

地层堆积2层。第①层：表土层，厚0.5米，土色花杂；第②层：扰土层，厚0.5—0.8米，土色灰黑，土质较纯。第②层以下为生土。

未发现古代文化遗存。

24

新华书店营业厅

文物勘探

工作时间：2002年11月18日
建设单位：户县新华书店
项目性质：商业（书店）
工作人员：王光天、董乘顺

位于户县甘亭镇。西邻娄敬路，南邻东街，北邻陕西信合营业厅，东邻中国银行营业厅。西南角坐标为：东经108°36′，北纬34°6′。用地范围呈长方形，东西长17.0米，南北宽8.3米，实际勘探面积150.0平方米。地势平坦。

地层堆积1层。表土层，厚0.5—1.0米，为回填土。此层以下为生土。

共发现古井2口。平面均呈圆形，直径1.5—2.0米，井深3.5米，内含虚土。

25

东方机械厂办公楼、宿舍楼

文物勘探

工作时间：2003年1月8日
建设单位：户县建司直属项目部
项目性质：商业（厂房）
工作人员：王光天、董乘顺

位于户县五竹乡。西汉高速公路户县出口以西2千米的西安经济技术开发区沣京工业园内，西北邻西余铁路，南邻西户公路，东邻西汉高速公路。西南角坐标为：东经108°39′，北纬34°7′。

办公楼基槽用呈长方形，东西长43.2米，南北宽14.1米，实际勘探面积610.0平方米。地势平坦。宿舍楼基槽用呈“U”形，东西长43.2米，南北宽6.60—19.8米，实际勘探面积550.0平方米。地势平坦。

地层堆积，均已挖至生土层。

共发现古河道1条，东北—西南走向，长约50.0米，宽20.0米，深1.2米。

26

长沣机电公司厂房

文物勘探

工作时间：2003年3月8日
建设单位：陕西长沣机电有限公司
项目性质：商业（厂房）
工作人员：王光天、董乘顺

位于户县秦渡镇，秦渡镇工业园北稻务村。西南角坐标为：东经108°42′，北纬34°6′。

厂房基槽用呈长方形，东西长54.0米，南北宽39.50米，实际勘探面积568.0平方米。地势平坦。

地层堆积，均已挖至生土层。

未发现古代文化遗存。

27

余下镇2×300兆伏技改工程

文物勘探

工作时间：2003年8月20日—10月8日
建设单位：户县热电厂
项目性质：公共基础建设（电力）
工作人员：袁长江、邹亚军

位于户县余下镇。西南角坐标为：东经108°38′，北纬34°4′。用地范围呈长方形，实际勘探面积264013.2平方米。地势平坦。

地层堆积2层。第①层：表土层，厚0.3米，土色黑褐，土质疏松；第②层：扰土层，厚0.5米，土色黄色，土质较硬。第②层以下为生土。

未发现古代文化遗存。

28

陕西国防工业职业技术学院新校区（一期）

文物勘探

工作时间：2005年1月26日—3月2日
建设单位：陕西国防工业职业技术学院
项目性质：公共基础建设（学校）
工作人员：孙武、邹亚军

位于户县甘亭镇。东邻人民路，西邻吕公寨村。西南角坐标为：东经108°37′，北纬34°5′。用地范围呈长方形，实际勘探面积150000.0平方米。地势平坦。

地层堆积1层。厚0.5米，土色黄褐，土质疏松。此层以下为生土。

未发现古代文化遗存。

29

陕西科技卫生学校新校区（一期）

文物勘探

工作时间：2005年8月11—23日
建设单位：陕西科技卫生学校
项目性质：公共基础建设（学校）
工作人员：程林泉、董乖顺

位于户县秦渡镇。东邻王卫村，西邻西户路，北邻汉代闫花园遗址，南邻沣京路。西南角坐标为：东经108°44′，北纬34°6′。用地范围呈长方形，实际勘探面积37800.0平方米。地势东高西低。

地层堆积2层。第①层：表土层，厚0.4米，土色花杂，土质疏松；第②层：扰土层，厚0.6米，土色红褐，土质较疏松。第②层以下为生土。

未发现古代文化遗存。

30

国维淀粉厂房（二期）

文物勘探

工作时间：2005年11月7—14日
建设单位：西安国维淀粉有限公司
项目性质：商业（厂房）
工作人员：孙武、陈洪汕

位于户县五竹乡，北邻秦户路。西南角坐标为：东经108°40′，北纬34°6′。用地范围呈长方形，实际勘探面积15000.0平方米。地势平坦。

地层堆积2层。第①层：表土层，厚0.3米，土色花灰，土质疏松，内含近现代砖瓦块及植物根系等物；第②层：扰土层，厚0.2米，土色褐黄，土质较硬，内含砖瓦块等物。第②层以下为生土。

未发现古代文化遗存。

31

公输堂

文物勘探

工作时间：2006年3月25—30日
建设单位：户县文管所
项目性质：主动调查、勘探和发掘（文物勘探）
工作人员：王自力、邹亚军

位于户县渭丰镇。祁村以东，西南角坐标为：东经108°36′，北纬34°12′。用地范围呈长方形，实际勘探面积4000.0平方米。地势平坦。

地层堆积2层。第①层：表土层，厚1.3米，土色花杂，土质较硬；第②层：沙土层，厚1.2米，中度粗沙。

未发现古代文化遗存。

32

优胜美地

文物勘探

工作时间：2006年4月12—25日
建设单位：陕西千层浪房地产开发有限公司
项目性质：商业（房地产）
工作人员：孙武、王纪元

位于户县草滩镇。秦岭北麓，东邻下河堰村，南邻关中环线（户县段）约300米。西南角坐标为：东经108°43′，北纬34°4′。用地范围呈长方形，勘探面积10000.0平方米。地势平坦。

地层堆积3层，第①层：表土层，厚0.3米，土色黄灰，土质疏松；第②层：扰土层，深0.3—0.8米，厚0.5米，土色黑褐，土质较硬；第③层：冲积层，深0.8—2.0米，厚1.2米，为冲积沙石层。

发现秦汉墓3座，史前时期灰坑2处。墓葬形制有竖穴土圹墓2座，竖穴墓道土洞墓1座。墓向南北向2座，坐南朝北1座。

33

西安区域管制中心工程（一期）

文物勘探

工作时间：2009年2月18—28日
建设单位：民航西北空中交通管理局
项目性质：公共基础建设（办公楼）
工作人员：倪志俊、邹亚军

位于户县庞光镇。环山路以南，南邻黄柏峪（山），北邻环山路，东邻乌桑村。用地范围呈长方形，实际勘探面积100660.0平方米。地势较为平坦。

地层堆积2层。第①层：表土层，厚0.5米，土质疏松，土色灰褐；第②层：扰土层，厚0.5米，土质较硬，土色浅黑褐，含有大小不等山石等物。第②层以下为生土。

未发现古代文化遗存。

34

西安医学高等专科学校新校区扩建（一期）

文物勘探

工作时间：2010年12月21日—2011年1月11日
建设单位：西安医学高等专科学校
项目性质：公共基础建设（学校）
工作人员：张翔宇、王纪元

位于户县秦渡镇。原校区西北角，东、南邻老校区，西邻水泥路，北邻秦渡镇花园村麦田。南距西户公路约500.0米，东距沣河秦渡桥约3千米。西南角坐标为：东经108°44′，北纬34°7′。该用地范围呈长方形，一期用地面积约66666.0平方米。

地层堆积2层。第①层：表土层，厚0.3米，土色褐黄、土质疏松；第②层：垆土层，厚0.5米，土色黑褐，土质较硬。第②层以下为生土。

未发现古代文化遗存。

第十三节 周至县

周至县，原名盩厔县，“山曲曰盩，水曲曰厔，因以县名”。位于西安西南部，地势北低南高，跨渭河平原，黄土台原，秦岭山地三个地理单元。最高点位于西部太白山，最低点位于东北部河滩地带。该县地处关中西部，东依白马河中心线与户县为邻；南依秦岭主脉与佛坪县、宁陕县交界；西有界碑与宝鸡市眉县、太白县接壤；北凭渭河与武功县、兴平市和杨凌区、宝鸡市扶风县相邻。周至县为上古时期古国故地，其境内有马营村遗址、镇丰村遗址等多处新石器时代遗存。八云塔、楼观台、佛坪厅故城等亦为重要的文化遗产。2000—2010年，周至县辖二曲街办1个街办，楼观镇等19个镇。本次共收录7个文物勘探项目和发掘项目（图2-13），各项目内容如下。

1
宗圣宫人工湖、泵房、方亭及附属工程

文物勘探

工作时间：2002年6月14日—7月1日
建设单位：不详
项目性质：公共基础建设（公园）
工作人员：王光天、张龙鱼、段志军、赵亚军

位于周至县楼观镇。北邻107省道，东邻田峪河。西南角坐标为：东经108°20′，北纬34°4′。本次勘探范围包括崇圣宫人工湖、泵房、方亭及附属工程。

人工湖项目范围呈不规则性，实际勘探面积约4000.0平方米。

方亭项目范围呈正方形，实际勘探面积约10.0平方米。

泵房项目范围呈长方形，实际勘探面积200.0平方米。

附属工程（厕所、售票房、侧门）范围均呈长方形，实际勘探面积计155.0平方米。

地层堆积1层。冲积层，厚1.5米，含石块、沙土。

未发现古代文化遗存。

2
秸秆发电厂

文物勘探

工作时间：2005年9月28日—10月28日
建设单位：瑞威能源（西安）有限公司
项目性质：公共基础建设（电力）
工作人员：李乖成

位于周至县楼观镇。黑河工业基地，南邻环山路，西邻黑河，北邻周至县城。西南角坐标为：东经108°18′，北纬34°5′。用地范围呈三角形，实际勘探面积103779.0平方米。地势平坦。

地层堆积，均为沙石层。

未发现古代文化遗存。

3
省道107（马召—西汤峪）

文物勘探

工作时间：2006年7月
建设单位：西安公路工程管理处
项目性质：公共基础建设（道路）
工作人员：程林泉、张宏达

周至县

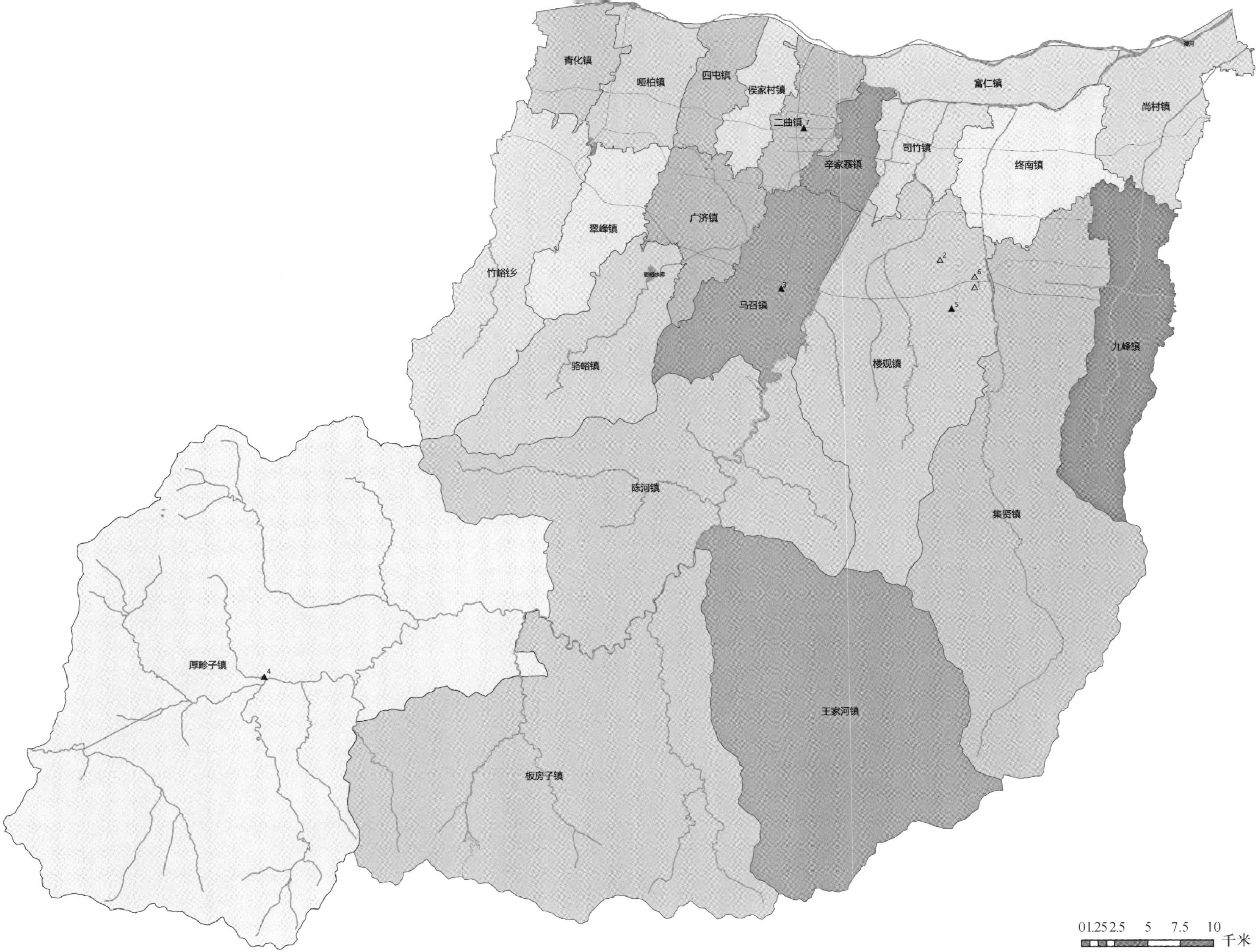

图2-13　2000—2010年周至县勘探与发掘项目分布图

该路段起于周至县马召镇，终于宝鸡市眉县107环山路，途经广济镇、翠峰镇、竹峪乡等地，全长21.2千米。地貌西南较高，东北偏低。

地层堆积2层。第①层：表土层，厚0.7米，土色花杂，土质较疏松；第②层：垆土层，厚1.0米，土色褐黄，土质较硬。第②层以下为生土。

发现秦汉时期古墓葬2座。墓葬形制有竖穴土圹墓1座，竖穴墓道土洞墓1座。墓向南北向1座，坐南朝北1座。

4

周至佛坪厅故城遗址考古调查（一期）

文物调查

工作时间：2006年11月
调查单位：西安市文物保护考古所、周至佛坪厅故城保管所
项目性质：主动调查、勘探和发掘（考古调查与发掘）
工作人员：张小丽、王志勇、田清梅、任茂

位于周至县厚畛子镇。秦岭南北分界岭以南，太白山东岭下龙洞湾千米处古镜骆道的一侧，距今周至县城约107千米。

佛坪厅故城建于清道光五年（1825年），民国二年（1913年）改为县治，民国十四年（1925年）黔遭遇匪患，民国十五年（1926年）县治迁至袁家庄今佛坪县政府所在地，之后故城逐渐废弃。故城遗址保存基本完好，平面呈东南部外凸的不规则长方形，现存城墙墙基为汉白玉石条砌筑，墙体白灰沙土混合夯筑，外砌大卵石图。城墙西、南、东中部设城门三座，均为汉白玉条基，夯土砌筑，外包青砖，门上原有谯楼，现已无存。西门丰乐门保存较好，东门景阳门和南门延薰门部分塌毁，后经维修。城内完整建筑仅存城中部偏东主街北侧的荣聚站一处，已在原基址仁照旧重修，其余建筑上部被破坏殆尽，仅存基址于民房下或耕地中，诸多建筑构件如汉白玉石条、柱础石已被村民用于自家房中，现仍可见许多石条和柱础石暴露于耕地中图。城内碑石多被搬移集中于文庙内，碑石内容以记功德者居多，但也有部分碑石具有较高的史料价值，或记重修文庙之事，或记修建义学之事，或记环境保护之事。出土物主要有瓷片和钱币，钱币共计22枚，其中乾隆通宝4枚、嘉庆通宝2枚、道光通宝2枚、咸丰通宝3枚、同治通宝2枚、光绪通宝1枚、光绪元宝1枚、中华民国开国纪念币1枚。另有锈蚀或磨损严重字迹不清者5枚，残缺严重币种不辨者1枚。

（西安市文物保护考古所、周至佛坪厅故城保管所：《周至佛坪厅故城遗址一期考古调查简报》，《文博》2010年第5期）

5

周至大秦寺

考古发掘

工作时间：2009年11月
调查单位：西安市文物保护考古所、周至大秦寺
项目性质：主动调查、勘探和发掘（考古发掘）
工作人员：张小丽、辛龙

位于周至县楼观镇。塔峪村东，西南角坐标为：东经108°19′，北纬34°3′。

共发掘宋代至民国时期古墓葬3座，古窑址2处。古遗址面积1075平方米，出土器物102件。

6

楼观财神文化区一期（庙区）

文物勘探

工作时间：2010年5月1—20日
建设单位：西安市曲江文化旅游（集团）有限公司
项目性质：商业（旅游开发）
工作人员：杨军凯、刘天运

位于周至县楼观镇。楼观台西北，环山公路北部。长约360.0米，宽约350.0米。西南角坐标为：东经108°20′，北纬34°4′。实际勘探面积126000.0平方米。现场地势平坦。

地层堆积3层。第①层：表土层，厚0.3米，

土色花杂，土质疏松；第②层：冲积层，深0.3—0.6米，土色为浅黄色细沙，土质疏松；第③层：沙石层，深0.6米以下，为浅黄色粗沙。

未发现古代文化遗存。

7
八云塔

考古发掘

工作时间：2000年11月、2011年11月
建设单位：西安市文物保护考古所
项目性质：主动调查、勘探和发掘类（考古调查）
工作人员：王自力等

位于周至县二曲镇。北邻中心西街，西邻云塔路，南邻周至县文管所。西南角坐标为：东经108°13′，北纬34°10′。现将八云塔发掘情况简述如下。

原名为“瑞光寺塔”，传为唐代所建，平面呈正方形，11层，为仿木结构、密檐式空心砖塔，塔内原有木构楼梯，后毁于兵燹。2000年9月，八云塔地宫被盗，11月29日—12月7日，我所对其进行了清理。地宫砖砌，底部略呈方形（南北长1.48米，东西宽1.32米），四角攒尖顶。地宫内置石棺和石函，皆被打开。石棺：带盖，表面较粗糙，未磨光。石函：表面光滑，四个侧面分别以细线阴刻青龙、白虎、朱雀、玄武四神图案，风格应为唐代。地宫南壁正中有券洞式甬道，甬道内用条形砖砌3道封门。甬道第二道封门内放置一尊汉白玉佛教造像，高42.0厘米，四阿式屋形顶，底部的榫头表明其原是安插在底座上的，造像四面皆有浮雕，当属北周遗物。甬道和封门之砖之间发现许多铜钱、铁钱，主要是汉半两、五铢、货泉、开元通宝、乾元通宝、宋元通宝、太平通宝、淳化元宝、至道元宝、咸平元宝、景德元宝、祥符元宝、祥符通宝、天禧通宝、天圣元宝、景祐元宝、庆历重宝等。

（西安市文物保护考古所编：《八云塔地宫》，《前进中的西安市文物保护考古所》，内部资料；西安市文物保护考古研究院：《陕西周至县八云塔地宫的发掘》，《考古》2012年第6期）

第三章 ◎ 初步分析

第一节　勘探与发掘项目状况分析

通过对2000—2010年西安市文物保护考古研究院等相关文物部门的文物勘探、考古发掘工作的梳理，从一定程度上可对西安市这十几年来的文物勘探、考古发掘工作做简要认识。

本书共收录的1095项文物勘探、考古发掘材料。其中涉及文物勘探的项目1008项，涉及考古发掘的项目217项（表3-1）。纵观整个西安地区，这些项目在区域分布上表现出了极大的不均衡性，文物勘探与发掘的重点区域大致集中在南三环沿线、未央路沿线、西安航天基地以及南郊大学城一带，即主要集中在雁塔、未央、长安三区，约占65%，其余十区县约占35%（图3-1）。这反映了我院在文物勘探与考古发掘工作的基本情况，也在一定程度上也反映了我市基本建设的情况。为了更细致地如实反映文物勘探与考古发掘工作情况，突出各个区县的工作重心和大致规律，我们将以区县、年份为基数予以统计说明。

表3-1　2000—2010年勘探及发掘统计表

城区、县名	总体项目	勘探	发掘
雁塔区	298	271	68
未央区	263	244	48
长安区	144	121	66
莲湖区	71	70	4
灞桥区	69	61	12
新城区	52	51	6
碑林区	51	49	4
蓝田县	49	49	1
高陵县	37	35	3
户县	34	34	0
临潼区	15	13	3
周至县	7	5	2
阎良区	5	5	0
合计	1095	1008	217

注：勘探与发掘之和（1225）大于总体项目数（1095），是由于一些发掘项目未经过考古勘探或一些勘探项目尚未进行发掘

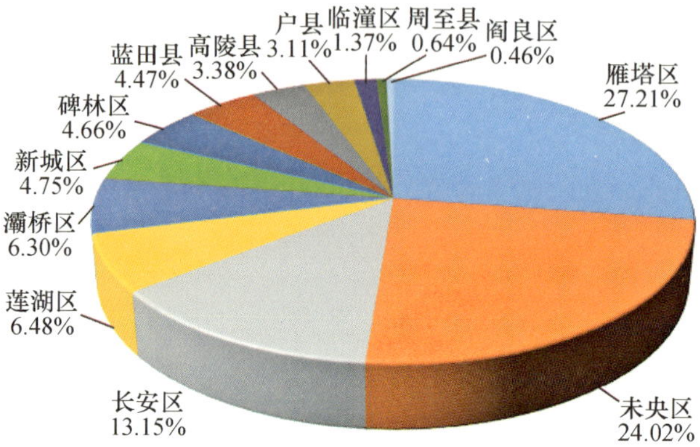

图3-1　2000—2010年各区县勘探及发掘项目占比图

1. 2000—2010年各区县勘探及发掘项目统计

（1）雁塔区共收录项目298个，约占总量的27.21%，项目位置较为集中，覆盖面积较广。大体来说，以东南部的曲江街办（曲江新区）、中南部的长延堡街办、西南部丈八路街办（高新区）为主要分布点。其中曲江街办83处，丈八路街办80处，长延堡街办46处，电子城街办35处，鱼化寨街办17处，大雁塔街办15处，小寨路街办11处，等驾坡街办11处。这与曲江新区和西安高新区两个新区的建设密切相关。另外，2011—2014年，在该区开展文物勘探与考古发掘项目137项，合计2000—2014年的项目，共计435项。

（2）未央区共收录项目263个，约占总量的24.02%，项目位置较为集中，主要分布于三个区域，即以中东部的未央路沿线东西两侧地区、北部的渭河南岸草滩地区、西部的西三环沿线三桥地区。其中张家堡街办43处，汉城街办41处，三桥街办34处，徐家湾街办33处，大明宫街办30处，六村堡街办30处，草滩街办16处，未央宫街办16处，谭家街办13处，辛家庙街办11处。因未央区道路项目较多，如东二环北延线途经辛家庙街办、谭家街办、徐家湾街办3个街办；朱宏路

北延线途经未央宫街办、汉城街办2个街办，北二环东延线（C18a标段—安邸立交）途经未央区辛家庙街办、灞桥区十里铺街办。这些项目一方面是西安经济技术开发区建设有关，同时西安行政中心北迁，也有力带动了这一区域建设的发展。另外2011—2014年，我院在该区域展文物勘探与考古发掘项目145项，合计2000—2014年的项目，共计408项。

（3）长安区共收录项目144个，约占总量的13.15%，项目位置集中，基本上都位于长安区北部。主要分布于四个区域，即以西安航天产业基地为中心的韦曲地区、以长安大学城为中心的郭杜地区、以阿房宫遗址为中心的王寺地区以及西沣路以西、南三环以南的高新技术开发区。其中韦曲街办65处，郭杜街办60处，王寺街办6处，杜曲街办2处，滦镇街办2处，东大街办2处，引镇街办2处，细柳街办1处，斗门街办1处，马王街办1处，太乙宫街办1处，大兆街办1处。道路项目如省道107（环山旅游公路）改建工程起点太乙宫街办，终于周至县楼观台；大峪供水航天进水管道途经大兆街办、韦曲街办2个街办。这些项目与该区域内航天基地、西部大学城、西安高新区、西咸新区的建设相关。另外，2011—2014年，我院在该区域开展文物勘探与考古发掘288项，合计2000—2014年的项目，共计432项。

（4）莲湖区共收录项目71个，约占总量的6.48%，项目位置比较分散，遍布全区。其中红庙坡街办16处，桃园路街办12处，枣园街办11处，西关街办10处，土门街办9处，北院门街办5处，青年路街办4处，环城西路街办3处，北关街办1处。另外，2011—2014年，我院在该区域开展文物勘探与考古发掘项目34项，合计2000—2014年的项目，共计105项。

（5）灞桥区共收录项目69个，约占总量的6.30%，项目位置较为集中，主要分布于两个区域，即以浐河为中心的东西两岸地区，以灞河为中心的东西两岸地区。其中纺织城街办13处，洪庆街办12处，席王街办12处，十里铺街办10处，红旗街办7处，新筑街办7处，狄寨街办5处，灞桥街办3处。另外，2011—2014年，我院在该区域开展文物勘探与考古发掘项目60项，合计2000—2014年的项目，共计129项。

（6）新城区共收录项目52个，约占总量的4.75%，项目位置不甚集中。大体来说，以西南部的明清城墙范围内地区、北部的华清路以北地区、东部的长乐中路以南地区为主要分布点。其中，长乐中路街办18处，西一路街办8处，胡家庙街办7处，太华路街办7处，中山门街办5处，韩森寨街办5处，长乐西路街办2处。另外，2011—2014年，我院在该区域开展文物勘探与考古发掘项目33项，合计2000—2014年的项目，共计85项。

（7）碑林区共收录项目51个，约占总量的4.66%，项目位置比较分散，遍布全区。其中张家村街办11处，长安路街办9处，太乙路街办9处，长乐坊街办7处，文艺路街办7处，南院门街办4处，东关南街街办3处，柏树林街办1处。另外，2011—2014年，我院在该区域开展文物勘探与考古发掘项目35项，合计2000—2014年的项目，共计86项。

（8）蓝田县共收录项目49个，约占总量的4.47%，项目位置较为集中，主要分布蓝田县城范围内。其中蓝关街办32处，焦岱镇3处，华胥镇3处，城关街办2处，三里镇2处，厚镇2处，玉山镇2处，孟村镇1处，小寨镇1处，汤峪镇1处。另外，2011—2014年，我院在该区域开展文物勘探与考古发掘项目4项，合计2000—2014年的项目，共计53项。

（9）高陵县共收录项目37个，约占总量的3.38%，项目位置甚集中，主要分布于西南部的泾渭工业园地区。其中泾渭街办35处、崇皇街办1处，张卜乡1处。另外，2011—2014年，我院在该区域开展文物勘探与考古发掘项目11项，合计2000—2014年的项目，共计48项。

（10）户县共收录项目34个，约占总量的3.11%，项目位置不甚集中。大体来说，以秦岭北麓的环山路沿线地区、户县县城地区为主要分布点。其中五竹乡7处，秦渡镇6处，余下镇6处，甘亭镇6处，庞光镇3处，渭丰乡1处，草滩镇1处，大王镇1处，草堂镇1处，蒋村镇1处，玉蝉乡1处。另外，2011—2014年，我院在该区域开展文物勘探与考古发掘项目2项，合计2000—

2014年的项目，共计36项。

（11）临潼区共收录项目15个，约占总量的1.37%，项目位置较为集中，主要分布于两个区域，即以西南部的西临高速沿线地区、中部的临潼城区为主要分布点。其中斜口街办5处，秦陵街办4处，骊山街办3处，相桥镇1处，代王街办1处，任留乡1处。临潼区道路项目较多，如关中公路环线三义村—田市镇段快速干道途经新兴镇、武屯镇、相桥镇，终于田市镇；十里铺—兵马俑快速干道（K9+800—K15+579）起点于灞桥区灞桥街办，终于临潼区斜口街办；西咸北环线工地途经新市乡、雨金镇、何寨镇、零口镇等。另外，2011—2014年，我院在该区域开展文物勘探与考古发掘项目3项，合计2000—2014年的项目，共计18项。

（12）周至县共收录项目7个，约占总量的0.64%，项目位置不甚集中。大体来说，以秦岭北麓的环山路沿线地区、周至县城地区为主要分布点。其中楼观镇4处，马召镇1处，厚畛子镇1处，二曲镇1处。另外，2011—2014年，我院在该区域开展文物勘探与考古发掘项目9项，合计2000—2014年的项目，共计16项。

（13）阎良区共收录项目5个，约占总量的0.46%，项目位置比较分散。其中新兴街办1处，武屯镇1处，北屯街办1处，振兴街办1处，凤凰街办1处。另外，2011—2014年，我院在该区域开展文物勘探与考古发掘项目5项，合计2000—2014年的项目，共计10项。

通过对项目区域分布的统计，可以看出我院这十多年的田野工作主要集中在雁塔区、未央区、长安区3个区，占工作总量的65%，其余10区、县仅占35%。在这3个区县内，项目的分布也相对集中，即雁塔区的曲江街办、丈八路街办，未央区的张家堡街办，长安区的韦曲街办、郭杜街办，大体在南三环沿线、未央路沿线、西安航天基地以及南郊大学城一带，这正是西安曲江新区、长安区大学城、西安高新技术开发区、西安经济技术开发区、西咸新区等开发区大建设的反映。其他区域项目较少，一方面可能与这些区域的实际建设项目较少有关，另一方面也可能与这一区域文物工作的开展相对薄弱有关。这也是今后一段时间内我们工作应该注意的地方。

2. 2000—2010年间勘探及发掘项目性质及动态趋势分析

本次收录2000年以前的勘探发掘项目仅有44个。一方面，确是因该时间段内配合基建项目、主动性考古类项目较后面时段为少；另一方面，由于当时对于考古资料缺乏系统性的管理，使得资料遗失在外或者资料信息不全，难以归类利用。如1992年的仅搜集3个项目，1993年、1995年、1996年、1997年、1998年各年的仅留存1个项目，1999年的尽管搜集有30个项目，然其半数来自郊区材料，与我院当时实际工作情况相去较远，非客观事实的反映。故本次动态趋势分析择取更接近事实的2000—2010年的数据（1051个）作为分析基数。

2.1 2000—2010年勘探及发掘项目性质分析

通过对2000—2010年材料数据梳理，我们将项目性质大致分为公共基础建设类、商业类、主动调查勘探和发掘类、配合公安机关调查类及其他等五大类。

表3-2 2000—2010年项目性质、数量统计表

项目性质	公共基础建设类	商业类	主动调查、勘探和发掘类	配合公安机关调查类	其他
项目数量	293	732	17	3	6

从项目性质上看，商业类为大宗，项目数量达732个，占比约70%。商业类子项目主要以房地产开发、厂房改造为主，两者近550项。

公共基础建设类次之，项目数量293个，占比约28%。公共基础建设类子项目主要以道路、学校、医院为主，三者近200项。

主动调查勘探和发掘类、配合公安机关调查类及其他，三类共计26个项目，仅占比约2%。主要是围绕大型遗址类做科研型考古工作以及配合公安机关打击犯罪工作。

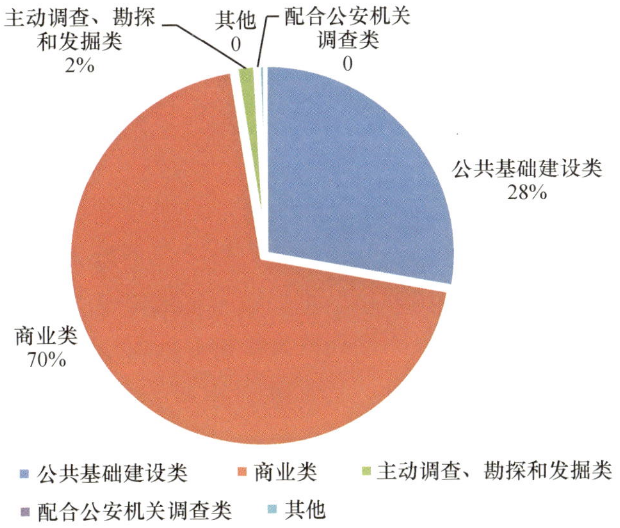

图3-2　2000—2010年项目性质、数量占比图

2.2　2000—2010年勘探及发掘动态趋势分析

2000—2010年考古勘探和发掘项目数据统计如下：2000年23项，2001年53项，2002年58项，2003年71项，2004年93项，2005年114项，2006年118项，2007年113项，2008年100项，2009年140项，2010年168项。

从图3-3可知，2000—2010年，西安市文物勘探、考古发掘项目数量大体呈上升态势。2005年首次突破100个项目，2008年有所回落，至

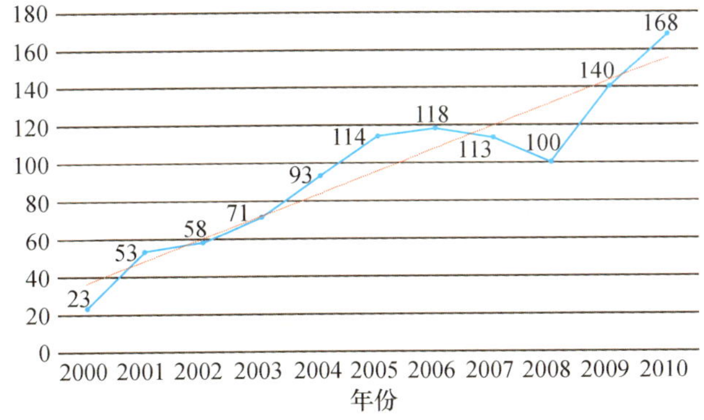

图3-3　2000—2010年全市勘探及发掘项目趋势图

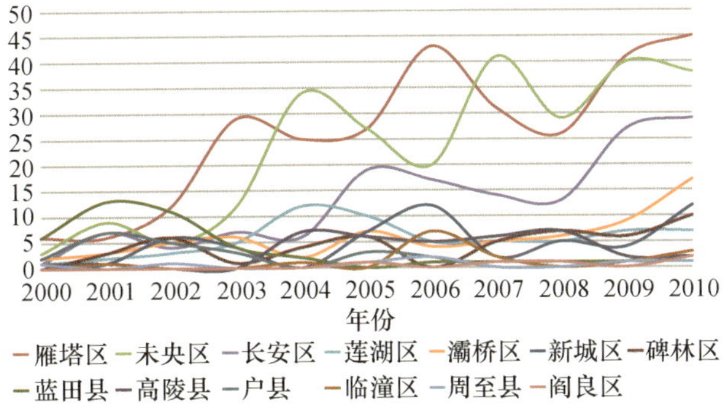

图3-4　2000—2010年各区县勘探及发掘项目趋势图

2010年达到峰值168项。由此可见，此十年间，我院配合西安市基建的考古工作量激增。一方面，说明我市城市建设进度加快步伐；另一方面，说明我院在工作量大、时间紧迫等条件下，依然有效地完成了当年的考古工作。这些成果要得益于我院领导和同志们在长期工作中摸索出的科学的管理办法和专业的现场操作方法。

现将文物勘探、发掘工作重要区县如雁塔区、未央区、长安区之发展态势作简要梳理：其余诸区县作简要概括。

雁塔区：该区勘探、发掘项目为各区之冠。2004—2006年该地区项目呈直线上升趋势，项目建设主要围绕着曲江新区、南三环沿线一带，主要涉及高校建设、基础设施、房地产开发等领域；2007—2008年则降幅较大，项目建设主要围绕着西高新一带，主要涉及高新产业、房地产开发等领域；2009—2010年数量稳中有升，西部高新区、东部曲江新区均为“发展动力点”，主要涉及高新产业、房地产开发、基础设施等领域。雁塔区为近年来发展较有特色的地区之一，具有面积大、潜力大、文化旅游与高新产业并举发展等特点。

未央区：该区勘探、发掘项目也殊为可观。2004—2006年该地区项目呈下降趋势，项目建设主要围绕着未央路、草滩农业示范区一带，主要涉及道路、厂房建设、城中村改造等领域；2007—2010年该地区项目稳中有升，项目建设主要围绕着未央路、三桥街办一带，主要涉及地铁、道路、厂房建设、市政府北迁工程、房地产开发等领域。未央区是近年来发展较快的地区之一，其“百村城改”“紧凑城市”等措施效果显著，这与西安城市发展重心北移和行政中心北迁有着密切的关系。

长安区：该区勘探、发掘项目相较于前者较少。2004—2007年该区项目数量较为平稳。项目建设主要围绕着郭杜街办、西高新一带，主要涉及道路、大学城建设、厂房建设等领域；2008—2010年为突破期，上升趋势明显。项目建设主要围绕着西安航天产业基地一带，主要涉及道路、厂房建设、房地产等领域；长安区是近年来发展较快的地区之一，其“城镇化”、“大学

城”和“航天产业”等建设取得了瞩目的成就。

西安市“老城区”—莲湖区、碑林区、新城区。考古勘探、发掘项目较少，2000—2010年项目数量均较为平稳。主要涉及扩建道路、旧区改造等领域；一方面，说明“老城区”城镇化水平较高，基础设施等配套比较完善，因此基建工程开工数量少，考古工作也随之较少。

灞桥、高陵两区县勘探、发掘项目数量也有一定建树。2004—2007年项目数量均较为平稳，2008—2010年项目数量均有一定的提升。灞桥区项目建设主要围绕着浐河两岸、洪庆工业区一带，主要涉及厂房建设、房地产等领域；高陵县项目建设主要围绕着泾渭工业园一带，主要涉及厂房建设等领域。

蓝田县、临潼区、阎良区、户县、周至县五个县区，考古勘探及发掘工作较少，一般集中于主城区（如蓝田县）、主干道（如周至县），主要涉及道路建设、房地产等领域；这一方面是由于该区域发展速度较为缓慢，另一方面也可能与当地文物工作的开展情况有关。

第二节　文化遗存的时代分析

通过对十几年间考古发掘的总结，一是为了便于总结各个时段遗存不同的分布规律，二是在考古学文化特征相对稳定的基础上，取得更深层次的认识，故将西安市的遗存划分为新石器时代、两周时期、秦汉时期、魏晋北朝时期、隋唐五代时期、宋金元时期及明清时期七个时段。2000—2010年，西安市考古发掘年代最早的古遗存为新石器时期，年代最晚为明清时期。

1. 新石器时期

河流是早期人类生存发展的生命线，新石器时代的人类活动遗址主要分布在河流两岸、湖泊附近。就本次统计资料而言，西安地区的6处新石器时代遗址主要分布于浐灞河流域、皂河流域、沣河流域、太平河流域及曲江池沿岸。雁塔区3处、长安区1处、灞桥区1处、户县1处。其中鱼化寨遗址、五楼遗址、马腾空遗址、米家崖遗址均做了一定工作，出土器物丰富，对于研究西安地区新石器文化尤其是仰韶时期文化提供了重要的考古材料，丰富了渭河流域史前遗存的内涵（图3-5）。

2. 两周时期

两周时期的24处遗存以墓葬为大宗，遗址类较少。西周时期遗址仅在沣河东西两岸的沣镐遗址区发现2处，东周时期的遗存多数为战国时期墓葬。主要分布于今西安市西南、东北两个方向区域。西南方向区域以沣镐为中心的沣河流域，长安区8处，雁塔区6处，未央区6处，临潼区2处，高陵县1处，阎良区1处。其中五楼遗址，出土器物丰富，仿铜陶礼器组合较完整，对于研究西安地区两周时期“礼制文化”提供了重要的考古材料（图3-6）。

3. 秦汉时期

秦汉时期的遗存分布范围最广、数量最多，各类遗存点多达306处。除了汉长安城西侧发现的秦阿房宫遗址、汉上林苑遗址外，其余基本上均为墓葬；西安地区的汉代墓葬分布具有一定的规律性，主要分布区为汉长安城东部、南部及杜陵西部。从地理地势看，主要是围绕着汉长安城周围的黄土台原分布；以本次资料统计而言，汉墓主要集中于北部龙首原、东南三环沿线、南部少陵原、凤栖原及其周边地区。具体分布为未央区102处，雁塔区95处，长安区50处，灞桥区13处，莲湖区8处，新城区8处，高陵县8处，临潼区5处，蓝田县5处，户县5处，碑林区4处，阎良区2处，周至县1处。其中医疗设备厂汉墓群、方新村汉墓群、雅荷城市花园汉墓群、交通学校汉墓群、张家堡汉墓群、西安石油学院汉墓群等主要发现，已为业内提供了较为翔实的、全面的资料，基本上厘清了西安地区汉代（尤其是西汉时期）的考古学分期研究问题。其中海润公司西汉窦氏墓、西北政法大学张汤墓、行政中心新莽“九鼎”墓等均是重要的发现，具有较高的史料及考古价值（图3-7）。

4. 魏晋北朝时期

魏晋北朝时期的古遗存数量较少，各类遗存点共24处，但分布也有一定的规律性。主要集中于北二环沿线、曲江新区周边、西安航天基地。长安区15处，未央区5处，雁塔区3处，高陵县1处。其中北周史君墓、李诞墓均是这一时期等级较高的墓葬。反映一般民众的墓葬则发现较少。应与这一时期西安地区战乱有关（图3-8）。

5. 隋唐五代时期

隋唐五代时期的古遗存分布范围广泛、数量较多，各类遗存点达192处。分布规律较清晰，隋唐长安城遗址内多为古井、灰坑及窖藏类遗迹。隋唐长安城外四周多为墓葬分布，城南为分布密集区域；以地势地貌而言，延循汉代遗存分布特点，依然围绕着隋唐长安城周围的黄土台原分布，就本次资料统计而言，主要集中在南三环—郭杜、韦曲一带（隋唐长安城以南）、长延堡—曲江池一带（隋唐长安城东南）；其中西安国家民用航天产业基地分布较为密集，郭杜街办、长延堡—曲江池附近分布密集次之。长安区75处，雁塔区60处，未央区27处，灞桥区11处，莲湖区5处，碑林区5处，新城区4处，高陵县2处，蓝田县1处，临潼区1处，阎良区1处，周至县1处。其中，城东多有皇室墓葬分布，城南有较多高规格墓葬，如韦氏家族墓、郭氏家族墓、薛氏家族墓等（图3-9）。

6. 宋金元时期

宋元时期的古遗存数量较少，分布亦较为分散，各类遗存点27处。主要分布于城南地区，以北长安街东侧、南三环中段沿线为集中分布区。雁塔区10处，长安区10处，未央区2处，新城区2处，灞桥区1处，蓝田县1处，周至县1处。其中蓝田五里头村吕氏家族墓为重要的考古发现，乳家庄宋代砖雕墓内容丰富，为关中地区较为少见的墓葬形制。黄河厂九街坊元代壁画墓为研究关中地区元代遗存提供了重要的考古材料（图3-10）。

7. 明清时期

明清时期的古遗存数量较少，分布不均衡，各类遗存点34处。明清城内主要遗存以古井为主，城外却多为墓葬类遗存。墓葬分要分布于城南，具体位于曲江池西侧的高台地一带及南三环中段以南的台原一带。雁塔区19处，长安区10处，未央区1处，莲湖区1处，新城区1处，灞桥区1处，周至县1处（图3-11）。

由于收集资料的不完整性，尤其是发掘资料的粗略，所做的分析只能是一个大体趋势，甚至可能是错误的，所以这个统计分析未必有太多的价值，仅作为一种宏观研究的参考，或者算是为以后的研究准备了一些基础材料。

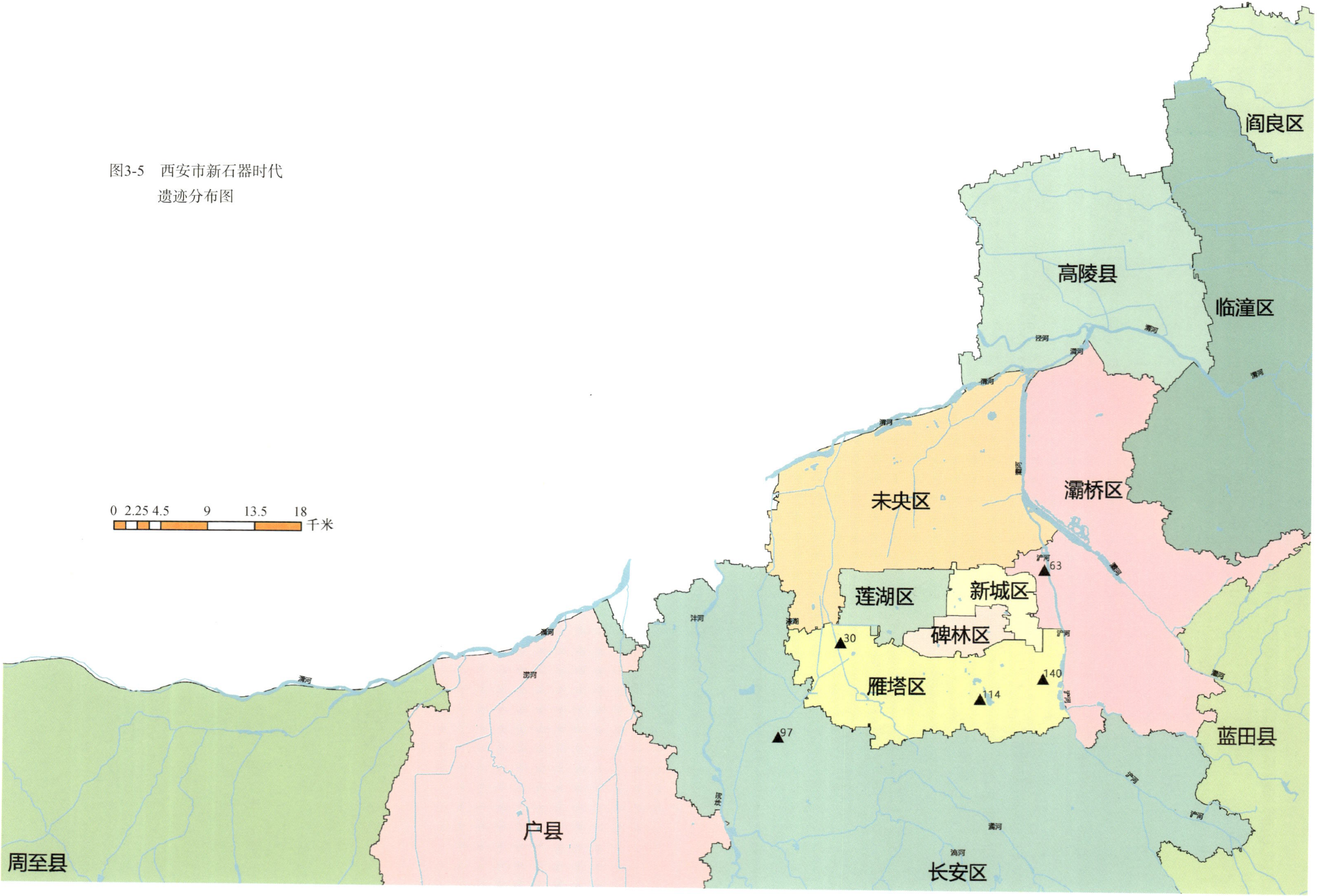

图3-5 西安市新石器时代遗迹分布图

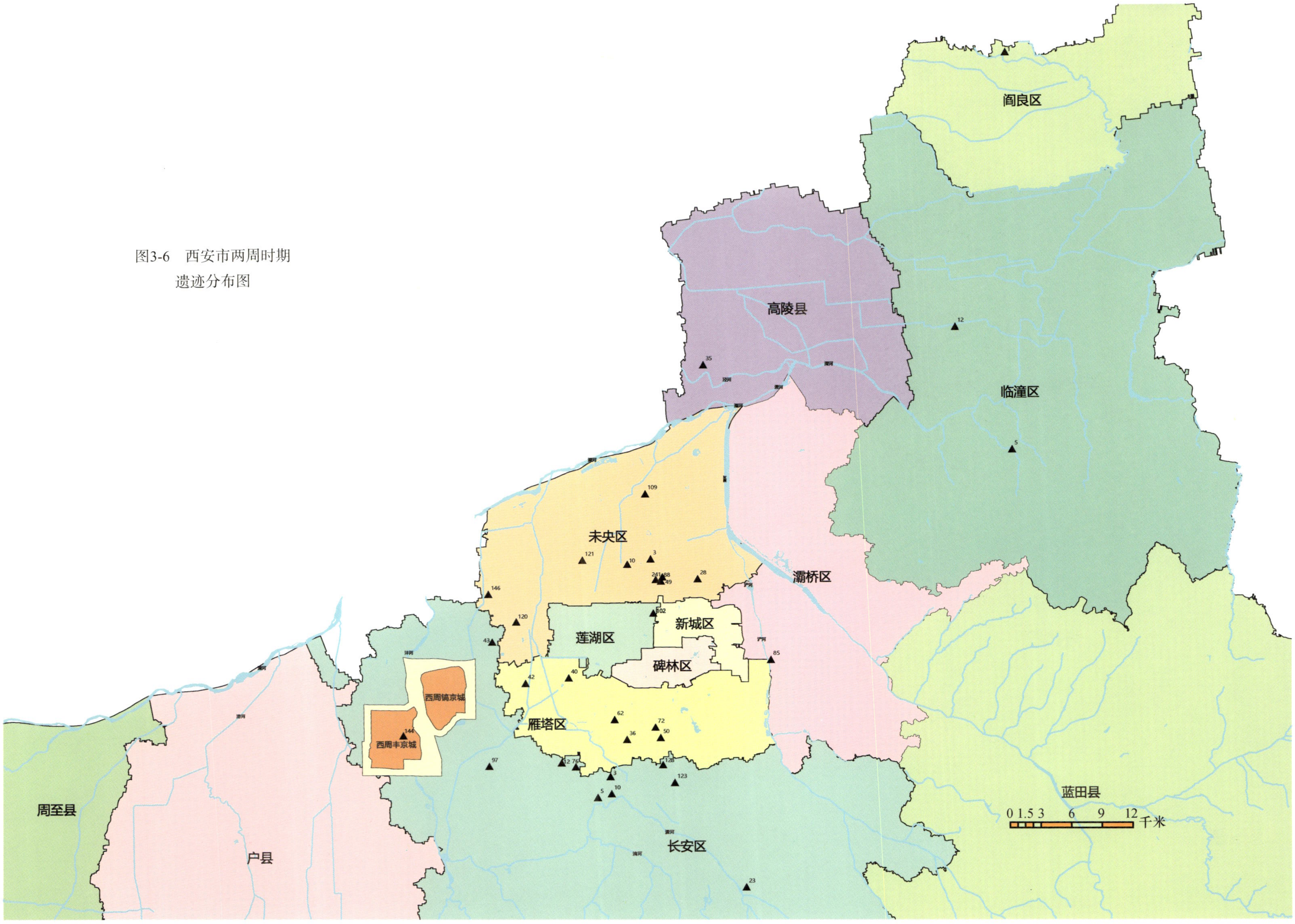

图3-6　西安市两周时期
遗迹分布图

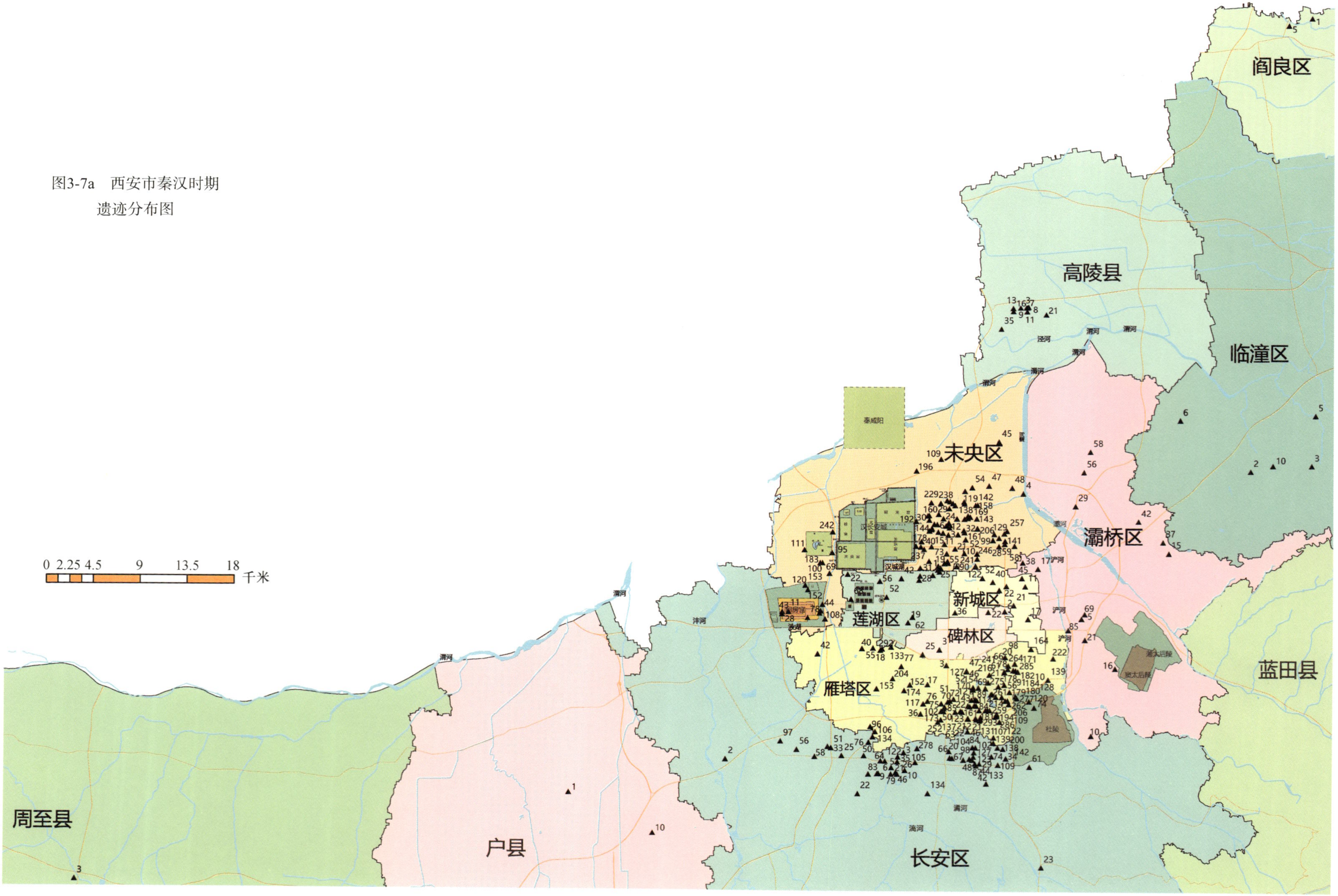

图3-7a　西安市秦汉时期遗迹分布图

图3-7b　西安市秦汉时期
遗迹分布图

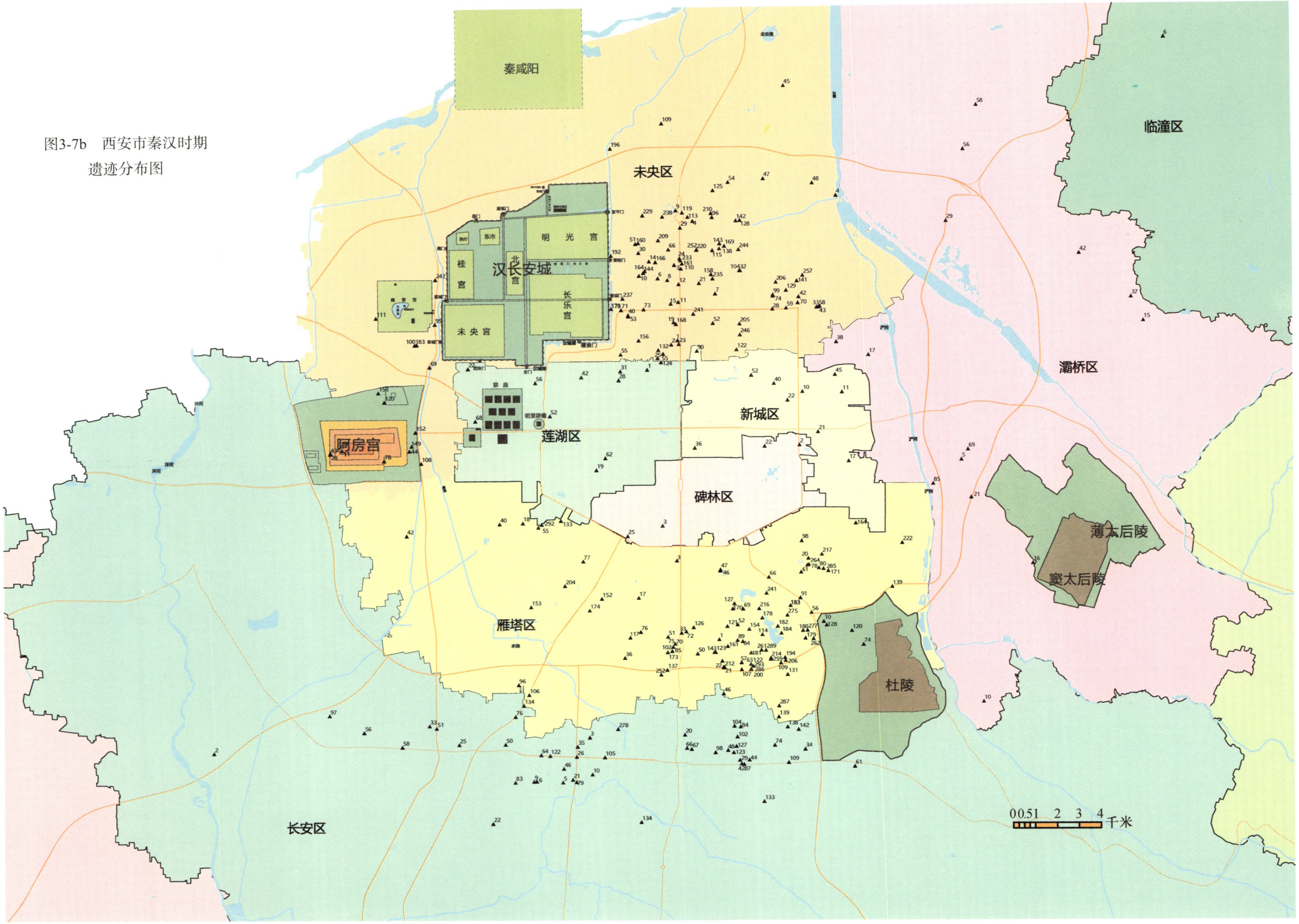

图3-8　西安市魏晋北朝时期
遗迹分布图

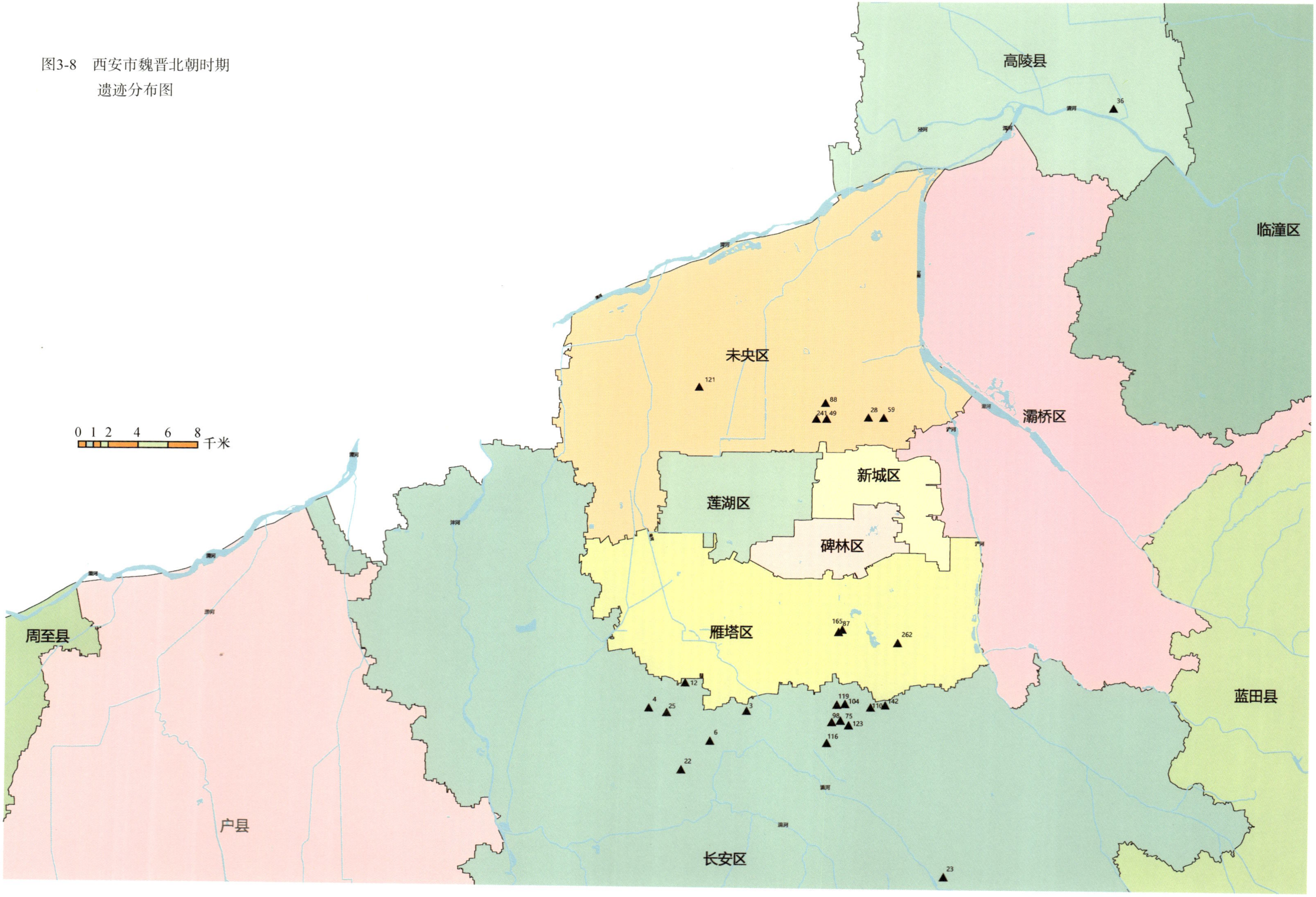

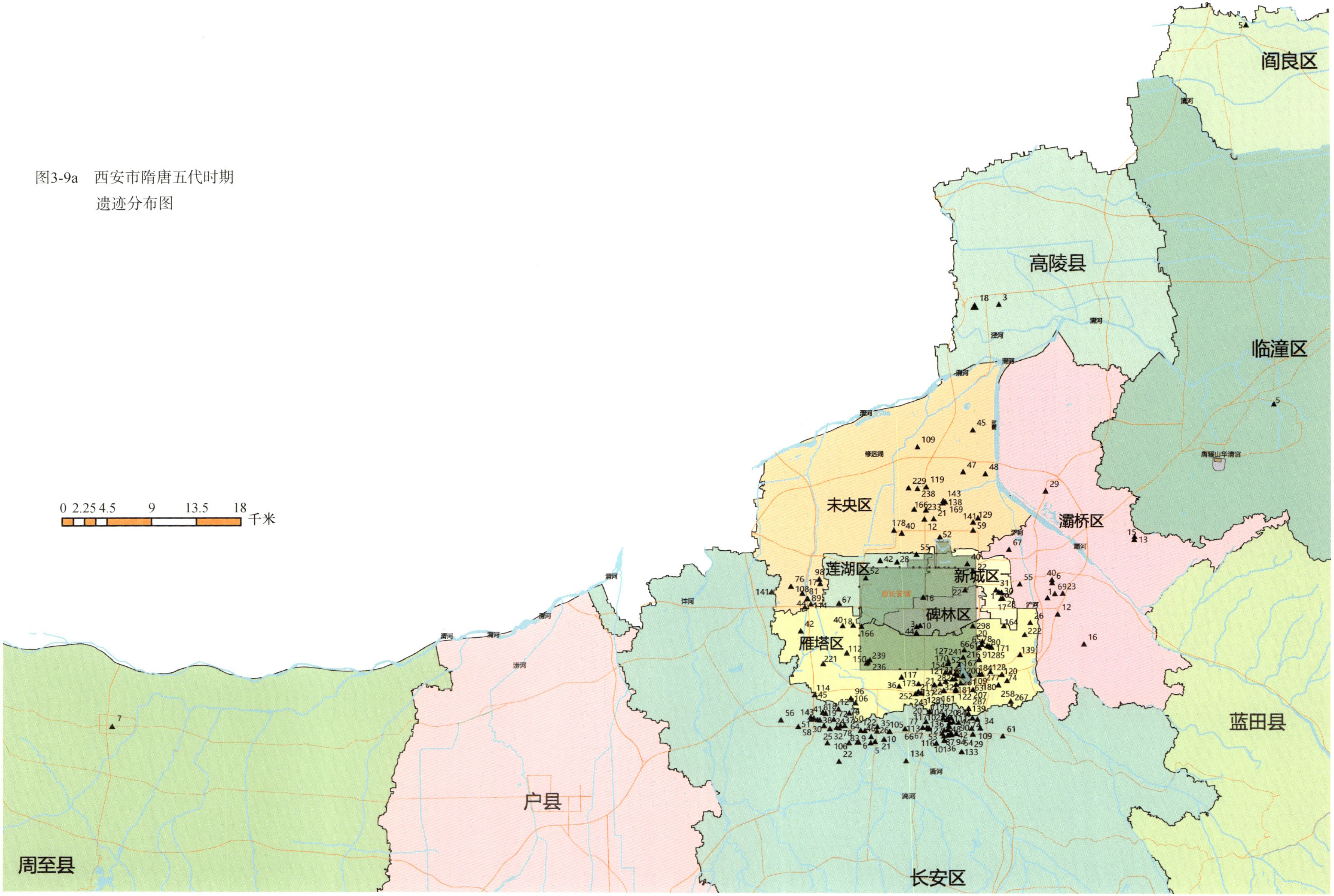

图3-9a　西安市隋唐五代时期
遗迹分布图

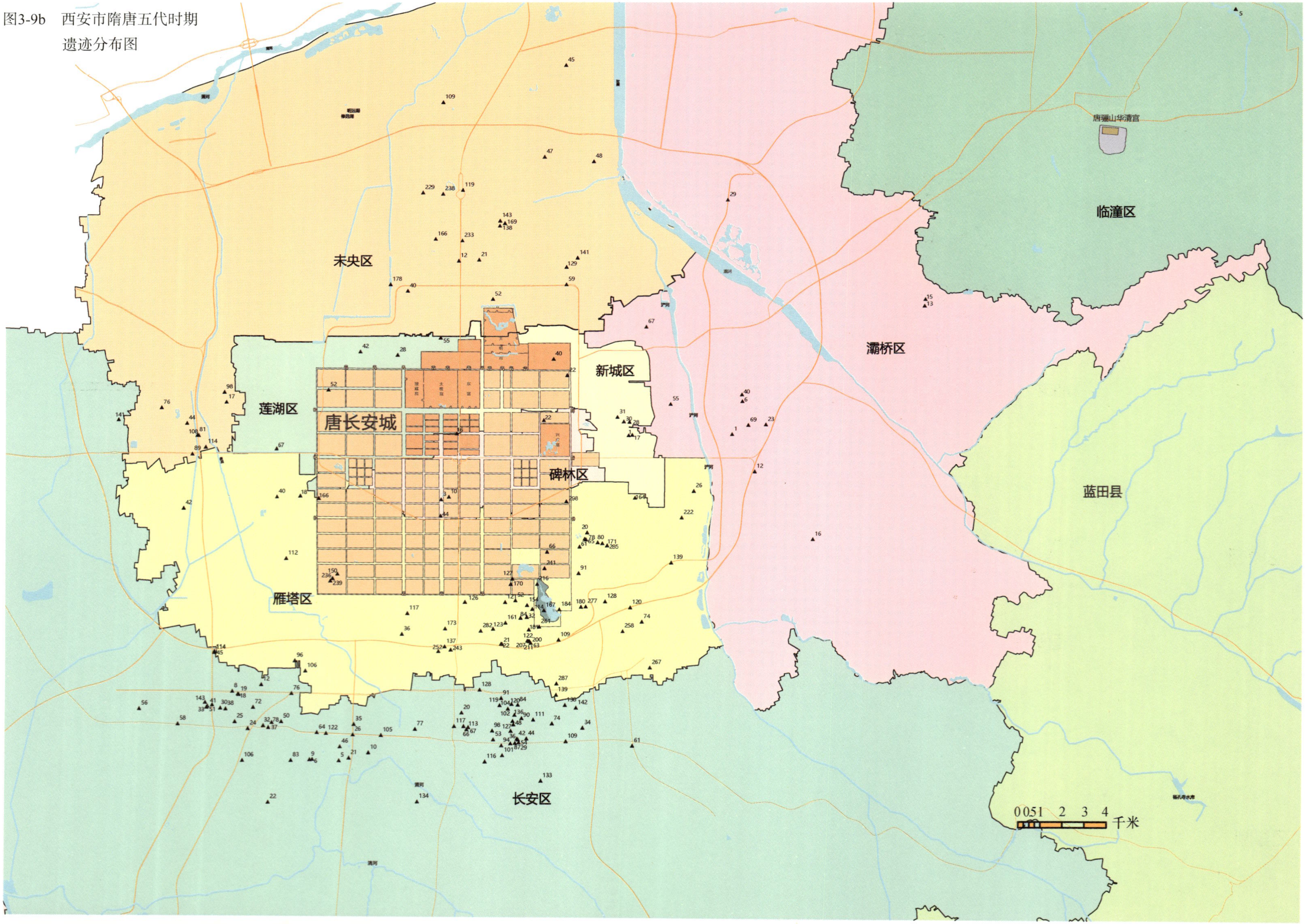

图3-9b 西安市隋唐五代时期遗迹分布图

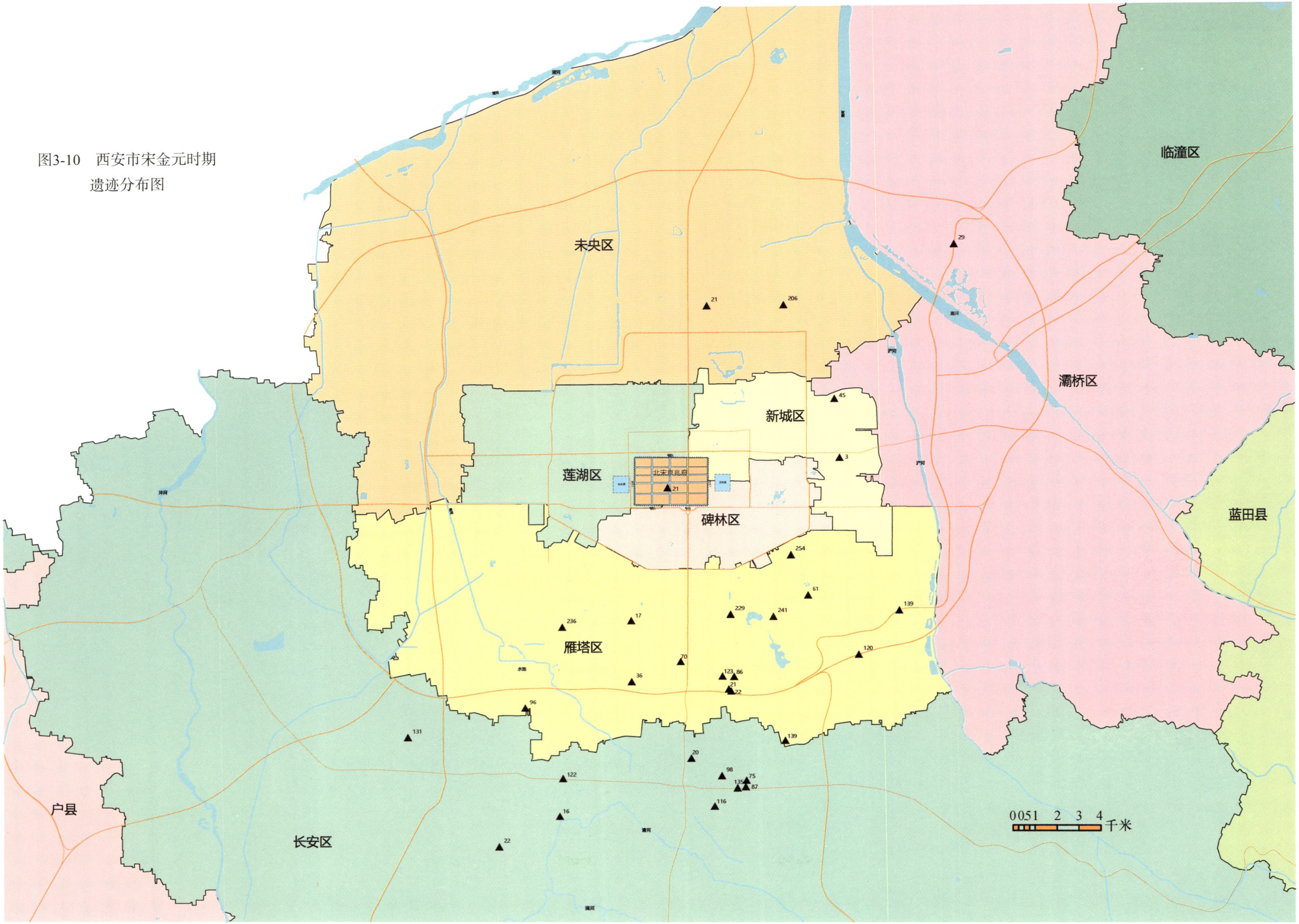

图3-10 西安市宋金元时期遗迹分布图

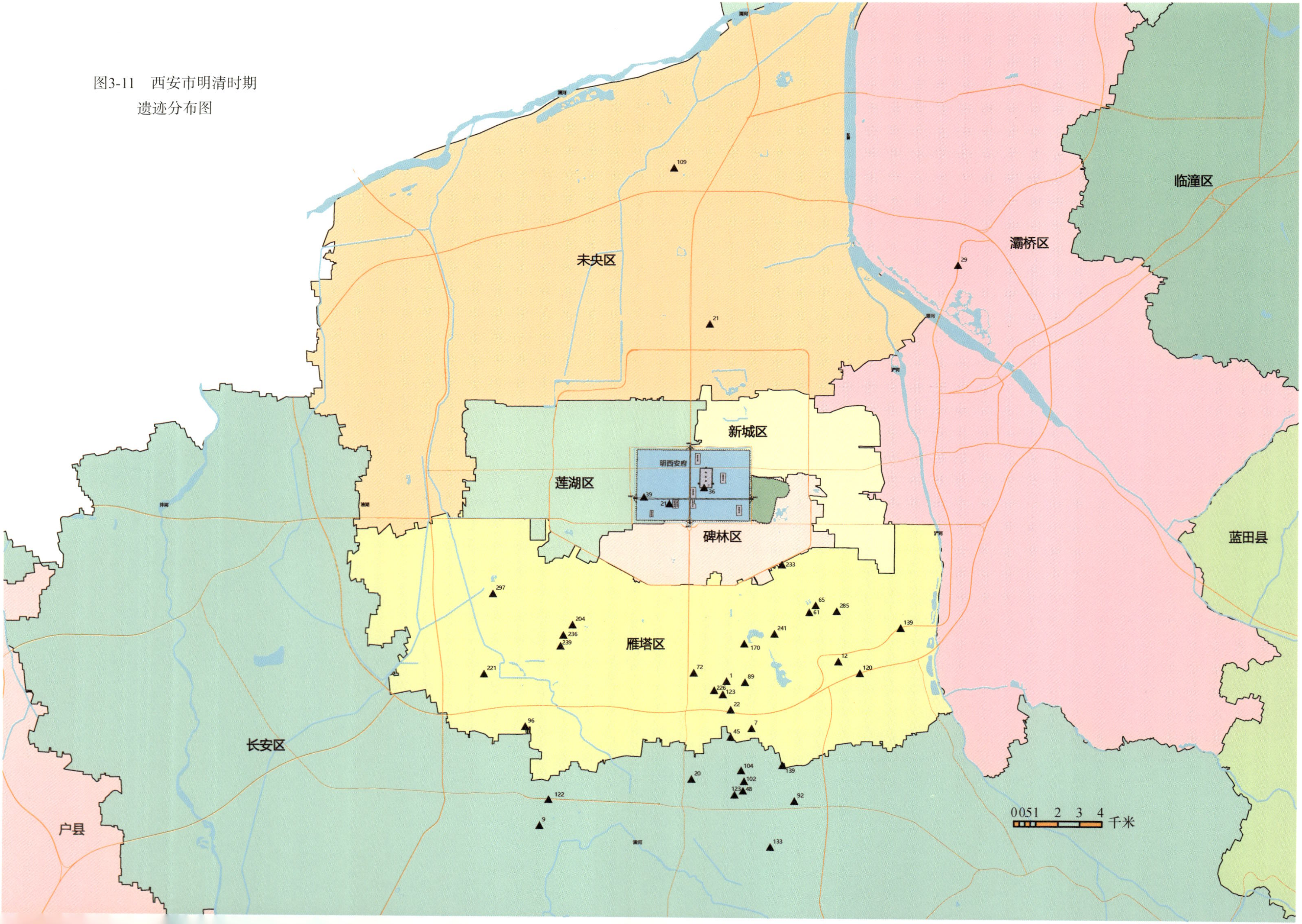

图3-11　西安市明清时期遗迹分布图

附表一　2000—2010年项目主要信息一览表

工作时间	序号	项目名称	项目性质	地理位置	地层堆积	主要发现[①]	年代	对应编号
1992	1	方新村社区	商业（住宅楼）	未央区张家堡街办	①：生土	古墓葬6	汉	未央1
	2	二府庄社区	商业（住宅楼）	未央区张家堡街办	①：生土	古墓葬8	汉	未央2
	3	华山厂变电所	商业（厂房）	新城区长乐中路街办	①：生土	古墓葬1	唐	新城1
1993	1	青门小区	商业（住宅楼）	莲湖区红庙坡街办	①：生土	古墓葬10	汉	莲湖1
1995	1	纺织城基建工程	公共基础建设（不详）	灞桥区纺织城街办	①：生土	古墓葬1	唐	灞桥1
1996	1	第二长途通信大楼	商业（大厦）	未央区张家堡街办	①：生土	古墓葬200余	战国、秦、汉	未央3
1997	1	西安财政管理干部培训中心（现曲江宾馆）	商业（大厦）	雁塔区长延堡街办	①：生土	古墓葬56	汉、后赵、明	雁塔1
1998	1	团结小区	商业（住宅楼）	莲湖区土门街办	①：生土	古井1、古窑址1	不详	莲湖2
	2	欧风园商住楼	商业（房地产）	雁塔区长延堡街办	①：生土	古井6	不详	雁塔2
	3	小寨农贸市场	商业（市场）	雁塔区小寨街办	①：生土	古墓葬2、古井5	战国—汉	雁塔3
	4	华胥镇张斜村小学教学楼	公共基础建设（学校）	蓝田县华胥镇	①：生土	无	无	蓝田1
	5	光明乡卫生院住院楼	公共基础建设（医院）	户县甘亭镇	①：扰土；②：沙层	古墓葬2、古井2	战国—汉	户县1
	6	牛东乡宿办楼	公共基础建设（办公楼）	户县秦渡镇	①：扰土；②：生土	无	无	户县2
	7	古城小区23#楼	商业（房地产）	户县甘亭镇	①：冲积土；②：沙土	古墓葬2	不详	户县3
1999	1	雅荷城市花园	商业（房地产）	未央区张家堡街办	①：生土	古墓葬202	汉	未央4
	2	杨善寨小学教学楼	公共基础建设（学校）	未央区汉城街办	①：表土；②：生土	古墓葬1、古井3	不详	未央5
	3	大白杨14#、15#仓库	商业（厂房）	莲湖区红庙坡街办	①：生土	古墓葬2、古墓道4	战国—汉	莲湖3
	4	大马路村2#住宅楼	商业（住宅楼）	莲湖区枣园街办	①：生土	古墓葬1	汉	莲湖4
	5	西安新华印刷厂报轮车间、配电室	商业（厂房）	莲湖区土门街办	①：生土	古河道1、古井1	不详	莲湖5
	6	西安制药厂项目	商业（厂房）	莲湖区土门街办	①：生土	古墓葬13、古墓道3	战国—唐	莲湖6
	7	劳动公园住宅小区1#公寓楼	公共基础建设（公园）	莲湖区桃园路街办	①：生土	古墓葬2、古井1	唐	莲湖7
	8	陈家寨村委会住宅楼	公共基础建设（村委会）	莲湖区枣园街办	①：生土	古墓葬8、古井1	唐	莲湖8

① 主要发现遗迹的单位分别为：古墓葬的单位为座，古井为口，古河道为条，其他为处。

续表

工作时间	序号	项目名称	项目性质	地理位置	地层堆积	主要发现	年代	对应编号
1999	9	长城制药厂厂房（迪赛药业公司）	商业（厂房）	莲湖区红庙坡街办	①：生土	无	无	莲湖9
	10	西安东方中学实验楼	公共基础建设（学校）	新城区韩森寨街办	①：生土	古墓葬1	不详	新城2
	11	西安电子科技大学东南院（二期）	公共基础建设（学校）	雁塔区电子城街办	①：生土	古井12	不详	雁塔4
	12	陕西教育学院综合楼（A、B楼）	公共基础建设（学校）	雁塔区小寨路街办	①：生土	古墓葬11、古墓道3	汉—唐	雁塔5
	13	三五〇七厂43#、44#楼	商业（住宅楼）	雁塔区鱼化寨街办	①：生土	古井3	不详	雁塔6
	14	金滹沱村被盗古墓葬	配合公安机关调查（被盗墓）	雁塔区曲江街办	①：生土	古墓葬1	明	雁塔7
	15	民主坊（北区）住宅改造一期	商业（住宅楼）	灞桥区纺织城街办	①：生土	无	无	灞桥2
	16	国棉五厂家属院蓄水池	商业（住宅楼）	灞桥区纺织城街办	①：生土	古墓葬1	唐	灞桥3
	17	华胥镇上许小学教学楼	公共基础建设（学校）	蓝田县华胥镇	①：生土	无	无	蓝田2
	18	蓝田乳制品厂住宅小区2#楼	商业（住宅楼）	蓝田县蓝关街办	①：生土	无	无	蓝田3
	19	许庙信用社营业楼	公共基础建设（银行）	蓝田县玉山镇	①：生土	无	无	蓝田4
	20	鹿原供电站宿办楼	公共基础建设（电力）	蓝田县小寨镇	①：生土	无	无	蓝田5
	21	东街小学教学楼	公共基础建设（学校）	蓝田县蓝关街办	①：生土	无	无	蓝田6
	22	交警大队办公楼	公共基础建设（办公楼）	蓝田县蓝关街办	①：生土	无	无	蓝田7
	23	焦岱镇荣家沟小学教学楼	公共基础建设（学校）	蓝田县焦岱镇	①：冲积土；②：生土	无	无	蓝田8
	24	牛东粮库	公共基础建设（粮库）	户县秦渡镇	①：冲积土；②：生土	无	无	户县4
	25	五竹乡卫生院住院楼	公共基础建设（医院）	户县五竹乡	①：冲积土；②：生土	无	无	户县5
	26	户县飞机场空井力楼、住宅楼	公共基础建设（飞机场）	户县甘亭镇	①：生土	无	无	户县6
	27	庞光化羊教学楼（紫薇尚层希望小学）	公共基础建设（学校）	户县庞光镇	①：扰土；②：沙土	古河渠2、古窖藏1	不详	户县7
	28	庞光焦将教学楼	公共基础建设（学校）	户县庞光镇	①：冲积土；②：黏土；③：生土	无	无	户县8
	29	蒋村镇农技站办公楼	公共基础建设（办公楼）	户县蒋村镇	①：冲积土；②：黏土；③：生土	无	无	户县9

续表

工作时间	序号	项目名称	项目性质	地理位置	地层堆积	主要发现	年代	对应编号
1999	30	牛东乡千王村小学教学楼	公共基础建设（学校）	户县秦渡镇	①：冲积土；②：黏土；③：生土	古墓葬1、古河道1	战国	户县10
2000	1	长安医院	公共基础建设（医院）	未央区张家堡街办	①：耕土；②：扰土	古墓葬300	秦、汉	未央6
	2	雅荷智能花园	商业（房地产）	未央区大明宫街办	①：生土	古墓葬11	汉	未央7
	3	荣海花园	商业（房地产）	未央区张家堡街办	①：生土	古墓葬3	汉	未央8
	4	新华印刷厂571#家属楼	商业（住宅楼）	莲湖区土门街办	①：生土	无	无	莲湖10
	5	陕西工业专修学院教学楼、公寓楼	公共基础建设（学校）	雁塔区鱼化寨街办	①：生土	无	无	雁塔8
	6	七〇五所1#楼扩建、3#楼、花园	公共基础建设（科研楼）	雁塔区长延堡街办	①：生土	古井17	不详	雁塔9
	7	三兆殡仪馆	公共基础建设（殡仪馆）	雁塔区曲江街办	①：生土	古墓葬8	汉	雁塔10
	8	天豪花园7#楼	商业（房地产）	雁塔区大雁塔街办	①：冲积土；②：生土	无	无	雁塔11
	9	三兆公墓	公共基础建设（殡仪馆）	雁塔区曲江街办	①：生土	古墓葬7	汉	雁塔12
	10	明德门小区水池水泵房	商业（房地产）	雁塔区长延堡街办	①：生土	无	无	雁塔13
	11	华杰健身体育中心	商业（大厦）	长安区韦曲街办	①：生土	古墓葬44	汉、唐、明	长安1
	12	段家村汉代水上大型建筑遗址	抢救性发掘	灞桥区灞桥街办	①：砾石层；②：泥沙层；③：细沙层	水上建筑2	汉	灞桥4
	13	西北国棉五厂厂区	商业（厂房）	灞桥区纺织城街办	①：生土	古墓葬18	汉	灞桥5
	14	许庙变电所	公共基础建设（电力）	蓝田县玉山镇	①：生土	无	无	蓝田9
	15	北关中学学生公寓楼、2886实验楼	公共基础建设（学校）	蓝田县蓝关街办	①：生土	古墓葬1、古井1	不详	蓝田10
	16	焦岱镇信用社宿办楼	公共基础建设（办公楼）	蓝田县焦岱镇	①：冲积土；②：生土	无	无	蓝田11
	17	蓝田县印刷厂2#住宅楼	商业（住宅楼）	蓝田县蓝关街办	①：生土	古墓道1、古井1	不详	蓝田12
	18	公路巡逻民警大队工业园区中队	公共基础建设（办公楼）	蓝田县蓝关街办	①：生土	古河道1	不详	蓝田13
	19	社会保险事业管理处职工住宅楼	商业（住宅楼）	蓝田县蓝关街办	①：生土	古井5	不详	蓝田14
	20	天使食品公司住宅楼	商业（厂房）	高陵县泾渭街办	①：耕土；②：扰土；③：垆土	无	无	高陵1
	21	秦华公司厂房	商业（厂房）	户县甘亭镇	①：扰土；②：沙土；③：生土	无	无	户县11
	22	京兆小区	商业（房地产）	户县玉蝉镇	①：冲积土；②：生土	古河道1	不详	户县12

工作时间	序号	项目名称	项目性质	地理位置	地层堆积	主要发现	年代	对应编号
2000	23	八云塔	主动调查、勘探和发掘（考古调查）	周至县二曲镇	无	古建筑1	唐	周至7
2001	1	大洋乳胶厂房	商业（厂房）	未央区汉城街办	无	古墓葬3	汉	未央9
	2	西安中药厂区	商业（厂房）	未央区张家堡街办	无	古墓葬72	汉	未央10
	3	华贸经贸中心	商业（商厦）	未央区张家堡街办	①：生土	古井10	汉	未央11
	4	经发大厦	商业（商厦）	未央区张家堡街办	①：耕土；②：扰土；③：生土	古墓葬5	汉、唐	未央12
	5	陕西三印19#、22#、23#、24#住宅楼	商业（住宅楼）	未央区三桥街办	①：生土	古墓葬37	汉、唐	未央13
	6	中新电力大厦	商业（商厦）	未央区张家堡街办	无	古墓葬13	汉	未央14
	7	文景花园	商业（房地产）	未央区未央宫街办	①：表土；②：扰土；③：生土	古墓葬11	汉	未央15
	8	新格瑞拉・湖滨假日中心（二期）	商业（住宅楼）	未央区草滩街办	①：沙层	无	无	未央16
	9	陕西三印20#、21#住宅楼	商业（住宅楼）	未央区三桥街办	①：生土	古墓葬22、古井2	唐	未央17
	10	瑞祥大厦（军安王朝酒店）	商业（大厦）	莲湖区西关街办	①：表土；②：扰土；③：生土	无	无	莲湖11
	11	西安机电学校公寓楼	公共基础建设（学校）	莲湖区西关街办	①：生土	古河道1	不详	莲湖12
	12	黄河厂九街坊（二期）	商业（旧楼改造）	新城区长乐中路街办	①：生土	古墓葬1	元	新城3
	13	西铁中心医院综合楼（西安市第九医院）	公共基础建设（医院）	碑林区太乙路街办	①：表土；②：生土	古井2	不详	碑林1
	14	海润公司用地	商业（大厦）	碑林区长乐坊街办	无	古墓葬10余	汉	碑林2
	15	西安博物院库馆	公共基础建设（博物馆）	碑林区长安路街办	①：表土；②：扰土；③：垆土；④：生土	古墓葬8	汉、唐	碑林3
	16	西安电子科技大学阶梯教室、蓄水池、超市	公共基础建设（学校）	雁塔区电子城街办	①：生土	古墓葬1、古井50	汉	雁塔14
	17	西安欧亚学院雁塔校区学生公寓楼	公共基础建设（学校）	雁塔区电子城街办	①：生土	古墓葬43、古井70	战国—汉	雁塔15
	18	派德公司办公楼	商业（厂房）	雁塔区丈八街办	①：生土	无	无	雁塔16
	19	西安石油学院雁塔校区公寓楼	公共基础建设（学校）	雁塔区长延堡街办	无	古墓葬73	汉	雁塔17
	20	万古・中华小区（中华世纪城）	商业（房地产）	雁塔区丈八街办	①：生土	古墓葬20	汉、隋	雁塔18
	21	北山门口村委会楼	公共基础建设（村委会）	雁塔区电子城街办	①：耕土；②：冲积土	无	无	雁塔19
	22	西户高速路	公共基础建设（道路）	长安区细柳街办	无	古墓葬9	汉	长安2

续表

工作时间	序号	项目名称	项目性质	地理位置	地层堆积	主要发现	年代	对应编号
2001	23	京科花园	商业（房地产）	长安区韦曲街办	无	古墓葬5	汉、北朝	长安3
	24	长安产业园·西古工地	商业（厂房）	长安区郭杜街办	无	古墓葬22	汉、晋	长安4
	25	西安邮电学院长安校区	公共基础建设（学校）	长安区郭杜街办	无	古墓葬200余	战国秦、汉、唐	长安5
	26	陕西师范大学新校区	公共基础建设（学校）	长安区郭杜街办	①：表土；②：扰土；③：生土	古墓葬141、灰坑2、夯土遗址9	汉、晋、隋、唐	长安6
	27	陕西开元药厂厂房	商业（厂房）	长安区郭杜街办	①：表土；②：生土	古墓葬1	不详	长安7
	28	西部绒业公司厂房	商业（厂房）	长安区郭杜街办	①：生土	古墓葬6	唐	长安8
	29	向阳坊社区	商业（住宅楼）	灞桥区纺织城街办	无	古墓葬2	唐	灞桥6
	30	灞桥热电公司第二生活区	商业（住宅楼）	灞桥区席王街办	无	无	无	灞桥7
	31	五环集团温泉游泳馆	商业（住宅楼）	灞桥区纺织城街办	无	古墓道2	不详	灞桥8
	32	农业机械修造厂2#住宅楼	商业（住宅楼）	蓝田县蓝关街办	①：生土	无	无	蓝田15
	33	社会事业保险处办公楼	公共基础建设（办公楼）	蓝田县蓝关街办	①：生土	古井10	不详	蓝田16
	34	畜牧兽医技术服务中心	商业（服务中心）	蓝田县蓝关街办	①：生土	无	无	蓝田17
	35	工业园电力开闭所办公楼	商业（办公楼）	蓝田县蓝关街办	①：耕土；②黏土；③生土	无	无	蓝田18
	36	西寨住宅小区2#楼	商业（住宅楼）	蓝田县蓝关街办	①：生土	无	无	蓝田19
	37	国税新村家属院内综合楼	商业（住宅楼）	蓝田县蓝关街办	①：生土	无	无	蓝田20
	38	人民银行住宅楼	商业（住宅楼）	蓝田县蓝关街办	①：生土	无	无	蓝田21
	39	五里头小学教学楼	公共基础建设（学校）	蓝田县三里镇	①：生土	无	无	蓝田22
	40	中医医院门诊楼	公共基础建设（医院）	蓝田县蓝关街办	无	古井1	不详	蓝田23
	41	华胥镇政府宿办楼	公共基础建设（办公楼）	蓝田县华胥镇	①：生土	古井1	不详	蓝田24
	42	三建司学生公寓楼	公共基础建设（学校）	蓝田县城关街办	①：生土	古墓道1	不详	蓝田25
	43	焦岱镇地税办公楼	公共基础建设（办公楼）	蓝田县焦岱镇	①：耕土；②：生土	无	无	蓝田26
	44	城关人民审判庭楼	公共基础建设（法院）	蓝田县城关街办	①：生土	古墓葬1	战国	蓝田27
	45	中国标准缝纫机集团北区1、2号楼	商业（住宅楼）	临潼区秦陵街办	①：生土	无	无	临潼1
	46	东方软木公司厂房	商业（厂房）	高陵县泾渭街办	①：回填土层	无	无	高陵2
	47	江河机器厂厂房	商业（厂房）	户县草堂镇	①：扰土；②：生土	古河道1	不详	户县13

续表

工作时间	序号	项目名称	项目性质	地理位置	地层堆积	主要发现	年代	对应编号
2001	48	洋天包装厂办公楼、厂房	商业（厂房）	户县大王镇	①：扰土；②：生土	无	无	户县14
	49	新科机械厂办公楼	商业（办公楼）	户县五竹镇	①：冲积土；②：生土	无	无	户县15
	50	惠源小区54#楼	商业（住宅楼）	户县余下镇	①：冲积土；②：生土	古墓葬2、古井1	汉	户县16
	51	户县电厂废水处理回用工程	公共基础建设（电力）	户县余下镇	①：冲积土	无	无	户县17
	52	惠安小学教学楼	公共基础建设（学校）	户县余下镇	①：表土；②：冲积土	古墓葬1	战国	户县18
	53	五竹乡方家寨小学	公共基础建设（学校）	户县五竹乡	①：扰土；②：生土	无	无	户县19
2002	1	西航305厂房	商业（厂房）	未央区徐家湾街办	①：生土	无	无	未央18
	2	心家园小区	商业（房地产）	未央区张家堡街办	①：扰土；②：生土	古墓葬3、古井7	战国、汉	未央19
	3	红光小区	商业（房地产）	未央区三桥街办	①：表土；②：扰土；③：生土	无	无	未央20
	4	佳馨花园	商业（房地产）	未央区大明宫街办	无	古墓葬89	汉、明	未央21
	5	高架快速干道（K0+000—K4+000）	公共基础建设（道路）	未央区三桥街办	①：表土；②：扰土；③：沙层	古墓葬5	汉	未央22
	6	房地局北大街管理所	公共基础建设（行政楼）	莲湖区青年路街办	①：生土	古墓葬1、古井2	汉	莲湖13
	7	人民面粉厂综合楼	商业（厂房）	莲湖区枣园街办	①：生土	无	无	莲湖14
	8	西安市第一中学锅炉房	公共基础建设（学校）	莲湖区环城西路街办	①：扰土；②：生土	古井2	不详	莲湖15
	9	黄河新村	商业（住宅楼）	新城区长乐中路街办	①：生土	古墓葬8、古墓道1条、古窑址1	唐	新城4
	10	农械厂宿办楼、厂房	商业（厂房）	新城区长乐西路街办	①：生土	无	无	新城5
	11	黄河厂军品科研大楼	商业（厂房）	新城区长乐中路街办	①：生土	无	无	新城6
	12	新民街商住楼（云锦大厦）	商业（房地产）	新城区西一路街办	①：生土	古井26	不明	新城7
	13	市政二公司二工区家属楼	商业（家属楼）	新城区长乐中路街办	①：生土	古墓葬12、古井1	汉、唐	新城8
	14	第三十中学综合楼	公共基础建设（学校）	新城区西一路街办	①：生土	古井1	不详	新城9
	15	柿园坊5#、9#、10#、12#、13#、14#、15#楼	商业（房地产）	碑林区东关南街街办	①：生土	无	无	碑林4
	16	省测绘局科技综合楼	公共基础建设（科研楼）	碑林区文艺路街办	①：生土	古井1	不详	碑林5
	17	第八十六中教学实验楼	公共基础建设（学校）	碑林区文艺路街办	①：生土	古井11	不详	碑林6

续表

工作时间	序号	项目名称	项目性质	地理位置	地层堆积	主要发现	年代	对应编号
	18	刁家村安置楼	商业（安置楼）	碑林区文艺路街办	①：表土；②：扰土；③：生土	无	无	碑林7
2002	19	西安航空计算技术研究所（631所）变配电所	公共基础建设（科研楼）	碑林区张家村街办	①：生土	无	无	碑林8
	20	陕建三公司26#院	商业（住宅楼）	碑林区太乙路街办	①：生土	无	无	碑林9
	21	交通大学数码园	商业（科技园）	雁塔区等驾坡街办	无	古墓葬37	汉、唐	雁塔20
	22	曲江花园	商业（房地产）	雁塔区曲江街办	无	古墓葬7、古窑址5	汉、宋、元	雁塔21
	23	雁塔南路	公共基础建设（道路）	雁塔区长延堡街办	无	古墓葬57	汉、明	雁塔22
	24	佳贝公司大厦	商业（商厦）	雁塔区电子城街办	①：生土	无	无	雁塔23
	25	西安电子科技大学中心配电室、锅炉房	公共基础建设（学校）	雁塔区电子城街办	①：生土	古井1	不详	雁塔24
	26	老三届世纪星蓄水池	商业（商厦）	雁塔区小寨路街办	①：生土	无	无	雁塔25
	27	史家湾唐墓	配合基建发掘	雁塔区等驾坡街办	无	古墓葬1	唐	雁塔26
	28	省体基地南大门侧房	公共基础建设（体育馆）	雁塔区丈八街办	①：生土	无	无	雁塔27
	29	曲江宾馆二期喷泉	商业（酒店）	雁塔区长延堡街办	①：表土；②：扰土；③：垆土；④：生土	无	无	雁塔28
	30	西北工业大学软件学院本科生宿舍楼	公共基础建设（学校）	雁塔区丈八街办	①：表土；②：冲积土	古井4	不详	雁塔29
	31	西安外事学院北校区（鱼化寨遗址）	公共基础建设（学校）	雁塔区鱼化寨街办	无	古遗址	仰韶时期	雁塔30
	32	天豪住宅小区A区	商业（房地产）	雁塔区大雁塔街办	①：生土	无	无	雁塔31
	33	陕西师范大学新校区后勤集团基建工地	公共基础建设（学校）	长安区郭杜街办	无	古墓葬75	汉、唐、明	长安9
	34	西北政法大学新校区	公共基础建设（学校）	长安区郭杜街办	无	古墓葬88	战国、秦、汉、唐	长安10
	35	阿房宫前殿遗址	主动调查、勘探和发掘（勘探与发掘）	长安区王寺街办	无	古遗址	秦汉	长安11
	36	紫薇田园都市K区（秦岭叠翠K区）	商业（房地产）	长安区郭杜街办	无	古墓葬49	北周、隋、唐	长安12
	37	园丁新村小区9#、10#楼	商业（住宅楼）	灞桥区席王街办	①：生土	无	无	灞桥9
	38	常家湾汉墓	抢救性发掘	灞桥区红旗街办	无	古墓葬1	汉	灞桥10
	39	席王办事处代建工程（席王小区）	商业（住宅楼）	灞桥区席王街办	①：扰土；②：生土	无	无	灞桥11
	40	绕城高速公路（马家沟段）	公共基础建设（道路）	灞桥区红旗街办	①：耕土；②：扰土；③：垆土；④生土	古墓葬1	唐	灞桥12

续表

工作时间	序号	项目名称	项目性质	地理位置	地层堆积	主要发现	年代	对应编号
2002	41	砚湾村唐墓	配合公安机关调查（被盗墓）	灞桥区洪庆街办	无	古墓葬1	唐	灞桥13
	42	蓝田县房地产开发有限公司住宅楼	商业（住宅楼）	蓝田县蓝关街办	①：生土	无	无	蓝田28
	43	厚镇乡中心小学教学楼	公共基础建设（学校）	蓝田县厚镇	①：表土；②：扰土；③：生土	无	无	蓝田29
	44	燃料公司商住楼	商业（商业楼）	蓝田县蓝关街办	①：生土	古墓葬7，古井1	不详	蓝田30
	45	西寨小区3#住宅楼	商业（房地产）	蓝田县蓝关街办	①：黑土；②生土	古墓葬13	战国	蓝田31
	46	财政局综合办公楼	公共基础建设（行政楼）	蓝田县蓝关街办	①：生土	无	无	蓝田32
	47	剧院商业1#楼	商业（商业楼）	蓝田县蓝关街办	①：表土；②：冲积土	无	无	蓝田33
	48	职业教育中心教学实验楼	公共基础建设（学校）	蓝田县蓝关街办	①：生土	古墓葬1，古井1	不详	蓝田34
	49	洪家寨变电所家属楼	商业（住宅楼）	蓝田县汤峪街办	①：生土	无	无	蓝田35
	50	西威铝业厂房	商业（厂房）	蓝田县蓝关街办	①：耕土层；②：扰土；③：冲积土；④：生土	无	无	蓝田36
	51	粮贸公司商住楼	商业（住宅楼）	蓝田县蓝关街办	①：生土	无	无	蓝田37
	52	农业综合开发服务楼	公共基础建设（办公楼）	蓝田县蓝关街办	①：黑土；②：生土	无	无	蓝田38
	53	永丰塑料厂（二期）厂房	商业（厂房）	户县五竹镇	①：冲积土	无	无	户县20
	54	热电厂福利区1#楼	商业（住宅楼）	户县余下镇	①：冲积土	古井1	不详	户县21
	55	户县电厂中学学生宿舍楼	公共基础建设（学校）	户县余下镇	①：扰土；②：冲积土	无	无	户县22
	56	牧童乳业厂房	商业（厂房）	户县五竹镇	①：表土；②：扰土；③：生土	无	无	户县23
	57	新华书店营业厅	商业（书店）	户县甘亭镇	①：表土；②：生土	无	无	户县24
	58	宗圣宫人工湖、泵房、方亭及附属工程	公共基础建设（公园）	周至县楼观镇	①：冲积土	无	无	周至1
2003	1	星火公司办公大楼	商业（大厦）	未央区大明宫街办	无	古墓葬1	汉	未央23
	2	移动电话大楼	商业（大厦）	未央区大明宫街办	无	古墓葬11	秦、汉	未央24
	3	环宇工贸厂房	商业（厂房）	未央区未央宫街办	无	古墓葬3	汉	未央25
	4	红光花园A3、A4姑娘楼	商业（房地产）	未央区三桥街办	①：表土；②：扰土；③：生土	古河道1，古井1	不详	未央26
	5	旺达公司厂房	商业（厂房）	未央区汉城街办	①：表土；②：扰土；③古河床	无	无	未央27
	6	西安市中级人民法院新征地	公共基础建设（法院）	未央区大明宫街办	无	古墓葬13	汉、西晋、北周	未央28
	7	张家堡广场小区	商业（房地产）	未央区张家堡街办	①：表土；②：扰土；③：垆土；④：生土	古墓葬59	秦、汉	未央29

续表

工作时间	序号	项目名称	项目性质	地理位置	地层堆积	主要发现	年代	对应编号
2003	8	福达北京现代4S店	商业（4S店）	未央区汉城街办	①：表土；②：扰土；③：生土	古墓葬1	汉	未央30
	9	北二环蔬菜市场交易	商业（交易市场）	未央区汉城街办	①：表土；②：耕土；③：生土	无	无	未央31
	10	百花村姑娘楼（一期）	商业（房地产）	未央区谭家街办	①：表土；②：扰土；③：生土	古墓葬3	汉	未央32
	11	新房村改造（湖畔家园）	商业（房地产）	未央区辛家庙街办	①：表土；②：垆土；③：生土	古墓葬6	汉	未央33
	12	祁连山公司厂房	商业（厂房）	未央区六村堡街办	①：表土；②：扰土；③：生土	无	无	未央34
	13	丰进小区3#、4#住宅楼	商业（房地产）	莲湖区枣园街办	①：生土	无	无	莲湖16
	14	西郊垃圾处理厂	公共基础建设（垃圾场）	莲湖区桃园路街办	无	古墓葬3	唐	莲湖17
	15	亨泰锦绣园	商业（房地产）	莲湖区桃园路街办	①：表土；②：扰土；③：生土	无	无	莲湖18
	16	旭景名园	商业（房地产）	莲湖区西关街办	无	古墓葬3	汉	莲湖19
	17	万山花园	商业（房地产）	莲湖区桃园路街办	①：生土	古井6	不详	莲湖20
	18	新兴·骏景园	商业（房地产）	新城区胡家庙街办	①：表土；②：扰土；③：生土	古墓葬3	秦、汉	新城10
	19	工路营房（一期）	公共基础建设（部队）	新城区胡家庙街办	①：耕土；②：扰土；③：生土	古墓葬2	汉	新城11
	20	黄河厂十街坊3#、4#楼	商业（旧楼改造）	新城区长乐中路街办	①：生土	无	无	新城12
	21	黄河厂十六街坊1#、2#、3#、4#、5#楼、热交换站水箱	商业（旧楼改造）	新城区长乐中路街办	①：生土	古墓葬2	唐	新城13
	22	荐福寺遗址	公共基础建设（公园）	碑林区长安路街办	无	古遗址	唐	碑林10
	23	水厂东路（雁南四路）	公共基础建设（道路）	雁塔区长延堡街办	无	古墓葬1	唐	雁塔32
	24	长延堡商住小区（景天佳苑）	商业（房地产）	雁塔区长延堡街办	①：表土；②：生土	古墓葬1	汉	雁塔33
	25	西安近代化学研究所精加工车间	公共基础建设（科研楼）	雁塔区电子城街办	①：生土	无	无	雁塔34
	26	世家星城（一期）	商业（房地产）	雁塔区长延堡街办	①：表土；②：扰土；③：生土	古墓葬629	战国、秦、汉、唐、宋、元	雁塔35
	27	世家星城（二期）	商业（房地产）	雁塔区长延堡街办	①：表土；②：扰土；③：生土	古墓葬76座	战国、秦、汉	雁塔36

续表

工作时间	序号	项目名称	项目性质	地理位置	地层堆积	主要发现	年代	对应编号
2003	28	木塔寺部分遗址勘探	主动调查、勘探和发掘（文物勘探）	雁塔区丈八街办	①：表土；②：扰土；③：生土	无	无	雁塔37
	29	科技六路（木塔寨路段）	公共基础建设（道路）	雁塔区丈八街办	①：表土；②：扰土；③：生土	无	无	雁塔38
	30	新大地花园	商业（房地产）	雁塔区电子城街办	①：耕土；②：扰土；③：生土	无	无	雁塔39
	31	万城商物业丈八北路用地	商业（厂房）	雁塔区丈八街办	①：表土；②：扰土；③：生土	古墓葬28，古窑址2	战国—隋唐	雁塔40
	32	西安新蕾学校	公共基础建设（学校）	雁塔区鱼化寨街办	①：耕土；②：扰土；③：古河床；④：沙层	无	无	雁塔41
	33	乐乐防盗门厂房	商业（厂房）	雁塔区鱼化寨街办	①：表土；②：扰土；③：生土	古墓葬3	战国、汉、唐	雁塔42
	34	西北有色地质研究所家属院	商业（住宅楼）	雁塔区大雁塔街办	①：生土	无	无	雁塔43
	35	西华大厦	商业（商厦）	雁塔区小寨路街办	①：表土；②：扰土；③：生土	无	无	雁塔44
	36	雁塔南路延伸段（绕城南—雁长界）	公共基础建设（道路）	雁塔区长延堡街办	①：黑褐土；②：生土	古墓葬39	汉、明	雁塔45
	37	大雁塔北广场东路	公共基础建设（道路）	雁塔区大雁塔街办	无	古墓葬2	汉	雁塔46
	38	大雁塔广场开闭所	公共基础建设（电力）	雁塔区大雁塔街办	无	古墓葬2	汉	雁塔47
	39	颐天园	商业（房地产）	雁塔区长延堡街办	①：表土；②：扰土；③：生土	无	无	雁塔48
	40	海洋科普世界（一期）	商业（海洋馆）	雁塔区曲江街办	①：表土；②：扰土；③：垆土；④：生土	无	无	雁塔49
	41	雁南五路西段	公共基础建设（道路）	雁塔区长延堡街办	①：生土	古墓葬16	战国、秦、汉	雁塔50
	42	翠苑小区（名城雅居）	商业（房地产）	雁塔区长延堡街办	①：表土；②：扰土；③：垆土；④：生土	古墓葬1	汉	雁塔51
	43	钻石半岛（一期）	商业（房地产）	雁塔区长延堡街办	无	古墓葬30	汉、唐	雁塔52
	44	悦成花园	商业（房地产）	雁塔区长延堡街办	①：表土；②：扰土；③：生土	无	无	雁塔53
	45	和平科技产业园办公楼及厂房	商业（厂房）	雁塔区丈八街办	①：表土；②：扰土；③：生土	无	无	雁塔54
	46	新西蓝公寓	商业（房地产）	雁塔区丈八街办	无	古墓葬9，古窑址4	汉	雁塔55
	47	曲江大道	公共基础建设（道路）	雁塔区曲江街办	①：生土	古墓葬4	不详	雁塔56
	48	春晓苑	商业（房地产）	雁塔区曲江街办	①：表土；②：扰土；③：生土	古墓葬31	汉	雁塔57

续表

工作时间	序号	项目名称	项目性质	地理位置	地层堆积	主要发现	年代	对应编号
2003	49	城南玫瑰园	商业（房地产）	雁塔区电子城街办	①：表土；②：扰土；③：垆土；④：生土	无	无	雁塔58
	50	城南玫瑰园A楼	商业（房地产）	雁塔区电子城街办	①：生土	无	无	雁塔59
	51	包装市场小区	商业（房地产）	雁塔区电子城街办	①：表土；②：扰土；③：垆土；④：生土	古窑址1	不详	雁塔60
	52	引镇粮站商住楼	商业（商业楼）	长安区引镇街办	①：生土	古墓道5	不详	长安13
	53	骊晶公司厂房	商业（厂房）	长安区郭杜街办	①：生土	古墓道1	不详	长安14
	54	省道107改建（环山旅游公路）	公共基础建设（道路）	长安区太乙宫街办	①：表土；②：扰土；③：垆土；④：生土	无	无	长安15
	55	西安邮电学院体育馆	公共基础建设（体育馆）	长安区郭杜街办	无	古墓葬3	宋	长安16
	56	长安区第六中学综合教学楼	公共基础建设（学校）	长安区引镇街办	①：表土；②：垆土；③：生土	无	无	长安17
	57	光机所（南区）	公共基础建设（科研楼）	长安区郭杜街办	无	古墓葬3	唐	长安18
	58	光机所（北区）	公共基础建设（科研楼）	长安区郭杜街办	无	古墓葬6	唐	长安19
	59	唐华四棉冷冻钻扩建	商业（厂房）	灞桥区纺织城街办	①：生土	古井2	不详	灞桥14
	60	航天四院三线调迁和高新工程配套	商业（厂房）	灞桥区洪庆街办	①：表土；②：扰土；③：生土	古墓葬2；古窑址1；夯土1	汉、唐	灞桥15
	61	西安东方培训学院（一期）	公共基础建设（学校）	灞桥区狄寨街办	①：表土；②：扰土；③：生土	古墓葬2	汉、唐	灞桥16
	62	西康铁路生产生活基地	商业（房地产）	灞桥区十里铺街办	①：表土；②：扰土；③：生土	古墓葬2	汉	灞桥17
	63	西安市第三污水处理厂（一期）	公共基础建设（水利）	灞桥区十里铺街办	①：表土；②：扰土；③：沙层	无	无	灞桥18
	64	民主坊	商业（住宅楼）	灞桥区纺织城街办	①：生土	无	无	灞桥19
	65	北关小学	公共基础建设（学校）	蓝田县蓝关街办	①：生土	古墓道1	不详	蓝田39
	66	蓝田宾馆会议中心	商业（宾馆）	蓝田县蓝关街办	①：生土	无	无	蓝田40
	67	孟村中学教学楼	公共基础建设（学校）	蓝田县孟村镇	①：生土	无	无	蓝田41
	68	城关农行分理处办公楼	公共基础建设（银行）	蓝田县蓝关街办	①：生土	古井4	不详	蓝田42
	69	东方机械厂办公楼、宿舍楼	商业（厂房）	户县五竹乡	①：生土	古河道1	不详	户县25
	70	长沣机电公司厂房	商业（厂房）	户县秦渡镇	①：生土	无	无	户县26
	71	余下镇2×300兆伏技改工程	公共基础建设（电力）	户县余下镇	①：表土；②：扰土；③：生土	无	无	户县27

续表

工作时间	序号	项目名称	项目性质	地理位置	地层堆积	主要发现	年代	对应编号
2004	1	西北郊330千伏变电站	公共基础建设（电力）	未央区汉城街办	①：表土；②：冲积土；③：生土	无	无	未央35
	2	长征电力厂房	商业（厂房）	未央区张家堡街办	①：表土；②：扰土；③：生土	无	无	未央36
	3	顺康制药生产基地	商业（厂房）	未央区张家堡街办	①：表土；②：扰土；③：生土	无	无	未央37
	4	富都大厦	商业（商厦）	未央区大明宫街办	①：表土；②：扰土；③：生土	无	无	未央38
	5	西安市检察院业务技术大楼	公共基础建设（检察院）	未央区大明宫街办	①：表土；②：扰土；③：垆土；④：生土	无	无	未央39
	6	中顺家园（金仕华城）（一期）	商业（房地产）	未央区未央宫街办	①：表土；②：垆土；③：生土	古墓葬17	汉、唐	未央40
	7	隆同大厦	商业（大厦）	未央区三桥街办	①：冲积土；②：生土	无	无	未央41
	8	东湖路（K0+0.56—K1+370，浐灞大道）	公共基础建设（道路）	未央区辛家庙街办	①：扰土；②：垆土；③：生土	古墓葬13	汉	未央42
	9	新房村改造（二期）	商业（房地产）	未央区辛家庙街办	①：表土；②：生土	古墓葬1	汉	未央43
	10	皂河中游治理工程（三桥—雁长交界）	公共基础建设（水利）	未央区三桥街办	①：表土；②：扰土；③：生土	古墓葬32	汉、唐	未央44
	11	未央大学园后勤服务设施建设（一期）	公共基础建设（学校）	未央区草滩街办	①：表土；②：扰土；③：生土	古墓葬9；古窑址2	汉、唐	未央45
	12	陕西高校公寓开发建设管理中心（二期）	商业（管理中心）	未央区草滩街办	①：表土；②：扰土；③：生土	无	无	未央46
	13	红旗东路（太华路—河滨路）	公共基础建设（道路）	未央区徐家湾街办	①：表土；②：扰土；③：生土	古墓葬15；古窑址11	汉、唐	未央47
	14	西航家园	商业（房地产）	未央区徐家湾街办	①：表土；②：耕土；③：垆土；④：生土	古墓葬33	汉、唐	未央48
	15	上林苑小区	商业（房地产）	未央区大明宫街办	无	古墓葬1	北周	未央49
	16	西航单身公寓小区	商业（房地产）	未央区徐家湾街办	①：表土；②：扰土；③：生土	无	无	未央50
	17	曼车4分店	商业（厂房）	未央区张家堡街办	①：耕土；②：扰土；③：生土	古墓葬7；古窑址3	汉	未央51
	18	锦园·长安坊间（锦园·新世纪）	商业（房地产）	未央区大明宫街办	①：耕土；②：扰土；③：生土	古墓葬8	汉、唐	未央52
	19	中顺家园（金仕华城，二期）	商业（房地产）	未央区未央宫街办	①：表土；②：垆土；③：生土	古墓葬2	汉	未央53
	20	西航一中综合楼	公共基础建设（学校）	未央区徐家湾街办	①：表土；②：垆土；③：生土	古墓葬3	汉	未央54
	21	虎钳厂住宅楼	商业（住宅楼）	未央区大明宫街办	①：生土	古墓葬11	汉	未央55
	22	未央区委家属院改造	商业（房地产）	未央区张家堡街办	①：表土；②：扰土；③：生土	无	无	未央56

续表

工作时间	序号	项目名称	项目性质	地理位置	地层堆积	主要发现	年代	对应编号
2004	23	智德集团加工基地	商业（厂房）	未央区三桥街办	①：表土；②：扰土；③：生土	无	无	未央57
	24	新房村改造（三期）	商业（房地产）	未央区辛家庙街办	①：表土；②：耕土；③：扰土；④：生土	古墓葬4	汉	未央58
	25	西北农副产品批发市场	商业（农业市场）	未央区辛家庙街办	①：表土；②：扰土；③：垆土；④：生土	古墓葬22	汉、隋	未央59
	26	新店新村（一期）	商业（房地产）	未央区三桥街办	①表土；②：扰土；③：生土	无	无	未央60
	27	经开国际中学	公共基础建设（学校）	未央区汉城街办	①：表土；②：扰土；③：生土	无	无	未央61
	28	邦盛公司厂房	商业（厂房）	未央区六村堡街办	①：表土；②：沙土；③：沙层	无	无	未央62
	29	江南彩印厂房	商业（厂房）	未央区六村堡街办	①：表土；②：扰土；③：生土	无	无	未央63
	30	白桦林居（一期）	商业（房地产）	未央区张家堡街办	①：表土；②：扰土；③：生土	古墓葬864；古窑址1	秦、汉	未央64
	31	白桦林居（二期）	商业（房地产）	未央区张家堡街办	①：表土；②：扰土；③：生土	无	无	未央65
	32	雅荷春天	商业（房地产）	未央区张家堡街办	①：表土；②：扰土；③：生土	古墓葬864，古窑址1	秦、汉	未央66
	33	车辆厂子弟小学	公共基础建设（学校）	未央区三桥街办	①：表土；②：扰土；③：生土	无	无	未央67
	34	新房村绿色花园（二期）	商业（房地产）	未央区辛家庙街办	①：表土；②：垆土；③：生土	无	无	未央68
	35	西郊公园（丰庆公园）	公共基础建设（公园）	莲湖区西关街办	①：表土；②：扰土；③：生土	无	无	莲湖21
	36	丰庆公园（二期）	公共基础建设（公园）	莲湖区西关街办	①：表土；②：扰土；③：生土	无	无	莲湖22
	37	城西人家	商业（房地产）	莲湖区环城西路街办	①：生土	无	无	莲湖23
	38	红十字会医院大楼	公共基础建设（医院）	莲湖区北院门街办	①：生土	无	无	莲湖24
	39	昆明路综合楼	商业（综合楼）	莲湖区枣园街办	①：表土；②：扰土；③：生土	无	无	莲湖25
	40	博雅苑	商业（厂房）	莲湖区红庙坡街办	①：表土；②：生土	无	无	莲湖26
	41	天朗城市公园·迪普公寓	商业（房地产）	莲湖区土门街办	①：表土；②：扰土；③：冲积土	无	无	莲湖27
	42	天兴都市花园	商业（房地产）	莲湖区红庙坡街办	①：垆土；②：生土	古墓葬3	汉、唐	莲湖28
	43	消防四中队营房	公共基础建设（消防站）	莲湖区土门街办	①：表土；②：扰土；③：生土	无	无	莲湖29
	44	大麦市街东片安置楼	商业（房地产）	莲湖区北院门街办	①：生土	无	无	莲湖30
	45	北大街商场职工安置楼（通济花园）	商业（房地产）	莲湖区红庙坡街办	①：表土；②：扰土；③：生土	古墓葬3	汉	莲湖31

工作时间	序号	项目名称	项目性质	地理位置	地层堆积	主要发现	年代	对应编号
2004	46	上海公馆	商业（房地产）	莲湖区北院门街办	①：生土	无	无	莲湖32
	47	荣民酒店	商业（商厦）	碑林区南院门街办	①：生土	古井58	唐	碑林11
	48	荣民商厦	商业（商厦）	碑林区南院门街办	①：生土	无	无	碑林12
	49	立丰国际购物商场	商业（商场）	碑林区太乙路街办	①：表土；②：扰土；③：生土	无	无	碑林13
	50	天天家园一期（瑞鑫摩天城）	商业（房地产）	碑林区张家村街办	①：表土；②：扰土；③：生土	无	无	碑林14
	51	西安理工大学曲江校区（二期）	公共基础建设（学校）	雁塔区曲江街办	①：生土	古墓葬109，古窑址1	汉、唐、明	雁塔61
	52	二〇五所住宅楼（三期）	公共基础建设（家属楼）	雁塔区电子城街办	①：表土；②：扰土；③：冲积土	古墓葬4	战国	雁塔62
	53	翠竹园	商业（房地产）	雁塔区曲江街办	①：表土；②：扰土；③：生土	古墓葬49	秦、汉、唐	雁塔63
	54	现代家居艺术中心	商业（厂房）	雁塔区长延堡街办	①：生土	无	无	雁塔64
	55	交大科技园国际孵化器、创业大厦、学生公寓、教育中心	商业（科技园）	雁塔区曲江街办	①：表土；②：扰土；③：生土	古墓葬2	汉、明、清	雁塔65
	56	雁栖小区（C区）	商业（房地产）	雁塔区曲江街办	①：表土；②：扰土；③：生土	古墓葬21	汉、唐	雁塔66
	57	雁塔国际文化广场（一期）	公共基础建设（广场）	雁塔区小寨路街办	①：表土；②：垆土；③：生土	无	无	雁塔67
	58	建设工程交易中心	商业（交易中心）	雁塔区长延堡街办	①：表土；②：扰土；③：垆土；④：生土	无	无	雁塔68
	59	芙蓉南路	公共基础建设（道路）	雁塔区曲江街办	无	古墓葬1	汉	雁塔69
	60	长延堡派出所办公楼	公共基础建设（公安）	雁塔区长延堡街办	无	古墓葬4	汉、元	雁塔70
	61	航天民用科技产业园	商业（产业基地）	雁塔区丈八街办	①：表土；②：扰土；③：垆土；④：生土	无	无	雁塔71
	62	司法局劳教所干警住宅楼（一期，司法小区）	商业（住宅楼）	雁塔区长延堡街办	①：生土	古墓葬33	战国、汉、明	雁塔72
	63	雁鸣小区（一期）	商业（房地产）	雁塔区曲江街办	①：表土；②：扰土；③：生土	无	无	雁塔73
	64	鼎盛商场	商业（商厦）	雁塔区曲江街办	①：表土；②：扰土；③：垆土；④：生土	古墓葬7	汉、唐	雁塔74
	65	西三爻村城改（一期）	商业（房地产）	雁塔区长延堡街办	①：表土；②：耕土；③：生土	古墓葬1	汉	雁塔75
	66	怡心居（二期）	商业（房地产）	雁塔区丈八街办	①：建筑垃圾；②：生土	古墓葬4	汉	雁塔76
	67	西安电子科技大学科技园	公共基础建设（学校）	雁塔区电子城街办	①：表土；②：扰土层	古墓葬4	汉	雁塔77

工作时间	序号	项目名称	项目性质	地理位置	地层堆积	主要发现	年代	对应编号
2004	68	绿岛书香	商业（房地产）	雁塔区曲江街办	①：表土；②：扰土层；③：汉唐文化层	古墓葬22	汉、唐	雁塔78
	69	唐城四路（芙蓉东路）	公共基础建设（道路）	雁塔区曲江街办	①：生土	无	无	雁塔79
	70	西安出租车公司旅游分公司办公区	商业（办公楼）	雁塔区等驾坡街办	①：表土；②：扰土	古墓葬106	汉、唐	雁塔80
	71	泛想车城	商业（汽车城）	雁塔区电子城街办	A区①：表土；②：扰土；③：垆土 B区①：表土，②：扰土；③：垆土	无	无	雁塔81
	72	龙源居住小区（二期）	商业（房地产）	雁塔区鱼化寨街办	①：表土；②：扰土	无	无	雁塔82
	73	吉祥花园	商业（房地产）	雁塔区小寨路街办	A区①：表土；②：扰土；③：垆土 B区①：表土；②：扰土；③：垆土 C区①：表土；②：扰土；③：垆土	无	无	雁塔83
	74	曲江南苑	商业（房地产）	雁塔区曲江街办	北区①：表土；②：扰土 南区①：表土；②：扰土	古墓葬8	汉、唐	雁塔84
	75	西三爻村城改	商业（房地产）	雁塔区长延堡街办	①：表层；②：耕土层	古墓葬1	汉	雁塔85
	76	金钼花园	商业（房地产）	长安区韦曲街办	无	古墓葬19	汉、北朝、唐、宋、明	长安20
	77	西安邮电学院学生公寓	公共基础建设（学校）	长安区郭杜街办	①：表土；②：扰土；③：生土	古墓葬29	汉、唐	长安21
	78	西安外国语学院长安校区（一期）	公共基础建设（学校）	长安区郭杜街办	①：表土；②：扰土	古墓葬63	汉、唐、秦	长安22
	79	西柞路	公共基础建设（道路）	长安区杜曲街办	无	古墓葬84	汉	长安23
	80	邓南村建材市场	商业（建材市场）	长安区郭杜街办	①：表土；②：扰土	古墓葬8	隋、唐	长安24
	81	广丰公司厂房	商业（厂房）	长安区郭杜街办	①：表土；②：垆土	古墓葬11	汉、唐	长安25
	82	西安汽车科技专修学院校区、1#公寓楼	公共基础建设（学校）	灞桥区狄寨街办	①：生土	无	无	灞桥20
	83	西安市公交总公司第八分公司	公共基础建设（交通）	灞桥区纺织城街办	①：填土；②：黏土	古墓葬1	无	灞桥21
	84	田家炳中学教学综合楼、教师宿舍楼	公共基础建设（学校）	蓝田县蓝关街办	①：生土	无	无	蓝田43
	85	蓝田县医院传染病楼	公共基础建设（医院）	蓝田县蓝关街办	①：生土	古墓葬7	汉	蓝田44
	86	关中公路环线（三义村—田市镇段）快速干道	公共基础建设（道路）	起点于三原县大程镇三义村	①：表土；②：扰土	古墓葬4	汉	临潼2

续表

工作时间	序号	项目名称	项目性质	地理位置	地层堆积	主要发现	年代	对应编号
2004	87	陕汽公司商用车厂房	商业（厂房）	高陵县泾渭街办	北区①：表土；②：淤积土；③：生土 南区①：表土；②：扰土	古墓葬34	汉、唐	高陵3
	88	泾渭产业园行政中心	商业（产业基地）	高陵县泾渭街办	①：表土；②：淤泥	无	无	高陵4
	89	泾渭产业园国际学校（经发中学）	公共基础建设（学校）	高陵县泾渭街办	①：表土；②：扰土	无	无	高陵5
	90	泾渭医院	公共基础建设（医院）	高陵县泾渭街办	①：表土；②：扰土	无	无	高陵6
	91	西部钛业公司厂房	商业（厂房）	高陵县泾渭街办	①：表土；②：淤泥；③：扰土	古墓葬4	汉	高陵7
	92	西部超导公司厂房	商业（厂房）	高陵县泾渭街办	①：表土；②：淤泥；③：扰土	古墓葬12	秦、汉	高陵8
	93	合容电力公司厂房	商业（厂房）	高陵县泾渭街办	①：表土；②：淤泥；③：扰土	古墓葬12	秦、汉	高陵9
2005	1	汉长安城沉水古桥遗址	主动调查、勘探和发掘（考古发掘）	未央区三桥街办	无	古遗址1	汉	未央69
	2	东二环北延线（东二环—北绕城高速）	公共基础建设（道路）	未央区辛家庙街办、谭家街办、徐家湾街办	起点至六一八渠道以南①：表土；②：垆土 六一八渠道以北至终点①：表土；②：古河道冲积层	古墓葬22，古窑址3	汉	未央70
	3	朱宏路北延线（北二环—北绕城高速）	公共基础建设（道路）	途经未央区未央宫街办、汉城街办	①：表土；②：垆土	古墓葬5	汉	未央71
	4	双健公司厂房	商业（厂房）	未央区六村堡街办	①：表土；②：沙土；③：细沙；④：沙石	无	无	未央72
	5	佳家时代（二期）	商业（房地产）	未央区未央宫街办	①：表土；②：垆土	古墓葬2	汉	未央73
	6	珠江新城（一期）	商业（房地产）	未央区大明宫街办	①：表土；②：扰土	古墓葬24	汉	未央74
	7	玄武路拓宽	公共基础建设（道路）	未央区大明宫街办	①：表土；②：垆土	无	无	未央75
	8	阿房一路拓宽（阿房路—皂河段）	公共基础建设（道路）	未央区三桥街办	①：表土；②：扰土	古墓葬14	唐	未央76
	9	西苑小区	商业（房地产）	未央区徐家湾街办	①：表土；②：扰土；③：冲积土	无	无	未央77
	10	红光路拓宽	公共基础建设（道路）	未央区三桥街办	①：表土；②：垆土	古墓葬7	汉	未央78
	11	杜家堡加气站	商业（加气站）	未央区草滩街办	①：表土；②：扰土	无	无	未央79
	12	西安市公安消防九中队综合楼	公共基础建设（消防站）	未央区三桥街办	①：表土；②：扰土；③：垆土	无	无	未央80
	13	西三环C04标段（红光路立交）	公共基础建设（道路）	未央区三桥街办	无	古墓葬8	唐	未央81

续表

工作时间	序号	项目名称	项目性质	地理位置	地层堆积	主要发现	年代	对应编号
2005	14	旧机动车交易服务中心	商业（交易中心）	未央区三桥街办	①：表土；②：扰土	无	无	未央82
	15	未央湖工商行政管理所	公共基础建设（办公楼）	未央区草滩街办	①：表土；②：粗沙	无	无	未央83
	16	刘南村城改	商业（房地产）	未央区辛家庙街办	①：表土；②：扰土；③：垆土	无	无	未央84
	17	北二环东延线（C18a标段—安邸立交，咸宁路立交）	公共基础建设（道路）	未央区辛家庙街办	浐河①：表土；②：垆土 安邸立交、咸宁路立交①：表土；②：泥沙	古墓葬13	汉	未央85
	18	汉唐盛景花园（一期）	商业（房地产）	未央区三桥街办	①：表土；②：扰土	无	无	未央86
	19	大白杨西村住宅楼	商业（房地产）	未央区未央宫街办	①：生土	无	无	未央87
	20	北周李诞墓	其他（村民宅基地）	未央区张家堡街办	无	古墓葬1	北周	未央88
	21	西三环昆明路立交（石桥立交）	公共基础建设（道路）	未央区三桥街办	①：表土；②：扰土	古墓葬22	汉、唐	未央89
	22	腾联花园（一期）	商业（房地产）	未央区大明宫街办	①：表土；②：扰土	古墓葬1	汉	未央90
	23	长河华庭（锦尚）	商业（房地产）	未央区大明宫街办	①：表土；②：垆土	无	无	未央91
	24	农业生产资料公司办公楼	商业（办公楼）	未央区汉城街办	①：表土；②：垆土	无	无	未央92
	25	百年医药厂房	商业（厂房）	未央区六村堡街办	①：表土；②：粗沙	无	无	未央93
	26	鑫盛公寓	商业（房地产）	未央区张家堡街办	①：生土	无	无	未央94
	27	西三环C07标段（卢家口遗址）	公共基础建设（道路）	未央区未央宫街办	①：耕土；②：扰土；③：汉代夯土；④：生土	古遗址1；灰坑70；水井10；古墓葬2	汉	未央95
	28	锦园·五洲风情	商业（酒店）	莲湖区青年路街办	①：生土	无	无	莲湖33
	29	兰空西安生活基地	商业（房地产）	莲湖区桃园路街办	①：表土；②：扰土；③：汉唐文化层；④：生土	无	无	莲湖34
	30	大唐世家	商业（房地产）	莲湖区桃园路街办	①：生土	无	无	莲湖35
	31	西北三路危房改造	商业（房地产）	莲湖区青年路街办	①：生土	无	无	莲湖36
	32	丰登路小区	商业（住宅楼）	莲湖区桃园路街办	①：表土；②：扰土	无	无	莲湖37
	33	自强西路商住楼	商业（商业楼）	莲湖区红庙坡街办	①：表土；②：扰土	无	无	莲湖38
	34	聚源小区A栋商住楼	商业（房地产）	莲湖区北院门街办	①：生土	古井219	明清	莲湖39
	35	国家储备综合仓库533处安全改造工程（一期）	公共基础建设（厂房）	莲湖区红庙坡街办	①：生土	无	无	莲湖40
	36	东方馨苑集资房（东航公寓）	商业（房地产）	莲湖区桃园路街办	①：表土；②：扰土	无	无	莲湖41
	37	丹尼尔大兴路小区	商业（房地产）	莲湖区红庙坡街办	①：生土	古墓葬24	汉、唐	莲湖42
	38	顺城巷道路	公共基础建设（道路）	新城区中山门街办	①：生土	无	无	新城14

续表

工作时间	序号	项目名称	项目性质	地理位置	地层堆积	主要发现	年代	对应编号
2005	39	东光国际	商业（房地产）	新城区西一路街办	①：生土	无	无	新城15
	40	紫铭小区	商业（房地产）	新城区长乐中路街办	①：表土；②：扰土	无	无	新城16
	41	韩森路延伸线工程	公共基础建设（道路）	新城区韩森寨街办	①：生土	古墓葬85	汉、唐	新城17
	42	第三十中学地下体育教室	公共基础建设（学校）	新城区西一路街办	①：生土	无	无	新城18
	43	华清小区	商业（房地产）	新城区胡家庙街办	①：表土；②：扰土	无	无	新城19
	44	黄河厂三十七街坊住宅楼	商业（住宅楼）	新城区长乐中路街办	①：生土	无	无	新城20
	45	红元公寓（紫雁朗庭）	商业（房地产）	碑林区长安路街办	①：表土；②：扰土	无	无	碑林15
	46	西大街拓宽改造	公共基础建设（道路）	碑林区南院门街办	①：生土	古井905，灰坑6	唐	碑林16
	47	旅馆村新区（新旅城）	商业（房地产）	碑林区文艺路街办	①：表土；②：扰土	无	无	碑林17
	48	毓兴公司办公楼	商业（办公楼）	碑林区柏树林街办	①：表土；②：垆土	无	无	碑林18
	49	国际紫薇（九锦台）	商业（房地产）	碑林区张家村街办	①：生土	无	无	碑林19
	50	北火巷住宅小区（一期）	商业（城改）	碑林区长乐坊街办	①：表土；②：扰土	无	无	碑林20
	51	曲江溪水园（枫林·溪园）	商业（房地产）	雁塔区长延堡街办	无	古墓葬1	元	雁塔86
	52	秀水园	商业（房地产）	雁塔区长延堡街办	无	古墓葬1	不详	雁塔87
	53	曲江公馆	商业（房地产）	雁塔区曲江街办	①：表土；②：扰土	无	无	雁塔88
	54	雁鸣小区（二期）	商业（房地产）	雁塔区曲江街办	①：表土；②：扰土	古墓葬40	汉、明	雁塔89
	55	雁栖三路（理工大曲江校区路段）	公共基础建设（道路）	雁塔区曲江街办	①：表土；②：扰土	无	无	雁塔90
	56	雁曲五路	公共基础建设（道路）	雁塔区曲江街办	①：表土；②：扰土；③：垆土	古墓葬42	汉、唐	雁塔91
	57	大明宫雁塔国际家具广场	商业（家具广场）	雁塔区长延堡街办	①：表土；②：扰土	无	无	雁塔92
	58	世家星城三期（11#、14#、16#、17#、19#楼）	商业（房地产）	雁塔区电子城街办	①：生土	无	无	雁塔93
	59	紫薇·臻品	商业（房地产）	雁塔区丈八街办	①：表土；②：垆土	无	无	雁塔94
	60	田信园一期（信苑小区一期）	商业（房地产）	雁塔区等驾坡街办	①：生土	无	无	雁塔95
	61	和记黄埔·高新区用地（逸翠园小区）	商业（房地产）	雁塔区电子城街办	①：表土；②：扰土；③：垆土	古墓葬79	秦、汉、隋、唐、明、唐宋	雁塔96
	62	金叶科技产业园	商业（产业基地）	雁塔区丈八街办	①：表土；②：扰土	无	无	雁塔97

续表

工作时间	序号	项目名称	项目性质	地理位置	地层堆积	主要发现	年代	对应编号
2005	63	坤城花园（朗郡·水木兰亭）	商业（房地产）	雁塔区大雁塔街办	①：表土；②：扰土	古墓葬1	秦汉	雁塔98
	64	小悉尼·绿洲（一期）	商业（房地产）	雁塔区长延堡街办	①：表土	无	无	雁塔99
	65	世家星城四期（综合楼、1#楼、2#楼）	商业（房地产）	雁塔区电子城街办	①：表土	无	无	雁塔100
	66	西安市文物局、市容园林局拆迁安置及古建园林设计院综合楼	商业（安置楼）	雁塔区大雁塔街办	①：表土	无	无	雁塔101
	67	西三爻村城改一期（5、6、7号楼）	商业（房地产）	雁塔区长延堡街办	①：表土；②：耕土	古墓葬1	汉	雁塔102
	68	龙腾·新世界（三期）	商业（房地产）	雁塔区电子城街办	①：表土	无	无	雁塔103
	69	第三十九研究所科研二区（一期）	公共基础建设（科研楼）	雁塔区丈八街办	①：表土；②：新近沉积性黏土	无	无	雁塔104
	70	税控收款机组组装车间、办公楼工程	商业（厂房）	雁塔区丈八街办	①：表土；②：垆土	无	无	雁塔105
	71	西万路现代建材大世界	商业（建材市场）	雁塔区电子城街办	①：表土；②：扰土	古墓葬5	秦、汉、唐	雁塔106
	72	曲江城市花园	商业（房地产）	雁塔区曲江街办	①：表土；②：扰土	古墓葬2	汉	雁塔107
	73	第三十九所9#大型天线装调车间厂房	公共基础建设（科研楼）	雁塔区丈八街办	①：生土	无	无	雁塔108
	74	雁湖小区	商业（房地产）	雁塔区曲江街办	①：表土；②：扰土；③：垆土	古墓葬79	汉、唐	雁塔109
	75	华鑫嘉苑	商业（房地产）	雁塔区大雁塔街办	①：表土；②：扰土	无	无	雁塔110
	76	芙蓉坊	商业（房地产）	雁塔区曲江街办	①：表土；②：扰土	无	无	雁塔111
	77	西高新义务教育学校	公共基础建设（学校）	雁塔区丈八街办	①：表土；②：扰土；③：冲积土	古墓葬2	唐	雁塔112
	78	子午大道（韦郭路—丈八路段）	公共基础建设（道路）	长安区郭杜街办	北部①：表土；②：扰土；③：垆土 南部①：表土；②：扰土；③：冲积土	古墓葬23	秦、汉、隋、唐	长安26
	79	朝华美域	商业（房地产）	长安区韦曲街办	①：生土	无	无	长安27
	80	上林苑四号建筑遗址的勘探和发掘	主动调查与发掘	长安区王寺街办	无	古遗址1	汉	长安28
	81	军野公司厂房	商业（厂房）	长安区韦曲街办	①：表土；②：扰土；③：汉唐文化层	古墓葬10	汉、唐	长安29
	82	西岳公司厂房	商业（厂房）	长安区郭杜街办	①：表土；②：扰土	古墓葬23	唐	长安30
	83	西北工业大学长安校区	公共基础建设（学校）	长安区东大街办	①：表土；②：扰土	无	无	长安31
	84	郭杜街办住宅楼	商业（住宅楼）	长安区郭杜街办	①：表土；②：扰土；③：汉唐文化层	古墓葬2	唐	长安32

续表

工作时间	序号	项目名称	项目性质	地理位置	地层堆积	主要发现	年代	对应编号
2005	85	美国美光公司厂房	商业（厂房）	长安区郭杜街办	①：表土；②：扰土；③：汉唐文化层	古墓葬28	汉、唐	长安33
	86	110千伏长安东变电所	公共基础建设（电力）	长安区韦曲街办	①：表土；②：扰土；③：汉唐文化层	古墓葬7	汉、唐	长安34
	87	长安新城（智慧城）	商业（房地产）	长安区郭杜街办	①：表土；②：扰土	古墓葬42	秦、汉、唐	长安35
	88	神舟三路、工业一路、工业二路	公共基础建设（道路）	长安区韦曲街办	①：表土；②：扰土；③：汉唐文化层	古墓葬13	唐	长安36
	89	陕西广播电视大学新校区	公共基础建设（学校）	长安区郭杜街办	①：表土；②：扰土	古墓葬5	唐	长安37
	90	塔斯曼公司厂房	商业（电力）	长安区郭杜街办	①：表土；②：扰土；③：汉唐文化层	古墓葬13	唐	长安38
	91	西南郊千伏变电站	公共基础建设（电力）	长安区郭杜街办	①：表土；②：扰土	无	无	长安39
	92	路易山庄	商业（房地产）	长安区滦镇街办	①：表土；②：垆土	无	无	长安40
	93	高新区进出口加工区	商业（厂房）	长安区郭杜街办	①：表土；②：扰土；③：汉唐文化层	古墓葬7	唐	长安41
	94	天惠公司厂房	商业（厂房）	长安区韦曲街办	①：表土；②：扰土	古墓葬18	秦、汉、唐	长安42
	95	上林苑遗址三号建筑、五号建筑排水管道发掘	主动调查与发掘	长安区王寺街办	三号建筑遗址①：表土；②：扰土；③：汉代文化层；④：为建筑的夯土基础 五号建筑遗址①：表土；②：扰土；③：战国时期文化层；④：夯土	古遗址1	汉	长安43
	96	长远公司厂房	商业（厂房）	长安区韦曲街办	①：表土；②：垆土	古墓葬629	秦、汉、唐	长安44
	97	骞柳小区	商业（房地产）	灞桥区新筑街办	①：表土；②：扰土；③：沙层	无	无	灞桥22
	98	唐代齐璿墓前碑石	其他（宅基地）	灞桥区纺织城街办	无	石碑1	唐	灞桥23
	99	滨河花园一期（水岸东方一期）	商业（房地产）	灞桥区红旗街办	①：表土；②：扰土	无	无	灞桥24
	100	西铁公安处灞桥看守所	公共基础建设（看守所）	灞桥区狄寨街办	①：表土；②：扰土	无	无	灞桥25
	101	田洪正街	公共基础建设（道路）	灞桥区洪庆街办	①：生土	无	无	灞桥26
	102	滨河花园二期（水岸东方二期）	商业（房地产）	灞桥区红旗街办	①：表土；②：扰土	无	无	灞桥27
	103	陕西省对外贸易学校（一期）	公共基础建设（学校）	灞桥区狄寨街办	①：表土；②：扰土	无	无	灞桥28
	104	英强电力公司厂房	商业（厂房）	高陵县泾渭街办	①：表土；②：扰土；③：垆土	无	无	高陵10
	105	西部金属材料公司厂房	商业（厂房）	高陵县泾渭街办	①：表土；②：扰土；③：覆盖层	古墓葬2；古窑址5；灰坑4；古道路2	汉	高陵11

续表

工作时间	序号	项目名称	项目性质	地理位置	地层堆积	主要发现	年代	对应编号
2005	106	西北有色金属研究院西部材料园	商业（工业园）	高陵县泾渭街办	①：表土；②：淤泥土；③：扰土	无	无	高陵12
	107	经发创新工业园	商业（工业园）	高陵县泾渭街办	①：表土；②：扰土；③：覆盖层	古墓葬2；古道路2	汉	高陵13
	108	第三安装工程公司三安厂区	商业（厂房）	高陵县泾渭街办	①：表土；②：扰土	无	无	高陵14
	109	三维能源设备厂房	商业（厂房）	高陵县泾渭街办	①：表土；②：淤土	无	无	高陵15
	110	关中环线（水北村土场）	商业（砖厂）	阎良区新兴街办	①：表土；②：扰土；③：垆土	古墓葬31	战国.汉	阎良1
	111	陕西国防工业职业技术学院新校区（一期）	公共基础建设（学校）	户县甘亭镇	①：表土；②：生土	无	无	户县28
	112	陕西科技卫生学校新校区（一期）	公共基础建设（学校）	户县秦渡镇	①：表土；②：扰土	无	无	户县29
	113	国维淀粉（二期）厂房	商业（厂房）	户县五竹镇	①：表土；②：扰土	无	无	户县30
	114	秸秆发电厂	公共基础建设（电力）	周至县楼观镇	沙石	无	无	周至2
2006	1	张家堡村安置楼	商业（房地产）	未央区张家堡街办	①：表土；②：扰土	古墓葬2	汉	未央96
	2	中小企业厂房	商业（厂房）	未央区六村堡街办	①：表土；②：细沙	无	无	未央97
	3	光华职工集资住宅	商业（住宅楼）	未央区三桥街办	①：表土；②：扰土	古墓葬6	唐	未央98
	4	珠江新城（一期）（二次勘探）	商业（房地产）	未央区大明宫街办	①：表土；②：垆土	古墓葬42；古道路1；古窑址3	秦、汉	未央99
	5	车辆厂生活东区改造（一期）	商业（厂房）	未央区三桥街办	①：表土；②：扰土	古遗址2	汉	未央100
	6	宝钛美特法力诺焊管厂房	商业（厂房）	未央区汉城街办	①：表土；②：扰土	无	无	未央101
	7	今北豪庭	商业（房地产）	未央区大明宫街办	①：表土；②：垆土	无	无	未央102
	8	铃木汽车西北五省区物流中心	商业（物流中心）	未央区汉城街办	①：表土；②：扰土	无	无	未央103
	9	百花村城改（一期）	商业（房地产）	未央区谭家街办	北区①：表土；②：垆土 南区1层，系建筑垃圾	古墓葬7	汉	未央104
	10	万裕文化产业园（东区一期）	商业（产业基地）	未央区六村堡街办	①：表土；②：沙土层	无	无	未央105
	11	天竹大厦	商业（房地产）	未央区未央宫街办	①：表土；②：扰土	无	无	未央106
	12	出口加工区物流功能区（1—4号物流库及堆场）	商业（厂房）	未央区汉城街办	①：表土；②：扰土；③：垆土	无	无	未央107
	13	西三环C01标段	公共基础建设（道路）	未央区三桥街办	①：表土；②：文化层	古遗址1	汉、唐	未央108

续表

工作时间	序号	项目名称	项目性质	地理位置	地层堆积	主要发现	年代	对应编号
2006	14	地铁二号线（北客站—长延堡）	公共基础建设（地铁）	北起北客站，南至长安区长延堡	各站点均为①：表土；②：扰土	古墓葬174	汉、唐	未央109
	15	富力广场	商业（房地产）	未央区张家堡街办	①：表土；②：扰土	古墓葬17	汉	未央110
	16	北沙口制浆造纸厂房	商业（造纸厂）	未央区三桥街办	①：表土；②：扰土	古遗址1	汉	未央111
	17	行政中心西区（运动公园西侧）	公共基础建设（行政楼）	未央区汉城街办	①：覆盖层；②：淤积层	无	无	未央112
	18	行政中心东区（张家堡广场东侧）	公共基础建设（行政楼）	未央区徐家湾街办	①：表土；②：扰土	古墓葬599	汉	未央113
	19	东凹里村安置小区	商业（房地产）	未央区三桥街办	①：表土；②：扰土	古墓葬15	唐	未央114
	20	浪琴湾	商业（房地产）	未央区张家堡街办	①：表土；②：扰土；③：垆土	古墓葬19	汉	未央115
	21	广信佳苑（天赐福地）	商业（房地产）	莲湖区青年路街办	①：表土；②：扰土	无	无	莲湖43
	22	煤炭物资供应公司住宅楼	商业（房地产）	莲湖区红庙坡街办	地层堆积，已挖至生土层	无	无	莲湖44
	23	纺织品公司高层	商业（住宅楼）	莲湖区红庙坡街办	地层堆积，已挖至生土层	无	无	莲湖45
	24	裕都苑	商业（房地产）	莲湖区枣园街办	①：建筑垃圾	无	无	莲湖46
	25	自强新苑	商业（房地产）	莲湖区红庙坡街办	①：生土	无	无	莲湖47
	26	北方医院西病房楼	公共基础建设（医院）	新城区长乐中路街办	无	古墓葬1	汉	新城21
	27	木材厂小区	商业（房地产）	新城区胡家庙街办	①：耕土；②：扰土；③：汉唐文化层	汉唐文化堆积	汉、唐	新城22
	28	幸福新城（福邸铭门）	商业（房地产）	新城区韩森寨街办	①：回填土	无	无	新城23
	29	东岳庙广场	商业（房地产）	新城区中山门街办	①：生土	无	无	新城24
	30	庙街	商业（房地产）	新城区中山门街办	①：生土	无	无	新城25
	31	意达公司综合楼	商业（综合楼）	新城区西一路街办	①：生土	无	无	新城26
	32	森林乐章（东尚，三期）	商业（房地产）	新城区长乐中路街办	①：表土；②：垆土	无	无	新城27
	33	东尚新城	商业（房地产）	新城区韩森寨街办	①：表土；②：垆土	古墓葬8	唐	新城28
	34	中银大厦	商业（银行）	新城区西一路街办	①：表土；②：扰土	无	无	新城29
	35	荣民国际大厦	商业（房地产）	碑林区南院门街办	①：生土	古井106	唐	新城30
	36	北火巷住宅小区（二期）	商业（城改）	碑林区长乐坊街办	①：表土；②：垆土	古墓葬3	秦、汉、唐	新城31
	37	云锦苑	商业（房地产）	碑林区太乙路街办	①：生土	古井12	无	新城32
	38	枫林华府	商业（房地产）	雁塔区鱼化寨街办	①：表土；②：扰土	无	无	雁塔113
	39	曲江南湖（南湖一号）	商业（房地产）	雁塔区曲江街办	①：表土；②：扰土	古遗址1、古墓葬147	史前、汉、唐	雁塔114
	40	二〇五所微光夜视基地	商业（研发楼）	雁塔区丈八街办	①：表土；②：沉积黏土层	无	无	雁塔115
	41	西户路立交（丈八立交）	公共基础建设（道路）	雁塔区丈八街办	①：表土；②：扰土	无	无	雁塔116

续表

工作时间	序号	项目名称	项目性质	地理位置	地层堆积	主要发现	年代	对应编号
2006	42	唐园假日新城	商业（房地产）	雁塔区长延堡街办	①：表土；②：垆土	古墓葬10	秦、汉、隋、唐	雁塔117
	43	唐延路延伸段（科技路—南二环）	公共基础建设（道路）	雁塔区丈八街办	①：表土；②：扰土	无	无	雁塔118
	44	长鸣路拓宽	公共基础建设（道路）	雁塔区等驾坡街办	①：表土；②：扰土	无	无	雁塔119
	45	东南三环C3、C4标段	公共基础建设（道路）	雁塔区曲江街办	无	古墓葬57	汉—明	雁塔120
	46	紫荆花园	商业（房地产）	雁塔区曲江街办	①：表土；②：扰土	古墓葬27	汉、唐	雁塔121
	47	翠竹园（三期）	商业（房地产）	雁塔区曲江街办	①：生土	古墓葬24	汉、唐	雁塔122
	48	康健小区	商业（房地产）	雁塔区曲江街办	①：表土；②：扰土；③：垆土	古墓葬79	汉、隋、唐、宋、元、明、清	雁塔123
	49	西安吐哈石油职工住宅楼	商业（住宅楼）	雁塔区小寨路街办	①：表土；②：扰土；③：冲积土	无	无	雁塔124
	50	某陆军预备役营房	公共基础建设（部队）	雁塔区鱼化寨街办	①：回填土层；②：扰土；③：冲积土	无	无	雁塔125
	51	陕西师范大学体操房	公共基础建设（学校）	雁塔区长延堡街办	①：表土；②：垆土	古墓葬1	汉	雁塔126
	52	芙蓉坊（二期）	商业（房地产）	雁塔区曲江街办	①：生土	古墓葬3	汉、唐	雁塔127
	53	三兆职工住宅区	商业（住宅楼）	雁塔区曲江街办	①：表土；②：扰土；③：垆土	古墓葬24	秦、汉、隋、唐	雁塔128
	54	华城国际	商业（房地产）	雁塔区长延堡街办	①：表土；②：垆土	无	无	雁塔129
	55	EILOG设备产业化基地	商业（产业基地）	雁塔区丈八街办	①：表土；②：扰土；③：垆土	无	无	雁塔130
	56	东南三环C15标段	公共基础建设（道路）	雁塔区曲江街办	无	古墓葬46	汉	雁塔131
	57	世家星城三期（幼儿园、门面房）	商业（房地产）	雁塔区电子城街办	①：生土	无	无	雁塔132
	58	朗臣大厦	商业（大厦）	雁塔区丈八街办	①：生土	古墓葬1	汉	雁塔133
	59	竹园新村	商业（房地产）	雁塔区电子城街办	①：表土；②：扰土	古墓葬1	汉	雁塔134
	60	西影厂南住宅楼	商业（住宅楼）	雁塔区大雁塔街办	机压土层	无	无	雁塔135
	61	昆明花园（一期）	商业（房地产）	雁塔区鱼化寨街办	①：表土；②：扰土；③：冲积土	无	无	雁塔136
	62	曲江国际会展中心（一期）	商业（会展中心）	雁塔区长延堡街办	①：生土	古墓葬8	汉、唐	雁塔137
	63	曲江六号	商业（房地产）	雁塔区大雁塔街办	①：回填土	无	无	雁塔138
	64	东南三环C5标段	公共基础建设（道路）	雁塔区等驾坡街办	无	古墓葬75	汉—明	雁塔139
	65	东南三环C6标段	公共基础建设（道路）	雁塔区等驾坡街办	无	房基13；古窑址3；灰坑184；古井1	无	雁塔140

续表

工作时间	序号	项目名称	项目性质	地理位置	地层堆积	主要发现	年代	对应编号
2006	66	东航西北分公司行政管理中心	商业（行政中心）	雁塔区电子城街办	①：表土；②：扰土	无	无	雁塔141
	67	万业·秦汉唐项目	商业（房地产）	雁塔区大雁塔街办	①：回填土层	无	无	雁塔142
	68	联勤服务中心	公共基础建设（服务中心）	雁塔区曲江街办	①：表土；②：垆土	古墓葬3	秦、汉	雁塔143
	69	陕钼金属材料工业园	商业（工业园）	雁塔区丈八街办	①：表土；②：扰土；③：冲积土	无	无	雁塔144
	70	飞轮公司厂房及办公楼	商业（厂房）	雁塔区丈八街办	①：表土；②：扰土；③：冲积土	无	无	雁塔145
	71	陕西移动公司生产研发基地	商业（研发楼）	雁塔区丈八街办	①：表土；②：扰土；③：垆土	无	无	雁塔146
	72	瑞联公司厂房	商业（厂房）	雁塔区丈八街办	①：表土；②：扰土	无	无	雁塔147
	73	西辛庄安置小区	商业（房地产）	雁塔区丈八街办	①：表土；②：扰土；③：淤泥土层	无	无	雁塔148
	74	信凯工业园	商业（厂房）	雁塔区丈八街办	①：表土；②：垆土	无	无	雁塔149
	75	木塔寺苗圃	商业（房地产）	雁塔区丈八街办	①：表土；②：扰土	古遗址1	唐	雁塔150
	76	酷派智能产业园	商业（厂房）	雁塔区电子城街办	①：生土	无	无	雁塔151
	77	卫光科技工地	商业（厂房）	雁塔区电子城街办	无	古墓葬2	汉	雁塔152
	78	西安电子科技大学科研实验楼	公共基础建设（科研楼）	雁塔区丈八街办	①：表土；②：扰土；③：淤泥层	古墓葬5	汉	雁塔153
	79	聚馨苑	商业（房地产）	雁塔区曲江街办	①：生土	古墓葬31	秦、汉、隋唐	雁塔154
	80	天网公司生产基地	商业（厂房）	雁塔区丈八街办	①：表土；②：扰土	无	无	雁塔155
	81	乳庄变电站	公共基础建设（电力）	长安区郭杜街办	①：表土；②：扰土；③：汉唐文化层	古墓葬3	唐	长安45
	82	陕西师范大学长安校区（二期）	公共基础建设（学校）	长安区郭杜街办	无	古墓葬41	汉、晋、隋、唐	长安46
	83	西安信息汽车高新教研中心（一期）	商业（厂房）	长安区郭杜街办	①：表土；②：扰土；③：汉唐文化层	无	无	长安47
	84	绿迪·X-亚麻酸项目	商业（厂房）	长安区韦曲街办	①：表土；②：扰土；③：汉唐文化层	古墓葬21	汉、唐、明、清	长安48
	85	文华景苑	商业（房地产）	长安区东大街办	①：表土；②：扰土；③：沙石层	无	无	长安49
	86	融发·沁园·心园	商业（房地产）	长安区郭杜街办	无	古墓葬18	汉、唐	长安50
	87	美国应用材料厂房	商业（厂房）	长安区郭杜街办	①：表土；②：扰土；③：汉唐文化层	古墓葬20	汉、唐	长安51
	88	韦曲东街C标段	公共基础建设（道路）	长安区韦曲街办	①：表土；②：扰土；③：汉唐文化层	无	无	长安52
	89	森舍公司厂房	商业（厂房）	长安区韦曲街办	①：表土；②：扰土；③：汉唐文化层	古墓葬7	唐	长安53
	90	泰戈公司厂房	商业（厂房）	长安区韦曲街办	①：表土；②：扰土；③：汉唐文化层	古墓葬2	唐	长安54

工作时间	序号	项目名称	项目性质	地理位置	地层堆积	主要发现	年代	对应编号
2006	91	市政配套服务中心拆迁安置小区	商业（拆迁）	长安区郭杜街办	①：表土；②：扰土；③：秦汉文化层	无	无	长安55
	92	华明公司厂房	商业（厂房）	长安区郭杜街办	①：表土；②：扰土；③：汉唐文化层	古墓葬10	汉、唐	长安56
	93	纬十六街	公共基础建设（道路）	长安区郭杜街办	①：表土；②：扰土；③：冲积土	无	无	长安57
	94	经二十二街（乳庄南—韦斗路）	公共基础建设（道路）	长安区郭杜街办	①：表土；②：扰土；③：汉唐文化层	古墓葬6	汉、唐	长安58
	95	经二十八街	公共基础建设（道路）	长安区郭杜街办	①：表土；②：扰土；③：冲积土	无	无	长安59
	96	陕西移动通信公司生产楼	商业（生产楼）	长安区韦曲街办	①：表土；②：扰土	无	无	长安60
	97	西柞建设管理处办公生活区	商业（住宅楼）	长安区韦曲街办	①：表土；②：扰土；③：垆土	古墓葬61	汉、唐	长安61
	98	东三环C10标段	公共基础建设（道路）	灞桥区新筑街办	①：表土；②：扰土；③：垆土；④：生土	古墓葬117	东汉、隋、唐、宋、明、清	灞桥29
	99	十里铺—兵马俑快速干道（K2+945—K9+800）	公共基础建设（道路）	灞桥区灞桥街办	①：表土；②：扰土	无	无	灞桥30
	100	唐华六棉光明社区	商业（住宅楼）	灞桥区纺织城街办	①：生土	无	无	灞桥31
	101	贝斯特货运站（一期）	商业（厂房）	灞桥区席王街办	①：表土；②：扰土	无	无	灞桥32
	102	省道107（蓝田县厚镇—长安区太乙宫）	公共基础建设（道路）	蓝田县厚镇	①：表土；②：扰土	古墓葬23	秦、汉、隋、唐	蓝田45
	103	十里铺—兵马俑快速干道（秦陵段）	公共基础建设（道路）	临潼区秦陵街办	①：表土；②：扰土	古遗址1，古墓葬2，古窑址1	秦、汉	临潼3
	104	十里铺—兵马俑快速干道（K9+800—K15+579）	公共基础建设（道路）	起点于灞桥区灞桥街办西安三木化工公司东侧	①：表土；②：扰土	无	无	临潼4
	105	新丰镇编组站改	商业（物流中心）	临潼区新丰街办、秦陵街办	①：生土	古墓葬53	汉、唐	临潼5
	106	西咸北环线	公共基础建设（铁路）	临潼区相桥镇	无	古墓葬38	汉	临潼6
	107	十里铺—兵马俑城市快速干道东延伸线	公共基础建设（道路）	临潼区代王街办	①：表土；②：扰土	无	无	临潼7
	108	十里铺—兵马俑城市快速干道（武家沟段）	公共基础建设（道路）	临潼区斜口街办	①：表土；②：扰土	无	无	临潼8
	109	瑞麟君府	商业（房地产）	临潼区秦陵街办	①：表土；②：扰土	无	无	临潼9
	110	联东汽车电子工业园	商业（工业园）	高陵县泾渭街办	①：表土；②：扰土	古墓葬2；古道路2	汉	高陵16

续表

工作时间	序号	项目名称	项目性质	地理位置	地层堆积	主要发现	年代	对应编号
2006	111	玉金工贸公司厂房	商业（厂房）	高陵县泾渭街办	①：表土；②：扰土	灰坑3	不详	高陵17
	112	泾河产业园区中钢工地	商业（厂房）	高陵县泾渭街办	无	古墓葬7	唐	高陵18
	113	泾河北110瓦变电站	公共基础建设（电力）	高陵县泾渭街办	①：表土；②：扰土	无	无	高陵19
	114	金泰钢结构公司厂房	商业（厂房）	高陵县泾渭街办	①：表土；②：扰土	无	无	高陵20
	115	公输堂	文保单位	户县渭丰镇	①：表土；②：沙土层	无	无	户县31
	116	优胜美地	商业（房地产）	户县草滩镇	①：表土；②：扰土；③：冲积土	古墓葬3；灰坑2	史前、秦、汉	户县32
	117	省道107（马召—西汤峪）	公共基础建设（道路）	周至县马召镇	①：表土；②：垆土	古墓葬2	汉	周至3
	118	佛坪厅故城遗址考古调查（一期）	主动调查、勘探和发掘（考古调查与发掘）	周至县厚畛子镇	无	古遗址1	清	周至4
2007	1	穆堂香公司厂房	商业（厂房）	未央区六村堡街办	①：表土；②：冲积土；③：1.2米以下见，含细沙、粗沙，沙质纯净；探铲无法下探	无	无	未央116
	2	华宇·凤凰城	商业（房地产）	未央区三桥街办	①：表土；②：扰土	无	无	未央117
	3	第四污水处理厂	公共基础建设（水利）	未央区汉城街办	①：表土；②：扰土	无	无	未央118
	4	行政中心建设（补探）	公共基础建设（行政楼）	未央区徐家湾街办	①：表土；②：扰土	古墓葬15	汉、唐	未央119
	5	上林苑遗址六号建筑的勘探和试掘	主动调查、勘探和发掘（考古勘探与发掘）	未央区三桥街办	①：表土；②：扰土；③：汉代文化层	古遗址1	战国	未央120
	6	窦寨村北周佛教石刻造像	其他（村民宅基地）	未央区六村堡街办	无	石刻佛像6尊、菩萨像6尊	北周	未央121
	7	大明宫馨村	商业（房地产）	未央区大明宫街办	①：表土；②：扰土	古墓葬2	汉	未央122
	8	魏玛公馆（东区）	商业（房地产）	未央区汉城街办	①：表土；②：扰土	无	无	未央123
	9	新一代北城国际	商业（房地产）	未央区未央宫街办	①：生土	古墓葬6	汉	未央124
	10	西航小区福利区旧区改造（一期）	商业（旧区改造）	未央区徐家湾街办	①：覆盖层；②：扰土	古墓葬20	汉	未央125
	11	百花村加油加气站	商业（加气站）	未央区谭家街办	①：表土；②：扰土	无	无	未央126
	12	长庆湖滨花园	商业（房地产）	未央区草滩街办	①：表土；②：扰土；③：细沙；④：中沙；⑤：粗沙	无	无	未央127
	13	太华路北延伸段	公共基础建设（道路）	未央区谭家街办、徐家湾街办	①：表土；②：扰土	古墓葬2	汉	未央128
	14	杨家庄经济适用房	商业（廉租房）	未央区大明宫街办	①：表土；②：垆土	古墓葬25	秦、汉、隋、唐	未央129

工作时间	序号	项目名称	项目性质	地理位置	地层堆积	主要发现	年代	对应编号
2007	15	金旗公司办公楼	商业（办公楼）	未央区六村堡街办	①：表土；②：细沙；③：粗沙	无	无	未央130
	16	荷花名苑	商业（房地产）	未央区三桥街办	①：表土；②：淤泥	无	无	未央131
	17	文景雅苑	商业（房地产）	未央区大明宫街办	①：生土	古墓葬6	汉	未央132
	18	魏玛公馆（二期）	商业（房地产）	未央区汉城街办	北部：①：表土；②：冲积土 南部：①：表土；②：扰土	无	无	未央133
	19	亚东公司大厦	商业（大厦）	未央区六村堡街办	①：表土；②：冲积土；③：粗沙层	无	无	未央134
	20	供电局城北分局办公楼	商业（办公楼）	未央区汉城街办	①：表土层；②：沉积土层；③：古河床沉积土层	无	无	未央135
	21	西航集团室内体育馆	商业（体育馆）	未央区徐家湾街办	西半部①：表土；②：扰土 东半部①：生土	无	无	未央136
	22	凤城八路（文景路—未央路）	公共基础建设（道路）	未央区汉城街办	①：淤积层	无	无	未央137
	23	紫薇·希望城	商业（房地产）	未央区谭家街办	①：表土；②：扰土	古墓葬27座	秦、汉、隋、唐	未央138
	24	西航集团莱特公司外贸厂房	商业（厂房）	未央区汉城街办	①：表土；②：扰土；③：生土	无	无	未央139
	25	第四工程公司职工楼	商业（房地产）	未央区徐家湾街办	①：表土；②：扰土	无	无	未央140
	26	祥和居	商业（房地产）	未央区谭家街办	①：表土；②：扰土	古墓葬19	汉、隋、唐	未央141
	27	永平路（渭滨路—太华北路）	公共基础建设（道路）	未央区谭家街办	无	古墓葬1	汉	未央142
	28	高山流水·幸福快车（西区）	商业（房地产）	未央区谭家街办	①：表土；②：扰土；③：生土	古墓葬17	秦、汉、唐	未央143
	29	国家检察官学院陕西分院	公共基础建设（学校）	未央区张家堡街办	①：表土；②：覆盖层	古墓葬27	秦、汉	未央144
	30	奇星·御园	商业（房地产）	未央区徐家湾街办	①：生土	无	无	未央145
	31	西咸路北侧第21号储备地	商业（房地产）	未央区三桥街办	①：表土；②：扰土；③：古河道冲积土	古墓葬7	战国	未央146
	32	西咸路南侧第11号储备地	商业（房地产）	未央区三桥街办	①：表土；②：扰土；③：沙土层	无	无	未央147
	33	西咸路西侧第20号储备地	商业（房地产）	未央区三桥街办	①：表土；②：扰土；③：古河道冲积土	无	无	未央148
	34	三桥车城（沈家寨）对面储备土6#、7#地块	商业（厂房）	未央区三桥街办	①：表土；②：扰土；②层以下为古河床土层	古墓葬16	汉	未央149
	35	桐树湾小区	商业（房地产）	未央区辛家庙街办	①：表土；②：回填土层	无	无	未央150
	36	印刷包装产业基地	商业（工业园）	未央区六村堡街办	①：表土；②：冲积土层	无	无	未央151

续表

工作时间	序号	项目名称	项目性质	地理位置	地层堆积	主要发现	年代	对应编号
2007	37	三桥车城对面拟储备土地1#、2#、3#地块	商业（厂房）	未央区三桥街办	①：表土；②：扰土；③：古河道冲积土	古墓葬4	汉	未央152
	38	三桥车城对面拟储备土地4#、5#地块	商业（厂房）	未央区三桥街办	①：表土；②：扰土	古墓葬4	汉	未央153
	39	白桦林居、绿岛	商业（房地产）	未央区汉城街办	西北区①：扰土；②：冲积土 东北区①：表土；②：扰土；③：冲积土 南区①：表土；②：扰土；③：冲积土	无	无	未央154
	40	龙府北郡	商业（房地产）	未央区未央宫街办	①：表土；②：扰土	无	无	未央155
	41	金府广场	商业（房地产）	未央区未央宫街办	①：表土；②：扰土	古墓葬2	汉	未央156
	42	开元商住小区	商业（房地产）	莲湖区西关街办	①：表土；②：扰土	无	无	莲湖48
	43	虹实园（霁虹园）	商业（房地产）	莲湖区红庙坡街办	①：表土；②：扰土；③：垆土层	无	无	莲湖49
	44	双府·世家花园	商业（房地产）	莲湖区桃园路街办	①：填土；②：垆土	无	无	莲湖50
	45	任家口村城改（雅逸新城）	商业（房地产）	莲湖区土门街办	①：回填土层	无	无	莲湖51
	46	用料管理处中心库房基地	商业（厂房）	莲湖区桃园路街办	①：土层；②：覆盖层；③：文化层；④：淤积沙层	汉唐文化堆积	汉、唐	莲湖52
	47	十六街坊25号楼	商业（旧楼改造）	新城区长乐中路街办	①：生土	古墓葬2	唐	新城30
	48	十五街坊5号楼	商业（旧楼改造）	新城区长乐中路街办	①：生土	古墓葬5	唐	新城31
	49	李家村万达广场	商业（综合楼）	碑林区文艺路街办	①：生土	无	无	碑林24
	50	西何家村城改	商业（城改）	碑林区张家村街办	①：表土；②：垆土	古墓葬2	汉	碑林25
	51	枫绿国际住宅区	商业（房地产）	碑林区张家村街办	①：生土	无	无	碑林26
	52	长安国际（二期）	商业（房地产）	碑林区长安路街办	①：表土；②：扰土	无	无	碑林27
	53	永宁馨园	商业（房地产）	碑林区长安路街办	①：生土	无	无	碑林28
	54	世家星城三期（21#、27#、27A#、33#楼及H地下车	商业（房地产）	雁塔区电子城街办	①：生土	无	无	雁塔156
	55	西安（国家）质检院	公共基础建设（质检院）	雁塔区丈八街办	①：表土；②：扰土	无	无	雁塔157
	56	陕西煤业化工集团研发中心	商业（研发楼）	雁塔区丈八街办	①：生土	无	无	雁塔158
	57	华陆公司大厦	商业（科技大厦）	雁塔区电子城街办	①：表土；②：扰土	无	无	雁塔159
	58	宝美电器新厂房	商业（厂房）	雁塔区电子城街办	①：生土	无	无	雁塔160
	59	雁鸣小区小学	公共基础建设（学校）	雁塔区曲江街办	①：生土	古墓葬8	汉、唐	雁塔161

工作时间	序号	项目名称	项目性质	地理位置	地层堆积	主要发现	年代	对应编号
2007	60	光中影视基地	商业（影视基地）	雁塔区丈八街办	①：表土；②：扰土；③：冲积土	无	无	雁塔162
	61	曲江公馆（二期）	商业（房地产）	雁塔区曲江街办	①：表土；②：垆土	无	无	雁塔163
	62	雁东供热工程	商业（供热站）	雁塔区等驾坡街办	①：表土；②：扰土；③：覆盖层	古墓葬11	唐	雁塔164
	63	雁南二路管道沟（抢救性发掘）	公共基础建设（道路）	雁塔区长延堡街办	无	古墓葬1	西晋	雁塔165
	64	唐延路绿化带文物调查	公共基础建设（道路）	雁塔区丈八街办	①层：表土；②：扰土；③：隋唐文化层	古遗址1；古窑址1	隋、唐	雁塔166
	65	曲江池遗址	配合基建发掘	雁塔区曲江街办	无	古遗址1	唐	雁塔167
	66	西安保时捷中心	商业（汽车销售）	雁塔区丈八街办	①：表土；②：扰土	无	无	雁塔168
	67	合众思壮生产研发楼	商业（研发楼）	雁塔区丈八街办	①：生土	无	无	雁塔169
	68	芙蓉湖畔	商业（房地产）	雁塔区曲江街办	①：表土；②：扰土	古墓葬88	汉、唐、明	雁塔170
	69	西北化工研究院研发中心	商业（厂房）	雁塔区曲江街办	①：表土；②：扰土；③：覆盖层	古墓葬6	汉、唐	雁塔171
	70	富鱼路	公共基础建设（道路）	雁塔区鱼化寨街办	①：表土；②：扰土；③：冲积土	无	无	雁塔172
	71	华城财富中心	商业（房地产）	雁塔区长延堡街办	①：表土；②：垆土	古墓葬5	汉、唐	雁塔173
	72	西安国际电气中心	商业（房地产）	雁塔区电子城街办	①：表土；②：扰土；③：古河床土层	古墓葬4	汉	雁塔174
	73	唐延路东侧储备地	商业（房地产）	雁塔区丈八街办	东区①：建筑垃圾层；②：填土层；③：覆盖层 西区北部①：建筑垃圾；②：扰土；③：覆盖层 西区南部①：表土；②：扰土；③：覆盖层	古窑址2	不详	雁塔175
	74	枫林汇景（一期）	商业（房地产）	雁塔区丈八街办	①：表土；②：扰土	无	无	雁塔176
	75	恒大绿洲	商业（房地产）	雁塔区等驾坡街办	①：表土；②：扰土；③：淤积层	无	无	雁塔177
	76	南湖北路（曲江池北路）	公共基础建设（道路）	雁塔区曲江街办	①：表土；②：扰土	古墓葬24	汉	雁塔178
	77	曲江池南路	公共基础建设（道路）	雁塔区曲江街办	①：表土；②：扰土	古墓葬16	汉	雁塔179
	78	南湖中路	公共基础建设（道路）	雁塔区曲江街办	①：表土；②：扰土	古墓葬30	秦、汉、隋、唐	雁塔180
	79	新鸿基（鸿基紫韵）	商业（房地产）	雁塔区曲江街办	①：表土；②：扰土	古墓葬22	汉、唐	雁塔181
	80	曲江环湖路	公共基础建设（道路）	雁塔区曲江街办	无	古墓葬41	汉	雁塔182
	81	方城路	公共基础建设（道路）	雁塔区曲江街办	①：表土；②：扰土	古墓葬4	汉	雁塔183
	82	曲江南湖14号地	商业（房地产）	雁塔区曲江街办	①：表土；②：扰土	古墓葬26	汉、唐	雁塔184

续表

工作时间	序号	项目名称	项目性质	地理位置	地层堆积	主要发现	年代	对应编号
2007	83	三五一三厂23#住宅楼	商业（房地产）	雁塔区鱼化寨街办	①：生土	无	无	雁塔185
	84	曲江上宅（曲江观塘）	商业（房地产）	雁塔区曲江街办	①：表土；②：扰土	无	无	雁塔186
	85	新丰泰雷克萨斯销售中心	商业（销售中心）	长安区郭杜街办	①：表土；②：沙土	无	无	长安62
	86	长安区食品公司职工住宅楼	公共基础建设（家属楼）	长安区郭杜街办	①：表土；②：扰土	无	无	长安63
	87	城南香榭·国色天香（康挤小镇）	商业（房地产）	长安区郭杜街办	①：表土；②：扰土	古墓葬216	汉、唐	长安64
	88	圣合家园	商业（房地产）	长安区韦曲街办	①：表土；②：沉积土层	无	无	长安65
	89	七一七一厂-3工程	商业（厂房）	长安区韦曲街办	①：表土；②：垆土	古墓葬26	汉、隋、唐	长安66
	90	西部慧谷集中供热（一期）工程	商业（供热站）	长安区韦曲街办	①：表土；②：扰土；③：覆盖层	古墓葬26	汉、隋、唐	长安67
	91	次干道D道路	公共基础建设（道路）	长安区郭杜街办	①：表土；②：扰土层；③：冲积土	无	无	长安68
	92	经三十二路	公共基础建设（道路）	长安区郭杜街办	①：表土；②：扰土；③：冲积层；③层以下见细沙层	无	无	长安69
	93	纬十路	公共基础建设（道路）	长安区郭杜街办	①：表土；②：扰土；③：覆盖层；③层以下为细沙层	无	无	长安70
	94	西部大道延伸段	公共基础建设（道路）	长安区郭杜街办	①：表土；②：扰土；③：覆盖层	无	无	长安71
	95	国中星城（林隐天下）	商业（房地产）	长安区郭杜街办	①：表土；②：垆土；③：汉唐文化层	古墓葬34；古窑址2	唐	长安72
	96	经三十路	公共基础建设（道路）	长安区郭杜街办	①：表土；②：扰土；③：汉唐文化层	无	无	长安73
	97	西安航天科技产业基地标准厂房	商业（厂房）	长安区韦曲街办	①：表土；②：扰土；③：汉唐文化层	古墓葬14	汉、唐	长安74
	98	西安航天科技产业基地1500吨硅片项目	商业（厂房）	长安区韦曲街办	①：表土；②：扰土；③：汉唐文化层	古墓葬14	宋、元	长安75
	99	米家崖桃花岛（一期）	商业（房地产）	灞桥区十里铺街办	①：表土；②：沙层	无	无	灞桥33
	100	湖滨东路（华清路—长乐路）	公共基础建设（道路）	灞桥区十里铺街办	①：表土；②：冲积土③：淤积层；④：沙石层	无	无	灞桥34
	101	御锦城（一期）	商业（房地产）	灞桥区席王街办	①：表土；②：扰土	无	无	灞桥35
	102	御锦城（二、三期）	商业（房地产）	灞桥区席王街办	①：表土；②：扰土	无	无	灞桥36
	103	二炮工程学院训练场	公共基础建设（学校）	灞桥区洪庆街办	①：表土；②：扰土	古墓葬47	汉	灞桥37

续表

工作时间	序号	项目名称	项目性质	地理位置	地层堆积	主要发现	年代	对应编号
2007	104	五里头村吕氏家族墓葬区	配合公安机关调查（考古发掘）	蓝田县三里镇	①：表土；②：扰土；③：黑垆土；④：红褐色土层；⑤：黄土；⑥：黑胶泥；⑦：钙质姜结石层；⑧：黄土；⑨：红胶泥；⑩：钙质姜结石；⑪：黄土；⑫：钙质姜结石；⑬：褐红色土；⑭：钙质结核层	古墓葬29	宋	蓝田46
	105	骊景·新世界	商业（房地产）	临潼区骊山街办	①：生土	古墓葬1	秦汉	临潼10
	106	华宇·山水秦唐（一期）	商业（房地产）	临潼区骊山街办	①：表土；②：淤积土层	无	无	临潼11
	107	长宁公司厂房	商业（厂房）	高陵县泾渭街办	①：表土；②：扰土	灰坑7	不详	高陵21
	108	普利森机械制造新厂区	商业（厂房）	高陵县泾渭街办	①：表土；②：扰土	无	无	高陵22
	109	金鹏塑料公司厂房	商业（厂房）	高陵县泾渭街办	①：表土；②：淤积土层	无	无	高陵23
	110	宝钢配送公司厂房	商业（厂房）	高陵县泾渭街办	①：表土；②：覆盖层；③：垆土	无	无	高陵24
	111	亨利兴公司厂房	商业（厂房）	高陵县泾渭街办	①：表土；②：冲积土	无	无	高陵25
	112	华岐印务公司厂房	商业（厂房）	高陵县泾渭街办	①：表土；②：冲积土	无	无	高陵26
	113	武屯镇通程加油站	商业（加油站）	阎良区武屯镇	①：表土；②：扰土	无	无	阎良2
2008	1	粤华·风城家园	商业（房地产）	未央区张家堡街办	①：回填土层；②：耕土；③：扰土；④：生土	古窑址1	不详	未央157
	2	明雅居	商业（房地产）	未央区大明宫街办	①：表土；②：扰土	古墓葬1	汉	未央158
	3	首创·国际城	商业（房地产）	未央区汉城街办	①：表土；②：扰土；③：黑垆土	无	无	未央159
	4	天胜公司厂房	商业（厂房）	未央区汉城街办	①：生土	古墓葬12，古窑址2	秦、汉	未央160
	5	紫薇风尚（一期）及北城展示中心	商业（房地产）	未央区张家堡街办	①：表土；②：扰土	古墓葬21	秦、汉	未央161
	6	倚能·维兰德小镇	商业（房地产）	未央区草滩街办	①：表土；②：扰土	无	无	未央162
	7	六村堡公交调度站	公共基础建设（公交站）	未央区六村堡街办	①：表土；②：沙土	无	无	未央163
	8	文景观园	商业（房地产）	未央区张家堡街办	①：表土；②：扰土	古墓葬17	秦、汉	未央164
	9	草滩雨水泵站	公共基础建设（水利）	未央区草滩街办	①：表土；②：沙层	无	无	未央165
	10	雅荷春天（三期）	商业（房地产）	未央区张家堡街办	①：生土	古墓葬34	秦、汉、唐	未央166
	11	文景小区（西区）	商业（房地产）	未央区汉城街办	①：表土；②：扰土	无	无	未央167
	12	陕西省民政厅综合大楼	公共基础建设（办公楼）	未央区张家堡街办	①：生土	古墓葬4	汉	未央168
	13	谭家花苑小区	商业（房地产）	未央区谭家街办	①：表土；②：扰土	古墓葬8	汉、唐	未央169
	14	经发体育中心	公共基础建设（广场）	未央区汉城街办	①：现代堆积层；②：生土	无	无	未央170

续表

工作时间	序号	项目名称	项目性质	地理位置	地层堆积	主要发现	年代	对应编号
2008	15	经发体育中心地下停车场	公共基础建设（广场）	未央区汉城街办	①：现代堆积层	无	无	未央171
	16	西安市第五污水处理厂	公共基础建设（水利）	未央区徐家湾街办	①：表土；②：沙土	无	无	未央172
	17	草滩六路延伸段	公共基础建设（道路）	未央区六村堡街办	①：表土；②：沙土	无	无	未央173
	18	凤城五路（朱宏路—明光路）	公共基础建设（道路）	未央区汉城街办	①：表土；②：垆土	无	无	未央174
	19	草店村安置楼	商业（安置楼）	未央区草滩街办	①：表土；②：沙土	无	无	未央175
	20	西航生活区（二期）3#地块	商业（生活区）	未央区徐家湾街办	①：表土；②：扰土	无	无	未央176
	21	老洼滩新农村社区（香格里拉·尚城）	商业（房地产）	未央区草滩街办	①：生土	无	无	未央177
	22	团结水库治理工程（一期）	公共基础建设（水利）	未央区未央宫街办	①：表土；②：扰土	古墓葬24	汉、唐	未央178
	23	陕西省高速公路监控指挥调度中心	公共基础建设（交通）	未央区草滩街办	①：生土	无	无	未央179
	24	维德公司厂房	商业（扩建）	未央区徐家湾街办	①：机压土层	无	无	未央180
	25	西航公司技术行政楼	商业（行政楼）	未央区徐家湾街办	①：表土；②：扰土	无	无	未央181
	26	文景路拓宽（北二环—凤城十二路段）	公共基础建设（道路）	未央区张家堡街办、汉城街办	①：表土；②：扰土	无	无	未央182
	27	车辆厂生活东区改造（二期）	商业（厂房）	未央区三桥街办	①：表土；②：扰土；③：沙土	无	无	未央183
	28	池东村安置小区（EE新城）	商业（房地产）	未央区张家堡街办	①：表土；②：扰土	无	无	未央184
	29	天丹公司住院大楼	公共基础建设（医院）	未央区张家堡街办	①：生土	无	无	未央185
	30	桃园路1、2、3、4号高层	商业（住宅楼）	莲湖区桃园路街办	①：回填土；②：生土	无	无	莲湖53
	31	西电高压开关厂房	商业（厂房）	莲湖区枣园街办	①：回填土；②：生土	无	无	莲湖54
	32	北关村安置房	商业（安置楼）	莲湖区北关街办	①：生土	古墓葬2	汉、唐	莲湖55
	33	锦绣人家经济适用房（紫云溪）	商业（房地产）	莲湖区红庙坡街办	①：生土	无	无	莲湖56
	34	大兴东路（白家口立交—红庙坡十字）	公共基础建设（道路）	莲湖区红庙坡街办	①：表土；②：扰土	无	无	莲湖57
	35	十四街坊1号楼	商业（房地产）	新城区长乐中路街办	①：表土；②：覆盖层	无	无	新城32
	36	三十六街坊住宅楼	商业（住宅楼）	新城区韩森寨街办	①：生土	无	无	新城33
	37	革命公园谢子长雕像基础	公共基础建设（公园）	新城区西一路街办	①：表土；②：淤泥层；③：沉积层	无	无	新城34
	38	民乐园万达广场	商业（商场）	新城区中山门街办	①：表土；②：扰土	无	无	新城35
	39	明秦王府城墙遗址南城墙段（新城广场）	考古勘探（古遗迹调查）	新城区西一路街办	无	古遗址1	明	新城36

续表

工作时间	序号	项目名称	项目性质	地理位置	地层堆积	主要发现	年代	对应编号
2008	40	珠江时代广场	商业（房地产）	碑林区长安路街办	①：生土	无	无	碑林29
	41	长安壹栋	商业（房地产）	碑林区长安路街办	①：表土；②：扰土	无	无	碑林30
	42	水卫器材一厂综合楼	商业（综合楼）	碑林区文艺路街办	①：生土	无	无	碑林31
	43	大学东路72#危房改造	商业（房地产）	碑林区长安路街办	①：生土	无	无	碑林32
	44	三五一三厂职工四宿舍	商业（厂房）	碑林区长安路街办	①：表土；②：扰土	无	无	碑林33
	45	长安一品	商业（房地产）	碑林区张家村街办	①：表土；②：扰土	无	无	碑林34
	46	乐居场棚改安置楼	商业（房地产）	碑林区太乙路街办	A1①：表土；②：扰土；③：填土层 A2Ⅰ区①：垃圾层；②：填土层 A2Ⅱ区①：垃圾层；②：填土层 A2Ⅲ区①：垃圾层；②：扰土层；③：填土层 A2Ⅳ区①：垃圾层；②：扰土；③：填土层 A3Ⅰ区①：垃圾层；②：扰土层；③：填土层 A3Ⅱ区①：垃圾层；②：扰土层；③：填土层 A4①：垃圾层；②：扰土层；③：填土层	无	无	碑林35
	47	SEW-传动设备西安厂区	商业（厂房）	雁塔区丈八街办	①：回填土层；②：表土；③：覆盖层；④：冲积土	无	无	雁塔187
	48	捷瑞·新时代	商业（房地产）	雁塔区鱼化寨街办	①：表土；②：覆盖层；③：沙层；④：淤积层	无	无	雁塔188
	49	西南郊污水处理厂	公共基础建设（水利）	雁塔区鱼化寨街办	①：表土；②：覆盖层；③：沙层；④：淤积层	无	无	雁塔189
	50	英豪大厦	商业（房地产）	雁塔区曲江街办	①：表土；②：垆土	无	无	雁塔190
	51	康城花园（暖山·西安）	商业（房地产）	雁塔区等驾坡街办	①：表土；②：扰土	无	无	雁塔191
	52	七方·生活家园	商业（房地产）	雁塔区鱼化寨街办	①：表土；②：扰土；③：沙土层	无	无	雁塔192
	53	英华达科研楼	商业（科研楼）	雁塔区丈八街办	①：生土	无	无	雁塔193
	54	曲江小学（曲江池小学）	公共基础建设（学校）	雁塔区曲江街办	①：表土；②：扰土	无	无	雁塔194
	55	旗远研发基地	商业（研发楼）	雁塔区丈八街办	①：表土；②：扰土	无	无	雁塔195
	56	崇立苑	商业（房地产）	雁塔区电子城街办	①：表土；②：垆土	无	无	雁塔196
	57	科飞生产基地	商业（生产楼）	雁塔区丈八街办	①：生土	无	无	雁塔197
	58	中投公司外包基地	商业（厂房）	雁塔区丈八街办	①：表土；②：垆土	无	无	雁塔198
	59	库伯公司厂房	商业（厂房）	雁塔区丈八街办	①：生土	无	无	雁塔199

续表

工作时间	序号	项目名称	项目性质	地理位置	地层堆积	主要发现	年代	对应编号
2008	60	阳光花园（曲江明珠）	商业（房地产）	雁塔区曲江街办	①：表土；②：扰土	古墓葬6	汉、唐	雁塔200
	61	复地城（复地优尚国际）	商业（房地产）	雁塔区鱼化寨街办	①：生土	无	无	雁塔201
	62	高速公路西高新基地	商业（办公楼）	雁塔区电子城街办	①：回填土层；②：耕土层；③：扰土层；④：冲积土	无	无	雁塔202
	63	高新区GXⅢ-（2）-83	商业（房地产）	雁塔区丈八街办	①：表土；②：扰土；③：沙土层；④：垆土层	无	无	雁塔203
	64	甘家寨安置楼	商业（安置楼）	雁塔区电子城街办	①：扰土；②：冲积土	古墓葬42	汉、明、清	雁塔204
	65	科达利公司工业园	商业（工业园）	雁塔区丈八街办	①：表土；②：扰土	无	无	雁塔205
	66	雁湖小区（二期）	商业（房地产）	雁塔区曲江街办	①：表土；②：扰土	古墓葬10，古窖藏1	汉	雁塔206
	67	中石油管材研究所基地建设	商业（厂房）	雁塔区电子城街办	①：表土；②：扰土	无	无	雁塔207
	68	华城万象（二期）	商业（房地产）	雁塔区长延堡街办	①：生土	无	无	雁塔208
	69	艾尔肤公司厂区	商业（厂房）	雁塔区丈八街办	①：生土	无	无	雁塔209
	70	华为西安全球交换技术中心（华为西安研究所）	商业（工业园）	雁塔区丈八街办	①：表土；②：垆土	无	无	雁塔210
	71	城市花园	商业（房地产）	雁塔区曲江街办	①：表土；②：扰土	古墓葬2	唐	雁塔211
	72	曲江行政商务中心T38地块	商业（房地产）	雁塔区长延堡街办	①：表土；②：冲积土	古墓葬1	汉	雁塔212
	73	西部大道（西沣公路—朱雀大街）	公共基础建设（道路）	长安区郭杜街办	①：表土；②：扰土；③：汉唐文化层	古墓葬162	战国、秦、汉、唐	长安76
	74	太阳水岸新城	商业（房地产）	长安区韦曲街办	①：表土；②：扰土；③：垆土层	古墓葬7	唐	长安77
	75	樱花西苑	商业（房地产）	长安区郭杜街办	无	古墓葬7	唐	长安78
	76	邮电学院长安新校区东区二期公寓楼	公共基础建设（学校）	长安区韦曲街办	无	古墓葬15	汉	长安79
	77	帝景山庄	商业（房地产）	长安区滦镇街办	①：表土；②：冲积土③：黑土层	无	无	长安80
	78	泰达公司厂房	商业（厂房）	长安区韦曲街办	①：表土；②：扰土；③：汉唐文化层	无	无	长安81
	79	中石油西安物探研发基地	商业（研发楼）	长安区郭杜街办	①：生土	无	无	长安82
	80	长安星园（长安馨苑）	商业（房地产）	长安区郭杜街办	①：表土；②：扰土；③：垆土	古墓葬20，古窑址2	汉、唐	长安83
	81	省国防科工委、省核工业地质局住宅楼	公共基础建设（家属楼）	长安区韦曲街办	①：表土；②：扰土	古墓葬6	汉、唐	长安84
	82	恒达公司厂房	商业（厂房）	长安区韦曲街办	①：表土；②：扰土；③：汉唐文化层	无	无	长安85
	83	云天会所	商业（房地产）	长安区韦曲街办	①：生土	无	无	长安86

续表

工作时间	序号	项目名称	项目性质	地理位置	地层堆积	主要发现	年代	对应编号
2008	84	一汽奥迪4S店	商业（4S店）	长安区韦曲街办	①：表土；②：垆土	古墓葬19	汉、隋、元	长安87
	85	碑林区看守所	公共基础建设（看守所）	长安区杜曲街办	①：表土；②：冲积土	无	无	长安88
	86	翠屏湾	商业（房地产）	灞桥区十里铺街办	①：表土；②：垆土	无	无	灞桥38
	87	纺织城公交枢纽站	公共基础建设（公交站）	灞桥区席王街办	①：表土；②：扰土	无	无	灞桥39
	88	纺织城客运站	公共基础建设（交通）	灞桥区席王街办	A区①：表土；②：扰土 B区①：生土	古墓葬5	唐	灞桥40
	89	长乐坡村城改	商业（城改）	灞桥区十里铺街办	①：表土；②：扰土层；③：沙土层	无	无	灞桥41
	90	五洲公司厂房	商业（厂房）	灞桥区灞桥街办	①：表土；②：扰土；③：垆土	古墓葬4	秦、汉	灞桥42
	91	陕西省对外贸易学校（中专部）	公共基础建设（学校）	灞桥区狄寨街办	①：生土	无	无	灞桥43
	92	蓝水新城（天鹅湖一期）	商业（房地产）	蓝田县蓝关街办	①：表土层；②：淤泥层；③：原始河床土层	无	无	蓝田47
	93	博维汽车公司生产基地	商业（生产楼）	高陵县泾渭街办	①：表土；②：扰土层	无	无	高陵27
	94	兴庆石油公司厂房	商业（厂房）	高陵县泾渭街办	①：表土；②：覆盖层	无	无	高陵28
	95	华强工贸公司厂房	商业（厂房）	高陵县泾渭街办	①：表土；②：冲积土；③：粉沙土层	无	无	高陵29
	96	风力发电设备新厂	商业（厂房）	高陵县泾渭街办	①：表土；②：扰土	无	无	高陵30
	97	泾高北路	公共基础建设（道路）	高陵县泾渭街办	①：表土；②：扰土	无	无	高陵31
	98	新三力汽车公司厂房	商业（厂房）	高陵县泾渭街办	①：表土；②：扰土；③：垆土	无	无	高陵32
	99	蓝领公寓	商业（房地产）	高陵县泾渭街办	①：表土；②：冲积土	无	无	高陵33
	100	阎良污水处理厂	公共基础建设（水利）	阎良区北屯街办	①：表土；②：天然淤泥层；③：古河床层；④：淤泥土层	无	无	阎良3
2009	1	经发世纪花园（一期）	商业（房地产）	未央区汉城街办	①：表土；②：扰土	无	无	未央186
	2	石化大道（西三环—西咸分界处）	公共基础建设（道路）	未央区六村堡街办	①：表土层；②：黄土层	无	无	未央187
	3	大明宫市场污水工程	公共基础建设（道路）	未央区草滩街办	①：表土；②：扰土	无	无	未央188
	4	陕西科技大学西侧规划路	公共基础建设（道路）	未央区草滩街办	①：表土层；②：扰土	无	无	未央189
	5	沣三干向团结水库供水管道	公共基础建设（水利）	未央区大明宫街办	①：表土层；②：黄土状土；③：黏土层	无	无	未央190

续表

工作时间	序号	项目名称	项目性质	地理位置	地层堆积	主要发现	年代	对应编号
2009	6	北客站配套（凤城十二路—尚新路）	公共基础建设（道路）	未央区汉城街办、草滩街办	①：表土层；②：扰土	无	无	未央191
	7	旭景兴园（三九村城改）	商业（房地产）	未央区张家堡街办	①：表土；②：扰土	古墓葬1	汉	未央192
	8	合容公司厂房	商业（企业扩建）	未央区张家堡街办	①：表土；②：扰土	无	无	未央193
	9	古德公司厂房	商业（厂房）	未央区六村堡街办	①：表土；②：冲积土	无	无	未央194
	10	铁路北客站拆迁安置（X-1号地）	商业（房地产）	未央区六村堡街办	①：生土	无	无	未央195
	11	汉城收费站办公大楼	公共基础建设（办公楼）	未央区汉城街办	无	古墓葬1	汉	未央196
	12	铁路北客站拆迁安置（N-2号地）	商业（房地产）	未央区六村堡街办	①：表土；②：冲积土	无	无	未央197
	13	刘家村城改（瑞泰·卡地亚）	商业（房地产）	未央区汉城街办	①：表土；②：扰土	无	无	未央198
	14	西安出口加工区BP厂房	商业（厂房）	未央区汉城街办	①：表土；②：扰土	无	无	未央199
	15	西安出口加工区6#、7#、8#、9#标准厂房	商业（厂房）	未央区汉城街办	①：表土；②：扰土	无	无	未央200
	16	天鼎酒店	商业（酒店）	未央区徐家湾街办	①：表土；②：扰土	无	无	未央201
	17	龙首新苑·祯祥宝库	商业（房地产）	未央区张家堡街办	①：表土；②：扰土	无	无	未央202
	18	石羊食品工业园	商业（厂房）	未央区六村堡街办	①：表土；②：扰土	无	无	未央203
	19	古德食品厂房	商业（厂房）	未央区六村堡街办	①：沙土层	无	无	未央204
	20	太华南路、重玄路道路	公共基础建设（道路）	未央区大明宫街办	①：生土	古墓葬3	汉	未央205
	21	珠江新城（二期）	商业（房地产）	未央区辛家庙街办	无	古墓葬108	汉、宋	未央206
	22	人防办0801	公共基础建设（办公楼）	未央区徐家湾街办	A区①：表土；②：黄土层 B区①：表土；②：黄土层	无	无	未央207
	23	省政府机关事务管理局1号小区（二期）	商业（房地产）	未央区大明宫街办	①：表土；②：扰土	无	无	未央208
	24	凤城六路（文景路—未央路段）	公共基础建设（道路）	未央区张家堡街办	①：表土；②：扰土	古墓葬10	汉	未央209
	25	西安第三医院（中医医院）用地	公共基础建设（医院）	未央区谭家街办	①：表土；②：扰土	古墓葬14	汉	未央210
	26	凤城一路（明光路—文景路段）	公共基础建设（道路）	未央区未央宫街办	①：表土；②：扰土	无	无	未央211
	27	西航厂34F锅炉房	商业（锅炉房）	未央区徐家湾街办	①：表土；②：黄土	无	无	未央212
	28	西航厂501油库	商业（油库）	未央区徐家湾街办	①：表土；②：黄土	无	无	未央213
	29	魏家湾安置楼	商业（城改）	未央区徐家湾街办	①：表土；②：扰土；③：汉唐文化层	无	无	未央214

工作时间	序号	项目名称	项目性质	地理位置	地层堆积	主要发现	年代	对应编号
2009	30	大明宫污水改建	公共基础建设（水利）	未央区大明宫街办	无	古墓葬1	唐	未央215
	31	龙腾半导体技术新征地	商业（厂房）	未央区汉城街办	①：表土；②：扰土	无	无	未央216
	32	乾恒·湖园天下	商业（房地产）	未央区草滩街办	①：表土；②：沙土层	无	无	未央217
	33	大明宫·逸居	商业（房地产）	未央区大明宫街办	①：表土；②：生土	无	无	未央218
	34	未央区交通运输管理站	公共基础建设（交通）	未央区汉城街办	①：表土；②：扰土	无	无	未央219
	35	紫薇·风尚（二期）	商业（房地产）	未央区张家堡街办	①：表土；②：扰土	古墓葬26	秦、汉	未央220
	36	旭景·崇盛园	商业（房地产）	未央区汉城街办	①：表土；②：扰土	无	无	未央221
	37	C4路（明光路—文景路）	公共基础建设（道路）	未央区张家堡街办	①：表土；②：扰土	无	无	未央222
	38	德宜国际中心	商业（房地产）	未央区张家堡街办	①：生土	无	无	未央223
	39	五龙汤花园	商业（房地产）	未央区徐家湾街办	①：生土	无	无	未央224
	40	米琪公司厂房	商业（厂房）	未央区六村堡街办	①：表土；②：扰土；③：古河床土层	无	无	未央225
	41	陕西省边防总队经济适用房	商业（经济适用房）	莲湖区西关街办	①：生土	无	无	莲湖58
	42	旭景新港	商业（房地产）	莲湖区枣园街办	①：表土；②：扰土	无	无	莲湖59
	43	儿童医院门诊医技综合楼	公共基础建设（医院）	莲湖区北院门街办	①：表土；②：扰土；③：次生土层	古井11	无	莲湖60
	44	西安古建园林设计研究院综合楼	公共基础建设（办公楼）	莲湖区西关街办	①：生土	无	无	莲湖61
	45	林业厅职工住宅楼（一期）	商业（住宅楼）	莲湖区西关街办	①：生土	古墓葬2	秦、汉	莲湖62
	46	任家庄棚户区改造安置楼	商业（房地产）	莲湖区桃园路街办	①：生土	无	无	莲湖63
	47	印钞工房及科技信息中心	商业（厂房）	莲湖区土门街办	①：表土；②：扰土；③：覆盖层	无	无	莲湖64
	48	泵阀总厂职工经济适用房	商业（经济适用房）	新城区胡家庙街办	①：生土	无	无	新城37
	49	安仁坊安置小区6#、7#地	商业（房地产）	新城区长乐西路街办	①：表土；②：扰土	无	无	新城38
	50	燕兴商务大厦	商业（商业楼）	新城区长乐中路街办	①：生土	无	无	新城39
	51	三府湾六合窑小区	商业（城改）	新城区胡家庙街办	①：表土；②：近代土层；③：汉唐文化层	汉唐文化堆积	汉、唐	新城40
	52	太和·公园人家	商业（房地产）	碑林区长乐坊街办	①：生土	无	无	碑林36
	53	高山流水·仁厚庄	商业（房地产）	碑林区东关南街街办	东北区：①：垃圾层；②：扰土 西区：①：垃圾层；②：扰土	无	无	碑林37
	54	冠生园大厦	商业（商业楼）	碑林区长乐坊街办	①：表土；②：扰土	无	无	碑林38

续表

工作时间	序号	项目名称	项目性质	地理位置	地层堆积	主要发现	年代	对应编号
2009	55	伞塔路综合健身中心	商业（健身中心）	碑林区长乐坊街办	①：表土；②：扰土	无	无	碑林39
	56	边南村城改6#、7#住宅楼	商业（房地产）	碑林区张家村街办	①：生土	无	无	碑林40
	57	西安产权交易大厦	商业（交易大厦）	碑林区张家村街办	①：生土	无	无	碑林41
	58	中航飞机公司西安基地	商业（企业扩建）	雁塔区丈八街办	①：表土；②：扰土；③：覆盖层	无	无	雁塔213
	59	秦二世遗址公园	公共基础建设（公园）	雁塔区曲江街办	①：表土；②：扰土	古墓葬2	秦、汉	雁塔214
	60	枫林意树（二期）	商业（房地产）	雁塔区丈八街办	①：表土；②：扰土；③：冲积土	无	无	雁塔215
	61	曲江池3号地	商业（房地产）	雁塔区曲江街办	①：表土；②：扰土	古墓葬10	汉、唐	雁塔216
	62	交大曲江新村住宅小区	商业（房地产）	雁塔区曲江街办	南区为回填土层 北区①：表土；②：扰土；③：覆盖层	古墓葬2	汉	雁塔217
	63	西安绕城南基地	公共基础建设（交通）	雁塔区长延堡街办	①：生土	无	无	雁塔218
	64	中铁·高新六路（中铁·瑞园）	商业（房地产）	雁塔区丈八街办	①：表土；②：扰土	无	无	雁塔219
	65	高新区廉租房小区（锦业新居）	商业（房地产）	雁塔区丈八街办	①：表土；②：扰土	无	无	雁塔220
	66	陕西省科技资源中心	商业（科技资源中心）	雁塔区丈八街办	①：表土；②：扰土	古墓葬3	明、清	雁塔221
	67	灞桥区廉租房小区	商业（房地产）	雁塔区等驾坡街办	①：表土；②：扰土	古墓葬80	汉、唐	雁塔222
	68	中扬公司厂房	商业（企业扩建）	雁塔区丈八街办	东区①：表土；②：冲积土；③：沉积层 西区①：表土；②：冲积土	无	无	雁塔223
	69	陕西省汽车检测中心站	商业（监测站）	雁塔区丈八街办	①：表土；②：扰土	无	无	雁塔224
	70	鹏程公司厂房	商业（厂房）	雁塔区丈八街办	①：生土	无	无	雁塔225
	71	紫薇·永和坊	商业（房地产）	雁塔区长延堡街办	①：表土；②：扰土	古墓葬4	明、清	雁塔226
	72	西高新半导体产业园	商业（产业基地）	雁塔区丈八街办	①：表土层；②：扰土；③：垆土	无	无	雁塔227
	73	科利达公司西高新工业园	商业（厂房）	雁塔区丈八街办	①：生土	无	无	雁塔228
	74	雁塔南路步行街改造	公共基础建设（广场）	雁塔区大雁塔街办	无	古墓葬1	元	雁塔229
	75	北沈家桥小区	商业（房地产）	雁塔区丈八街办	①：回填土；②：河床沉积土层	无	无	雁塔230
	76	创意大厦	商业（房地产）	雁塔区曲江街办	①：建筑垃圾	无	无	雁塔231

续表

工作时间	序号	项目名称	项目性质	地理位置	地层堆积	主要发现	年代	对应编号
2009	77	西安船舶重工产业园	商业（产业基地）	雁塔区丈八街办	①：表土；②：垆土	无	无	雁塔232
	78	武警部队陕西省总队医院病房楼	公共基础建设（医院）	雁塔区大雁塔街办	①：生土	古墓葬2	明	雁塔233
	79	荣禾・曲池东岸	商业（房地产）	雁塔区曲江街办	①：表土层；②：扰土	无	无	雁塔234
	80	曲江东岸A区	商业（房地产）	雁塔区曲江街办	①：表土层；②：扰土	无	无	雁塔235
	81	木塔寺东广场	公共基础建设（公园）	雁塔区丈八街办	无	古墓葬3	唐、宋、明、清	雁塔236
	82	安费诺（西安）产业基地	商业（产业基地）	雁塔区电子城街办	①：表土；②：扰土；③：河床冲积层	无	无	雁塔237
	83	利星行奔驰汽车厂房	商业（厂房）	雁塔区丈八街办	①：表土；②：扰土；③：覆盖层	无	无	雁塔238
	84	木塔寺遗址公园	公共基础建设（公园）	雁塔区丈八街办	①：表土；②：扰土；③：黄土；④：垆土	古遗址6	隋、唐、明、清	雁塔239
	85	紫薇・公园时光	商业（房地产）	雁塔区丈八街办	①：表土；②：扰土；③：古河床土层	无	无	雁塔240
	86	建隆小区（曲江・紫汀苑）	商业（房地产）	雁塔区曲江街办	①：表土；②：扰土	古墓葬35	汉、明	雁塔241
	87	长庆坊	商业（房地产）	雁塔区小寨路街办	①：表土；②：扰土	无	无	雁塔242
	88	陕西省交通集团办公楼	商业（大厦）	雁塔区长延堡街办	无	古墓葬1	唐	雁塔243
	89	曲江东岸B区	商业（房地产）	雁塔区曲江街办	①：表土；②：扰土	无	无	雁塔244
	90	西安绿色家园	商业（房地产）	雁塔区电子城街办	①：生土	无	无	雁塔245
	91	曲江新区廉租房小区	商业（房地产）	雁塔区曲江街办	①：表土；②：扰土	无	无	雁塔246
	92	中海国际社区7#、8#地块（中海・熙岸）	商业（房地产）	雁塔区曲江街办	①：表土；②：扰土；③：次生土层	无	无	雁塔247
	93	神州数码西安科技园	商业（科技园）	雁塔区丈八街办	①：表土；②：垆土	无	无	雁塔248
	94	宝力豪公馆	商业（房地产）	雁塔区丈八街办	①：表土；②：扰土	无	无	雁塔249
	95	钻石半岛（二期）	商业（房地产）	雁塔区长延堡街办	①：生土	无	无	雁塔250
	96	陕西省肿瘤医院科研楼（一期）	公共基础建设（科研楼）	雁塔区小寨路街办	①：表土；②：河床冲积土	无	无	雁塔251
	97	西安市城南客运站	公共基础建设（交通）	雁塔区长延堡街办	①：表土；②：扰土	古墓葬6	秦、汉、唐	雁塔252
	98	时代风尚	商业（房地产）	雁塔区鱼化寨街办	①：生土	无	无	雁塔253
	99	宏庐混凝土公司厂房	商业（厂房）	长安区斗门街办	①：表土；②：冲积土层；③：粗沙层	无	无	长安89
	100	创业孵化集群（北区）	商业（房地产）	长安区韦曲街办	①：表土；②：扰土	古墓葬1	隋	长安90
	101	陕西省核工业地质调查院	公共基础建设（科研楼）	长安区韦曲街办	①：表土；②：扰土；③：汉唐文化层	古墓葬4	唐	长安91
	102	LED半导体照明标准厂房	商业（厂房）	长安区韦曲街办	①：表土；②：扰土	古窑址7	清	长安92

工作时间	序号	项目名称	项目性质	地理位置	地层堆积	主要发现	年代	对应编号
2009	103	联强公司厂房	商业（厂房）	长安区韦曲街办	①：表土；②：扰土	无	无	长安93
	104	东长安街（南福）	公共基础建设（道路）	长安区韦曲街办	①：表土；②：扰土	古墓葬6	唐	长安94
	105	西安602#推力室综合制造厂房	商业（厂房）	长安区韦曲街办	①：表土；②：扰土；③：垆土层	无	无	长安95
	106	恒诺公司厂房	商业（厂房）	长安区郭杜街办	①：表土；②：扰土	无	无	长安96
	107	西部大道至太平峪口一级公路	公共基础建设（道路）	长安区、户县两区县		古遗址1，古墓葬若干	史前、汉、唐	长安97
	108	航天中路东延伸段	公共基础建设（道路）	长安区韦曲街办	①：表土；②：扰土	古墓葬22	汉、南北朝、隋唐、宋	长安98
	109	陕西四方汽车4S店	商业（厂房）	长安区郭杜街办	①：表土；②：扰土	无	无	长安99
	110	大屏幕LED数字视频生产基地	商业（生产楼）	长安区郭杜街办	①：表土；②：扰土	无	无	长安100
	111	东长安街石椁墓	公共基础建设（道路）	长安区韦曲街办	无	古墓葬1	唐	长安101
	112	绿洲半岛	商业（房地产）	长安区韦曲街办	①：表土；②：扰土；③：覆盖层	古墓葬40	汉、隋、唐、明	长安102
	113	大峪供水航天进水管道	公共基础建设（道路）	长安区大兆街办、韦曲街办	①：表土；②：扰土	无	无	长安103
	114	长安121项目（天赐颐府）	商业（产业基地）	长安区韦曲街办	①：表土；②：扰土；③：汉唐文化层	古墓葬25	汉、南北朝、唐、明	长安104
	115	产业园建设A区	商业（产业基地）	长安区韦曲街办	①：表土；②：扰土	古墓葬8	汉、唐	长安105
	116	华商传媒产业基地	商业（产业基地）	长安区郭杜街办	①：表土；②：扰土；③：汉唐文化层	古墓葬97	唐	长安106
	117	摩比公司二期厂房	商业（厂房）	长安区郭杜街办	①：扰土；②：覆盖层	无	无	长安107
	118	阿房宫遗址环境整治	主动调查、勘探和发掘（遗址保护）	长安区王寺街办	A区①：表土；②：扰土层；③：五花夯土层；④：淤土层；⑤：五花夯土层 B区①：表土；②：五花夯土层；③：沙土层 C区①：表土；②：五花夯土层	古遗址1	秦	长安108
	119	第五〇四研究所	公共基础建设（科研楼）	长安区韦曲街办	无	古墓葬5	汉、唐	长安109
	120	西部3S空间信息产业化基地	商业（产业基地）	长安区韦曲街办	①：表土；②：扰土	古墓葬1	明	长安110
	121	金桥·紫禁长安（高速·紫禁长安）	商业（房地产）	长安区韦曲街办	①：表土；②：扰土；③：汉唐文化层	古墓葬1	唐	长安111
	122	东长安街道路（K0+000至K0+820）	公共基础建设（道路）	长安区韦曲街办	①：耕土；②：扰土	无	无	长安112

续表

工作时间	序号	项目名称	项目性质	地理位置	地层堆积	主要发现	年代	对应编号
2009	123	航天基地垃圾压缩站	公共基础建设（垃圾场）	长安区韦曲街办	①：表土；②：扰土；③：汉唐文化层	古墓葬6	隋、唐	长安113
	124	法士特家属区（三期）	商业（生活区）	长安区郭杜街办	①：表土；②：扰土	古窑址3	不详	长安114
	125	长乐中央广场	公共基础建设（广场）	长安区韦曲街办	①：表土；②：回填土	无	无	长安115
	126	星火村城改周家坡建设（锦城四季）	商业（房地产）	灞桥区十里铺街办	①：表土；②：扰土；③：垆土	无	无	灞桥44
	127	纺织企业外迁承接工业园区骨干路网及标准厂房小区	商业（厂房）	灞桥区洪庆街办	①：表土；②：冲积土	无	无	灞桥45
	128	西安荣宝4S店	商业（厂房）	灞桥区红旗街办	①：表土；②：扰土	无	无	灞桥46
	129	香江湾	商业（房地产）	灞桥区席王街办	①：表土	无	无	灞桥47
	130	陕西高速公路养护技术研发综合楼及住宅楼	商业（住宅楼）	灞桥区红旗街办	①：生土	无	无	灞桥48
	131	通达公司厂房	商业（厂房）	灞桥区洪庆街办	①：表土；②：冲积土；③：沙石混合层	无	无	灞桥49
	132	永春家居公司厂房	商业（厂房）	灞桥区洪庆街办	①：表土；②：扰土	无	无	灞桥50
	133	纺织城地区开发建设公司综合楼	商业（综合楼）	灞桥区纺织城街办	①：生土	无	无	灞桥51
	134	电厂东路危房改造	商业（房地产）	灞桥区席王街办	①：生土	无	无	灞桥52
	135	蓝水新城（二组团）	商业（房地产）	蓝田县蓝关街办	①：表土；②：冲击土；③：沙石层	无	无	蓝田48
	136	垣头村被盗古墓	配合公安机关调查（被盗墓）	临潼区任留乡	无	古墓葬1	战国	临潼12
	137	泾渭时代广场	公共基础建设（广场）	高陵县泾渭街办	①：表土；②：扰土	无	无	高陵34
	138	特种材料工业园	商业（工业园）	高陵县泾渭街办	东部①：表土；②：扰土；中西部①：表土；②：扰土；③：淤泥土层；④：沉积土层	古墓葬4；古遗址7；古道路2；古窑址1	战国	高陵35
	139	西安区域管制中心工程（一期）	公共基础建设（办公楼）	户县庞光镇	①：表土；②：扰土	无	无	户县33
	140	大秦寺	主动调查、勘探和发掘（考古发掘）	周至县楼观镇	无	古墓葬3；古窑址2，古遗址1	宋—民国	周至5
2010	1	西城馨苑商住楼	商业（房地产）	未央区三桥街办	①：表土；②：耕土层；③：冲积层	无	无	未央226
	2	草滩八路（尚稷路—尚苑路）	公共基础建设（道路）	未央区六村堡街办	①：表土；②：扰河道沙层	无	无	未央227
	3	铁路北客站拆迁安置（N-1号地）	商业（房地产）	未央区六村堡街办	①：表土；②：冲积土	无	无	未央228

续表

工作时间	序号	项目名称	项目性质	地理位置	地层堆积	主要发现	年代	对应编号
2010	4	怡鼎苑小区	商业（房地产）	未央区徐家湾街办	①：耕土；②：扰土；③：次生土层	古墓葬6	秦、汉、唐	未央229
	5	草滩九路	公共基础建设（道路）	未央区六村堡街办	①：表土；②：河道沙层	无	无	未央230
	6	文景小区西区西侧	商业（房地产）	未央区汉城街办	①：表土；②：扰土；③：冲积土	无	无	未央231
	7	西航厂310厂房	商业（厂房）	未央区徐家湾街办	①：表土；②：扰土	无	无	未央232
	8	长庆石油勘探局管道西安基地临街住房	公共基础建设（家属楼）	未央区大明宫街办	①：表土；②：扰土；③：次生土层	古墓葬10	秦、汉、唐	未央233
	9	新建102#计量档案信息中心	商业（厂房）	未央区徐家湾街办	①：表土层；②：扰土	无	无	未央234
	10	西安市第三医院	公共基础建设（医院）	未央区大明宫街办	①：表土；②：扰土	古墓葬10	汉	未央235
	11	人民日报社西安印务中心生活配套	公共基础建设（报社）	未央区六村堡街办	①：表土；②：冲积土③：沙土	无	无	未央236
	12	宏丰佳苑	商业（房地产）	未央区未央宫街办	①：表土；②：垆土	古墓葬31	秦、汉	未央237
	13	凤城九号	商业（房地产）	未央区徐家湾街办	①：表土；②：扰土；③：次生土层	古墓葬30	秦、汉、隋、唐	未央238
	14	EE新城、北经城	商业（房地产）	未央区张家堡街办	①：表土；②：垆土	无	无	未央239
	15	陕西警官职业学院新校区	公共基础建设（学校）	未央区草滩街办	①：表土；②：沙层	无	无	未央240
	16	公园壹品	商业（房地产）	未央区大明宫街办	①：表土；②：扰土	古墓葬14	汉、北周	未央241
	17	天锐汽车4S店（一期）	商业（企业扩建）	未央区六村堡街办	①：表土；②：扰土；③：沙土层	灰坑5	汉	未央242
	18	渭河水量调度中心	公共基础建设（水利）	未央区汉城街办	①：表土；②：冲积土	无	无	未央243
	19	正尚·盛世家和	商业（房地产）	未央区谭家街办	①：表土；②：扰土	古墓葬6	汉	未央244
	20	金鹰公司厂房	商业（厂房）	未央区六村堡街办	①：表土；②：沙土	无	无	未央245
	21	中建·开元壹号（一期）	商业（房地产）	未央区大明宫街办	①：表土；②：扰土	古墓葬14	秦、汉	未央246
	22	残疾儿童综合服务中心	公共基础建设（福利院）	未央区辛家庙街办	①：表土；②：扰土	无	无	未央247
	23	西航厂604号动力站	商业（厂房）	未央区徐家湾街办	①：表土；②：扰土	无	无	未央248
	24	西航厂604a号动力站	商业（厂房）	未央区徐家湾街办	①：表土；②：扰土	无	无	未央249
	25	新行政中心特勤消防站	公共基础建设（特勤消防站）	未央区徐家湾街办	①：表土；②：耕土层；③：河床淤积土层	无	无	未央250
	26	百姓厨房公司园区建设	商业（企业扩建）	未央区六村堡街办	①：表土；②：细沙层；③：粗沙层	无	无	未央251
	27	紫薇风尚三期（1#、2#、3#、5#地块）	商业（房地产）	未央区张家堡街办	①：表土；②：黑垆土	无	无	未央252

续表

工作时间	序号	项目名称	项目性质	地理位置	地层堆积	主要发现	年代	对应编号
2010	28	西航供应处新建库房（502号金属材料库、503号综合物资库、504号气体库）	商业（厂房）	未央区徐家湾街办	①：表土；②：扰土	无	无	未央253
	29	西航厂新建6D号试车厂房	商业（厂房）	未央区徐家湾街办	①：表土；②：扰土	无	无	未央254
	30	明光路派出所办公楼	公共基础建设（公安）	未央区汉城街办	①：表土；②：扰土；③：冲积土	无	无	未央255
	31	凤鸣华府（二期）	商业（房地产）	未央区大明宫街办	①：表土；②：扰土；③：垆土	无	无	未央256
	32	浮沱锦绣安置楼（南区）	商业（房地产）	未央区谭家街办	①：表土；②：扰土	古窑址1	汉	未央257
	33	尚航路（K0+025—K0+620）	公共基础建设（道路）	未央区六村堡街办	①：表土；②：近现代堆积层；③：水浸土层；④：沙层	无	无	未央258
	34	台北湾（三期）	商业（房地产）	未央区未央宫街办	①：表土；②：扰土	无	无	未央259
	35	旺景国际	商业（房地产）	未央区张家堡街办	①：回填土；②：建筑垃圾	无	无	未央260
	36	青东村改造	商业（房地产）	未央区汉城街办	①：表土；②：古河床冲积层	无	无	未央261
	37	汉城公共服务中心	公共基础建设（服务中心）	未央区汉城街办	①：表土；②：扰土	无	无	未央262
	38	西三环加油站	商业（加油站）	未央区六村堡街办	①：表土；②：扰土；③：水浸土层	无	无	未央263
	39	翡麗城	商业（房地产）	莲湖区土门街办	①：表土；②：扰土	无	无	莲湖65
	40	丰庆公园管理处职工住宅楼	商业（房地产）	莲湖区西关街办	①：表土；②：扰土	无	无	莲湖66
	41	杨家围墙城中村改造1#地块	商业（房地产）	莲湖区枣园街办	①：表土；②：扰土	古墓葬12	唐	莲湖67
	42	远东二中教学综合楼	公共基础建设（学校）	莲湖区枣园街办	①：表土；②：扰土	古墓葬3	汉	莲湖68
	43	融锦·尚都	商业（房地产）	莲湖区红庙坡街办	西半部①：表土；②：扰土；③：垆土 东半部①：表土；②：扰土；③：垆土	无	无	莲湖69
	44	西仪集团103住宅小区	商业（家属楼改造）	莲湖区环城西路街办	①：表土；②：扰土	无	无	莲湖70
	45	东尚观湖二期（1#、2#楼及停车场）	商业（房地产）	莲湖区枣园街办	①：表土；②：扰土	无	无	莲湖71
	46	万达·希尔顿酒店	商业（酒店）	新城区中山门街办	①：表土；②：扰土	无	无	新城41
	47	东安花园	商业（房地产）	新城区太华路街办	①：表土；②：扰土	无	无	新城42
	48	八府庄园安置小区	商业（房地产）	新城区太华路街办	①：表土；②：扰土	无	无	新城43
	49	五一九专项工程20#建筑物	商业（房地产）	新城区长乐中路街办	①：表土；②：扰土	无	无	新城44

工作时间	序号	项目名称	项目性质	地理位置	地层堆积	主要发现	年代	对应编号
2010	50	华清路职工住宅小区	商业（房地产）	新城区胡家庙街办	①：表土；②：扰土	古墓葬8	东汉、元	新城45
	51	帝景湾	商业（房地产）	新城区太华路街办	①：表土；②：扰土	无	无	新城46
	52	昆仑厂十六街坊经济适用房	商业（厂房）	新城区长乐中路街办	①：表土；②：次生土层	古墓葬1	不详	新城47
	53	风景公司交通运输住宅楼	商业（房地产）	新城区太华路街办	①：表土；②：扰土	无	无	新城48
	54	藻露堂公司仓库及办公用房	商业（企业扩建）	新城区长乐中路街办	①：表土；②：扰土	无	无	新城49
	55	龙苑新世纪	商业（房地产）	新城区太华路街办	①：表土；②：扰土	无	无	新城50
	56	含元路住宅小区	商业（房地产）	新城区太华路街办	①：表土；②：扰土	无	无	新城51
	57	东安·明朗苑	商业（房地产）	新城区太华路街办	①：表土；②：扰土	古墓葬1	汉	新城52
	58	西安铁路局南郊43栋旧楼改造	商业（房地产）	碑林区太乙路街办	①：表土；②：垆土	无	无	碑林42
	59	煤炭研究院新6#高层	公共基础建设（家属楼）	碑林区文艺路街办	①：表土；②：扰土；③：垆土	无	无	碑林43
	60	朱雀大街南段道路延伸工程	公共基础建设（道路）	碑林区张家村街办	A段①：表土；②：扰土；③：次生土层 B段①：表土；②：扰土；③：次生土层	古墓葬13	秦、汉、唐	碑林44
	61	西安铁路局南郊43栋旧楼改造地下车库	商业（房地产）	碑林区太乙路街办	①：表土；②：垆土	无	无	碑林45
	62	西安理工大学教学实验大楼	公共基础建设（学校）	碑林区东关南街街办	①：表土；②：扰土	无	无	碑林46
	63	陕西省人民医院住院楼	公共基础建设（医院）	碑林区张家村街办	①：表土；②：扰土	无	无	碑林47
	64	西安交通大学东区西食堂	公共基础建设（学校）	碑林区太乙路街办	①：生土	无	无	碑林48
	65	凯跃哈佛	商业（房地产）	碑林区太乙路街办	①：生土	无	无	碑林49
	66	尊域（二期）	商业（房地产）	碑林区张家村街办	①：生土	无	无	碑林50
	67	长乐园艺花卉博览园	商业（博览园）	新城区长乐中路街办	①：表土；②：扰土	无	无	碑林51
	68	青龙寺	主动调查、勘探和发掘（考古发掘）	雁塔区大雁塔街办	无	古墓葬1	元	雁塔254
	69	朱雀花园（一期）	商业（房地产）	雁塔区长延堡街办	①：扰土；②：扰次生土	无	无	雁塔255
	70	东尚蜂鸟	商业（房地产）	雁塔区丈八街办	①：表土；②：扰土	无	无	雁塔256
	71	中铁铂丰公司YT2—99—18	商业（房地产）	雁塔区长延堡街办	①：表土；②：扰土；③：次生土层	无	无	雁塔257
	72	曲江·零邑	商业（房地产）	雁塔区曲江街办	①：表土；②：扰土	古墓葬2；古窑址3	唐	雁塔258
	73	曲江·明亮家园	商业（房地产）	雁塔区曲江街办	①：表土；②：扰土	古墓葬20	汉	雁塔259
	74	第三十九研究所科研二区（二期）	公共基础建设（科研楼）	雁塔区丈八街办	①：表土；②：新近沉积性黏土层	无	无	雁塔260

工作时间	序号	项目名称	项目性质	地理位置	地层堆积	主要发现	年代	对应编号
2010	75	金地湖城大境（5、6号地块）	商业（房地产）	雁塔区曲江街办	①：表土；②：扰土	古墓葬21	汉、唐	雁塔261
	76	万科·曲江传奇	商业（房地产）	雁塔区曲江街办	①：表土；②：扰土	古墓葬1；古窑址2	汉	雁塔262
	77	曲江池中路（寒窑路）东延伸段	公共基础建设（道路）	雁塔区曲江街办	①：表土；②：扰土	无	无	雁塔263
	78	博源科技广场	公共基础建设（广场）	雁塔区曲江街办	①：表土；②：扰土；③：垆土	古墓葬1	汉	雁塔264
	79	省军区军人服务A区商业楼	商业（商业楼）	雁塔区小寨路街办	①：生土	无	无	雁塔265
	80	第四安置小区（丈八家园）	商业（房地产）	雁塔区丈八街办	①：垃圾层；②：扰土	无	无	雁塔266
	81	杜陵邑广场	配合基建发掘	雁塔区曲江街办	无	古墓葬1	唐	雁塔267
	82	曲江新区（N8-5#、N8-6#）地块	商业（房地产）	雁塔区曲江街办	①：表土；②：扰土；③：黑垆土	无	无	雁塔268
	83	西安华侨城一期（华侨城·108坊）	商业（房地产）	雁塔区曲江街办	①：表土；②：扰土	无	无	雁塔269
	84	枫林意树12、13、23—26住宅及办公用地	商业（房地产）	雁塔区丈八街办	①：表土；②：扰土	无	无	雁塔270
	85	西电高压开关研发基地	商业（厂房）	雁塔区丈八街办	北部①：表土；②：扰土 南部①：表土；②：河床冲积层；③：沙层	无	无	雁塔271
	86	研祥公司研发中心	商业（研发楼）	雁塔区丈八街办	①：表土；②：耕土；③：河床沉积层；④：河床淤积层	无	无	雁塔272
	87	华城泊郡	商业（房地产）	雁塔区长延堡街办	①：表土；②：扰土	无	无	雁塔273
	88	旺都	商业（房地产）	雁塔区丈八街办	①：表土；②：河床土层	无	无	雁塔274
	89	曲江公馆和园	配合基建发掘	雁塔区曲江街办	无	古墓葬15	汉	雁塔275
	90	亨特公司新厂房	商业（厂房）	雁塔区丈八街办	北部①：表土；②：冲积层 南部①：表土；②：扰土	无	无	雁塔276
	91	紫薇·曲江意境	商业（房地产）	雁塔区曲江街办	Ⅰ区①：表土；②：扰土 Ⅱ区①：表土；②：扰土	古墓葬40	秦、汉、隋、唐	雁塔277
	92	东仪路延伸工程	公共基础建设（道路）	雁塔区长延堡街办	A段（西部大道向北） ①：表土；②：扰土；③：次生土层 B段（雁环路以南） ①：表土层；②：扰土；③：次生土层 C段（雁环路以北至南三环以南）①：表土；②：扰土	古墓葬1	汉	雁塔278

工作时间	序号	项目名称	项目性质	地理位置	地层堆积	主要发现	年代	对应编号
2010	93	美寓华庭（二期）	商业（房地产）	雁塔区丈八街办	①：表土；②：扰土；③：河道冲积土	无	无	雁塔279
	94	祥和花园（二期）（祥和雅居）	商业（房地产）	雁塔区小寨路街办	①：表土；②：古河床淤积土	无	无	雁塔280
	95	九鼎城	商业（房地产）	雁塔区丈八街办	①：表土；②：生土	无	无	雁塔281
	96	拓锐国际	商业（房地产）	雁塔区长延堡街办	①：表土；②：次生土	古墓葬3	唐	雁塔282
	97	曲江·玫瑰园	商业（房地产）	雁塔区曲江街办	①：回填土	无	无	雁塔283
	98	西京电气总公司52#、53#住宅楼、地下车库	商业（厂房）	雁塔区电子城街办	①：表土；②：古河床冲积土	无	无	雁塔284
	99	汇博林	商业（房地产）	雁塔区曲江街办	①：表土；②：扰土；③：垆土	古墓葬5	汉、唐、明	雁塔285
	100	黄渠头安置小区（金波园小区）	商业（房地产）	雁塔区曲江街办	①：表土；②：淤积层	无	无	雁塔286
	101	神舟大道（北段）	公共基础建设（道路）	雁塔区曲江街办	①：表土；②：黑垆土	古墓葬17	汉、唐	雁塔287
	102	逸海商购空间	商业（房地产）	雁塔区曲江街办	①：表土；②：扰土	无	无	雁塔288
	103	湖城大境8#地块	商业（房地产）	雁塔区曲江街办	①：表土；②：扰土；③：黑垆土	古墓葬42	汉	雁塔289
	104	木塔寨安置	商业（房地产）	雁塔区丈八街办	①：生土	无	无	雁塔290
	105	香榭兰廷	商业（房地产）	雁塔区丈八街办	①：表土；②：淤泥土；③：沙层	无	无	雁塔291
	106	金地曲江南湖1#地块（补探）	商业（房地产）	雁塔区曲江街办	①：扰土；②：生土	古墓葬6	汉	雁塔292
	107	金水园小区（二期）	商业（房地产）	雁塔区曲江街办	①：表土；②：扰土	古墓葬1	汉	雁塔293
	108	湖城大境14#地块	商业（房地产）	雁塔区曲江街办	①：表土；②：扰土	无	无	雁塔294
	109	湖城大境酒店	商业（房地产）	雁塔区曲江街办	①：表土；②：扰土	无	无	雁塔295
	110	炬火公司产业基地	商业（产业基地）	雁塔区丈八街办	①：表土；②：耕土；③：扰土	无	无	雁塔296
	111	西安外事学院南校区二期规划用地教学楼公寓楼	公共基础建设（学校）	雁塔区鱼化寨街办	①：耕土；②：扰土；③：垆土	古墓葬2	明、清	雁塔297
	112	青龙寺日式料理项目	商业（饮食店）	雁塔区大雁塔街办	无	古井16	唐	雁塔298
	113	雁塔南路（皇子坡段）	公共基础建设（道路）	长安区韦曲街办	①：耕土；②：扰土；③：垆土	古墓葬8，古窑址1	北朝、唐、宋	长安116
	114	航天中路	公共基础建设（道路）	长安区韦曲街办	①：表土；②：扰土	古墓葬1	唐	长安117
	115	西航162锻造厂房	商业（厂房）	长安区韦曲街办	①：表土；②：扰土	无	无	长安118
	116	航天基地七一〇三厂601#钎焊厂房	商业（厂房）	长安区韦曲街办	①：表土；②：扰土	古墓葬19	南北朝、唐	长安119
	117	西航厂锅炉房及配套设施	商业（锅炉房建设）	长安区韦曲街办	①：表土；②：扰土	古墓葬2	隋、唐	长安120

续表

工作时间	序号	项目名称	项目性质	地理位置	地层堆积	主要发现	年代	对应编号
2010	118	盛名苑（高新·未未来）	商业（房地产）	长安区郭杜街办	①：表土；②：扰土；③：黑垆土	无	无	长安121
	119	万科·常春藤	商业（房地产）	长安区郭杜街办	无	古墓葬26	汉、唐	长安122
	120	服务外包产业园	商业（房地产）	长安区韦曲街办	①：表土；②：扰土；③：垆土	古墓葬34	汉—明	长安123
	121	金宇蓝苑	商业（房地产）	长安区郭杜街办	①：表土；②：垆土	无	无	长安124
	122	乘用车物流中心	商业（建设物流中心）	长安区郭杜街办	①：表土；②：扰土；③：垆土	无	无	长安125
	123	西安市结核病医院迁建工程生活区	公共基础建设（医院）	长安区韦曲街办	①：耕土；②：扰土	无	无	长安126
	124	朝光置业房地产项目	商业（房地产）	长安区韦曲街办	①：表土；②：扰土；③：次生土层	古墓葬38	汉、隋、唐	长安127
	125	卡布奇诺国际社区	商业（房地产）	长安区韦曲街办	①：表土；②：扰土；③：次生土层	古墓葬5	战国、唐	长安128
	126	枣园新村	商业（房地产）	长安区韦曲街办	①：表土；②：扰土	无	无	长安129
	127	西航607#精密机械加工综合厂房	商业（厂房）	长安区韦曲街办	①：扰土；②：垆土	无	无	长安130
	128	乳家庄宋代砖雕墓	公共基础建设（道路）	长安区郭杜街办	无	古墓葬1	宋	长安131
	129	山水悦庭	商业（房地产）	长安区韦曲街办	①：表土；②：扰土；③：沙石	无	无	长安132
	130	航天南路	公共基础建设（道路）	长安区韦曲街办	①：表土；②：扰土；③：垆土	古墓葬21	汉—清	长安133
	131	西京学院（南区）	公共基础建设（学校）	长安区韦曲街办	无	古墓葬8	汉、唐	长安134
	132	保时捷4S店	商业（房地产）	长安区韦曲街办	①：表土；②：垆土	古墓葬2	宋	长安135
	133	海升果业总部及研发中心	商业（企业扩建）	长安区韦曲街办	①：表土；②：扰土	无	无	长安136
	134	东长安街道路（K1+640—K2+065）	公共基础建设（道路）	长安区韦曲街办	①：耕土；②：扰土；③：垆土	无	无	长安137
	135	神舟六路	公共基础建设（道路）	长安区韦曲街办	①：耕土；②：黑垆土；③：生土	古墓葬11	唐	长安138
	136	航天住宅小区	商业（房地产）	长安区韦曲街办	无	古墓葬20	汉—明	长安139
	137	阿房宫遗址保护设施建设（陈列展厅和管理用房部分）	主动调查、勘探和发掘（遗址保护）	长安区王寺街办	①：表土；②：扰土	无	无	长安140
	138	阿房宫遗址保护设施建设（前殿遗址防护围栏及沙石路部分）	主动调查、勘探和发掘（遗址保护）	长安区王寺街办	①：表土；②：扰土；③：夯土	古墓葬1	唐	长安141
	139	神光·蓝宝石单晶片生产基地（补探）	商业（企业扩建）	长安区韦曲街办	①：土层；②：黑垆土	古墓葬30	汉、北朝、唐	长安142

工作时间	序号	项目名称	项目性质	地理位置	地层堆积	主要发现	年代	对应编号
2010	140	信泰公司厂房及动力站	商业（厂房）	长安区郭杜街办	①：表土；②：生土	古墓葬2	唐	长安143
	141	沣镐遗址考古勘探（曹家村以北、马王镇以南区域）	主动调查、勘探和发掘（考古调查、勘探）	长安区马王街办	Ⅰ区①：耕土；②：扰土；③：古代文化层；④：冲积层 Ⅱ区①：耕土；②：扰土；③：冲积层 Ⅲ区①：耕土；②：扰土层 Ⅳ区①：耕土；②：扰土；③：古代文化层 Ⅴ区①：耕土；②：扰土；③：古代文化层 Ⅵ区①：耕土；②：扰土；③：黑垆土	古墓葬6，灰坑30，古沟1	西周	长安144
	142	商洛地区粮食局驻西安中转站职工住宅楼	公共基础建设（家属楼）	灞桥区洪庆街办	①：表土；②：冲积土	无	无	灞桥53
	143	西安华南城一期（424#地）	商业（物流中心）	灞桥区新筑街办	①：表土；②：扰土；③：古河床淤积土层	无	无	灞桥54
	144	长乐坡住宅小区	商业（房地产）	灞桥区十里铺街办	①：表土层；②：冲积土；③：沙土	古墓葬2	唐	灞桥55
	145	新寺遗址考古勘探（西安华南城考古工地）	商业（物流中心）	灞桥区新筑街办	Ⅰ区①：耕土 Ⅱ区①：表土；②：汉代文化层 Ⅲ区①：表土；②：扰土；③：汉代文化层 Ⅳ区①：表土；②：扰土；③：汉代文化层 Ⅴ-1区①：表土；②：扰土 Ⅴ-2区①：表土；②：扰土 Ⅴ-3区①：表土；②：扰土；③：汉代文化层	古遗址1	汉	灞桥56
	146	风力发电设备生产基地	商业（厂房）	灞桥区红旗街办	①：表土；②：扰土	无	无	灞桥57
	147	西北大区物流中心（一期）	商业（企业扩建）	灞桥区新筑街办	①：表土；②：扰土；③：垆土	古墓葬1	汉	灞桥58
	148	中国航天科技集团第四研究院、第四十三研究所、航天四院四十三所四号工程（二期）	公共基础建设（科研楼）	灞桥区洪庆街办	A区①：杂土；②：扰土 B区①：表土；②：扰土	无	无	灞桥59
	149	德蓝公司厂房	商业（厂房）	灞桥区洪庆街办	①：冲积层；②：沙层	无	无	灞桥60
	150	泵阀总厂厂房	商业（厂房）	灞桥区洪庆街办	①：沙层	无	无	灞桥61

续表

工作时间	序号	项目名称	项目性质	地理位置	地层堆积	主要发现	年代	对应编号
2010	151	官厅供销合作社改造营业设施及职工安置房	商业（房地产）	灞桥区席王街办	①：表土；②：扰土；③：沙土	无	无	灞桥62
	152	米家崖廉租房（一、二期）	商业（廉租房）	灞桥区十里铺街办	无	灰坑99，陶窑9，房基址8，沟2	史前	灞桥63
	153	压锭改造、产能升级、搬迁入园建设	商业（企业扩建）	灞桥区洪庆街办	①：表土；②：淤积层	无	无	灞桥64
	154	枫林九溪A块地	商业（房地产）	灞桥区新筑街办	①：表土；②：细沙	无	无	灞桥65
	155	枫林九溪B、C块地	商业（房地产）	灞桥区新筑街办	①：表土；②：细沙	无	无	灞桥66
	156	巴黎大厦	商业（房地产）	灞桥区十里铺街办	①：表土；②：扰土	古墓葬1	唐	灞桥67
	157	中国银行集团客户服务中心	商业（企业扩建）	灞桥区席王街办	①：表土；②：扰土；③：沙土	无	无	灞桥68
	158	纺厦兴苑	商业（房地产）	灞桥区纺织城街办	①：表土	古墓葬14	汉、唐	灞桥69
	159	蓝水新城（三组团）	商业（房地产）	蓝田县蓝关街办	①：表土；②：原始古河道冲积层；③：沙石	无	无	蓝田49
	160	芷阳四路	公共基础建设（道路）	临潼区斜口街办	①：表土；②：扰土；③：山洪冲击土	无	无	临潼13
	161	群星莱骊（三期）	商业（房地产）	临潼区骊山街办	①：表土；②：扰土；③：原始古河道冲积层；④：沙石	无	无	临潼14
	162	芷阳二路（西临高速—骊山大道）	公共基础建设（道路）	临潼区斜口街办	①：表土；②：扰土	无	无	临潼15
	163	贾蔡村佛窟遗址	配合基建发掘	高陵县张卜乡	无	古遗址1	唐	高陵36
	164	110KV榆楚变电站工程	公共基础建设（电力）	高陵县崇皇街办	①：表土；②：次生土	古道路1	不详	高陵37
	165	碧水蓝庭（二期）	商业（房地产）	阎良区振兴街办	①：耕土；②：扰土；③：次生土层	无	无	阎良4
	166	城乡生活垃圾资源化处理	公共基础建设（垃圾场）	阎良区凤凰街办	①：表土；②：扰土	古墓葬24	汉、唐	阎良5
	167	西安医学高等专科学校户县新校区扩建（一期）	公共基础建设（学校）	户县秦渡镇	①：表土；②：垆土	无	无	户县34
	168	楼观财神文化区一期（庙区）	商业（旅游开发）	周至县楼观镇	①：表土；②：冲积；③：沙石	无	无	周至6

附表二　2000—2010年编年各时代汇总

（一）西安市范围内新石器时代遗迹分布表

序号	项目名称	项目地点	工作时间	工作人员	遗址/墓葬情况简述	时代	所在水系	对应编号
1	西安外事学院北校区（鱼化寨遗址）	西安外事学院北校区内西北部	2002年10月—2004年12月	尚民杰、张翔宇、郭永淇、翟霖林	共发掘仰韶时期遗址面积2800平方米	仰韶时期	皂河流域	雁塔30
2	曲江南湖（南湖一号）	北邻南湖北路，西邻上林苑路	2006年4—11月	袁长江、张小丽	史前遗址7000平方米	史前时期	曲江池沿岸	雁塔114
3	东南三环C6标段（马腾空遗址）	马腾空村北	2006年8—10月	袁长江、张小丽、翟霖林	遗址面积2000平方米	史前时期	浐河流域	雁塔140
4	优胜美地	秦岭北麓，东邻下河堰村	2006年4月12—25日	孙武、王纪元	灰坑2处	史前时期	太平河流域	户县32
5	西部大道至太平峪口一级公路（五楼遗址）	北张堡村西、北部，沣河东岸约200米的台地上	2009年9月—2010年5月	张小丽、翟霖林	仰韶—龙山时期灰坑92座	仰韶—龙山时期	沣河流域	长安97
6	米家崖廉租房（一、二期）	米家崖村南	2010年10月—2011年9月	张翔宇	龙山时期遗址3700平方米	龙山时期	浐灞河流域	灞桥63

（二）西安市范围内西周、春秋战国遗迹分布表

序号	项目名称	项目地点	工作时间	工作人员	遗址/墓葬情况简述	时代	所在水系/区域	对应编号
1	第二长途通信大楼	东邻未央路，北邻凤城四路	1996年8月	程林泉等	战国墓数座	战国	龙首原墓葬区	未央3
2	西安中药厂区	北邻凤城三路，西邻明光路，南邻凤和路	2001年4月	袁长江等	战国墓数座	战国	龙首原墓葬区	未央10
3	北二环东延线（C18a标段—安邸立交）	起点于东、北二环终于安邸村	2005年7月	张翔宇、张小丽	战国墓2座	战国	龙首原墓葬区、浐河东岸	未央85
4	地铁二号线（北客站—长延堡）	以钟楼为中心，南北贯通。北起北客站，南至长安区长延堡	2006年9月5日—2009年2月8日	倪志俊、李乖成	战国墓数座	战国	龙首原墓葬区-凤栖原墓葬区	未央109
5	上林苑遗址六号建筑	位于阿房宫前殿遗址东北2000米处	2007年3月	李毓芳、孙福喜、王自力、张建锋	六号建筑遗址	战国	上林苑遗址区	未央120
6	西咸路北侧第21号储备地	未央区三桥街办，店子村附近	2007年10月21日—12月14日	王自力、邹亚军	战国墓7座	战国	皂河流域	未央146
7	世家星城（二期）	位于雁塔区长延堡街办。长安西路与东仪路十字西北角	2003年2月6日—3月15日	孙武	战国墓数座	战国	皂河流域	雁塔36
8	万城商物业丈八北路	位于雁塔区丈八路街办。东北邻响堂村	2003年3月14日—4月16日	程林泉	战国墓数座	战国	皂河流域	雁塔40
9	乐乐防盗门厂房	雁塔区鱼化寨街办	2003年5月3—10日	孙福喜等	战国墓1座	战国	皂河流域	雁塔42

续表

序号	项目名称	项目地点	工作时间	工作人员	遗址/墓葬情况简述	时代	所在水系/区域	对应编号
10	雁南五路西段	雁塔区长延堡街办	2003年9月25日—10月28日	倪志俊、刘社利	战国墓1座	战国	皂河流域	雁塔50
11	二〇五所住宅楼（三期）	雁塔区电子城街办	2004年1月3—10日	孙福喜、赵亚军	战国墓4座	战国	凤栖原墓葬区	雁塔62
12	西安市司法局劳教所干警住宅楼（一期）（司法小区）	雁塔区长延堡街办	2004年5月9—18日	孙福喜、王自力、邹亚军	战国墓25座	战国		雁塔72
13	西安邮电学院长安校区	长安区郭杜街办	2001年7月	王久刚	战国墓100余座	战国	毕原墓葬区	长安5
14	西北政法大学新校区	长安区郭杜街办	2002年4月	后晓荣、孙福喜	战国墓数座	战国	毕原墓葬区	长安10
15	西柞路	长安区杜曲街办	2004年10月	张翔宇、王久刚	战国墓数座	战国	少陵原墓葬区	长安23
16	上林苑遗址三号建筑及五号建筑排水管道遗迹	阿房宫村南、赵家堡村东北	2005年12月—2006年12月	李毓芳、孙福喜、王自力、张建锋等	三号建筑遗址；五号建筑遗址	战国	上林苑遗址区	长安43
17	西部大道（西沣公路-朱雀大街）	长安区郭杜街办	2008年4—7月	倪志俊、王纪元	战国墓28座	战国	毕原墓葬区	长安76
18	西部大道至太平峪口一级公路	起点位于西高新，路线穿过长安区、户县两区县，其中长安区境内16.92千米，户县境内4.707千米	2009年7月2日—2010年6月2日	倪志俊、李乖成	西周时期灰坑数座	西周	沣河流域	长安97
19	卡布奇诺国际社区	长安区韦曲街办，航天大道与规划路东北角	2010年7月11—31日	张小丽、郭永淇	战国墓数座	战国	凤栖原墓葬群	长安128
20	沣镐遗址考古勘探（曹家村以北、马王镇以南区域）	长安区斗门街办	2010年12月28日—2011年1月23日	杨军凯、刘天运	西周墓6座，灰坑30处，古沟1条	西周	沣镐遗址区	长安144
21	关中环线（水北村土场）	阎良区新兴镇	2005年4月	张达宏	战国墓葬29座	战国		阎良1
22	新丰镇编组站改	临潼区新丰街办、秦陵街办	2007年4—8月	王久刚、郭永淇	战国墓900余座	战国	秦陵墓葬区	临潼5
23	垣头村被盗古墓	临潼区任留乡。垣头村西300米	2009年12月—2010年1月	杨军凯、郭永淇	战国墓1座	战国	渭河流域	临潼12
24	特种材料工业园	高陵县泾渭街办	2009年11月6日—12月6日	倪志俊、徐西平	战国墓葬44座	战国	渭河流域	高陵35

（三）西安市范围内秦汉遗迹分布表

序号	项目名称	项目地点	工作时间	工作人员	遗址/墓葬情况简述	时代	所在水系/区域	对应编号
1	方新村社区	未央区张家堡街办	1992年7月	程林泉、倪志俊、杨军凯	汉墓6座	汉	龙首原墓葬区	未央1
2	二府庄社区	未央区张家堡街办	1992年11月	程林泉、倪志俊、杨军凯	汉墓8座	汉	龙首原墓葬区	未央2
3	第二长途通信大楼	未央区张家堡街办	1996年8月	程林泉等	秦汉墓葬数座	秦汉	龙首原墓葬区	未央3
4	雅荷城市花园	未央区张家堡街办	1999—2000年	程林泉等	汉墓202座	汉	龙首原墓葬区	未央4
5	长安医院	未央区张家堡街办	2000—2003年	程林泉	秦汉墓葬300余座	秦汉	龙首原墓葬区	未央6
6	雅荷智能花园	未央区大明宫街办	2000年2月	程林泉等	汉墓11座	汉	龙首原墓葬区	未央7
7	荣海花园	未央区张家堡街办	2000年5月	程林泉等	汉墓3座	汉	龙首原墓葬区	未央8
8	大洋乳胶厂房	未央区汉城街办	2001年3月	王自力等	汉墓3座	汉	龙首原墓葬区	未央9
9	西安中药厂区	未央区张家堡街办	2001年4月	袁长江等	汉墓23座	汉	龙首原墓葬区	未央10
10	华贸经贸中心	未央区张家堡街办	2001年10月	王光天、徐西平、赵亚军	古井10口	汉	龙首原墓葬区	未央11
11	经发大厦	未央区张家堡街办	2001年10月	王光天、陈宏汕	汉墓2座	汉	龙首原墓葬区	未央12
12	中新电力大厦	未央区张家堡街办	2001年11月	程林泉、袁长江	汉墓13座	汉	龙首原墓葬区	未央14
13	文景花园	未央区未央宫街办	2001年11月	王光天、徐西平	汉墓11座	汉	龙首原墓葬区	未央15
14	心家园小区	未央区张家堡街办	2002年6月	王光天、杜宝生	古墓葬3座，古井7口	秦汉	龙首原墓葬区	未央19
15	佳馨花园	未央区大明宫街办	2002年8月	孙武、张小丽	汉墓89座	汉	龙首原墓葬区	未央21
16	高架快速干道（K0+000—K4+000）	未央区三桥街办	2002年12月	王选羊	汉墓5座	汉	汉长安城遗址范围	未央22
17	星火公司办公大楼	未央区大明宫街办	2003年	袁长江	汉墓1座	汉	龙首原墓葬区	未央23
18	移动电话大楼	未央区大明宫街办	2003年3月	程林泉	秦汉墓葬11座	秦汉	龙首原墓葬区	未央24
19	环宇工贸厂房	未央区未央宫街办	2003年3月	程林泉	秦汉墓葬3座	秦汉	龙首原墓葬区	未央25
20	市中级人民法院新征地	未央区大明宫街办	2003年6月	杨军凯、冯健等	汉墓3座	汉	龙首原墓葬区	未央28
21	张家堡广场小区	未央区张家堡街办	2003年6月	程林泉等	古墓葬59座	秦汉	龙首原墓葬区	未央29
22	福达北京现代4S店	未央区汉城街办	2003年6月	孙福喜	汉墓1座	汉	龙首原墓葬区	未央30
23	百花村姑娘楼（一期）	未央区谭家街办	2003年10月	袁长江、徐西平	汉墓3座	汉	龙首原墓葬区	未央32
24	新房村改造（湖畔家园）	未央区辛家庙街办	2003年10月	袁长江、邹亚军	汉墓5座	汉	浐河西岸	未央33
25	中顺家园（金仕华城，一期）	未央区未央宫街办	2004年2月	袁长江、陈宏汕	汉墓10余座	汉	龙首原墓葬区	未央40
26	东湖路（K0+0.56—K1+370）（浐灞大道）	未央区辛家庙街办	2004年2月	袁长江、侯计宽	秦汉墓12座	秦汉	浐河西岸	未央42
27	新房村改造（二期）	未央区辛家庙街办	2004年3月	袁长江、邹亚军	汉墓1座	汉	浐河西岸	未央43
28	皂河中游治理工程（三桥—雁长交界）	未央区三桥街办	2004年3月	王自力、刘军利	汉墓2座	汉	龙首原墓葬区、高阳原墓葬区	未央44
29	未央大学园后勤服务设施建设（一期）	未央区草滩街办	2004年3月	袁长江等	汉墓6座	汉	渭河南岸	未央45

续表

序号	项目名称	项目地点	工作时间	工作人员	遗址/墓葬情况简述	时代	所在水系/区域	对应编号
30	红旗东路（太华路—河滨路）	未央区徐家湾街办起点于徐家湾街办，终于灞河西岸的河滨路	2004年3月	袁长江、王建生	汉墓11座	汉	龙首原墓葬区、浐河西岸	未央47
31	西航家园	未央区徐家湾街办	2004年3月	袁长江	汉墓23座	汉	龙首原墓葬区	未央48
32	曼车4分店	未央区张家堡街办	2004年4月	李乖成	汉墓7座、古窑址3处	汉	龙首原墓葬区	未央51
33	锦园·长安坊间（锦园·新世纪）	未央区大明宫街办	2004年4月	孙武、段增运	汉墓6座	汉	龙首原墓葬区	未央52
34	中顺家园（金仕华城，二期）	未央区未央宫街办	2004年5月	袁长江、陈宏汕	汉墓2座	汉	龙首原墓葬区	未央53
35	西航一中综合楼	未央区徐家湾街办	2004年5月	西安市文物保护考古所	汉墓3座	汉	龙首原墓葬区	未央54
36	虎钳厂住宅楼	未央区大明宫街办	2004年5月	西安市文物保护考古所	汉墓11座	汉	龙首原墓葬区	未央55
37	新房村改造（三期）	未央区辛家庙街办	2004年7月	王光天、邹亚军	汉墓4座	汉	浐河西岸	未央58
38	西北农副产品批发市场	未央区辛家庙街办	2004年7月	张达红、杨智慧	汉墓5座	汉	龙首原墓葬区	未央59
39	雅荷春天	未央区张家堡街办	2004年11月	倪志俊、李乖成	秦汉墓864座，古窑址1处	秦汉	龙首原墓葬区	未央66
40	汉长安城沉水古桥遗址	未央区三桥街办	2005—2007年	王自力等	1、2号古桥	汉	汉长安城遗址范围、沉河西岸	未央69
41	东二环北延线（东二环—北绕城高速）	起点于东二环与北二环交接处，终于绕城高速	2005年1月	张翔宇	汉墓22座，古窑址3处	汉	龙首原墓葬区	未央70
42	朱宏路北延线	起点于朱宏路与北二环交接处，终于北绕城高速	2005年1月	张达红、杨智慧	汉墓5座	汉	龙首原墓葬区	未央71
43	佳家时代（二期）	未央区未央宫街办	2005年3月	袁长江、徐西平	汉墓2座	汉	龙首原墓葬区	未央73
44	珠江新城（一期）	未央区大明宫街办	2005年3月	张小丽	汉墓23座	汉	龙首原墓葬区	未央74
45	红光路拓宽	未央区三桥街办	2005年3月	王自力、段随毛	汉墓7座	汉	阿房宫遗址区	未央78
46	北二环东延线（C18a标段—安邸立交）	起点于东、北二环终于安邸村	2005年7月	张翔宇、张小丽	秦汉墓11座	秦汉	龙首原墓葬区、浐河东岸	未央85
47	腾联花园（一期）	未央区大明宫街办	2005年9月	袁长江	汉墓1座	汉	龙首原墓葬区	未央90
48	西三环C07标段（卢家口遗址）	未央区未央宫街办	2006年1月	张小丽	汉代遗址1850平方米	汉	汉长安城遗址范围	未央95
49	张家堡村安置楼	未央区张家堡街办	2006年2月	全小平	汉墓2座	汉	龙首原墓葬区	未央96
50	珠江新城（一期）二次勘探	未央区大明宫街办	2006年3月	王永记	汉墓18座	汉	龙首原墓葬区	未央99
51	车辆厂生活东区改造（一期）	未央区三桥街办	2006年3月	王自力、刘军利	汉建筑遗迹2处	汉	汉长安城遗址范围	未央100
52	百花村城改（一期）	未央区谭家街办	2006年7月	王自力、邹亚军	汉墓7座	汉	龙首原墓葬区	未央104

续表

序号	项目名称	项目地点	工作时间	工作人员	遗址/墓葬情况简述	时代	所在水系/区域	对应编号
53	西三环C01	未央区三桥街办	2006年8月	程林泉、李乖成	发现汉唐文化堆积	汉唐	阿房宫遗址范围	未央108
54	西安市地铁二号线（北客站-长延堡）张家堡站、尤家庄、电视塔、三爻站		2006年7月—2011年11月	王自力等	汉墓63座	汉	龙首原墓葬、凤栖原墓葬区	未央109
55	富力广场	未央区张家堡街办	2006年10月	程林泉、邹亚军	汉墓17座	汉	龙首原墓葬区	未央110
56	北沙口制浆造纸厂房	未央区三桥街办	2006年11月	王自力、严明	古井1口、管道1条、古遗址1处、灰坑5处	汉	汉长安城遗址范围	未央111
57	行政中心东区（张家堡广场东侧）	未央区徐家湾街办	2006年12月	张小丽、翟霖林	汉墓483座	汉	龙首原墓葬区	未央113
58	浪琴湾	未央区张家堡街办	2009年2月	袁长江	汉墓37座	汉	龙首原墓葬区	未央115
59	行政中心建设（补探）	未央区徐家湾街办	2007年2月	程林泉、张翔宇、张小丽、翟霖林等	汉墓10余座	汉	龙首原墓葬区	未央119
60	上林苑遗址六号建筑	未央区三桥街办	2007年3月	李毓芳、孙福喜、王自力、张建锋等	上林苑遗址六号建筑	秦汉	阿房宫遗址范围	未央120
61	大明宫馨村	未央区大明宫街办	2007年4月	王自力、邹亚军	汉墓2座	汉	龙首原墓葬区	未央122
62	新一代北城国际	未央区未央宫街办	2007年4月	倪志俊、李乖成	汉墓6座	汉	龙首原墓葬区	未央124
63	西航小区福利区旧区改造（一期）	未央区徐家湾街办	2007年5月	倪志俊、王建生	汉墓20座	汉	龙首原墓葬区	未央125
64	太华路北延伸段	未央区谭家街办、徐家湾街办	2007年5月	王自力、邹亚军	汉墓2座	汉	龙首原墓葬区	未央128
65	杨家庄经济适用房	未央区大明宫街办	2007年7月	张小丽、翟霖林	汉墓34座	汉	龙首原墓葬区	未央129
66	文景雅苑	未央区大明宫街办	2007年6月	张全民、刘广智	汉墓6座	汉	龙首原墓葬区	未央132
67	紫薇·希望城	未央区谭家街办	2007年7月	张翔宇、张建辉	秦汉墓22座	秦汉	龙首原墓葬区	未央138
68	祥和居	未央区谭家街办	2007年8月	倪志俊、王建生	汉墓10余座	汉	龙首原墓葬区	未央141
69	永平路（渭滨路—太华北路）	未央区谭家街办	2007年10月	张小丽	汉墓1座	汉	龙首原墓葬区	未央142
70	高山流水·幸福快车（西区）	未央区谭家街办	2007年10月	孙武、王纪元	汉墓15座	汉	龙首原墓葬区	未央143
71	国家检察官学院陕西分院	未央区张家堡街办	2007年10月	孙武、贺建宏	秦汉墓27座	秦汉	龙首原墓葬区	未央144
72	三桥车城（沈家寨）对面6#、7#储备地块	未央区三桥街办	2007年10月	王自力、刘军利	汉墓16座	汉	阿房宫遗址范围	未央149
73	三桥车城对面拟储备土地1#、2#、3#地块	未央区三桥街办	2007年11月	王自力、刘军利	汉墓4座	汉	阿房宫遗址范围	未央152
74	三桥车城对面拟储备土地4#、5#地块	未央区三桥街办	2007年11月	王自力、刘军利	汉墓4座	汉	阿房宫遗址范围	未央153
75	金府广场	未央区未央宫街办	2007年12月	倪志俊、王纪元	汉墓2座	汉	龙首原墓葬区	未央156
76	明雅居	未央区大明宫街办	2008年3月	程林泉、邹亚军	汉墓1座	汉	龙首原墓葬区	未央158
77	天胜公司厂房	未央区汉城街办	2008年5月	袁长江、杨虹	秦汉墓12座，古窑址2处	秦汉	龙首原墓葬区	未央160

续表

序号	项目名称	项目地点	工作时间	工作人员	遗址/墓葬情况简述	时代	所在水系/区域	对应编号
78	紫薇风尚（一期）及北城展示中心	未央区张家堡街办	2008年5月	倪志俊、徐西平	秦汉墓21座	秦汉	龙首原墓葬区	未央161
79	文景观园	未央区张家堡街办	2008年6月	倪志俊、全小平	秦汉古墓葬17座，古井1口	秦汉	龙首原墓葬区	未央164
80	雅荷春天（三期）	未央区张家堡街办	2008年7月	倪志俊、李乖成	汉墓20座	汉	龙首原墓葬区	未央166
81	陕西省民政厅综合大楼	未央区张家堡街办	2008年8月	倪志俊、李乖成	汉墓4座	汉	龙首原墓葬区	未央168
82	谭家花苑小区	未央区谭家街办	2008年9月	倪志俊、王建生	汉墓5座	汉	龙首原墓葬区	未央169
83	团结水库治理工程（一期）	未央区未央宫街办	2008年11月	王自力、邹亚军	汉墓10余座	汉	汉长安城遗址范围	未央178
84	车辆厂生活东区改造（二期）	未央区三桥街办	2008年12月	王自力、李伟	汉灰坑2处	汉	汉长安城遗址范围	未央183
85	旭景兴园（三九村城改）	未央区张家堡街办	2009年3月	程林泉、邹亚军	汉墓1座	汉	龙首原墓葬区	未央192
86	汉城收费站办公大楼	未央区汉城街办	2009年5月	袁长江、王晓鹏、杨军荣	汉墓1座	汉	汉长安城遗址范围	未央196
87	太华南路、重玄路道路	未央区大明宫街办	2009年8月	张翔宇	汉墓3座	汉	龙首原墓葬区	未央205
88	珠江新城（二期）	未央区辛家庙街办	2009年9月	张翔宇、柴怡	汉墓107座	汉	龙首原墓葬区	未央206
89	凤城六路（文景路—未央路段）	未央区张家堡街办	2009年10月	袁长江、徐西平	汉墓2座	汉	龙首原墓葬区	未央209
90	西安第三医院（中医医院）用地	未央区谭家街办	2009年10月	袁长江	汉墓14座	汉	龙首原墓葬区	未央210
91	紫薇·风尚（二期）	未央区张家堡街办	2009年11月	李乖成	秦汉墓26座	秦汉	龙首原墓葬区	未央220
92	怡鼎苑小区	未央区徐家湾街办	2010年1月	倪志俊	秦汉墓3座	秦汉	龙首原墓葬区	未央229
93	长庆石油勘探局西安基地临街住房	未央区大明宫街办	2010年3月	倪志俊、全小平	秦汉墓7座	秦汉	龙首原墓葬区	未央233
94	西安市第三医院	未央区大明宫街办	2010年3月	倪志俊、王纪元	汉墓10座	汉	龙首原墓葬区	未央235
95	宏丰佳苑	未央区未央宫街办	2010年4月	倪志俊、邹亚军	秦汉墓31座	秦汉	汉长安城遗址范围	未央237
96	凤城九号	未央区徐家湾街办	2010年4月	倪志俊、全小平	秦汉墓10余座	秦汉	龙首原墓葬区	未央238
97	公园壹品	未央区大明宫街办	2010年5月	倪志俊	汉墓5座	汉	龙首原墓葬区	未央241
98	天锐汽车4S店（一期）	未央区六村堡街办	2010年5月	倪志俊、李志军	汉灰坑5处	汉	汉长安城遗址范围	未央242
99	正尚·盛世家和	未央区谭家街办	2010年8月	张翔宇、王建生	汉墓6座	汉	龙首原墓葬区	未央244
100	中建·开元壹号（一期）	未央区大明宫街办	2010年9月	杨军凯、刘天运	秦汉墓14座	秦汉	龙首原墓葬区	未央246
101	紫薇风尚三期（1#、2#、3#、5#地块）	未央区张家堡街办	2010年10月	袁长江、徐西平	秦汉墓6座	秦汉	龙首原墓葬区	未央252
102	浐沱锦绣安置（南区）	未央区谭家街办	2010年11月	张翔宇、李刚	汉古窑1座	汉	龙首原墓葬区	未央257
103	青门小区	莲湖区红庙坡街办	1993年3月	西安市文物保护考古所	汉墓10座	汉	龙首原墓葬区	莲湖1
104	旭景名园	莲湖区西关街办	2003年12月	程林泉、袁长江	汉墓3座	汉	汉长安城南郊墓葬区	莲湖19
105	天兴都市花园	莲湖区红庙坡街办	2004年11月	张翔宇、李巨科	汉墓2座	汉	汉长安城南郊墓葬区	莲湖28

续表

序号	项目名称	项目地点	工作时间	工作人员	遗址/墓葬情况简述	时代	所在水系/区域	对应编号
106	北大街商场职工安置楼（通济花园）	莲湖区红庙坡街办	2004年11月	孙武、种保民	汉墓3座	汉	汉长安城南郊墓葬区	莲湖31
107	丹尼尔大兴路小区	莲湖区红庙坡街办	2005年11月	孙武、王纪元	汉墓18座	汉	汉长安城遗址范围	莲湖42
108	锦绣人家经济适用房（紫云溪）补探	莲湖区红庙坡街办	2013年10月	张翔宇	汉墓3座	汉	汉长安城遗址范围	莲湖56
109	林业厅职工住宅楼（一期）	莲湖区西关街办	2009年10月	张全民	秦汉墓2座	秦汉	汉长安城南郊墓葬区	莲湖62
110	远东二中教学综合楼	莲湖区枣园街办	2010年7月	张翔宇、刘军利、雷争气	汉墓3座	汉	汉长安城遗址范围	莲湖68
111	海润公司用地	碑林区长乐坊街办	2001年8月	程林泉、张翔宇、王磊等	汉墓10余座	汉	韩森寨墓葬区	碑林2
112	新兴·骏景园	新城区胡家庙街办	2003年8月	程林泉	秦汉墓3座	秦汉	韩森寨墓葬区	新城10
113	兴工路营房（一期）	新城区胡家庙街办	2003年11月	程林泉、张翔宇	汉墓2座	汉	韩森寨墓葬区	新城11
114	韩森路延伸线工程	新城区韩森寨街办	2005年7月	张翔宇、李乖成	汉墓50余座	汉	韩森寨墓葬区	新城17
115	北方医院西病房楼	新城区长乐中路街办	2006年1月	郭永淇、李小武	汉墓1座	汉	韩森寨墓葬区	新城21
116	华清路职工住宅小区	新城区胡家庙街办	2010年5月	杨军凯	汉墓8座	汉	韩森寨墓葬区	新城45
117	东安·明朗苑	新城区太华路街办	2010年10月	杨军凯、刘天运	汉墓1座	汉	龙首原墓葬区	新城52
118	西安博物院库馆	碑林区长安路街办	2001年9月	王喜刚	汉唐时期墓葬8座	汉		碑林3
119	北火巷住宅小区（二期）	碑林区长乐坊街办	2006年10月	王自力、邹亚军	秦汉墓1座	秦汉	韩森寨墓葬区	碑林22
120	西何家村城改	碑林区张家村街办	2007年1月	王自力、段勤学	汉墓2座	汉		碑林25
121	朱雀大街南段道路延伸工程	朱雀大街以南，南至杜陵西路	2010年5月	张翔宇、王志浩	秦汉墓11座	秦汉	凤栖原墓葬区	碑林44
122	西安财政管理干部培训中心（现曲江宾馆）	雁塔区长延堡街办	1997年2月	韩宝全、孙武、张全民、冉万里	汉墓20座	汉	曲江池周边	雁塔1
123	小寨农贸市场	雁塔区小寨路街办	1998年12月	王光天、盖国江	秦汉墓2座，古井5口	秦汉		雁塔3
124	西安石油学院雁塔校区公寓楼	雁塔区长延堡街办	2001年3月	程林泉、袁长江等	汉墓37座	汉	凤栖原墓葬区	雁塔17
125	万古·中华小区（中华世纪城）	雁塔区丈八街办	2001年4月	孙福喜、杨军凯	汉墓10座	汉	高阳原墓葬区	雁塔18
126	交通大学数码园	雁塔区等驾坡街办	2002年3月	杨军凯	汉墓10余座	汉	乐游原墓葬区	雁塔20
127	曲江花园	雁塔区曲江街办	2002年3月	程林泉、袁长江	汉墓7座	汉	凤栖原墓葬区	雁塔21
128	雁塔南路延伸段	雁塔区长延堡街办	2002年3月	程林泉、张翔宇	汉墓24座	汉	凤栖原墓葬区	雁塔22
129	长延堡商住小区（景天佳苑）	雁塔区长延堡街办	2003年1月	孙武、田瑞武、赵亚军	汉墓1座	汉	凤栖原墓葬区	雁塔33
130	世家星城（一期）	雁塔区长延堡街办	2003年2月	孙武	秦汉墓400余座	秦汉	高阳原墓葬区	雁塔35
131	世家星城（二期）	雁塔区长延堡街办	2003年5月	王久刚、张小丽	秦墓62座，汉墓11座	秦汉	高阳原墓葬区	雁塔36
132	万城商物业丈八北路用地	雁塔区丈八路街办	2003年3月	孙福喜等	汉墓6座	汉	高阳原墓葬区	雁塔40

续表

序号	项目名称	项目地点	工作时间	工作人员	遗址/墓葬情况简述	时代	所在水系/区域	对应编号
133	乐乐防盗门厂房	雁塔区鱼化寨街办	2003年5月	孙福喜等	汉墓1座	汉	皂河西岸	雁塔42
134	雁塔南路延伸段（绕城南—雁长界）	雁塔区长延堡街办	2003年10月	王久刚、张小丽	汉墓2座	汉	凤栖原墓葬区	雁塔45
135	大雁塔北广场东路	雁塔区大雁塔街办	2003年8月	张全民、杨军凯	汉墓2座	汉	乐游原墓葬区	雁塔46
136	大雁塔广场开闭所	雁塔区大雁塔街办	2003年8月	张全民、李小武	汉墓2座	汉	乐游原墓葬区	雁塔47
137	雁南五路西段	雁塔区长延堡街办	2003年9月	倪志俊、刘社利	古墓葬15座	秦汉	凤栖原墓葬区	雁塔50
138	翠苑小区（名城雅居）	雁塔区长延堡街办	2003年9月	袁长江、邹亚军	汉墓1座	汉	凤栖原墓葬区	雁塔51
139	钻石半岛（一期）	雁塔区长延堡街办	2003年10月	程林泉	汉墓28座	汉	乐游原墓葬区	雁塔52
140	新西蓝公寓	雁塔区丈八街办	2003年11月	王久刚、张小丽	汉墓9座，古窑址4座	汉	高阳原墓葬区	雁塔55
141	曲江大道	雁塔区曲江街办	2003年11月	西安市文物保护考古所	汉墓4座	汉	曲江池周边	雁塔56
142	春晓苑	雁塔区曲江街办	2003年11月	西安市文物保护考古所	汉墓31座	汉	曲江池周边	雁塔57
143	西安理工大学曲江校区（二期）	雁塔区曲江街办	2004年1月	程林泉、张翔宇	汉墓27座，古窑址1座	汉	乐游原墓葬区	雁塔61
144	翠竹园	雁塔区曲江街办	2004年1月	孙武、段增运	秦汉墓18座	秦汉	曲江池周边	雁塔63
145	雁栖小区（C区）	雁塔区曲江街办	2004年2月	王自力、邹亚军	汉墓14座	汉	乐游原墓葬区	雁塔66
146	芙蓉南路	雁塔区曲江街办	2004年4月	张翔宇	汉墓1座	汉	曲江池周边	雁塔69
147	长延堡派出所办公楼	雁塔区长延堡街办	2004年5月	王久刚	汉墓3座	汉	凤栖原墓葬区	雁塔70
148	司法局劳教所干警住宅楼（一期，司法小区）	雁塔区长延堡街办	2004年5月	孙福喜、王自力、邹亚军	汉墓6座	汉	凤栖原墓葬区	雁塔72
149	鼎盛商场	雁塔区曲江街办	2004年6月	李巨科	汉墓6座	汉	杜陵邑遗址范围	雁塔74
150	西三爻村城改（一期）	雁塔区长延堡街办	2004年6月	袁长江、邹亚军	汉墓1座	汉	凤栖原墓葬区	雁塔75
151	怡心居（二期）	雁塔区丈八路街办	2004年6月	孙福喜、卢增奇	汉墓4座	汉	高阳原墓葬区	雁塔76
152	西安电子科技大学科技园	雁塔区电子城街办	2004年7月	孙武、种保民	汉墓4座	汉	高阳原墓葬区	雁塔77
153	绿岛书香	雁塔区曲江街办	2004年7月	倪志俊	汉墓12座	汉	乐游原墓葬区	雁塔78
154	西安出租车公司旅游分公司办公区	雁塔区等驾坡街办	2004年8月	孙武、王纪元	汉墓37座	汉	乐游原墓葬区	雁塔80
155	曲江南苑	雁塔区曲江街办	2004年11月	孙武、李广全	汉墓3座	汉	乐游原墓葬区	雁塔84
156	西三爻村城改	雁塔区长延堡街办	2004年12月	袁长江、邹亚军	汉墓1座	汉	凤栖原墓葬区	雁塔85
157	雁鸣小区（二期）	雁塔区曲江街办	2005年5月	程林泉、张翔宇	汉墓3座	汉	曲江池周边	雁塔89
158	雁曲五路	雁塔区曲江街办	2005年3月	李乖成	汉墓21座	汉	曲江池周边	雁塔91
159	和记黄埔·高新区用地（逸翠园小区）	雁塔区电子城街办	2005年5月	张全民、郭永淇	秦汉墓10余座	秦汉	高阳原周边	雁塔96
160	坤城花园	雁塔区大雁塔街办	2005年6月	王自力、刘军利	秦汉墓1座	秦汉	乐游原墓葬区	雁塔98
161	西三爻村城改一期（5、6、7号楼）	雁塔区长延堡街办	2005年8月	程林泉、雷增气	汉墓1座	汉	凤栖原墓葬区	雁塔102
162	西万路现代建材大世界	雁塔区电子城街办	2005年10月	袁长江	秦汉墓4座	秦汉	高阳原墓葬区	雁塔106
163	城市花园	雁塔区曲江街办	2005年10月	李乖成	汉墓2座	汉	曲江池周边	雁塔107

序号	项目名称	项目地点	工作时间	工作人员	遗址/墓葬情况简述	时代	所在水系/区域	对应编号
164	雁湖小区	雁塔区曲江街办	2005年11月	李乖成	汉墓21座	汉	曲江池周边	雁塔109
165	曲江南湖（南湖一号）	雁塔区曲江街办	2006年4月	袁长江、张小丽	汉墓80余座	汉	曲江池周边	雁塔114
166	唐园假日新城	雁塔区长延堡街办	2006年3月	袁长江、徐西平	秦汉墓7座	秦汉	高阳原墓葬区	雁塔117
167	东南三环C3、C4标段	雁塔区曲江街办	2006年4月	王久刚、张小丽	汉墓11座	汉	杜陵邑遗址范围	雁塔120
168	紫荆花园	雁塔区曲江街办	2006年4月	李乖成	汉墓10余座	汉	曲江池周边	雁塔121
169	翠竹园（三期）	雁塔区曲江街办	2008年11月	郭永淇、翟霖林	汉墓15座	汉	曲江池周边	雁塔122
170	康健小区	雁塔区曲江新区	2006年4月	张小丽	汉墓19座	汉	曲江池周边	雁塔123
171	陕西师范大学体操房	雁塔区长延堡街办	2006年4月	袁长江、徐西平	汉墓1座	汉	凤栖原墓葬区	雁塔126
172	三兆职工住宅区	雁塔区曲江街办	2006年5月	李乖成	秦汉墓18座	秦汉	杜陵邑遗址范围	雁塔128
173	东南三环C15标段	雁塔区曲江街办	2006年6月	王久刚、张小丽	汉墓15座	汉	杜陵邑遗址范围	雁塔131
174	朗臣大厦	雁塔区丈八街办	2006年6月	孙武、崔荣	汉墓1座	汉	高阳原墓葬区	雁塔133
175	竹园新村	雁塔区电子城街办	2006年6月	李乖成	汉墓1座	汉	高阳原墓葬区	雁塔134
176	曲江国际会展中心（一期）	雁塔区长延堡街办	2006年7月	袁长江、辛龙	汉墓4座	汉	凤栖原墓葬区	雁塔137
177	东南三环C5标段	雁塔区等驾坡街办	2006年8月	王久刚、张小丽	汉墓10余座	汉	杜陵邑遗址范围	雁塔139
178	联勤服务中心	雁塔区曲江街办	2006年8月	王自力、邹亚军	秦汉墓3座	秦汉	凤栖原墓葬区	雁塔143
179	卫光科技工地	雁塔区电子城街办	2006年12月	袁长江、杨永刚	汉墓2座	汉	高阳原墓葬区	雁塔152
180	西安电子科技大学科研实验楼	雁塔区丈八街办	2006年12月	袁长江、徐西平	汉墓3座	汉	高阳原墓葬区	雁塔153
181	聚馨苑	雁塔区曲江街办	2006年12月	贺建宏、屈长福	秦汉墓20余座	秦汉	曲江池周边	雁塔154
182	雁鸣小区小学	雁塔区曲江街办	2007年3月	袁长江、徐西平	汉墓6座	汉	曲江池周边	雁塔161
183	芙蓉湖畔	雁塔区曲江街办	2008年3月	翟霖林、李小武	汉墓10余座	汉	曲江池周边	雁塔170
184	西北化工研究院研发中心	雁塔区曲江街办	2007年5月	张小丽、辛龙	汉墓5座	汉	乐游原墓葬区	雁塔171
185	华城财富中心	雁塔区长延堡街办	2007年8月	王自力、邹亚军	汉墓3座	汉	凤栖原墓葬区	雁塔173
186	西安国际电气中心	雁塔区电子城街办	2007年9月	王自力、刘军利	汉墓4座	汉	高阳原墓葬区	雁塔174
187	南湖北路（曲江池北路）	雁塔区曲江街办	2007年5月	张小丽、翟霖林	汉墓17座	汉	曲江池周边	雁塔178
188	曲江池南路	雁塔区曲江街办	2007年5月	张小丽、翟霖林	汉墓8座	汉	曲江池周边	雁塔179
189	南湖中路	雁塔区曲江街办	2007年10月	西安市文物保护考古所	汉墓20余座	汉	曲江池周边	雁塔180
190	新鸿基（鸿基紫韵）	雁塔区曲江街办	2007年10月	倪志俊、李乖成	汉墓10余座	汉	曲江池周边	雁塔181
191	曲江环湖路	雁塔区曲江街办	2007年11月	张小丽、翟霖林	汉墓41座	汉	曲江池周边	雁塔182
192	方城路	雁塔区曲江街办	2007年6月	张小丽、翟霖林	汉墓4座	汉	曲江池周边	雁塔183
193	曲江南湖14#地	雁塔区曲江街办	2007年11月	西安市文物保护考古所	汉墓10余座	汉	曲江池周边	雁塔184
194	曲江小学（曲江池小学）	雁塔区曲江街办	2009年5月	张全民	汉墓5座	汉	曲江池周边	雁塔194
195	阳光花园（曲江明珠）	雁塔区曲江街办	2009年11月	张小丽	汉墓2座	汉	曲江池周边	雁塔200
196	甘家寨安置楼	雁塔区电子城街办	2008年8月	倪志俊、王纪元	汉墓1座	汉	高阳原墓葬区	雁塔204

续表

序号	项目名称	项目地点	工作时间	工作人员	遗址/墓葬情况简述	时代	所在水系/区域	对应编号
197	雁湖小区（二期）	雁塔区曲江街办	2009年8月	李小武	汉墓7座	汉	曲江池周边	雁塔206
198	曲江行政商务中心T38地块	雁塔区长延堡街办	2008年12月	张翔宇、王纪元	汉墓1座	汉	凤栖原墓葬区	雁塔212
199	秦二世遗址公园	雁塔区曲江街办	2009年2月	倪志俊、孙勇	古墓葬2座（秦二世皇陵1座、汉墓1座），夯土区4处，窑址1处	秦汉	曲江池周边	雁塔214
200	曲江池3号地	雁塔区曲江街办	2009年3月	倪志俊、李乖成	汉墓8座	汉	曲江池周边	雁塔216
201	交大曲江新村住宅小区	雁塔区曲江街办	2009年4月	倪志俊、王纪元	汉墓2座	汉	乐游原墓葬区	雁塔217
202	灞桥区廉租房小区	雁塔区等驾坡街办	2009年7月	张小丽	汉墓数座	汉	浐河西岸	雁塔222
203	建隆小区（曲江·紫汀苑）	雁塔区曲江街办	2010年6月	张翔宇、郭永淇	汉墓10余座	汉	曲江池周边	雁塔241
204	西安市城南客运站	雁塔区长延堡街办	2010年6月	张全民	秦汉墓4座	秦汉	凤栖原墓葬区	雁塔252
205	曲江·亮丽家园	雁塔区曲江街办	2010年5月	张小丽	汉墓20座	汉	少陵原墓葬区	雁塔259
206	金地湖城大境5、6号地块	雁塔区曲江街办	2010年3月	张翔宇、杨斌斌、李乖成	汉墓10余座	汉	曲江池周边	雁塔261
207	万科·曲江传奇	雁塔区曲江街办	2010年4月	张全民、郭永淇	古窑址2座	汉	乐游原墓葬区	雁塔262
208	博源科技广场	雁塔区曲江街办	2010年3月	张全民、郭永淇、李明亮	汉墓1座	汉	乐游原墓葬区	雁塔264
209	曲江公馆和园	雁塔区曲江街办	2010年6月	张全民、郭永淇	汉墓15座	汉	曲江池周边	雁塔275
210	紫薇·曲江意境	雁塔区曲江街办	2010年7月	张小丽、刘天运	秦汉墓10余座	秦汉	少陵原墓葬区	雁塔277
211	东仪路延伸工程	雁塔区长延堡街办	2010年7月	倪志俊、张翔宇、王志浩	汉墓1座	汉	凤栖原墓葬区	雁塔278
212	汇博林	雁塔区曲江街办	2010年10月	张小丽、王纪元	汉墓2座	汉	曲江池周边	雁塔285
213	黄渠头安置小区（金波园小区）（补探）	雁塔区曲江街办	2013年11月	张小丽、徐西平	汉墓4座	汉	凤栖原墓葬区	雁塔286
214	神舟大道（北段）	雁塔区曲江街办	2010年11月	张翔宇、徐西平、赵亚军	汉墓14座	汉	少陵原墓葬区	雁塔287
215	湖城大境8#地块	雁塔区曲江街办	2010年11月	张翔宇、孙勇	汉墓100座	汉	曲江池周边	雁塔289
216	金地曲江南湖1#地块（补探）	雁塔区曲江街办（曲江新区）	2010年12月	张翔宇、李乖成	汉墓6座	汉	曲江池周边	雁塔292
217	金水园小区（二期）	雁塔区曲江街办	2010年12月	张翔宇、徐西平、赵亚军	汉墓1座	不详	乐游原墓葬区	雁塔293
218	华杰健身体育中心	长安区韦曲街办	2000年9月	程林泉、王久刚	汉墓15座	汉	毕原墓葬区	长安1
219	西户高速路	长安区细柳街办	2001年3月	程林泉、王久刚	汉墓13座	汉	细柳原墓葬区	长安2
220	京科花园	长安区韦曲街办	2001年6月	王久刚、李明亮	汉墓2座	汉	毕原墓葬区	长安3
221	西安邮电学院长安校区	长安区郭杜街办	2001年7月	王久刚	汉墓11座	秦汉	毕原墓葬区	长安5
222	陕西师范大学新校区	长安区郭杜街办	2001年12月	张全民、刘呆运、王久刚	汉墓若干座	汉	毕原墓葬区	长安6
223	陕西师范大学新校区后勤集团基建工地	长安区郭杜街办	2002年4月	杨军凯	汉墓若干座	汉	毕原墓葬区	长安9

续表

序号	项目名称	项目地点	工作时间	工作人员	遗址/墓葬情况简述	时代	所在水系/区域	对应编号
224	西北政法大学新校区	长安区郭杜街办	2002年4月	后晓荣、孙福喜	汉墓30余座	汉	毕原墓葬区	长安10
225	阿房宫前殿遗址	长安区王寺街办	2002年10月	李毓芳、孙福喜、王自力、张建峰	阿房宫前殿遗址	秦汉	阿房宫遗址范围	长安11
226	西安邮电学院学生公寓	长安区郭杜街办	2004年2月	倪志俊	汉墓14座	汉	高阳原墓葬区	长安21
227	西安外国语学院长安校区（一期）	长安区郭杜街办	2004年6月	张全民	秦汉墓35座	秦汉	高阳原墓葬区	长安22
228	西柞路	长安区杜曲街办	2004年10月	张翔宇、王久刚	汉墓54座	汉	高阳原墓葬区	长安23
229	广丰公司厂房	长安区郭杜街办	2004年11月	袁长江、徐西平	汉墓3座	汉	高阳原墓葬区	长安25
230	子午大道（韦郭路—丈八路段）	长安区郭杜街办	2005年3月	王自力、邹亚军	秦汉墓13座	秦汉	毕原墓葬区	长安26
231	上林苑四号建筑遗址	长安区王寺街办	2005年4月	李毓芳、孙福喜、王自力、张建锋等	四号建筑遗址	秦汉	上林苑遗址区	长安28
232	军野公司厂房	长安区韦曲街办	2005年4月	张全民	汉墓2座	汉	少陵原墓葬区	长安29
233	美国美光公司厂房	长安区郭杜街办	2005年7月	孙武、王纪元	汉墓4座	汉	毕原墓葬区	长安33
234	110千伏长安东变电所	长安区韦曲街办	2005年9月	孙武、王志浩	汉墓2座	汉	少陵原墓葬区	长安34
235	长安新城（智慧城）	长安区郭杜街办	2005年9月	程林泉、邹亚军	秦汉墓葬30座	秦汉	毕原墓葬区	长安35
236	天惠公司厂房	长安区韦曲街办	2005年11月	王自力、邹亚军	秦汉墓14座	秦汉	少陵原墓葬区	长安42
237	上林苑遗址三号建筑及五号建筑排水管道	长安区王寺街办	2005年12月	李毓芳、孙福喜、王自力、张建锋等	三号建筑及五号建筑排水管道	汉	上林苑遗址区	长安43
238	长远公司厂房	长安区韦曲街办	2005年12月	邹亚军	秦汉墓35座	秦汉	少陵原墓葬区	长安44
239	陕西师范大学长安校区（二期）	长安区郭杜街办	2006年2月	李尔吾、张全民、王喜刚等	古墓葬若干	汉	高阳原墓葬区	长安46
240	绿迪·X-亚麻酸项目	长安区韦曲街办	2006年3月	倪志俊、王纪元	汉墓2座	汉	少陵原墓葬区	长安48
241	融发·沁园·心园	长安区郭杜街办	2006年3月	张全民、李小武、王喜刚	汉墓数座	汉	高阳原墓葬区	长安50
242	美国应用材料厂房	长安区郭杜街办	2006年3月	王纪元	汉墓8座	汉	高阳原墓葬区	长安51
243	西柞建设管理处办公生活区	长安区韦曲街办	2006年11月	西安市文物保护考古所	汉墓20余座	汉	少陵原墓葬区	长安61
244	城南香榭·国色天香（康济小镇）	长安区郭杜街办	2007年3月	孙武、郭稳定	汉墓22座	汉	毕原墓葬区	长安64
245	七一七一厂-3工程	长安区韦曲街办	2008年1月	杨军凯	汉墓10余座	汉	少陵原墓葬区	长安66
246	西部慧谷集中供热（一期）工程	长安区韦曲街办	2007年7月	倪志俊、郭稳定	汉墓30余座	汉	少陵原墓葬区	长安67
247	西安航天科技产业基地标准厂房	长安区韦曲街办	2007年11月	孙武	汉墓7座	汉	少陵原墓葬区	长安74
248	西部大道（西沣公路—朱雀大街）	长安区郭杜街办	2008年4—7月	倪志俊、王纪元	秦汉墓60余座	秦汉	毕原墓葬区	长安76
249	邮电学院长安新校区东区二期公寓楼	长安区韦曲街办	2008年6月	王久刚、郭永淇	汉墓15座	汉	毕原墓葬区	长安79
250	长安星园（长安馨苑）	长安区郭杜街办	2008年9月	张小丽、辛龙	汉墓10余座	汉	毕原墓葬区	长安83

序号	项目名称	项目地点	工作时间	工作人员	遗址/墓葬情况简述	时代	所在水系/区域	对应编号
251	省国防科工委、省核工业地质局住宅楼	长安区韦曲街办	2008年8月	倪志俊、李乖成	汉墓5座	汉	少陵原墓葬区	长安84
252	一汽奥迪4S店	长安区韦曲街办	2008年12月	张全民	汉墓数座	汉	少陵原墓葬区	长安87
253	西部大道至太平峪口一级公路	长安区郭杜街办	2009年7月	倪志俊、李乖成	汉墓4座	汉	高阳原墓葬区	长安97
254	航天中路东延伸段	长安区韦曲街办	2009年9月	张全民、郭永淇	汉墓数座	汉	少陵原墓葬区	长安98
255	绿洲半岛	长安区韦曲街办	2010年3月	张全民、郭永淇	汉墓11座	汉	少陵原墓葬区	长安102
256	长安121项目（天赐颐府）	长安区韦曲街办	2009年12月	张全民、郭永淇	汉墓1座	汉	少陵原墓葬区	长安104
257	产业园建设A区	长安区韦曲街办	2009年9月	倪志俊	汉墓3座	汉	少陵原墓葬区	长安105
258	阿房宫遗址环境整治	长安区王寺街道办	2009年9月	倪志俊、徐西平	前殿遗址的西南边缘区域	秦汉	阿房宫遗址区	长安108
259	第五〇四研究所	长安区韦曲街办	2009年10月	张小丽	汉墓3座	汉	少陵原墓葬区	长安109
260	万科·常春藤	长安区郭杜街办	2010年5月	杨军凯、郭永淇	汉墓10余座	汉	毕原墓葬区	长安122
261	服务外包产业园	长安区韦曲街办	2010年6月	张全民、邹亚军等	汉墓10余座	汉	少陵原墓葬区	长安123
262	朝光置业地产项目	长安区韦曲街办	2010年6月	张翔宇、王志浩	汉墓20余座	汉	少陵原墓葬区	长安127
263	航天南路	长安区韦曲街办	2010年11月	杨军凯、郭永淇	汉墓10余座	汉	少陵原墓葬区	长安133
264	西京学院（南区）	长安区韦曲街办	2010年10月	张小丽、朱连华	汉墓数座	汉	少陵原墓葬区	长安134
265	航天住宅小区	长安区韦曲街办	2010年11月	杨军凯、郭永淇、辛龙	汉墓数座	汉	少陵原墓葬区	长安139
266	神光·蓝宝石单晶片生产基地（补探）	长安区韦曲街办	2010年12月	张翔宇、徐西平、赵亚军	汉墓10余座	汉	少陵原墓葬区	长安142
267	段家村汉水上大型建筑遗址	灞桥区灞桥街办	2000—2002年	杨军凯、孙武	汉水上大型建筑遗址2处	汉	浐灞河交汇处	灞桥4
268	常家湾汉墓	灞桥区红旗街办	2002年4月	张小丽、呼安林	汉墓 1座	汉	浐河东岸	灞桥10
269	航天四院三线调迁和高新工程配套	灞桥区洪庆街办	2003年4月	孙福喜等	汉墓10余座，古窑址1处，古代夯土遗迹1处	汉	洪庆原墓葬区	灞桥15
270	西安东方培训学院（一期）	灞桥区狄寨街办	2003年4月	孙福喜	汉墓1座	不详	白鹿原墓葬区	灞桥16
271	西康铁路生产生活基地	灞桥区十里铺街办	2003年7月	西安市文物保护考古所	汉墓2座	汉	浐河西岸	灞桥17
272	西安市公交总公司第八分公司	灞桥区纺织城街办	2004年2月	孙福喜、雷增气	秦汉墓1座	秦汉	浐河东岸	灞桥21
273	东三环C10标段	灞桥区灞桥街办	2006年3月	王久刚、张小丽	汉墓10座	汉	洪庆原墓葬区	灞桥29
274	二炮工程学院训练场	灞桥区洪庆街办	2007年10月	程林泉、王光天	汉墓28座	汉	洪庆原墓葬区	灞桥37
275	翠屏湾	灞桥区十里铺街办	2012年3月	李小武、种保民	汉墓 1座	汉	浐河西岸	灞桥38
276	五洲公司厂房	灞桥区灞桥街办	2008年9月	倪志俊、邹亚军	秦汉墓4座	秦汉	洪庆原墓葬区	灞桥42
277	新寺遗址考古勘探	灞桥区新筑街办	2010年5月	倪志俊、王光天、雷争气	汉遗址400平方米	汉	洪庆原墓葬区	灞桥56
278	西北大区物流中心（一期）	灞桥区新筑街办	2010年7月	王纪元、李刚	汉墓1座	汉	洪庆原墓葬区	灞桥58

序号	项目名称	项目地点	工作时间	工作人员	遗址/墓葬情况简述	时代	所在水系/区域	对应编号
279	纺厦兴苑	灞桥区纺织城街办	2010年11月	杨军凯、邹亚军、刘天运	汉墓11座	汉	白鹿原墓葬区	灞桥69
280	城关人民审判庭楼	蓝田县城关街办	2001年11月	董天清	秦汉墓1座	秦汉	灞河北岸	蓝田27
281	西寨小区3#住宅楼	蓝田县蓝关街办	2002年6月	王光天、董天清	秦汉墓13座	秦汉	灞河北岸	蓝田31
282	蓝田县医院传染病楼	蓝田县蓝关街办	2004年11月	袁长江、徐西平	汉墓7座	汉	灞河北岸	蓝田44
283	省道107（蓝田县厚镇—长安区太乙宫）	蓝田县厚镇	2006年7月	张宏达	秦汉墓10余座	秦汉	灞河北岸	蓝田45
284	蓝田五里头村吕氏家族墓葬区	蓝田县三里镇	2007年12月	张蕴、刘思哲等	汉墓10座	汉	灞河北岸	蓝田46
285	关中公路环线三义村—田市镇段快速干道	临潼区田市镇	2004年2月	张宏达	汉墓4座	汉		临潼2
286	十里铺—兵马俑快速干道（秦陵段）	临潼区秦陵街办	2006年1月	段清波、张金斌	汉墓2座	汉	秦陵墓葬区	临潼3
287	新丰镇编组站改	临潼区新丰街办、秦陵街办	2007年4月	王久刚、郭永淇	汉墓140余座	汉	秦陵墓葬区	临潼5
288	西咸北环线	临潼区新市乡、雨金镇、何寨镇、零口镇	2006年4月	郭永淇	汉墓38座	汉		临潼6
289	骊景·新世界	临潼区骊山街办	2007年7月	倪志俊、徐西平	秦汉墓1座	秦汉	泾渭河交汇处	临潼10
290	陕汽公司商用车厂房	高陵县泾渭街办	2004年2月	袁长江、徐西平	汉墓20余座，古河道2条	汉	泾渭河交汇处	高陵3
291	西部钛业公司厂房	高陵县泾渭街办	2004年12月	袁长江、徐西平	汉墓4座	汉	泾渭河交汇处	高陵7
292	西部超导公司厂房	高陵县泾渭街办	2004年12月	袁长江、徐西平	秦汉古墓葬12座	秦汉	泾渭河交汇处	高陵8
293	合容电力厂房	高陵县泾渭街办	2004年12月	袁长江、徐西平	汉墓7座	汉	泾渭河交汇处	高陵9
294	西部金属材料公司厂房	高陵县泾渭街办	2005年1月	袁长江、徐西平	汉墓2座	汉	泾渭河交汇处	高陵11
295	经发创新工业园	高陵县泾渭街办	2005年6月	袁长江、徐西平	汉墓2座	汉	泾渭河交汇处	高陵13
296	联东汽车电子工业园	高陵县泾渭街办	2006年6月	袁长江、徐西平	汉墓2座	汉	泾渭河交汇处	高陵16
297	长宁公司厂房	高陵县泾渭街办	2007年1月	王久刚	灰坑7处	秦汉	泾渭河交汇处	高陵21
298	特种材料工业园	高陵县泾渭街办	2009年11月	倪志俊、徐西平	古墓葬47座	秦汉	泾渭河交汇处	高陵35
299	关中环线（水北村土场）	阎良区新兴镇	2005年4月	张达宏	汉墓2座	汉墓		阎良1
300	城乡生活垃圾资源化处理厂	阎良区凤凰街办	2010年12月	朱连华、李乖成、王吉林	汉墓10余座，古窑址1处	汉		阎良5
301	光明乡卫生院住院楼	户县甘亭镇光明乡	1998年12月	王光天、董乘顺	秦汉墓1座	秦汉		户县1
302	牛东乡千王村小学教学楼	户县秦渡镇	1999年10月	王光天、董乘顺	汉墓1座	汉		户县10
303	惠安小学教学楼	户县余下镇	2001年11月	王光天、董乘顺	秦汉墓1座	秦汉		户县18
304	优胜美地	户县草滩镇	2006年4月	孙武、王纪元	秦汉墓3座	秦汉	秦岭北麓	户县32
305	省道107（马召—西汤峪）	周至县马召镇	2006年7月	张宏达	秦汉墓2座	秦汉	秦岭北麓	周至3

（四）西安市范围内魏晋北朝时期遗迹分布表

序号	项目名称	项目地点	工作时间	工作人员	遗址/墓葬情况简述	时代	所在水系/区域	对应编号
1	西安市中级人民法院新征地	未央区大明宫街办	2003年6—10月	杨军凯、孙武、李树锁、冯健、陈斌等	西晋、北周墓葬10座	西晋、北周	龙首原墓葬区	未央28
2	上林苑小区	未央区大明宫街办	2004年4月	程林泉、张翔宇、袁长江	北周墓葬1座	北周	龙首原墓葬区	未央49
3	西北农副产品批发市场	未央区辛家庙街办	2004年7月	张达红、杨智慧	北朝墓数座	北朝	龙首原墓葬区	未央59
4	北周李诞墓	未央区张家堡街办	2005年9月	张小丽	北周墓葬1座	北周	龙首原墓葬区	未央88
5	窦寨村北周佛教石刻造像	未央区六村堡街办	2007年4月	杨军凯	石刻佛像6尊、菩萨像6尊	北周	龙首原墓葬区	未央121
6	公园壹品	未央区大明宫街办	2010年7月	杨军凯、郭永淇	北周墓数座	北周	龙首原墓葬区	未央241
7	秀水园	雁塔区长延堡街办	2005年1月	王久刚、王磊	十六国墓1座	十六国时期	凤栖原墓葬区	雁塔87
8	雁南二路管道沟（抢救性发掘）	雁塔区长延堡街办	2007年6月	张小丽、翟霖林	西晋墓1座	西晋	曲江池周边	雁塔165
9	万科·曲江传奇	雁塔区曲江街办	2010年3月12日—4月14日	张全民、郭永淇	北朝时期古墓葬1座	北朝	曲江池周边	雁塔262
10	京科花园	长安区韦曲街办	2001年6月	王久刚、李明亮	北魏北周墓3座	北魏北周	少陵原周边	长安3
11	长安产业园·西古工地	长安区郭杜街办	2001年5—6月	王久刚、杨军凯	西晋墓1座	西晋	高阳原周边	长安4
12	陕西师范大学新校区	长安区郭杜街办	2001年12月—2002年11月	张全民、刘呆运、王久刚	西晋墓若干座	西晋	高阳原墓葬区	长安6
13	紫薇田园都市K区	长安区郭杜街办	2002年10—11月	王久刚、张小丽	北周墓葬3座	北周	高阳原墓葬区	长安12
14	西安外国语学院长安校区（一期）	长安区郭杜街办	2004年6月10日—7月10日	张全民	十六国墓10余座	十六国时期	高阳原墓葬区	长安22
15	西柞路	长安区杜曲街办	2004年10—12月	张翔宇、王久刚	十六国墓1座	十六国时期	少陵原墓葬区	长安23
16	广丰公司厂房	长安区郭杜街办	2004年11月10日—12月1日	张全民、李小武	三国曹魏时期墓2座	三国曹魏时期	高阳原墓葬区	长安25
17	西安航天科技产业基地1500吨硅片项目	长安区韦曲街办	2007年12月—2008年9月	张全民、郭永淇	十六国墓数座	十六国时期	少陵原墓葬区	长安75
18	航天中路东延伸段	长安区韦曲街办	2009年9—11月	张全民、郭永淇	南北朝墓数座	南北朝	少陵原墓葬区	长安98
19	长安121项目（天赐颐府）	长安区韦曲街办	2009年12月—2010年1月	张全民、郭永淇	北朝墓1座	北朝	少陵原墓葬区	长安104
20	西部3S空间信息产业化基地	长安区韦曲街办	2009年10月	张全民、郭永淇	北朝墓1座	北朝	少陵原墓葬区	长安110
21	雁塔南路（皇子坡段）	长安区韦曲街办	2010年5—6月	张全民、郭永淇	北朝墓2座	北朝	少陵原墓葬区	长安116

续表

序号	项目名称	项目地点	工作时间	工作人员	遗址/墓葬情况简述	时代	所在水系/区域	对应编号
22	航天基地7103厂601#钎焊厂房	长安区韦曲街办	2009年3—4月	张全民、郭永淇	北朝墓10余座	北朝	少陵原墓葬区	长安119
23	服务外包产业园	长安区韦曲街办	2010年6月	王久刚等	北周墓6座	北周	少陵原墓葬区	长安123
24	神光·蓝宝石单晶片生产基地（补探）	长安区韦曲街办	2010年9月	杨军凯、郭永淇	北朝墓10余座	北朝	少陵原墓葬区	长安142
25	贾蔡村佛窟遗址	高陵县张卜乡	2010年8月	张翔宇	北周古遗址400平方米	北周		高陵36

（五）西安市范围内隋唐五代时期遗迹分布表

序号	项目名称	项目地点	工作时间	工作人员	遗址/墓葬情况简述	时代	所在水系/区域	对应编号
1	经发大厦	未央区张家堡街办	2001年10月22—29日	王光天、陈宏汕	唐墓3座	唐代	龙首原墓葬区	未央12
2	陕西三印20#、21#住宅楼	未央区三桥街办	2001年12月30日	王皓	唐墓22座，古井2口	唐代	皂河东岸	未央17
3	中顺家园（金仕华城）（一期）	未央区未央宫街办	2004年2月12—28日	袁长江、陈宏汕	唐墓3座	唐代	龙首原墓葬区	未央40
4	东湖路（K0+0.56—K1+370）	未央区辛家庙街办	2004年2月21日—3月16日	侯计宽	唐墓1座	唐代	龙首原墓葬区	未央42
5	皂河中游治理工程（三桥-雁长交界）	未央区三桥街办	2004年3月10日—12月7日	王自力、刘军利	唐墓30座	唐代	龙首原、高阳原墓葬区	未央44
6	未央大学园后勤服务设施建设	未央区草滩街办	2004年3月15日—4月6日	袁长江等	唐墓3座	唐代	渭河南岸	未央45
7	红旗东路（太华路—河滨路）	未央区徐家湾街办起点于徐家湾街办，终于灞河西岸的河滨路	2004年3月25日—4月15日	袁长江、王建生	唐墓4座	唐代	龙首原墓葬区、浐河西岸	未央47
8	西航家园	未央区徐家湾街办	2004年3月26日—4月15日	袁长江	唐墓10座	唐代	龙首原墓葬区	未央48
9	锦园·长安坊间（锦园·新世纪）	未央区大明宫街办	2004年4月25日—5月16日	孙武、段增运	唐墓8座	唐代	龙首原墓葬区	未央52
10	西北农副产品批发市场	未央区辛家庙街办	2004年7月29日—8月8日	张达红、杨智慧	隋墓10余座	隋代	龙首原墓葬区	未央59
11	阿房一路拓宽	未央区三桥街办	2005年3月20日—7月15日	王自力、雷增气	唐墓14座	唐代	皂河东岸	未央76
12	西三环C04标段（红光路立交）	未央区三桥街办	2005年4月22—28日	程林泉、张翔宇、张小丽、呼安林	唐墓8座	唐代	皂河东岸	未央81
13	西三环昆明路立交（石桥立交）	雁塔区鱼化寨街办	2005年9月14日—11月2日	张小丽	唐墓16座	唐代	皂河东岸	未央89

续表

序号	项目名称	项目地点	工作时间	工作人员	遗址/墓葬情况简述	时代	所在水系/区域	对应编号
14	光华职工集资住宅	未央区三桥街办	2006年3月5日—5月10日	王自力、刘军利	唐墓6座	唐墓	皂河东岸	未央98
15	东凹里村安置小区	未央区三桥街办	2006年12月10—18日	王自力、李子柏	唐墓15座	唐代	皂河东岸	未央114
16	行政中心建设（补探）	未央区徐家湾街办	2007年2月	程林泉、张翔宇、张小丽、翟霖林等	唐墓2座	唐代	龙首原墓葬区	未央119
17	杨家庄经济适用房	未央区大明宫街办	2007年7月、2007年9月	张小丽、翟霖林	隋唐墓8座	隋唐时期	龙首原墓葬区	未央129
18	紫薇·希望城	未央区谭家街办	2007年7月23日—8月15日	张翔宇、张建辉	隋唐墓5座	隋唐时期	龙首原墓葬区	未央138
19	祥和居	未央区谭家街办	2007年8月	倪志俊、王建生	隋唐墓4座	隋唐时期	龙首原墓葬区	未央141
20	高山流水·幸福快车（西区）	未央区谭家街办	2007年10月3—24日	孙武、王纪元	唐墓2座	唐代	龙首原墓葬区	未央143
21	雅荷春天（三期）	未央区张家堡街办	2008年7月19—21日	倪志俊、李乖成	唐墓6座	唐代	龙首原墓葬区	未央166
22	谭家花苑小区	未央区谭家街办	2008年9月20—28日	倪志俊、王建生	唐墓3座	唐代	龙首原墓葬区	未央169
23	团结水库治理工程（一期）	未央区未央宫街办	2008年11月18—22日	王自力、邹亚军	唐墓10余座	唐代	龙首原墓葬区	未央178
24	怡鼎苑小区	未央区徐家湾街办	2010年1月22日—2月2日	倪志俊	唐墓3座	唐代	龙首原墓葬区	未央229
25	长庆石油勘探局西安基地临街住房	未央区大明宫街办	2010年3月20日—4月1日	倪志俊、全小平	唐墓3座	唐代	龙首原墓葬区	未央233
26	凤城九号	未央区徐家湾街办	2010年4月28日—5月13日	倪志俊、全小平	隋唐墓10余座	隋唐时期	龙首原墓葬区	未央238
27	西郊垃圾处理厂	莲湖区桃园路街办	2003年	袁长江	唐墓3座	唐代	隋唐长安城西北角	莲湖17
28	天兴都市花园	莲湖区红庙坡街办	2004年11月1—8日	张翔宇、李巨科	唐墓1座	唐代	龙首原墓葬区	莲湖28
29	丹尼尔大兴路小区	莲湖区红庙坡街办	2005年11月5—16日	孙武、王纪元	唐墓6座	唐代	龙首原墓葬区	莲湖42
30	用料管理处中心库房基地	莲湖区桃园路街办	2007年12月	袁长江	唐代文化堆积	唐代	隋唐长安城“普宁坊”	莲湖52
31	北关村安置房	莲湖区北关街办	2008年7月9—10日	袁长江、徐西平	唐墓2座	唐代	隋唐长安城范围	莲湖55
32	杨家围墙城中村改造1#地块	莲湖区枣园街办	2010年6月22日—8月3日	张全民、郭永淇	唐墓1座	唐代		莲湖67
33	华山厂变电所	新城区长乐中路街办	1992年5月	张达宏、张全民	唐墓1座	唐代	韩森案墓葬区	新城1
34	韩森路延伸线工程	新城区韩森寨街办	2005年7月11—20日	张翔宇、李乖成	唐墓30余座	唐代	韩森案墓葬区	新城17

续表

序号	项目名称	项目地点	工作时间	·工作人员	遗址/墓葬情况简述	时代	所在水系/区域	对应编号
35	木材厂小区	新城区胡家庙街办	2006年4月	张翔宇、赵亚军	唐文化堆积	唐代	隋唐长安城“十六王宅”	新城22
36	东尚新城	新城区韩森寨街办	2006年11月1—16日	王自力、邹亚军	唐墓8座	唐代	韩森案墓葬区	新城28
37	十六街坊25号楼	新城区长乐中路街办	2007年1月20—25日	张全民、刘广智	唐墓2座	唐代	韩森案墓葬区	新城30
38	十五街坊5号楼	新城区长乐中路街办	2007年5月22日—6月25日	张全民、刘广智	唐墓5座	唐代	韩森案墓葬区	新城31
39	三府湾六合窑小区	新城区胡家庙街办	2009年10月	张全民	唐代文化堆积	唐代	隋唐长安城“小儿坊”	新城40
40	西安博物院库馆	碑林区长安路街办	2001年9月	王喜刚	唐墓数座	唐代	隋唐长安城“安仁坊”	碑林3
41	荐福寺遗址	碑林区长安路街办	2003年7—8月	郭永淇、龚国强	唐代遗址100平方米	唐代	隋唐长安城“安仁坊”内	碑林10
42	西大街拓宽改造	碑林区南院门街办	2005年3—10月	张全民、杨军凯	古井905座，灰坑6座	唐代	隋唐长安城“皇城”范围内	碑林16
43	北火巷住宅小区（二期）	碑林区长乐坊街办	2006年10月9日—11月21日	王自力、邹亚军	唐墓2座	唐代	隋唐长安城“永嘉坊”	碑林22
44	朱雀大街南段道路	朱雀大街以南，南至杜陵西路	2010年5月28日—2011年3月10日	张翔宇、王志浩	唐墓2座	唐代	隋唐长安城“朱雀大街”	碑林44
45	万古·中华小区（中华世纪城）	雁塔区丈八街办	2001年4—6月	孙福喜、杨军凯	隋墓10座	隋代	高阳原墓葬区	雁塔18
46	交通大学数码园	雁塔区等驾坡街办	2002年3—6月	杨军凯	唐墓10余座	唐代	乐游原墓葬区	雁塔20
47	曲江花园	雁塔区曲江街办	2002年3月	程林泉、袁长江	唐墓数座	唐代	曲江池周边	雁塔21
48	雁塔南路	雁塔区长延堡街办	2002年3月	程林泉、张翔宇	唐墓数座	唐代	凤栖原墓葬区	雁塔22
49	史家湾唐墓	雁塔区等驾坡街办	2002年7月中旬	张全民、郭永淇	唐墓1座	唐代	浐河西岸	雁塔26
50	水厂东路	雁塔区长延堡街办	2003年	张全民	唐墓1座	唐代	曲江池周边	雁塔32
51	世家星城（二期）	雁塔区长延堡街办	2003年2月6日—3月10日	孙武	唐墓200余座	唐代	高阳原墓葬区域	雁塔36
52	万城商物业丈八北路用地	雁塔区丈八路街办	2003年3月14日—4月16日	孙福喜等	唐墓4座	唐代	高阳原墓葬区域	雁塔40

续表

序号	项目名称	项目地点	工作时间	工作人员	遗址/墓葬情况简述	时代	所在水系/区域	对应编号
53	乐乐防盗门厂房	雁塔区鱼化寨街办	2003年5月3—10日	孙福喜等	唐墓1座	唐代	皂河西岸	雁塔42
54	钻石半岛（一期）	雁塔区长延堡街办	2003年10月	西安市文物保护考古所	唐墓2座	唐代	曲江池周边	雁塔52
55	西安理工大学曲江校区（一期）	雁塔区曲江街办	2004年1—5月	程林泉、张翔宇	隋墓数座	隋代	乐游原墓葬区	雁塔61
56	翠竹园	雁塔区曲江街办	2004年1月10日—3月4日	孙武、段增运	唐墓31座	唐代	曲江池周边	雁塔63
57	交大科技园国际孵化器中心	雁塔区曲江街办	2004年2月23日—3月3日	西安市文物保护考古所	唐墓1座	唐代	乐游原墓葬区	雁塔65
58	雁栖小区（C区）	雁塔区曲江街办	2004年2月27日—3月20日	王自力、邹亚军	唐墓7座	唐代	隋唐长安城“立政坊”	雁塔66
59	鼎盛商场	雁塔区曲江街办	2004年6月14—22日	李巨科	唐墓1座	唐代	少陵原墓葬区	雁塔74
60	绿岛书香	雁塔区曲江街办	2004年7月30日—8月11日	倪志俊	唐墓10座	唐代	乐游原墓葬区	雁塔78
61	西安出租车公司旅游分公司办公区	雁塔区等驾坡街办	2004年8月16—21日	孙武、王纪元	唐墓69座	唐代	乐游原墓葬区	雁塔80
62	曲江南苑	雁塔区曲江街办	2004年11月16—28日	孙武、李广全	唐墓5座	唐代	曲江池周边	雁塔84
63	雁曲五路	雁塔区曲江街办	2005年3月28日—4月11日	李乖成	唐墓21座	唐代	曲江池周边	雁塔91
64	和记黄埔·西安高新区（逸翠园小区）	雁塔区电子城街办	2005年5月17日—6月11日	张全民、郭永淇	唐墓10余座	唐代	高阳原墓葬区	雁塔96
65	西万路现代建材大世界	雁塔区电子城街办	2005年10月3—18日	袁长江	唐墓1座	唐代	高阳原墓葬区	雁塔106
66	雁湖小区	雁塔区曲江街办	2005年11月—2006年2月	王久刚、张小丽	唐墓20余座	唐代	曲江池周边	雁塔109
67	西高新义务教育学校	雁塔区丈八街办	2005年12月20—25日	孙武、王纪元	隋唐墓2座	隋唐时期	高阳原墓葬区	雁塔112
68	曲江南湖（南湖一号）	雁塔区曲江街办	2006年4—11月	袁长江、张小丽	隋唐曲江池遗址450000平方米、唐墓60余座	隋唐时期	曲江池周边	雁塔114
69	唐园假日新城	雁塔区长延堡街办	2006年3月23日—4月2日	袁长江、徐西平	隋唐墓3座	隋唐时期	凤栖原墓葬区	雁塔117
70	东南三环C3、C4标段	雁塔区曲江街办	2006年4—6月	王久刚、张小丽	唐墓10余座	唐代	少陵原墓葬区	雁塔120
71	紫荆花园	雁塔区曲江街办	2006年4月3日—5月13日	李乖成	唐墓5座	唐代	曲江池周边	雁塔121
72	翠竹园（三期）	雁塔区曲江街办	2008年11月	郭永淇、翟霖林	唐墓6座	唐代	曲江池周边	雁塔122

续表

序号	项目名称	项目地点	工作时间	工作人员	遗址/墓葬情况简述	时代	所在水系/区域	对应编号
73	康健小区	雁塔区曲江街办	2007年5月	张小丽	隋唐墓1座	隋唐时期	曲江池周边	雁塔123
74	陕西师范大学体操房	雁塔区长延堡街办	2006年4月23—29日	袁长江、徐西平	唐墓1座	唐代	凤栖原墓葬区	雁塔126
75	曲江·芙蓉坊（二次文勘）	雁塔区曲江街办	2006年4月28日—6月17日	倪志俊、李乖成	唐墓3座	唐代	隋唐长安城“曲池坊”	雁塔127
76	三兆住宅区	雁塔区曲江街办	2006年5月16—30日	李乖成	隋唐墓6座	隋唐时期	少陵原墓葬区	雁塔128
77	曲江国际会展中心（一期）	雁塔区长延堡街办	2006年7月	袁长江、辛龙	唐墓3座	唐代	凤栖原墓葬区	雁塔137
78	东南三环C5标段	雁塔区等驾坡街办	2006年8—10月	王久刚、张小丽	唐墓10余座	唐代	少陵原墓葬区	雁塔139
79	木塔寺苗圃	雁塔区丈八街办	2007年	张全民	唐代遗址2000平方米	唐代	隋唐长安城西南角“和平坊”	雁塔150
80	聚馨苑	雁塔区曲江街办	2006年12月10日—2007年1月4日	贺建宏、屈长福	隋唐墓7座	隋唐时期	曲江池周边	雁塔154
81	雁鸣小区小学	雁塔区曲江街办	2007年3月10—18日	袁长江、徐西平	唐墓2座	唐代	曲江池周边	雁塔161
82	雁东集中供热工程	雁塔区等驾坡街办	2007年5月28日—6月5日	倪志俊、郭稳定	唐墓11座	唐代	韩森案墓葬区	雁塔164
83	唐延路绿化带文物调查	雁塔区丈八街办	2007年6月5—16日	倪志俊、王纪元	隋唐长安城夯土遗址1处，古窑址1处	隋唐时期	隋唐长安城西墙	雁塔166
84	曲江池遗址	雁塔区曲江街办	2007年7—9月	张小丽、翟霖林	唐代遗址1000平方米	唐代	隋唐长安城东南“芙蓉园”	雁塔167
85	曲江·芙蓉湖畔	雁塔区曲江街办	2008年3—4月	翟霖林、李小武	唐墓数座	唐代	隋唐长安城范围内	雁塔170
86	西北化工研究院研发中心	雁塔区曲江街办	2007年5月	张小丽、辛龙	唐墓1座	唐代	乐游原墓葬区	雁塔171
87	华城财富中心	雁塔区长延堡街办	2007年8月10—30日	王自力、邹亚军	唐墓2座	唐代	凤栖原墓葬区	雁塔173
88	南湖中路	雁塔区曲江街办	2007年10月	倪志俊、李乖成	唐墓8座	唐代	曲江池周边	雁塔180
89	鸿基紫韵	雁塔区曲江街办	2007年10月8日—11月29日	倪志俊、李乖成	唐墓10余座	唐代	隋唐长安城“曲池坊”	雁塔181

续表

序号	项目名称	项目地点	工作时间	工作人员	遗址/墓葬情况简述	时代	所在水系/区域	对应编号
90	曲江南湖14#地	雁塔区曲江街办	2007年11月8—29日	西安市文物保护考古所	唐墓5座	唐代	隋唐长安城“曲池坊”	雁塔184
91	阳光花园（曲江明珠）	雁塔区曲江街办	2009年11月	张小丽	唐墓3座	唐代	曲江池周边	雁塔200
92	曲江城市花园	雁塔区曲江街办（曲江新区）	2008年12月2—5日	倪志俊、段新义	唐墓2座	唐代	曲江池周边	雁塔211
93	曲江池3号地	雁塔区曲江街办	2009年3月	倪志俊、李乖成	唐墓2座	唐代	隋唐长安城“曲池坊”	雁塔216
94	灞桥区廉租房小区	雁塔区等驾坡街办	2009年7—9月	张小丽	唐墓数座	唐代	浐河西岸	雁塔222
95	木塔寺东广场	雁塔区丈八路街办	2009年9月	张全民、郭永淇	唐墓1座	唐代	隋唐长安城“和平坊”	雁塔236
96	木塔寺遗址公园	雁塔区丈八街办	2009年9月15日—10月18日	张全民、刘广智	隋唐夯土2处，隋唐石砌建筑基址1处	隋唐时期	隋唐长安城“和平坊”	雁塔239
97	陕西省交通集团	雁塔区长延堡街办	2009年10月	张小丽	唐墓1座	唐代	凤栖原墓葬区	雁塔243
98	西安市城南客运站	雁塔区长延堡街办	2010年6月	张全民	唐墓1座	唐代	凤栖原墓葬区	雁塔252
99	曲江·零邑	雁塔区曲江街办	2010年2月8—28日	李乖成	唐墓2座	唐代	少陵原墓葬区	雁塔258
100	金地湖城大境5、6号地块	雁塔区曲江街办	2010年3月10—30日	张翔宇、杨斌斌、李乖成	唐墓5座	唐代	隋唐长安城“曲池坊”	雁塔261
101	杜陵邑广场	雁塔区曲江街办	2010年4月	张全民、郭永淇	唐墓1座	唐代	少陵原墓葬区	雁塔267
102	紫薇·曲江意境	雁塔区曲江街办	2010年7月15日—8月5日	张小丽、刘天运	隋唐墓10余座	隋唐时期	曲江池周边	雁塔277
103	拓锐国际	雁塔区长延堡街办	2010年8月28日—11月7日	西安市文物保护考古所	唐墓3座	唐代	凤栖原墓葬区	雁塔282
104	汇博林	雁塔区曲江街办	2010年10月10—19日	张小丽、王纪元	唐墓2座	唐代	乐游原墓葬区	雁塔285
105	神舟大道（北段）	雁塔区曲江街办	2010年11月18日—12月10日	张翔宇、徐西平、赵亚军	唐墓3座	唐代	少陵原墓葬区	雁塔287
106	青龙寺日式料理项目	雁塔区大雁塔街办	2010年12月	郭永淇、辛龙等	唐代古井16口	唐代	隋唐长安城“靖恭坊”	雁塔298
107	华杰健身体育中心	长安区韦曲街办	2000年9月	程林泉、王久刚	唐墓10座	唐代	少陵原墓葬区	长安1

续表

序号	项目名称	项目地点	工作时间	工作人员	遗址/墓葬情况简述	时代	所在水系/区域	对应编号
108	西安邮电学院长安校区	长安区郭杜街办	2001年7月—2002年8月	王久刚	唐墓10余座	唐代	高阳原墓葬区	长安5
109	陕西师范大学新校区	长安区郭杜街办	2001年12月—2002年11月	张全民、刘呆运、王久刚	隋唐墓10余座	隋唐时期	高阳原墓葬区	长安6
110	西部绒业公司厂房	长安区郭杜街办	2001年12月25日	罗胜安、刘平安	唐墓6座，墓道2条	唐代	高阳原墓葬区	长安8
111	陕西师范大学新校区后勤集团基建工地	长安区郭杜街办	2002年4—7月	杨军凯	唐墓10余座	唐代	高阳原墓葬区	长安9
112	西北政法大学新校区	长安区郭杜街办	2002年4—10月	后晓荣、孙福喜	唐墓10余座	唐代	高阳原墓葬区	长安10
113	紫薇田园都市K区（秦岭叠翠K区）	长安区郭杜街办	2002年10—11月	王久刚、张小丽	隋墓1座、唐墓49座	隋唐时期	高阳原墓葬区	长安12
114	光机所（南区）	长安区郭杜街办	2003年7月5—20日	张全民	唐墓3座	唐代	高阳原墓葬区	长安18
115	光机所（北区）	长安区郭杜街办	2003年7月11日—12月11日	张全民	唐墓6座	唐代	高阳原墓葬区	长安19
116	金钼花园	长安区韦曲街办	2004年	张全民	唐墓10座	唐代	少陵原墓葬区	长安20
117	西安邮电学院学生公寓	长安区郭杜街办	2004年2月28日—3月6日	倪志俊	唐墓15座	唐代	毕原墓葬区	长安21
118	西安外国语学院长安校区（一期）	长安区郭杜街办	2004年	张全民	唐墓28座	唐代	高阳原墓葬区	长安22
119	邓南村建材市场	长安区郭杜街办	2004年12月中旬	张全民	隋唐墓8座	隋唐时期	高阳原墓葬区	长安24
120	广丰公司厂房	长安区郭杜街办	2005年5月	张全民、李小武	唐墓8座	唐代	高阳原墓葬区	长安25
121	子午大道（韦郭路—丈八路段）	长安区郭杜街办	2005年3月21日—2008年7月10日	王自力、邹亚军	隋唐墓10座	隋唐时期	毕原墓葬区	长安26
122	军野公司厂房	长安区韦曲街办	2005年4月10—17日	张全民	唐墓8座	唐代	少陵原墓葬区	长安29
123	西岳公司厂房	长安区郭杜街办	2005年4月20日—5月14日	孙武、种保民	唐墓23座	唐代	细柳原墓葬区	长安30
124	郭杜街办住宅楼	长安区郭杜街办	2005年5月16—20日	倪志俊、王纪元	唐墓2座	唐代	毕原墓葬区	长安32
125	美国美光公司厂房	长安区郭杜街办	2005年7月13—30日	孙武、王纪元	唐墓14座	唐代	毕原墓葬区	长安33
126	110千伏长安东变电所	长安区韦曲街办	2005年9月	孙武、王志浩	唐墓5座	唐代	少陵原墓葬区	长安34
127	长安新城（智慧城）	长安区郭杜街办	2005年9月	程林泉、邹亚军	唐墓12座	唐代	毕原墓葬区	长安35
128	神舟三路、工业一路、工业二路	长安区韦曲街办	2005年9月	程林泉、邹亚军	唐墓13座	唐代	少陵原墓葬区	长安36

续表

序号	项目名称	项目地点	工作时间	工作人员	遗址/墓葬情况简述	时代	所在水系/区域	对应编号
129	陕西广播电视大学新校区	长安区郭杜街办	2005年9月5—9日	孙武、王纪元	唐墓5座	唐代	凤栖原墓葬区	长安37
130	塔斯曼公司厂房	长安区郭杜街办	2005年10月5—11日	孙武、王纪元	唐墓13座	唐代	毕原墓葬区	长安38
131	高新区进出口加工区	长安区郭杜街办	2005年11月19—23日	孙武、王纪元	唐墓7座	唐代	毕原墓葬区	长安41
132	天惠公司厂房	长安区韦曲街办	2005年11月21—29日	王自力、邹亚军	唐墓4座	唐代	少陵原墓葬区	长安42
133	长远公司厂房	长安区韦曲街办	2005年12月9—29日	邹亚军	唐墓27座	唐代	少陵原墓葬区	长安44
134	乳庄变电站	长安区郭杜街办（高新区）	2006年3月15—20日	王纪元	唐墓4座，护墓沟1条	唐代	高阳原墓葬区	长安45
135	陕西师范大学长安校区（二期）	长安区郭杜街办	2006年2月17日—5月29日	李尔吾、张全民、王喜刚等	古墓葬若干	隋唐时期	高阳原墓葬区	长安46
136	绿迪·X-亚麻酸项目	长安区韦曲街办	2006年3月5—14日	王纪元	唐墓10座	唐代	少陵原墓葬区	长安48
137	融发·沁园·心园	长安区郭杜街办	2006年3月15日—5月15日	张全民、李小武、王喜刚	唐墓若干	唐代	高阳原墓葬区	长安50
138	美国应用材料厂房	长安区郭杜街办	2006年3月24日—4月15日	王纪元	唐墓12座	唐代	高阳原墓葬区	长安51
139	森舍公司厂房	长安区韦曲街办	2006年4月10—17日	王纪元	唐墓7座	唐代	少陵原墓葬区	长安53
140	泰戈公司厂房	长安区韦曲街办	2006年4月14—26日	王纪元	唐墓2座	唐代	少陵原墓葬区	长安54
141	华明公司厂房	长安区郭杜街办	2006年6月25日—7月3日	王纪元	唐墓10座	唐代	毕原墓葬区	长安56
142	经二十二街（乳庄南—韦斗路）	长安区郭杜街办	2006年9月	倪志俊、王纪元	唐墓6座	唐代	高阳原墓葬区	长安58
143	西柞建设管理处办公生活区	长安区韦曲街办	2006年11月10—27日	西安市文物保护考古所	唐墓15座	唐代	少陵原墓葬区	长安61
144	城南香榭·国色天香	长安区郭杜街办	2007年3月30日—5月30日	孙武、郭稳定	唐墓194座	唐代	毕原墓葬区	长安64
145	七一七一厂-3工程	长安区韦曲街办	2008年1—8月	杨军凯	唐墓15座	唐代	少陵原墓葬区	长安66
146	西部慧谷集中供热（一期）工程	长安区韦曲街办	2007年7月	倪志俊、郭稳定	唐墓15座	唐代	少陵原墓葬区	长安67
147	国中星城（林隐天下）	长安区郭杜街办	2008年5—6月	张全民	唐墓14座	唐代	高阳原墓葬区	长安72
148	西安航天科技产业基地标准厂房	长安区韦曲街办	2007年11月5—20日	孙武	唐墓4座	唐代	少陵原墓葬区	长安74
149	西部大道（西沣公路—朱雀大街）	长安区郭杜街办	2008年4—7月	倪志俊、王纪元	唐墓40余座	唐代	毕原墓葬区	长安76

续表

序号	项目名称	项目地点	工作时间	工作人员	遗址/墓葬情况简述	时代	所在水系/区域	对应编号
150	太阳水岸新城	长安区韦曲街办	2008年4—5月	张全民	唐墓5座	唐代	少陵原墓葬区	长安77
151	樱花西苑	长安区郭杜街办	2008年5月	张全民	唐墓7座	唐代	高阳原墓葬区	长安78
152	长安星园（长安馨苑）	长安区郭杜街办	2008年9月	张小丽、辛龙	唐墓数座	唐代	高阳原墓葬区	长安83
153	省国防科工委、省核工业地质局住宅楼	长安区韦曲街办	2008年8月10—17日	倪志俊、李乖成	唐墓1座	唐代	少陵原墓葬区	长安84
154	一汽奥迪4S店	长安区韦曲街办	2008年12月	张全民	隋墓数座	隋代	少陵原墓葬区	长安87
155	创业孵化集群（北区）	长安区韦曲街办	2009年3—4月	张全民、郭永淇	隋唐墓1座	隋代	少陵原墓葬区	长安90
156	陕西省核工业地质调查院	长安区韦曲街办	2009年4—5月	杨军凯、郭永淇	唐墓4座	唐代	少陵原墓葬区	长安91
157	东长安街（南福）	长安区韦曲街办	2009年6月	杨军凯、郭永淇	唐墓2座	唐代	少陵原墓葬区	长安94
158	航天中路东延伸段	长安区韦曲街办	2009年9—11月	张全民、郭永淇	隋唐墓数座	隋唐时期	少陵原墓葬区	长安98
159	东长安街石椁墓	长安区韦曲街办	2009年8—9月	张小丽、郭永淇	唐代石椁墓1座	唐代	少陵原墓葬区	长安101
160	绿洲半岛	长安区韦曲街办	2009年8月2日—9月2日	张全民、郭永淇	隋墓1座，唐墓2座	隋唐时期	少陵原墓葬区	长安102
161	长安121项目（天赐颐府）	长安区韦曲街办	2009年12月—2010年11月	张全民、郭永淇	唐墓6座	唐代	少陵原墓葬区	长安104
162	产业园建设A区	长安区韦曲街办	2009年9月8日—10月9日	倪志俊	唐墓2座	唐代	少陵原墓葬区	长安105
163	华商传媒产业基地	长安区郭杜街办	2009年9月20日—11月28日	张全民、段新义	唐代墓37座	唐代	少陵原墓葬区	长安106
164	第五〇四研究所	长安区韦曲街办	2009年10月	张小丽	唐墓2座	唐代	少陵原墓葬区	长安109
165	金桥·紫禁长安	长安区韦曲街办	2009年11月4—30日	杨军凯、郭永淇	隋唐墓1座	隋唐时期	少陵原墓葬区	长安111
166	航天基地垃圾压缩站	长安区韦曲街办	2009年12月—2010年1月	杨军凯、郭永淇	隋唐墓6座	隋唐时期	少陵原墓葬区	长安113
167	雁塔南路（皇子坡段）	长安区韦曲街办	2010年5—6月	张全民、郭永淇	唐墓3座	唐代	少陵原墓葬区	长安116
168	航天中路道路	长安区韦曲街办	2010年6月10—18日	张全民、郭永淇	唐墓1座	唐代	少陵原墓葬区	长安117
169	航天基地7103厂601#钎焊厂房	长安区韦曲街办	2009年3—4月	张全民、郭永淇	唐墓16座	唐代	少陵原墓葬区	长安119
170	西安航天发动机厂锅炉房及配套设施	长安区韦曲街办	2010年3月23日—4月1日	李乖成	隋唐墓2座	隋唐时期	少陵原墓葬区	长安120

序号	项目名称	项目地点	工作时间	工作人员	遗址/墓葬情况简述	时代	所在水系/区域	对应编号
171	万科·常春藤	长安区郭杜街办	2010年5月	杨军凯、郭永淇	唐墓4座	隋唐时期	高阳原墓葬区	长安122
172	朝光置业房地产项目	长安区韦曲街办	2010年6月2日—7月12日	张翔宇、王志浩	隋唐墓10余座	唐代	少陵原墓葬区	长安127
173	卡布奇诺国际社区	长安区韦曲街办	2010年7月11—31日	张小丽、郭永淇	唐墓3座	唐代	少陵原墓葬区	长安128
174	航天南路道路	长安区韦曲街办	2010年11月	杨军凯、郭永淇	汉墓10余座	汉代	少陵原墓葬区	长安133
175	西京学院（南区）	长安区韦曲街办	2010年10月	张小丽、朱连华	隋唐墓数座	隋唐时期	少陵原墓葬区	长安134
176	海升果业总部及研发中心	长安区韦曲街办	2010年10月27日—11月2日	张翔宇、杨斌斌、李乖成	唐墓5座	唐代	少陵原墓葬区	长安136
177	神舟六路	长安区韦曲街办	2010年11月	杨军凯、郭永淇	唐墓11座	唐代	少陵原墓葬区	长安138
178	航天住宅小区	长安区韦曲街办	2010年11月—2011年7月	杨军凯、郭永淇、辛龙	唐墓2座	唐代	少陵原墓葬区	长安139
179	阿房宫遗址保护设施建设（前殿遗址防护围栏及沙石路部分）	长安区王寺街办	2010年11月10—30日	张翔宇、邹亚军	唐墓1座	唐代		长安141
180	神光·蓝宝石单晶片生产基地（补探）	长安区韦曲街办	2010年9月	杨军凯、郭永淇	唐墓10余座	唐代	少陵原墓葬区	长安142
181	信泰公司厂房及动力站	长安区郭杜街办	2010年12月10—16日	张翔宇、徐西平、赵亚军	唐墓数座	唐代	高阳原墓葬区	长安143
182	纺织城基建工程	灞桥区纺织城街办	1995年12月	王自力	唐墓数座	唐代	白鹿原墓葬区	灞桥1
183	向阳坊社区	灞桥区纺织城街办	2001年1月	王自力、孙福喜、王磊	唐墓2座	唐代	白鹿原墓葬区	灞桥6
184	绕城高速公路（马家沟段）	灞桥区红旗街办	2002年4—5月	杨军凯、冯健、王磊	唐墓1座	唐代	白鹿原墓葬区	灞桥12
185	砚湾村唐墓	灞桥区洪庆街办	2002年6—11月	王久刚	唐墓1座	唐代	洪庆原墓葬区	灞桥13
186	航天四院三线调迁和高新工程配套	灞桥区洪庆街办	2003年4月6日—5月9日	孙福喜等	唐墓10余座	唐代	洪庆原墓葬区	灞桥15
187	西安东方培训学院（一期）	灞桥区狄寨街办	2003年4月9—30日	孙福喜	唐墓1座	唐代	白鹿原墓葬区	灞桥16
188	唐代齐瓘墓前碑石	灞桥区纺织城街办	2005年4月下旬	王久刚	碑石	唐代	白鹿原墓葬区	灞桥23
189	东三环C10标段	灞桥区灞桥街办	2006年3月8日—5月12日	王久刚、张小丽	隋唐墓88座	隋唐	铜人原墓葬区	灞桥29
190	纺织城客运站	灞桥区席王街办	2008年6月21日—7月9日	袁长江、种保民	唐墓5座	唐代	白鹿原墓葬区	灞桥40
191	长乐坡村城改	灞桥区十里铺街办	2010年5月8—12日	郭永淇	唐墓1座	唐代	浐河西岸	灞桥55

续表

序号	项目名称	项目地点	工作时间	工作人员	遗址/墓葬情况简述	时代	所在水系/区域	对应编号
192	巴黎大厦	灞桥区十里铺街办	2010年11月22—29日	郭永淇、刘天运	唐墓1座	唐代	浐河西岸	灞桥67
193	纺厦兴苑	灞桥区纺织城街办	2010年11月28日—2011年4月28日	杨军凯、邹亚军、刘天运	唐墓3座	唐代	白鹿原墓葬区	灞桥69
194	省道107（蓝田县厚镇—长安区太乙宫）	蓝田县厚镇	2006年7月	张宏达	隋唐墓10余座	隋唐时期	灞河北岸	蓝田45
195	新丰镇编组站改	临潼区新丰街办、秦陵街办	2007年4—8月	王久刚、郭永淇	唐墓20余座	唐代	秦陵墓葬区	临潼5
196	陕汽公司商用车厂房	高陵县泾渭街办	2004年2月13日—3月28日	袁长江、徐西平	唐墓10余座	唐代	泾渭河交汇处	高陵3
197	泾河产业园区中钢工地	高陵县泾渭街办	2006年8—10月	杨军凯（陕西省考古研究所合作发掘）	唐墓7座	唐代	泾渭河交汇处	高陵18
198	城乡生活垃圾资源化处理厂	阎良区凤凰街办	2010年12月28日—2011年1月14日	朱连华、李乖成、王吉林	唐墓4座	唐代		阎良5
199	八云塔	周至县二曲镇	2000年11月、2011年11月	王自力等	仿木结构、密檐式空心砖塔	唐代		周至7

（六）西安市范围内宋元时期遗迹分布表

序号	项目名称	项目地点	工作时间	工作人员	遗址/墓葬情况简述	时代	所在水系/区域	对应编号
1	佳馨花园	未央区大明宫街办	2002年8—10月	孙武、张小丽	宋墓数座	宋	龙首原墓葬区	未央21
2	珠江新城（二期）	未央区辛家庙街办	2009年9月—2010年5月	张翔宇、柴怡	宋墓1座	宋	龙首原墓葬区	未央206
3	黄河厂九街坊2期	新城区长乐中路街办	2001年7—9月	孙福喜、王自力、冯健等	元墓1座	元	龙首原墓葬区	新城3
4	华清路职工住宅小区	新城区胡家庙街办	2010年7月1—19日	杨军凯、郭永淇	元墓2座	元	龙首原墓葬区	新城45
5	曲江花园	雁塔区曲江街办	2002年3—7月	程林泉、袁长江	宋元墓葬数座	宋元	曲江池周边	雁塔17
6	世家星城（二期）	雁塔区长延堡街办	2003年5月—2004年6月	王久刚、张小丽	宋元墓葬数座	宋元	凤栖原墓葬区	雁塔36
7	长延堡派出所办公楼	雁塔区长延堡街办	2004年5月	王久刚	元墓1座	元	凤栖原墓葬区	雁塔70
8	曲江溪水园（枫林·溪园）	雁塔区长延堡街办	2005年1月	王久刚、王磊	元墓1座	元	凤栖原墓葬区	雁塔86
9	和记黄埔·西安高新区（逸翠园小区）	雁塔区电子城街办	2010年6月4—14日	张全民、郭永淇	宋墓1座	宋	高阳原墓葬区	雁塔96
10	康健小区	雁塔区曲江新区	2006年4月3—20日	张小丽	宋、元墓59座	宋元	凤栖原墓葬区	雁塔123

续表

序号	项目名称	项目地点	工作时间	工作人员	遗址/墓葬情况简述	时代	所在水系/区域	对应编号
11	雁塔南路步行街改造	雁塔区大雁塔街办	2009年8月	袁长江、张小丽	元墓1座	元	乐游原墓葬区	雁塔229
12	木塔寺东广场	雁塔区丈八路街办	2009年9月	张全民、郭永淇	北宋墓1座	宋	高阳原墓葬区	雁塔236
13	建隆小区（曲江·紫汀苑）	雁塔区曲江街办	2009年9月18日—10月20日	倪志俊、徐西平	宋墓数座	宋	曲江池周边	雁塔241
14	青龙寺	雁塔区大雁塔街办	2010年1月	张全民、郭永淇	元墓1座	元	乐游原墓葬区	雁塔254
15	西安邮电学院体育馆	长安区郭杜街办	2003年4月	西安市文物保护考古所	宋墓3座	宋	高阳原墓葬区	长安16
16	金钼花园	长安区韦曲街办	2004年	张全民	宋墓1座	宋	少陵原墓葬区	长安20
17	西安外国语学院长安校区（一期）	长安区郭杜街办	2004年6月10日—7月10日	孙武、段增运	宋墓数座	宋	高阳原墓葬区	长安22
18	西安航天科技产业基地1500吨硅片项目	长安区韦曲街办	2007年12月—2008年9月	张全民、郭永淇	宋元墓葬数座	宋元	少陵原墓葬区	长安75
19	一汽奥迪4S店	长安区韦曲街办	2008年11月12—20日	张全民	元墓2座	元	少陵原墓葬区	长安87
20	航天中路东延伸段	长安区韦曲街办	2009年9—11月	张全民、郭永淇	宋墓2座	宋	少陵原墓葬区	长安98
21	雁塔南路（皇子坡段）	长安区韦曲街办	2010年5—6月	张全民、郭永淇	宋墓1座	宋	少陵原墓葬区	长安116
22	万科·常春藤	长安区郭杜街办	2010年5月	杨军凯、郭永淇	宋墓1座	宋	高阳原墓葬区	长安122
23	乳家庄宋代砖雕墓	长安区郭杜街办	2010年9月	张小丽	宋墓1座	宋	高阳原墓葬区	长安131
24	陕西馨海实业公司（保时捷4S店）	长安区韦曲街办	2010年10月17—25日	杨军凯、郭永淇	宋墓2座	宋	少陵原墓葬区	长安135
25	东三环C10标段	灞桥区灞桥街办	2006年	王久刚、张小丽	宋墓8座	宋	洪庆原墓葬区	灞桥29
26	蓝田五里头村吕氏家族墓葬区	蓝田县三里镇	2006年12月—2009年12月	张蕴、王久刚、刘思哲等	宋墓9座	宋	灞河北岸	蓝田46
27	周至大秦寺	周至县楼观镇	2009年11月	张小丽、辛龙	宋墓1座	宋	秦岭北麓	周至5

（七）西安市范围内明清时期遗迹分布表

序号	项目名称	项目地点	工作时间	工作人员	遗址/墓葬情况简述	时代	所在水系/区域	对应编号
1	佳馨花园	未央区大明宫街办	2002年8—10月	孙武、张小丽	明墓10余座	明代	龙首原墓葬区	未央21
2	地铁二号线（北客站—长延堡）		2006年9月	倪志俊、李乖成	明清墓数座	明清时期	龙首原—凤栖原墓	未央109

续表

序号	项目名称	项目地点	工作时间	工作人员	遗址/墓葬情况简述	时代	所在水系/区域	对应编号
3	聚源小区A栋商住楼	莲湖区北院门街办	2005年5月29日—7月10日	张全民、刘广智	古井98口	明、清	明清城墙范围内	莲湖39
4	荣民国际大厦	碑林区南院门街办	2006年4月	张全民、刘广智	古井数口	明清时期	明清城墙范围内	碑林21
5	明秦王府城墙遗址南城墙段	新城区西一路街办	2008年12月25—30日	西安市文物保护考古所	明秦王府城墙遗址	明代	明清城墙范围内	新城36
6	西安财政管理干部培训中心（现曲江宾馆）	雁塔区长延堡街办	1997年2月	韩宝全、孙武、张全民、冉万里	明墓数座	明代	凤栖原墓葬区	雁塔1
7	金滹沱村被盗古墓葬	雁塔区曲江街办	1999年8月	王久刚、程林泉、王磊	明墓1座	明代	曲江池周边	雁塔7
8	雁塔南路	雁塔区长延堡街办	2002年3—5月	程林泉、张翔宇	明墓10余座	明代	曲江池周边	雁塔22
9	雁塔南路延伸段（绕城南—雁长界）	雁塔区长延堡街办	2003年10月	王久刚、张小丽	明墓2座	明代	凤栖原墓葬区	雁塔45
10	西安理工大学曲江校区（二期）	雁塔区曲江街办	2004年1月	程林泉、张翔宇	明墓数座	明代	曲江池周边	雁塔61
11	交大科技园国际孵化器中心	雁塔区曲江街办	2004年2月23日—3月3日	西安市文物保护考古所	明清墓1座	明清时期	曲江池周边	雁塔65
12	司法局劳教所干警住宅楼（一期）（司法小区）	雁塔区长延堡街办	2004年5月9—18日	孙福喜、王自力、邹亚军	明墓2座	明代	凤栖原墓葬区	雁塔72
13	雁鸣小区（二期）	雁塔区曲江街办	2005年5—7月	程林泉、张翔宇	明墓30余座	明代	曲江池周边	雁塔89
14	和记黄埔·高新区用地（逸翠园小区）	雁塔区电子城街办	2010年6月4—14日	张全民、郭永淇	明墓3座	明代	高阳原墓葬区	雁塔96
15	东南三环C3、C4标段	雁塔区曲江街办	2006年4—6月	王久刚、张小丽	明墓20余座	明代	少陵原墓葬区	雁塔120
16	康健小区	雁塔区曲江新区	2006年4月3—20日	张小丽	宋元明清古墓59座	明清	凤栖原墓葬区	雁塔123
17	东南三环C5标段	雁塔区等驾坡街办	2006年8—10月	王久刚、张小丽	明墓20余座	明代	少陵原墓葬区	雁塔139
18	曲江·芙蓉湖畔	雁塔区曲江街办	2008年3—4月	翟霖林、李小武	明墓数座	明代	曲江池周边	雁塔170
19	甘家寨安置楼	雁塔区电子城街办	2008年8月10日—9月10日	倪志俊、王纪元	明清墓41座	明清时期	高阳原墓葬区	雁塔204
20	陕西省科技资源中心	雁塔区丈八街办	2009年5月14—18日	倪志俊、李乖成	明清墓3座	明清时期	高阳原墓葬区	雁塔221
21	紫薇·永和坊	雁塔区长延堡街办	2009年7月16日—8月3日	孙勇	明清墓葬4座	明清时期	凤栖原墓葬区	雁塔226

续表

序号	项目名称	项目地点	工作时间	工作人员	遗址/墓葬情况简述	时代	所在水系/区域	对应编号
22	武警部队陕西省总队医院病房楼	雁塔区大雁塔街办	2009年8月	张全民、郭永淇	明墓2座	明代	乐游原墓葬区	雁塔233
23	木塔寺东广场	雁塔区丈八路街办	2009年9月	张全民、郭永淇	明清墓1座	明清	高阳原墓葬区	雁塔236
24	木塔寺遗址公园	雁塔区丈八街办	2009年9月15日—10月18日	张全民、刘广智	明清夯土2处	明清时期	高阳原墓葬区	雁塔239
25	建隆小区（曲江·紫汀苑）	雁塔区曲江街办	2010年6月7日—12月11日	张翔宇、郭永淇	明清墓10余座	明清时期	曲江池周边	雁塔241
26	汇博林	雁塔区曲江街办	2010年10月10—19日	张小丽、王纪元	明墓1座	明代	乐游原墓葬区	雁塔285
27	西安外事学院南校区二期规划用地教学楼公寓楼用地	雁塔区鱼化寨街办	2010年12月23日—2011年1月6日	张翔宇、李斌	明清墓2座	明清时期	皂河流域	雁塔297
28	华杰健身体育中心	长安区韦曲街办	2000年9月	程林泉、王久刚	明墓19座	明代	少陵原墓葬区	长安1
29	陕西师范大学新校区后勤集团基建工地	长安区郭杜街办	2002年4—7月	杨军凯	明墓10余座	明代	高阳原墓葬区	长安9
30	金钼花园	长安区韦曲街办	2004年	张全民	明墓数座	明代	少陵原墓葬区	长安2[illegible]
31	绿迪·X-亚麻酸项目	长安区韦曲街办	2006年3月5—14日	王纪元	明清墓7座	明清时期	少陵原墓葬区	长安8
32	LED半导体照明标准厂房	长安区韦曲街办	2009年7月	郭永淇	清代时期古窑址7处	清代	少陵原墓葬区	长安92
33	绿洲半岛	长安区韦曲街办	2010年3月13—30日	张全民、郭永淇	明墓5座	明代	少陵原墓葬区	长安102
34	长安121项目（天赐颐府）	长安区韦曲街办	2009年12月—2010年1月	张全民、郭永淇	明墓2座	明代	少陵原墓葬区	长安104
35	万科·常春藤	长安区郭杜街办	2010年5月	杨军凯、郭永淇	明清墓葬4座	明清时期	高阳原墓葬区	长安122
36	服务外包产业园	长安区韦曲街办	2010年5月1—12日	王久刚、杨军凯、辛龙等	明墓10余座	明代	少陵原墓葬区	长安123
37	航天南路道路	长安区韦曲街办	2010年11月	杨军凯、郭永淇	清墓10余座	清代	少陵原墓葬区	长安133
38	航天住宅小区	长安区韦曲街办	2010年11月—2011年7月	杨军凯、郭永淇、辛龙	明墓数座	明代	少陵原墓葬区	长安139
39	东三环C10标段	灞桥区灞桥街办	2006年	王久刚、张小丽	明墓9座，清墓2座	明清时期	洪[illegible]原墓[illegible]区	灞桥29
40	佛坪厅故城遗址考古调查（一期）	周至县厚畛子镇	2006年11月	张小丽、王志勇、田清梅、任茂	周至佛坪厅故城遗址	清代	[illegible]岭[illegible]麓	周至4

（八）时代不详项目表

序号	项目名称	项目地点	工作时间	工作人员	遗址/墓葬情况简述	时代	对应编号
1	杨善寨小学教学楼	未央区汉城街办	1999年7月20日	王光天、杨新建	发现古墓葬1座，古井3口	不详	未央5
2	陕西三印19#、22#、23#、24#住宅楼	未央区三桥街办	2001年10月31日	王光天、王峰、王皓	共发现古墓葬37座	不详	未央13
3	红光花园A3、A4姑娘楼	未央区三桥街办	2003年4月	王光天、郭安定	古河道1条，古井1口	不详	未央26
4	粤华·凤城家园	未央区张家堡街办	2008年3月2—14日	倪志俊、郭稳定	古窑址1座	不详	未央157
5	雅荷春天（三期）	未央区张家堡街办	2008年7月19—21日	倪志俊、李乖成	古墓葬8座，古窑址1处	不详	未央166
6	大明宫污水改建工程	未央区大明宫街办	2009年11月3—10日	袁长江、王晓鹏、杨军荣	古墓葬1座	不详	未央215
7	浐沱锦绣安置（南区）	未央区谭家街办	2011年3月	张翔宇	古窑址1座	不详	未央257
8	团结小区	莲湖区土门街办	1998年12月1日	李聚振	古井1口、古窑址1处	不详	莲湖2
9	大白杨14#、15#仓库	莲湖区红庙坡街办	1999年3月9日	王光天、董天庆	古墓葬2座，古墓道4条	不详	莲湖3
10	大马路村2#住宅楼	莲湖区枣园街办	1999年5月23日	李聚振	古墓葬1座	不详	莲湖4
11	西安新华印刷厂报轮车间、配电室	莲湖区土门街办	1999年6月29日	王光天、杜宝生	古河道1条，古井1口	不详	莲湖5
12	西安制药厂项目	莲湖区土门街办	1999年7月20日—8月25日	李聚振	古墓葬13座，古墓道3条	不详	莲湖6
13	劳动公园住宅小区1#公寓楼	莲湖区桃园路街办	1999年9月7日	李聚振	古墓2座，古井1口	不详	莲湖7
14	陈家寨村委会住宅楼	莲湖区枣园街办	1999年8月30日	李聚振	古墓8座，古井1口	不详	莲湖8
15	西安机电学校公寓楼	莲湖区西关街办	2001年11月10日	王光天、董乘顺	古河道1条	不详	莲湖12
16	地局北大街管理所	莲湖区青年路街办	2002年9月13日	李亚全	古墓葬1座，古井2口	不详	莲湖13
17	西安市第一中学锅炉房	莲湖区环城西路街办	2002年10月16日	赵亚军、赵永建	古井2口	不详	莲湖15
18	万山花园	莲湖区桃园路街办	2003年12月—2004年1月4日	王光天、赵亚军	古井6口	不详	莲湖20
19	儿童院门诊医技综合楼	莲湖区北院门街办	2009年5月10日—2010年2月28日	王自力、刘军利	古井11口	不详	莲湖60
20	东方学实验楼	新城区韩森寨街办	1999年1月17日	李聚振	古墓葬1座	不详	新城2
21	黄新村	新城区长乐中路街办	2002年1月	王光天、卢增气	古墓葬8座，墓道1条，古窑址1处	不详	新城4

续表

序号	项目名称	项目地点	工作时间	工作人员	遗址/墓葬情况简述	时代	对应编号
22	云锦大厦	新城区西一路街办	2002年9月18日	王光天	古井26口	不详	新城7
23	西安市市政二公司二工区家属楼	新城区长乐中路街办	2002年12月3日	陈海彦	古墓葬12座，古井1口	不详	新城8
24	第三十中学综合楼	新城区西一路街办	2002年12月23日	罗胜安	古井1口	不详	新城9
25	黄河厂十六街坊1#、2#、3#、4#、5#楼、热交换站水箱	新城区长乐中路街办	2003年12月14日—2004年10月7日	王光天、卢增奇	古墓葬2座	不详	新城13
26	昆仑厂十六街坊经济适用房	新城区长乐中路街办	2010年7月2—16日	尚民杰、邹亚军	古墓葬1座	不详	新城47
27	西铁中心医院综合楼（西安市第九医院）	碑林区太乙路街办	2001年8月	王光天、卢增奇、雷翔	古井2口	不详	碑林1
28	陕西省测绘局科技综合楼	碑林区文艺路街办	2002年1月5日	刘平安、罗胜安	古井1口	不详	碑林5
29	西安市第八十六中教学实验楼	碑林区文艺路街办	2002年4月25日	范宏岐、范秀云	古井11口	不详	碑林6
30	荣民酒店	碑林区南院门街办	2004年3月25日—4月15日	张全民、刘广智	古井58口	不详	碑林11
31	云锦苑	碑林区太乙路街办	2006年10月29—31日	程林泉、雷全	古井12口	不详	碑林23
32	欧风园商住楼	雁塔区长延堡街办	1998年12月8日	王光天、范宏岐	古井6口	不详	雁塔
33	西安电子科技大学东南院（二期）	雁塔区电子城街办	1999年1月31日—2000年3月15日	王光天、范宏岐	古井12口	不详	雁塔4
34	西安3507厂43#、44#楼项目	雁塔区鱼化寨街办	1999年3月23日	李聚振	古井3口	不详	雁塔6
35	陕西教育学院综合楼（A、B楼）	雁塔区小寨路街办	1999年1月24日—4月10日	李聚振	古墓葬11座，古墓道3条	不详	雁塔5
36	中船重工705所1#楼扩建、3#楼、花园	雁塔区长延堡街办	2000年4月29日—2001年8月20日	王光天、范宏岐、徐西平、赵亚军	古井17口	不详	雁塔9
37	西安电子科技大学阶梯教室、蓄水池、超市	雁塔区电子城街办	2001年1月3日—8月24日	王光天、范宏岐	古墓葬1座，古井50口	不详	雁塔14
38	西安欧亚学院雁塔校区学生公寓楼	雁塔区电子城街办	2001年2月13日	王光天、徐西平、赵亚军	古墓葬43座，古井70口	不详	雁塔15
39	西安电子科技大学中心配电室、锅炉房	雁塔区电子城街办	2002年6月2日	王光天、赵亚军、雷中厚	古井11口	不详	雁塔24
40	西北工业大学软件学院本科生宿舍楼项目	雁塔区丈八路街办	2002年10月	王光天、张龙鱼、赵亚军	古井4口	不详	雁塔29

续表

序号	项目名称	项目地点	工作时间	工作人员	遗址/墓葬情况简述	时代	对应编号
41	包装市场小区	雁塔区电子城街办	2003年12月6日	张达宏	古窑址1处	不详	雁塔60
42	唐延路东侧储备地	雁塔区丈八街办	2007年9月17日—10月3日	倪志俊、李乖成	古窑址2处	不详	雁塔175
43	陕西开元药厂厂房	长安区郭杜街办	2001年10月11日	邹亚军等	古墓葬1座，墓道5条，墓室8座，古井2口	不详	长安7
44	引镇粮站商住楼	长安区引镇街办	2003年1月25日	王光天、张龙鱼、赵亚军	墓道5条	不详	长安13
45	骊晶电子技术公司厂房	长安区郭杜街办	2003年3月2日	王光天、邹亚军	墓道1条	不详	长安14
46	法士特家属区（三期）	长安区郭杜街办	2009年11月27日—12月10日	倪志俊、王纪元	古窑址3座	不详	长安114
47	国棉五厂家属院蓄水池项目	灞桥区纺织城街办	1999年4月18日	王光天、范宏岐	古墓葬1座	不详	灞桥3
48	五环集团温泉游泳馆项目	灞桥区纺织城街办	2001年11月21日	王光天、范宏岐、赵亚军	古墓道2条	不详	灞桥8
49	唐华四棉冷冻钻扩建项目	灞桥区纺织城街办	2003年3月28日	王光天、范宏岐、田瑞务	古井2口	不详	灞桥14
50	二炮工程学院训练场	灞桥区洪庆街办	2007年10月26日—11月5日	程林泉、王光天	古墓19座	不详	灞桥37
51	长乐坡住宅小区	灞桥区十里铺街办	2010年5月8—12日	郭永淇	古墓1座	不详	灞桥55
52	北关中学学生公寓楼、2886实验楼	蓝田县蓝关街办	2000年6月29日	董天清	古墓葬1座，古井1口	不详	蓝天10
53	印刷厂2#住宅楼	蓝田县蓝关街办	2000年7月13日	王光天、董天清	古墓道1条，古井1口	不详	蓝天12
54	公路巡逻民警大队工业园区中队	蓝田县蓝关街办	2000年7月20日	王光天、董天清	河道1条	不详	蓝天13
55	社会保险事业管理处职工住宅楼	蓝田县蓝关街办	2000年11月25日	王光天、董天清	古井2口	不详	蓝天14
56	社会事业保险处	蓝田县蓝关街办	2001年3月10日	王光天、董天清	古井10口	不详	蓝天16
57	中医医院门诊楼	蓝田县蓝关街办	2001年9月17日	王光天、董天清	古井1口	不详	蓝天23
58	华胥镇政府宿办楼	蓝田县华胥镇	2001年11月3日	王光天、董天清	古井1口	不详	蓝天24
59	三建学生公寓楼	蓝田县城关街办	2001年11月10日	董天清	古墓道1条	不详	蓝天25
60	燃料公司商住楼	蓝田县蓝关街办	2002年5月2日	王光天、董天清	古墓葬7座，古井1口	不详	蓝天30
61	职业教育中心教学实验楼	蓝田县蓝关街办	2002年7月28日	王光天、董天清	古墓葬1座，古井1口	不详	蓝天34

续表

序号	项目名称	项目地点	工作时间	工作人员	遗址/墓葬情况简述	时代	对应编号
62	北关小学	蓝田县 蓝关街办	2003年1月6日	王光天、董天清	古墓道1条	不详	蓝天39
63	城关农行分理处办公楼	蓝田县 蓝关街办	2003年5月20日	王光天、董天清	古井4口	不详	蓝天42
64	田家炳中学教学 综合楼、教师宿舍楼	蓝田县 蓝关街办	2004年4月17—19日	王光天、董天清	古井1口	不详	蓝天43
65	合容电力厂房	高陵县 泾渭街办	2004年12月18日— 2005年1月20日	袁长江、徐西平	古墓5座	不详	高陵9
66	玉金工贸新厂址	高陵县 泾渭街办	2006年6月3—14日	王自力、邹亚军	灰坑3处	不详	高陵17
67	110千伏榆楚变电站工程	高陵县 崇皇街道	2010年12月28日— 2011年1月4日	张翔宇、邹亚军、段乐顺	古路1条	不详	高陵37
68	户县古城小区23#楼	户县甘亭镇	1998年12月30日	王光天、董乘顺	古墓2座	不详	户县3
69	户县庞光化羊教学楼 （后更名：紫薇尚层希望 小学）	户县 庞光镇	1999年6月7日	王光天、董乘顺	古河渠2条，古窖藏1处	不详	户县7
70	京兆小区项目	户县 玉蝉乡	2000年12月16日— 2002年12月13日	王光天、董乘顺	古河道1条	不详	户县12
71	西安江河机器厂厂房	户县 草堂镇	2001年2月20日	王光天、董乘顺	古河道1条	不详	户县13
72	惠安化工厂惠源小区 54#楼	户县 余下镇	2001年9月9日	王光天、董乘顺	古墓2座，古井1口	不详	户县16
73	户县热电厂厂前 福利区1#楼	户县 余下镇	2002年7月28日	王光天、董乘顺	古井1口	不详	户县21
74	户县新华书店营业厅	户县 甘亭镇	2002年11月18日	王光天、董乘顺	古井2口	不详	户县24
75	东方机械厂办公楼、 宿舍楼	户县 五竹乡	2003年1月8日	王光天、董乘顺	古河道1条	不详	户县25

附表三　2014年以前我院配合基建考古发掘已发表简报、报告、论文等成果统计表

1. 未央区

序号	名称	工作时间	地理位置	墓葬/遗址概况	出土器物概况	时代	发表刊物	对应编号
1	西北医疗厂项目	1988—1993年	未央宫街办	汉墓群位于西安市北郊范南村东南的西北医疗设备厂基建工地之内，西距汉长安城东南角不足1000米。共清理汉墓210余座。这批墓葬形制复杂多样，基本分为竖穴土圹墓、竖井墓道洞室墓和斜坡墓道洞室墓三大类	出土器物主要有铜器、铁器、铅器、玉石器、骨牙器、漆器（已朽）、陶器。其中以陶器为大宗，其特点有三：一是彩绘现象突出；二是釉陶器出土数量大，浮雕纹饰多样；三是器物演变脉络清楚，是重要的断代依据之一	汉代时期	程林泉、韩国河：《西安北郊范家村汉墓群》，《中国考古学年鉴·1994》，文物出版社	无号
2	方新村社区	1992年7月	张家堡街办	共清理6座汉墓，按其形制可分为竖穴墓道洞室墓和斜坡墓道洞室墓两大类	随葬品有陶器、铜器、铁器、骨器、石器、铜镜、货币等	汉代时期	西安市文物保护考古所：《西安北郊方新村汉墓第二次发掘简报》，《文博》1998年第2期	未央1
3	二府庄社区	1992年11月—1993年5月	张家堡街办	发现汉墓8座，为竖穴墓道洞室墓	出土器物共63件，另有货币63枚。陶器55件（釉陶28件），器类有鼎、盒、壶、钫、罐、房形仓、灶、盆、甑、奁、盘、豆、饼等。日光镜（“见日之光，天下大明”），铁剑，玉璜，肛塞，口琀，石砚等	西汉时期	西安市文物保护考古所：《西安北郊二府庄汉墓发掘简报》，《文博》1997年第5期	未央2
4	第二长途通信大楼	1996年8月	张家堡街办	发掘清理战国秦汉墓葬200余座	出土铜鼎、铜盆、铜灯、铜勺、铜镜、铜带钩、银带钩、铜纽饰等	战国—秦汉时期	1. 西安市文物保护考古所：《西安北郊尤家庄二十号战国墓发掘简报》，《文物》2004年第1期； 2. 西安市文物保护考古所：《西安尤家庄六十七号汉墓发掘简报》，《文物》2007年第11期	未央3

续表

序号	名称	工作时间	地理位置	墓葬/遗址概况	出土器物概况	时代	发表刊物	对应编号
1. 未央区								
5	雅荷城市花园	1999—2000年	张家堡街办	共发掘汉墓202座	共出土器物817件，另有铜钱803枚。质地有陶器、铜器、银器、铅器、铁器、漆器、玉器、琉璃耳珰、石器、骨器等	汉代时期	西安市文物保护考古所、郑州大学考古专业编：《长安汉墓》，陕西人民出版社，2004年	未央4
6	长安医院	2000—2003年	张家堡街办	共发掘秦汉时期墓葬300余座，其中汉墓100余座，报告收录1座汉墓资料。 M8：竖穴墓道土洞墓，坐北朝南，由墓道、墓室两部分组成。葬具1木棺，葬式仰身直肢	M8共出土器物18件，另有铜钱20枚（五铢）。其中陶器13件（鼎、盒、钫、罐、灶、甑等）；铜器3件（印章、勺、镜等）；铁灯1件；玉璧残片1件	西汉时期	西安市文物保护考古所、郑州大学考古专业编：《长安汉墓》，陕西人民出版社，2004年	未央6
7	雅荷智能花园	2000年2—5月	大明宫街办	共发掘汉墓11座，报告收录4座汉墓资料。 M4：斜坡墓道双室墓，坐西朝东，由墓道、甬道、墓室三部分组成。葬具1木棺，葬式不详。 M9：斜坡墓道砖砌双室墓，坐西朝东，由墓道、甬道、墓室三部分组成。葬具2木棺，葬式仰身直肢、侧身直肢。 M10：斜坡墓道砖砌双室墓，坐北朝南，由墓道、甬道、墓室三部分组成。葬具4木棺，葬式不详。 M12：斜坡墓道砖砌双室墓，坐西朝东，由墓道、甬道、墓室三部分组成。葬具3木棺，葬式仰身直肢	M4共出土器物46件，另铜钱122枚。其中陶器35件（壶、罐、灶、井、案、盘、耳杯、勺、猪、鸡、狗等）；铜器3件（饰件、镜）；铜钱（货泉、大泉五十、五铢、半两钱）；铁器3件（刀、削、镜）；石猪4件；骨器1件。 M9共出土器物63件，另有铜钱40枚。其中陶器46件（壶、罐、瓮、仓、樽、甑、盆、案、盘、耳杯、斗、勺等）；铜器10件（牌饰、钗、箍、柿蒂饰、镜）；铜钱40枚（货泉、五铢）；铁器3件（灯、釜、刀等）；石器3件（口琀、握）；铅镳1件。 M10共出土器物37件，另有铜钱8枚。其中陶器31件（罐、樽、案、盘、碗、耳杯、斗、勺、灯等）；铜器4件（灯、箍、弩机等）；铜钱8枚（均五铢）；铅衔镳1件，石口琀1件。 M12共出土器物31件，另有铜钱80枚。其中陶器13件（罐、釜、甑等）；铜器11件（灶、铺首、弩机、当卢、盖弓帽、镜等）；铜钱81枚（布泉、五铢）；石器5件（砚、研、口琀、鼻塞等）；漆盒1件，蚌壳1件	东汉时期	西安市文物保护考古所：《西安东汉墓》，文物出版社，2009年	未央7

续表

1. 未央区

序号	名称	工作时间	地理位置	墓葬/遗址概况	出土器物概况	时代	发表刊物	对应编号
8	荣海花园	2000年5月	张家堡街办	共发掘汉墓3座，报告收录1座汉墓资料。M1：斜坡墓道砖砌双室墓，坐西朝东，由墓道、甬道、墓室三部分组成。葬具2木棺，葬式仰身直肢	M1共出土器物29件，另有铜钱15枚。其中陶器22件（壶、罐、樽、灶、甑、井、案、盘、碗、耳杯、勺等）；铜器2件（削、镜）；铜钱15枚（均五铢）；铅人1件；石片2件；琉璃耳珰2件	东汉时期	西安市文物保护考古所：《西安东汉墓》，文物出版社，2009年	未央8
9	大洋乳胶厂房	2001年3月	汉城街办	共发掘汉墓3座，M1、M3为西汉时期墓葬，M2为东汉墓。M2：斜坡墓道砖砌多室墓，坐北朝南，由墓道、甬道、墓室三部分组成；可辨葬式为仰身直肢	M2共出土随葬品43件，其中陶器31件（鼎、盒、罐、仓、樽、釜、甑、盆、案、盘、耳杯、勺、球等）；铜器6件（箍、镜、五铢钱）；铁器3件（釜、削）；铅条1件，玉块2件	东汉时期	西安市文物保护考古所：《西安东汉墓》，文物出版社，2009年	未央9
10	西安中药厂区	2001年4月	张家堡街办	共发掘汉墓19座，报告收录1座汉墓资料。M20：斜坡墓道砖砌双室墓，坐西朝东，由墓道、甬道、墓室三部分组成。葬具1木棺，葬式不详	M20共出土陶器25件（壶、罐、仓、樽、釜、井、案、盘、碗、耳杯、斗、勺、狗等）；铜钱2枚（五铢钱）	东汉时期	西安市文物保护考古所：《西安东汉墓》，文物出版社，2009年	未央10
11	中新电力大厦	2001年11月	张家堡街办	共发掘汉墓13座，报告收录1座汉墓资料。M3：竖穴墓道土洞墓，坐北朝南，由墓道、墓室两部分组成。葬具1木棺，葬式仰身直肢	M3共出土器物12件，另有铜钱15枚（五铢钱）。其中陶器11件（罐、釜、盆、甑等）；铜镜1面	西汉时期	西安市文物保护考古所、郑州大学考古专业编：《长安汉墓》，陕西人民出版社，2004年	未央14
12	佳馨花园	2002年8—10月	大明宫街办	1. M80：斜坡墓道砖室墓，坐东朝西，由墓道、墓室两部分组成。葬具2木棺，葬式仰身直肢。 2. M60：斜坡墓道土洞多室墓，坐东朝西，由墓道、墓室两部分组成。葬具4木棺，葬式仰身直肢	M80共出土器物77件，另有铜钱279枚（大泉五十、小泉直一、大布黄千、幼布三百、幺布二百）。其中陶器17件（壶、罐、奁、仓、釜、盆、甑等）；铜镜2面；铁剑1件；石器4件（鼻塞、肛塞、砚等）；骨器12件；贝壳37件。M60共出土器物80件，另有铜钱96枚。其中陶器75件（壶、罐、瓮、仓、樽、灶、甑、盆、井、案、盘、碗、耳杯、斗、勺、灯、猪、狗等）；铜器4件（削、镜）；铜钱96枚（有郭五铢、剪轮五铢）；石口琀1件	新莽—东汉时期	1. 西安市文物保护考古所、郑州大学考古专业编：《长安汉墓》，陕西人民出版社，2004年； 2. 西安市文物保护考古所：《西安东汉墓》，文物出版社，2009年	未央21

续表

1. 未央区								
序号	名称	工作时间	地理位置	墓葬/遗址概况	出土器物概况	时代	发表刊物	对应编号
13	移动电话大楼	2003年3—5月	大明宫街办	共发掘战国至汉代墓葬11座，报告收录1座汉墓资料。 M93：竖穴墓道砖室墓，坐北朝南，由墓道、墓室两部分组成。葬具2木棺，葬式仰身直肢	M93共出土器物11件，另有铜钱24枚。其中陶器10件（壶、罐、樽、仓、釜、盆、甑等）；琉璃耳珰1件；铜钱24枚（均货泉）	东汉时期	西安市文物保护考古所：《西安东汉墓》，文物出版社，2009年	未央24
14	环宇工贸厂房	2003年3—6月	未央宫街办	该墓为近年西安地区发现的大型西汉早期积炭墓之一。共发现汉代墓葬3座，现简报如下：M1为大型长斜坡墓道单室墓，坐南朝北，方向0°。平面呈甲字形，由墓道、侧室和墓室三部分组成。墓室底部有大量积炭，厚2.6米。因盗扰严重，墓室内部结构和葬具不详。在墓室内发现红色漆皮多处，填土内发现头骨1个	M1出土铜器17件、玉饰101件、陶器5件，铜组件1件以及一些陶片。随葬器物主要出土于墓室和侧室，墓室内出土玉片101件，侧室内出土铜锺2件，铜钫4件，铜鼎4件，铜勺2件，铜匜2件，铜盆2件，铜鉴1件及陶茧形壶5件	西汉早期	1. 西安市文物保护考古所：《西安北郊枣园大型西汉墓发掘简报》，《文物》2003年第12期； 2. 冯健、赵凤燕、吴晨、陈富林、郭瑞：《西安出土西汉早期古酒的除菌保护》，《文博》2017年第6期； 3. 冯健、吴晨、赵凤燕、陈富林、李晶：《西安枣园西汉早期墓葬出土古酒中菌害分析》，《西北大学学报》（自然科学版）2017年第6期	未央25

续表

1. 未央区								
序号	名称	工作时间	地理位置	墓葬/遗址概况	出土器物概况	时代	发表刊物	对应编号
15	西安市中级人民法院新征地	2003年6月	大明宫街办	该墓为斜坡墓道土洞墓，坐北朝南，由墓道、天井、过洞、甬道、墓室五部分组成。有明确纪年。石椁由底座、四壁、椁顶组成，底座用两块石板拼合而成。四壁分别浮雕有四臂守护神、祆神、狩猎、宴饮、出行、商队、祭祀、升天等题材的图案。在人物面部、服饰、身上佩饰、器物、山水树木和建筑构件等一些重要部位施有彩绘或贴金。雕刻内容与风格带有十分明显的西域特色。石椁南壁椁门上方的横枋上，分别用粟特文和中文刻写的题刻（“史国人也，本居西土，……迁居长安，……授凉州萨保”）	共出土器物5件，金器3件（戒指、耳坠、金币）；铜器1件（鎏金铜带扣）；陶器1件（灯盏）	北周时期	1. 西安市文物保护考古所：《西安市北周史君石椁墓》，《考古》2004年第7期； 2. 西安市文物保护考古所：《西安北周凉州萨保史君墓发掘简报》，《文物》2005年第3期； 3. 杨军凯：《北周史君墓》，文物出版社2014年； 4. 杨军凯：《关于祆教的第三次重大发现——西安北周萨保史君墓》，《文物天地》2003年第11期	未央28
16	上林苑住宅小区	2004年4月1日	大明宫街办	该墓形制为斜坡墓道土洞墓，坐北朝南，由墓道、甬道、墓室三部分组成。 墓室为穹隆顶土洞，靠近北壁处有一围屏石榻。围屏石榻由围屏、榻板、榻腿组成。围屏上线刻祭奠、出行等；榻板正面线刻兽面、四神、莲花等图案，两侧用云气纹表现出虎、鹿、羊、鸡等动物形象；榻腿6个，雕成狮子形状	根据出土墓志记载，该墓主人是康居国王的后裔，名业，字元基，历任魏大天主、罗州使君、车骑大将军、雍州呼乐等职务，卒于大周天和六年（571年），被诏赠为甘州刺史。出土物品有墓志、腰带铜饰、罗马金币	北周时期	1.《北周粟特贵族康业墓》，《前进中的西安市文物保护考古所》； 2. 西安市文物保护考古所：《西安北周康业墓发掘简报》，《文物》2008年第6期	未央49

续表

序号	名称	工作时间	地理位置	墓葬/遗址概况	出土器物概况	时代	发表刊物	对应编号
				1. 未央区				
17	西北农副产品市场	2005年1—3月	辛家庙街办	共发掘汉墓5座，报告收录3座汉墓资料。 M1：斜坡墓道砖室墓，坐北朝南，由墓道、甬道、墓室三部分组成。葬具不详，葬式不详。M7：斜坡墓道土洞墓，坐东朝西，由墓道、甬道、墓室三部分组成。葬具不详，葬式不详 M16：斜坡墓道土洞墓，坐东朝西，由墓道、甬道、墓室三部分组成。葬具2木棺，葬式不详	M1共出土器物21件，另有铜钱4枚。其中陶器10件（壶、罐、仓、灶、盆、熏炉盖等）；石器11件（锥形器、石块）；铜钱4枚（均五铢）。 M7共出土器物26件，另有铜钱1枚。其中陶器24件（壶、罐、灶、甑、釜、井、案、猪、狗、鸡等）；铁棺钉2枚；货泉铜钱1枚。 M16 共出土器物35件，另有铜钱21枚。其中陶器27件（壶、罐、樽、甑、盆、案、盘、碗、耳杯等）；铁棺钉2枚；货泉铜钱1枚；铜镜1面；铁器5件（灯、剑、门环、锄等）；铜钱21枚（均五铢）；石器2件（口琀、猪）	东汉时期	西安市文物保护考古所：《西安东汉墓》，文物出版社，2009年	未央59
18	汉长安城沉水古桥遗址发掘报告	2005—2007年	三桥街办	1号古桥遗址：发掘面积约1200平方米，因建桥修路，自地表至深约 4米的原地层已被破坏，1号古桥遗址：探方内除古桥木桩外无其他遗迹，九个探方共揭露出楔入古 水河床的木桩 160根，木桩基本为原始桥桩的位置。从木桩现存高度看，可分为两类。一类是被火烧过的木桩，皆呈焦黑色且较矮小，另一类是无火烧痕迹的木桩，保存较好，呈黄或褐色，高大而粗壮。 2号古桥遗址：遗址位于西三环西辅道陇海铁路涵洞以南约 100米在深约 7、宽 20米的辅道沟槽内发现，东西排列的 5排 32根木桩。木桩保存极差，大部分仅存根部。当时开挖的西辅道沟槽其东西两壁的断面尚存	1号古桥遗址：约 972件。有陶器、铁器、石器、铜器及鹿角等。出土于古桥木桩的砂土层中，个别为遗址区内采集。建筑构件约 796件。有筒瓦、板瓦、脊瓦、瓦当、砖、排水管等。生活用器 约 36件。出土陶片中可辨器形有罐、盆、釜、甑、鬲等。铜器58件。有铜钱、钱范及铜环。铁器72件。出土时大已锈结为块状，初步清理后可辨的主要有兵器、生产工具、生活器具、饰件等。生产工具66件。有斧、凿、钩、夯锤、镢、砧等。 2号古桥遗址：遗址出土物较少，仅有零星的汉代板瓦、筒瓦残片。应属跨河的桥梁之类，而非河岸的码头、驿站等建筑设施	西汉时期	西安市文物保护考古研究院：《汉长安城沉水古桥遗址发掘报告》，《考古学报》2012年第3期	未央69

续表

序号	名称	工作时间	地理位置	墓葬/遗址概况	出土器物概况	时代	发表刊物	对应编号
1. 未央区								
19	珠江新城（一期）	2005年9月	大明宫街办	共发掘汉墓26座，古窑址2处，报告收录1座汉墓资料。 M3：斜坡墓道砖砌双室墓，坐东朝西，由墓道、甬道、墓室三部分组成。葬具2木棺，葬式不详	M3共出土器物65件，另有铜钱79枚。其中陶器54件（壶、罐、仓、樽、灶、甑、井、案、盘、碗、耳杯、勺等）；铜器9件（匙、刀、辖軎、带钩、井）；铜钱79枚（大泉五十、五铢、无字钱）；铁环1件；煤晶体1件	东汉时期	西安市文物保护考古所：《西安东汉墓》，文物出版社，2009年	未央74
20	北周李诞墓	2005年9月	张家堡街办	2005年9月17日，西安市文物保护考古所在在西安北郊南康村清理一座北周时期婆罗门后裔墓葬。墓葬坐北朝南，形制为斜坡墓道穹隆顶砖室墓，出土线刻石棺一具，线刻内容主要为伏羲女娲、四灵、星宿及守护神等，出土墓志一合，墓志记载墓主姓李名诞，字陁娑，婆罗门种，正光年间自罽宾来到中土。长斜坡墓道穹隆顶砖室墓，平面呈“甲”字形，坐北朝南，方向180°，由墓道、甬道、墓室三部分组成	墓志，由志盖和志石组成。志盖，方形，盝顶志石，方形，志文楷书，11行，满行12字，共计126字，志文简要记载了墓主生平。“周故邯州刺史李君墓志铭丨君讳诞字陁娑赵国平棘人其丨先伯阳之后祖冯何世为民酋丨考傍期不颓宗基君玄妙气丨正光中自罽宾归阗太祖以丨君婆罗门种屡蒙赏君春秋五丨十九保定四季岁次甲申四月丨九日薨万季里宅皇帝授君丨邯州刺史其季闰月葬中乡里丨长子槃提恐山移谷徙声溢无闻敬镌玄石以传不朽。” 墓葬出土石棺线刻有精美图案，内容有中国传统的四神、伏羲女娲、星宿及云气、忍冬纹等，也有如守护神、龛楣式门额、覆莲座、火坛、摩尼宝珠、火焰纹等异域宗教文化因素	北周时期	1. 程林泉：《西安北周李诞墓的考古发现与研究》，《西部考古·第一辑》，三秦出版社，2006年； 2. 程林泉、张小丽、张翔宇：《谈谈对北周李诞墓的几点认识》，《中国文物报》2005年10月21日	未央88
21	昆明路立交桥（石桥立交）	2005年9月	三桥街办	编号：C03M1。长斜坡墓道单室砖墓，墓向180°，由墓道、封门、甬道、墓室等部分组成；墓道位于墓室南端偏东，遭施工破坏严重，西壁已破坏殆尽。从东壁残存情况看底为斜坡状，北端与甬道连接处应有一天井，天井南侧现存墓道略窄于天井，应为过洞	残存随葬器物共103件，另有墓志（“大唐故奚质子右威卫将军热瓌墓志铭）合，除1件瓷罐外，其余均为陶器，有罐、风帽俑、幞头俑、仕女俑、鞍马、骆驼、猪、狗、鸡等	盛唐时期	西安市文物保护考古研究院：《西安市唐故奚质子热瓌墓》，《考古》2014年第10期	未央89

续表

1. 未央区								
序号	名称	工作时间	地理位置	墓葬/遗址概况	出土器物概况	时代	发表刊物	对应编号
22	西安市地铁二号线（北客站—长延堡）	2006年7月—2011年11月	张家堡街办	清理汉墓53座，出土文物88件	其中陶器70件，包括釉陶壶、釉陶奁、釉陶井、釉陶熏炉、陶罐、陶釜、陶灶、陶盒、房形仓等；铜器15件，包括铜镜、铜钱、铜车軎；玉器2件，有玉蝉、玉带饰；铁剑1件	汉代时期	杨军凯、郭永淇、辛龙：《西安地铁施工发现六座古墓》，《收藏界》2011年第11期	未央109
23	行政中心东区（张家堡广场东侧）	2006年12月—2007年6月	张家堡街办	共发掘汉墓440余座。墓葬形制主要有竖穴墓道土洞墓、竖穴墓道砖室墓、斜坡墓道土洞墓、斜坡墓道砖室墓、斜坡墓道竖穴土圹砖室墓，部分墓葬在甬道或墓室两侧有小龛，两座墓葬积沙。 墓葬方向大部分为东西向。其中M110、M114、M115规格较高，出土器物丰富。 M110：斜坡墓道竖穴土圹砖室墓，由墓道、甬道、墓室三部分组成。葬具1棺1椁。葬式不详。 M114：斜坡墓道竖穴土圹砖室墓，东西向，由墓道、耳室、甬道、墓室四部分组成。葬具、葬式不详。 M115：斜坡墓道竖穴土圹砖筑墓，南北向，由墓道、耳室、甬道、墓室四部分组成。葬具、葬式不详	共出土器物近3000件，其中有陶器、铜器、铁器、铅器、玉石、骨器等。 M110共出土器物43件，其中有陶、玉、石、骨、银等，玉衣片玉质较好，制作精细讲究。 M114共出土器物85件，其中有陶、铜、铁器等，釉陶器组合完整，器体宏大。 M115共出土器物204件（组），其中有陶、铜、漆木器等	西汉时期	1. 西安市文物保护考古所：《西安市张家堡汉墓群》《中国考古学年鉴·2008》，文物出版社，2009年； 2. 西安市文物保护考古所：《西安张家堡新莽墓发掘简报》，《文物》2009年第5期	未央113

续表

1. 未央区								
序号	名称	工作时间	地理位置	墓葬/遗址概况	出土器物概况	时代	发表刊物	对应编号
24	西安市上林苑遗址六号建筑的勘探和试掘	2007年3月	三桥街办	第①层：表土层，由种植绿化草皮形成，厚0.15—0.2米；第②层：扰乱层，黄褐色土，土质稍硬，距地表深0.2—0.55、厚0.35—0.5米。该层内夹杂现代垃圾，出土有战国和汉代瓦片；第3层：汉代文化层。浅灰色土，夹杂少量红烧土块，土质疏松，距地表深0.2—0.82米、厚0.5—0.62米。第③层为建筑物倒塌后形成的堆积，出土有大量战国和汉代板瓦、筒瓦和少量瓦当残块。第③层之下为建筑台基的夯土	该遗址是一处南北长、东西窄的高台宫殿建筑遗址，分为下部夯土台基和上部宫殿建筑两部分，夯层一般厚5—8厘米；建筑物倒塌堆积中出土了大量建筑材料，包括板瓦、筒瓦及少量瓦当	战国—西汉时期	中国社会科学院考古研究所、西安市文物保护考古所阿房宫考古队：《西安市上林苑遗址六号建筑的勘探和试掘》，《考古》2007年第11期	未央120
25	窦寨村北周佛教石刻造像	2007年4月	汉城街办	石刻佛像6尊、菩萨像6尊，以及大量的石刻残块和陶片。青石立佛像6尊，均有不同程度的残缺，其中仅两尊头部尚存；青石立菩萨像6尊，均有不同程度的残缺	陶质云纹瓦当、陶质莲花纹瓦当	北周时期	西安市文物保护考古所：《西安窦寨村北周佛教石刻造像》，《文物》2009年第5期	未央121
26	绿地香树花城一期及示范区	2011年10月	谭家街办	共发掘墓葬9座，东汉墓8座，坐西朝东，多为长斜坡道砖室墓。魏晋墓1座，坐北朝南，竖穴墓道砖室墓	出土有釉陶片、仓、罐、壶、罐、灶、樽、案、盘、碗、耳杯、猪、狗等家禽家畜俑、铜釜、五铢钱	东汉—魏晋时期	1. 刘汉兴：《西安北郊滹沱村安置楼工地发掘七座古墓》，《中国文物报》2013年1月4日；2. 张翔宇、刘汉兴：《西安市北郊大明宫滹沱村汉墓及北朝墓》，《中国考古学年鉴·2013》，文物出版社，2013年	甲编未央29

续表

1. 未央区								
序号	名称	工作时间	地理位置	墓葬/遗址概况	出土器物概况	时代	发表刊物	对应编号
27	百花家园	2012年3月	谭家街办	共清理古墓葬13座，其中M6为大型汉代石椁积沙墓。M6：斜坡墓道石椁砖室墓，坐西朝东，由墓道、过洞、耳室、墓室四部分组成	M6共出土器物53件。其中，陶器23件（鼎、盒、壶、罐、仓）、铜器23件（灶、碗、甑、勺、瓢、弩机、铜钱、镜、盖弓帽、衔镳、辖軎、车轙、扣型饰、车轭饰、衡末饰、轭首饰、铺首衔环、足、漆耳杯耳部铜饰、环形铜口饰、带榫铜饰等）、铁器（釜、削、环、爪钉）	西汉晚期	1. 张翔宇、柴怡：《西安北郊发现大型西汉积沙石椁砖室墓》，《中国文物报》2012年5月11日第8版； 2. 西安市文物保护考古研究院：《西安北郊百花村汉代石椁墓（M6）发掘简报》，《文博》2013年第5期	甲编未央39
28	渭桥遗址	2012年6月	六村堡街办	发掘厨城门一号桥、三号桥、四号桥、五号桥，年代有战国、汉、魏晋、唐代	出土有桥桩，青石、砂岩质长方形、方形、五边形、梯形等多种形状规格不等的大型石构件，大量的半两、五铢、大泉五十铜钱，少量开元通宝、乾元重宝铜钱，个别皇宋通宝铜钱，以及绳纹板瓦、筒瓦、瓦当残块、青砖块、残碑、夹砂钱范残块、陶制器物残片、褐釉瓷、青花瓷残片等遗物，在一号桥北还发现有水工设施“埽”、古船1艘。另外调查了厨城门二号桥、洛城门桥	汉代时期	1. 渭桥考古队：《西安发现迄今最早最大木梁柱桥——秦汉“渭桥”》，《中国文物报》2012年5月25日； 2. 渭桥考古队：《西安市汉长安城北渭桥遗址》，《考古》2014年第7期	甲编未央41

续表

1. 未央区								
序号	名称	工作时间	地理位置	墓葬/遗址概况	出土器物概况	时代	发表刊物	对应编号
29	大明宫万达广场	2012年4月	大明宫街办	共发掘25座西汉末年至新莽墓葬，形制可分为三大类，即竖穴土圹砖（石）椁墓、斜坡墓道洞室墓和竖穴墓道洞室墓。砖椁墓8座，石椁墓2座，斜坡墓道洞室墓15座	出土文物500余件，质地有陶、铜、铁、玉石等。这批汉墓中大多规模宏大，虽多经盗扰，但仍出土一批珍贵文物，有原始瓷器、石磬、铁铠甲、铜投壶、陶埙等	西汉晚期	1. 张翔宇、袁长江、刘汉兴、张红仓、高博：《大明宫万达广场五号墓发掘简报》，《东方博物》2013年第1期； 2. 刘汉兴：《西安北郊发现汉代砖（石）椁墓》，《中国文物报》2013年9月27日； 3. 西安市文物保护考古研究院：《西安北郊万达广场汉代砖椁墓发掘简报》，《考古与文物》2017年第1期	甲编未央47
30	未央印象城	2012年10月	张家堡街办	清理汉墓 9 座。砖室墓6座，土洞墓3座	9座墓葬共出土器物 158 件，质地有陶、铜、铁、石四种，另有铜钱 149 枚。陶器类有壶、罐、甑、盆、鼎、灶、奁、仓、饼、熏炉、房仓、盘等；铜器器类有镜、弩机、带钩等。另有铜钱85枚。铁器有铁剑、铁刀；玉石器口琀、鼻塞	西汉时期	西安市文物保护考古研究院：《西安未央印象城汉墓发掘简报》，《文博》2017年第2期	甲编未央64
31	旺景国际	2013年3月	张家堡街办	发掘西汉早期到西汉中晚期墓葬42座，墓葬规模较小，排列密集，方向杂乱无序，墓葬主要形制为竖穴墓道土洞墓和斜坡墓道洞室墓	出土各类器物240余件。该墓群应为一处汉长安城内居民墓地。另外出土1面彩绘铜镜直径超过28.0厘米，比较罕见	西汉时期	西安市文物保护考古研究院：《西安张家堡汉墓群》，《中国国家博物馆馆刊》2015年4期	甲编未央74

续表

1. 未央区

序号	名称	工作时间	地理位置	墓葬/遗址概况	出土器物概况	时代	发表刊物	对应编号
32	中央广场国际公馆	2013年3月	大明宫街办	清理汉代墓葬2座。 M1 位于 M2 西侧，坐北朝南，方向 185°。形制为长斜坡墓道多室墓，由墓道、甬道、前室、后室及左右侧室组成。 M2坐北朝南，方向 190°。形制为长方形竖穴墓道砖室墓，由墓道、墓室组成	M1 共出土器物 58 件（组），有陶、铜、铁、玉石四类。陶器 49 件。器类有壶、仓、井、樽、罐、瓮、盆、釜、甑、灯、案、盘、碗、耳杯、勺、斗、猪。铜器 5 件。器类有削、刀、铜镜，另有铜钱45枚。铁器 1 件，为铁刀。玉石器 2 件，均为石猪。 M2 共出土器物 27 件（组），质地有陶、铜、玉石三类。陶器 19 件，器类有壶、樽、罐、甑、灯。铜器 2 件（组），器类有弩机、带钩，另有铜钱 218 枚。玉石器 5 件（组），器类有口琀、眼罩、鼻塞	西汉时期	西安市文物保护考古研究院：《西安北郊两座汉墓发掘简报》，《文博》2018年第2期	甲编未央79

2. 莲湖区

序号	名称	工作时间	地理位置	墓葬/遗址概况	出土器物概况	时代	发表刊物	对应编号
1	西安市西郊热电厂	1990年6月	枣园街办	唐墓数座，M63较为重要	唐三彩玩具9件	唐代时期	张全民：《西安西郊热电厂出土的唐三彩玩具》，《文博》2008年第1期	无号
2	青门小区	1993年3月	红庙坡街办	西安市市政开发公司在青门小区基建时，发现汉代墓葬群，共清理汉墓10座。竖穴墓道洞室墓7座，斜坡墓道洞室墓3座	随葬器物有陶器、铜器、铁器、玉器、骨器、铜镜、货币及方砖墓志等	东汉时期	西安市文物保护考古所：《西安北郊青门汉墓发掘简报》，《文博》1998年第4期	莲湖1
3	旭景名园	2003年12月	西关街办	共发掘古墓葬3座，报告收录1座汉墓资料。 M1：斜坡墓道砖砌多室墓，坐西朝东，由墓道、甬道、墓室三部分组成。葬具4木棺，葬式仰身直肢	M1共出土器物57件，另有铜钱135枚（货泉、五铢）。其中陶器45件（壶、罐、瓮、仓、樽、釜、甑、盆、井、案、盘、耳杯、灯、熏炉、猪、狗、鸡等）；铜镜2面；铁器2件（剑、刀）；铅弩机1件；玉石器5件（口琀、坠饰、鼻塞、弹丸等）	东汉时期	西安市文物保护考古所：《西安东汉墓》，文物出版社，2009年	莲湖19

续表

2. 莲湖区								
序号	名称	工作时间	地理位置	墓葬/遗址概况	出土器物概况	时代	发表刊物	对应编号
4	杨家围墙城改1#地块	2011年初	枣园街办	共清理唐墓10座，其中，M1保存较好。M1：斜坡墓道土洞墓，坐北朝南，由墓道、封门、墓室三部分组成	M1共出土器物30件。其中，陶俑10件（镇墓兽、天王俑、女立俑、陶骆驼）；陶器5件（三彩提梁扁壶、罐、碗、盏、砚）；瓷器15件（塔式罐、盘、罐、碗、三足盘、钵）	唐代中期	1. 西安市文物保护考古研究院：《西安市西郊杨家围墙唐墓M1发掘简报》，《考古与文物》2013年第2期； 2. 关林、郭永淇、杨军凯、辛龙：《西安杨家围墙出土唐代陶瓷器》，《收藏界》2012年第5期	莲湖67
5	大庆路西段项目	2011年10月	枣园街办	唐墓1座	此墓出土陶俑、陶动物、陶器、铜钱合计43件，还出土一合墓志	唐代时期	西安市文物保护考古研究院：《西安西郊唐突骑施奉德可汗王子墓发掘简报》，《文物》2013年第8期	无号

续表

序号	名称	工作时间	地理位置	墓葬/遗址概况	出土器物概况	时代	发表刊物	对应编号
2. 莲湖区								
6	南何村二组安置楼	2011年10月	枣园街办	共发掘唐墓18座，形制为刀把状土圹墓、斜坡墓道带过洞砖室墓等	出土塔式罐、陶罐、仕女俑、天王俑、铜镜、铜钱、墓志等60余件。出土墓志墓葬为永泰二年（766年）“唐故突骑施王子”墓	唐代时期	1.高博、柴怡：《西安西郊发现唐代突骑施王子墓》，《中国文物报》2011年12月16日第4版； 2.柴怡：《西安西郊唐代突骑施王子墓》，《收藏界》2012年第2期； 3.柴怡：《西域王子长安路》，《DEEP中国科学探险》2012年第8期； 4.西安市文物保护考古研究院：《西安西郊唐突骑施奉德可汗王子墓发掘简报》，《文物》2013年第8期	甲编莲湖5
7	凯悦花园	2011年12月	土门街办	陶窑9座，平面均呈圆形，方向有南北向1座，东西向8座；坑7处，内含大量隋唐瓦片	出土器物均为陶质器物，以建筑材料为主，占出土器物的90%以上，次为生活器皿及窑具、俑等	唐代时期	1. 高博、张翔宇：《西安西郊发现唐代陶窑遗址》，《中国文物报》2012年3月30日第8版； 2. 西安市文物保护考古研究院：《西安西郊南窑头村唐代陶窑发掘简报》，《洛阳考古》2015年第2期	甲编莲湖7

续表

3. 新城区								
序号	名称	工作时间	地理位置	墓葬/遗址概况	出土器物概况	时代	发表刊物	对应编号
1	西安东郊红旗电机厂唐墓	1988年1月	韩森寨街办	清理唐墓1座。M1形制为竖穴墓道洞室墓，由墓道、墓室组成	墓内出上随葬器物43件，计有陶女俑、男俑、牵马（驼）俑、骑驼俑、镇墓兽以及铜镜、钱币、木梳等	唐代时期	西安市文物园林管理局　王九刚：《西安东郊红旗电机厂唐墓》，《文物》1992年第9期	无号
2	华山厂变电所	1992年5月	韩森寨街办	多天井长斜坡墓双室土洞墓，由墓道、过洞、天井、小龛、封门、前后甬道和前后墓室几部分组成。该墓坐北朝南	随葬器物有陶、泥、滑石、铜、铁、铅、玻璃、石和蚌等	唐代时期	西安市文物保护考古所：《唐严州刺史华文弘夫妇合葬墓》，《文博》2003年第6期	新城1
3	九街坊12号职工住宅楼	2001年7月	长乐中路街办	M1位于12号楼基西边缘。坐北朝南，壁画分布于甬道两壁、墓室四壁、穹隆顶。 甬道：东壁，壁画已毁。西壁，绘有一幅散乐图，三乐女各持乐器，皆作向墓室行进状。 墓室：西壁，以灯檠为界，北部占壁画面2/3绘有五女侍宴图；南部占壁画面1/3绘湖石修竹。东壁，北部、中部绘有侍宴图，尚存两位侍女像。南部绘湖石修竹。北壁，男女主人对立像，其上有启开红色帷幔，下为假门。南壁，正中为墓门，两侧绘博古插画图。穹隆顶，中部绘有凸棱将壁画分为上下两层，皆绘连续的祥云仙鹤呈带状环绕于幕顶	共出土瓷器8件（灯盏、兔毫盏、盏托）；铁器3件（牛、灯）；石块5件；玻璃藻井1件，砖地券1方。地券砖上以朱砂楷书14行文字（墓主人韩某与死于至元二十三年）	元代时期	1. 西安市文物保护考古所：《西安东郊元代壁画墓》，《文物》2004年第1期； 2. 西安市文物保护考古所：《西安市韩森寨元代纪年壁画墓》，《中国考古学年鉴·2004》，文物出版社，2005年	新城3

续表

3. 新城区								
序号	名称	工作时间	地理位置	墓葬/遗址概况	出土器物概况	时代	发表刊物	对应编号
4	兴工路营房（一期）	2003年11月	胡家庙街办	共发掘古墓葬2座，报告收录1座汉墓资料。 M1：斜坡墓道土洞墓，坐北朝南由墓道、甬道、墓室三部分组成。葬具1木棺，葬式仰身直肢	M1共出土器物20件，另有铜钱33枚（货泉）。其中陶器19件（壶、罐、樽、盆、案、盘、碗、耳杯、斗、勺等）；铜削1件	东汉时期	西安市文物保护考古所：《西安东汉墓》，文物出版社，2009年	新城11
5	韩森路东延线	2005年7月	韩森寨街办	共发掘汉代至明代墓葬34座，报告收录1座汉墓资料。 M34：斜坡墓道土洞多室墓，坐西朝东，由墓道、甬道、墓室三部分组成。葬具3木棺，葬式仰身直肢	M34共出土器物19件，其中陶器16件（罐、仓、樽、灶、甑、盆、盘、耳杯、勺、猪、狗、鸡等）；铜镜2面；铁器1件	东汉时期	西安市文物保护考古所：《西安东汉墓》，文物出版社，2009年	新城17
6	配合韩森寨城改规划之调查勘探工作	2011年12月	韩森寨街办	2011年底对“韩森冢”周边约8万平方米区域进行了考古勘探和物探等调查工作，发现“亚”字形大墓1座，陪葬坑2座	无	秦代时期	西安市文物保护考古研究院：《西安东郊“韩森冢”考古调查简报》，《考古与文物》2015年第2期	无号
7	石家街城改北区	2012年5月	太华路街办	发掘西汉中晚期墓葬1座，为带封土的斜坡墓道砖、木椁墓。主要由封土、墓道、内藏坑、墓室及外藏坑组成。墓葬东北部还发现有建筑遗迹	该墓被盗情况十分严重，主要出土有各类陶俑、铜质车马器、铜盆、铜钫、铜壶、玉璜残片、玉片、石磬等近千件	汉代时期	柴怡、张翔宇、孙武：《西安东郊石家街发现汉代列侯级别墓葬》，《中国文物报》2013年8月16日第8版	甲编新城15

续表

序号	名称	工作时间	地理位置	墓葬/遗址概况	出土器物概况	时代	发表刊物	对应编号
4. 碑林区								
1	海润公司用地	2001年8月	长乐坊街办	共发掘古墓葬10余座，其中M3保存完好。M3：竖穴土圹墓，南北向，由主墓室、侧室两部分组成。墓圹有两个二层台。葬具1椁2棺	共出土器物182件，其中有陶器19件（鼎、盒、壶、钫、罐、釜、盘、盆、仓、灶、甑、纺轮等）；铜器93件（钫、熏炉、盆、灯、襟钩、印章、环、削、管形饰、镜等）；银耳杯；琉璃器；玉器26件（瑗、珩、觽、人、佩等）。铜钫上铭文“窦氏容斗十一斤十两”，铜灯灯盘外壁上铭文“窦氏重四斤十两”，双面印章上篆体铭文“窦氏”“妾氏”	西汉早期	1. 西安市文物保护考古所：《西安东郊西汉窦氏墓（M3）发掘报告》，《文物》2004年第6期； 2. 西安市文物保护考古所编：《西汉窦氏墓》，《前进中的西安市文物保护考古所》，内部资料	碑林2
2	小雁塔历史文化公园（荐福寺）	2003年7—8月	长安路街办	发现了唐代建筑夯土基址、墙基、渗井、砖砌排水沟，以及晚唐时期的灰坑和近代墓葬等遗迹。其中，晚唐灰坑中出土的遗物种类多，形制精美	灰坑中共出土遗物71件，陶器10件（莲花纹瓦当、筒瓦、盆、净瓶、双耳罐、风字形砚等）；瓷器52件（碗、钵、杯、盘、盒、盏、注、瓶、罐、枕等）；石砚、骨梳、铜铃、贝壳等	唐代时期	中国社会科学院考古研究所西安唐城队、西安市文物保护考古所联合考古队：《西安小雁塔东院出土唐荐福寺遗物》，《考古》2006年第1期	碑林10
3	西大街拓宽改造	2005年3月	碑林区·莲湖区·西大街	共清理古井55座	古井年代有唐、宋、金、元、明、清等时期，出土的器物主要是日用陶瓷器皿，还有一些骨玉器、钱币、建筑构件等	唐代—明清时期	西安市文物保护考古所：《西安西大街古井出土唐代遗物》，《文物》2009年第5期	碑林16

续表

4. 碑林区

序号	名称	工作时间	地理位置	墓葬/遗址概况	出土器物概况	时代	发表刊物	对应编号
4	小雁塔西侧棚户区改造	2012年2月	长安路街办	发掘探方和探沟19个，揭露面积1600.0平方米	为隋唐长安城朱雀大街、安仁坊坊墙、第七横街等遗迹	唐代时期	张全民、辛龙：《隋唐长安城2012年考古新收获》，《2012中国重要考古发现》，文物出版社，2013年	甲编碑林8

5. 雁塔区

序号	名称	工作时间	地理位置	墓葬/遗址概况	出土器物概况	时代	发表刊物	对应编号
1	西安石油学院南门外	1989年春	电子城街办	一座北宋砖室墓	墓志一合（北宋王奕夫妇）	北宋时期	张全民：《北宋王奕夫妇墓志读考》，《文博》1998年第2期	无号
2	陕钢厂废料场及田家湾粮仓项目	1993—1994年	等驾坡街办	唐墓92座，以唐代中小型墓葬为主	各类文物700余件，其中陶俑近300件，有镇墓兽、武士俑、天王俑、男女立俑、骑马俑及马、骆驼、牛、狗等动物俑。陶器120余件，有塔式罐、双耳罐、弦纹罐、壶以及陶灶、陶磨等器。釉陶和瓷器类25件，有盒、盂、双耳罐、注子等。铜器45件，其中铜镜12面，有圆形、葵花形、亚字形、菱花形等。还有一面贴银镜。出土纪年墓志两方，皆带盖。一方为大中十四年陇西李务珍墓志。另一方为咸通十三年曹玄济墓志，盖为篆书称："唐故玄济先生玄堂铭"。此墓为道士墓，墓室还出土有五方"真文"石志，皆带盖，盖为楷书分别为"东方真文""西方真文""南方真文""北方真文"及"中央真文"。分别置于对应的方位	唐代时期	1. 张达宏、王自力：《西安东郊田家湾唐墓》，《中国考古学年鉴·1995》，文物出版社，1997年； 2. 张全民：《唐玄济先生墓志铭与有关道教问题考略》，《唐史论丛》第14辑	无号

续表

5. 雁塔区

序号	名称	工作时间	地理位置	墓葬/遗址概况	出土器物概况	时代	发表刊物	对应编号
3	西安财政管理干部培训中心	1997年2月18日—1997年5月18日	长延堡街办	配合西安财政管理干部培训中心的基本建设，在西安市雁塔区长延堡街道办事处瓦胡同村东清理古墓56座。其中， 汉墓20座，后赵墓1座。20座汉墓全为洞室墓，墓道分为长斜坡和竖井式两种，其中长斜坡墓道19座，竖井式墓道1座。后赵墓是一座长斜坡墓道土洞墓	20座汉墓墓葬出土的随葬品主要有陶器、铜器、玉器、滑石器、玻璃器、骨器、蚌壳、铅器、铁器、云母、金器、银器、绿松石器、泥器、钱币等。1座后赵墓随葬品主要有陶器、铜器、铁器、银器、钱币等	汉、后赵时期	1. 西安市文物保护考古所：《西安财政干部培训中心汉、后赵墓发掘简报》，《文博》1997年第6期； 2. 张全民：《西安M33汉代玻璃研究》，《文博》2004年第1期	雁塔1
				为配合西安财政管理干部培训中心的基本建设， 在西安市雁塔区长延堡街道办事处瓦胡同村东清理古墓56座。其中，明代墓葬7座。5座均为秦藩郃阳王家族成员墓葬。M2是三人合葬土洞墓；M3是二人合葬土洞墓；M21是明秦郃阳安禧王与妃刘氏的合葬墓；M28是明秦藩郃阳惠恭王夫人雍氏之墓；M29是明秦藩郃阳惠恭王妃钱氏之墓，为长斜坡墓道砖室墓；M49是明秦藩郃阳惠恭王朱公镗之墓	M2由于被盗扰，出土随葬品较少，主要有钱币、戒指、墓志（正面篆书“有明柳庄孟先生杨氏合葬墓”）；M3随葬品主要有钱币、瓷罐、金币、买地券砖等；M21由于被盗扰，随葬品出土不多， 计有瓷缸、瓷碗、棺停饰件、圹志（志盖阴刻篆书“大明秦藩郃阳安禧王妃刘氏合葬圹志”）等。M28主要有瓷缸、钱币、圹志等。M29出土有瓷缸、木俑、泥俑、铜匙、铜饰、钱币、圹志等	明代时期	西安市文物保护考古所：《西安财政管理干部培训中心明墓发掘简报》，《文博》2002年第6期	雁塔1
4	羊头镇砖厂施工发现	1999年6月	曲江街办	墓葬为长斜坡墓道土洞墓， 由墓道、过洞、天井、壁龛、甬道、墓室构成	随葬品按质地分为三彩俑、 陶俑、银器、铜器、铁器、墓志等。青石墓志1合，出土于甬道内，志盖盝顶阴刻篆书“大周故姚府君墓志铭”	唐代时期	西安市文物保护考古所：《唐姚无陂墓发掘简报》，《文物》2002年第12期	无号

续表

5. 雁塔区

序号	名称	工作时间	地理位置	墓葬/遗址概况	出土器物概况	时代	发表刊物	对应编号
5	金滹沱村被盗古墓葬	1999年8月	曲江街办	被盗地点位于金滹沱村西，坐北朝南，平面呈长方形，方向175°，由墓道、封门、墓室三部分组成	出土器物共计111件，其中陶俑79件、陶房屋（模型）3件、陶家具（模型）17件、陶灶具3件、瓷器2件、祭祀器3件、木印1件、玉带饰2件、石墓志1合（“皇明宗室汧阳端懿王圹志”，下葬时间1496年）、铜钱45枚（除唐开元通宝外，均为宋代小平钱）	明代时期	西安市文物保护考古考古所：《西安南郊皇明宗室汧阳端懿王朱公鐠墓清理简报》，《考古与文物》2001年第6期	雁塔7
6	三兆殡仪馆	2000年8月	曲江街办	曲江立交东北角区域。共发掘汉墓8座	M1出土器物74件，另有铜钱164枚（五铢）。其中陶器17件（盒、壶、罐、奁、仓、灶、投壶、熏炉、釜、盘、甑等）；铜器51件（铃、带钩、襟钩、小铜钫、当卢、衔镳、辖軎、车轙、衡末饰、车軏饰、盖弓帽、刷、泡钉、车饰、铺首衔环、环、车饰件、扣饰、贝形器、镜等）；铁器2件（剑、刀）；玉鼻塞1件；石砚1套；贝壳1件	汉代时期	西安市文物保护考古所、郑州大学考古专业编：《长安汉墓》，陕西人民出版社，2004年	雁塔10
7	三兆公墓	2000年9月	曲江街办	共发掘汉墓7座，报告收录1座汉墓资料。M1：斜坡墓道砖砌砖室墓，坐东朝西，由墓道、甬道、墓室三部分组成。葬具1木棺，葬式仰身直肢	M1共出土器物31件，其中陶器25件（罐、樽、灶、釜、甑、井、案、盆、碗、耳杯、斗、勺、灯等）；铜镜1面；铁器5件（削、棺钉）	东汉时期	西安市文物保护考古所：《西安东汉墓》，文物出版社，2009年	雁塔12

续表

5. 雁塔区

序号	名称	工作时间	地理位置	墓葬/遗址概况	出土器物概况	时代	发表刊物	对应编号
8	西安石油学院雁塔校区公寓楼	2000年9月—2001年3月	长延堡街办	1. 共发掘汉墓37座，报告收录8座汉墓资料。墓葬形制有斜坡墓道土洞墓5座，斜坡墓道砖室墓3座；墓向坐北朝南4座，坐西朝东3座，坐东朝西1座。 2. M22：斜坡墓道砖室墓，坐北朝南，由墓道、墓室两部分组成。葬具1木棺，葬式不详	1. 共出土器物282件，另有铜钱552枚（郭五铢钱、剪轮五铢、半两、货泉、小泉直一），其中陶器222件（壶、罐、樽、灶、釜、甑、案、盘、碗、耳杯、斗、瓶、井、勺、俑、猪、狗、鸡等）；铜器17件（柿蒂饰、镜、削、铺首、刀等）；铁器3件（权、剑）；玉器1件（剑璏）；石器2件（握）；铅器5件（镜、镳、饰件等）。 2. M22共出土器物48件，另有铜钱190枚（五铢）。其中陶器21件（鼎、盒、壶、罐、奁、仓、釜、熏炉、灯等）；铜器18件（镜、盆、弩机、当卢、辖軎、盖弓帽、衔镳、衡末饰、铜饰、柿蒂饰等）；铁器5件（釜、削、饰件等）；玉器3件（口琀、鼻塞）；小卵石1件	西汉—东汉时期	1. 西安市文物保护考古所：《西安东汉墓》，文物出版社，2009年； 2. 西安市文物保护考古所、郑州大学考古专业编：《长安汉墓》，陕西人民出版社，2004年	雁塔17
9	中华世纪城	2001年4月—5月	丈八街办	共发掘汉墓10座，报告收录3座汉墓资料。 M15：斜坡墓道砖室墓，坐西朝东，由墓道、甬道、墓室三部分组成。葬具1木棺，葬式不详。 M16：斜坡墓道砖室墓，坐西朝东，由墓道、甬道、墓室三部分组成。葬具不详，葬式不详。 M22：斜坡墓道砖室墓，坐西朝东，由墓道、甬道、墓室三部分组成。葬具不详，葬式不详	M15共出土器物68件，另有铜钱72枚（布泉、货泉、大泉五十、五铢）。其中陶器46件（壶、罐、仓、樽、灶、釜、甑、井、案、盘、碗、耳杯、斗、勺、灯、猪、鸡、狗、车軎等）；铜器9件（削、弩机、牌饰等）；铅器6件（衔、镳、泡钉、鸟形饰等）；石器6件（砚、猪、眼罩、饰件等）；琉璃耳珰1件。 M16共出土器物12件，另有铜钱19枚（五铢）。其中陶器9件（樽、灶、案、盘、耳杯、勺、瓶等）；铜削1件；铁刀1件；石砚1件。 M22共出土5件，另有铜钱37枚（榆荚钱、剪轮五铢、有郭五铢）。其中陶器3件（朱书罐、盆、碗等）；铜镜1面；铁刀1件	东汉时期	1. 西安市文物保护考古所：《西安东汉墓》，文物出版社，2009年； 2. 西安市文物保护考古所：《西安中华小区东汉墓发掘简报》，《文物》2002年第12期	雁塔18

续表

5. 雁塔区								
序号	名称	工作时间	地理位置	墓葬/遗址概况	出土器物概况	时代	发表刊物	对应编号
10	交通大学数码园	2002年3—6月	等驾坡街办	共发掘汉唐墓葬37座，其中唐康文通墓为大型砖室墓（M2）。 M2：斜坡墓道土砖室墓，坐北朝南，由墓道、天井、过洞、壁龛、前墓室、甬道、后墓室等部分组成	M2：出土器物有三彩俑（武士俑、镇墓兽、女立俑、男立俑、牵马俑、马、骆驼等）；三彩器物（井、磨、灶、杵臼等）；彩绘陶俑（女骑马俑、女立俑、狗等）；瓷灯；玉猪；铜器（饰件、泡钉）；钱币（开元通宝）；墓志1合（楷书“周故处士康君墓志铭”）	唐代中期	西安市文物保护考古所：《唐康文通墓发掘简报》，《文物》2004年第1期	雁塔20
11	曲江花园	2002年3—7月	曲江街办	共发掘汉墓7座，报告收录2座汉墓资料。 M5：斜坡墓道土洞双室墓，坐西朝东，由墓道、甬道、墓室三部分组成。葬具1木棺，葬式不详。 M9：竖穴墓道土洞墓，坐北朝南，由墓道、甬道、墓室三部分组成。葬具2木棺，葬式仰身直肢	M5：共出土器物35件，另有铜钱147枚。其中陶器26件（罐、樽、灶、甑、井、案、盘、碗、耳杯、斗、勺、猪、狗、鸡、砚等）；铜器6件（饰件、带钩、环、泡钉、柿蒂饰）；铜钱147枚（货泉、五铢）；铁器2件（灯、刀）；石弹丸。 M9：共出土器物23件，另有铜钱404枚。其中陶器18件（壶、罐、釜、甑、盆、弹丸等）；铜钱404枚（小五铢、大泉五十、小泉直一）；铁剑1件；石口琀1件	新莽—东汉时期	西安市文物保护考古所：《西安东汉墓》，文物出版社，2009年	雁塔21
12	雁塔南路	2002年3—5月	长延堡街办	共发掘汉墓24座，报告收录3座汉墓。 M15：斜坡墓道砖砌多室墓，坐西朝东，由墓道、甬道、墓室三部分组成。葬具1木棺，葬式不详。 M19：斜坡墓道土洞双室墓，坐西朝东，由墓道、甬道、墓室三部分组成。葬具3木棺，葬式仰身直肢。 M22：斜坡墓道砖砌多室墓，坐西朝东，由墓道、甬道、墓室三部分组成。葬具1木棺，葬式不详	M15：共出土器物42件，另有铜钱44枚（货泉、五铢）。其中陶器40件（壶、罐、仓、樽、灶、釜、甑、井、案、盘、碗、耳杯、斗、勺、猪、狗等）；铜镜1面；铁棒1件。 M19：共出土器物10件。其中陶器8件（罐、灶、甑、案、盘、碗、斗、勺等）；铜泡钉2件。 M22：共出土器物96件，另有铜钱188枚（剪轮五铢、有郭五铢）。其中陶器81件（壶、罐、仓、樽、灶、釜、甑、盆、井、案、盘、碗、耳杯、勺、灯、猪、狗等）；铜器13件（带钩、泡钉、镜等）；铁器2件（剑、锛）	新莽—东汉时期	西安市文物保护考古所：《西安东汉墓》，文物出版社，2009年	雁塔22

续表

5. 雁塔区

序号	名称	工作时间	地理位置	墓葬/遗址概况	出土器物概况	时代	发表刊物	对应编号
13	史家湾唐墓	2002年7月中旬	等驾坡街办	一座竖穴墓道单砖室墓，墓室带十二小龛，规模较大，墓道和墓室尚保留有壁画。墓主为唐河东监军使、左监门卫将军刘中礼，是晚唐左神策军护军中尉、沛国公刘弘规创建的宦官世家的重要成员（“唐故彭城刘公墓志铭”）	出土器物10件	唐代时期	张全民：《唐河东监军使刘中礼墓志考释》，《敦煌学辑刊》2007年第2期	雁塔26
14	西安外事学院北校区（鱼化寨遗址）	2002年	鱼化寨街办	Ⅰ区被晚期人类活动破坏，Ⅱ、Ⅲ区文化层堆积较厚且十分复杂，Ⅲ区底层堆积最为丰富。共发现房址107座（半地穴式、地面式）；灰坑251座（方形、圆形、椭圆形、不规则形）；灶址29座（浅穴式）；窑址1座（横穴式，朝向西，由窑室、火膛、火道、操作间四部分组成）；壕沟2条；墓葬137座；发现仰韶文化时期的墓葬共137座，其中土坑墓14座，瓮棺葬墓123座。现仅对发掘的仰韶文化土坑墓作一介绍：发掘的14座土坑墓，依据墓坑的形制，可分为灰坑葬墓与竖穴土坑墓二种	包括老官台文化、仰韶文化、龙山文化遗存，其中仰韶文化遗存最为丰富。 仰韶文化早期遗存：陶器（尖底瓶、罐、盆、钵、瓮、壶、盂、釜、甑、鉎等），石器（斧、锛、铲、球），骨器（笄、锥、匕、针等）。 仰韶文化中期遗存：陶器（瓶、缸、盆）。 仰韶文化晚期遗存：陶器（尖底瓶、罐、盆、缸、甑、漏斗、刀、环、纺轮、笄等）；石器（斧、锛、纺轮、球、网坠）；骨器（镞、笄、锥等） 墓葬出土器物共72件，依质地可分为陶、石、骨质几种。陶器共41件。种类有尖底瓶、罐、钵、壶、盂、圆陶片、球共七种；石器共5件。种类有锛、球、石块共三种；骨器仅骨珠一种，共26件	仰韶时期	1. 西安市文物保护考古所：《西安鱼化寨遗址发掘简报》，《考古与文物》2012年第5期； 2. 西安市文物保护考古所：《西安鱼化寨遗址仰韶文化土坑墓发掘简报》，《考古与文物》2011年第6期	雁塔30

续表

5. 雁塔区

序号	名称	工作时间	地理位置	墓葬/遗址概况	出土器物概况	时代	发表刊物	对应编号
15	世家星城	2003年5—8月	长延堡街办	1. 共清理战国至宋元时期墓葬200余座，报告收录62座秦墓资料。墓葬形制有竖穴土圹墓和竖穴墓道土洞墓两座，其中竖穴墓道土洞墓为主要类型。墓向以东西向为主。可辨别的葬式分直肢葬和屈肢葬两种，以屈肢葬为主。 2. 汉墓11座，报告收录5座汉墓资料。墓葬形制均为斜坡墓道砖室墓，墓向坐西朝东3座，坐北朝南2座	1. 62座秦墓出土陶器547件，种类有鼎、盒、壶、釜、鍪、钵、甑、盆、盂、罐、缶、瓮、灶、灯、囷、仓、鍑、钫、熏炉、铃、纺轮、球、鱼等；出土铜器92件。种类有鼎、甗、壶、盆、勺、鍪、铃、镜、带钩、镦、剑、印章、环、扳手、半两铜钱等；出土铁器30件，种类有灯、削、锸、锄、斧、杈、三足架等；出土玉器18件，种类有环、剑首、剑格、剑珌、剑璏、饼等；出土石器10件，种类有凿、片、球、串珠等；其他杂器12件，有金币、骨管、煤精体、蚌壳等。 2. 11座汉墓共出土器物167件，另有铜钱159枚（布泉、五铢）。其中陶器58件（壶、罐、仓、樽、灶、釜、甑、井、案、碗、耳杯、斗、勺、瓶、百枝灯、俑、马、独角兽、猪、牛、车、鸡、印章等）；铜器3件（带钩、襟钩、镜等）；铅器5件（衔镳、剑、釜等）；石器4件（口琀、条、弹丸、肛塞等）；铅器3件（衔、镳）；琉璃耳珰3件；贝壳1件	战国晚期—宋元时期	1. 西安市文物考古研究院，《西安南郊秦墓·第二编·潘家庄世家星城秦墓》，陕西人民出版社，2004年； 2. 张小丽、武丽娜、王娥、呼安林、高博：《西安南郊潘家庄世家星城秦墓发掘简报（一）》，《秦始皇帝陵博物院》2013年第1期； 3. 西安市文物保护考古所：《西安东汉墓》，文物出版社，2009年； 4. 西安市文物保护考古所：《西安南郊潘家庄169号东汉墓发掘简报》，《文物》2008年第6期	雁塔36
16	春晓苑	2003年11月1—20日	曲江街办	共发掘汉墓31座，报告收录8座汉墓资料。墓葬形制有竖穴墓道土洞墓（M21、M26），斜坡墓道土洞墓（M4、M15），斜坡墓道砖室墓（M3、M9、M24、M29），墓向坐西朝东4座，坐东朝西2座，坐南朝北1座，坐北朝南1座	共出土器物115件，另有铜钱223枚（布泉、货泉、大泉五十、五铢）。其中陶器95件（壶、罐、瓮、仓、樽、灶、釜、甑、井、案、盘、碗、耳杯、斗、勺、灯、纺轮、泥饼、狗等）；铜器11件（带钩、镜、匙、盆等）；铁器9件（刀、剑、削、钱等）；漆器2件（盒、案）	新莽—东汉时期	西安市文物保护考古所：《西安东汉墓》，文物出版社，2009年	雁塔57

续表

5. 雁塔区								
序号	名称	工作时间	地理位置	墓葬/遗址概况	出土器物概况	时代	发表刊物	对应编号
17	西安理工大学曲江校区（二期）	2004年1—5月	曲江街办	1. 共发掘汉墓27座，报告收录6座汉墓资料。墓葬形制有斜坡墓道土洞墓3座，斜坡墓道砖室墓3座；墓向坐东朝西1座，坐西朝东3座，坐北朝南2座。 2. 发掘西汉晚期大型壁画墓。墓葬形制为斜坡墓道砖室墓，坐北朝南，由墓道、甬道、墓室三部分组成。 墓门：东、西两侧分别绘龙、翼虎，均为立状，爪持节。 墓室东壁：车马出行、狩猎等内容。 墓室后壁：上部为一乘龙羽人，下部绘黄蛇、青蛇各一条，其间布以云气。墓室西壁：北部图案剥落，中部为斗鸡场景，南部为一幅女性宴月歌舞图。 券顶：羽化升仙场景，南部正中绘有一只飞向墓门的凤鸟，两侧各绘一条翼龙，东侧龙前绘太阳、金乌，西侧龙前绘月亮、玉兔、蟾蜍，北部绘并排飞向墓门的两只仙鹤，其间布满云气	1. 共出土器物182件，另有铜钱432枚（大泉五十、货泉、布泉、五铢）。其中陶器81件（壶、罐、仓、樽、灶、甑、井、案、盘、碗、耳杯、勺、瓶、灯、方形器、狗、马、猪、鸡、筒瓦、镇墓砖等）；铜器9件（泡钉、弩机、带钩、印章、削、镜）；铁器5件（釜、削）；银丝1件；铅器29件（人、车马器）；玉器1件（五铢）；石器7件（砚、猪）；漆盒3件；琉璃耳珰4件；果壳20枚；麻布鞋1双； 2. 壁画墓共出土器物玉器（眼障、口琀、鼻塞、坠饰等）；铜印章；五铢钱若干	西汉晚期—东汉时期	1. 西安市文物保护考古所：《西安东汉墓》，文物出版社，2009年； 2. 西安市文物保护考古所：《前进中的西安市文物保护考古所》，内部资料； 3. 西安市文物保护考古所：《西安理工大西汉壁画墓发掘简报》，《文物》2006年第5期； 4. 孙福喜、程林泉、张翔宇：《西安理工大学基建工程中发现西汉壁画墓》，《中国文物报》2004年12月10日； 5. 孙福喜、程林泉、张翔宇：《西安理工大学西汉壁画墓初探》，《西北大学学报》（哲学社会科学版）2005年第3期； 6. 冯健、赵凤燕、李书镇、程蓓：《西安理工大学西汉壁画墓现场保护技术研究》，《文博》2013年第4期； 7. 冯健、夏寅、Catharina Blaensdorf、Susana Greiff：《西安理工大学曲江校区西汉壁画墓颜料分析研究》，《西北大学学报》（自然科学版）2012年第5期； 8. 郭永淇、陈斌、曹铭婧：《西安理工大西汉墓壁画的保护研究》，《人类文化遗产保护》，2012年	雁塔61

序号	名称	工作时间	地理位置	墓葬/遗址概况	出土器物概况	时代	发表刊物	对应编号
5. 雁塔区								
18	芙蓉南路	2004年4月	曲江街办	共发掘汉墓1座，报告收录1座汉墓资料。M1：斜坡墓道砖室墓，坐西朝东，由墓道、墓室、小龛三部分组成。葬具为木棺，葬制不详	M1共出土器物7件，另有铜钱3枚（大泉五十）。其中铜器4件（奁、盆、柿蒂饰棺饰）；铁器1件；石砚1件；木勺1件	新莽时期	西安市文物保护考古所、郑州大学考古专业编：《长安汉墓》，陕西人民出版社，2004年	雁塔69
19	长延堡派出所办公楼	2004年5月	长延堡街办	共清理汉墓3座、元墓1座。现将 3 座汉墓简述如下： M1：长斜坡墓道砖券洞室墓， 东西向，墓道在墓室西，方向 270°，由墓道、墓室、左右耳室构成。 M2：长斜坡墓道砖券洞室墓，墓道在墓室西侧，方向 265°，由墓道、墓室、左右耳室组成。 M3：竖穴墓道砖券洞室墓， 墓道在墓室南，方向 176°	3座墓共出土器物133件，另有铜钱87枚，陶耳杯数件。M1、M2 出土了众多陶俑，且种类形制相同	西汉时期	西安市文物保护考古研究院：《西安南郊西汉墓发掘简报》，《文物》2012年第10期	雁塔70
20	曲江溪水园（枫林·溪园）	2005年1月	长延堡街办	M11（王世英墓）。长斜坡墓道土洞式双室墓。由墓道、甬道、前室、后室、过洞、小龛组成，坐北朝南，方向180°。葬式不明	出土器物38件（套），有陶瓷器、铜钱、墓志。墓志上端隶书“元故耀州同知王公墓志铭”	元代时期	西安市文物保护考古所：《西安南郊元代王世英墓清理简报》，《文物》2008年第6期	雁塔86
21	秀水园	2005年1月	长延堡街办	秀水园M5：斜坡墓道土洞式多室墓，坐西朝东，由墓道、甬道、前室、后室、南、北侧室六部分组成	秀水园M5：出土器物共30件。其中陶器14件（人物俑、牛、车、罐、壶、盆、甑、灯等）；银器4件（钗、环），铜器8件（镜、铃、钗、镯、环等）；铁器1件，角器1件（兽角）	北朝时期	西安市文物保护考古所：《西安南郊清理两座十六国墓葬》，《文博》2011年第1期	雁塔87

续表

序号	名称	工作时间	地理位置	墓葬/遗址概况	出土器物概况	时代	发表刊物	对应编号
5. 雁塔区								
22	雁鸣小区（二期）	2005年3—7月	曲江街办	共发掘古墓葬42座，大部分为明代墓葬，其中汉墓3座，报告收录2座汉墓资料。 M1：斜坡墓道砌砖多室墓，坐东朝西，由墓道、甬道、墓室三部分组成。葬具1木棺；葬式仰身直肢。 M2：斜坡墓道土洞双室墓，坐东朝西，由墓道、甬道、墓室三部分组成。葬具不详，葬式不详	M1共出土器物55件，另有铜钱72枚。其中陶器50件（壶、罐、仓、樽、灶、甑、盆、井、案、盘、碗、耳杯、斗、勺、灯、熏炉、圈、柜、俑、狗、猪、羊、鸡、鸭等）；铜器4件（镜、削）；铜钱72枚（剪轮五铢、有郭五铢）；铁削1件。 M2共出土陶器25件（壶、罐、仓、灶、釜、甑、井、案、盘、碗、耳杯、斗、勺、猪、狗、鸡等）；铜钱5枚（有郭五铢、剪轮五铢）	东汉时期	西安市文物保护考古所：《西安东汉墓》，文物出版社，2009年	雁塔89
23	雁湖小区	2005年12月—2006年4月	曲江新区	共发掘汉墓21座，报告收录2座汉墓资料。 M14：斜坡墓道土洞多室墓，坐西朝东，由墓道、甬道、墓室三部分组成。葬具2木棺，葬式仰身直肢。 M16：斜坡墓道砖砌砖室墓，坐西朝东，由墓道、甬道、墓室三部分组成。葬具4木棺，葬式仰身直肢	M14共出土器物27件。其中陶器26件（壶、罐、仓、樽、灶、盆、井、案、盘、碗、耳杯、斗、勺、猪、狗、鸡等）；铜镜1面。 M16共出土器物30件，另有铜钱192枚。其中陶器23件（壶、罐、仓、樽、釜、甑、井、案、盘、耳杯、勺、猪、鸡等）；铜镜1面；铜钱192枚（货泉、五铢）；铁顶针1件；琉璃耳珰5件	东汉时期	西安市文物保护考古所：《西安东汉墓》，文物出版社，2009年	雁塔109

续表

序号	名称	工作时间	地理位置	墓葬/遗址概况	出土器物概况	时代	发表刊物	对应编号
5. 雁塔区								
24	东南三环C3、C4标段	2006年4—6月	曲江街办	共发掘汉墓11座，报告收录1座汉墓资料。M46：斜坡墓道砖砌砖室墓，坐北朝南，由墓道、甬道、墓室三部分组成。葬具、葬式不详	1. 四瑞兽镜，东南三环3标段M44出土。八出菱花形，镜面微凸，半球形纽，无纽座，宽缘，缘边高凸。主纹区四只瑞兽均呈顺时针飞跑状，相对两只似狮，两只似鹿，瑞兽间各有一花枝。缘面四只蝴蝶和四朵花枝相间分布。直径14.38厘米，重586克； 2. 龙纹镜，东南三环3标段M49出土。八出葵花形，镜面平直，半球形纽，无纽座，窄缘。纽外蜿绕一盘龙，曲颈回首，作张口吞纽状。盘龙刻画细腻，全身饰鳞甲，肩生翼，四肢露出尖利的三爪，右后肢和长尾相缠绕，周围饰四朵如意云纹。直径15.78厘米，重640克； 3. 孔夫子荣启奇问答镜，东南三环3标段M30出土。八出葵花形，镜面平直，半球形纽，无纽座，窄缘。纽左侧孔夫子侧身站立，束髻，身着宽袖长袍，右手持龙头杖，左手抬起指向荣启奇。纽右侧荣启奇束髻，头戴花冠，身穿鹿皮裘服，左手持琴，右手持琴弓，正如痴如醉抚琴而歌。纽下方为一棵柳树。纽上方为横长方格，以两道竖线将其分为三列，内书“荣启奇问曰答孔夫子”。直径13.01厘米。重392克； 4. 人物画像镜。东南三环3标段M69出土。圆形，镜面外凸，半球形纽，圆形纽座，三角缘。座外四神仙乘坐四辆车呈逆时针方向分布，其外为两周凸弦纹和一周短斜线纹，再外为两周双线凸弦纹之间夹一周锯齿纹和一周“S”形勾连纹。直径11.96厘米，重310克； M46共出土陶器20件（罐、瓮、盆等）	唐代时期	1. 张小丽：《西安新出土唐代铜镜》，《文物》2011年第9期； 2. 西安市文物保护考古所：《西安东汉墓》，文物出版社，2009年	雁塔120

续表

序号	名称	工作时间	地理位置	墓葬/遗址概况	出土器物概况	时代	发表刊物	对应编号
5. 雁塔区								
25	翠竹园（三期）	2006年3月	曲江街办	共发掘西汉时期墓葬4座。 M1：斜坡墓道砖室墓，坐南朝北，由墓道、甬道、侧室、墓室四部分组成；甬道两壁平砖横砌，封门为条砖砌筑。墓室双层子母砖错券顶，顶部之上覆盖黄沙；四壁为竖砖错缝平砌，壁面用白膏泥涂抹并彩绘人物。 M2：斜坡墓道砖室墓 M3、M4：均为竖穴墓道砖室墓	M1共出土器物24件，其中有陶器、铜器、玉器、贝壳、瓦当等。 壁画内容有门吏、生活场景、天象等图案。四壁共绘人物形象20个。北壁：人物2个，执剑站立的门吏形象，面向封门； 东壁：人物5个，方形图案1个，自北向南第一个人物位于东壁北部，形象不清。人物二、三均为执漆杯小婢，人物四、五为妇人形象。方形图案底色上部为黑色，下部为红色，底色之上绘有云气纹。 南壁：人物5个，自东向西人物一为执漆奁盒婢女，人物二为背包袱仆女，人物三为执香薰仕女，人物四为妇人形象，人物五为仆女。 西壁：人物8个，自南向北第一、二、三人物为一妇人怀抱婴儿手牵小孩，人物四为一身材矮小男仆，人物五为婢女，人物六为执环首刀男士，人物七为佩剑男士，人物八为男仆形象。 墓顶：天象图，有云气纹、太阳金乌、月亮蟾蜍、星宿、青龙、白虎、人物图案等	西汉时期	1. 西安市文物保护考古所：《西安曲江西汉壁画墓》，《中国考古学年鉴·2009》； 2. 西安市文物保护考古所：《西安曲江翠竹园西汉壁画墓发掘简报》，《文物》2010年第1期； 3. 曹铭婧：《西安曲江翠竹园西汉壁画墓保护技术研究》，《文博》2015年第5期	雁塔122

续表

5. 雁塔区								
序号	名称	工作时间	地理位置	墓葬/遗址概况	出土器物概况	时代	发表刊物	对应编号
26	南三环辅道（金滹沱村）排水管道施工中发现	2016年6月	曲江街办	该墓坐北朝南，形制为长斜坡墓道单砖室墓，平面呈折背刀形，由墓道、过洞、天井、甬道、墓室几部分组成。残长11.8米，墓室底距现地表残深7米。 该墓壁画分布于墓室四壁及顶部。 西壁：用红色边框分为六栏，为六扇屏风图，画面为“树下老人”。 北壁：壁画分为两部分，中间不分栏，西侧为玄武图，东侧画面中间摆放一四腿长方几，两侧各立一侍女，中间背景为一朵用黄色勾勒的大型如意图案。 东壁：为乐舞图，画面不分栏； 南壁：壁画脱落比较严重，封门上部残存有一些红色勾勒的云气纹饰，棺床上部残存有一部分莲花座的纹饰，判断原应该有朱雀图案。 顶部：没有地仗层，壁画直接绘制于砖上，象征天空，东边用橙黄色绘制太阳，西侧用白色绘制月亮，中间布满星辰，还有白色带状线条表示的银河		唐代时期	赵晶：《西安南郊金浮沱村唐代壁画墓的发现与研究》，《考古与文物》2019年第1期	无号
27	曲江国际会展中心（一期）	2006年7月	长延堡街办	共发掘古墓葬5座，其中汉墓4座，报告收录1座汉墓资料。 M2：斜坡墓道土洞墓，坐北朝南，由墓道、甬道、墓室三部分组成。葬具1木棺，葬式不详	M2共出土器物24件，铜钱50枚（均五铢），其中陶器21件（壶、罐、瓮、仓、樽、灶、釜、甑、灯、井、案、盘、碗、耳杯等）；铜镜1面；铁剑1件；石砚1件	东汉时期	西安市文物保护考古所：《西安东汉墓》，文物出版社，2009年	雁塔137

续表

5. 雁塔区								
序号	名称	工作时间	地理位置	墓葬/遗址概况	出土器物概况	时代	发表刊物	对应编号
28	东南三环C5标段	2006年8月	等驾坡街办		1. 海兽葡萄镜，东南三环5标段M28出土。圆形，镜面微凸，伏兽纽，无纽座，卷凸缘。纽外一周高凸棱将镜背分为内外两区，内区四只瑞兽和四只雀鸟相间分布于缠枝葡萄间，外区十只雀鸟、三只蝴蝶、两只蜻蜓相间分布，或飞于葡萄枝叶间，或栖于枝上，葡萄枝叶跨过凸棱。缘面饰一周桃形云纹。直径11.79厘米，重486克。 2. 双雁双兽花枝镜，东南三环5标段M67出土。六出葵花形，镜面平直，伏兽纽，无纽座，窄缘。纽外两只瑞兽和两只飞鸟相间分布于葡萄枝叶间，其外为一周六出葵花形细凸棱。直径4.8厘米，重30克。 3. 连珠纹镜，东南三环5标段M47出土。圆形，镜面外凸，半球形纽，无纽座，三角缘。纽外饰一周连珠纹，其外有十四个小乳丁，每个乳丁外有一周椭圆形连珠纹，再外为一周锯齿纹、连珠纹、凸弦纹、短斜线纹以及两周凸弦纹和一周双线波折纹。直径7.72厘米，重53克	唐代时期	张小丽：《西安新出土唐代铜镜》，《文物》2011年第9期	雁塔139
29	卫光科技工地	2006年12月	电子城街办	共发掘汉墓2座，报告收录1座汉墓资料。M1：斜坡墓道砖砌双室墓；坐东朝西，由墓道、甬道、墓室三部分。葬具不详，葬式仰身直肢	M1共出土器物31件，另有铜钱45枚（五铢钱）。其中陶器24件（壶、罐、仓、樽、灶、甑、井、案、盘、碗、耳杯、俑、狗等）；铜器3件（带钩、镜）；铁器2件（剑、锸）；石鼻塞1件；骨瓶1件	东汉时期	西安市文物保护考古所：《西安东汉墓》，文物出版社，2009年	雁塔152
30	雁南二路管道沟（抢救性发掘）	2007年6月	长延堡街办	M1长斜坡墓道前后室土洞墓，方向92°，由墓道、甬道、前室、过洞、后室五部分组成。因墓道部分被破坏未作发掘。该墓前室和后室内刷薄薄一层白灰，然后墨线勾画出极为简单的壁画	共出土器物28件，另有铜钱101枚。陶器22件（罐、瓮、井、灯、灶、鸡、狗等）；铜器3件（铃、弩机、镜）；铁器3件（铁条、门环）	西晋时期	西安市文物保护考古所：《西安曲江雁南二路西晋墓发掘简报》，《文物》2010年第9期	雁塔165

续表

序号	名称	工作时间	地理位置	墓葬/遗址概况	出土器物概况	时代	发表刊物	对应编号
5. 雁塔区								
31	黄渠头安置小区（金波园小区）	2010年10月	曲江街办	汉代、金代墓数十座	M88共出土 8 件器物，按质地分为陶、铁、石三类。器型有香炉、铁牛、铁猪、镇墓石、方砖买地券［大金贞佑四年（1216年）］	汉、金代时期	西安市文物保护考古研究院、辽宁师范大学历史文化旅游学院：《西安南郊黄渠头村金墓发掘简报》，《文物春秋》2014年第5期	雁塔286
32	青龙寺日式料理工程建设项目	2010年12月	大雁塔街办	古井16口	古井J1—J16均为圆形土壁井，个别有明显工具痕迹。J1—J15内含较多的砖瓦和瓷器残片	唐代时期	西安市文物保护考古研究院：《西安青龙寺唐代古井发掘简报》，《文博》2017年第2期	雁塔298
33	缪家寨村项目	2011—2012年	曲江街办	汉代至明代古墓葬113座	不详	汉代—明代时期	1. 西安市文物保护考古研究院：《西安曲江缪家寨唐代杨筹墓发掘简报》，《文物》2016年第7期； 2. 西安市文物保护考古研究院：《西安曲江缪家寨元代袁贵安墓发掘简报》，《文物》2016年第7期； 3. 张小丽：《唐杨筹墓志考》，《文物》2016年第7期	无号
34	陕西师范大学雁塔校区二期高层住宅楼项目	2011年4月	长延堡街办	东汉中晚期墓葬2座，墓葬形制均为长斜坡墓道砖室墓，由墓道、甬道及墓室组成，坐西朝东	出土文物有陶罐、盒、盘、耳杯、奁、钵、案、壶、井、斗、勺、灶、釜、甑、猪、狗及铜钱、铜环、铜镜、铁刀、石砚、石研、石丸及耳珰等器物90余件	东汉时期	西安市文物保护考古研究院：《陕西师范大学雁塔校区东汉墓发掘简报》，《文博》2012年第4期	甲编雁塔10

续表

序号	名称	工作时间	地理位置	墓葬/遗址概况	出土器物概况	时代	发表刊物	对应编号
5. 雁塔区								
35	曲江风景线项目	2011年5月	曲江街办	17座古墓葬，其中9座汉墓，6座唐墓，2座元墓	其中2座元墓保存较好，出土器物丰富。特别是M6，不仅年代明确，而且出土了一批瓷器，其中一件青花瓷匜尤其重要，为元代张达夫及其夫人合葬墓	汉代—元代时期	1. 西安市文物保护考古研究院：《西安曲江元代张达夫及其夫人墓发掘简报》，《文物》2013年第8期； 2. 朱连华：《元代张达夫墓出土瓷器探讨》，《文物天地》2017年第7期	甲编雁塔15
36	湖城大镜（金地曲江8#地块）	2011年2月	曲江街办	共发掘汉代至明代墓葬109座（以汉代墓葬为主）	出土各类器物1136件。其中陶器338件，主要有罐、壶、仓、鼎、套盒、盆、灶、釜、甑等；铜器706件（枚），包括铜镜10面，印章4枚，带钩12件，环、弩机、铺首、饰件等50件，另有铜钱630枚；玉石器70件，其中口琀27件，鼻塞、耳塞等43件；铁器22件，主要为剑、刀、削、铺首。另出土墓志1合，采集墓志2合	汉代—明代时期	张小丽、张婷：《读明许从震墓志》，《碑林集刊》第19期	甲编雁塔24
37	曲江村东北处工地	2012年5月	曲江街办	唐墓1座	M1为竖穴墓道单室砖室墓，坐北朝南，方向185°，由墓道、封门、甬道、墓室组成。 据出土墓志可知，墓主为唐博陵郡夫人崔氏，系晚唐泾原、镇海节度使周宝之妻。此墓纪年明确，形制保存基本完整，在甬道和墓室的壁面上发现了保存较好的壁画，出土器物精美	晚唐时期	西安市文物保护考古研究院：《西安曲江唐博陵郡夫人崔氏墓发掘简报》，《文物》2018年第8期	无号
38	城南公交枢纽站	2012年4月	长延堡街办	墓葬20座，其中汉墓14座、西晋墓1座、唐墓4座、明墓1座	出土文物289件组。出土墓志墓葬分别为开元十九年（731年）“唐故范阳氏女张氏”墓、开元五年（717年）“唐故陇州刺史男吏部常选张君故夫人河南元氏”墓、天宝十一年（752年）“唐故安康平利县令卢府君”墓	汉代—明代时期	西安市文物保护考古研究院：《西安南郊唐代张夫人墓发掘简报》，《文博》2013年第1期	甲编雁塔45

续表

5. 雁塔区

序号	名称	工作时间	地理位置	墓葬/遗址概况	出土器物概况	时代	发表刊物	对应编号
39	金滹沱小学	2012年7月	曲江街办	共清理古墓葬5座。 汉代墓葬2座。M3：长斜坡墓道带耳室单室土洞墓，坐北朝南，方向180°，带耳室的单室墓，由墓道、甬道、墓室、耳室四部分组成。 M4：长斜坡墓道多室土洞墓，坐西朝东，方向85°，由墓道、甬道、前室、后室、南侧室、北侧室六部分组成。 唐代墓葬3座：形制均为长斜坡墓道单室土洞墓，平面呈刀形	两座汉墓共出土器物65件，铜钱65枚。质地有陶、铜、铁三类。 M3随葬品主要置于耳室和墓室，陶罐10、陶灶1、陶釜1、陶甑1、陶井1（井内置汲水小陶罐1）、陶案1、陶耳杯4件。铜钱18枚；墓室口置陶案1件，案上及周围有陶樽2、陶碗2、陶盘2、陶斗3、陶勺5、陶耳杯11件。墓室西北角置陶瓮1件；东侧棺内墓主口中有玉口琀1件，两脚之间置铜镜1面；西侧棺内墓主头右侧置铜镜1面，面部有玉眼罩2件，腹部有铜钱5枚。右手外侧有铜顶针2件，左手外侧有铜削1件，棺南端外侧有铜弩机1件。 两座唐墓共出土器物14件，铜钱4枚，质地有陶、铜、铁、金、银、贝等	汉—唐时期	西安市文物保护考古研究院：《西安金浮沱小学汉、唐墓发掘简报》，《文博》2016年第2期	甲编雁塔46
40	羊头镇安置小区	2013年7月	曲江街办	共发掘17座古墓葬，其中汉墓7座、唐墓9座、宋墓1座	汉墓形制有竖穴墓道砖室墓5座，斜坡墓道砖室墓2座。共出土文物28件（不含铜钱），其中以陶器数量最多，陶质有泥质灰陶和红胎釉陶，器类有鼎、盒、壶、罐、仓、灶、釜、甑、盆、樽、饼等。铜器有铜镜、铜钱（五铢），铁器为铁剑，玉石器主要为口琀。 唐墓形制为斜坡墓道土洞墓，坐北朝南，有5座出土墓志，平面呈刀形，由斜坡墓道（过洞、天井）甬道、墓室组成。出土文物126件（不含铜钱），质地有陶、瓷、铜、银、骨石蚌类。 宋墓形制为竖穴墓道土洞墓	汉代—宋代时期	1. 刘汉兴、高博：《西安羊头镇住宅小区发掘古墓葬》，《中国文物报》2013年11月8日第8版； 2. 西安市文物保护考古研究院：《西安南郊曲江羊头镇西汉墓发掘简报》，《文博》2013年第6期	甲编雁塔53

续表

5. 雁塔区								
序号	名称	工作时间	地理位置	墓葬/遗址概况	出土器物概况	时代	发表刊物	对应编号
41	南郊羊头镇天地源	2012年8月	曲江街办	共发掘古墓葬64座，陶窑3座。其中汉墓35座，唐墓22座，元墓1座，明墓5座，清墓1座	汉墓35座，墓葬形制有斜坡墓道竖穴土圹墓、竖穴墓道洞室墓和斜坡墓道洞室墓。出土文物230余件（不含铜钱），质地可分为陶、铜、铁、玉石。 唐墓22座，墓葬形制有斜坡墓道竖穴土圹砖室墓、竖穴墓道土洞墓和斜坡墓道土洞墓。共出土97余件文物（不含铜钱），质地可分为陶、瓷、铜、铁、玉石骨。其中以陶器为大宗。 元、明、清墓7座，墓葬形制有斜坡墓道竖穴土圹砖室墓和竖穴墓道土洞墓。出土文物十余件（不含铜钱），质地有陶、铜、铁、玻璃	汉代—明清时期	西安市文物保护考古研究院：《西安南郊曲江羊头镇西汉墓发掘简报》，《文博》2013年第6期	甲编雁塔74
42	天地源房地产工地	2012年8月	曲江街办	共清理汉代墓葬35座，其中，M3、M20、M68规模较大。 M3：斜坡墓道竖穴土圹木椁墓，坐南朝北，由墓道、东西耳室、甬道、墓室四部分组成。 M20：斜坡墓道竖穴土圹砖室墓，坐南朝北，由墓道、甬道、墓室三部分组成。 M68：斜坡墓道竖穴土圹砖室墓，坐西朝东，由墓道、过洞、天井、甬道、墓室五部分组成	M3出土器物：①东耳室：车马饰30件、铁带扣6件、带钩2件、铜带钩2件、铁剑1件（残）、陶灶1套（灶、盆、甑）；②西耳室：陶仓1件，陶壶盖1件；③墓室：陶灯（残）1件、铜勺1件、铜管饰2件、车马饰25件、铜环20件、鼎足2件、泡钉13件、五铢钱60枚。 M20出土器物：①墓道：铁锛1件；②东墓室：陶器（罐、盆、甑、灶、釜、盘等）、铁器（铁釜）；③西墓室：陶器（鼎、盒、樽、罐）、玉器（琀、塞、衣片、圭、璧、料等）、铜钱（五铢钱）。 M68出土器物：陶球1件、杠塞1件	西汉中期/中晚期	西安市文物保护考古研究院：《西安南郊曲江羊头镇西汉墓发掘简报》，《文博》2013年第6期	无号
43	西沣路地区城市综合改造（地块A）	2013年5月	长延堡街办	共发掘战国中期至汉初墓葬9座，均为小型墓葬，其中7座为竖穴土圹墓，1座为竖穴墓道偏洞式土洞墓，1座为竖穴墓道直线式土洞墓，坐东朝西	出土文物7件，包括1件玉料、6件陶鬲	战国—汉代时期	张小丽、刘汉兴：《西安南郊曹家堡清理九座秦墓》，《中国文物报》2013年7月19日第8版	甲编雁塔89

续表

序号	名称	工作时间	地理位置	墓葬/遗址概况	出土器物概况	时代	发表刊物	对应编号
5. 雁塔区								
44	雁翔文化产业创意谷住宅小区	2013年7月	曲江街办	共发掘西汉墓2098座，金墓一座。汉墓葬形制为竖穴墓道土洞墓、长斜坡墓道土洞墓及少量砖室墓	出土器物500余件，陶礼器组合为鼎、盒、钫为主；生活明器为仓、罐、灶、盆、甑等。汉墓以西汉中期至晚期为主，少数西汉早期墓和个别东汉墓。墓葬大多两两并列，且多成排分布，具有明显的家族墓地性质。金墓形制为竖穴墓道土洞墓，出土文物铁牛、铁猪各1件，镇墓石4块，朱书买地砖券一块，纪年为贞祐四年	西汉—金代时期	西安市文物保护考古研究院、辽宁师范大学历史文化旅游学院：《西安南郊黄渠头金墓发掘简报》，《文物春秋》2014年第5期	甲编雁塔99
6、长安区								
1	长安区博物馆项目	2000年	郭杜街办	不详	清理出《唐李恪墓志铭》一合，墓志盖篆书“大唐故李君之墓志铭”	唐代时期	郑炳林、张全民、穆小军：《唐李恪墓志铭考释与有关问题研究》，《敦煌学辑刊》2007年第3期	无号
2	华杰健身体育中心	2000年9月	韦曲街办	共发掘古墓葬44座，汉墓15座，唐墓10座，明墓19座，报告收录2座汉墓资料。M3：斜坡墓道砖室墓，坐西朝东，由墓道、甬道、墓室三部分组成。葬具、葬式不详。M4：斜坡墓道土洞双室墓，坐西朝东，由墓道、甬道、墓室三部分组成。葬具、葬式不详	M3共出土器物28件，另有铜钱193枚（货泉、五铢）。其中陶器21件（罐、樽、灶、甑、井、碗、耳杯、斗、勺、猪等）；铜镜3件；石器2件（砚、研）；漆木器2件。 M4共出土器物24件。其中陶器20件（樽、灶、甑、井、案、盘、碗、耳杯、斗、勺、猪、狗、鸡等）；铜镜1面；铁器2件（刀、棺钉）；骨笄1件	汉代—明代时期	西安市文物保护考古所：《西安东汉墓》，文物出版社，2009年	长安1
3	西户高速长安段	2001年3月	细柳街办	共清理汉墓9座，竖穴墓道土洞墓7座，斜坡墓道土洞墓2座	共出土器物103件。其中，陶器57件（鼎、盒、壶、蒜头壶、钫、罐、缶、盆、灶、甑、釜、困、璧、球等）；铜器34件（镜、带钩、环、柿蒂形棺饰、铜车马饰）；铁器（釜、灯、削）；玉器（剑璏、璧）	西汉早期	西安市文物保护考古所：《西安南郊荆寺二村西汉墓发掘简报》。《考古与文物》2009年第4期	长安2

续表

6. 长安区

序号	名称	工作时间	地理位置	墓葬/遗址概况	出土器物概况	时代	发表刊物	对应编号
4	西户高速	2001年3月	细柳街办	共发掘汉墓13座，报告收录1座汉墓。M13：斜坡墓道砖室墓，坐东朝西，由墓道、墓室两部分组成。葬具、葬式均不详	M13共出土器物22件，另有铜钱21枚（五铢）。其中陶器12件（鼎、盒、壶、罐、奁、灶、釜、盆、甑、熏炉、灯等）；铜器9件（镜、弩机、铺首衔环、盖弓帽、泡钉等）	西汉时期	西安市文物保护考古所、郑州大学考古专业编：《长安汉墓》，陕西人民出版社，2004年	长安2
5	京科花园	2001年6月	韦曲街办	共发掘5座墓（包括西汉初年墓2座、北魏北周墓3座）进行了清理发掘。现将3座北魏北周墓（编号为M3、M4、M5）	3座墓呈东西向并排分布，间距约13米。均为南北向“甲”字形长斜坡墓道土洞墓，由墓道、过洞、甬道、封门、墓室五部分组成，墓道在南，墓室在北。 M3共出土器物49件，其中陶器48件（人物俑、武士俑、小冠武吏俑、小冠侍俑、裹巾俑、陶鸡、牛、骆驼、陶仓、井等），瓷器1件（青瓷罐）；M4出土器物86件，其中陶器83件，瓷器2件，石墓志1件。M5出土器物142件，其中陶器134件、瓷器3件、铁器4件、石墓志1件。M4、M5出有墓志，均为北魏末年墓。 M4墓主是韦辉和，京兆山北人。M5墓主是韦乾，字德政，京兆杜人	北魏、北周时期	西安市文物保护考古所：《西安南郊北魏北周墓发掘简报》，《文物》2009年第5期	长安3
6	长安产业园·西古工地	2001年5月	郭杜街办	共清理古墓葬22座，其中M22为西晋晚期墓葬。 M22：斜坡墓道土洞墓，坐北朝南，由墓道、甬道、前室、过洞、后室五部分组成	M22共出土器物20件。其中，陶器18件（罐、盆、仓、灶、甑、井、俑、牛车、牛、鸡、鞍马）、银器1件（银钗）、铜器1件（五铢铜钱）	西晋晚期	西安市文物保护考古研究院：《西安南郊郭杜镇西晋墓发掘简报》，《文博》2013年第3期	长安4

续表

序号	名称	工作时间	地理位置	墓葬/遗址概况	出土器物概况	时代	发表刊物	对应编号
6. 长安区								
7	西安邮电学院新校区	2001年春—2002年春	郭杜街办	1. 共发掘战国秦、汉、唐墓葬200余座。墓葬形制有竖穴土圹墓，竖穴土圹偏洞室墓，竖穴土圹双室土洞墓，竖穴墓道土洞墓。其中，竖穴墓道土洞墓为主要类型。墓向以东西向为主。可辨别的葬式分直肢葬和屈肢葬两种，以屈肢葬为主； 2. 汉墓11座，报告收录7座汉墓资料。墓葬形制有斜坡墓道土洞墓1座，竖穴墓道砖室墓1座，斜坡墓道土洞墓5座；墓向坐西朝东4座，坐东朝西1座，坐北朝南1座，坐南朝北1座； 3. 唐墓（M13-1），墓道打破战国秦墓（M13）的墓室，出土器物精美，M13- 1为南北向土洞墓，方向180°。由墓室、墓道两部分组成，葬式不清	1. 出土器物共877件，其中陶器560件，其他质地器物317件。陶器种类有鼎、盒、壶、罐、瓮、缶、釜、鍪、盆、钵、盂、甑、灶、俑、球等；铜器种类有盉、镜、带钩、殳、鐏、镞、璜、铃、环、泡、印章、钱币等；铁器种类有鼎、璜、带钩、削、锥、铲、锸等；玉器种类有环、饼、带钩、口琀、塞、佩、圈等；石器种类有环、塞、柄等；煤精器种类均为塞；骨器种类有管、塞、柄、梳；料器均为料珠； 2. 共出土器物199件，另有铜钱71枚（五铢）。其中陶器192件（壶、罐、仓、樽、灶、釜、甑、井、案、盘、碗、耳杯、勺、方形器、俑、猪、狗、鸡等）；铜器4件（刀、牌饰、镜）；铁器2件（釜、灯）；煤晶器1件； 3. M13-1因早年盗扰，出土器物以小件器物为主，共18件。陶器6件（弦纹罐、俑、狗）；瓷器5件（酱釉执壶、葫芦形白釉壶、青釉骑马俑、黑釉狗）；铜器4件（银壳镜、鎏金凤鸟饰、鎏金三角形饰、钱币“开元通宝”）；玉梳脊、水晶珠	战国秦—唐代时期	1. 西安市文物保护考古所，《西安南郊秦墓·第二编·茅坡邮电学院秦墓》，陕西人民出版社，2004年； 2. 西安市文物保护考古所：《西安东汉墓》，文物出版社，2009年； 3. 西安市文物保护考古所：《西安市南郊茅坡村发现一座唐墓》，《文物》2004年第9期	长安5

续表

6. 长安区

序号	名称	工作时间	地理位置	墓葬/遗址概况	出土器物概况	时代	发表刊物	对应编号
8	陕西师范大学长安新校区	2001—2002年	郭杜街办	1. 陕西师范大学长安新校区在施工挖管道沟时，发现一座唐代壁画墓，此墓系唐代壁画墓，有明确纪年。墓葬形制：斜坡墓道带天井和小龛的单室砖墓，坐北朝南，由墓道、天井、过洞、壁龛、砖券甬道和墓室六部分组成； 2. M12有明确纪年（该墓是唐兵部常选孙承嗣和夫人高氏的合葬墓）。M12为斜坡墓道带两个天井单砖室墓，由墓道、过洞、天井、甬道、墓室等部分组成	1. 壁画墓出土陶俑共计238件，均出自壁龛中。（骑马俑、大小立俑、动物俑）；陶器（塔式罐、罐、灯、鼓）；墓志2合（盖顶篆书阴刻“大唐故韦府君墓志铭”、盖顶篆书阴刻“大唐故刘夫人墓志铭”）； 2. M12共出土器物159件，多位于甬道内和墓室前方，棺床上下也有部分遗物出土。其中，陶俑149件（十二时俑、牵驼俑、胡人俑、立俑、乐俑、百戏俑、骆驼、马、牛、猪、羊、狗、鸡）；陶器3件（塔式罐、灯盏）；铜器（带头、铜钱）；铁器（锥、条）；墓志两合（盖顶正中阴刻篆书“大唐故阳府君墓志铭”、孙承嗣妻高氏墓志未见志盖）	唐代中期	1. 陕西省考古研究所、西安市文物保护考古所：《唐长安南郊韦慎名墓清理简报》，《考古与文物》2003年第6期； 2. 陕西省考古研究所、西安市文物保护考古所：《唐孙承嗣夫妇墓发掘简报》，《考古与文物》2005年第6期	长安6
9	陕西师范大学后勤集团	2002年4—7月	郭杜街办	共发掘汉、唐、明代墓葬75座，其中M31出土大量精美三彩俑。 M31：斜坡墓道土洞墓，由墓道、天井、过洞、甬道、墓室等部分组成。墓室西部设砖砌棺床	M31出土大量的三彩俑，有镇墓兽、天王俑、文官俑、武官俑、牵马俑、骑骆驼奏乐俑、胡人俑、女立俑、风帽俑、男立俑、杂技俑等。此外，还有单彩动物俑、彩绘陶俑等	唐代中期	西安市文物保护考古所：《西安南郊唐墓M31发掘简报》，《文物》2004年第1期	长安9

续表

6. 长安区

序号	名称	工作时间	地理位置	墓葬/遗址概况	出土器物概况	时代	发表刊物	对应编号
10	西北政法学院南新校区	2002年4—7月	郭杜街办	为配合大学城建设，共发掘汉唐墓葬38座，其中M34、M20价值较高。 M34：斜坡墓道土洞墓，坐北朝南，由墓道、过洞、天井、甬道、封门、墓室六部分组成。葬具不详，葬式单人仰身直肢葬； M20：斜坡墓道土洞墓，坐东朝西，由墓道、甬道、墓室三部分组成。葬具葬式不详	M34出土器物有陶俑（镇墓俑、仕女俑、牵马俑、动物俑等）、三彩器（罐、水盂）、骨料器（料簪、骨钗）、小铜件（马镫、“开元通宝”钱币）、蚌壳、漆盒等。 M20出土器物有铜器（洗、镜、镦、铃、印章、带钩、弩机、柿蒂饰、车马器、刷、环、饰品等）；另有铜钱（五铢钱）；铁器（剑、刀、削、铺首等）；陶鱼；石料等。 两枚铜印章均为双面穿带印，一枚文“张汤、张君信印”；一枚文“张汤、臣汤”	西汉中期、唐代中期	1. 西安市文物保护考古所：《西北政法学院南校区M34唐墓发掘简报》，《文物》2002年第12期； 2. 西安市文物保护考古所：《西安市长安区西北政法学院西汉张汤墓发掘简报》，《文物》2004年第6期； 3. 张翔宇：《西汉“张汤”墓相关问题探讨》，《辽宁师范大学学报》（社会科学版）2012年第3期	长安10
11	阿房宫遗址	2002—2003年	王寺街办	前殿遗址：阿房宫前殿遗址夯土台基东西长1270、南北宽426、现存最大高度（从台基北部边缘秦代地面算起）为12米。夯层厚5—15厘米，夯窝直径5—8厘米	前殿遗址夯土台基中出土铜镞1枚，在夯土台基南面的土层中，在扰土层下、汉代文化层上面还有一层路土，距地表深0.3—1.25米；自北向南成斜坡状，南北长114米。在前殿遗址夯土台基南面3米发现一处铺瓦遗迹； 从倒塌堆积的碎瓦片中还发现有少量的表面饰中粗绳纹，内面为布纹的筒瓦。铺瓦遗迹所用板瓦和筒瓦以秦瓦为主，也有少量汉瓦。未发现阿房宫前殿被大火焚烧的痕迹	秦汉时期	中国社会科学院考古研究所、西安市文物保护考古所阿房宫考古工作队：《西安市阿房宫遗址的考古新发现》，《考古》2004年第4期	长安11

续表

6. 长安区								
序号	名称	工作时间	地理位置	墓葬/遗址概况	出土器物概况	时代	发表刊物	对应编号
12	紫薇田园都市	2002年10月	郭杜街办	共清理北魏至唐代墓葬40余座，其中M18有明确纪年。M18：斜坡墓道土洞墓，由墓道、甬道、墓室三部分组成。 北周墓葬3座（M32、M33、M34）、隋代墓葬1座（M35）均为韦氏家族墓。 M34：斜坡墓道土洞墓，由墓道、甬道、封门、墓室等部分组成； M35：斜坡墓道土洞墓，由墓道、墓室等部分组成。南北向。葬具2木棺，葬式仰身直肢	M18出土器物：陶器26件（镇墓兽、天王俑、仕女俑、十二生肖俑、塔式罐等）；铜器10件（铜镜、铜钱“开元通宝”）；银盒、漆盒、水晶项链、水晶珠、贝壳、墓志1合（盖顶篆文阴刻“唐故夫人米氏墓志铭”）； 这四座墓共出土器物234件（组），有陶器（马、羊、狗、鸡、仓、灶、井、碓、罐等），镇墓兽、武士俑、骑马俑、仪仗俑、舂米俑、跪坐烧火俑等，金戒指1枚。另有M33出土韦昭墓志一合，M34出土韦瓒第一夫人王氏墓志一合，M35出土韦碁墓志一合	北魏—唐代时期	1. 西安市文物保护考古研究院：《唐代辅君夫人米氏墓清理简报》，《文博》2015年第4期； 2. 西安市文物保护考古研究院：《北朝、隋韦氏家族墓》，《前进中的西安市文物保护考古所》； 3. 张小丽、张婷：《唐弘农县太君杨氏墓志铭考释》，《碑林集刊》第11辑	长安12
13	西安邮电学院新校区体育馆	2003年4月	郭杜街办	宋代李唐王朝后裔家族墓3座。 M1（李保枢墓）：竖穴墓道土洞墓，方向100°，由墓道、甬道、墓室组成。葬具1棺，葬式不详； M2（李璹墓）：竖穴墓道土洞墓，方向90°，由墓道、过洞、甬道、墓室等部分组成。葬具1棺，葬式仰身直肢； M3（夫人宋氏墓）：竖穴墓道土洞墓，方向85°，由墓道、墓室等部分组成。葬具1棺，葬式仰身直肢	M1出土墓碑1件，墓志1合、石函、黑釉瓷瓶等，棺内有水银遗留； M2出土石函、木盒、墓志1合、瓷瓶、铜发钗、小陶罐、金镶水晶饰品、石砚、铜钱等； M3出土墓志1合、陶罐、金饰、银钗、铜钱等	宋代时期	西安市文物保护考古所：《西安长安区郭杜镇清理的三座宋代李唐王朝后裔家族墓》，《文物》2008年第6期	长安16

续表

6. 长安区								
序号	名称	工作时间	地理位置	墓葬/遗址概况	出土器物概况	时代	发表刊物	对应编号
14	西柞高速	2005年1月	杜曲街办	1. 共发掘古墓葬30座，报告收录1座汉墓材料。M13：斜坡墓道土洞多室墓，坐北朝南，由墓道、甬道、墓室三部分组成。葬具4木棺，1草席；葬式均仰身直肢。 2. 西柞高速M29：斜坡墓道土洞墓，坐东朝西，由墓道、甬道、墓室三部分组成	1. M13共出土器物33件，另有铜钱2枚（五铢）。其中陶器20件（罐、饼）；铜器7件（环、钗、镜等）；铁锸1件；骨管饰4件；蚌壳1件； 2. 西柞高速M29：出土器物14件。其中陶器11件（罐、盘、盒、人物俑、狗、猪、鸡、灶、甑、井等），铜器3件（镜、削、弩机）	东汉—三国时期	1. 西安市文物保护考古所：《西安东汉墓》，文物出版社，2009年； 2. 西安市文物保护考古所：《西安南郊清理两座十六国墓葬》，《文博》2011年第1期	长安23
15	广丰公司厂房	2005年5月	郭杜街办	共清理古墓几座，其中M13有明确纪年（曹魏元帝景元元年朱书镇墓陶瓶）。 M13：斜坡墓道土洞墓，坐北朝南，由墓道、甬道、墓室三部分组成； M14：斜坡墓道土洞墓，坐北朝南，由墓道、甬道、墓室三部分组成	M13共出土器物20件。其中，陶器15件（罐、镇墓瓶、仓、盆、盘、勺、甑、耳杯、灶、井、鸡、狗、猪等）；铜器4件（镜、镯）； M14共出土器物32件。其中，陶器19件（罐、碗、盘、盆、甑、耳杯、勺、案、釜、灶、井、猪、狗、鸡等）；铜器5件（钗、镜）；铁器2件（镜、片）；银器2件（镯）；玻璃器3件（串饰、耳珰）	曹魏时期	1. 西安市文物保护考古所：《西安三国曹魏纪年墓清理简报》，《考古与文物》2007年第2期； 2. 张全民：《曹魏景元元年朱书镇墓文读解》，《考古与文物》2007年第2期； 3. 西安市文物保护考古所：《西安东汉墓》，文物出版社，2009年	长安25
16	上林苑四号建筑遗址的勘探和发掘	2005年4月	王寺街办	1. 四号建筑遗址土台的勘探与发掘，土台位于四号建筑遗址中部偏西，勘探发现土台的北面、东面、西面均有建筑遗迹，南面未见建筑遗迹； 2. 四号建筑遗址土台北部的勘探与发掘，勘探中发现在地表下0.5—1.3米为宫殿建筑夯土基址，夯土厚1.6米左右。建筑遗址结构复杂，面积较大； 3. 三土台基址东部建筑遗址的勘探与发掘，勘探中发现在表土下1—1.2米处为建筑夯土基址，夯土厚1米左右； 4. 土台基址西部与南部、东南部的勘探，勘探中发现一般在地表下0.7—1米为建筑夯土基址，夯土厚1.7—1.9米	1. 发掘出土遗物有少量的板瓦残片和筒瓦残片，瓦片均为灰色； 2. 出土了大量的砖、板瓦、筒瓦和瓦当等建筑材料及少量铁钉和钱币等； 3. 东、西并列的两组地下排水管道； 4. 河道或为湖泊或为沼泽	秦汉时期	中国社会科学院考古研究所、西安市文物保护考古所阿房宫考古队：《上林苑四号建筑遗址的勘探和发掘》，《考古学报》2007年第3期	长安28

续表

6. 长安区

序号	名称	工作时间	地理位置	墓葬/遗址概况	出土器物概况	时代	发表刊物	对应编号
17	上林苑遗址三号建筑及五号建筑排水管道遗迹的发掘	2005—2006年	王寺街办	1. 三号建筑遗址。已遭到严重破坏，建筑物仅在北部残留有一小部分。遗址区域内的地层堆积状况基本一致，层位关系较为简单：第①层：表土层，灰色土，质地松软，厚0.1—0.5米；第②层：扰土层，灰黄色土，质地较松散，距地表深0.15—0.3米，厚0.1—0.15米，该层内包含有战国时期的筒瓦、板瓦残片，以及现代瓷片、粉笔等；第③层：汉代文化层，为建筑物倒塌后形成的堆积。灰色或灰红色土，质地松散，距地表深0.15—1.25米，厚0.1—1米，中部筑倒塌堆积中，包含物以战国时期的筒瓦、板瓦残片为主（多被烧成浅红色），还出土被烧成红色的草泥墙皮残块和朱红色地面残块，另伴出有1枚汉代五铢铜钱。而在底部建筑倒塌堆积中，包含物以汉代筒瓦、板瓦残片为主，还出土少量战国时期的素面或山形云纹半瓦当以及绳纹铺地砖等；第④层：为建筑的夯土基础，未继续向下清理； 2. 五号建筑遗址。该遗址是当地钢厂在厂房废址进行改建工程时，通过钻探发现的，位于现今地表以下4米处。第①层：表土层，主要为现代垃圾土，厚0.5—0.82米；第②层：扰土层，浅褐色土，质地稍硬，距地表深0.5—1.82米，厚0.7—1.02米，该层内包含有少量战国时期瓦片和现代铁丝等；第③层：战国时期文化层，灰色土，质地疏松，距地表深1.2—4.3米，厚0.78—2.5米，此层包含有战国时期的建筑倒塌堆积，出土遗物包括砖、瓦和瓦当等；第④层：夯土层，为五花土，质地较硬，距地表深2.2—2.7米，厚0.1—0.5米。夯土层以下为生土	1. 三号建筑遗址原为一座高台建筑，但因当地居民长期在此取土、建房和平整土地，已遭到严重破坏。现存的遗址可分为下部夯土台基和上部建筑两部分。该遗址出土的遗物以建筑材料为主，包括砖、板瓦、筒瓦和瓦当等。此外，还发现少量铜钱以及铸钱的陶背范残块等； 2. 五号建筑遗址的保存状况极差，经钻探了解，房屋建筑遗迹已被破坏殆尽。仅在厂房废址形成的深坑北壁上残留少许建筑夯土，分布范围南北最宽0.3、东西断续长27、最厚处为0.4—0.5米。该遗址出土的遗物以建筑材料为主，包括砖、板瓦、筒瓦和瓦当等，均制作极为粗糙。保存下来的遗迹主要是两组排水管道，它们从房屋建筑的残址下面通过，被三座唐墓打破，应属于五号建筑遗址的排水设施。第一组排水管道为南北向，现已发掘的部分长18米。这组排水管道是先在生土中挖沟，然后铺设水管，沟上口宽0.9、底部宽1、现存深1.6米。水管之上的填土为五花土，未经夯打；第二组排水管道位于第一组管道东面，相距20.5米。整体呈东西向，其东端继续向东延伸至发掘区域外，西端呈直角向北拐而成南北向，拐角处以弯头水管套接，北端则续向北延伸至发掘区域外。已发掘的部分东西向管道长59米，南北向管道长10米	战国—西汉时期	中国社会科学院考古研究所、西安市文物保护考古所阿房宫考古队：《西安市上林苑遗址三号建筑及五号建筑排水管道遗迹的发掘》，《考古》2007年第3期	长安43

续表

序号	名称	工作时间	地理位置	墓葬/遗址概况	出土器物概况	时代	发表刊物	对应编号
6. 长安区								
18	陕西师范大学长安校区（二期）	2006年2月	郭杜街办	共清理古墓葬41座，时代有汉、晋、隋、唐各时代	出土文物900余件。M1（张綝夫妇合葬墓）资料已整理公布	汉—唐代时期	西安市文物保护考古研究所：《西安长安隋张綝夫妇合葬墓发掘简报》，《文物》2018年第1期	长安46
19	西安航天项目基地1500吨硅片项目	2007年12月—2008年9月	韦曲街办	清理了一批十六国、北朝、隋唐时期的墓葬。其中M9规模较大。 M9：斜坡墓道土洞墓，坐北朝南，由墓道、过洞、天井、甬道、墓室五部分组成	M9出土器物39件。其中，陶器34件（罐、灯、磨、灶、甑、盆、井、男女侍俑、乐俑、马、狗、鸡、猪）；铜器3件（铺首、鐎斗、扣、刀）	前秦时期	西安市文物保护考古研究院：《西安凤栖原十六国墓发掘简报》，《文博》2014年第1期	长安75
20	创业孵化集群（北区）	2009年3月	韦曲街办	编号为孵化集群M1：斜坡墓道土洞壁画墓，坐北朝南，由墓道、天井、过洞、甬道、墓室五部分组成。过洞及甬道东西局部有壁画，墓室壁画脱落严重，仅能隐约看到黑色、橘色边框，壁画内容不详	共出土器物107件，主要是彩绘陶俑，个别贴金，种类多样（镇墓兽、武士俑、骑马男俑、侍立俑、劳作俑、马、骆驼、羊、鸡、狗、子母猪、猪、仓、房、磨、碓、灶、罐、瓶等）；青石墓志一合（墓主人薛氏为魏左光禄大夫、散骑常侍、开府仪同三司、平原侯长孙公之妻，受封周城郡君。隋仁寿三年下葬）	隋代时期	西安市文物保护考古所：《西安凤栖原隋薛氏墓》，《中国考古学年鉴·2010》，文物出版社，2011年	长安90
21	航天中路东延伸段	2009年9月	韦曲街办	M1：斜坡墓道土洞壁画墓，坐北朝南，由墓道、天井、过洞、甬道、前室、后室六部分组成。过洞前方墓道两壁上，原各绘一幅壁画，已模糊不清；前室四壁涂有白灰，分栏绘制壁画，依稀可辨为侍立女子形象，体态清瘦	共出土器物81件，主要是陶质（镇墓兽、武士俑、风帽俑、小冠俑、笼冠俑、骑马鼓吹仪仗俑、女侍俑、执箕俑、踏碓俑、骆驼、马、鸡、猪、灶、井、碓、碗）；白瓷碗；白瓷瓶；青石墓志（墓主柴恽为开府仪同三司、东宫右武卫副率、平原公，葬于隋大业二年十二月二十九日）	隋代时期	西安市文物保护考古所：《西安凤栖原隋柴恽墓》，《中国考古学年鉴·2010》，文物出版社，2011年	长安98
22	西部3S空间信息产业化基地	2009年10月	韦曲街办	M1为长斜坡墓道带两个天井的双室土洞墓，坐北朝南，方向179°，由墓道、过洞、天井、甬道和墓室组成。限于条件，墓道和天井，仅进行了局部清理	M1共出土器物130件（组），可分为陶俑、模型明器和日用器物（风帽俑、小冠俑、兜鍪执甲俑、骑马鼓吹仪仗俑、甲骑具装俑、鞍马俑、胡俑、罐、仓、房、磨、碓、灶、狗等），质地皆为泥质灰陶，火候较高。陶俑制作较精细，彩绘保存较好	北朝时期	1. 西安市文物保护考古所：《西安韦曲高望堆北朝墓发掘简报》，《文物》2010年第9期； 2. 西安市文物保护考古所：《西安市凤栖原北朝墓》，《中国考古学年鉴·2010》，文物出版社，2011年	长安110

续表

序号	名称	工作时间	地理位置	墓葬/遗址概况	出土器物概况	时代	发表刊物	对应编号
6. 长安区								
23	长安区韩家村项目	2009年10月	韦曲街办	唐代墓葬1座	出土墓志1合	唐代时期	张小丽：《新出土唐代段斯立墓及墓志考》，《中国国家博物馆馆刊》2016年第9期	无号
24	金桥紫禁长安	2009年12月	韦曲街办	编号为金桥紫禁长安M1：斜坡墓道土洞墓，由墓道、天井、过洞、甬道、墓室五部分组成。墓室平面呈方形，西半部分设有一砖棺床，高出东半部分30厘米，砖铺地	出土器物有陶罐、铅车马器、青石墓志1合（墓主人韦衡为大周相州司马、上柱国，同时出土武周万岁登封元年墓志一合）	唐代时期	西安市文物保护考古所：《西安凤栖原唐韦衡墓》，《中国考古学年鉴·2010》，文物出版社，2011年	长安111
25	郭杜街办新征地项目	2010年春	郭杜街办	古墓葬3座	不详	唐代时期	张全民：《新出唐百济移民祢氏家族墓志考略》，《唐史论丛》第14辑	无号
26	雁塔南路皇子坡段	2010年5月	韦曲街办	共发掘清理古墓葬6座。其中南北朝墓2座，编号M1、M2；唐代墓葬3座，编号M4、M5、M6；宋代墓葬1座，编号M3。 M3：坐东朝西，为一座单室土洞墓，由墓道、砖封门、墓室和小龛组成。葬式不详	出土文物306件。此次发掘出土了一些比较精致的生活用品，其中有4件白瓷莲花座盏托，与之相配的有影青六曲瓷盏、白瓷六瓣葵口盏、白瓷圆口小底盏。墓中还出土了茶叶末釉瓷瓶、骨梳、金珠、铜镜、铜钱、石砚台、墓志等文物。 根据墓志记载：墓主人范府君，讳天祐，字伯祥，曾授国子监、郊社斋郎、彭州永昌县尉、普州安居县事等职。死于大宋皇祐元年（1049年）正月二十一日，熙宁八年（1076年）十一月二日迁葬于宋永兴军万年县洪固乡，享年61岁	北朝—宋代时期	1. 西安市文物保护考古研究院：《西安北宋范天祐墓发掘简报》，《中国国家博物馆馆刊》2017年第6期； 2. 郭永淇：《北宋范天祐墓志考释》，《中国国家博物馆馆刊》2017年第6期	长安116

续表

6. 长安区

序号	名称	工作时间	地理位置	墓葬/遗址概况	出土器物概况	时代	发表刊物	对应编号
27	航天外包产业园	2010年6月、2012年8月	韦曲街办	1. 共清理汉至明清墓葬34座，其中M5、M11为北周墓。 M5：斜坡墓道土洞墓，坐北朝南，由墓道、甬道、墓室三部分组成； M11：斜坡墓道土洞墓，坐北朝南，由墓道、甬道、封门、墓室四部分组成； 2. 清理发掘四座北周时期墓葬。其中三座纪年墓，分别为天和二年（567年）张猥墓（M11）、建德元年（572年）张政墓（M4）和天和六年（571年）张盛墓（M2），为北周时期家族墓；张猥墓（M11）长斜坡墓道单室土洞墓，坐北朝南。由墓道、甬道、封门、墓室四部分组成。葬式、葬具不清。张盛墓（M2）位于张猥墓正北约30米。长斜坡墓道单室土洞墓，坐北朝南，平面呈甲字形，自南向北依次由墓道、甬道、墓室三部分组成。张政墓位于张盛墓正西25米。长斜坡墓道单室土洞墓，坐北朝南，开口扰土层下。平面呈甲字形，自南向北依次由墓道、过洞、天井、甬道、墓室组成。M3与张盛墓、张政墓并列，东距张盛墓10米，西距张政墓15米。长斜坡墓道单室土洞墓，坐北朝南，开口扰土层下。平面呈甲字形，自南向北依次由墓道、甬道、墓室三部分组成	1. M5、M11两墓共出土器物11件，陶俑（站立俑、骑马俑、陶马）、铁镜、铜钱、石墓志（出土于M11，盖顶面刻篆书“大周雍州骆谷镇将故张君志”）； 2. 张猥墓（M11）出土铜钱、铁镜及墓志一合。铜钱，铁镜位于墓室西北部，墓志位于墓室口张盛墓（M2）由于该墓被严重盗扰，仅出土铁铺首、银簪及墓志一合； 张政墓（M4）甬道及墓室南部出土陶俑、陶井、陶磨、陶碓及墓志一合；墓室北侧放置一东西向青石质石棺，长2.2米、宽1.01米、高1.12米。由盖、底、头挡、足挡及南北两块棺帮组成。棺盖呈圆弧状，阴线刻四朵莲花及一畏兽头，头挡刻朱雀；足挡刻玄武；北侧棺帮刻青龙；南侧棺帮刻白虎。棺内有三具人骨，随葬器物为一面铜镜和东罗马金币一枚。 M3出土北周货泉一枚	北周时期	1. 西安市文物保护考古所：《西安南郊清理两座小型北周墓》，《文博》2011年第2期； 2. 西安市文物保护考古研究院：《西安北周张氏家族墓清理发掘收获》，《中国文物报》2013年8月2日第8版	长安123
28	乳家庄宋代砖雕墓	2010年9月	郭杜街办	M1坐北朝南，方向165°。墓葬上部因早先取土被破坏，现墓口距地表仅0.2米。墓葬形制为竖穴墓道长方形砖室墓，由墓道和墓室两部分组成	M1共出土各类器物18件，另有镇墓小卵石3块	北宋时期	西安市文物保护考古研究院：《西安乳家庄宋代砖雕墓发掘简报》，《文物》2013年第8期	长安131

续表

6. 长安区								
序号	名称	工作时间	地理位置	墓葬/遗址概况	出土器物概况	时代	发表刊物	对应编号
29	西京学院南区	2010年10月	韦曲街办	该墓出土有墓志，纪年明确，为隋开皇十八年（598年）使持节柱国泰州刺史韦协墓。M5：形制为长斜坡墓道单室土洞墓，平面呈刀形，由墓道、三过洞、三天井、甬道、墓室、壁龛等组成	该墓可辨识的壁画仅存于天井及墓室北壁下部、西壁南角和东壁南角。天井壁画的总体布局是东西两壁互相对称，绘有列戟、仪仗图，两壁壁画内容略有差异。墓室壁画主要为内侍、侍女等人物。 该墓被盗严重，共清理出随葬器物 16 件（组），散落于甬道、棺床东侧及墓室东北角。包括陶器、铜器、铁器、泥钱、贝壳、墓志等。 该墓出土有墓志一合，为“隋故使持节柱国泰州诸军事泰州刺史韦公墓誌”根据墓志可知，墓主字钦仁，京兆杜陵人，《隋书》《北史》对其均有记载，根据志文知其为韦夐之孙，韦洸世子，与文献记载相一致。开皇八年任秘书郎，十一年任柱国，十三年任使持节定州诸军事定州刺史，十五年为息州刺史，十八年（598年）任泰州刺史，同年卒于任上，卒时仅 35 岁。墓主最后任泰州刺史一职与文献记载不符，文献均载韦协最后任秦州刺史并卒于任上	隋代时期	西安市文物保护考古研究院：《隋韦协墓发掘简报》，《文博》2015年第3期	长安134

续表

序号	名称	工作时间	地理位置	墓葬/遗址概况	出土器物概况	时代	发表刊物	对应编号
6. 长安区								
30	神舟六路	2010年10月—2011年9日	韦曲街办	发掘汉代、十六国时期及唐代墓葬共30座，其中唐郭仲文墓（编号为M1）发现了大量精美的壁画	在墓道、甬道、墓室绘有壁画，M1已被盗掘，出土的随葬器物有4件（组），散置于墓室地面与棺床上，陶塔式罐、玉剑格、石器盖、墓志（“唐故太原郭公墓志铭”）	汉代—唐代时期	1. 陕西省考古研究院、西安市文物保护考古研究院：《西安凤栖原唐郭仲文墓发掘简报》，《文博》2012年第10期； 2. 杨军凯、杨洁：《唐郭仲文墓志及其家族葬地考》，《文博》2012年第10期； 3. 李维、郭永淇、杨军凯、辛龙：《唐郭仲文墓壁画》，《收藏界》2012年第3期	长安138
31	航天住宅小区	2010年11月	韦曲街办	共清理汉至明代古墓葬20座。其中，M4、M13为唐代砖室壁画墓。 M4：斜坡墓道砖室壁画墓，坐北朝南，由墓道、过洞、天井、封门、甬道、墓室六部分组成； M13：斜坡墓道砖室壁画墓，坐北朝南，由墓道、过洞、天井、封门、甬道、墓室六部分组成	M4墓道、过洞、天井、甬道壁画脱落严重，内容无法辨认，唯墓室壁画保存尚可。①东壁：绘有四个人物，均向南侧身；②北壁：分东西两部分，西部位于棺床北端之上，其余为东部。东部绘有两个人物，均面西而立；西部左、右、上三面绘有红框，为北侧屏风画；③西壁：为棺床后屏风画，分栏为六幅；④南壁：左、右、上三面绘有红色边框，为棺床北侧屏风画，已漫漶不清，局部仅见松枝及松针。M13仅见墓室东壁四幅人像，均向南侧身。M13共出土器物124件，其中陶俑123件（镇墓兽、天王俑、风帽俑、骑马女俑、骑马男俑、羊、猪、鸡、狗）；墓志1合（盖顶篆书阴刻“大唐故益州行台左丞始州刺史六安县开国公武府君夫人琅耶县君诸葛氏墓志铭”）	唐代早期	1. 西安市文物保护考古研究院：《西安航天城两座唐代壁画墓发掘简报》，《文博》2015年第2期； 2. 辛龙：《唐琅耶县君诸葛芬墓志考释》，《文博》2015年第2期	长安139

续表

序号	名称	工作时间	地理位置	墓葬/遗址概况	出土器物概况	时代	发表刊物	对应编号
6. 长安区								
32	神光蓝宝石单晶片生产基地	2010年9月	韦曲街办	共清理了汉至唐代墓葬30座，其中M2有明确纪年。 M2：唐郭仲恭及夫人金堂长公主合葬墓。斜坡墓道砖室墓，坐北朝南，由墓道、过洞、天井、甬道、墓室五部分组成； M15（蒋少卿墓）：长斜坡墓道多天井单室土洞墓，坐北向南，方向 180°。平面呈甲字形，由墓道、过洞、天井、墓室等部分组成； M16（夫人宝手墓）：位于蒋少卿墓西侧，为长斜坡墓道多天井单室土洞墓，坐北向南，方向 175°。平面呈刀形，由墓道、过洞、天井、甬道、墓室等部分组成	M2共出土器物8件。其中，瓷器1件（罐）、铜器1件（镜）、铁器1件（猪）、石器3件（枕、盒、鸟）、墓志2合（M2：6盖顶面篆书阴刻“唐故赠殿中监郭府君墓志铭”；M2：7盖顶面楷书阴刻“唐故金堂长公主赠凉国大长公主墓志铭并序”）。 M15（蒋少卿墓）出土随葬器物 31 件（组），包括陶器（共29件组武士俑、镇墓兽、风帽俑、小冠俑、笼冠俑、女立俑、骑马俑、骆驼、狗、鸡、猪）、铜钱、墓志（“唐故殿中侍御医上护军蒋府君墓志”）； M16（夫人宝手墓）出土随葬器物 24 件（组）。包括陶器（武士俑、镇墓兽、风帽俑、骑马、牛、狗、鸡、灯盏）、铜钱、琉璃器、墓志（“唐故朝议郎行尚药侍御医上护军蒋府君夫人陇西郡太”）	唐代时期	1. 西安市文物保护考古研究院：《唐郭仲恭及夫人金堂长公主墓发掘简报》，《文博》2013年第2期； 2. 西安市文物保护考古研究院：《西安唐殿中侍御医蒋少卿及夫人宝手墓发掘简报》，《文物》2012年第10期； 3. 杨军凯、郭永淇、辛龙：《西安长安东兆余村发现唐代殿中侍御医蒋少卿夫妇墓》，《收藏界》2012年第4期	长安142
33	南横公路（周至哑柏—蓝田安村段）	2012年4月	大兆街办	Ⅰ区：位于许皇后陵北侧偏西，发现建筑基址一处，陵园垣墙一段； Ⅱ区：位于许皇后陵东北侧，发现建筑遗址三处，排水管道一处	共出土遗物147件。其中，陶器138件（条砖、方砖、板瓦、瓦当、罐、盒、盆、甑、丸）；铜器4件（带钩、箭镞、五铢钱）；铁器5件（铲、斧、环首刀）	汉代时期	西安市文物保护考古研究院、辽宁师范大学历史文化旅游学院：《西安长安区大兆汉代遗址发掘简报》，《洛阳考古》2015年第2期	甲编长安19

续表

6. 长安区

序号	名称	工作时间	地理位置	墓葬/遗址概况	出土器物概况	时代	发表刊物	对应编号
34	雅居乐国际花园	2011年7月	郭杜街办	共发掘古墓葬107座，其中汉墓32座，西晋墓1座，北朝墓1座，隋墓5座，唐墓77座。汉墓以竖穴土圹墓道、土洞墓室居多，亦有斜坡墓道土洞墓和斜坡墓道砖室墓	出土文物包括铜钱、铜镜、陶壁、罐、盆、钫等。铜耳勺、粉盒、铜镜、陶俑、墓志等。出土文物1100余件。出土墓志的墓葬为景龙三年（709年）李承嗣夫妇墓、贞观十四年（640年）郑乾意与夫人柳氏墓、贞观十年（636年）许建昇与夫人周氏墓、垂拱三年（687年）孙喆墓、保定三年（563年）辛子纲墓、永徽六年（655年）傅夫人墓、大唐故李府君墓、乾符七年（880年）李氏格夫人墓、天宝九载（750年）田仁亮墓	汉代—唐代时期	1. 西安市文物保护考古研究院：《郑乾意夫妇墓发掘简报》，《文博》2014年第4期； 2. 杨军凯：《郑乾意墓志考释》，《文博》2014年第4期； 3. 西安市文物保护考古研究院：《西安南郊郭杜镇西汉墓发掘简报》，《西部考古》第9辑，科学出版社，2015年	甲编长安28
35	茅坡新村	2012年3月	郭杜街办	共发掘墓葬14座，其中战国墓13座，西晋墓1座。战国墓均为竖穴墓道土洞墓，墓葬形制有直线型洞室墓和偏洞室墓两种，均为屈肢葬，木棺，个别为一棺一椁	出土陶缶、陶罐、铜带钩、铜戈等器物近50件。西晋墓出土文物18件	战国、西晋时期	西安市文物保护考古研究院：《西安南郊茅坡新城西晋墓清理简报》，《文博》2014年第6期	甲编长安46

续表

序号	名称	工作时间	地理位置	墓葬/遗址概况	出土器物概况	时代	发表刊物	对应编号
6. 长安区								
36	航天东路（航飞路南侧规划—航天大道，K3+98—K4+440）	2011年11月	韦曲街办	发掘古墓葬25座，其中汉墓1座，北朝墓2座，唐墓5座，明墓1座，清墓16座。 汉墓由长方形斜坡墓道、甬道及前、后室组成。北朝墓均由长方形斜坡道、墓室组成。唐墓大多由长斜坡墓道、土洞墓室组成，有的有过道、天井和甬道；明清墓均由梯形竖穴墓道、土洞墓室组成。 M3：竖井墓道土洞墓，坐北朝南，由墓道、甬道、墓室三部分组成。M3出土墓志有明确纪年，系郭子仪孙、郭曜次子郭锜及其夫人卢士绚合葬墓。	共出土文物19件，其中有陶罐、铜镜、铜钱、莲花盘、砖志等，砖志字迹漫漶不清。出土墓志的墓葬为夫妻合葬墓，元和十四年（819年）郭锜及其夫人卢士绚之墓	汉代—明清时期	1. 西安市文物保护考古研究院：《唐太府少卿郭锜夫妇墓发掘简报》，《文博》2014年第2期； 2. 张小丽：《新出土唐郭子仪孙郭锜及夫人卢士绚墓志考》，《文博》2014年第2期	甲编长安52
37	航开路（神舟六路—西康高速）	2012年4月	韦曲街办	共发掘古墓10座，其中汉墓2座，唐墓3座，后晋墓1座，明墓4座，墓葬形制有长斜坡墓道土洞墓和梯形竖穴墓道土洞墓等	出土文物共30件，器类有骑马俑、陶俑、陶鸡、莲花瓦当、塔式罐底座、铜饰、铜镜残片、白瓷片、石器块、石俑头、蚌饰、贝壳、墓志等。有2座唐墓及1座后晋墓为郭氏家族墓。这3座墓主身份较高，从出土的墓志记载，均为郭子仪后代，分别为建中四年（783年）郭曜与贞元乙巳岁（789年）夫人王氏合葬墓、贞元十七年（801年）郭暧与元和六年（811年）夫人昇平公主合葬墓、天福九年（944年）郭在严墓	汉代—明代时期	郭永淇：《新出土郭子仪五代孙郭在岩墓志考》，《文博》2014年第2期	甲编长安76
38	神舟三路（航腾路—东长安街，K0+378.83—K0+840）	2012年2月	韦曲街办	发掘古墓共13座，有三国、北朝、唐、明墓，多为长斜坡墓道土洞墓，梯形竖井土洞墓，以及多天井唐墓等	出土文物110余件，主要有陶俑、罐、金簪、铜镜、簪、水晶珠、蚌饰、佩饰和砖石墓志等	魏晋—明代时期	1. 宁琰：《西安唐代长孙无傲夫妇墓》，《大众考古》2014年12期； 2. 宁琰、辛龙：《唐长孙无傲及夫人窦胡娘墓志的发现与考释》，《文博》2017年第5期	甲编长安78

续表

序号	名称	工作时间	地理位置	墓葬/遗址概况	出土器物概况	时代	发表刊物	对应编号
6. 长安区								
39	韩国三星电子公司“闪存芯片”	2012年2月	兴隆街办	共发掘墓葬35座，其中东周墓3座、汉墓14座、唐墓、宋墓各2座，清墓1座，年代不详13座；西汉中晚期窑址1座	东周墓葬共出土7件，质地有陶、玉、贝等，器类有陶盂、陶罐、陶鬲，玉器有玉饰、玉玦； 西汉墓葬出土210件，按质地可分陶器、铜器、铁器、玉石器，其中以陶器为大宗； 唐宋清墓葬共出土9件器物，质地为陶、铜、骨	东周—明清时期	1. 西安市文物保护考古研究院：《西安市长安区西甘河村古墓葬发掘简报》，《东方博物》第49辑，浙江大学出版社，2013年； 2. 朱连华、刘汉兴、张翔宇：《西安市长安区西甘河村古墓葬发掘收获》，《中国文物报》2013年4月26日	甲编长安81
40	雅居乐房地产工地	2012年5月	郭杜街办	M17：斜坡墓道土洞墓，坐北朝南，由墓道、过洞、天井、甬道、墓室五部分组成。M17有明确纪年，系唐贞观十四年郑乾意夫妇墓	M17共出土器物108件。其中，陶器（釉陶罐、灰陶罐、磨、泡钉、料珠、镇墓俑、镇墓兽、骑马俑、动物俑等）、铜器（镜、饰）、水晶珠、蚌壳、墓志1合（盖顶抛光，素净无铭；志石楷书阴刻“隋轘辕府鹰扬郎将郑府君墓志铭并序”）	隋末唐初	西安市文物保护考古研究院：《郑乾意夫妇墓发掘简报》，《文博》2014年第4期	无号

续表

6. 长安区								
序号	名称	工作时间	地理位置	墓葬/遗址概况	出土器物概况	时代	发表刊物	对应编号
41	清凉山森林公园人工湖建设项目	2012年9月	韦曲街办	M128（唐墓）：位于发掘区的中部，坐北朝南，方向185°，墓葬形制为长斜坡墓道（带甬道）单室土洞墓，由墓道、甬道、墓室三部分组成； M55（杜江墓）：为长斜坡墓道土洞墓，坐北朝南，方向185°，平面呈折背刀形，由墓道、甬道、墓室三部分组成； M39（杜江夫人翟氏墓）：为斜坡墓道土洞墓，坐北朝南，方向190°。平面呈弧背刀形，由墓道、甬道、墓室三部分组成	该墓共出土器物51件（组），绝大多数为陶俑。镇墓兽2件，天王俑2件，骑马俑5件，小冠俑 9 件，笼冠俑14件，幞头俑3件，蕃人俑3件，陶牛1件，陶猪1件，陶鸡1件，陶磨1件，陶罐1件，残石块1件，铜箔1件，铜钱12枚； M55出土器物5件，墓志1合，器类有塔式罐、陶马等； M39出土陶器7件，另有铜钱1枚，墓志1合	唐代时期	1. 西安市文物保护考古研究院：《唐代故济州司马郝君夫人达奚令婉墓发掘简报》，《文博》2013年第4期； 2. 西安市文物保护考古研究院：《西安上塔坡唐王府君墓发掘简报》，《文博》2014年第3期； 3. 西安市文物保护考古研究院：《西安南郊上塔坡128号唐墓发掘简报》，《文博》2015年第5期； 4. 西安市文物保护考古研究院：《唐代杜江及夫人翟氏墓发掘简报》，《文博》2016年第4期； 5. 张小丽、朱连华、赵晶：《西安南郊上塔坡战国至明代墓葬群》，《中国考古学年鉴·2013》，文物出版社，2014年； 6. 西安市文物保护考古研究院：《唐代大理正荀曾墓发掘简报》，《文博》2015年第1期	甲编长安115

续表

序号	名称	工作时间	地理位置	墓葬/遗址概况	出土器物概况	时代	发表刊物	对应编号
6. 长安区								
42	昆明池文化生态景区起步区	2012年10月—2013年5月	斗门街办	发掘遗址沟1条，灰坑8座，车马坑2座。沟呈西南—东北向，为汉代水沟。灰坑形状有椭圆形3座，不规则3座，长方形2座，均为车马坑之上的盗洞，具体年代不明。车马坑形状有方形、长条形各1座，年代均为西周	不详	西周时期	中国社会科学院考古研究所、西安市文物保护考古研究院阿房宫与上林苑考古队：《西安市汉唐昆明池遗址区西周遗存的重要考古发现》，《考古》2013年第11期	甲编长安124
43	航天学校	2013年7月	韦曲街办	共发掘古墓41座，其中北朝墓1座，隋墓2座，唐墓29座，宋墓4座，金墓1座，明清墓4座。 北朝墓为长斜坡土洞墓，带过洞、天井、甬道，其甬道、墓室白灰墙面上有朱砂壁画，全部脱落，墓室塌跨。 隋墓均为竖穴土圹墓，唐墓为长斜坡土洞墓17座和竖穴土洞墓12座。其中1座墓墓道东西两壁有白灰粉刷的迹象，上有朱砂痕迹，原应为壁画，但已全部脱落，无法保存。 宋墓均为梯形竖穴墓道底带斜坡土洞室。金墓为竖穴土洞墓。明清墓均为竖穴土洞墓	出土文物200余件，陶器有塔式罐、罐、俑、骑马俑等，铜器有铜镜、铜钱，铁器类有剪、铁镜。另还有水晶珠、木炭、贝壳、墓志、砖志（其中2墓出土，各1方，朱砂书写，字迹不清）。 出土墓志3合，分别为龙朔元年（661年）许氏墓，天宝四年（745年）卢仪墓，天宝十二年（753年）上官礼墓	北朝—明清时期	西安市文物保护考古研究院：《唐代故高阳郡君许氏夫人墓发掘简报》，《文博》2014年第6期	甲编长安191
44	陕西省中小企业服务中心	2014年3月	韦曲街办	M1为长斜坡墓道单室土洞墓，坐北朝南，方向175°，由墓道、过洞、天井、甬道、墓室等部分组成，总长18.4米，墓室底距现地表深7.8米	M1共出土随葬器物 50 件（组）。主要有陶俑、骑马俑、动物俑、塔式罐盖、孔雀形配饰、冠式、铜泡钉、墓志等。除第一天井下东、西壁小龛各出土一件骑马俑，甬道出土墓志一合外，其余器物集中出土于墓室东部	唐代时期	西安市文物保护考古研究院：《唐凉国夫人王氏墓发掘简报》，《文博》2016年第6期	甲编长安218

续表

6. 长安区								
序号	名称	工作时间	地理位置	墓葬/遗址概况	出土器物概况	时代	发表刊物	对应编号
45	蓝山水岸	2013年12月	韦曲街办	M6竖穴墓道土洞墓，由墓道和墓室组成，墓葬坐北朝南，方向175°，水平总长5.8米，墓室底距开口层7.0米	M6共出土器物40件，其中陶质明器39件，均为火候较高的泥质黑灰陶。另有砖质买地券1方（至元十二年）	元代时期	西安市文物保护考古研究院：《西安航天城元代墓葬发掘简报》，《文博》2016年第3期	甲编长安227
46	常宁雅居乐花园D、E区	2014年4月	郭杜街办	共发掘古墓葬7座，其中汉墓1座，唐墓6座。西汉陶窑、灰坑各1座	出土器物200余件。唐墓均为坐北朝南的斜坡墓道土洞墓，出土器物100余件，器类有砖志（字迹难辨）、立俑、镇墓兽、武士俑、骑马俑、黑人俑、墓志等；其中2座墓有壁画若干幅。出土墓志墓葬为贞观八年（634年）民部尚书戴府君墓和贞观十二年（638年）戴府君夫人菀氏	唐代时期	1. 张小丽、朱连华：《唐太宗民部尚书戴胄夫妇墓的新发现》，《文物天地》2015年第12期； 2. 赵凤燕、李书镇、张小丽、朱连华：《唐太宗民部尚书戴胄墓壁画的揭取保护》，《文博》2015年第2期	甲编长安241
47	陕西正衡金融投资服务总部基地	2014年4月	韦曲街办	共发掘唐墓4座，形制有斜坡墓道土洞墓3座，斜坡墓道砖室墓1座	出土器物50件，器类有陶马、俑、塔式罐、铜盆、铜钱、墓志3合。出土墓志墓葬分别为开元二年（714年）正月李景倩墓，开元二十六年（738年）五月沈和墓，开元二年（714年）五月秦休列及夫人陈氏合葬墓	唐代时期	西安市文物保护考古研究院：《西安南郊唐吴兴郡夫人沈和墓发掘简报》，《文物》2019年第7期	甲编长安247

续表

7. 灞桥区

序号	名称	工作时间	地理位置	墓葬/遗址概况	出土器物概况	时代	发表刊物	对应编号
1	新筑砖厂项目	1991年8月	新筑街办	古墓葬1座。M1：斜坡墓道洞室墓，坐北朝南，由墓道、天井、过洞、壁龛、甬道及墓室等部分组成	出土器物170余件。该墓葬壁画具有重要的价值	唐代时期	西安市文物管理委员会：《西安唐金乡县主墓清理简报》，《文物》1997年第1期	无号
2	纺织城基建工程项目	1995年12月	纺织城街办	M3：竖穴墓道砖室墓，坐北朝南，方向178°，由墓道、甬道、墓室三部分组成	出土器物有铜镜、双系瓷瓶、陶塔式罐、石砚、铁香炉、铁牛、铁猪、琉璃器、滑石狮形香熏、墓志为“唐故杨公曹氏墓志铭”“唐故振武监军使赠内侍杨公夫人谯郡曹氏墓志铭并序”（公元876年下葬）	唐代时期	王自力：《西安唐代曹氏墓及出土的狮形香熏》，《文物》2002年第12期	灞桥1
3	灞河汉代大型水上建筑遗址	2000年7月—2002年7月	灞桥街办	遗址现存两处，一处紧靠现河道东侧，另一处在其东边大水坑内。两处遗址相距130余米，均宽35余米，为木质榫卯结构。 遗址层位：①砾石层；②泥沙层；③细沙层。 发现的木构成组排列，可分为三类：大箱体、大凹槽形木结构、小箱体	在木结构、箱体内发现汉代砖瓦、陶井圈、陶片、五铢钱、铜箭头、铁器等。其中半块粗绳纹“亭”字文砖。在今河道东侧发现呈“一”字形南北排列的古树根多个	西汉末—东汉初	1. 西安市文物保护考古所编：《灞河汉代大型水上建筑遗址》，《前进中的西安市文物保护考古所》； 2. 冯德君、杨军凯、赵泾峰、孙武：《灞桥段家村汉代水上大型建筑遗址出土木材的研究》，《西北林学院学报》2004年第19期	灞桥4
4	西北国棉五厂厂区	2000年8月	纺织城街办	共发掘汉墓18座，报告收录2座汉墓资料。 M17：斜坡墓道砖砌多室墓，坐西朝东，由墓道、甬道、墓室三部分组成。葬具2木棺，葬式不详； M21：斜坡墓道土洞双室墓，坐西朝东，由墓道、甬道、墓室三部分组成。葬具、葬式均不详	M17共出土器物43件，另有铜钱27枚（五铢）。其中陶器39件（壶、罐、瓮、仓、樽、案、盘、碗、耳杯、勺、猪、狗、鸡等）；铜镜1面；铁器2件（刀、剑）；琉璃耳珰1件。 M21共出土器物44件，其中陶器42件（壶、罐、仓、灶、釜、甑、井、案、盘碗、耳杯、斗、勺、瓶、猪、狗、鸡等）；铜镜1面；铁灯1件	东汉时期	西安市文物保护考古所：《西安东汉墓》，文物出版社，2009年	灞桥5

续表

序号	名称	工作时间	地理位置	墓葬/遗址概况	出土器物概况	时代	发表刊物	对应编号
7. 灞桥区								
5	向阳坊社区	2001年1月	纺织城街办	M1（温思暕墓）：斜坡墓道土洞双室墓，坐北朝南，由墓道、天井、过洞、壁龛、前甬道、后甬道、前墓室、后墓室等部分组成； M2（温绰夫妇墓）：斜坡墓道土洞墓，由墓道、甬道、墓室等组成，墓向坐北朝南	M1（温思暕墓）出土器物共256件，有石人、陶俑（风帽俑、骑马俑、动物俑）、瓷碗、三彩罐、铜镜、铜饰、玉石小件、墓志一合（盖顶中央阴刻篆文“大周故温府君墓志铭”，志文内用了不少武则天创造的文字）等； M2（温绰夫妇墓）出土器物有陶俑（天王俑、镇墓兽），陶罐，木俑及漆木器，铅丝，铜镜，鎏金铜带具，铜带钩，鎏金铜箔，玻璃球，骨器，开元通宝钱币，墓志一合（盖顶中央阴刻篆文“大唐故左将军宣化府统军温府君墓志”）等。根据墓志记载，温绰贞观七年（633年）因病而亡，夫人赵氏咸亨元年（670年）卒。温思谏乃温绰之子，生前被封为上柱国、司农少卿、太中大夫、武周证圣元年（695年）卒	唐代早期	1. 西安市文物保护考古所：《西安东郊唐温绰、温思暕墓发掘简报》，《文物》2002年第12期； 2. 西安市文物保护考古所编：《唐温绰（夫妇合葬）、温思暕父子墓》，《前进中的西安市文物保护考古所》	灞桥6
6	常家湾汉墓	2002年4—7月	红旗街办	共发掘汉墓1座。 M1：斜坡墓道砖室墓，坐北朝南，由墓道、甬道、墓室三部分组成。葬具、葬式均不详	M1共出土器物35件，另有铜钱26枚（货泉、五铢）。其中陶器34件（壶、罐、樽、灶、甑、盆、井、案、盘、碗、耳杯、斗、勺、猪、狗、鸡等）；铜镜1件	东汉时期	西安市文物保护考古所：《西安东汉墓》，文物出版社，2009年	灞桥10
7	绕城高速公路（马家沟段）	2002年4—5月	红旗街办	唐太州司马阎识微及其夫人墓。墓葬为长斜坡墓道多天井单室土洞墓，坐北朝南，方向186°。墓葬平面呈刀形，由墓道、过洞、天井、壁龛、甬道和墓室组成	随葬器物主要出土于壁龛、甬道和墓室东部。东龛出土均为三彩风帽俑，多已残缺；西龛出土三彩风帽俑、女立俑，单彩动物、模型等；墓室和甬道内出土三彩天王俑、镇墓兽、文官俑、武官俑、骑马俑、文吏俑、牵马（驼）俑、女立俑、马、骆驼，以及陶器、铜器、金银器和墓志（“唐故朝议大夫行太州司马阎君墓志文”“大周朝请大夫行宜州美原县令阎君夫人裴氏墓志铭并序”）等。棺床南端有一漆盒，仅存漆皮，无法提取。女性头戴冠饰，已散乱	盛唐时期	1. 西安市文物保护考古研究院：《西安马家沟唐太州司马阎识微夫妇墓发掘简报》，《文物》2014年第10期； 2. 杨军凯：《唐阎识微及夫人裴氏墓志考释》，《文物》2014年第10期	灞桥12

续表

7. 灞桥区								
序号	名称	工作时间	地理位置	墓葬/遗址概况	出土器物概况	时代	发表刊物	对应编号
8	砚湾村唐墓	2002年6月	洪庆街办	墓葬形制为斜坡墓道砖室墓，坐北朝南，由墓道、甬道、墓室三部分组成。墓道、甬道两壁、墓室四壁、墓顶有壁画。但因於土塌陷及盗墓爆破而破坏严重。 墓道两壁：绘有手持香炉或手捧果盘的侍女，腾云驾雾的青龙、白虎、手持剑戟的武士。甬道、墓室：绘有群马，惜剥落殆尽	出土彩绘陶俑450件，有骑马俑、男立俑、女立俑、动物俑，铁牛3头（公安机关追缴9头，共12头）。根据墓志（一合）记载，该墓主人为唐故松漠府都督、幽州节度副史、北平郡王李过折，卒于开元23年（735年）。李过折史书有载，他原为契丹军事长官，后诛其酋长而策反归唐，唐王朝对其战功进行封赏	唐代中期	西安市文物保护考古所编：《唐北平郡王李过折壁画墓》，《前进中的西安市文物保护考古所》	灞桥13
9	唐代齐瓘墓前碑石	2005年4月	纺织城街办	青石龟座位于宅基地中间，面朝南，龟座上部距现地表约1米。清理发掘中在位于龟座左前方发现了碑石，碑首朝南，正面向下，距龟座0.9米。碑为螭首龟座，青石刻成，碑座为独立雕刻而成。碑首圆形，中间有圭形碑额，碑额雕刻螭身缠绕，两后足向上于碑额上部，螭爪托起一圆珠，珠周围刻火焰纹	碑文共34行，每行68字，刻满应为2312字，除去空格79字（磨毁的字不在其内），实刻字数2233个。碑文录文如下：大唐故太中大夫益州大都督府长史赠礼部尚书高阳公齐府君碑铭并序	唐代时期	西安市文物保护考古所：《西安市东郊枣园苏村出土唐代齐瓘墓前碑石》，《文物》2009年第8期	灞桥23
10	唐家寨拾荒人捐献	2008年2月	席王街办	唐家寨拾荒人捐献墓志		唐代时期	张全民：《唐故普康公主墓志铭与道教五方真文镇墓石》，《唐史论丛》第十六期	无号

续表

序号	名称	工作时间	地理位置	墓葬/遗址概况	出土器物概况	时代	发表刊物	对应编号
7. 灞桥区								
11	米家崖廉租房（一、二期）	2010年10月—2011年9日	十里铺街办	经前期文物勘探，在拟用地范围内发现大面积灰层堆积。一、二期拟用地范围位于米家崖遗址南部边缘地区。 1. 四号楼基槽位于用地北部，北邻陇海铁路约50.0米。发掘面积630.0平方米。共发掘灰坑33座，房址3座，窑址1座。F1的修建非常有特色，即在平底上以黄土和碎石子陶渣相间逐层堆积修筑房屋的防潮地面； 2. 九号楼位于四号楼基槽南侧约70.0米。发掘面积650.0平方米。共发掘灰坑50座，陶窑3座，沟2条； 3. 十号楼位于九号楼基槽东北侧。发掘面积1600.0平方米。共发掘灰坑120座、陶窑2座、房址1座； 4. 十九号楼位于十号楼基槽东侧，发掘面积900.0平方米。共发掘灰坑99座，陶窑3座，房址4座，墓葬1处	1. 四号楼基槽出土：灰坑内出土有数量较多的陶器残片、兽骨、石器、骨器等，完整器物较少。出土陶器多数残破，以泥质灰陶为主。陶器纹饰有绳纹、篮纹、戳印纹、附加堆纹等。另外还出土有石斧、石刀、石镞、石簪、骨镞、骨簪等，并出土有大量兽骨及螺壳等； 2. 九号楼基槽出土：出土陶器多数残破，以泥质灰陶为主。器形以盆、鬲、罐、瓶等为主。纹饰有绳纹、篮纹、戳印纹、附加堆纹等； 3. 十号楼基槽出土：出土陶器多数残破，以泥质灰陶为主。器形以盆、鬲、罐、瓶等为主，纹饰有绳纹、篮纹、戳印纹、附加堆纹等； 4. 十九号楼基槽出土：器形以盆、鬲、罐、瓶等为主，纹饰有绳纹、篮纹、戳印纹、附加堆纹等。另外还出土有骨簪、骨锥、骨质鱼钩、石刀、石铲、石斧、石凿、石镞、陶环、陶纺轮、玉环等器物	仰韶晚期至龙山早期（客省庄二期）	陕西师范大学历史文化学院、西安市文物保护考古研究院：《陕西西安米家崖遗址2010～2011年度Ⅰ区发掘简报》，《考古与文物》2019年第5期	灞桥63
12	纺织工业新园项目	2011年11月	洪庆街办	发掘十六国时期墓葬1座。该墓为长斜坡墓道双室土洞墓，南北向，由墓道、前室、过道、后室组成	共出土文物140件。包括彩绘骑马鼓吹仪仗俑、白衣铠甲俑、黑衣铠甲俑、黑衣男立俑、十字髻女侍俑、女坐乐俑，动物陶俑有彩绘陶猪、陶公鸡、母鸡、具装铠马俑、鞍马俑，陶罐（内装各种谷物）、碗、灯、九盘连枝灯、碓及彩绘鼓、青瓷唾盂、铜釜、甑、鐎斗、带钩、鎏金带扣、皮带、镂空牌饰、铁剑、棺钉等	十六国时期	1. 杨军凯、郭永淇、辛龙：《西安灞桥发现十六国墓首次惊现彩绘铠甲俑群》，《收藏界》2012年第1期； 2. 西安市文物保护考古研究院：《陕西西安洪庆原十六国梁猛墓发掘简报》，《考古与文物》2018年第4期	甲编灞桥23

续表

8. 蓝田县								
序号	名称	工作时间	地理位置	墓葬/遗址概况	出土器物概况	时代	发表刊物	对应编号
1	蓝田五里头村吕氏家族墓葬区	2006年12月—2009年12月	三里镇	1. 古墓葬：共计清理古墓葬29座，其中成人墓20座，婴幼儿墓9座。墓葬方向为北偏东，深8.5—15.5米。均为竖穴墓道、平顶或拱顶土洞墓室，墓道东、西两壁设三角形踏窝各一排，供上下墓室使用； 2. 兆沟：东沟具有排泄自然水流的作用，这也是墓地兆沟的主要功能之一；西兆沟解剖点位于沟南部，探沟尺寸同东沟探沟。经发掘，东、西两壁平缓有坍塌，现沟宽8.5、深0.7米。包含物少，沟底有细沙层；北兆沟解剖点位于正中偏东处，探沟呈南北向横切沟体。北兆沟保存状况最好，沟口宽5.0、深1.7米。南、北两壁基本完整，沟底面较硬，未见明显沙层。包含物仍显稀少； 3. 家庙遗址：吕氏家庙位于墓园正南方500.0米处，该区域现已为五里头小学占用。家庙整体为坐北向南三进院砖木结构，修筑讲究、雕梁画栋，前有门庭、中有正堂、后为四合院。占地10亩，遗址堆积厚达1.0米	共计655件（组），包括陶、瓷、石、铜、铁、锡、银、金、漆、骨及珠贝类，皆为实用器。陶器数量较少，以灰陶罐、铲形灰陶砚为主。瓷器数量多、品相好、以陕西铜川耀州窑青釉瓷为主。骊山石器是每座墓葬中必出的极具地域特点的物品	北宋时期	陕西省考古研究院：《陕西蓝田县五里头北宋吕氏家族墓地》，《考古》2010年第8期	蓝田46

续表

序号	名称	工作时间	地理位置	墓葬/遗址概况	出土器物概况	时代	发表刊物	对应编号
9. 临潼区								
1	临潼新丰铁路编组站长条村取土场工地	2007年1—5月	新丰镇	共发掘古墓葬60余座，战国秦汉时期墓葬54座，报告收录1座汉墓资料。 M1：斜坡墓道砖砌多室墓，坐西朝东，由墓道、甬道、墓室三部分组成。葬具2木棺，葬式不详	M1共出土器物88件，另有铜钱973枚（半两、货泉、大泉五十、货布、五铢）。其中陶器69件（壶、罐、瓮、仓、樽、灶、釜、甑、井、案、盘、碗、耳杯、斗、勺、瓶、灯、猪、狗等）；铜器12件（盆、灯、刀、削、泡钉、饰件等）；铁器4件（釜、刀、削等）；银环2件；铅衔镳1件	战国—东汉时期	1. 安市文物保护考古所：《西安东汉墓》，文物出版社，2009年； 2. 西省考古研究院：《临潼新丰——战国秦汉墓》，科学出版社，2017年	临潼5
2	西咸北环线	2006年4月	相桥镇	汉代墓葬38座	出土器物70余件	汉代时期	西安市文物保护考古研究院：《西咸北环线考古工地发掘小结》（资料整理中，尚未发表）	临潼6
3	临潼垣头村古墓	2009年12月	任留乡	战国时期古墓葬1座	出土器物18件	战国时期	西安市文物保护考古研究院：《临潼垣头村古墓考古工地发掘小结》（资料整理中，尚未发表）	临潼12
10. 高陵县（无）								
11. 阎良区（无）								
12. 户县（无）								

续表

序号	名称	工作时间	地理位置	墓葬/遗址概况	出土器物概况	时代	发表刊物	对应编号
13. 周至县								
1	周至佛坪厅故城遗址一期考古调查	2006年11月	位于秦岭南北分界岭以南，太白山东岭下龙洞湾5千米处古傥骆道的一侧，距今周至县城约107千米	佛坪厅故城建于清道光五年（1825年），民国二年（1913年）改为县治，民国十四年遭遇匪患，民国十五年县治迁至袁家庄（今佛坪县政府所在地），之后故城逐渐废弃。 故城遗址保存基本完好，平面呈东南部外凸的不规则长方形，现存城墙墙基为汉白玉石条砌筑，墙体白灰沙土混合夯筑，外砌大卵石。城墙西、南、东中部设城门三座，均为汉白玉条基，夯土砌筑，外包青砖，门上原有谯楼，现已无存。西门丰乐门保存较好，东门景阳门和南门延薰门部分塌毁，后经维修。 城内完整建筑仅存城中部偏东主街北侧的荣聚站一处，已在原基址上照旧重修，其余建筑上部被破坏殆尽，仅存基址于民房下或耕地中，诸多建筑构件如汉白玉石条、柱础石已被村民用于自家房中，现仍可见许多石条和柱础石暴露于耕地中。城内碑石多被搬移集中于文庙内，碑石内容以记功德者居多，但也有部分碑石具有较高的史料价值，或记重修文庙之事，或记修建义学之事，或记环境保护之事	主要有瓷片和钱币，钱币共计22枚，其中乾隆通宝4枚、嘉庆通宝2枚、道光通宝2枚、咸丰通宝3枚、同治通宝2枚、光绪通宝1枚、光绪元宝1枚、中华民国开国纪念币1枚	清代时期	西安市文物保护考古所、周至佛坪厅故城保管所：《周至佛坪厅故城遗址一期考古调查简报》，《文博》2010年第5期	周至4

续表

序号	名称	工作时间	地理位置	墓葬/遗址概况	出土器物概况	时代	发表刊物	对应编号
13. 周至县								
2	《八云塔地宫》	2000年11月—12月、2011年11月	位于周至县城，北邻中心西街，西邻云塔路	原名为“瑞光寺塔”，传为唐代所建，平面呈正方形，11层，为仿木结构、密檐式空心砖塔，塔内原有木构楼梯，后毁于兵燹。 2000年9月，八云塔地宫被盗，11月29日—12月7日，对其进行了清理。地宫砖砌，底部略呈方形（南北长1.48米，东西宽1.32米），四角攒尖顶。地宫内置石棺和石函，皆被打开。 石棺：带盖，表面较粗糙，未磨光。 石函：表面光滑，四个侧面分别以细线阴刻青龙、白虎、朱雀、玄武四神图案，风格应为唐代。 地宫南壁正中有券洞式甬道，甬道内用条形砖砌3道封门	甬道第二道封门内放置一尊汉白玉佛教造像，高42.0厘米，四阿式屋形顶，底部的榫头标明其原是安插在底座上的，造像四面皆有浮雕，当属北周遗物。 甬道和封门之砖之间发现许多铜钱、铁钱，主要是汉半两、五铢、货泉、开元通宝、乾元通宝、宋元通宝、太平通宝、淳化元宝、至道元宝、咸平元宝、景德元宝、祥符元宝、祥符通宝、天禧通宝、天圣元宝、景佑元宝、庆历重宝等		1. 西安市文物保护考古所：《前进中的西安市文物保护考古所》； 2. 西安市文物保护考古研究院：《陕西周至县八云塔地宫的发掘》，《考古》2012年第6期	周至7

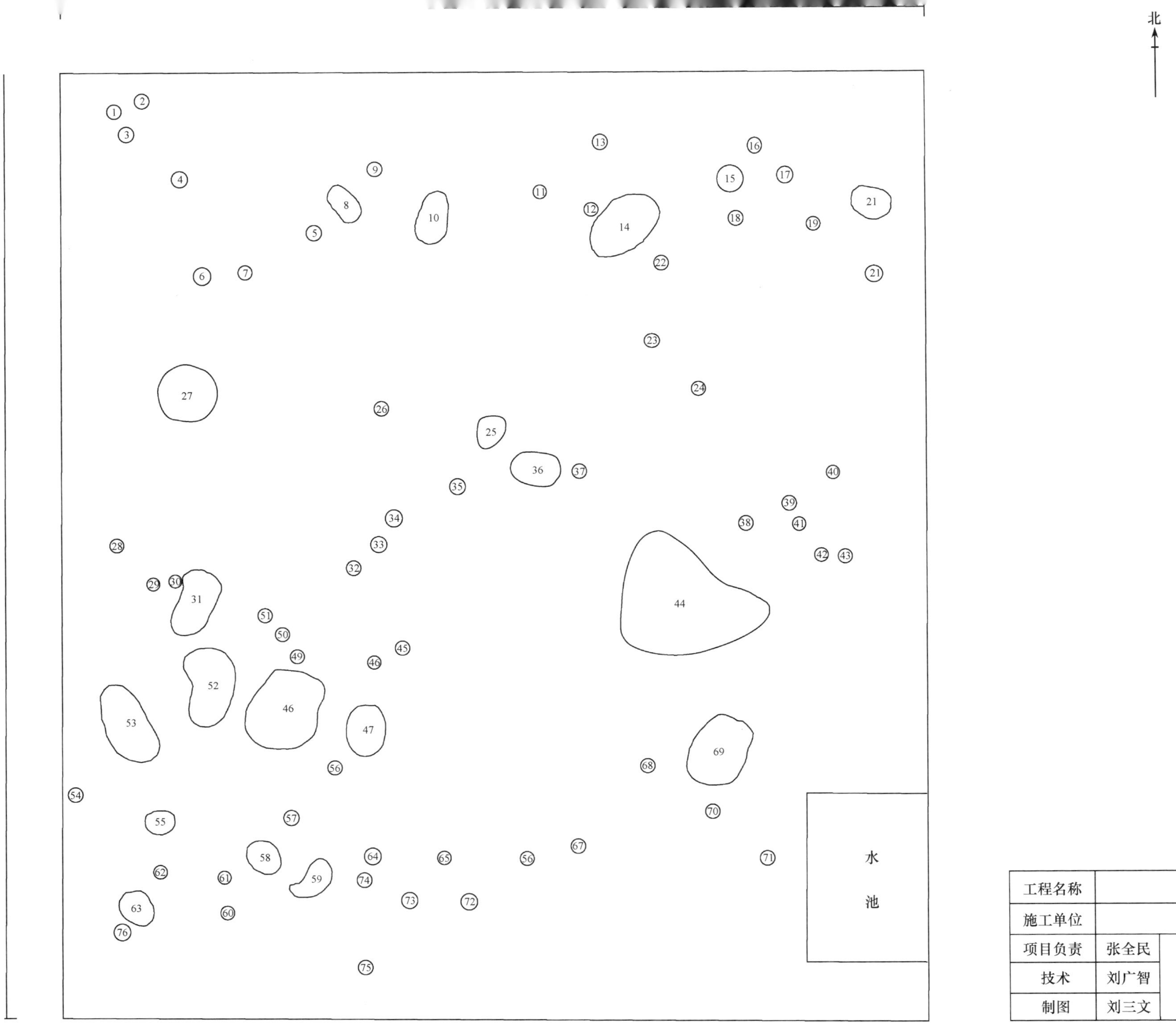

工程名称	荣 民 酒 店				
施工单位	西安市文物保护考古所				
项目负责	张全民			图样	1
技术	刘广智			比例	1：200
制图	刘三文			日期	2005.4.15

附图1　碑林区荣民酒店勘探成果图

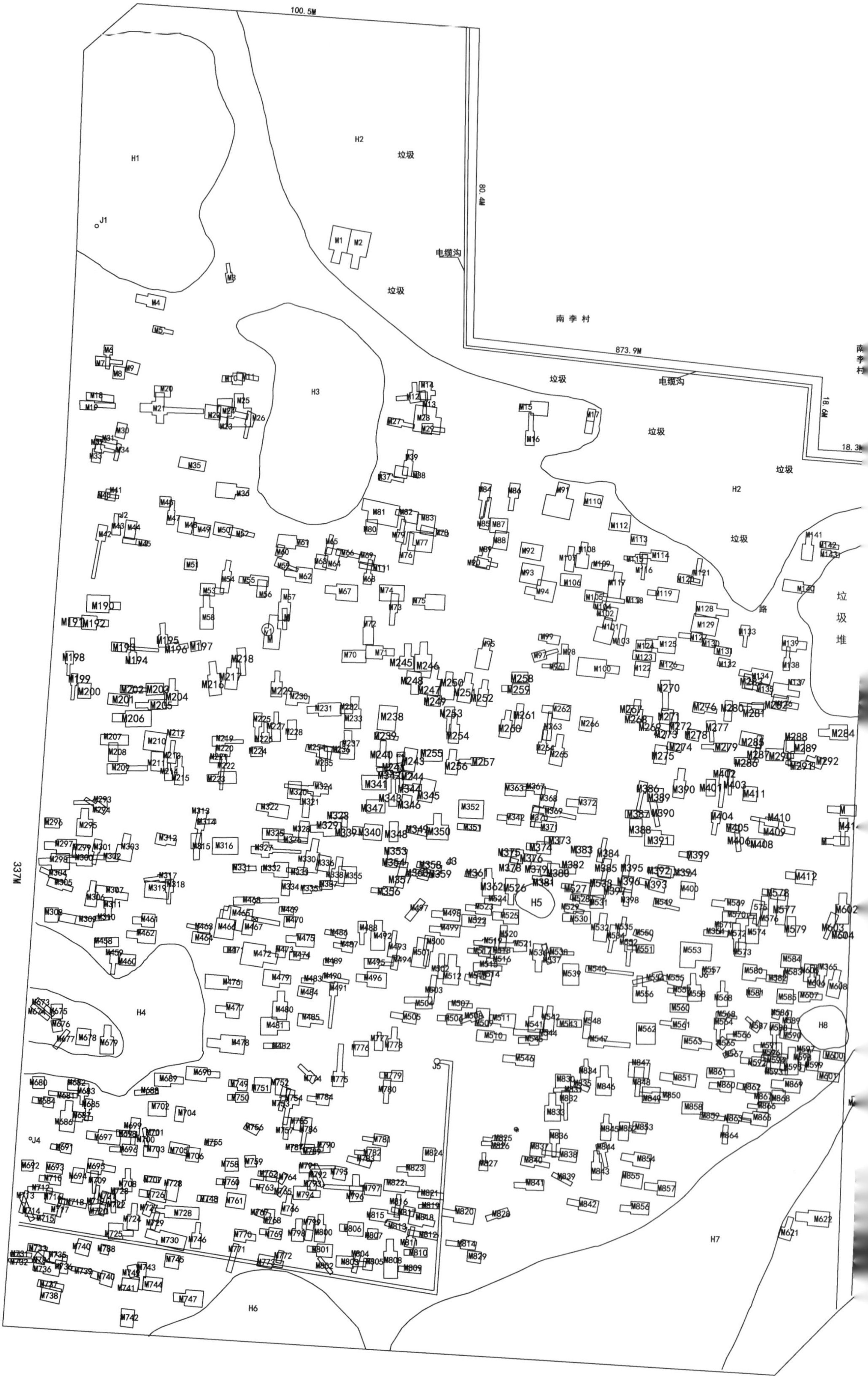

100.5M
80.4M
873.9M
18.6M
18.3M
337M
南李村
南李村
垃圾
电缆沟
路
垃圾堆
H1
H2
H3
H4
H5
H6
H7
H8
J1
J2
J4
J5

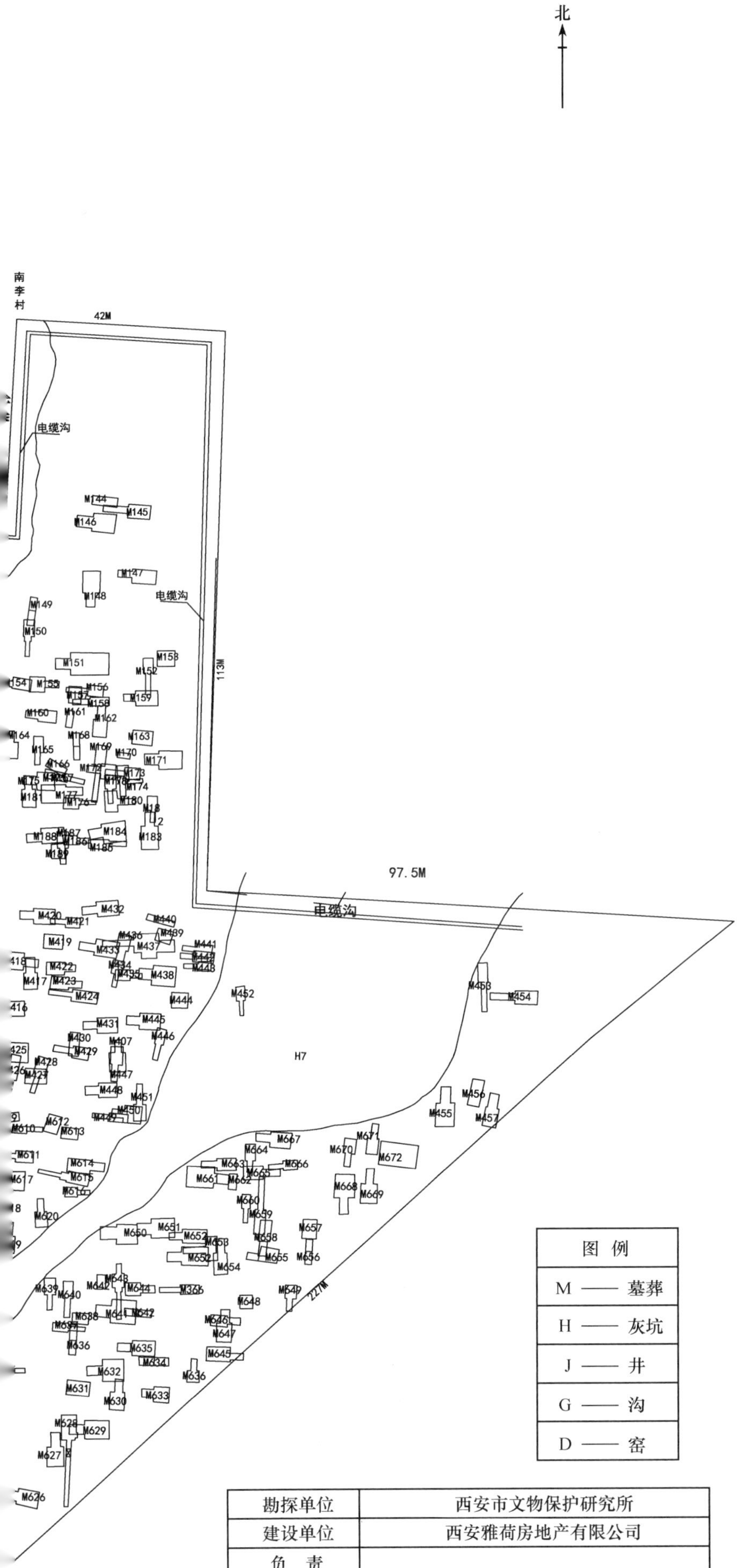

图　例
M —— 墓葬
H —— 灰坑
J —— 井
G —— 沟
D —— 窑

勘探单位	西安市文物保护研究所
建设单位	西安雅荷房地产有限公司
负　责	
技　术	
比　例	1：1300
绘　图	
日　期	2004年11月

附图2　未央区雅荷春天文物勘探平面图

北
潘家庄村
潘家庄村学校
生产路
小水渠
714
710
709
711
712
713

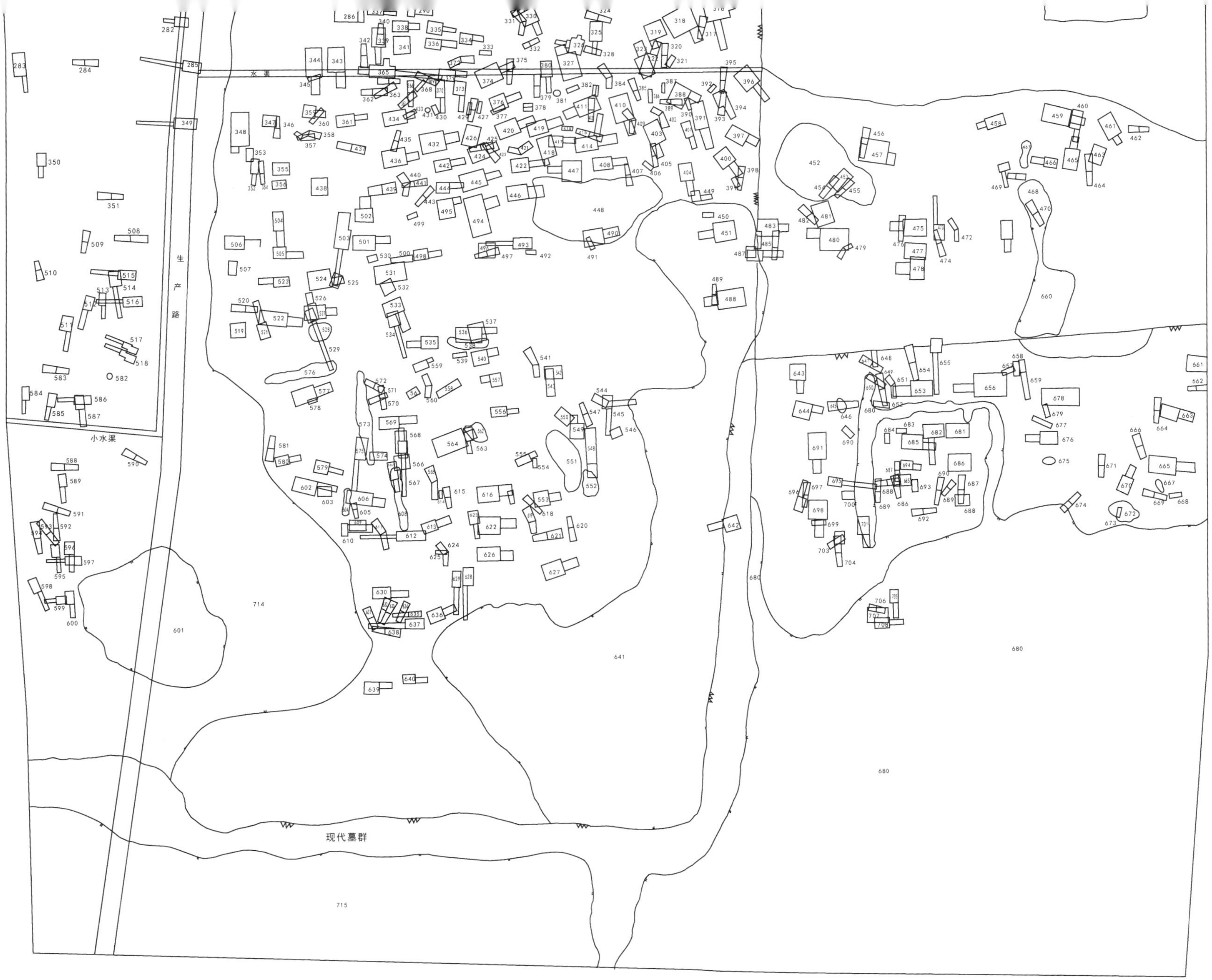

西安市房地产开发总公司世家星城Ⅰ期文物勘探平面图			
勘探单位	西安市文物保护考古所		
队长	孙武	现场负责	王火
审核	杨军凯	技术负责	徐西平
比例	1：300	制图	卢增奇
技资	2003-206	日期	2003年3月10日

附图3　雁塔区世家星城一期勘探成果图

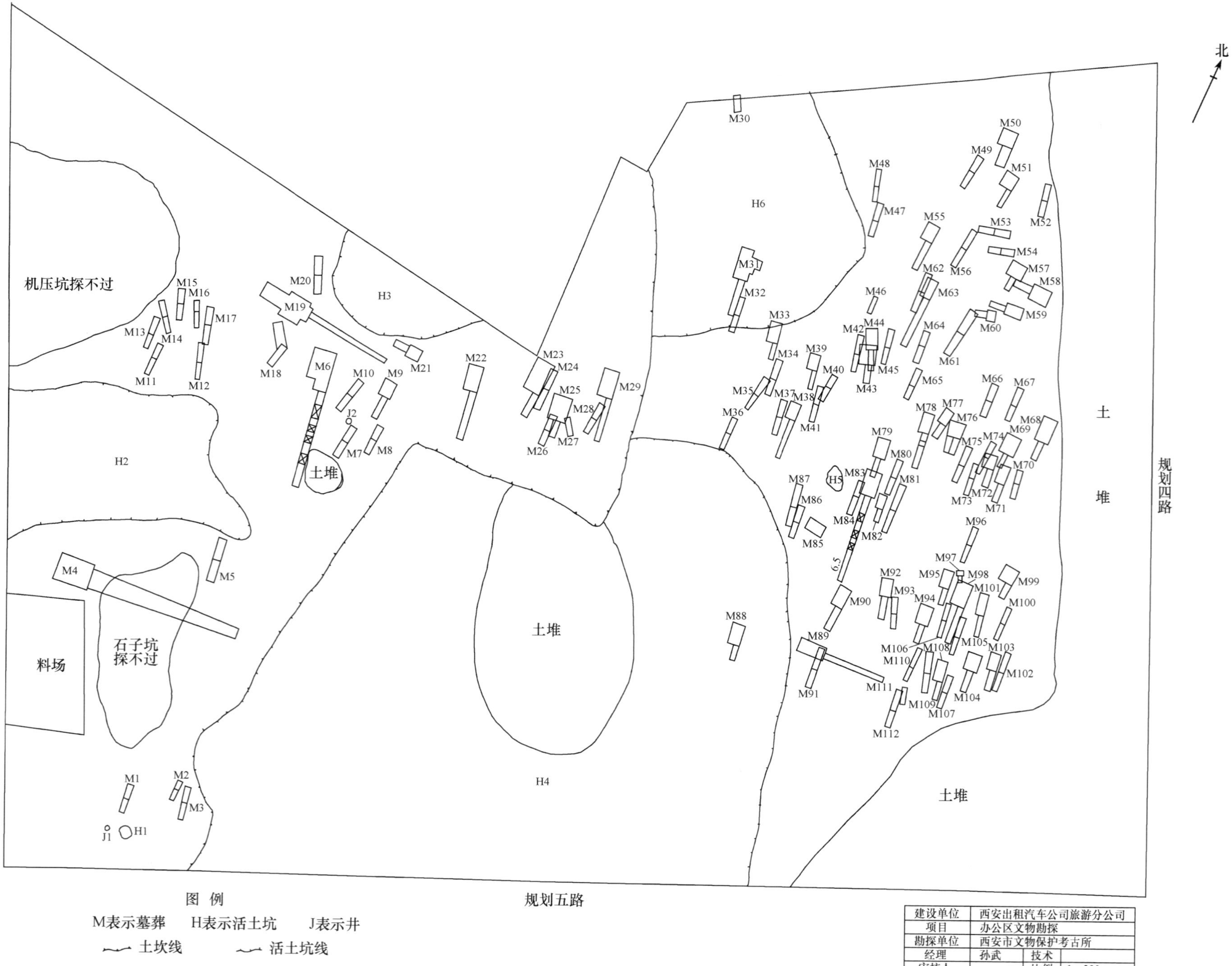

建设单位	西安出租汽车公司旅游分公司		
项目	办公区文物勘探		
勘探单位	西安市文物保护考古所		
经理	孙武	技术	
审核人		比例	1：200
现场负责	王纪元	日期	2004.8.20

附图4　雁塔区西安出租车公司旅游分公司办公区勘探成果图（2004年）

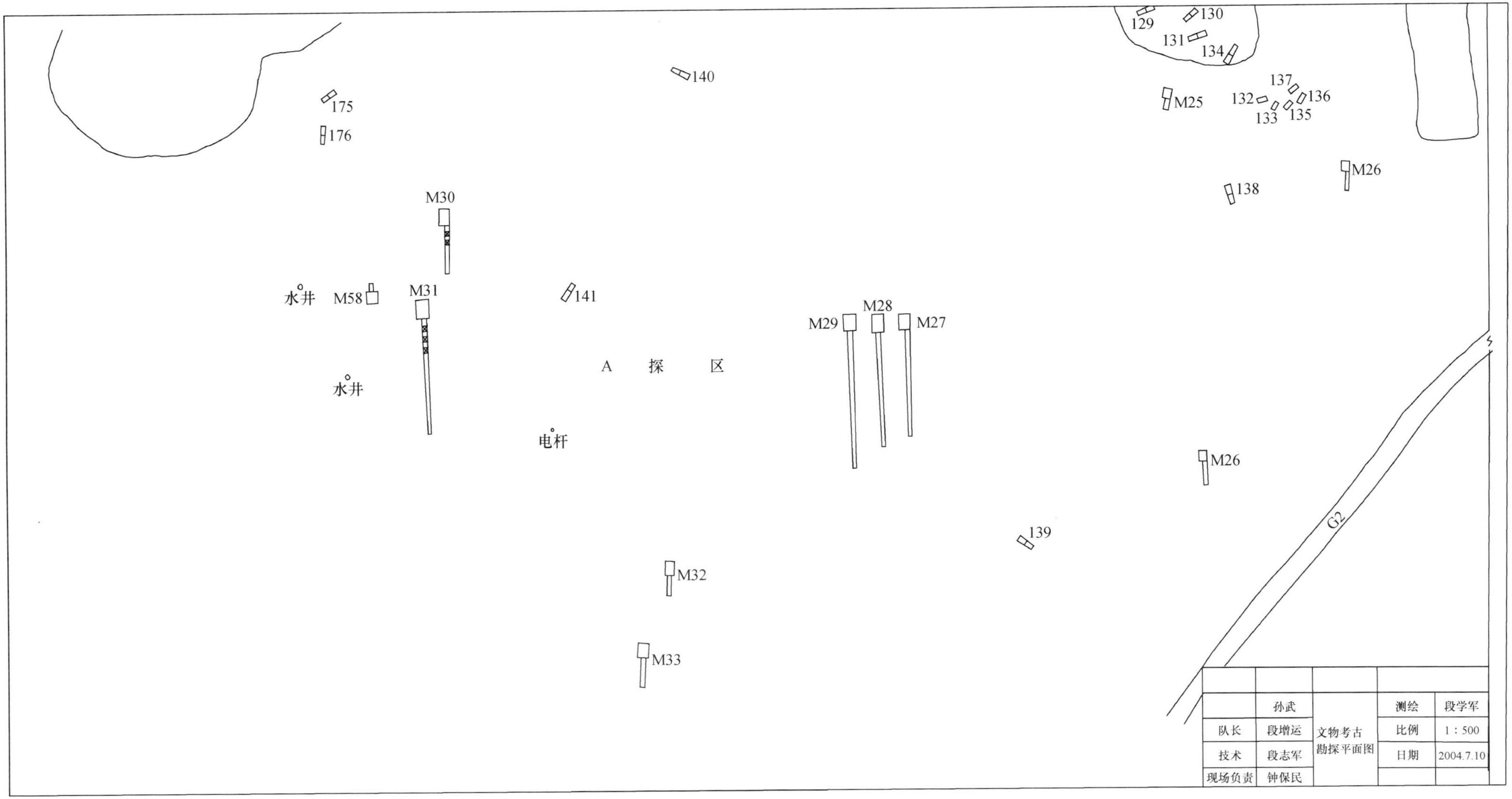

附图5　长安区西安外国语学院A区勘探成果图

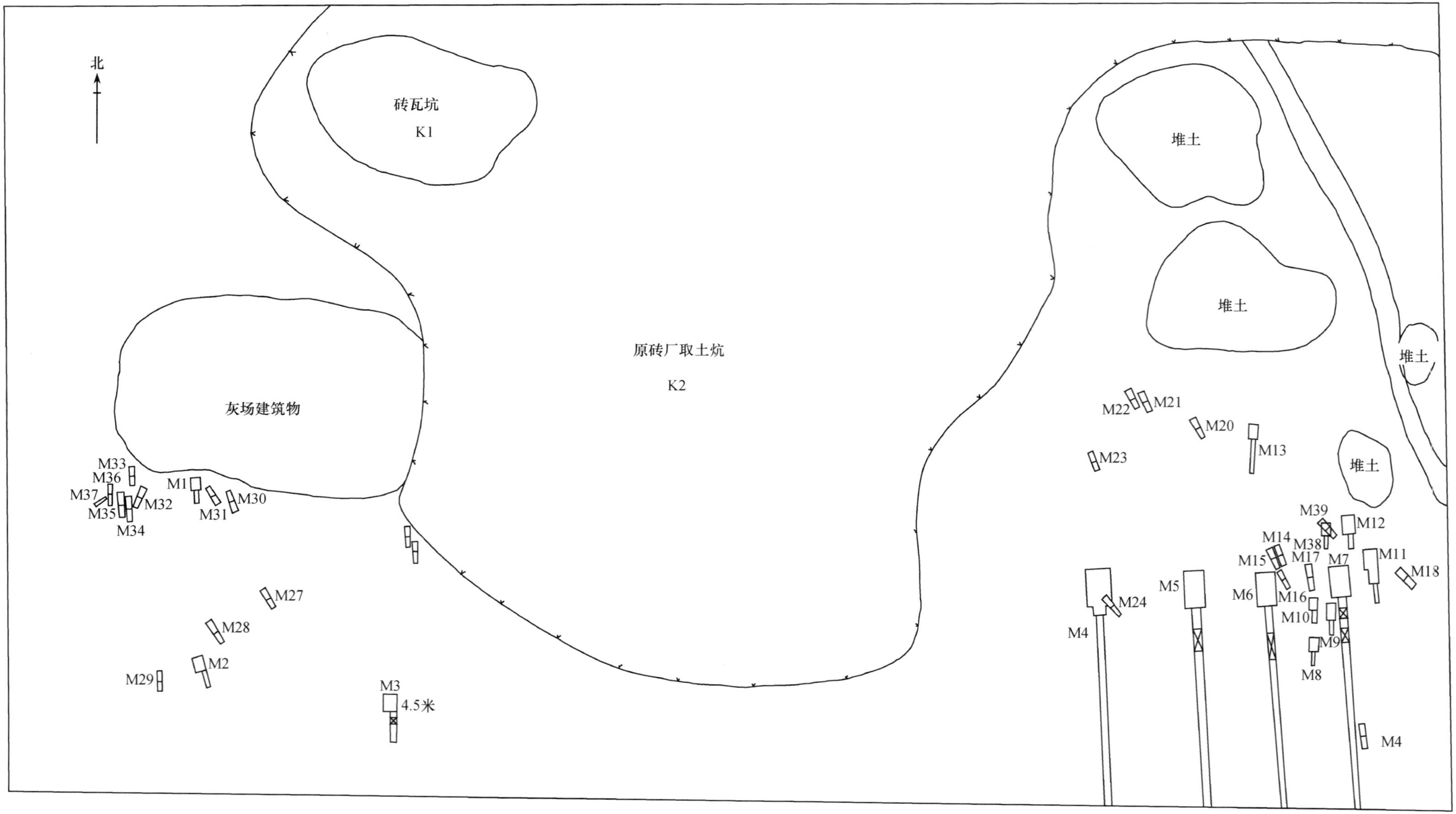

建设单位	西安航天基地置业有限公司			
考古单位	西安文物保护考古所			
审核		1500吨硅片考古钻探平面图	描图	
队长			式一份	1-9
现场负责	孙武		比例	1：500
技术负责	王志浩		施工日期	

附图6　长安区航天科技产业1500吨硅片项目勘探成果图

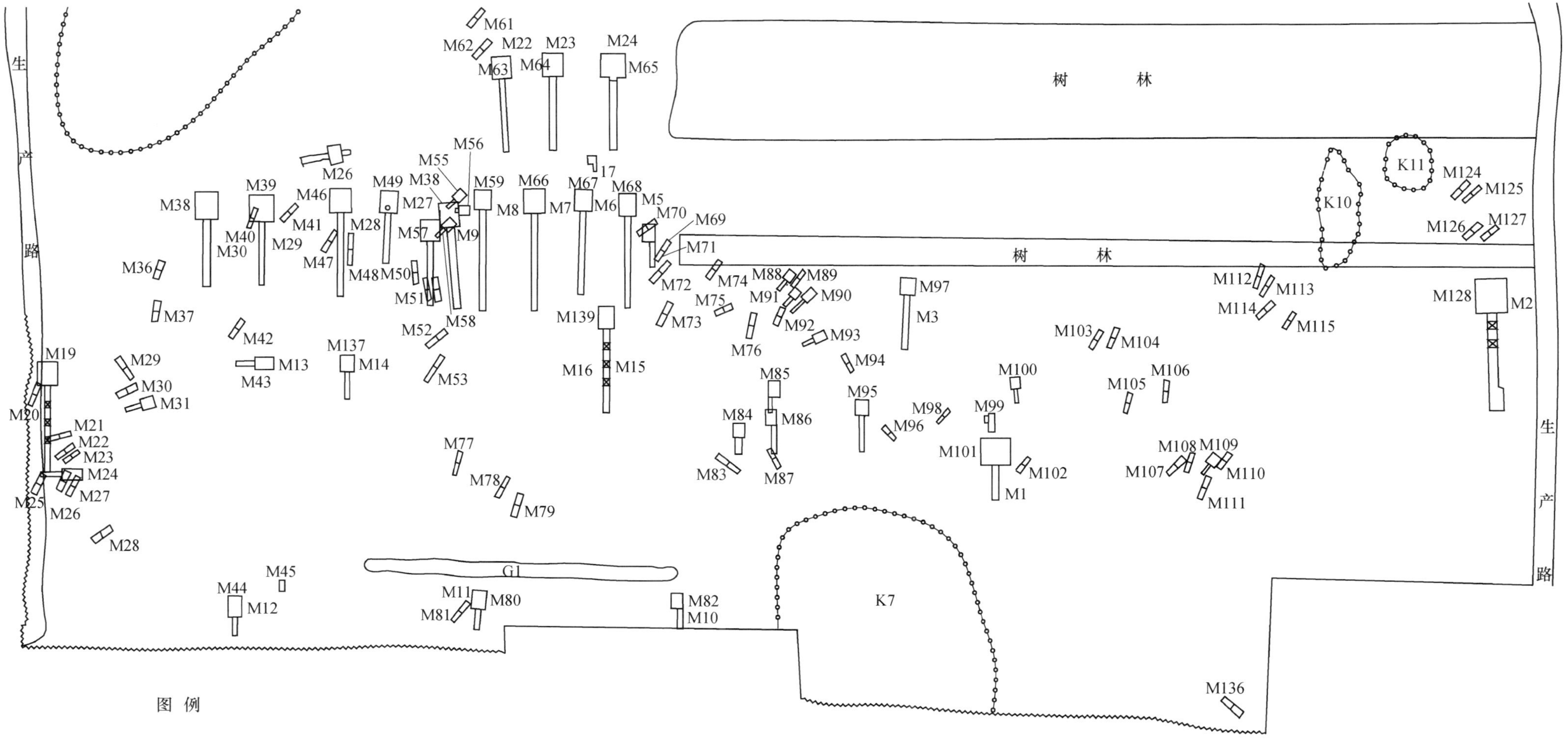

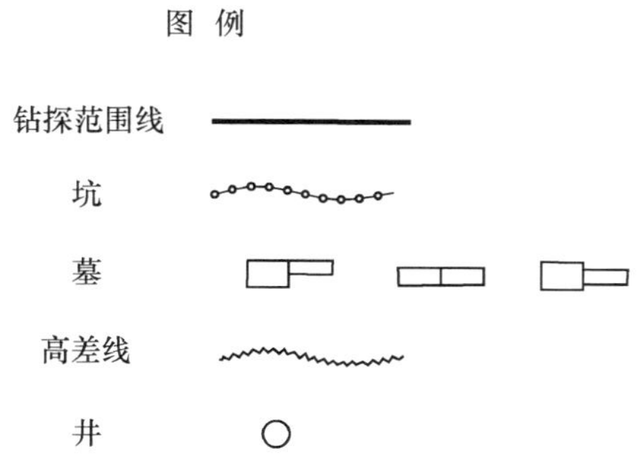

工程名称	蓝宝石单晶项目			
建设单位	陕西神光新能源投资有限公司			
勘探单位	西安市文物保护考古所			
单位负责	张翔宇		审核	
现场负责	徐西平		单位	米
技术负责	赵亚军		比例	1∶500
制图	赵亚军		日期	2009.9.1

附图7　长安区神光·蓝宝石单晶片生产基地（补探）勘探成果图

附录　江村古墓调查报告

江村古墓位于西安东郊灞桥区狄寨街道办江村东侧的白鹿原上，东北距窦皇后陵约800米，西南距薄太后陵约2100米。进入21世纪以来，该墓多次被盗，墓顶上的两个盗洞深达10余米，被盗出大量珍贵文物，其中有级别很高的黑陶裸体俑等。为搞清楚该墓的情况，对其进行及时有效的保护，西安市文物保护考古所于2006年7月开始对该墓及周围广大区域进行大规模的调查，经过近4年的工作，基本搞清了该墓的形制结构及周围文物遗迹的分布情况。现将调查情况作一报告。

一、工作经过

关于江村古墓的调查，我们采用了群众走访、实地踏查、文物勘探和考古试掘相结合的方式，有计划、分阶段有序进行。

第一阶段，踏查走访，7月18日至8月1日，主要在江村、刘家坡、龙湾、金星村等附近村庄进行走访，对古墓周围约6平方千米的区域进行实地踏查。

第二阶段，文物勘探，2006年8月至2009年5月，对古墓盗洞周围西至江村、北至仁家坡、东至龙湾、南至金星村约4平方千米的区域进行文物勘探。

二、主要收获

1. 走访踏查

江村古墓主要位于江村的耕地上，我们首先在江村进行了走访，得知这座墓2000年之后才被盗墓分子发现并盗掘，墓顶之上的2个盗洞多次被打开（现盗墓分子已被公安机关逮捕）。据知情人士讲，从这2个盗洞内曾出土大量的黑陶裸体俑；该墓规模很大，有用方木砌成的椁室。

古墓西侧坡地的台棱上发现大量瓦砾残片，残片棱角多被磨平，应为村民耕种土地时捡出堆放到这里的，这些瓦砾残片可能与古墓的西阙址有关。在古墓西坡南侧的冲沟（现为村民上原的道路）断面上发现有夯土遗迹，夯层整齐清晰。冲沟断面上还发现有方坑遗迹，从位置上看，可能与20世纪五六十年代在这里清理的陪葬坑有关。

20世纪六七十年代，当地村民在该墓南侧的大冲沟内取土时，曾发现大量夯土及板瓦、筒瓦残片。后经我们实地调查，发现该处断面上的夯层依然很清晰，周围仍残存大量瓦片，推测可能与该墓的南阙址有关。

在古墓东侧有堆瓦砾堆积物，多为板瓦、筒瓦、铺地方砖、扁圆卵石等。这些瓦砾残片应为村民耕地时捡出集中到这里的，虽然原来位置不能确定，但可以肯定这附近应有建筑遗址，可能与古墓的东阙址有关。

在金星村走访时，村民说20世纪六七十年代在村西平整土地时发现大量裸体陶俑残块，后来我们实地踏查仍发现有陶俑残块，主要为足、腿及上身残块，部分还施有彩绘，但大多为烧制时的残次品，推测附近可能为烧制陶俑的窑址。

2. 勘探调查

根据地形及勘探情况，勘探区域可分为四个小区。

A区：位于原顶之上，古墓周围区域，东西约500、南北约600米，西至原之西边缘，东至金星村至仁家坡之间公路，南、北分别至大冲沟，地势中央略高，四周略低，呈缓坡状。

B区：位于江村东侧，A区西侧，东西约650、南北约630米，地势东高西低，呈坡状，高差较大。

C区：位于A区东侧，刘家坡以西、以南，龙湾以西，金星村东北，东西、南北均约750

米，地势较为平坦。

D区：位于A区之南，金星村西北，东西、南北均约500.0米，地势略东高西低，略呈缓坡状。

考古调查发现大型古墓1座、陪葬墓1座、陪葬坑195座、窑址10座、门阙遗址4处、铺石遗迹约1600.0米、条带状夯土遗迹4处共计820.0米等遗迹。另外还对窦皇后陵进行了初步调查，发现了皇后陵的东、南、西三条墓道，11座陪葬坑及东、西阙址等重要遗迹。以下分区对这些遗迹进行介绍。

A区：2006年8月开始，至2007年11月结束，勘探面积约30.0万平方米，勘探发现大型古墓1座、陪葬坑117座、门阙遗址4处、铺石遗迹约1600.0米、条带状夯土遗迹2处约530.0米。该区域地层堆积较为复杂，总体上看，以大墓为界，大墓以北、以东区域，生土距地表较浅，一般在1.1—2.4米，堆积也相对简单，大墓西南区域生土距地表较深，最深达到6.0米，堆积也较为复杂。

大型古墓（编号M1），位于这一区域的中部偏南，地势最高。墓葬坐西向东，方向115°，形制为四斜坡墓道竖穴土圹木椁墓。墓圹基本呈方形，开口边长约75.0米，深度27.0—30.0米。墓道平面均呈梯形，其中以东墓道规模最大，东墓道长约130.0、宽11.5—40.0米，南墓道长36.5、宽3.5—29.5米，西墓道长45.5、宽6.5—32.0米，北墓道长33.5、宽8.5—32.0米。墓葬开口距地表深度不尽相同，东墓道开口深1.3—1.5米，南墓道开口深4.5米，墓圹开口深度北半部较浅，一般在1.5米以内，南半部较深，为2.0—4.5米。墓圹填土经夯打，开口向下1.0—6.8米为夯土，夯土较硬，夯层明显，6.8—13.0米为青膏泥，13.0—16.0米为黄褐色夯土，16.0—21.0米为深青色夯土，21.0—24.0米为木炭层，木炭层下为大型木椁。

陪葬坑，A区发现陪葬坑117座，其中墓圹四周呈放射状分布者75座，墓圹西南呈放射状分布的陪葬坑外侧成排分布的陪葬坑37座，墓圹的东南和东墓道的北侧还发现有零散分布的陪葬坑5座。

墓圹四周呈放射状分布的陪葬坑分布极具规律性，分置于墓圹四周，呈放射状。其中东侧21座，自北向南编号为K1—K21；南侧陪葬坑17座，自东向西编号为K22—K38；西侧陪葬坑17座，编号为K39—K55；北侧陪葬坑20座，编号为K56—K75。平面形状有长方形、梯形、圭形、“中”字形、刀把形等，长宽不等，长5.0—110.0、宽3.0—10.0、深5.0—12.0米。这批葬坑大多开口于耕土层或近现代扰土层下，距现地表较浅，坑内填土均经夯打，大部分底部发现有板灰、漆皮痕迹，部分坑内还发现有陶片、陶俑残块、铜镞、半两钱等（图1-7，表1-2）。

墓圹西南呈放射状分布的陪葬坑外侧的陪葬坑，其中35座分布具有规律性，南北成排，东西成列，计5排12列，每排2—12个，每列2—4个。平面形状较为单一，均为长方形，长3.0—5.0、宽2.0—3.0米，距现表深6.5—11.0米。自东向西第一排自北向南编号为K76—K87，自东向西第二排自南向北编号为K88—K99，自东向西第三排自北向南编号为K100—K103，第四排自南向北编号为K104—K108，第五排自北向南编号为K109—K110。另外在该区域的北侧还分布有2座陪葬坑，一座呈东北—西南方向，规模较小，编号为K111，长3.0、宽1.3米；另一座规模较大，呈东西方向，编号为K112，长9.5、宽6.0米。开口距现地表较深，一般在6米以下的垆土层上，在开口以上的堆积层中发现普遍存在2—3层夯土，每层间距为0.8—1.2、厚为5.0—8.0厘米，据此推断这批陪葬坑在修建时间上要早于墓圹四周呈放射状分布的陪葬坑。该批陪葬坑内填土经夯打，底部大多发现有板灰，部分有动物骨骼、陶片等。

东墓道东端北侧有3座陪葬坑，分布无规律性，平面形状为长方形、曲尺形，编号分别为K113—K115，长9.5—11.0、宽3.5—4.0、深7.3—8.2米，内部填土经夯打，底部有发现有板灰等。墓圹东南放射状陪葬坑外有2座陪葬坑，东西向并列分布，自北向南编号为K116、K117，长8.0—9.0、宽2.5—3.0、深6.5—7.5米，填土经夯打，底部发现有板灰、铜器残片等。

铺石遗迹，位于墓圹四周，呈长条带状，围成正方形，边长约390.0米，四面距墓圹距离约150.0米。铺石遗迹距现地表深0.4—2.0、宽1.2—1.5米，部分铺石两侧侧立砌砖。

西侧铺石遗迹，距地表深1.1—2.0、宽1.2米，北浅南深。南段铺石两侧砌立砖。中段与阙址中间正对处有两处断开，长度分别为5.2米和4.2米，两处断开间距为5.8米。北侧缺口向北有处砖铺地遗迹，自西向东穿过铺石遗迹，高出铺石遗迹约0.3米。与西门阙的北阙相对处铺石遗迹有一处向西凸出，南北长3.0、东西宽3.5米，形状呈不规则曲尺形。西侧铺石遗迹与北侧铺石遗迹交叉处并不呈直角，而是呈抹角形。北侧铺石遗迹，距地表深0.4—1.3米，西浅东深，宽1.3米，北门阙的东阙以南有近3米宽的缺口。东侧铺石遗迹，距地表深0.9—1.2米，南浅北深，宽1.4米，与东门阙的北阙相对处有5米宽的缺口。这些缺口的性质还有待于试掘。

门阙遗址，4座，位于墓圹四面，与墓道相对，距墓圹160.0—165.0米。形制结构基本相同，大小略有差异，由左、右对称的三阙组成，单阙平面形状略呈“中”字形。

东门阙遗址，西距墓圹东壁约160.0米，南、北两单阙基址间距约1.8米。北侧单阙，南北通长47.5、东西宽18.5米，由三部分组成，北部东西宽11.0、南北长30.0、夯土残存厚度3.1米，中部东西宽18.0、南北长15.0、夯土残存厚度2.6米，南部东西宽6.0、南北长1.7—2.5、夯土残存厚度2.6米。南侧单阙形制大小及地层堆积与北侧单阙基本相同。东阙遗址周围有大面积的瓦砾堆积。

南门阙遗址，北距墓圹南壁162.0米，东、西两单阙间距约2.0米。东侧单阙破坏严重，仅残存西北部一小部分，西侧单阙东南一小部分受到破坏。西侧单阙，形制结构与东阙基本相同，东西长43.5、南北宽18.0米，由三部分组成，东部东西长3.0、南北宽5.0米，中部东西长14.0、南北宽17.0米，西部东西长26.0、南北宽10.0米，夯土残存厚度2.5—2.7米。东侧单阙的形制结构及堆积情况应与西侧单阙相同。通过对该区域地层堆积的了解，我们认为南阙所在位置原地势较低，经垫高之后在其上修建南阙。

西阙门遗址，东距墓圹西壁约166.0米，南北两单阙间距约2.0米。西阙遗址的西半部分修梯田时受到不同程度的破坏。北侧单阙遗址，南北长45.0、东西宽18.0米，由三部分组成，南部南北长4.0、东西宽5.5米，中部南北长15.0、东西宽18.0米，北部南北长28.0、东西宽10.0米。夯土残存厚度1.0—1.5米。

北阙门遗址，南距墓圹北壁约160.0米，东西两单阙门间距2.0米。北阙遗址保存相对较为完好，耕土层（0.3米）下见夯土。西侧单阙，东西长46.0、宽15.0米，由三部分组成，东部东西长3.0、南北宽5.0、夯土残存厚度1.5—1.7米，中部东西长15.0、南北宽15.0米，夯土残存厚度与东部相同，西部东西长28.0、南北宽10.0、厚土残存厚度2.8米。东侧单阙的形制大小及堆积情况与西侧基本相同。

条带状夯土遗迹，2处，一处位于古墓南侧，另一处位于古墓西侧。墓圹南侧夯土遗迹，位于南侧铺石遗迹北侧，南距铺石遗迹40.0—50.0米，北距墓圹南壁约110.0米。东北—西南走向，条带状分布，东宽西窄，长约330.0、宽度2.0—3.0、夯土厚度1.8—2.5米，距现地表深度0.7—5.4米，越往西，距地表深度越深，这可能与当时这里的地貌东高西低有关。古墓西侧夯土遗迹，位于西门阙遗址西侧，条带状分布，南北走向，生产路以北约60.0米处东折而后继续向北延伸，至西阙北侧单阙中部结束，南端大体与墓圹南侧东西向夯土带相对，南北总长约190.0、宽1.5—2.5、残存厚度1.0—2.6米，距地表深度0.4—3.8米，北浅南深，这应与当时这里的地貌北高南低有关。

B区：该区域勘探工作开始于2008年11月，至2009年1月结束，勘探面积40余万平方米。发现条带状夯土遗迹2处，陪葬坑41座。

陪葬坑，主要分布于该区域的南部，江村至原上的生产路以南的坡地上，分为两个小区域。

一区10座，位于自下而上第十、十一级台地上，东偏北距大墓中心约400.0米，向南接近断崖，南北成排分布，平面均呈南北向长方形，间距约1米，陪葬坑长3.0—4.0、宽1.2—1.5、深6.8—16.0米，自北向南编号为K118—K127。

另一区30座，位于一区陪葬坑的西北，自下而上第四、第五级台地上，东距大墓中心约650米，东西成排，南北基本成列，计五排，每排1—7座。自东向西第一排1座，编号为K128；第二排6座，自南向北编号为K129—K134；第三排3座，自北向南编号为K135—137；第四排7座，自北向南编号为K138—144；第五排7座，自南向北编号为K145—151；第八排6座，自北向南编号为K152—K157。平面基本呈东西向长方形，部分底部发现有砖椁，长1.5—3.5、宽1.2—2.0米。

在该区陪葬坑之下的第一、二级台地上还发现8座方形或长方形坑，内填土较虚，包含有砖瓦残片，长2.0—9.0、宽1.2—6.0米，这几座坑可能与1966年已发掘的陪葬坑有关。

另外，在北侧生产路之下，高压铁塔西北，发现1陪葬坑，编号为K158，平面呈东西向长方形，东西长7.0、南北宽5.0、深4.3米，填土经夯打，底部见板灰、漆皮。

条带状夯土遗迹，2处。一处位于自上而下第八级台地之上，南侧生路两侧，南北向，南窄北宽，长80.0、宽3.0—5.0、夯层厚约2.0米，距现地表约1米。另一处位于自下而上第三级台地之上，南北向，长210.0、宽2.5—2.8、夯土厚度1.8—2.0米，填土经夯打。

C区：该区勘探工作于2007年12月开始，至2008年9月结束，调查勘探面积约56.0万平方米，发现陪葬墓1座，陪葬坑22座，古窑址10座。

陪葬墓，位于刘家坡村西北的高地之上，西南距古墓中心约500.0米，东距窦皇后陵中心400.0米。墓葬开口距现地表约0.5米，形制为斜坡墓道土圹墓，坐西向东，平面呈“甲”字形，南侧有长方形墓道。墓圹平面呈长方形，东端两角呈抹角形，东西长14.5、南北宽18.0、深13.2米，东侧墓道，平面呈梯形，东窄西宽，长34.0、宽4.0—14.0米。南侧墓道，平面呈长方形，南北长8.0、东西宽1.2米。墓圹内填土经夯打，底部发现板灰、漆皮及小五铢钱2枚。

陪葬坑，位于古墓的东南，距大墓中心约350米，呈南北向条带状分布，自东向西14排，每排间距约14.0米，其中自东向西第一、三、十一排分别为3、6、2座，其余均为1座，其编号自西而东分别为K159—K180。平面形状两端多呈圭首形，部分为长方形或略呈梯形，长8.0—400.0、宽4.5—7.0、深4—8.0米。陪葬坑内填土经夯打，底部多发现有板灰，部分发现有漆皮、陶俑、铜镞等。

2009年11月27日至2010年5月12日，对该区自西向东的8排陪葬坑进行了局部试掘，西部4座试掘位置位于陪葬坑的北部，东部4座位于陪葬坑的中部，每座试掘长度10.0米。从试掘的情况看，坑内填土均经过夯打，夯层清晰，由于底部椁箱腐朽下沉，夯层多呈下弧线状。开口向下，一般有若干层台阶，上下两层台阶之间有若干组可供上下的台阶，每组两条，呈“八”字分布。最下一层台阶向下约1.5米处放置椁箱，台阶之上发现有棚板痕迹。试掘的陪葬坑均发掘到最下一层台阶处，搭建了发掘保护棚，后因故保护棚被强拆，发掘工作也因此不了了之。这次试掘虽没有最终完成，但对于认识这些陪葬坑的结构还是有着重要意义的。

窑址，位于古墓的东南，距大墓中心约600.0米，金星村东北的台地之上，南北向“一”字排列，窑的方向为东西向，窑室在东，操作间在西。窑室平面略呈梨形，东西长约5.7、南北宽约4.5、间距约2.0米。窑室回填土中包含大量的红烧土、砖瓦残块。

D区：该区域的勘探工作时间为2008年7—9月，勘探面积约25.0万平方米，发现陪葬坑15座。

陪葬坑，北距大墓中心约580.0米，分布相对松散，基本上为东西成行，南北成列，计4行6列，每行1—5座，行间距大小不等，行内陪葬坑间距也不尽相同。北部第一行1座，编号为K181；第二行5座，自东向西编号为K182—K186；第三行5座，自西向东编号为K187—K191；第四行4座，自东向西编号为K192—K195。陪葬坑的形状多为长方形，长5.0—9.0、宽2.0—6.0、深5.0—10.0米。坑内填土经夯打，底部多发现有板灰、漆皮。

3. 窦皇后陵调查

该勘探工作开始于2009年2月，至2009年4月结束，主要对窦皇后陵周围区域进行勘探调查，发现了窦皇后陵的东墓道、南墓道、西墓道、门阙遗址及11座陪葬坑。

东墓道，位于封土东部正中，开口距现表1.0—1.8米，西宽东窄，封土外长80.0、宽6.0—24.0米，墓道内填土经夯打。

南墓道，位于封土南部正中，开口距现地表约2.0米，北宽南窄，封土以外长40.0、宽4.0—19.0米，墓道内填土经夯打。

西墓道，位于封土西部正中，由于该区域垫土较厚，开口层位不太确定。东宽西窄，封土以外长18.0、宽4.0—6.0米，墓道内填土经夯打。在距地表深约8米处发现有板灰及红色漆皮，这很可能是墓道内的外藏椁。

门阙遗址，位于封土四面，与封土相对，距现存封土边缘112.0—130.0米。东阙遗址，位于原之边缘，西距封土124.0米，仅残存西半部分，且被纺汤路所压，其形制结构无法确知，从断面上看夯层清晰，南北残长约80.0米（可能包含部分墙体），周边遍布筒瓦、板瓦残片。西阙遗址，位于封土东西约112.0米，发现大面积的夯土范围及瓦砾层堆积，由于大部分被水泥路面和民房占压，其形制结构无法搞清。南、北阙址的形制结构与规模有待进一步调查。

陪葬坑，分布于封土南侧和西侧，东侧未发现陪葬坑，北侧有待进一步调查。墓圹南侧5座，南墓道东侧1条，西侧4条，均为南北向，平面长方形或圭首形，自东向西编号分别为K1—K5。墓圹西侧陪葬坑6座，均东西向，西墓道南侧5条，北侧1条，自南向北编号分别为K6—K11。陪葬坑长4.0—58.0、宽2.5—8.0、深5.0—13.0米。陪葬坑内填土经夯打，部分底部发现有板灰、漆皮和陶俑等。

砖铺地遗迹，在封土冢西侧，发现一铺砖（石）遗迹，形状不甚规则，呈南北走向，边缘较直，有直拐角。

夯土遗迹，在窦皇后陵的东侧和西侧还发现有条带状夯土遗迹。

窦皇后陵东侧夯土带，南北向，北部宽约3.0、距地表深1.0、夯土厚约1.4米。向南宽度逐渐变窄，为2.5—2.0米，部分区域夯土带两侧有大量瓦砾。再向南，夯土保存较差，夯土厚度越来越薄，并逐渐变得不明显。这条夯土带南北长近千米，很可能与外陵墙有关，但其性质还有待于进一步调查。

窦皇后陵西侧夯土带，在窦皇后陵西阙址的西北发现有断断续续的夯土带，东西走向，其宽度和长度均有待于进一步调查。

文物标本采集，在踏查和勘探过程中采集到的文物标本主要有铺地砖、板瓦、筒瓦、条砖、陶俑、铜镞、半两钱、小五铢钱等。

三、结语

通过这次系统调查，我们基本搞清楚了江村古墓的性质及周边区域的文物分布情况。江村古墓是一座有四条长斜坡墓道的“亚”字形大型积炭木椁墓，应是一座帝陵级别的墓葬。其周围分布着大量陪葬坑及东侧分布着窦皇后陵，这一布局与汉景帝阳陵极其相似，结合相关文献记载，我们认为江村古墓就是汉文帝的霸陵。江村古墓的发现，改变了长期以来一直认为汉文帝霸陵在凤凰嘴的错误认识，并且对于文帝以山为陵也有了新的理解。

学界以往认为文帝的“以山为陵”可能是崖洞墓的形式，如同已发掘的狮子山楚王陵，这也是长期以来大家认为文帝在凤凰嘴的一个原因，因为就地势而言，这个区域只有这个地方最符合开凿崖洞墓的条件，并且有山陵之势。江村古墓修建于白鹿原的西部边缘，其修建方式与汉代其他帝陵没有太大的不同，只是墓上没有高大的封土，但从其西侧二道原上看古墓所在区域，两侧是自然冲沟，中央就是一座高大的覆斗形封土，“以山为陵”的说法也是名副其实的。另外，通过对凤凰嘴所在位置的调查，除部分清代石刻之外，未发现汉代相关遗存，说明这里只是清代官方祭祀汉文帝的地方。

通过对江村古墓的考古调查，对于其结构与布局大体可做如下归纳。中心为一座“亚”字形大墓，墓圹边长约75.0、深近30.0米，最长的东墓道长约130.0米。墓圹外侧分布着呈放射状的陪葬坑75座，每侧17—21座不等，东、北两侧陪葬坑数量相对较多，规模也相对较大，可能象征着中央高级官署。放射状陪葬坑的西南侧，分布东西5排小型陪葬坑计35座，东侧两排每排12座，且排列整齐，西侧两排数量不等，还有待再做精细调查。这批陪葬坑的特点一是规模小，二是开口深，通过后期的试掘，知其中陪葬单马及饲养工具，可能象征着厩一类的官署机构。再外侧是一以墓葬为中心的方形铺石遗迹，边长约390.0米，至于这一遗存的性质还有待于发掘，在铺石遗迹内部，还有其他零星分布的陪葬坑，铺石遗迹外侧与墓葬四墓道相对的是四处门阙遗址。以上部分应该是陵园的核心区域。

核心区域之外，西侧进入原坡地形，这里分布着41座陪葬坑，其特点与核心区西南分布的35座小型坑相似，规模较小，成排分布，根据之前的发掘情况，这批坑的性质可能象征着苑囿之类机构。核心区东南侧，布置14排22座陪葬坑，与阳陵相同区域的陪葬坑几乎相同，差别只是西侧三排的数量和大小略有不同，根据阳陵的发掘成果，这个区域的陪葬坑性质可能与“南军”有关。核心区域南侧，发现15座陪葬坑，其分布相对松散，规模较核心区西侧稍大，该区域的地面散布着大量的着衣俑残块，应该是该区域内陪葬坑内所出，可见陪葬坑级别之高，至于其性质也有待于试掘研究。

陪葬墓，江村大墓和窦皇后陵之间，发现一座墓葬，规模较大，可能与陪葬墓有关。从勘探出土的小五铢钱看，时代可能在西汉中期或稍晚。然而，它的位置又让人费解，即置于帝、后陵园之间，葬在这个位置的人一定有着特殊的身份。另外，在大墓西侧的第二道台原上，尚存诸多大中型汉墓，如江村西北侧的“六个冢”、潘村西北侧的大汉冢等。最近，我院在稍南的栗树村西侧，发掘了4座并列的大中型汉墓，从早年的卫星图片看，这里也有几座大冢，其中最大的一座出土有玉衣片2000多片，从时代位置看，这些墓也应是霸陵陪葬墓。可见大墓西侧的第二道原，当是主要的陪葬墓区。

核心区域的东南方向，分布的10座陶窑，呈南北“一”字形排列，结合其西侧地面散落的着衣俑残块，这组窑址很可能是烧制陶俑的作坊区域，当然也可能是为陵园建设烧制建筑材料的作坊区。另外，前两年，我院与陕西省考古研究院合作，在大墓西侧第二台原的北侧，配合垃圾填埋场，发掘了10余座成排、成组的汉代陶窑，出土建筑材料与古墓附近的散落的砖瓦完全相同，部分砖瓦还戳印有“左”“右”文字，说明这里也是为陵园建设烧制建筑材料的官营作坊。

关于陵园的结构还存在诸多问题。首先，没有发现陵寝等礼仪类建筑，这还有待于进一步的更大范围的调查。其次，对于发现的很多迹象还有待进一步发掘确认，如大墓的周围的铺石遗存、条带状夯土遗迹等，其性质都亟待试掘来解决。最后，江村古墓陵园与窦皇后陵、南陵的空间关系问题也有待于进一步调查研究。

后记：这个项目从提探铲进场到现在，十几个年头已经过去了，单位的领导是去去来来，也是换了好几茬子，要说当年这事，发现霸陵，还有近二百座陪葬坑，也应该算是重大发现了，然而由于后来的草草收场，或者叫不了了之，所以一直以来，也没有心情收拾这个残局。回想起当年那段激情燃烧的岁月，心中还依然澎湃，骄阳也好，酷寒也罢，都没挡住那份工作的激情，大墓的道子是一而再、再而三、三而四地发现，陪葬坑是一个接着一个，由一而十，由十而百，直到近两个百，发现一个，激动一次，真有点让人受不了。然而，某年某月的某个晚上，三座保护大棚同时轰然倒下，连同那颗火热的心，一同殉葬给文帝他老人家了。棚拆了，坑平了，心也由平而静，由静而沉寂了。如今，单位的工作编年又走回了那个年代，作为当事者，我是本不想、也不愿再提的，但作为单位工作的一部分，就不能不旧梦重温了。近些日子，是连看记录，带回忆，匆匆忙忙，写出来这么一个资料，算是对那几年激情岁月一个交代吧。所幸的是，那个尾虽是烂在我手上，可这个事很快又有后续了，由陕西省考古研究院主导，西安市考古院配合，组织新队伍，对这一区域开展了更为全面、系统的调查，且又于近年对部分陪葬坑进行了试掘，均取得了重要成果。我作为老队员，也有幸参与了进来，尽管心已沉寂，还是热切期望这项工作能继续下去，让这里的文物活起来，也让这里因文物而火起来。

项目负责：程林泉　韩国河

成　　员：张翔宇　张小丽　朱连华

郭永淇　高　博　唐丽雅

王励耘　闫松林　石彦云等

整理执笔：张翔宇

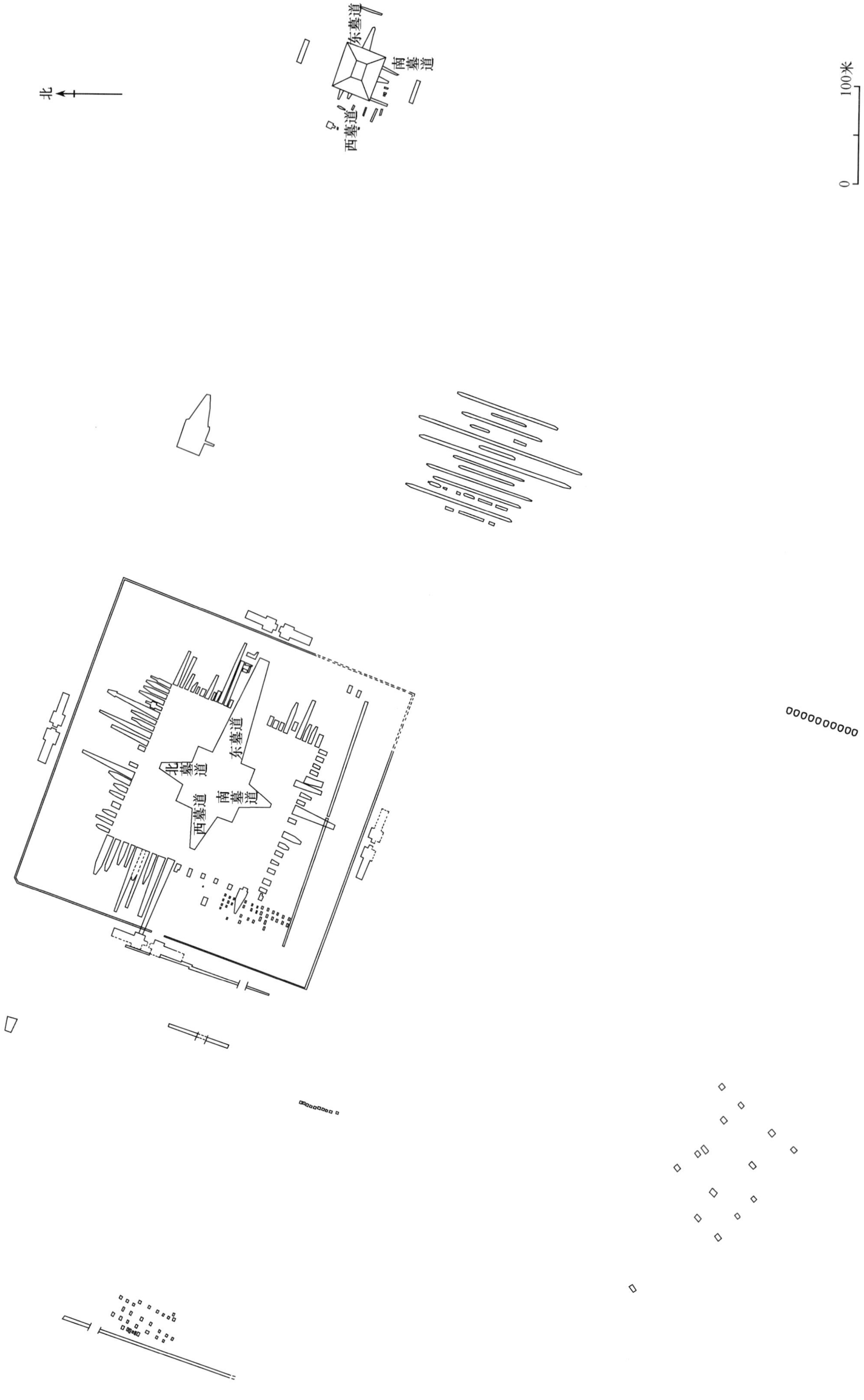

图1 江村大墓总平面图

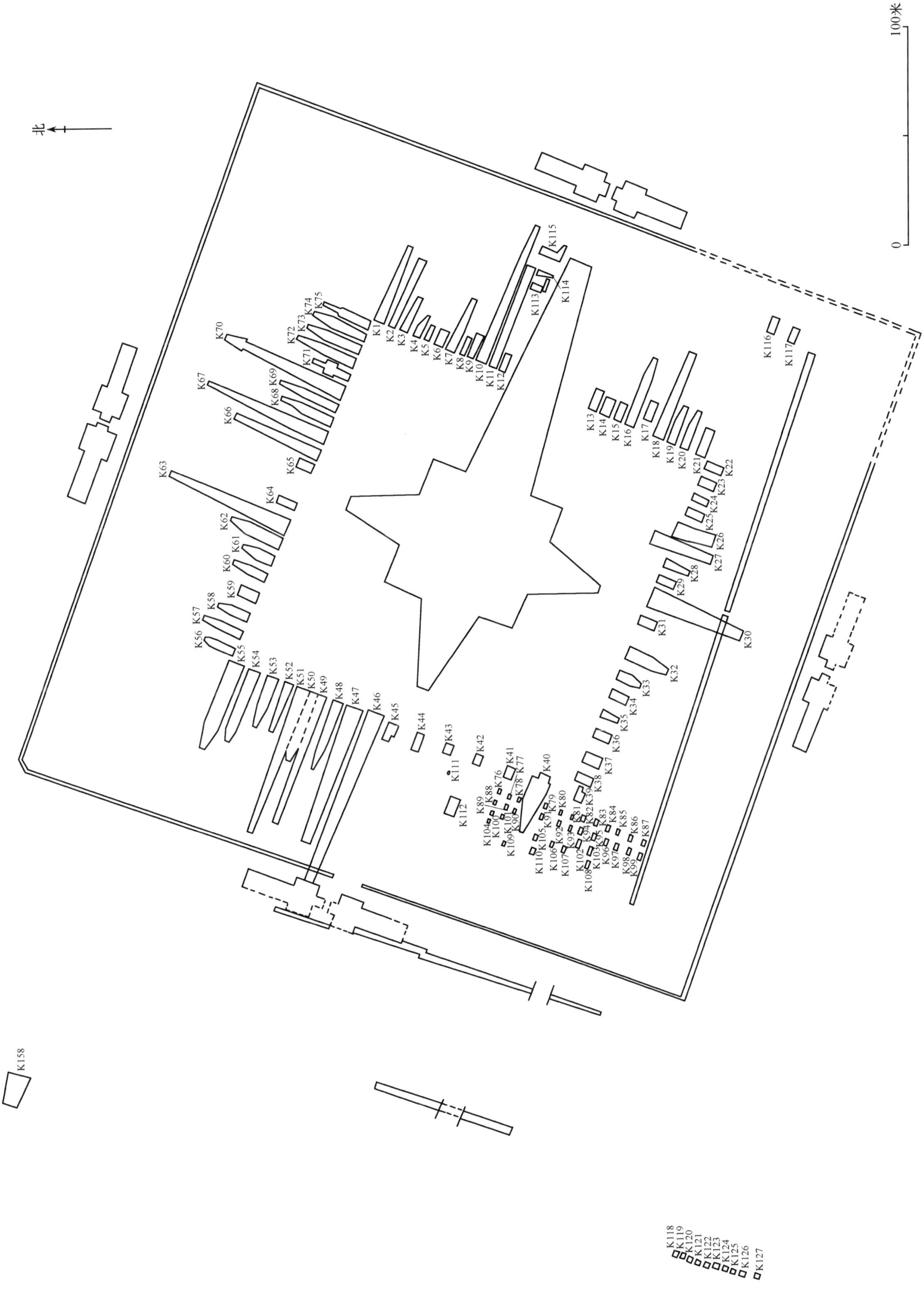

图2　江村大墓及随葬坑平面图

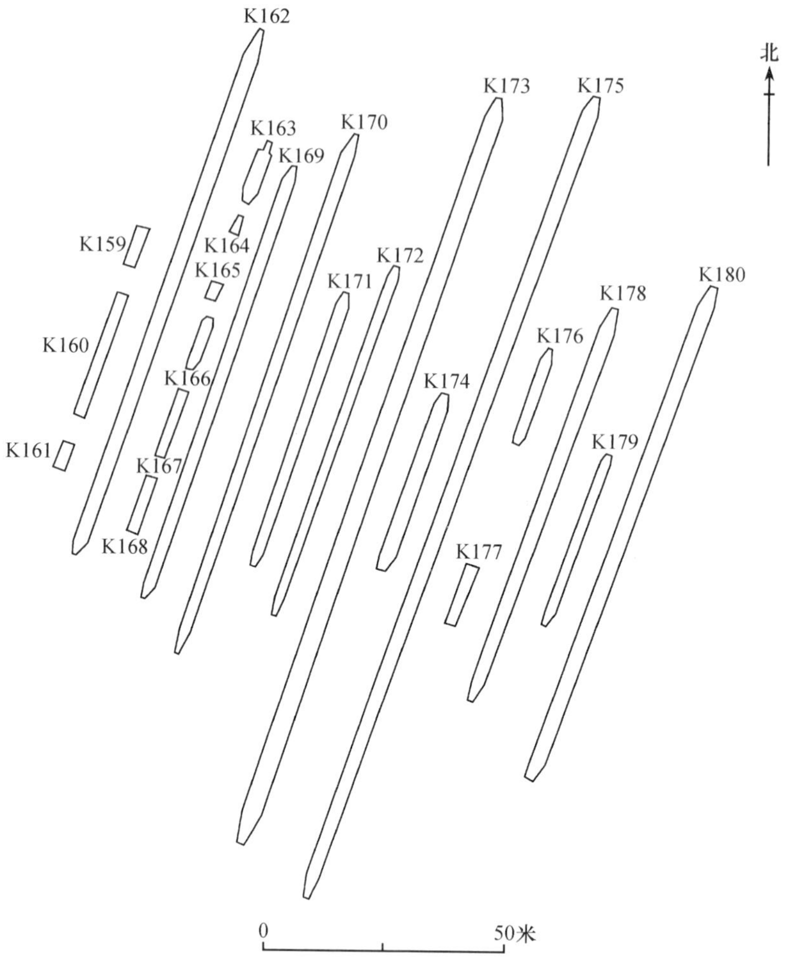

图3　江村大墓东南方向随葬坑平面图

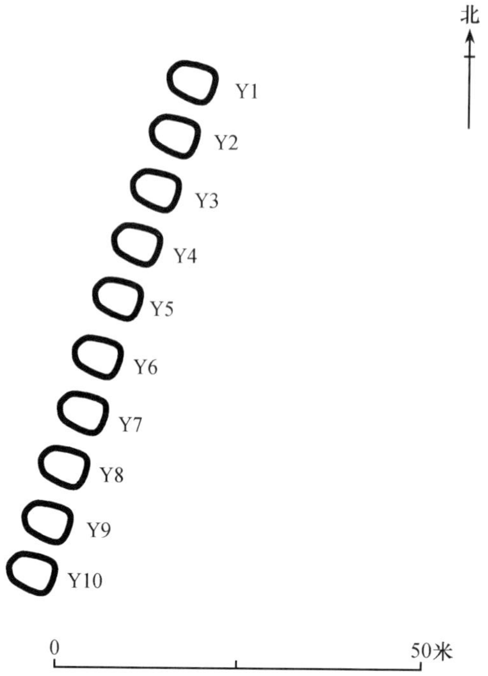

图4　江村大墓东南方向古窑址平面图

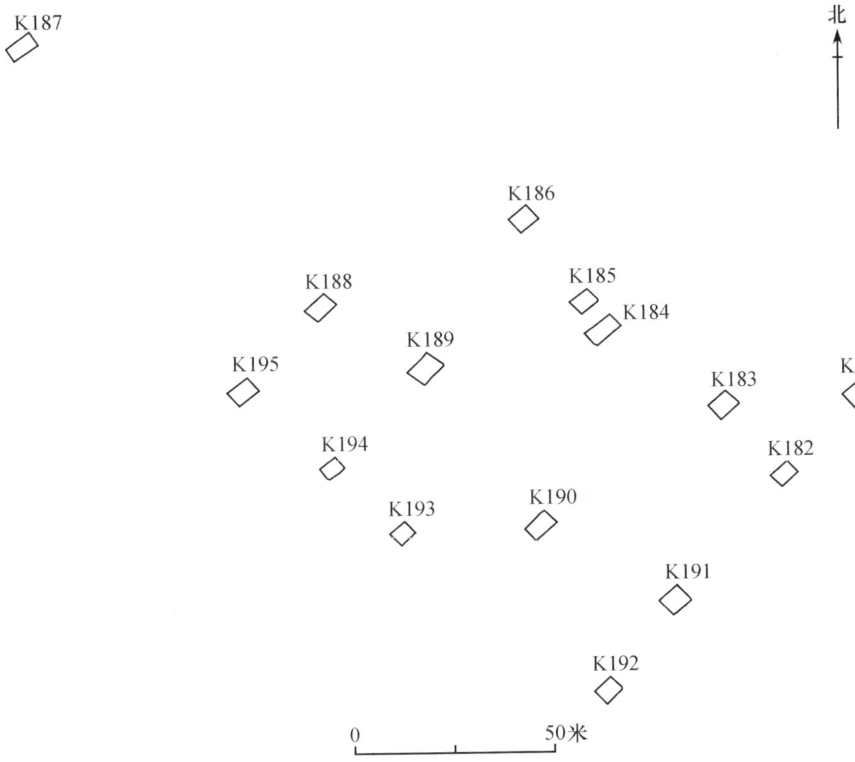

图5　江村大墓西南方向随葬坑平面图

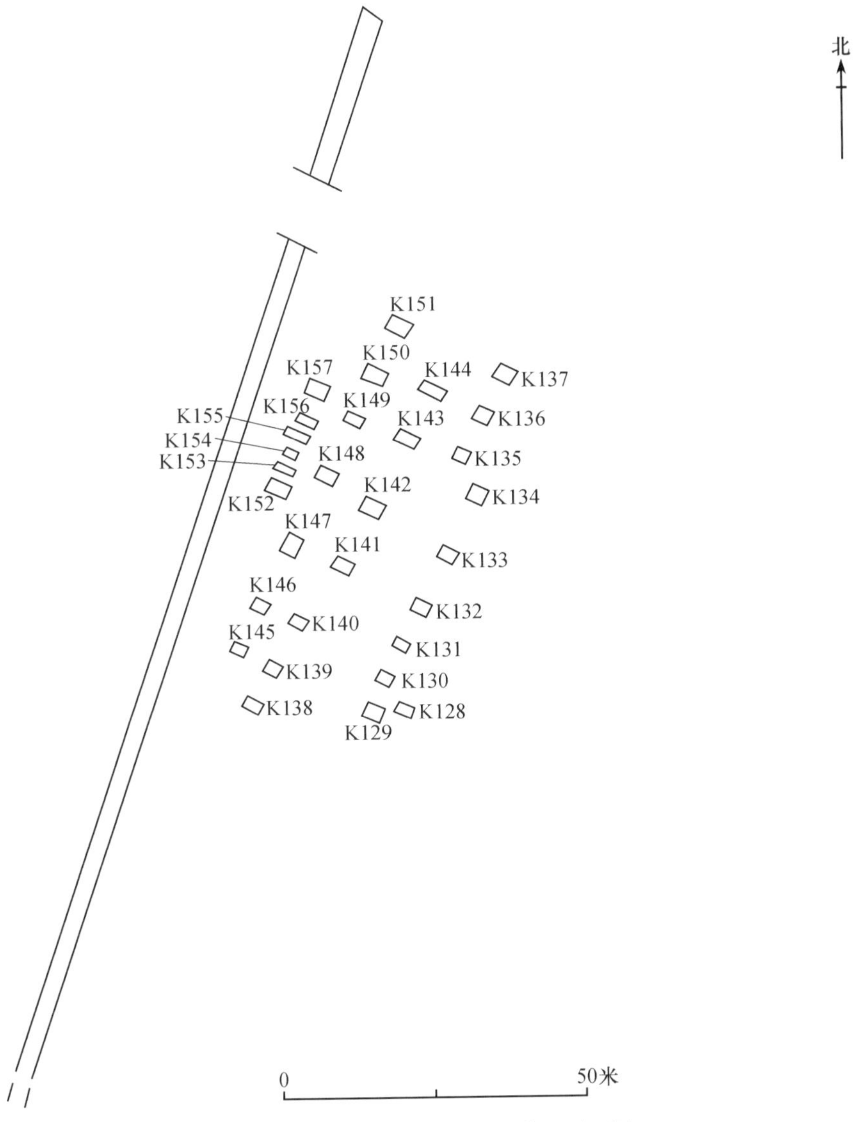

图6　江村大墓正西方向随葬坑平面图

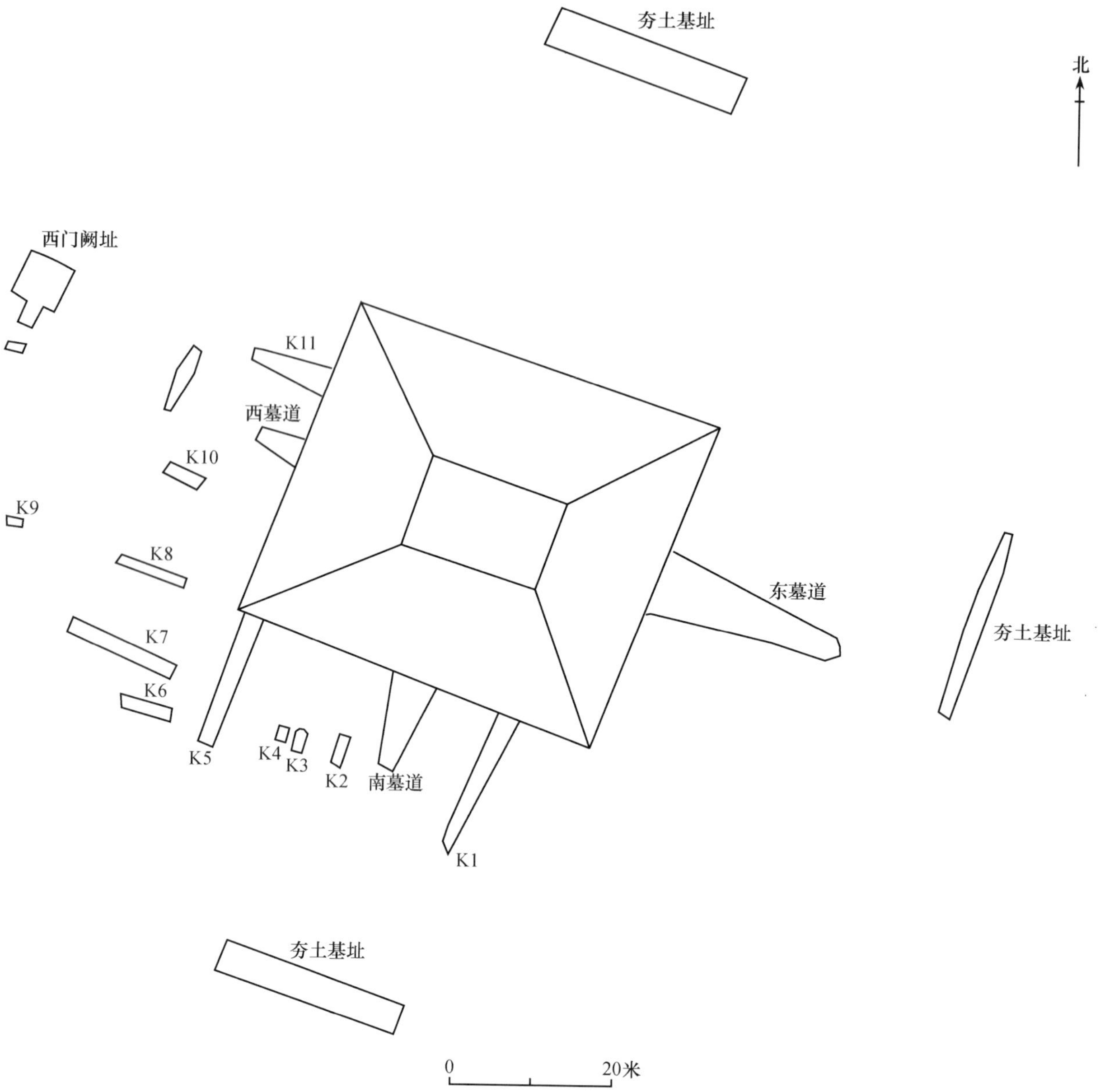

图7　窦皇后陵及随葬坑平面图

表1　江村古墓陪葬坑勘探调查一览表

整理号	位置	形状	尺寸（米）			包含物	备注
			长	宽	深		
A区							
东侧陪葬坑							
K1	东侧陪葬坑，东墓道以北，指北向南第一座	梯形	45.0	4.0—6.0	7.0	木灰	
K2	东侧陪葬坑，东墓道以北，指北向南第二座	长方形	41.0	4.0	7.0	漆皮	
K3	东侧陪葬坑，东墓道以北，指北向南第三座	圭形	21.0	3.0—5.5	6.3	红褐色朽木灰	
K4	东侧陪葬坑，东墓道以北，指北向南第四座	圭形	13.0	2.5—3.0	6.0	灰白色朽木灰迹及陶渣	
K5	东侧陪葬坑，东墓道以北，指北向南第五座	长方形	7.5	3.0	5.6	白色朽木灰迹	
K6	东侧陪葬坑，东墓道以北，指北向南第六座	长方形	9.5	5.5	5.8	同上	
K7	东侧陪葬坑，东墓道以北，指北向南第七座	圭形	31.0	2.5	6.0	黑色朽木灰	
K8	东侧陪葬坑，东墓道以北，指北向南第八座	长方形	10.5	3.5	5.0	黑色朽木灰及陶渣	
K9	东侧陪葬坑，东墓道以北，指北向南第九座	梯形	14.0	5.5—4.5	7.0	无包含物	
K10	东侧陪葬坑，东墓道以北，指北向南第十座	梯形	86.0	3.0—6.0	7.0	木灰及陶俑腿部	
K11	东侧陪葬坑，东墓道以北，指北向南第十一座	长方形	60.0	6.0	7.3	漆皮、板灰及粉彩陶俑残片	
K12	东侧陪葬坑，东墓道以北，指北向南第十二座	梯形	10.5	5.0—4.5	5.4	无包含物	
K13	东侧陪葬坑，东墓道以南，指北向南第一座	长方形	12.5	5.5	6.4	白色朽木灰、碎陶渣	
K14	东侧陪葬坑，东墓道以南，指北向南第二座	长方形	10.5	5.5	6.4	褐色朽木灰	
K15	东侧陪葬坑，东墓道以南，指北向南第三座	长方形	12.0	5.0	6.4	灰末、陶片	
K16	东侧陪葬坑，东墓道以南，指北向南第四座	圭形	40.0	1.5—5.0	7.0	黑木灰、朽木灰、陶渣片	
K17	东侧陪葬坑，东墓道以南，指北向南第五座	长方形	15.0	5.0	7.0	黑色朽木灰	
K18	东侧陪葬坑，东墓道以南，指北向南第六座	长方形	48.5	5.5—6.0	6.9	底见粉彩陶俑残片	
K19	东侧陪葬坑，东墓道以南，指北向南第七座	圭形	22.5	2.0—5.0	5.8	底见红色漆皮、木迹	
K20	东侧陪葬坑，东墓道以南，指北向南第八座	圭形	23.0	1.5—5.0	6.1	灰白色朽木痕迹	
K21	东侧陪葬坑，东墓道以南，指北向南第九座	长方形	16.5	4.5	5.8	灰白色朽木痕迹	
南侧陪葬坑							
K22	南侧陪葬坑，南墓道以东，指东向西第一座	长方形	11.0	4.0	5.3	灰白色朽木痕迹	
K23	南侧陪葬坑，南墓道以东，指东向西第二座	长方形	11.5	6.0	5.1	灰白色朽木痕迹	
K24	南侧陪葬坑，南墓道以东，指东向西第三座	长方形	10.7	5.0	5.5	灰白色朽木痕迹	
K25	南侧陪葬坑，南墓道以东，指东向西第四座	长方形	11.0	4.0	5.3	底见灰白、黑木灰迹	
K26	南侧陪葬坑，南墓道以东，指东向西第五座	梯形	23.0	6.5—9.0	5.2	无包含物	
K27	南侧陪葬坑，南墓道以东，指东向西第六座	梯形	36.5	4.0—7.0	5.2	灰白色朽木灰，底有湿泥	
K28	南侧陪葬坑，南墓道以东，指东向西第七座	梯形	15.0	2.5—5.0	5.6	白色朽木灰	
K29	南侧陪葬坑，南墓道以东，指东向西第八座	长方形	11.0	4.5	5.0	灰白色木迹	
K30	南侧陪葬坑，南墓道以东，指东向西第九座	梯形	55.0	3.0—10.0	9.3	底见板灰及陶俑腿部残块	
K31	南侧陪葬坑，南墓道以东，指东向西第十座	长方形	10.5	5.0	5.2	黑色木灰、陶渣片	
K32	南侧陪葬坑，南墓道以西，指东向西第一座	圭形	25.0	3.5—7.0	5.7	红色漆皮、木灰	
K33	南侧陪葬坑，南墓道以西，指东向西第二座	圭形	15.0	2.5—6.5	5.3	青灰色土	
K34	南侧陪葬坑，南墓道以西，指东向西第三座	长方形	11.0	4.0	4.4	底部见灰白色木迹	
K35	南侧陪葬坑，南墓道以西，指东向西第四座	梯形	11.5	4.2—5.0	4.8	底见灰白色木迹	
K36	南侧陪葬坑，南墓道以西，指东向西第五座	长方形	10.5	4.7	4.7	无包含物	
K37	南侧陪葬坑，南墓道以西，指东向西第六座	长方形	9.6	4.5	4.9	漆皮、木灰	
K38	南侧陪葬坑，南墓道以西，指东向西第七座	长方形	11.6	4.8	4.6	无包含物	

续表

整理号	位置	形状	尺寸（米）			包含物	备注
			长	宽	深		
西侧陪葬坑							
K39	西侧陪葬坑，西墓道以南，指南向北第一座	刀把形	8.7	4.0	5.0	底见红色漆皮及板灰	
K40	西侧陪葬坑，西墓道以南，指南向北第二座	长方形	25.0	4.5—5.0	7.3	无包含物，东部底部下空	
K41	西侧陪葬坑，西墓道以南，指南向北第三座	长方形	6.0	4.6	5.0	底见红色漆皮及板灰	
K42	西侧陪葬坑，西墓道以南，指南向北第四座	长方形	6.1	4.7	5.0	底见陶器片	
K43	西侧陪葬坑，西墓道以南，指南向北第五座	长方形	5.5	4.5	5.0	底见红色板灰	
K44	西侧陪葬坑，西墓道以南，指南向北第六座	长方形	10.4	4.1	4.5	底见白色板灰	
K45	西侧陪葬坑，西墓道以南，指南向北第七座	刀把形	9.8	4.6	4.8	底见板灰	
K46	西侧陪葬坑，西墓道以北，指南向北第一座	梯形	110.0	5.5—9.5	13.3	有铜箭头	
K47	西侧陪葬坑，西墓道以北，指南向北第二座	梯形	78.0	3.0—9.5	9.8	无包含物	
K48	西侧陪葬坑，西墓道以北，指南向北第三座	圭形	39.5	1.2—4.0	7.0	板灰及漆皮扰乱	
K49	西侧陪葬坑，西墓道以北，指南向北第四座	梯形	75.0	2.7—5.5	11.0	底有青膏泥	
K50	西侧陪葬坑，西墓道以北，指南向北第五座	圭形	41.0	1.2—4.0	?	无包含物	
K51	西侧陪葬坑，西墓道以北，指南向北第六座	梯形	85.0	4.7—7.0	8.0	无包含物	
K52	西侧陪葬坑，西墓道以北，指南向北第七座	圭形	28.8	3.5—5.5	6.2	白色板灰	
K53	西侧陪葬坑，西墓道以北，指南向北第八座	圭形	29.0	2.6—6.5	6.3	仅见白灰	
K54	西侧陪葬坑，西墓道以北，指南向北第九座	圭形	42.5	2.5—7.0	6.8	见板灰	
K55	西侧陪葬坑，西墓道以北，指南向北第十座	圭形	50.0	1.7—8.5	7.8	仅见板灰	
北侧陪葬坑							
K56	北侧陪葬坑，北墓道以西，指西向东第一座	圭形	17.5	2.0—3.7	6.0	粉彩陶俑残片	
K57	北侧陪葬坑，北墓道以西，指西向东第二座	圭形	23.0	2.0—5.0	6.3	同上	
K58	北侧陪葬坑，北墓道以西，指西向东第三座	圭形	17.0	2.2—5.0	6.3	无包含物	
K59	北侧陪葬坑，北墓道以西，指西向东第四座	长方形	10.5	5.0	6.8	同上	
K60	北侧陪葬坑，北墓道以西，指西向东第五座	圭形	20.5	2.5—5.0	6.0	同上	
K61	北侧陪葬坑，北墓道以西，指西向东第六座	圭形	19.0	3.0—4.5	6.4	漆皮、板灰	
K62	北侧陪葬坑，北墓道以西，指西向东第七座	圭形	29.5	2.5—7.5	6.6	漆皮及白灰	
K63	北侧陪葬坑，北墓道以西，指西向东第八座	梯形	68.5	3.0—4.0	11.5	无包含物	
K64	北侧陪葬坑，北墓道以西，指西向东第九座	长方形	11.0	4.0	5.5	板灰	
K65	北侧陪葬坑，北墓道以东，指西向东第一座	梯形	9.0	5.0—5.5	5.5	板灰及部分朽木痕迹	
K66	北侧陪葬坑，北墓道以东，指西向东第二座	梯形	50.0	1.5—6.0	8.0	粉彩陶俑残片、黑色板灰	
K67	北侧陪葬坑，北墓道以东，指西向东第三座	梯形	69.0	2.7—7.2	8.8	骨头及板灰	
K68	北侧陪葬坑，北墓道以东，指西向东第四座	圭形	30.0	17.0—5.5	7.3	板灰及少量朽木	
K91	北侧陪葬坑，北墓道以东，指西向东第五座	圭形	33.5	2.2—5.5	7.6	白色木灰	
K70	北侧陪葬坑，北墓道以东，指西向东第六座	圭形	70.5	2.5—9.0	9.0	粉彩陶俑脚部	
K71	北侧陪葬坑，北墓道以东，指西向东第七座	中字形	21.5	2.0—4.5	6.9	板灰	
K72	北侧陪葬坑，北墓道以东，指西向东第八座	圭形	35.0	1.5—5.5	7.3	灰白色木迹	
K73	北侧陪葬坑，北墓道以东，指西向东第九座	圭形	31.5	1.2—6.0	7.2	黑色木迹	
K74	北侧陪葬坑，北墓道以东，指西向东第十座	圭形	32.5	1.5—4.5	7.0	白灰及板灰	
K75	北侧陪葬坑，北墓道以东，指西向东第十一座	圭形	28.0	2.0—5.0	6.8	板灰及半两钱	

整理号	位置	形状	尺寸（米）			包含物	备注
			长	宽	深		
K76	西南部东第一排自北向南第一座	长方形	3.7	1.9	8.5	底见朽木痕迹	
K77	西南部东第一排自北向南第二座	长方形	3.8	2.1	8.5	底见朽木及黑色灰迹	
K78	西南部东第一排自北向南第三座	长方形	4.7	2.3	9.0	底见白色板灰	
K79	西南部东第一排自北向南第四座	长方形	3.9	3.1	8.5	底见黑色板灰及骨头	
K80	西南部东第一排自北向南第五座	长方形	4.6	3.3	9.3	底见黑色板灰	
K81	西南部东第一排自北向南第六座	长方形	4.0	1.8	9.5	底见白色板灰	
K82	西南部东第一排自北向南第七座	长方形	4.6	1.9	9.6	底见黑色板灰	
K83	西南部东第一排自北向南第八座	长方形	4.9	2.5	9.4	底见黑色板灰	
K84	西南部东第一排自北向南第九座	长方形	4.0	2.7	10.2	底见陶渣	
K85	西南部东第一排自北向南第十座	长方形	3.8	2.4	10.4	底见板灰	
K86	西南部东第一排自北向南第十一座	长方形	4.0	2.5	9.5	底见骨渣	
K87	西南部东第一排自北向南第十二座	长方形	3.1	2.2	10.2	底见黑色板灰及骨渣	
K88	西南部东第二排自南向北第一座	长方形	3.9	2.1	9.6	底见陶片及板灰	
K89	西南部东第二排自南向北第二座	长方形	3.7	2.8	10.4	底见白色板灰	
K90	西南部东第二排自南向北第三座	长方形	4.3	3.6	9.5	底见骨渣及板灰	
K91	西南部东第二排自南向北第四座	长方形	3.2	2.4	9.2	底见板灰	
K92	西南部东第二排自南向北第五座	长方形	4.9	2.5	9.6	底见黑色板灰及朽木	
K93	西南部东第二排自南向北第六座	长方形	4.4	2.6	9.1	未见包含物	
K94	西南部东第二排自南向北第七座	长方形	3.6	1.7	9.4	底见白色板灰	
K95	西南部东第二排自南向北第八座	长方形	3.8	2.4	8.0	底见黑色板灰	
K96	西南部东第二排自南向北第九座	长方形	3.9	2.4	8.0	底见骨渣及青膏泥	
K97	西南部东第二排自南向北第十座	长方形	3.2	1.7	10.0	底见黑色板灰及骨头	
K98	西南部东第二排自南向北第十一座	长方形	3.7	1.9	8.0	底见朽木迹	
K99	西南部东第二排自南向北第十二座	长方形	3.8	2.2	8.0	底见板灰	
K100	西南部东第三排自北向南第一座	长方形	4.3	2.8	8.0	底见白色板灰及朽木	
K101	西南部东第三排自北向南第二座	长方形	3.7	1.8	8.5	底见板灰及骨头	
K102	西南部东第三排自北向南第三座	长方形	4.7	2.4	9.1	未见包含物	
K103	西南部东第三排自北向南第四座	长方形	3.8	3.0	10.2	底见板灰及朽木	
K104	西南部东第四排自南向北第一座	长方形	3.7	2.4	10.8	底见骨渣	
K105	西南部东第四排自南向北第二座	长方形	3.7	2.0	10.5	底见板灰	
K106	西南部东第四排自南向北第三座	长方形	3.8	1.9	10.0	底见朽木及板灰	
K107	西南部东第四排自南向北第四座	长方形	3.8	2.0	10.3	底见黑色板灰	
K108	西南部东第四排自南向北第五座	长方形	3.6	3.0	8.0	未见包含物	
K109	西南部东第五排自北向南第一座	长方形	4.0	2.5	6.6	夯土、陶器残片	
K110	西南部东第五排自北向南第二座	长方形	3.3	1.9	5.5	夯土、白灰	
K111	西南部北部东侧	长方形	3.0	1.3	6.5	底见白色板灰	
K112	西南部北部西侧	长方形	6.0	9.5	11.0	底见白色板灰	
K113	东侧陪葬坑，东墓道以北，指西向东第一座	曲尺形	10.0	4.0	8.2	板灰	
K114	东侧陪葬坑，东墓道以北，指西向东第二座	梯形	11.0	2.0—3.5	7.3	漆皮及板灰	
K115	东侧陪葬坑，东墓道以北，指西向东第三座	曲尺形	9.5	4.0	7.5	黑色木灰	

整理号	位置	形状	尺寸（米）			包含物	备注
			长	宽	深		
K116	陵园东南角自北向南第一座	长方形	8.5	2.5	6.5	板灰、青铜器	
K117	陵园东南角自北向南第二座	长方形	9	3	7.5	板灰	
B区陪葬坑							
K118	自下而上第十、十一道级台地上，自北向南第一座	长方形	3	1.5	10.7	未见包含物	
K119	自北向南第二座	长方形				1.3米无法下钻	
K120	自北向南第三座	长方形	3	1.5	14.8	底见板灰	
K121	自北向南第四座	长方形	3	1.3	16.0	底见朽木灰	
K122	自北向南第五座	长方形	4	1.5	14.0	未见包含物	
K123	自北向南第六座	长方形	3	1.3	10.7	未到底	
K124	自北向南第七座	长方形	3	1.3	13.5	底见青膏泥及板灰	
K125	自北向南第八座	长方形	4	1.5	15.8	未见包含物	
K126	自北向南第九座	长方形	3	1.5	10	未见包含物	
K127	自北向南第十座	长方形	4	1.2	6.8	底见残陶片及骨渣	
K128	自下而上第四、五台阶自东向西第一排第一座	方形	2	2	?		
K129	自东向西第二排自南向北第一座	长方形	2	1.2	?		
K130	第二排自南向北第二座	长方形	4	2	?		
K131	第二排自南向北第三座	方形	1.5	1.5	?		
K132	第二排自南向北第四座	方形	1.5	1.5	?		
K133	第二排自南向北第五座				?		
K134	第二排自南向北第六座				?		
K135	第三排自北向南第一座				?		
K136	第二排自南向北第二座				?		
K137	第二排自南向北第三座				?		
K138	第四排自北向南第一座	方形	2	2	?		
K139	第四排自北向南第二座	长方形	3	2	?		
K140	第四排自北向南第三座	方形	2	2	?		
K141	第四排自北向南第四座	方形	2	2	?		
K142	第四排自北向南第五座	方形	2	2	?		
K143	第四排自北向南第六座	长方形	3	1.2	?		
K144	第四排自北向南第七座	长方形	3.5	2	?		
K145	第五排自南向北第一座	长方形	3	2	?		
K146	第五排自南向北第二座	长方形	3.5	2	?		
K147	第五排自南向北第三座	长方形	4	2	?		
K148	第五排自南向北第四座	长方形	3	2	?		
K149	第五排自南向北第五座	方形	2	2	?		
K150	第五排自南向北第六座	长方形	2	1.5	?		
K151	第五排自南向北第七座	长方形	2	1.5	?		
K152	第六排自北向南第一座	长方形	3	2	?		
K153	第六排自北向南第二座	长方形	2	1.5	?		
K154	第六排自北向南第三座	长方形	3	2	?		

续表

整理号	位置	形状	尺寸（米）			包含物	备注
			长	宽	深		
K155	第六排自北向南第四座	方形	2	2	?		
K156	第六排自北向南第五座	长方形	3	1.5	?		
K157	第六排自北向南第六座	长方形	2	1.3	?		
K158	西侧北侧生产路之下，东距核心区域西侧铺石遗迹约360米	长方形	7	5	4.3	板灰、漆皮	
C区陪葬坑							
K159	自西向东第一列自北向南第一座	长方形	20	3.5	5.9	见生土,未见包含物	
K160	自西向东第一列自北向南第二座	长方形	67	3.3	6.5	见生土,未见包含物	
K161	自西向东第一列自北向南第三座	长方形	13	6.5	6.1	见黑色板灰	
K162	自西向东第二列	长方形	260	5.5	7.4	底见黑色板灰	
K163	自西向东第三列自北向南第一座	圭形	34	4.0—7.0	8.2	见黑褐色板灰	
K164	自西向东第三列自北向南第二座	圭形	9.5	2.5—4.5	6.7	见底,未见包含物	
K165	自西向东第三列自北向南第三座	长方形	8.0	5.5	7.2	见底,未见包含物	
K166	自西向东第三列自北向南第四座	长方形	27	5.5	5.1	见黑色板灰,未到底	
K167	自西向东第三列自北向南第五座	长方形	35	4.5	6.4	见底,未见包含物	
K168	自西向东第三列自北向南第六座	长方形	31	5.5	5.9	见黑色板灰6.5米深见自然土	
K169	自西向东第四列	长方形	218	5.0	5.3	底见板灰偏南两层板灰	
K170	自西向东第五列	长方形	259	5.5	4.8	底见板灰及粉彩陶俑	
K171	自西向东第六列	长方形	139	5.3	4.1	见白色板灰，未到底偏北4.7米深见板灰及粉彩陶俑	
K172	自西向东第七列	长方形	178	5.5	3.7	见黑褐色板灰偏南5.5米深见黑色板灰、漆皮及粉彩陶俑	
K173	自西向东第八列	长方形	378	7.0	4.6	见粉彩陶俑偏南7.9米深见粉彩陶俑	
K174	自西向东第九列	长方形	86	5.5	4.0	见黑色板灰	
K175	自西向东第十列	长方形	400	6.0	6.1	见黑褐色板灰	
K176	自西向东第十一列自北向南第一座	长方形	50	4.5	6.8	见板灰及粉彩陶俑	
K177	自西向东第十一列自北向南第二座	圭形	32	3.0—5.0	6.5	见黑色板灰	
K178	自西向东第十二列	长方形	190	6.0	6.1	见黑褐色板灰及青膏泥	
K179	自西向东第十三列	长方形	90	4.0	7.1	见板灰、漆皮及粉彩陶俑	
K180	自西向东第十四列	长方形	252	5.5	6.25	见灰褐色板灰及青膏泥	
D区陪葬坑							
K181	该区域东北部第一座	长方形	9.0	6.0	10	黑色板灰痕迹	
K182	自北向南第二排东向西第一座	长方形	8.0	6.0	8.5	黑色板灰痕迹	
K183	自北向南第二排东向西第二座	长方形	7.0	5.0	10	黑色板灰痕迹	
K184	自北向南第二排东向西第三座	长方形	6.0	4.0	10	红色漆皮及黑色板灰	
K185	自北向南第二排东向西第四座	长方形	6.0	4.0	8.5	黑色板灰痕迹	
K186	自北向南第二排东向西第五座	长方形	5.0	3.0	8.5	未见包含物	
K187	自北向南第三排西向东第一座	长方形	6.0	4.0	7.9	板灰痕迹	
K188	自北向南第三排西向东第二座	长方形	5.0	3.0	6.5	红色漆皮及黑色板灰	

续表

整理号	位置	形状	尺寸（米）			包含物	备注
			长	宽	深		
K189	自北向南第三排西向东第三座	长方形	5.0	2.0	5.4	未见包含物	
K190	自北向南第三排西向东第四座	长方形	6.0	3.0	8.0	黑色板灰痕迹	
K191	自北向南第三排西向东第五座	长方形	7.0	5.0	10	红色漆皮及黑色板灰	
K192	自北向南第四排自东向西第一座	长方形	6.0	5.0	8.0	黑色板灰痕迹	
K193	自北向南第四排自东向西第二座	长方形	6.0	3.0	7.0	板灰痕迹	
K194	自北向南第四排自东向西第三座	长方形	5.0	3.0	7.0	黑褐色板灰	
K195	自北向南第四排自东向西第四座	长方形	6.0	4.0	6.5	板灰痕迹	

表2　窦皇后陵陪葬坑

坑号	位置	形状	尺寸（米）			包含物	备注
			长	宽	深		
K1	南墓道东侧 自东向西第一座	圭首形	58.0	6.0	13.0	陶俑残块、板灰	
K2	南墓道西侧 自东向西第一座	长方形	15.0	4.0	4.5	未见包含物	
K3	南墓道西侧 自东向西第二座	圭首形	11.0	3.0	4.8	陶俑残块	
K4	南墓道西侧 自东向西第三座	长方形	4.0	3.0	4.5	板灰	
K5	南墓道西侧 自东向西第四座	长方形	56.0	5.0	3.0	未见包含物	
K6	西墓道南侧 自南向北第一座	长方形	18.0	2.5 ~ 5.0	5.0	骨沫	
K7	西墓道南侧 自南向北第二座	长方形	57.0	8.0	5.0	未见包含物	
K8	西墓道南侧 自南向北第三座	长方形	20.0	6.0 ~ 7.0	5.0		
K9	西墓道南侧 自南向北第四座	长方形	6.0	4.0	7.5	漆皮、	
K10	西墓道南侧 自南向北第五座	长方形	12.0	4.5	5.0	板灰	
K11	西墓道北侧 自南向北第一座	长方形	32.0	3.0 ~ 6.0	3.0 ~ 5.0	漆皮、板灰	

后　　记

写工作编年，是个累差事，苦差事，通常也是一个出力不讨好的差事，尤其是编写多年之前的那些事。

首先，资料收集就是一大难题，“全面”是编年的第一要务。2000—2010年的文物勘探与发掘项目数量多，工作量大，仅勘探项目就有千余项，发掘项目也有二百多项，编写过程中“语焉不详”的情况不在少数。如，一些资料信息太少，甚或只有一个简单的表格，个别项目连时间、人员、遗迹种类与数量及出土文物等信息也不完整。这也不能怪谁，当时，这些工作只是一项日常事务，勘探完，发掘完，不挡建设的路，也就结束了，哪能想到多年后我们还要工作编年呢。并且，大伙也都像救火队员，每天都火急火燎的，不是在工地，就是在去工地的路上，根本没时间去系统整理这些信息。况且，当年的老队员，退休的退休，改行的改行，甚至有些连人都联系不上了。尽管如此，我们还是穷其所能，力求做到全面、准确、客观，使本书内容尽可能丰富，资料尽可能齐全。

其次，时间跨度很长，编写工作难度大。当初，我们之所以选择2011—2014年的材料作为开头，主要是考虑到这一时段的材料比较端整，编写起来相对容易一些。就是这样，还是用了四五个人，花了两三年的时间，才画了一个不圆的小句号。前面说的“相对”，相对的就是2010年前的材料。之前，只知道业务办公室里有好几大柜子的勘探报告，具体有多少个项目，每个项目是什么情况就全然不知了。直到开始着手整理，我们才知道这一阶段的工作难度到底有多大。甚至是好不容易找到的项目材料，有的就是一张图加上一段模糊的话，有的记录极简单，地理坐标信息不全……这些都给编写团队带来了极大困难和挑战。

再次，非但资料性有先天性不足，其学术性也是很有限的。与专业性的科研成果相比，编年的学术就显得比较“浅薄”了。但，将既不能单独成“文”又具有存史价值的资料汇编出版，可以使大家了解我们文物勘探发掘工作的基本概貌，也能为大家检索一般性文物考古材料提供了方便。

为了弥补上述的不足，我们对这一时段已经发表的考古发掘材料进行信息摘要，并以表格的形式附于文后，补充了正文中相关发掘项目的考古信息。对少数有重要发现的文物勘探项目，附了遗迹平面分布图，信息更完整。还有，单位开展的江村古墓考古调查，当年那真是重大的发现，然而种种的原因，今天已不适合独立发表了，在这次编年中，我们以附录的形式将全部信息（文、图、表）附于文后，算是对当年工作的一个交代。

关于书名中的时间，我们把它设定为2000—2010年，实际上部分项目是在2000年之前的，甚至早到20世纪90年代初。之所以没有把20世纪90年代限定进来，主要是考虑到这一时段的材料缺失太多，若书名限定到20世纪90年代，内容可能是严重失实。当然，我们也是希望能为之后的补编工作留一个时间缺口。

编写团队也由之前的兵强马壮，变成一名老将、两名新兵了，老将是无暇出马，新兵都还兼着别的事由，所以这“仗”也只能是游击战、持久战了。还好，经过了四年的艰苦奋斗，终于拿下了这个小山头。时间不止，打洞不休，挖坑不停，我们的编年也还得延续。我们希望以此为新起点，开始2015年以来的编年工作。好在随着工作的推进，勘探与发掘工作也越来越规范，材料的收集与整理应会相对轻松一些，想必再编起年来应不会像当下这么吃力。盼望着，盼望着，盼望着写下一个后记的日子早点到来。

本书是团队成员集体劳动的成果，是大家辛勤汗水的结晶。整理、执笔主要由张翔宇、段成刚、高博完成。张翔宇主要负责体例的制订、大纲的编写及最后的统稿工作，段成刚、高博主要负责前期资料的收集、整理及初稿的编写、图表的制作等，王娅、马吉月等几位年轻人也参与了前期资料的收集工作。

在编写过程中，尚民杰先生给予了极大的精神鼓励，冯健院长、王自力副院长寄予了很大的期望，单位的战友们给予了不少具体的支持，科学出版社的张亚娜女士等为本书的出版也付出艰辛的劳动。所有这些，对于本书的编写与出版，都是不可或缺的。在此，我们特表示最诚挚的感谢！

不是时间仓促，而是能力有限。书中除了上述的先天性不足外，肯定还存在不少的问题甚至错误，还请广大同仁批评、指正！

编　者

2020年6月23日

www.sciencep.com

(K-3264.01)

ISBN 978-7-03-065252-2

定价：320.00元